美军野外生存
手册

王阳 韩佳媛 / 编著

中国华侨出版社
北京

图书在版编目（CIP）数据

美军野外生存手册/王阳，韩佳媛编著.--北京：中国华侨出版社，2018.3
ISBN 978-7-5113-7469-1

Ⅰ.①美… Ⅱ.①王…②韩… Ⅲ.①野外—生存—军事训练—美国—手册 Ⅳ.①E712.3-62②G895-62

中国版本图书馆CIP数据核字（2018）第022530号

美军野外生存手册

编　　著：	王　阳　韩佳媛
出 版 人：	刘凤珍
责任编辑：	笑　年
封面设计：	施凌云
文字编辑：	许俊霞
美术编辑：	杨玉萍
经　　销：	新华书店
开　　本：	889mm×1194mm　1/32　印张：22　字数：600千字
印　　刷：	北京市松源印刷有限公司
版　　次：	2018年3月第1版　2018年3月第1次印刷
书　　号：	ISBN 978-7-5113-7469-1
定　　价：	39.80元

中国华侨出版社　北京市朝阳区静安里26号通成达大厦3层　邮编：100028
法律顾问：陈鹰律师事务所
发 行 部：（010）58815874　　　传　真：（010）58815857
网　　址：www.oveaschin.com
E-mail：oveaschin@sina.com

如果发现印装质量问题，影响阅读，请与印刷厂联系调换。

前言

　　野外生存，就是人在住宿无着的山野丛林中求生，各种突如其来的危险具有难以预测和不可逆转性，种种情况都需要及时处理，否则后果不堪设想。对此，美军更懂得如何生存，从在冰天雪地中保持体温到攀登陡峭的悬崖峭壁，从徒步穿越沙漠到在丛林中披荆斩棘，从海上漂浮求生到在极端炎热的条件下保持体力，美国军队在野外生存中表现的卓越智慧和技能是全世界都有目共睹的。

　　本手册是美国陆军部用以训练特种部队在各种气候及地形下的生存技能，是美国陆军野战部队权威训练手册。发布后根据使用情况，经过了若干次的升级更新。本书为同类书中最权威的升级版，旨在打造最权威、最全面的野外生存指南，为读者解决所有户外生存难题。

　　本书是露营者、徒步旅行者、探险者、极限运动者、向导以及其他需要熟悉野外活动的人士的必备手册，也是日常生活中每个人都能用得上的生存知识手册。在荒岛上我们如何生火？怎样去找到水源并净化水源？我们怎么样去获得食物？在沙漠中求生的时候，怎么样去辨别方向，发出求救信号？如何搭建避身所？怎样进行基本的医疗自救？这些问题都能从本书中找到答案。书中配有清晰的图解说明，记录了美军在各种气候和地形下的生存技能训练法则，从非常专业的角度，为读者详细介绍了野外生存的装备选择、体能训练、心理训练、饮食营养、医疗救治、工具制造、寻找食物和水、野外动植物的食用与药用知识、搭建避身场所、辨别方向、发信号等野外生存活动必须了解的基本知识和必备的各种技能。这一系列生存技巧都是经过实际检验的，也都已经被无数次证明是非常有效的，在人迹罕至的偏远地区可能会决定人的生死存亡。阅读本书，你就可以在任何地点、任何气候、任何条件下生存下去！

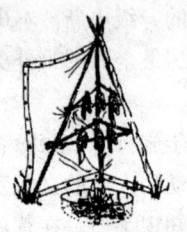

目录

第一章
野外生存的意识

第一节　引言 /2
　　正视意外情况 /2
　　计划的重要性 /3
　　如何制订生存计划 /5
　　求生的具体方案 /6
　　求生行动 /8
　　保持健康 /12
　　生存准备 /19
　　危险评估 /20

第二节　生存心理学 /23
　　如何认识心理压力 /23
　　如何正视生存压力 /26
　　如何应对自然反应 /30
　　如何作好心理准备 /33

如何时刻保持清醒 /36

第三节　生存工具箱 /38

生存工具箱说明 /38

寒冷气候工具箱 /42

热带气候工具箱 /43

水上工具箱 /44

第四节　应急工具与武器 /46

手杖 /46

棍棒 /46

绳索和捆扎绳 /48

制作背包 /49

衣服与保暖物 /51

烹调和食用器具 /52

带刃武器 /53

其他应急武器 /55

第五节　野外生存基本装备 /57

野外生存的服装选择 /57

野外生存的休息装备 /62

野外生存的厨具选择 /64

附加装备 /69

野外生存的必备工具 /71

装备的保养 /73

装备的检查 /77

装备的装包 /79

第二章
急救医学知识

第一节　急救基本知识 /82

常见的医疗急症 /82

救生的基本步骤 /83

运送伤员的方法 /88

脱去伤者身上的衣物 /93

伤口的处理 /95

绷带包扎法 /100

环境伤害的诊治 /102

自然药物 /107

草药的应用 /109

处理原则与职责 /109

第二节　常见野外伤病急救 /112

淹溺急救 /112

骨伤和关节伤急救 /114

热力伤（烧伤、烫伤）急救 /118

电击伤急救 /120

急救措施 /123

高原病急救 /128

晕动病急救 /130

原发性缺水急救 /131

浅表切割伤急救 /132

擦伤或刺伤急救 /134

现场心肺复苏技术 /134

第三节　动物昆虫咬蜇伤急救 /137

兽咬伤急救 /137

蜂蜇伤急救 /138

蛇咬伤急救 /139

蜘蛛蝎子咬伤急救 /142

水母蜇伤急救 /143

第四节　常见中毒与急救 /145

一氧化碳中毒急救 /145

蘑菇中毒急救 /147

河豚中毒急救 /150

其他常见中毒急救 /151

第五节　一般的急救方法 /153

异物进入眼睛 /153

耳中有异物时 /154

喉咙有异物时 /155

脚的轻微伤 /156

肌肉抽筋 /157

第三章
野外生存前的身体训练

第一节　不借助重物的身体训练 /162

锻炼体能 /162

热身运动 /165

有氧练习 /168

冷身活动 /170

第二节 借助重物的身体训练 /172

重物设备 /172

力量训练注意事项 /173

肌肉训练 /175

上体与双肩训练 /177

臂力练习 /181

小腿训练 /184

第三节 跑步训练 /187

跑步动作 /187

长跑训练 /190

短跑训练 /193

第四节 骑自行车训练 /196

骑自行车训练 /196

第五节 游泳训练 /199

蛙泳的训练 /199

自由泳的训练 /201

蝶泳的训练 /203

仰泳的训练 /205

游泳训练注意事项 /207

第四章

野外生存实用技巧

第一节　避身场所 /210

最基本的避身所 /210

避身所地点的选择 /210

避身所类型 /211

帐篷的种类 /220

帐篷各部分的名称 /223

适合搭帐篷的地方 /225

住帐篷的注意事项 /226

布置营地 /229

建立大本营 /231

第二节　生火技巧 /234

火的基本原理 /234

生火地点选择 /235

生火材料 /236

如何生火 /239

如何点火 /240

弓弦钻钻木取火法 /242

手钻钻木取火法 /248

泵式钻钻木取火法 /250

强风时如何生火 /253

让火堆保持燃烧 /254

生火后的善后工作 /255

第三节　如何获得水 /257

　　水的重要性 /257

　　保证饮水安全 /259

　　水源的寻找 /263

　　蒸馏器的制作 /267

　　水的净化 /269

　　水过滤装置 /271

　　如何分辨有毒水 /272

第四节　如何获得食物 /274

　　生存所需的营养 /274

　　食物及其价值 /277

　　动物类食物 /277

　　陷阱和套索 /286

　　猎杀工具 /293

　　捕鱼方法 /295

　　猎物的烹饪与储藏 /300

　　搭设炉灶 /304

第五节　绳结的使用方法 /307

　　有关结绳的术语 /307

　　基本绳结的介绍 /308

　　用绳子捆绑的方法 /310

第六节　野外洗澡及卫生处理 /311

　　野外洗澡的方法 /311

　　制作肥皂和洗漱用品 /312

垃圾的处理方法 /314

第七节　野外如何活用指南针与地图 /317

　　指南针基础知识 /317

　　简单补正偏角的方法 /318

　　利用指南针辨别方向 /319

　　认识比例尺与等高线 /320

　　认识图例、坐标格和经纬度 /322

　　读地图 /323

　　自制地图的方法 /326

第八节　安全前行的基本法则 /327

　　安全步行法 /327

　　穿越草丛的方法 /330

　　如何攀登山岩 /331

　　如何渡过山溪 /333

　　如何穿越沼泽地 /335

　　节省体力的步行法 /336

第五章

特殊环境的生存方式

第一节　气候与地形 /340

　　气候带的划分 /340

　　高山生存 /343

　　海滨的类型 /344

岛屿的类型 /346

　　洞穴的特点及类型 /349

第二节　沙漠生存 /354

　　地形的识别与观察 /354

　　干旱地区环境特征 /356

　　沙漠中如何获取水 /358

　　怎样避免沙漠热伤害 /360

　　沙漠中的预防措施 /362

　　沙漠中的衣服装备 /362

　　干旱地区的各类危险 /362

　　遇到流沙时的自救 /364

第三节　寒冷气候生存 /367

　　寒冷地区 /367

　　冷风降温 /368

　　基本生存原则 /368

　　个人卫生 /372

　　医疗方面 /373

　　冻伤及其他伤害 /374

　　避身所 /379

　　火的应用 /383

　　饮用水的获取 /385

　　食物的寻找 /387

　　行进要求 /390

　　天气征候 /391

第四节 海上生存 /393

　　远海求生 /393

　　弃船逃生 /420

　　海岸求生 /423

第五节 涉水环境生存 /427

　　河水与溪流 /427

　　急流中求生 /428

　　筏的使用 /429

　　漂浮装置 /432

　　其他水障碍 /434

　　植物障碍 /435

第六节 热带地区生存 /436

　　热带气候 /436

　　丛林类型 /436

　　穿越丛林 /440

　　紧急事项 /441

　　取水方式 /442

第六章
野外的天气观测

第一节 冷锋与暖流 /446

　　了解冷锋 /446

　　了解暖流 /447

第二节 台风来袭前的天气变化 /449

台风的基本介绍 /449

台风出现前的征兆 /450

第三节 山中气候的特征 /451

山风的特征 /451

山中云雾的特征 /452

第四节 传统预测天气的方法 /454

依天候变化预测天气 /454

根据动物的活动预测天气 /457

根据植物的变化预测天气 /458

以周围物品的变化预测天气 /460

第七章

危险、药用及可食动植物

第一节 危险的动物 /462

昆虫和节肢动物 /462

水蛭的危险性 /467

蝙蝠的危险性 /467

毒蛇的危险性 /468

蜥蜴的危险性 /469

河流中的危险动物 /469

港湾和江口的危险动物 /471

第二节　危险的鱼类 /472

攻击人类的鱼 /472

有毒的鱼类 /474

其他有危险的海洋生物 /478

第三节　有毒蛇类 /480

避免被蛇咬的方法 /480

毒蛇的种类 /481

毒蛇的介绍 /482

第四节　可药用植物 /485

药用植物的介绍 /485

抗菌剂和广谱性抗菌药性植物 /486

治疗肠道疾病的药性植物 /488

第五节　可食用野生植物 /490

植物的可食性 /490

植物的多种用途 /497

可食用藻类 /497

第六节　致命的植物 /500

植物中毒的原因 /500

有毒植物的各类知识 /501

如何避开有毒植物 /502

接触性皮炎 /502

摄入性中毒 /503

有毒真菌的种类 /504

各类有毒的植物 /507

第八章
营救与逃生技巧

第一节　野外识别方向 /514
　　利用阳光与阴影 /514
　　利用月亮辨别方向 /516
　　利用星辰辨别方向 /517
　　指南针 /519
　　制作临时指南针 /520
　　确定方向的其他方法 /521
　　利用周围的事物保持方位 /522

第二节　发信号的技巧 /524
　　信号的应用 /524
　　发信号的方法 /525
　　代码和信号 /531
　　引导飞机的程序 /534
　　摩尔斯讯号 /535
　　如何进行搜索 /537

第三节　敌占区里的生存活动 /540
　　计划阶段 /540
　　执行阶段 /542
　　返回阶段 /546

第四节　伪装及与人接触 /550
　　个人伪装 /550

潜行的方法 /554

与当地人接触 /559

生存行为 /560

第五节 各类灾害下的生存 /562

干旱的应对 /562

火灾的应对 /564

化学武器 /568

生物武器 /571

气体和化学物质事故 /576

泥石流的应对 /577

水灾的应对 /580

海啸的应对 /582

飓风的应对 /584

龙卷风的应对 /586

雷电的应对 /589

地震的应对 /590

塌方的应对 /593

火山的应对 /593

核武器环境 /597

附录 /610

可食植物 /610

毒蛇介绍 /665

第一章

野外生存的意识

第一节　引言

正视意外情况

作为一名合格的士兵，适应各种野外状况，并很好地生活下去，是一项基本功。

无论发生什么事情，在生存实战和生存练习中，最关键的就是生存态度。当紧急的事情发生时，士兵要在行动和心理上同步表现出对生存的高度重视，这样才可以积极调动自身思维与习惯，实行下一步的策略。在生存实战到来之前，每一名士兵都要进行大量生存演习，这样有助于加深对生存态度的认识，对突发事件建立一个心中的预警，让它们成为习惯。一旦发生意外情况，会自发产生相应的对策。若是我们的态度有所偏颇，那么野外的残酷，会让我们失去最后一点生存的意志。

本书将教会你如何面对意外情况，以及如何应对这些意外情况。例如，当在海上执行任务，遇到可怕的暴风雨时，弃船而走是唯一的选择，接下来要面对的是几个小时甚至几天的海上漂流，直到同伴或友军前来营救。在这几个小时到几天的时间中，任何事情都有可能发生，海里的危险生物——鲨鱼等会威胁我们的生命，不可饮用的咸海水，有可能使我们的身体严重缺水，亦

良好的体能和严格的纪律在山区等地势状况复杂的地域显得尤为重要，因为在这些地域很容易发生一些由于疏忽而导致的意外事故。

或者不懂得如何在海上保存体力，会让我们最终精疲力竭，等不到他人的救援，就丧失了生命。这些问题残酷又现实，必须一一面对，且是以正面心态来面对。

面对这样残酷的意外情况，除了自身作好心理准备以外，身边携带适合的工具也非常重要。有的时候，虽然我们已经建立克服野外生存的强大信心，但是身边缺少工具，哪怕是一把很小的刀子，也会让情况变得更糟，甚至无法解决。我们会在本章的第三节详细介绍有关工具箱的知识，不仅将一般工具箱列了出来，还将适应各种气候的工具箱一一展示给大家。它们在野外生存中具有至关重要的作用，这些装备必须随身携带，或放在准备好的盒子里，或放在自己的背包或是口袋中，总之，它们一定要在自己的视线中。当发生意外时，身边的这些工具还会对增强你的信心有一定帮助。

即便有些装备确实忘了携带，或是条件不允许携带，那么，这时候也不要慌张，可以观察身边的物品，例如树木、石头、动物毛皮等，看看能否加以改造，充当合适的工具。当有了制造应急工具的经验后，野外生存会变得轻松一些。关于应急工具的知识，我们会在本章的第四节中进行介绍，包括手杖、棍棒、绳索和捆扎绳等基本工具的简单制造，以及一些不太常用的工具的简单制作。这会对野外生存有很大的帮助。

最后还是要记住本文最开始提醒的一点：在生存实战和生存练习中，生存态度排在第一位。没有基础的生存态度，野外生存将会让你痛不欲生。希望你的野外生存有一个良好的开始。

计划的重要性

我们都知道军事计划对一场战争或一次战役的重要性，一个拙劣的军事计划可以毁掉本来占据有利形势的一方，而一个优秀的军事计划可以扭转处于不利形势的一方的糟糕局面。

相比军事计划，生存计划似乎显得不那么重要。但是当士兵遭遇了真实的生存困境时，这些生存计划的重要性就立刻突显出来了。可以试想这么一个情景，当敌人穷追不舍时，我们不得不躲避这些危险的敌人，而此时如果脚上穿了一双不太合适的鞋，那么最后逃脱的概率能有多少？如果这个士兵平时很少接受长距离步行的任务，那么鞋的事情可能就被他忽略掉了，等到真正要远足时，再思考这个问题就为时已晚了。

例如，当我们来到热带地区执行任务时，必须要面对当地的干旱气候。缺水是干旱气候的一大显著特征，所以，我们要适应这种环境，必须在各种层面上节约用水。我们必然要通过各种途径来找到水，并尽可能减少不必要的使用。如果是一支作战小组，那么，全组人都要学会节约用水。其中一个节约用水的方法就是，当每个人拿着自己的水壶从 5 加仑的水桶中轮流接水时，可以派一个人来接住往外漏的水，这些水虽少，但足够洗漱之用。

另外，计划中还有一个容易忽略的小细节，那就是对身体的保健工作。每次任务开始之前，我们都必须对身体做一个全面的检查。例如，认真地检查牙齿。相比心率、血压这些检查项目来讲，牙齿是那么的微不足道，可是一旦在野外时牙痛发作，注意力就不能集中，那么将严重影响自己对问题的分析和处理。又比如忘记注射最新的疫苗，那么在野外一旦感染流行疾病，不可能有医生准备好疫苗来为你及时注射。

有些任务的活动范围需要限制在一个比较窄小的空间内，这种条件下，不可能随身携带很多东西。那么，你的计划中一定要安排一个可以存放背包和弹药且安全性比较高的地方。另外，这个地方要能让你在第一时间拿到背包和弹药，而且离开时也能非常快速。

上面谈了一些计划的重要性。同时，为了确保计划的顺利实施，一定要让其他人了解你制订的计划，以及计划实施的确切时间。如此一来，在计划的准备阶段，你就要与这些自己准备告知的人进行积极的沟通，确保他们知道计划的每一个变动。当你面临的情况是必须要和周围中断联系时,你的行迹他们也要有所掌握。当你在规定时间,没有出现在某一个地点时,他们就会排查各种可能情况,积极行动起来,对你进行搜寻,甚至对你进行营救。所以,必须养成汇报计

这种塑料罐子结实耐用,是存储需要保持干燥的小物品的理想容器。

划的好习惯,让别人可以给予你最及时的帮助。

如何制订生存计划

既然我们已经意识到生存计划的重要性,就要了解如何制订这些生存计划。

首先,为自己准备合适的生存装备,并掌握它们的使用方法。举例来说,如果执行任务的环境是雪地,那么就要适当改装行进的车辆,以应对这种糟糕的路况。这时,需要为车辆安装适合雪地的防滑型轮胎,然后增加车辆后方的载重量,这样做的目的是使车辆的牵引力增大。车子里还要带上铲子、毛毯和盐,这是为了以防车辆陷入雪地时准备的。

其次,明确任务的目标和完成时间。可以将任务的执行过程分为三个阶段,第一阶段是任务的准备时期,第二阶段是任务的正式执行时期,第三阶段是任务的收尾时期。这三段时间要制订出详细的时间表,并且不能将时间安排得过于紧张,尽可能考虑到各种意外状况发生的可能性。如果计划订得过于紧张,会使执行任务的士兵心理上难以接受,并且一旦任务在时间上有拖延,士兵的情绪势必会受到影响,那么任务执行下去的困难也就更大。

再次,明确任务小组内的分工。很多任务的执行需要与其他士兵亲密无间地合作。这个时候,如果你是任务小组的组长,那么必须了解每一个小组成员的性格、爱好、特长。并且尽可能地

在任务开始之前,就将这项任务所必需的特质与要招募进来的士兵的特质进行匹配。例如,要到非洲某个部落进行任务,最好有一个懂得当地语言的士兵参加。另外,在小组成员确定后,你就要根据他们的特质,为他们安排具体的任务。这样,当任务来临时,每个人可以各司其职,互不干扰,却能很好地完成。

最后,生存计划只有一个制订者,但要吸取众人的智慧。我们都知道这样的情况,当大家共同制订计划时,很容易产生分歧。为了保证计划又快又好地制订出来,必须要推举出一个决定计划的人。但是,计划由某个人决定,不代表就剥夺其他人参与的权力。受到思维模式、知识储备等方面的限制,一个人制订出的计划会存在诸多漏洞,只要每个人补充一个漏洞,那么这份计划就会变得更加具有可行性。所以,计划的制订模式是:一个人统筹大家的计划,或采用建议,或筛除问题,最终制订出生存计划。

求生的具体方案

生存计划是针对某个特定的任务来进行的,总是围绕着任务目标来制订。而求生的具体方案则不同,它需要根据实际执行任务的具体环境来制订,指导我们如何克服面前的诸多困难。这套方案需要包括以下的求生物资:

避身所

当遭遇寒冷天气时,寻找或建造一个良好的避身所便是当务之急。在这个避身所里,可以生起用于取暖的火堆,并且外界的冷空气、风雪、暴雨都不会对人身造成影响和伤害。另外,避身所要保证一定的安全性,不容易被敌人追捕到。

例如,动物曾经居住过的巢穴就是很好的避身所。有的时候迫于任务的紧急,或是事件的突然,没有随身携带帐篷,寻找一个动物洞穴作为避身所就是不错的选择,当然,一定要保证这个洞穴已经被动物放弃居住了。否则一旦狼、熊等动物回到洞穴,就又会面临新的危险。

食物和水

食物和水是人的身体所必需的，尤其是水，人一旦缺水达七天以上，就有生命的危险。所以一旦到了一个陌生的环境，一定要首先寻找水源。寻找水源有多种方法，例如寻找动物足迹，一般可以找到水源，还有，从植物中取得水也是一个不错的方法。

食物的重要性仅次于水。摄取食物，能够保证我们的能量需求。但是，野外没有现成的食物供我们食用，所以我们首先就要学会分辨哪些食物可以食用、哪些食物有毒不能食用。食用动物性食物，还要考虑如何制作陷阱或圈套。适合的求生方案，能帮助我们快速找到食物，并快速恢复体力。

急救用品

身在野外，受伤和生病的概率会大大增加，这是因为人已经适应了现代文明，对于野外生存感到陌生。误食一只毒蘑菇，或许医生开出一点药剂，就可以帮你脱离险境；但是如果是在野外，一只小小的毒蘑菇，考验的就是你或者你的同伴应对突发疾病的能力，延误一分钟，就可能断送生命。

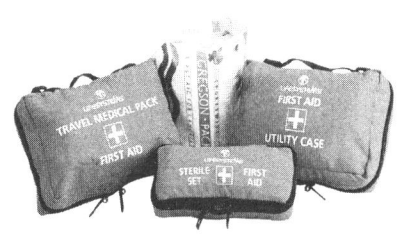

团队需要各种各样的医疗用品；建议将这些物品分门别类地打包并贴上标签，这样在需要的时候就比较容易找到了。

另外，野外受伤和生病面临的另一个严酷的考验就是缺少与之匹配的医疗条件。在野外作战，不可能带着大型的仪器，甚至几瓶药品都可能成为累赘。在面临这种缺医少药的情况时，懂得如何从环境中取材，便可以救自己一命。因此，急救用品在野外生存中必不可少。

信号

有时候在野外是一种迫于无奈的选择，因为此时和自己的军队失去了联系。在这个生存过程中不只是寻找别人，别人也同样在积极搜寻你。如果这个时候不了解信号的含义，不懂得收发信号的方法，就会与救援自己的人失之交臂，生存过程因此拉长，也就意味着有更多的危险在等着你。

同时，如果对信号方面的知识不熟悉，可能还会引来敌军的侦察兵或者侦察飞机。此时就会更加危险。学习信号，是士兵出外作战的基本功。

你需要根据不同环境中的不同需求改变求生方案。这些求生方案的重要性不言而明，少了它们，野外生存就会像缺少土壤生长的根，没有任何意义。

求生行动

处于野外生存环境之中，要面临天气、食物、伤病、安全等恶劣条件，生存（SURVIVAL）这么一个简单的单词，或许能帮助你扭转外界及心理的困境。这个单词的每一个字母代表一种含义，这是你必须掌握的生命要义。

S（size up）——评估

对自身及周围有一个正确的评估。

第一是对形势的评估。当我们与对方处于对抗状态之时，清楚认知形势非常重要。我们要为自己留下后路，也就是具备基本的藏身地方，保证自身的安全。我们要动用身体的一切器官，包括眼睛、鼻子、耳朵等等，以及携带的工具，探查敌对一方的具体行动，以便调整自己的生存计划。

第二是对环境的评估。野外的环境条件较为复杂，我们需要调动大脑中的知识，对周边环境有一个初步的认识，例如所处环境是沙漠、沼泽，还是热带雨林。每一种环境都有其具体的生存方式，要尽量避免选择错误的生存方法。同时，还要认识所处环境中人类活动的痕迹。

第三是对自身身体状况的评估。身体状况是野外生存的一个重要指标，所以我们每时每刻都要对自身的身体状况有一个清晰的认识。如果在丛林中不小心受伤，必须要及时处理伤口，否则不仅会延误时间，有时还会有生命危险。另外，在环境条件允许的情况下，尽量保证补充身体资源，如饮用大量的水、补充大量食物，以应对后面更恶劣的条件。

第四是对自身装备的评估。随时检查并掌握装备情况十分必要。在野外生存中，装备处于不断耗损的状态之下，尤其是在与敌方展开战斗之后，一些武器装备就可能会损坏、报废。

经过对上面四个方面的评估，就可以制订并完善自己的生存计划了。并且要再次提醒一点，水、食物和避身所这三个生理上的需求要谨记在心。

U（undue）——不当

不当的举动会影响效率，浪费时间。

在野外生存中，容易出现心理上的恐慌，此时对形势及自身作出不当的判断，就可能会影响全局，最后导致自己被敌方俘虏，或是丧失生命。

每开展一个计划或行动，都要贯彻前面所讲述的评估的环节。在头脑清楚、情绪也稳定的情况下，对形势作出判断。如果贸然行动，有些环节就会被忽视，例如没有判断方向，或是装备遗落在原处，等等。

尤其是敌人与自己距离较近时，更应该做好计划。否则此时的计划不周，其后果会更加严重，性命也许都会因此受到威胁。

R（remember）——牢记

牢记自身的位置。

首要遵循的一个原则就是，从地图上找到自己的位置，然后确定这个点与周边环境的关系。当以团队形式前进时，要将自己观测到的位置信息告知每一位队友，保证信息共享。另外，查询位置，尽量借助身边所带工具，如团队中谁有指南针等工具，需无私分享。

如果携带用具的队员不幸遇难，他的工具必须留给自己或其他队友。不要依赖别人去找方位和确定路线，要时刻保持自己的主动性。

在寻找和确认位置的过程中，有四个情况一定要及时掌握，这些能帮助你作出恰当的决定，尤其是处在敌人追击的险境时。

- 敌人的方位和敌人占领的区域。
- 友军的方位和友军占领的区域。
- 水源的位置，尤其是离自己最近的水源。
- 可以作为藏身的地方。

V（vanquish）——战胜

战胜内心的恐慌。

在野外，时刻要面对的敌人就是恐慌。恐慌心理的存在会影响我们的决定和行动，人容易被恐慌心理所牵引，而忽略了身边的实际情况。另外，恐慌心理还会带来一系列的负面情绪。适当进行一些生存训练，提高心理适应能力，能够很大程度上减少恐慌心理。

I（improvise）——应急方案

制订合理的应急方案。

在成熟的社会中，我们不用担心物品的短缺，如果身边缺少某种物品，可以很方便地买到。已经习惯这种生活的人，不会明白应急方案的重要性。但是深处野外，如果缺少制订应急方案的能力，是非常致命的。

我们需要掌握一些制订应急方案的基本要领。当受到环境的限制时，要知道如何用身边的材料，制作自己需要的工具，如将石头磨成带有利刃的武器。所有的工具都有用完或毁坏的可能性，但是只要懂得制订应急方案，发挥想象力，身边的东西都能物尽其用。

V（value）——重视

重视生命。

舒服的生活磨灭了我们在困境中求生的意志，我们不再习惯突发状况和恶劣条件。但是野外生存的情况不同，内心的压力与环境的危险，都会考验人的求生意志。所以，身处野外更能锻炼我们坚强的意志，以及提高对生命的重视程度。只有不断克服困难和解决问题，生命才能得以延续。

A（act）——行动

学习当地人和动物的行动。

当地的人是最了解当地环境的，因为他们世代生活在那里，掌握了在当地生活的基本经验。

如果想要在某种环境中生存，必须认真观察当地人的生活习惯，例如吃饭的时间、食物的选择、取得食物的方法、获得水的地点、睡觉的地方、起床的时间、生病急救的方法，等等。学习了这些，会对生存下去有很大帮助。

想要和当地人建立良好的关系，一个切实可行的方法就是积极赞扬他们制作的生活工具，寻找食物和水的方法，虚心向他们请教，他们会乐于帮助你，并且你们会成为朋友。

另外，动物的生活规律也要悉数掌握。动物为了生存，同样会形成独特的生活规律。可以由它们的行迹，找到食物和水。但是不能单纯依赖动物，并且如果影响到动物，很容易就把自己的行迹暴露了。

L（live）—— 存活

学会基本技能，存活下去。

仅凭头脑中的智慧，而没有基本的技能训练，想要在战场或野外生存，可能性很小。所以，要在实际的困难到来之前，就学习各种基本的生存技能，并给予这些技能高度的重视。另外，每个生存环境需要的基本技能不同，出于不可预测性，要每一个技能都掌握。

例如，要到海上执行任务，那么必须掌握如何在海上漂流，并寻找到海中可食用的食物。

基本的生存技能需要不断地实践，才能趋于成熟。而且，生存训练还能对恐慌心理的减轻有所帮助。或许只是一项小小的技能，就能决定你是否能活下去。

保持健康

健康是保证求生行动的基本要素，而保证健康的基本要素有四个：足够的水；充足的食物；状况尚佳的个人卫生；充足的休息时间。

足够的水

人每天完成基本的生理活动，从分泌汗液到帮助排便，水都参与其中。当温度为20℃时，一个正常的成年人一天消耗的水有2~3升。这是最普遍的情况，当遇到极端天气——炎热或者寒冷、激烈的运动过后、不幸遇上发烧等疾病，人消耗的水分会更多。一旦水分没有得到及时补充，体液就会相应减少，这样会引发一系列不良的后果。

· 体液流失达到5%，会产生口渴、躁动、虚弱、恶心等情况。

· 体液流失达到10%，会产生眩晕、头疼、行走出现障碍、四肢有刺痛感等情况。

·体液流失达到15%，会产生头晕眼花、小便时刺痛、舌头胀大、听力障碍、皮肤发麻等情况。

·体液流失达到15%以上，会有生命危险。

·体液若是没有及时补充，就会产生脱水现象。

·脱水的基本表现是：

·尿液的味道浓重，且有很深的颜色。

·尿量较平时明显偏少。

·眼眶周围颜色变黑，且有向下凹陷的趋势。

·感到疲惫。

·情绪失去平衡。

·皮肤没有光泽和弹性。

·指甲失去血色，毛细血管循环不畅。

·从舌头中间到舌尖的部位，会有条纹产生。

·感到口渴（当这个症状出现时，说明人体脱水的程度已经达到了2%）。

脱水对人体造成的最严重的危害就是休克，即使是最轻微的脱水，都会使工作效率降低，更不要说野外生存这种严酷的任务了。

上面已经谈到，口渴是脱水的一个标志。所以，等到口渴再去补充水分，已经有些晚了。我们需要随时随地补充水分，一次不可饮用超过1升的水，遵循多次少量原则。如果面临的任务需要消耗很多体能，或是情况有些严重，可以增加水的摄入量。饮用足够水的标志是，人一天，也就是24个小时的排尿量至少是0.5升。

在少量摄入食物的情况下，人一般每天要摄入6~8升的水。在恶劣的天气条件下，特别是在干燥的天气，人每个小时就会损失掉2.5~3.5升的水分。这时候正确的做法就是，每隔30分钟，饮用350毫升左右的水。如果想更好地调节水分的损耗，要保证运动与休息交替进行。过度饮用水，也就是每小时超过1.4升时，人体会产生过度水合作用，这种过度水合作用会降低体内免疫血清钠的数值，严重的会引起肺部以及大脑水肿。

另外要注意的是，在体内损耗水分的时候，体液中的盐分也会流失掉一部分。一般在饮食中，我们会摄取所需的盐分，但是遭遇特殊的情况时，我们要适当补充一些盐分，以保证身体的平衡。

在离开营帐之前，请将你的水瓶装满水。

水分损耗在所有身体问题中，是最容易预防的。下面就介绍一些预防脱水的方法。

在摄取食物的同时，适当补充水分。这是由于水要参与人体的消化。

尽快适应所处环境。在恶劣条件下，如果尽快调整自己，适应环境，这样身体对水的调节能力会更强。

旅行途中，建议你在背包里携带一些含高碳水化合物的食物，如燕麦压缩干粮。这类食物能够提供较多的能量。

减少排汗。不必要的、会使自己出汗的活动尽量不要去做，而且在大量出汗后，要及时补水。

如何评估水分的损耗情况，也是需要我们学习的一项知识。普通的T恤衫会吸收0.6升左右的水，野外作战服装一般会吸收0.25升的水。

另外，这里还要教会你用脉搏和呼吸频率来计算水分损耗的方法：

当体内水分损耗为0.75升左右时，脉搏每分钟的跳动次数会在100次以下，而呼吸的频率变为每分钟12～20次。

当体内水分损耗为0.75～1.5升时，脉搏每分钟的跳动次数在100～120次之间，呼吸的频率改变为每分钟20～30次。

当体内水分损耗为1.5～2升时，脉搏每分钟的跳动次数在120～140次，呼吸频率变为每分钟30～40次。

如果测量的脉搏和呼吸频率严重超过上面所讲的范围，需要引起强烈重视。

最后要提醒的一点是，无论遭遇什么严苛的情况，都不要用饮用海水或尿液的方法来补水，它们能帮助你暂时摆脱渴的感觉，但是饮用它们会让人体水分流失得更多更快，严重时还会脱水，甚至死亡。

充足的食物

水是对人体很重要的东西，没有水比没有食物更可怕，这是人们的共识。在缺少食物的情况下，我们能坚持很多天，但这不代表我们就要放弃寻找食物、摄入食物。充足的食物才是健康的保障。当人体缺少食物时，生理状况和精神状况就会变得非常糟糕，变得没有力气。

食物是我们人体能量和营养的主要来源，能够提供各种矿物质、维生素以及盐分等人体必需的物质。更为重要的一点是，人有了食物，信心也会多一些。

我们人体所需的食物基本上可以分为两大类：植物和动物。植物中含有丰富的碳水化合物，碳水化合物负责提供主要的能量；而动物的肉质中含有大量蛋白质，蛋白质是支撑人体结构的基本蛋白，人类有一部分蛋白质必须靠摄入。另外，动物的肉中含有脂肪，也能提供一部分能量，以及增加人自身的保暖能力。

为了保持人每天活动所需的2000卡路里，就必须摄入食物。如果摄入不足，人就会产生饥饿感，进而为了自身的正常运转，人会依次分解糖分、脂肪、蛋白质来提供能量。

1. 植物性食物

上面已经提到，植物中含有大量碳水化合物，而这些碳水化合物为我们提供能量。并且，很多植物还可以提供维持人体正常工作的蛋白质。

如果你的背后有敌人在追赶，或者到了一个动物性食物匮乏的地区，植物性食物的优点和价值就体现出来了。

利用空气、阳光、火和风等自然条件将植物性食物弄干，这样就可以使其保质期加长，方便在求生过程中携带，在需要时取用。

相比动物性食物，植物性食物更容易寻找和获得，并且不会产生太大的声响，也就不会引起敌军的注意。

2. 动物性食物

动物性食物的营养成分更多一些，但是，获得动物性食物的难度要比植物性食物大一些，我们需要掌握可食性动物的习性，以及制订捕猎它们的计划。

捕食动物性食物的原则是先易后难，并且要选取种群数量大的动物，例如昆虫类、鱼类、甲壳类、爬虫类等等。这是因为捕食一些哺乳动物，需要制作陷阱和套索，这会花费你一些时间和精力。这些简单易得的动物，可以先帮你恢复一些体力。

要注意的是，野外不比城市，找到的食物可能看起来让人没胃口，感到难以下咽。但是为了能够生存下去，只要是可食用的、无毒害的食物，在没有第二选择的情况下，必须要吃下去。

状况尚佳的个人卫生

如果人体保持了应有的清洁，那么就会大大降低感染疾病的可能性，这在任何情况下都是适用的。

能够用一块干净的肥皂，每天洗一个舒服的热水澡，自然能保持清洁。但是这种设想在野外的作战环境中是非常奢侈的。这时可以用布蘸取肥皂水，擦拭全身。当水都变得很稀有珍贵时，就可以尝试一下用空气洗澡，脱掉身上的衣服，暴露在空气与阳光中，坚持一个小时的时间，但同时要注意不被晒伤。

如果身边没有肥皂，可以用沙子和草木灰替代。不过可以试着自己用草木灰和动物脂肪制造一块简易的肥皂，具体方法如下：

- 将动物脂肪切成条状的小块，放进锅里熬，提炼出其中的油脂。

- 在熬煮的过程中，需要不断地往锅中加水，以防干锅。
- 熬煮的过程需耐心，并不断搅拌。
- 当油脂提炼出来后，将其倒入一个容器中，直至冷却。
- 将草木灰倒入另外一个容器，在靠近容器底端的位置凿开一个小口，用于水的流出。
- 将水倒入盛有草木灰的容器中，用另外的容器接住缺口中流出的混合溶液，这里面含有钾和碱。还有另外一个方法可以获得这种含碱溶液：将草木灰和水混合，然后用纱布过滤。
- 将油脂和含碱溶液混合在一起，放入锅中熬煮，二者的比例是 2 : 1。熬煮的程度，以看到黏稠液体为止。

在这种混合物，也就是简易肥皂完全冷却后，就可以拿来使用了。不过也可以等到它完全凝固再用。另外要注意的一点是，制作肥皂时，不要因火和脂肪，引来敌人。

保持个人卫生需要做到以下几点：

保持双手的洁净。当手上残留大量细菌时，不仅会沾染到食物上，还会使伤口的情况恶化。我们随时随地都在接触细菌，但是有些特定的时候，细菌的接触量会明显增加，例如照顾病人时。所以，我们在碰触食物和水，或是盛装它们的容器之前，都要清

小资料

衣物的整理

　　带多少衣服以及带什么样的衣服取决于你自己的喜好、旅行的性质以及天气状况等因素。但是，在此过程中，你应尽量减少行李重量，同时确保有足够的衣服换洗。

　　一有机会，就要把脏衣服及时洗干净，而不要等到所有的衣服都脏了，才想到要洗衣服。

　　带一根绳子以及几个钉子，用来晾衣服。

　　天然纤维衣料的衣服穿起来会更舒适，因为其具有更好的隔热性和吸汗性。

洁我们的双手,及时修剪指甲,并且不要将手指含在嘴里。

保持头发的洁净。如果没有及时清洗头发,就容易滋生虱子、跳蚤以及其他许多寄生虫和细菌。所以,平时要注意修剪头发,保证头发的清洁。另外,在温血动物身上,常常会有跳蚤和虱子,它们都是以吸血为生,并且还带有很多致病细菌。啮齿动物就属于这其中的一类,它们的身上有可能就有跳蚤和虱子。每当捕猎啮齿动物时,一定要等到动物的身体冷却后,也就是等跳蚤和虱子离开寄主后,再来处理动物。

保持衣物的清洁。首要一点就是让自己的衣服和被褥始终保持干净的状态,这样就能降低皮肤被感染的概率,消除一些寄生虫附在上面的可能性。一旦发现外衣脏了,要及时清洗。在水资源匮乏的情况下,可以选择在"空气中洗衣服":先将衣服用力地甩几下,然后把它们暴露在阳光和空气中两小时以上。睡袋在使用之前,也要反复拍打,并让它经常通风。

如果水资源丰富的话,你一有机会就应该清洗脏衣服——至少每隔一天洗一次。

保持牙齿的干净。每天我们都要用牙膏和牙刷对口腔进行清洁,而身在野外,可能就没有这个便利的条件了。我们可以自己制作清洁牙齿的工具,先找来一个小树枝,长度约20厘米,宽度约1.2厘米,可以当成"咀嚼棒",咬动"咀嚼棒"就能起到清洁牙齿的作用。或是找到一条洁净的布条,缠在自己的手指上,用其擦拭牙齿,那些食物残渣就会掉落出来。

在徒步行进时,有必要带一些处理水泡的工具。一感觉到脚上有疼痛,就要马上采取处理措施。

而牙齿缝间比较难弄的残渣，可以找一些小树枝或小藤条充当牙签，剔除它们。

保证双脚的清洁和健康。脚对在野外生存的人很重要，要时刻注意双脚可能出现的问题。在任务开始前，就要检查自己的鞋子是否合脚、舒适。并且每天及时清洗自己的脚，并进行按摩。脚指甲要及时修剪。平常多注意脚是否因走路长出水泡。若发现水泡，不要立刻把它弄破，这是因为弄破水泡会很容易感染细菌。在水泡的四周涂抹上药膏，而不要抹在水泡的表面。若不小心弄破了水泡，一定要用清水冲洗，然后包上绷带。

充足的休息时间

如果不休息，体力就得不到恢复，也就不能继续后面的行进任务。所以，休息是活力之源。如果你不幸生病或是不小心受伤，停下来休息，是康复最快的方法。并且，制订生存计划时，一定要安排固定的休息时间。有的时候，生存环境不尽如人意，那么更要学会如何在糟糕情况下身心愉悦。

生存准备

士兵都不能打无准备之仗，野外生存也毫不例外。在前面的小节中已经谈到了计划、生存方案以及求生行动的重要性。除此之外，对野外生存进行适当的准备也是同等重要的事情。

在真实的野外生存实战上演之前，我们只有两件事可以提前准备。但这两件事并不简单，需要花费我们大量的时间与精力。

模拟不同的环境，进行生存训练

模拟训练永远是必备的课程，如果只是储存书本知识，当面对复杂的野外环境时，依然会手足无措，书本知识形同虚设。唯有模拟真实环境进行演练，才能达到理想的效果。

在这个模拟环境中，我们要学习如何寻找食物和水、如何搭建一个避身所、如何利用环境优势进行藏身、如何找准正确的方向、如何在形式各异的地形中穿越，如何远离环境中潜在的危险，以及如何保证身体的健康，等等。

更为重要的一点是，在亲身实践中，你会体验到充足的休息，比追求一个"快"字重要很多。无论你是在干旱缺水的沙漠中行进，还是在寒冷严酷的南极踏雪而行，亦或者是在动物凶猛的丛林中步履维艰，都不能贸然前行，保存体力，才能有良好的判断。有价值的计划永远是和清醒的头脑分不开的。

对自己将要去的地方，进行充分了解

虽然你还没有亲身到达某一个指定的任务环境，但是对那里的环境有一个初步认识是你要做的基本功课。

获得的这些知识，会让你与当地的居民建立良好的关系。试想一下，如果自己要去的某个部落有着食素的习惯，而你之前又没有了解到这一点，到了之后，很容易就会犯当地的忌讳，最后导致自己不受当地居民的欢迎。同时，你要提前知道，当地的居民和自己的敌人有没有同盟的关系，这样才能放心交往。

多了解一些他们生活的习惯，还有部落的风俗，能在对方的心中留下自己礼貌而又友好的形象，他们也就不会对你有所排斥，甚至你还能得到他们的帮助。

除了进行模拟训练和了解环境这两项通常的准备之外，心理上的准备也不容小觑。要在心里设想这么一个接近现实的情境：生存行动是一个军人必须要接受的，这个生存过程可能会持相续当长的一段时间，并且身边没有战友，需要自己一个人处理很多紧急事和危险情况。当身边的装备不齐全时，心理上就会遭受更大的挑战。

危险评估

作为团队中的一员，你有责任对自己及团队其他成员的安全

负责。对旅行进行危险评估是至关重要的，比如旅行中的活动可能带来的危险、团队成员可能受到的伤害及其危险程度等。

为什么要进行危险评估

危险评估是对一次活动所具有的危险性进行的事前评估，以确定可能会出现哪些问题、哪些人可能会受伤以及如何处理类似问题等等。意外事故总是可能会发生的，但是有效的危险评估能够减少潜在的意外事故发生并使人从中吸取教训。

要对潜在的危险因素有提前的认识和准备，这样才能更好地面对。

识别危险

在识别一项活动所具有的危险性的时候，你应当注意那些可能导致严重伤害的方面。有时候你应该询问那些对活动内容不太熟悉的人的看法，因为这些人往往会发现一些老手所忽视的问题。另外，一些装备生产商所提供的产品说明书也往往有助于你识别某些危险。

此外，你还应考虑到其他的潜在危险，包括自然灾害、恶劣的天气状况、高原环境的适应性、危险的野生动物以及当地的饮用水安全。如果你需要山区急救服务，则要提前了解一下你所前往的地区是否有该项服务。确保每个团队成员都已接种了必要的疫苗。你的目的地也许是一些政局不稳定的地区，这些地方可能存在着内战、游击战、绑架勒索或恐怖主义活动等危险。出发前应多了解情况，一些国外网站上一般都会有最新的可靠信息。

在任何活动中，活动的参与者和指挥者都处于最明显的危险之中。但同时也要充分考虑到，该活动对于那些等待参与活动的人以及参观者和路人所具有的潜在危险。

评估危险

在分清每一活动包含哪些单独环节后,你就需要估计出每一环节所具有的危险程度。你可以将危险程度分成"高、中、低"3个等级。同时,你应该考察该项活动的历史,因为在历史中可能已经发生过一些事故,可以让你吸取一些经验教训。

改进操作技术、增添装备或增加训练等所有这一切都有助于减少危险和加强安全,当然这并不能完全消除旅行中的危险因素。

仔细阅读保单(人身意外险、车辆保险、团体保险)上的详细条款,确保已覆盖所有可能涉及的危险。

做记录

旅行中应对以下事项做记录:装备的使用时间、使用年限、维修记录以及旅途中发生的意外事故。这些记录会对以后使用这些装备的人有所帮助。

第二节　生存心理学

如何认识心理压力

了解心理压力及其影响，对我们在极端条件下更好地生存有巨大帮助。

心理压力不是疾病，而是每个人都会有的一种心理状态。它是我们对外部压力产生的自然反应，是我们的身体对于突发状况或困境所作出的生理、心理、情绪以及精神的反应，无法通过治疗消除。

适当的心理压力能够帮助人去面对逆境，挑战困难。它刺激我们努力前进，考验我们对突发状况或困境的适应性和处理能力，还能反映出一件事对我们的重要程度——因为不重要的事不会让我们感到压力。所以说，心理压力对我们而言是有很多正面作用的，我们需要心理压力来帮助我们更好地把握命运。

但是，任何东西一旦超出限度，都会产生负面影响。过于沉重的心理压力无论对个人还是对团队，都会造成伤害。它有时是建设性的，有时是破坏性的；它能够激励人，也能打击人；它能促使我们前进，也能让我们前功尽弃；它可以激励我们在求生环境中成功应对并以自己最高的效率履行职责，它也能使我们惊慌失措并把自己受过的训练忘得一干二净。紧张、犹豫、暴躁、健忘、消沉、焦虑、马虎、抑郁、孤僻、逃避、精神难以集中……心理压力过于沉重，就会使人被这些负面状态所困扰。所以，我们需要心理压力，又不能让它超出我们所能承受的限度。

每个人都必须清醒地认识到，压力是不可避免的。我们所遇到的任何困难都能导致压力产生。而且，困难常常"祸不单行"，有时会同时出现多个使人陷入困境的状况。这些状况本身不是压力,但压力因它们而生,因此它们被称为"压力源"。压力是人对压力源作出的自然反应。人体感受到"压力源"的影响时,就会启动自我保护功能,形成心理压力。能否生存下来,关键就在于我们是否具有正确处理压力的能力。只有正视压力、不受压力影响的人,才能够在困境中生存下来。

人体感受到压力源后,会立即作好"应战"或"逃避"的自我保护准备。即:

人体会将平时储存的糖和脂肪释放出来,以保证能量供应。

心跳频率、呼吸频率和血压提升,以使人体获得更多的养料供应。

肌肉处于紧张状态,以便人体随时行动。

凝血机制启动,以减少已经出现或可能出现的出血。

视觉、听觉、嗅觉灵敏度提高,以便大脑迅速获得周围的信息。

人体的这种自我保护状态可称之为抗压机制。它能够使我们更好地应对困境。但是,抗压机制会使人体消耗大量能量,产生大量垃圾。困难不会等我们作好准备才出现,而且可能蜂拥而至。人如果连续遇到多个困难而一时不能解决,抗压机制持续消耗能量,不仅心理要承受巨大的痛苦,而且精力也会衰竭。因此,人体抗压机制不能长时间地持续保持。我们所需要做的,就是正确预判可能遇到的困难,做出解决预案。

我们的精神状态与环境、装备一样对我们的生存意义重大。在面临困境的时候,我们以及我们的战友的精神状态是决定我们能否生存下来的第一要素。

因此,我们必须认真地思考这样一些问题:

· 我们是如何应对各种突发状况的?

· 我们或者我们的战友下意识的动作、表情和心理活动是因何产生的?

· 怎样才能更好地实现自我控制?

・怎样才能对我们的同伴产生对我们和团队都有利的影响?

这些问题对于我们的生存至关重要。能够解决这些问题,我们就能够更好地克服心理压力对我们造成的不良影响。

虽然人体的自我保护机制会在感到压力的时候自发

出现一个问题就解决一个。一旦一个问题得到全面的解决,你就能够全身心地投入到下一个问题中去

地帮助我们提高消除威胁的能力,但它同样也会在我们面临困境时给我们制造麻烦。例如,当我们努力躲避敌人的围追堵截并到了紧要关头的时候,我们的身体可能突然告诉我们:"我现在非常饿!"强烈的饥饿信号会使人陷入疯狂,甚至可能使人毫无计划地冲到敌人的营地里寻找食物,导致自己暴露。

欲望和消极是我们在恶劣生存条件下最大的两个敌人。它们会让我们失去冷静的判断力,放弃完成任务或求生的努力和愿望,使我们陷入更严重的危机。

欲望是人人都有的,也是最难控制的。要战胜欲望,我们就必须找到控制不利于生存的欲望的办法。这需要我们在失去理智之前深思熟虑地比较。比如,我们可以问问自己:被敌方俘获或者挨饿受冻,哪一个是对我们更有威胁的?饥饿是可以忍耐的,而被俘往往意味着刑讯、关押和死亡。忍耐一时的饥饿,换来的是避免失去自由和生命。两相比较,答案显然是忍耐。进一步地,我们可以将饥饿的欲望转化为求生动力,寻找迅速摆脱困境的办法。

消极也是绝大多数人常常会有的态度。当我们遭遇疲惫、饥饿、疾病或是强大对手的威胁时,意志不够坚定的人可能会因为顶不住压力而产生逃避甚至屈服的想法。这时候,我们会变得看不到希望，看不到意义，看不到一切美好的事物。处于消极状态的人会夸大困难和危险的程度。我们要做的，就是制订完善的计划，尽可能作出合理决定。

不仅是对自己，对团队中的战友，我们也必须做到能及时发现消极心理的蛛丝马迹。否则，战友的不佳表现很可能会拖整个团队的后腿。如果我们的战友产生消极心理，他就会变得顺从、沉默、懒散、食欲不振。我们必须找到使战友变得消极的原因，然后帮助他消除或者正视那个压力源。

如何正视生存压力

我们要对付的压力有很多，这里只介绍最常见的一些，以便应对。

死亡

处在陌生环境的时候，我们可能遭遇事故，可能受到攻击，可能误食有毒食物，可能感染疾病，可能因为伤病而行动不便或无法很好地自我保护，因此不可避免地会受到死亡的威胁。它随时可能找上我们，即便是我们选择逃避。对待死亡，我们唯一能做的就是勇敢面对，然后才能更好地化解各种风险。

疼痛

疼痛是我们经常会遇到的身体报警信号。它本身无害，是为了让人体察觉伤病、规避伤病而做出的自我保护措施。但是，剧烈的疼痛对于绝大多数人都是一种令人难以忍受的折磨。它会竭尽全力吸引我们的注意力。一旦它得逞，我们可能就会崩溃。其实，疼痛基本上是可以忍受的，只要我们在四个方面作好准备。一是正确认识疼痛出现的原因；二是在精神层面藐视疼痛；三是转移注意力；四是为自己能忍受疼痛的男子汉气概自豪。

干渴

干渴是野外求生的人常常会面临的严峻问题之一。一个成年人身体内所含的水分，占人体重量的70%。人的体液循环、新陈代谢乃至保持细胞活力，都需要水的参与。如果不能补充充足的水分，人的反应就会变得迟钝。而如果一直不能获得水分，在极干燥的环境里，人将在72小时内因脱水而死亡。因此，在有条件的情况下，我们要保证大量喝水。一旦水的供应无法保证，我们就要减少进食，避免身体为处理食物中的无用成分大量消耗水分。同时，我们要扎实地掌握如何利用自然条件补充水分的技能，以备不时之需。

饥饿

虽然给养供应在今天已经做得比以往任何时候都更好，但谁也不能保证我们在野外生存中不会遭遇没有食物的状况。要想在陌生的生存环境中执行长期任务，我们就必须拥有获取并保存食物的能力。食物是人生存的关键要素。不能补充能量，结局就是死亡。一旦出现不得不忍受饥饿的状况，已经对物资稳定供应变得习惯的我们将会感到活下去的压力以及面临死亡的恐惧。长时间的饥饿会影响人的心态、精神和意志。如果一直找不到食物，人会因营养不良而变得虚弱，甚至会晕厥。自然界中有丰富的食物，学会分辨可食用的自然资源并加以利用，将使我们在野外的生存能力大大提高。活下去，才能更好地完成任务。我们应该吃下所有能吃的东西，决不能因为挑食而愚蠢地葬

在上下陡坡的时候，特别是在土质较松的地形状况下，步子要往侧面迈。

送自己。

未知

在野外生存中，唯一可保证的，就是一切都不能保证。我们不能保证不遇到攻击，不能保证给养供应不出现问题，不能保证计划能顺利执行……在进入陌生环境后，我们很可能会遇到巨大障碍，以至于不能确定会发生什么，不能很好地控制局面，不得不在信息有限、控制力有限的条件下活动。这时，人往往更加紧张，也就更容易生病、受伤或死亡。

环境

在野外生存中，天气变化、地形变化和那里的生物会给我们造成不小的麻烦。我们没有时间去改造环境，而且我们往往不得不置身于陌生环境。我们可能会出现在沙漠里、丛林中、山岭间或是冰原上。无论是高山、沼泽、荒漠、海洋，还是酷暑、严寒、暴雨、台风，或是蚊虫、鳄鱼、毒蛇、虎豹，都可能是我们必须面对的挑战。即便是在我们最熟悉的环境中，我们仍然会受到自然环境的威胁。对于这些挑战，处置得当，我们就可以得到周边环境的支持和保护；处置不当，就会被环境攻击，就会感到极端不适。

疲惫

在陌生环境，尤其是在野外长时间保持警惕和战斗状态，我们的身体和精神就会十分疲惫，有时甚至无力保持清醒。在这种情况下，我们的思维变得迟钝，体能大大降低，反应能力也将被

在多岩石的地形中行走是比较辛苦的，因此需要更多的短暂休息。

严重削弱，变得对一切漠不关心。大多数人都因为繁重的工作而疲惫。一些心理因素也会导致疲劳，如绝望、没有目标、受挫、负面心理状态等都很容易给我们带来巨大压力。解决疲惫的最好方法就是睡觉。当疲劳已经影响到你的精神及生理能力时，你自己能感觉出来。如果你意识到情况危急，你多半会振作精神继续前进。

孤独

人是社会性动物。人类需要彼此沟通、交流，才能满足各自的物质和精神需要。我们的任何行动，基本上都离不开群体的帮助。离开群体，人的能力将会大大减弱，生存能力甚至比不上一只蚂蚁。但是，对于经常需要执行特殊任务的我们而言，很可能会遭遇与世隔绝的状况：也许是处于渺无人烟的荒漠；也许是处于充满敌意的村镇；也许是处于无法与别人沟通的异国他乡；也许是处于通信中断的热带丛林……我们可能因此无法从其他人那里得到信息或指导，无法获得安全感。我们不得不完全依靠自己，这将给我们带来相当大的生存压力。其实我们在日常生活中一直在掌握各种生存能力，现在我们已经基本学会了如何制作一些满足自己需要的东西，学会了创造能让自己更舒适的条件，学会了接受和适应环境，学会了处理一些难题……而我们参加的军事训练又教给我们更多有用知识，让我们学会如何正确面对可能遇到的各种问题和环境。因此，即便是我们不得不独自行动，也应该相信自己能够通过思考、计划、行动去完成目标。

烦躁

单调和重复是使人出现烦躁情绪的主要原因。陷入烦躁状态的人会同时产生紧张、沮丧等不良情绪。要摆脱烦躁，我们就必须时刻清醒地认识到我们要实现的目标，并认识到自己所执行的任务是和生存相一致的。

严寒

严寒的环境会降低效率，使人的思维变得迟钝，使人的行动欲望减弱，并因血液流动减缓而昏昏欲睡——很多死于严寒环境的人就是因为在这种条件下陷入昏睡而被冻僵。在寒冷让我们变得孱弱之前，我们必须尽快找到安全的取暖场所。

酷热

酷热环境会使人大量流汗，难以呼吸，身体虚弱。与严寒环境不同，人完全可以适应酷热环境。只要2~6天的时间，人就可以将身体机能调整到适合酷热环境的状态。我们需要特别注意的只有两点：不要让炽热的阳光直晒我们的头部；除非必须，否则不要在一天中温度最高的时候行动。

这些是我们经常会遇到的产生压力的状况，但并不是我们可能遇到的全部。而且，因为人与人的差异，我们感到的困难也许对于别人来说不算什么。我们感到很难办的事，也许别人处理起来易如反掌。所以，任何困难对于不同的人造成的压力，大小都是各不相同的。如果我们希望能够从容应对大多数困难，面对并化解压力，那么，进行训练、积累经验、积极乐观、保持健康、相信自己是必不可少的。

总之，我们可以应对各种困难，只要平时我们做足了训练。训练的内容就是：尝试自己多作决定，增强自己应对新情况、解决新问题的能力，学会在出现新的或紧急的状况时有条不紊地采取适当的行动。这是关系到我们的生存的最重要素质。

如何应对自然反应

在这个有无数强大物种先后灭绝的地球上，人类能在弱肉强食、危机四伏的自然法则中历时几千万年而繁衍至今，并且越来越强大，得益于人类具有调整身体、心态以及应对变化的能力。我们的祖先曾经面临的困境比今天任何人面对的都要困难几百倍。

他们没有先进的工具,他们没有成百上千乃至更多的战友。而他们的敌人,是比今天数量更多、野性十足的毒蛇猛兽,是和今天一样的严酷气候。但是他们利用自身能力生存了下来!所以,继承了这些能力的我们也完全能够在各种困境中生存下来!当然,这个前提是我们必须像我们的祖先那样能够充分了解和利用我们的优势,否则就只能听天由命。

在野外生存环境中,大多数人难免出现负面心理反应。

恐惧

正常人都可能有过恐惧。它是人体对被其判定可能导致伤残、死亡的危机以及恐怖想象的一种正常心理反应。也许有时候那种威胁我们生存的事物并不存在,但我们一样会因为觉得它存在而恐惧。懂得畏惧的人才能活得更久。恐惧心理并不完全是坏事,它能够促使我们更小心谨慎地行动,这对于保证我们的生存确实具有重要意义。但是,有的人往往因为过于恐惧而吓得失去行动能力,以至于连躲避危险都做不到。感到恐惧并不丢人,丢人的是被恐惧所击溃。我们必须做到不因恐惧而失去理智。有人天生胆大,大多数人则需要通过训练来克服恐惧心理。你能够获得使自己增加自信的知识和技能,从而克服恐惧。

焦虑

当感到有未知的危机潜伏在我们周围时,我们就会感到焦虑。这同样是人体的自然生理反应。不会感到焦虑的人,就不会有进取的动力。焦虑心理可以促使我们拼搏到底,至少可以让我们保持警惕,发现并躲避危险。

要对自己应对挑战的能力有信心,这样你才更有可能达到你的目标。

但过于焦虑同样会对人造成毁灭性的影响。它能使人心理崩溃，能使人犹豫不决甚至无法进行思考，能使人无法作出正确的判断和决定。要想减少焦虑，我们就要尽可能地熟悉我们所生存的环境，保持镇定，以实现对危机的控制，保证自己的安全。

沮丧

没有一个人不会出现因为没有解决问题而产生苦恼忧愁情绪，再乐观的人也有发愁的时候。不对困难发愁，人就不会努力寻找解决办法。但如果忧愁进一步发展成为沮丧，则会导致身体、情绪和心理完全崩溃，使人主动放弃努力，用"已经尽力""天意""真倒霉"等借口逃避困难。沮丧是人在绝望、无助的情况下的心理反应。但真实的情况是，我们所遇到的绝大多数难题并不值得沮丧。换句话说，我们其实完全有能力很好地解决绝大多数难题。我们决不能允许自己放任自流，不能随意消磨求生的意志。我们应该让这种心理转化为前进的动力，努力活下去，绝不能向沮丧屈服。

挫折

就像开车的时候往往红灯连着红灯而少见绿灯连着绿灯一样，我们在执行任务的过程中往往频频遭遇阻力甚至失败。这时，很多人会产生挫折感。在执行任务的过程中，我们总要为实行计划和保证生存采取一系列行动，也就难免因为失误、犯错或者不可抗力而一再品尝失败的滋味。我们可能不小心丢了匕首，以至于饥饿的时候无法打开一盒罐头；我们可能遇到了一座断桥，以至于原本计划抄近路却不得不回头绕远；我们可能潜伏了很久终于找到了射击敌方指挥官的机会，而敌方指挥官却因为突然摔倒而导致我们前功尽弃……这些本是很正常的事，但对自己要求严格、期待过高或者心理脆弱的人就会因此而遭受挫折。遭受挫折的人会变得易怒，会变得草率，会变得消极。我们必须做到更加相信自己，更加乐观地对待遭遇，才能排除挫折感的干扰，从容应对野外的生存挑战。

内疚

我们经常要以团队的形式展开行动。而我们的职业使我们经常处于危险的环境中。发生事故、遭遇袭击或顽强抵抗对我们来说是常有的事。也许是因为我们的失误或者错误导致战友的死亡，也许只是因为是唯一幸存者，我们都会对牺牲的战友感到内疚。这是一种美好、伟大的情感，它能使我们产生努力活下去的勇气，能使我们坚定完成任务的信念，能使我们去帮助战友的遗属。但有时，这份内疚过于沉重，会压得我们无法呼吸，从而放弃使命，放弃求生，自暴自弃。不要让内疚成为我们的包袱，这对于牺牲了的战友没有任何意义。完成使命并活下去，才是对付出了生命的战友的最大回报。

孤独

没有人真正喜欢独自终老。我们需要同伴，需要朋友，因为我们需要他人的帮助，否则就无法生存。但几乎每个人都不能避免独自一人的情况出现。我们不得不自己来做一些原本由别人来做的事，并借此更清楚地认识自己的能力，充分挖掘自己的潜能。孤独是一种宝贵的体验，也是难得的机会。不要因孤独而绝望，它只是暂时的。能在孤独的环境中生存下来的人，才能成为可以依靠的人。相信自己，我们有能力独立完成。

如何作好心理准备

野外生存中，你唯一的任务就是活着。你在野外求生中遇见的各种事情所产生的感情将成为双刃剑，它可能帮助你渡过难关，也有可能使你崩溃。在生存的过程中，你会产生一系列诸如恐惧、焦虑、自责、焦躁等情绪，如果可以积极对待这些情绪，你会发现在训练中,你能在恐惧的情况下保持冷静并且反击,能够保证自己生存所需的食物的充足及安全,能够信赖自己的战友,还可以在生命陷入危险或是情况极其糟糕时活下来。可是相反地,如果你被这些负面情绪困住、一蹶不振的话,你的精神将会崩溃,身体也会垮掉。尽管野外生存并不是一件很罕见的事,但是我们也不能忘记,因为某些突发事件而让我们的生命垂危的情况却不常见。我们不可以因为这种突发事件而惊慌失措,我们应当作好准备,努力克服那些负面的不良的情绪,并且利用这些情绪让自己体面地、有尊严地生存下去。

我们在作准备的时候应该清楚,自己在野外生存的时候,应当有积极的应对态度,而不是消极的。有无数人通过野外生存而培养出了英勇无畏的品质和自我牺牲的精神。只要你准备好,你也可以以此来发掘或培养出这些优秀的品质。下面是几点关于如何作好野外生存的心理准备的建议。通过阅读这本书并且参加野外生存训练,你可以培养出你自己的生存心态。

认清自我

经过一段时期的训练,你将在旁人的帮助下对自己有更深刻的认识,发现自己的长处,学会利用自己的优势,同时掌握和运用野外生存的必要的技能。

预想恐惧

与其逞强假装自己不害怕,不如想想自己在孤立无援、独

遇到情况时,应及时调节自己的心情,并相应地调整计划。

自救生的情况下最害怕的状况是什么。然后，根据你所担忧的情况进行应对训练。这不是为了让你在野外生存中毫无恐惧的心理，而是要帮助你树立同恐惧抗争的信心。

正视现实

要客观评价你所面对的现实，不要过分乐观也不要过分悲观，正确的评估会让事情变得顺利。在评判状况时要积极乐观，相信有希望，但也要客观，否则会因为现实与期待的差距太大而失望，产生失落的情绪。要做最万全的打算，考虑得周全一些，这样即使出现意外也可以应付。

共同的日程和目标以及融洽的团队人际关系是确保野外生存顺利的关键。

态度乐观

硬币有正面也有反面，遇事也是如此，不能只看到消极一面而忽视积极一面。时刻保持乐观的心态可使自己的身心处于较好的状态，既是一种培养心境的方法，也可以激发自己的潜力。

提防危险

时刻保持警惕，要将自己及队友的性命时时放在心上，懈怠松懈或者是没能作好充分的心理准备，会让自己陷入负面情绪的泥沼中，造成精神涣散、缺乏信心、判断失准甚至不能坚持下去，给自己和他人带来生命威胁。

加强训练

在部队及日常生活中的训练中，学习野外生存所需的技能，熟能生巧，平时多做训练，积累经验，在正式的野外生存训练中就不会胆怯，就可以活用技能。而且有一点很重要，就是训练一定要尽量贴近野外生存的条件，模拟地越真实就越有利。

处理压力

如果没有经过良好的训练或者是心理准备得不够充分，在野外生存的时候就难免产生压力，并且可能不知所措，所以要学会处理压力。正确处理压力可以让你冷静地思考如何应对眼前的状况，集中注意力在求生方法上。处理压力有几个小窍门，譬如偶尔放松、规划时间、坚信自己的实力或者是自我调整对状况的评估。总而言之，要想在野外生存，就要坚持，绝不轻言放弃。

如何时刻保持清醒

对于野外求生者而言，突发状况的出现是自然的。一些突发事件为求生者带来惊吓的同时，也为求生者的求生制造了种种障碍。面对突如其来的各种状况，求生者不要惊慌失措，即便一时无法想出有效的应对措施，也要注意时刻保持头脑的清醒。慌乱和害怕对于处理突发状况无益，而且会给求生者造成心理压力。

一旦出现疲劳、缺水少粮、迷失方向、与同伴走失等情况，野外求生者的情绪很可能会发生波动，慌乱无助、恐惧害怕等心理随之而来。一个经验丰富的野外求生者，总会找到各种办法转移自己的注意力，以克服恐惧和慌乱心理。对于求生者而言，要想在野外环境中求生、保护自身安全，必须学会调节心理状态，以适应接连发生的各种突发状况。

放松身心

1. 保证睡眠

充足的睡眠是维持人体机能正常运转的基本要求。只有睡眠充足，野外求生者才会精力充沛，在遇到突发状况时，才有可能保持清醒的思路，从而进行冷静思考。反之，如果睡眠不足，求生者身体会感到疲劳，自身的思考能力和防范意识也会随之降低，后果不堪设想。

2. 保证营养

在野外生存中，求生者要想方设法猎取各种食物，以保证自身摄入足够的营养。野外环境艰苦，每天吃何种食物是由周边的自然环境决定的。即便如此，求生者还是应该尽力而为，为自己找到不同的食物食用，以维持身体摄入营养的平衡和身体的健康。如果条件允许，在进入野外生存状态之前，应准备好维生素、鱼肝油、钙片等营养片，以备在食物缺乏的情形下食用。

3. 舒缓情绪

充足的睡眠、平衡而营养丰富的膳食，是保证求生者拥有清醒头脑的重要因素。除此之外，其他的小窍门也可以帮助缓解自身的紧张情绪。例如，随身携带一盒风油精，涂在太阳穴上，不仅驱虫，还能放松身心；睡前轻柔地按摩头部，也可以使求生者的身心愉悦放松。

调整心理

除了保证睡眠、营养以及放松身心等生理调节外，适当的心理调整和心理暗示也会使头脑保持清醒。

要想头脑清醒，一定要时刻保持冷静，不慌张。心理学研究表明，长时间处于慌张或焦虑状态的人，其肾上腺将会自然地分泌出激素，这些激素使人体处于兴奋状态。当兴奋状态时间过长且超出人体可控制的范围时，就会影响大脑的意识，严重者将会在短时间之内，失去思考和判断能力。这时，如果有危险出现，将会出现无法想象的后果。

适当地调整心理以保持头脑冷静，并不是什么难以做到的事情，方法有很多，因人而异。深呼吸、宣泄式的大叫、肢体的伸展等，都可以帮助求生者冷静下来。

第三节　生存工具箱

生存工具箱说明

我们已经知道了心理准备对我们的重要性。除此之外，一些物质上的准备当然也是必要的。

在士兵经常搭乘的军用飞机上，每个飞行人员都会配有一个工具箱，里边放着关系到生存的重要工具，具体的东西除了必备的救生背心之外，其他视所要去的目的地而定，有的偏重于水上求生，有的偏重于应对酷热，有的偏重于应对严寒。通常情况下，包括装满水的储水袋、淡化水器具、一定量的食物、鱼竿、金属线、燃料、防水火柴、煎锅、小折刀、汤勺、指南针、日光信号镜、海水染色剂、哨子、信号枪、急救箱、防晒用品、防虫头罩、两用太阳帽、雨披、睡袋、铲子、蜡烛以及一本生存手册。当然，这里边有些东西是随执行任务环境的不同而有所增减的。

像那些飞行员一样，我们在每次执行任务前也需要整理好一个工具箱，而且要了解工具箱里的每一件工具，将它们合理摆放，以便保存和使用。当然，第一步是挑选适合我们行动的工具。

我们需要携带哪些工具，完全取决于我们将在什么样的环境里行动。而相关用品的携带量和工具的存放处则由我们是否搭乘交通工具、搭乘什么样的交通工具以及团队整体装备决定。

在出发前挑选工具时，为了方便携带，我们应该选择那些功能较多、体积较小、重量较轻、结实耐用的工具，不要选择那些非必需的、笨重的、功能单一的东西。

存放这些工具的工具箱不要求多精致，更不能花哨、耀眼。对于工具箱的要求，首先是能放下我们要带的工具，然后就是一定要防水、结实并便于携带。

我们的工具箱里，必不可少的东西是：

急救用品——包括常用药物、绷带及一些简单器械。当我们或我们的战友生病、受伤时，它们会挽救我们的生命。

发信号工具——没有发信号工具的帮助，我们将很难准确获得支援和救助。

淡水净化处理工具和一定量的饮用水——没有这些，我们会遭遇难以想象的大麻烦。

生火用品——无论是为了烧水、做饭、取暖，还是战术用途，能够随时点燃一堆火的工具都是必不可少的。

获取食物的工具以及食物——我们必须要携带一些食物，尤其是在那种不能够保证可以及时获得食物的野外生存环境中。

睡袋或帐篷——在有条件的情况下躺进睡袋或帐篷里，对保证我们的健康很有帮助。

与那些电影大片不同的是，我们不用在不必要的时候携带其他武器，全副武装还不如去开一辆坦克。

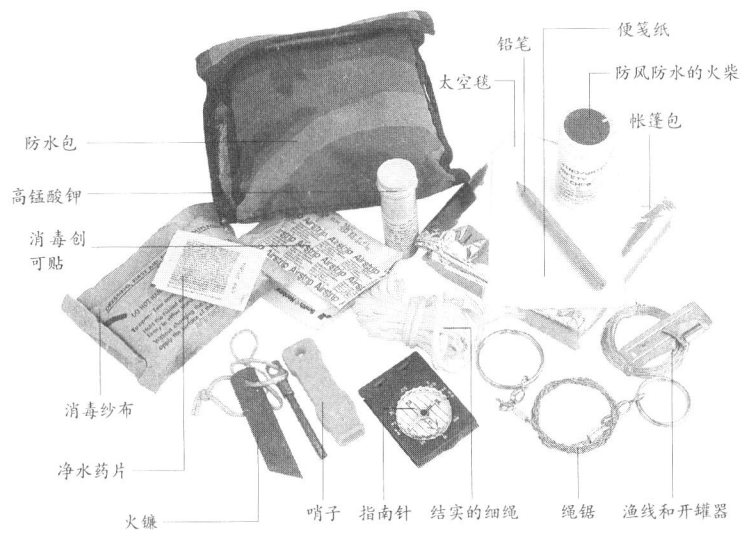

请尽量将你的各种生存装备压缩得小些，以便随身随带。

除了这种大的工具箱之外,我们还可以准备一个微型的贴身工具箱。这个工具箱只需能装 20 支香烟的铁盒那么大——当然,我们完全可以直接选用一个这样大小的金属烟盒。

要将这个铁盒随时擦干净,千万不要在我们必须使用它的时候发现它已经因为生锈等原因而损坏。同时,我们需要对它进行防水处理,例如,用一个宽的橡胶套将铁盒封口箍住。

在这个铁盒里面,我们需要装一些普通的火柴。为了防止火柴自燃,可以用蜡油将火柴头包住。同时,为了节约空间,我们可以把火柴杆剪掉一截。千万不要选用防水火柴,它们会大大占用小铁盒的空间。需要记住的是,这里放置的火柴只能在急需时使用,除非没有其他生火用具或手段,否则不要浪费这些火柴。使用的时候,既不能浪费,也要避免其他火柴受潮或者遗失。

但在极潮湿的环境下,使用火柴只能是浪费,只有打火石才能发挥作用。就算是我们不会遇到潮湿环境,带一块精制的打火石也可以让我们在用光火柴后不至于束手无策。所以,精制打火石是不可或缺的。

作为生火用具,放大镜点火用时显然过长。但是,只要有充足的阳光,放大镜就是一件可以无限使用的生火用具。同时,它可以用来看地图、查踪迹。因此,我们的微型工具箱里一定要有它。

几根削成条形的蜡烛也是必需的。如果有条件,可以选择用动物油脂做成的蜡烛。这样,在我们没有食物的时候可以用它们来代替。不过,动物油脂做成的蜡烛不容易买到且很容易变质,这一点尤其要注意。

这个工具箱里还要有几根不同型号的缝衣针以及一团够结实的线。它们可以用来缝补衣服,也可以用来缝合伤口,必要的时候还可以做成鱼钩。当没有现成食物的时候,我们可以用它钓几条鱼来吃。

说起鱼钩,我们不能完全指望缝衣针。精心挑选几种不同型号的鱼钩，并用小纸包裹好放在袋内。要知道，小号鱼钩既能用来钓大鱼也能钓小鱼，而大号鱼钩则只能钓大鱼。带一团尽可能长的渔线，它们的效率将比缝衣针更高。而且，渔线要尽量长一些，因为它还可用来捕鸟。

在野外环境中，辨不清方向的情况极容易发生。这时候，指南针会告诉我们该往哪走。因此，我们需要准备一个刻度清晰的微型指南针——最好是液态填充的那种。这个指南针不仅质量要足够好，而且状态也要足够好。

我们还需要一个 β 灯来提供光亮。它是1985年成功研制出来的高科技产品。不需要任何电源的它最长可以使用15年，不仅体积小巧，而且稳定可靠，比手电筒实用得多，而且非常适合我们的小工具箱。

一根60～90厘米长的细铜线和一小节钢锯条也是对我们大有用处的东西。它们可以帮我们布置陷阱，还可以用来解决其他实际生存问题。用油脂将它们保护好，然后放进小铁盒里，没准什么时候我们就要用到。

疾病是人类最强大的敌人之一。为了减少疾病对我们的伤害，多带些药物是不会有错的。虽然我们在大工具箱里已经放了许多急救药物，但为了防止意外情况下大工具箱丢失或者药物用光，我们也需要在小铁盒里准备一些。这些药品包括止痛药物、治疗腹泻药物、抗生素、抗过敏和蚊虫叮咬药物、抗疟疾药物等等，外加几片手术用刀片。因为不能携带包装盒和说明书，我们一定要熟知这些药物，不能吃错了药。

这个装了许多有用物品的小铁盒可能会有一些多余的空间，我们要用棉花将这些空间塞满，防止小铁盒在行动中发出声音或者因为碰撞而碎裂。我们要把它放到外衣的口袋里，随身携带。千万注意不要因更换衣服而将它丢在某个角落。

除了这些，我们可能会带一个饭盒。这个饭盒必须是金属制品，而且在需要的时候，我们可以让饭盒变成一个小工具箱，把刀叉、汤勺等其他工具箱容纳不下的东西装进去。

寒冷气候工具箱

要想在寒冷地区生存，生存工具箱是必不可少的。这样我们才能从容地面对严酷的环境。在这个工具箱中，要包括下列这些必备的物品。

食品袋。

套索线。

烟火、照明信号。

防水火柴盒。

铌/刀片。

木火柴。

急救箱。

MC-1磁性指南针。

便携刀。

锯/刀/铁锹。

煎锅。

照明蜡烛。

压缩氧炳环燃料。

信号镜。

生存渔具。

塑料勺。

生存手册。

雨衣。

头罩。

弹簧钩。

连接挂绳。

外嵌工具。

内嵌工具。

折叠式的瑞士军刀含有许多有用的工具。

不用睡袋的时候要注意保管，务必使其保持干燥。

这种可折叠的铁锹易于存放，可用于挖掘生营火用的沟渠以及清理垃圾。

铲子。
水袋。
工具箱打包清单。
睡袋。

热带气候工具箱

每个人都要有自己的一套杯、碗、碟等餐具。

在炎热的环境中生存并不容易。因此，在工具箱中放置必需品是我们出发前一定要做的事情。

罐装饮用水。
防水火柴盒。
塑料哨。
烟火、照明用具。
便携刀。
信号镜。
塑料水袋。
急救箱。
防晒霜。
塑料勺。
食品袋。
压缩氧炳环燃料。
渔具。
MC-1磁性指南针。
套索线。
煎锅。
木火柴。
头罩。
可翻转太阳帽。
工具箱打包清单。
防水油布。

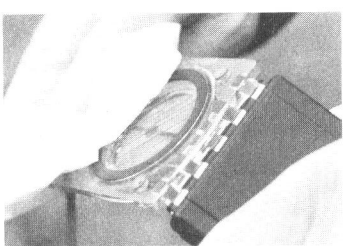
这种塑料质地的量角器指南针在使用之后要注意擦干净，以免以后看不清上面的刻度。

燃气炉的形状虽然比较奇怪，但它有专门的配套包装袋，因此也比较容易携带。

生存手册。

外嵌工具。

内嵌工具。

弹簧钩。

连接挂绳。

水上工具箱

这种塑料容器能够有效防水和防止虫蚁进入。

在远离陆地的水上生存，对每一个求生者来说都是一个很大的考验。因此，生存工具箱是不可或缺的。

工具箱打包清单。

救生筏桨。

生存手册。

头罩。

可翻转太阳帽。

储水袋。

MC-1磁性指南针。

你的洗漱包应该包括你所需要的所有个人卫生用品。

船用舀水勺。

海绵。

防晒霜。

木火柴。

急救箱。

塑料勺。

便携刀。

食品袋。

荧光海水染色剂。

煎锅。

手电筒要尽量选择体积小并且能防水的那种。

海水脱盐工具。

压缩氧炳环燃料。

烟火、照明用具。

信号镜。

渔具。

防水火柴盒。

救生筏修理工具。

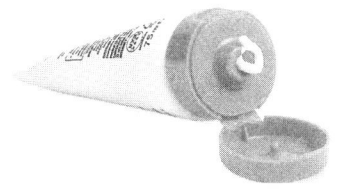

务必携带一支防晒霜(防晒系数至少为25),特别是前往一些紫外线辐射强度比较大的高海拔地区时。

太空毯有助于保暖,并有助于反射太阳辐射。

第四节　应急工具与武器

手杖

手杖是首要考虑的工具。在野外行进时，手杖的作用是支撑身体，并且帮你上下陡坡。另外，当遇到狗或是蛇，可以用手杖驱赶或敲打它们。

手杖的长度要与你的身高齐平，最低也不能低于你的眉毛位置。手杖的长度不要过长，这样当你感到疲劳或是身体状况不佳时，弯下腰也可以拄着拐杖。当走到光线很暗的荆棘或是灌木林时，手杖可以用于探路，这样就能保护你不受伤害。

棍棒

棍棒要用来握，而不是扔。使用棍棒的好处在于，它不仅可以扩大你手指尖以外的防御范围，还能在不伤到自己的前提下增强打击的力量。下面介绍三种基本的棍棒。

简单棍棒

顾名思义，简单棍棒就是一根简单的棒子或者是树枝，如果可以找到的话，直纹的硬木是最好的。棍棒太长不宜挥动，太短也发挥不出功能，因此长度要适中才能发挥最大的攻作用。棍棒的粗细也要适中，太粗的抓不牢，太细的容易折断。

加重棍棒

加重棍棒就是在简单棍棒的一端增加其重量，可以是木头的自然重量，也可以是人为的加重，譬如绑上一块石头。

要人为加重棍棒，要先找一块形状适合绑在棍棒上的石头，建议使用沙漏状的石头。如果实在找不到形状合适的石头，可以在要绑在棍棒上的石头上做一个凹槽，具体方法是用一块坚硬的石头不断敲打选好的石头。接着找一根合适的简单棍棒，长度适合于石头的重量。

把石头绑在木棒上的方法有三种，可以根据棍棒的类型决定使用哪种方法。第一种是劈开棍棒捆绑法。将要绑石头的一端劈开些，把石头放入劈开处夹好，然后用上下交叉的方法绑好石头并牢牢绑住分叉的地方以确保石头不会松动掉落。第二种是叉状树枝捆绑法。找一根一端有树杈的树枝作为棍棒，把石头放在树杈中，然后从分叉的地方开始紧紧绑住确保不会裂开。第三种是盘绕棍棒捆绑法。准备好一根长1米、直径为2.5厘米的硬木棍棒，一块大约1.8千克的石头。用刀把要捆绑石头的一端削至直径约为1.3厘米，在石头上制作一条凹槽，然后把木棍削过的一端贴着凹槽，紧紧捆绑住即可。

投石棒

投石棒是用一条结实、有韧性的绳子把重物悬挂在木棒的一端做成的，其实是另一种加重棒。投石棒的优点是既扩大了攻击范围，也增强了打击力量。具体制作方法是：选择一根长度为

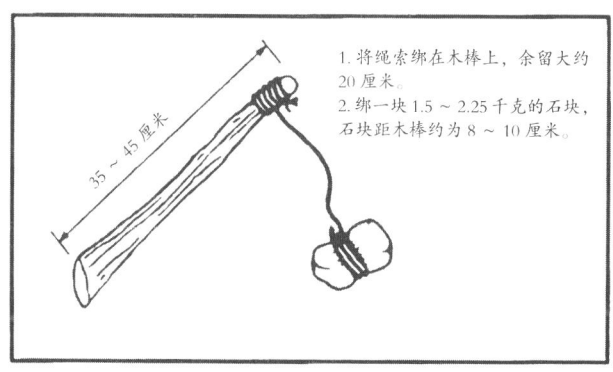

▲ 投石棒

35～45厘米的木棒。把绳子绑在木棒上，留出大约20厘米的长度，然后将一块1.5～2.25千克重的石块用绳子绑牢，石块和木棒的距离大概是8～10厘米。

绳索和捆扎绳

我们可以用不容易扯断的材料来做绳子或者捆扎绳。在我们周围，可以轻松找到很多自然形成的或者人工合成的材料。举个例子，将棉质的背包带子拆下来，就可以用它来做绳子。钓鱼用的线、缝纫用的线、捆绑东西的绳子等都可以有其他的用途。

自然形成的绳索

在把原料做成绳子前，必须先做一些简单的实验检测这些原料的结实程度。第一步，为了测试原料的强韧度，顺着原料的纵向方向拉扯几下。第二步，让原料弯曲缠在手指上，用指甲尖捏几下。经过这两步测试，原料没有被扯断，那么就可以进行第三步，也就是打个反手结，然后顺着这个结两边紧紧地扯牢。这时候如果反手结看起来很稳固，就表示这些原料可以做成绳子。

捆扎绳

如果我们用自然形成的材料来捆绑小件的物品，最好的选择

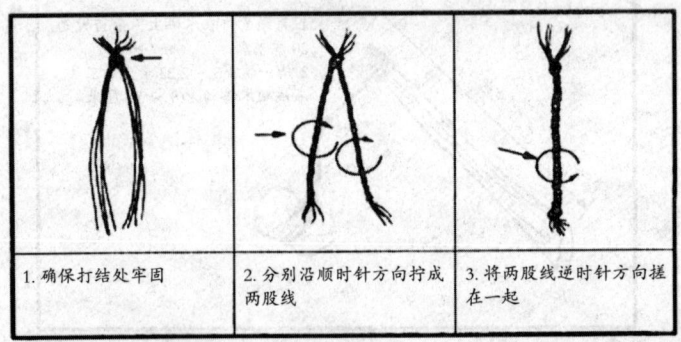

▲ 用植物纤维制作线绳

是动物筋腱。像鹿这种庞大体积的动物的腱就可以拿来制作筋。第一步，将腱从动物身体取出来，放在通风处让它彻底干燥。第二步，将处理过的腱拍几下，让它散成纤维状。第三步，把这些纤维状的腱重新浸泡，然后将它们缠绕起来，绕成一股一股的绳子。当然，我们想要这些捆绑东西的绳子更加坚固的话，可以将几根绳股绕成一根粗绳。筋腱本身就是有黏性的，两头重合放在一起等它们干了之后就会粘起来了，所以用筋腱捆绑小型物品的好处是不需要打上结扣。

我们还可以拿老树内皮的纤维制造绳索。像菩提树内皮、榆树内皮、山胡桃内皮、橡树内皮、桑树内皮、栗子树内皮、雪松内皮等，都可以作为原料，不过，制造好后必须检测它们的结实程度才能使用。同样，想要更粗更结实的绳子，就把做好的绳股缠绕起来当一根绳子来用。

除了以上两种选择，我们还可以选择用野兽的毛片来捆绑大件的物品。第一步，从体型较大的动物身上拔下一层皮。第二步，把皮弄干净，也就是除去皮里面多余的肉和脂肪等。第三步，将皮晾干。如果皮是平整的，不容易存储水分，就可以直接晾干。皮的毛发可以保留下来。第四步，在皮上切一个宽度为 6 毫米的切口。顺时针地做环形切割从皮的中心开始直到边缘停止。切好后，浸泡皮，让它变得很软，时间大概是 2~4 小时。用湿皮来捆绑东西，同时一边捆绑一边拉扯，捆绑后让皮自然风干，会更牢固。

制作背包

绝大部分的材料，诸如树木、竹竿、绳索、植物纤维、布制品、动物的皮、帆布等都是制作背包的原料。制作背包的方法有很多种，这些方法都很复杂精细，不过在环境恶劣、缺少材料的时候，就只能选择最方便可行的办法。

马蹄背包

马蹄背包很容易制作，也很好用，特别适合单肩背，也很舒服。第一步，将雨衣、毛毯或者一块布平整地放在地面，最好是正方形的。第二步，把要打包的东西放上去。如果东西很硬的话就用软的东西做缓冲。第三步，把这块状物质连同要打包的东西从一个角开始向斜对的另一个角卷起来，然后用另外两个角打个结，这样就可以背在身上了。

方形包

制作这种包需要用到绳索。如果没有，我们就只能先找到绳索，然后加上竹竿、枝干或者木头等做成的正方形或者长方形的框架，方形包的原材料就齐全了。这个包要做多大取决于背包的人和需要打包的物品。

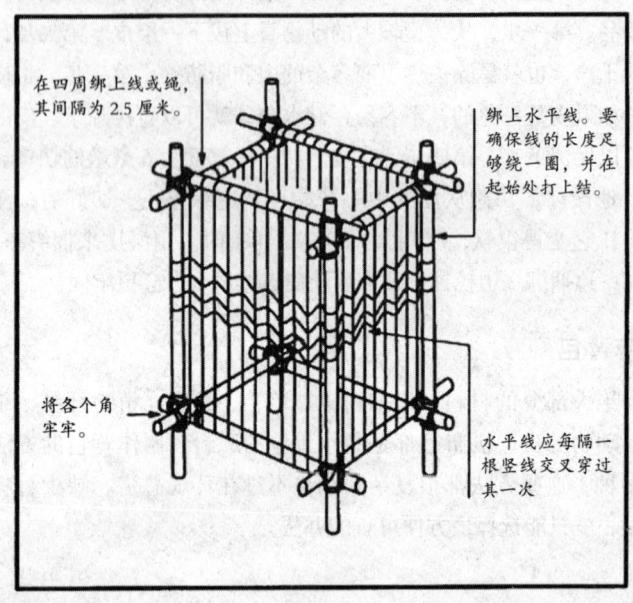

▲ 方形包

衣服与保暖物

制作衣物和保暖物品的物质也有很多。人工材料有降落伞等，自然的材料有动物皮毛和植物等，这些都是在我们身边随手可得的，而且它们的保护效果很好。

降落伞

降落伞的所有零件都可以当作制造材料，包括伞的顶部、伞的绳索、接头连接器和背带等。先想好我们身上还有什么东西、要用降落伞的零件来做什么这两个问题，然后再把伞拆散。你得想到晚上睡觉需要什么，做背包需要什么，做衣物和保暖的东西需要什么。

动物皮毛

在野外，我们能使用到什么动物的皮毛取决于我们能捕到什么动物。尽可能地选择捕捉皮厚肉多体积庞大的动物，尽量不要选择生病和受到细菌侵染的动物。因为在自然环境里，虱子、跳蚤之类的害虫都是寄生在动物身上的。所以，我们使用的动物皮毛必须仔细地洗干净。没有水的情况下，也要把所有害虫都抖出来。还要将生的动物皮的全部脂肪和肉剔除，然后晾干动物皮。用动物臀部和腿部的皮来做鞋子、手套或者袜子。剩下的一大张皮还可以披在身上取暖。

植物纤维

有植物是可以起到抵御寒冷的作用的。湖泊、池塘和小河回水的地方生长着一种沼泽植物叫香蒲。它的茎顶部的绒毛就像羽毛一样，放在夹层可以阻挡空气从而起到保暖的作用。还有一些乳草属植物的种子跟花粉差不多，也是一种很好的御寒物质。椰子外壳上的纤维可以用来编织绳索。晒干的话，还可以用作燃料或者御寒。

烹调和食用器具

在野外生存中,当你获取了充足的食物后,需要有合适的器具对获得的食物进行加热、烹调等。一个优秀的士兵,通常有物尽其用的本领,能充分利用各种自然资源,为自己的野外生存创造条件。

碗的制作和使用。碗不仅可以用来盛放食物,还可以作为加热食物的器具。在自然环境中,易得的木头、鱼骨、角等材质,均可用来制作碗。可以将一块质地均匀、表面光滑的木头中间刻空,取下大小合适的一块,以适于盛放水和食物,然后架火将其加热。为了加快食物变熟的速度,可以将石头加热,而后放于碗中,待石头温度降低,取出。如此反复,直到食物变熟。

其他盛放水和食物的容器,也可以遵照木碗的制作方法进行制作。采用竹子的竹节作为盛煮食物的器具,也是一个不错的选择,但要注意选取竹节时要保证是在竹子两个节之间截取一部分,否则会在加热时发生爆炸现象。采用树皮或树叶等材料制作而成的容器,用火对其加热时,要注意保持其充分的湿润度,以及火苗足够低,否则在加热食物的过程中,容器会起火。

勺、刀、叉等餐具的制作。选取一根树皮上或切割时不含有树脂一类液体的木头,从中截取一段,做成天然的勺、刀、叉等餐具。自然条件下,橡树、白桦树以及一些硬木类植物,不含有或很少含有树脂。选择这样的植物作为制作原料,可以保证食物鲜美的味道不被浓郁的树脂味破坏。

锅的制作。龟壳、木头、竹子等是制作饭锅的好材料。木锅的制作方法与木碗相同,亦可以热石头辅助加热。使用龟壳制作饭锅前,要用热水对龟壳的内部进行彻底的清洗和烫煮,不仅可以消毒,还可以去除异味,使食物的味道不受影响。

水壶的制作。水壶的制作方法很简单,但制作水壶的材料并不易得。大型动物的胃部是制作水壶的好材料,然而大型动物是不易猎捕的。得到动物的胃以后,要用清水对其进行彻底的清洗,去除异味。将清洗好的胃下端打结后即可使用。若是用来盛放热水，保温很重要，可以将胃的上端也扎住。

带刃武器

带刃武器包括刀子、矛头及箭头等。下面介绍制作带刃武器的方法。

刀子

刺、削砍、切是刀子的三个基本功能。刀子的重要之处在于它能制造其他生存工具。当你发现你没有刀或是要用到别的种类的刀或矛头时，你可以临时自己做一把刀或者矛头，材料可以是石头、骨头、木头或者金属。

石头。用石头做刀需要的材料是一块边缘锋利的石头、一把凿具以及一把刨具。凿具是用来清除小石块的钝边的轻工具。凿具可以由木头、骨头或者金属制成。刨具则是用来削薄而平的石头的尖头工具。刨具可以用骨头、软铁或者是鹿角上的尖叉制成。

先用凿具打磨石头，让刀具初具雏形，接着在边缘粗略地敲打，让刀尽可能薄。然后，用刨具压在刀刃上并向下挤压，使刀刃另一面形成剃刀一样锋利的刀刃。接着用刨具沿着整个刀刃进行打磨，这样就可以得到一把能使用的工具了。为了使用方便，你还可以在刀刃上绑上用硬木或是鹿角做的手柄。

值得注意的是，虽然石头做成的刀在刺扎和削砍的时候很好用，但是刀刃比较脆弱，无法长时间使用。建议使用燧石或者打火石之类的石头，用这些石头做出的刀刃质量会比较好。

骨头。利用骨头也可以随手做出锋利的刀。首先是要选择一根合适的骨头，像鹿或者其他中等体形的动物的腿骨，就是很好的原材料。把骨头放在岩石等坚硬的物体上，用像石头这样的重物把骨头击碎。从碎骨头中选出一块尖锐的碎片，在粗糙的岩石上打磨锋利，做出你要的形状。如果碎片太小，握起来不方便的话可以把一个应手的硬木手柄绑在骨刀上。

注意：骨刀的使用方法只能是刺，如果用来切或者砍的话，刀刃会剥落甚至断掉。

木头。木头制作的临时刀具只可以用来刺。要做木刀，先要选择一根合适的木头，竹子是最佳的材料，直纹硬木也可以。找一根长约30厘米、直径2.5厘米左右的直纹硬木，然后削出大约15厘米长的刀刃。注意削刀刃的时候只能削木头带有直纹的部分，不要削到芯部或者木髓，否则会减少刀刃的使用寿命。可以生火的话，把刀刃部分放到火上慢慢烤干，轻微有点烧焦后，再将刀刃放在表面粗糙的石头上打磨得更加锋利。如果使用竹子制作刀的话，在制作完刀刃后，要把竹子内部其他的木质去掉，让刀刃变得更加薄。这么做是因为竹子最外层最坚硬，最外层保留得越多，刀刃越硬。

注意：用火烤竹子的时候只能烤竹子的内部，不能烤外部。

金属。事实上制作临时带刃武器最好的材料就是金属。设计好的话，金属制作的刀可以完全发挥刀子的三个基本功能。要做金属刀，首先要挑选一块适合的金属，建议挑选和你想要做的东西形状相像的金属。将挑选好的金属在粗糙的石头上根据其大小和形状进行打磨，来做出刀尖和刀刃。如果金属足够软的话，你可以在金属冷却的时候通过敲打制作出刀刃。把金属放在表面平坦坚硬的物体上，用坚硬的小石块或者金属敲打出刀刃。为了保护自己不被金属割伤，还可以制作木头、骨头或其他材料的刀把。

其他材料。在找不到合适的木头、骨头或是金属的时候，一些材料，如玻璃、塑料，也是制作刀子不错的代替品。挑选玻璃的标准和挑选骨头的标准是一样的。玻璃做刀子的优点是玻璃本身就带有刃，缺点是使用寿命不长。如果塑料的厚度和硬度都比较理想的话，可以通过把塑料削尖来用作戳刺的工具。塑料的优点是比较耐用。

矛刃

制作矛刃和制作刀刃的步骤是一样的。矛刃的长度要方便自己使用。要将矛刃绑到棍棒上做成矛的比较好的做法是，将棍棒的一端劈开，把矛刃插入后紧紧地绑住。当然，你也可以选择不绑上矛刃，而是直接做矛。

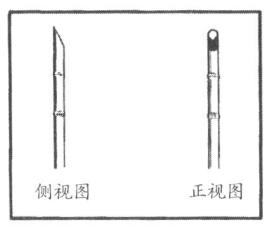

▲ 竹矛

具体方法是：选取一根长度为 1.2～1.5 米的硬木直杆，然后把它的一端削尖。要想使矛尖坚硬，在条件允许的情况下，可以用火将尖部烤一下。竹子是做矛的很好的材料。同样，选一根适当长度的竹子，削尖竹子一端，削出 45°角，长度宜为 8～10 厘米。

注意：为了让竹矛的刃部锋利而坚硬，只可以削竹子内部。

箭头

制作箭头的方法和制作石刀刃的一样，就不再赘述。制作箭头的最佳材料是燧石、打火石以及贝壳形状的石头。用骨头制作箭头的话，你可以使用刨具进行打磨。玻璃也是一个不错的选择，制作出来的箭头很有效。

其他应急武器

为了充分保证自身的安全，投掷棒、弓箭、流星锤一类的防身器和应急武器是必备的。

投掷棒

投掷棒也被称为猎兔棍，一般用来防卫松鼠、兔子等小型动物。常选用白桦树等硬木植物上

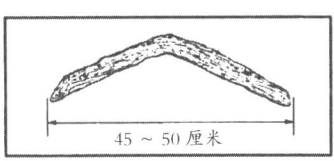

▲ 猎兔棍

的树枝，树枝的弯度要自然约成45°角。将带有弯角的树枝两端削得尖平，使其发挥飞镖般的功能。投掷棒，要求使用者有足够的速度和准确度。为了使投掷棒发挥出最大的效能，使用者应进行反复训练。常见的训练和使用方法如下：一手握紧投掷棒，将另一只手臂张开，使之与目标物的中部或下部在一条直线上；将握紧投掷棒的手臂缓缓从后上方抬起，使之与后背成半直角；寻找准确的投掷点，将投掷手臂向前抬起伸出，在与非投掷手臂平行且位于非投掷手臂稍上方的位置，即是较好的投掷点。

弓箭

弓箭是野外生存环境中用来防身的好器具，制作方法简单易懂。就地取材，选取合适的材料，分别制作弓和箭。操作者需要反复练习，才能瞄准目标。应急制作的弓箭，使用时间较短，操作起来需要时间。

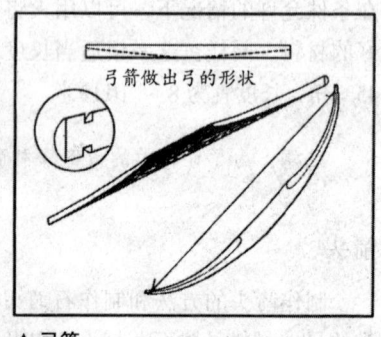

▲ 弓箭

流星锤

在捕捉奔跑中的猎物和飞行高度较低的鸟类时，流星锤是一个极好的选择。进行防卫和猎捕时，握紧流星锤的中心结，抬起手臂，使流星锤在头顶上部旋转，对准目标以后，将其抛出。绑缚重物的绳索，在操作者松手之时，会随之分散。分散的绳索会在第一时间将被击中的猎物困住。

第五节　野外生存基本装备

野外生存的服装选择

在野外求生时，正确的着装是保证我们人身安全的重要手段。在野外碰到大风或暴雨等恶劣天气时，衣物的保暖功能对我们来说尤为重要。因为，如果在寒风中不断丧失衣服内的热量，那过不了多久，体温就会严重下降，从而造成生命危险。下雨时，一定要穿上防水的外衣，而在相对炎热的季节，在野外行走很容易出汗，这时，透气性也是选择衣服的另一个重要出发点。

我们身上最里层的衣服应当选择透气性强且兼具保暖功能的贴身衣裤。除了冬天，其他季节都应当更重视内衣的透气性。尽量选购棉质或羊毛制成的内衣，避免尼龙和纤维。羊毛不仅十分保暖，即使在浸湿的情况下热量也不易散失。平常看到的普通内衣通常都很紧绷、贴身，如果穿着这样的内衣在野外活动，出汗后因为衣物紧贴身体，汗液很难马上排出，淤积的汗液久而久之就会使内衣变得潮湿，从而让衣服更加收缩，影响行动。所以，里层的衣服一般要选择稍宽大一点的，以便汗液能及时排出，使皮肤保持干燥，增加活动的舒适度。

对于内衣还有一点需要注意的是，要尽量选择衣服是插肩袖或接缝采用过肩缝设计的。因为在野外活动时，常常身负重担，为了行动的方便和身体舒适，要求衣物的接缝尽量少一些，尤其对活动范围最大的肩部附近的肩缝要求最高。

在较寒冷的季节或地区，选择衣服要注重保暖性，羽绒是上佳选择。它不仅是最轻的保暖材料，还可以保存空气，也是天然的绝缘材料。什么样的羽绒材料保暖性能最好呢？首先，要看羽绒中绒毛和羽毛各自所占的比重。绒毛越多，越保暖，而且还方

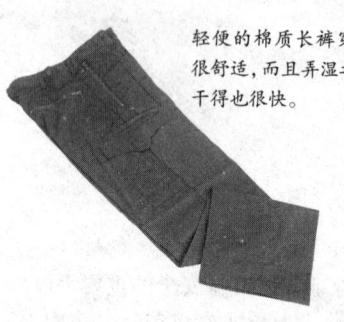

轻便的棉质长裤穿起来很舒适,而且弄湿之后,干得也很快。

在防水外套里面穿上一层抓毛绒的拉链上衣,感觉会比较温暖舒适。

棉质T恤比较实用,四季都可以穿。

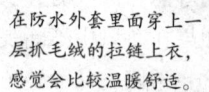

纤维手套能够防水保暖,戴起来比连指手套更灵活。

围一块羊毛围巾能够有效地抵御寒风。

抓毛绒帽子能够有效地保暖,因此你应该在帆布背包里放上一顶抓毛绒帽子,以备气温下降时拿出来戴。

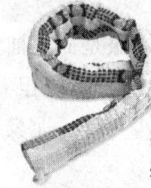

高温天气下,围一块折叠毛巾能够有效地吸汗。

棉质太阳帽能够保护头部免受太阳的强光灼射。帽子上的气孔有利于散热,从而减少出汗。

在帆布背包里放上羊毛连指手套,以备在途中休息时戴在手上保暖。

便压缩。其次，要注意整件衣物中所含羽绒的总数量，这当然也和保暖性能息息相关。

相较羽绒服，大多数人会选择价格便宜很多的人造化纤棉。只是，在野外，人造化纤棉很容易遇水浸湿，无法保温。

除了羽绒和人造化纤棉，还可以选择抓毛绒面料。它跟羽绒一样，都属于轻质材料，但保温性甚至高过羊毛。抓毛绒材料还有很好的排汗功能。用抓毛绒材料制成的衣物通常配有拉链，非常方便穿脱，而且行动起来非常舒适。这种材料的弊端是它不太适于用来挡风，所以在穿着抓毛绒面料的衣物时要配上防风外套。

外套根据活动种类的不同有防风衣、背带裤、滑雪衫等。外套是野外活动中整个服装选择最关键的环节。除了要符合自己的审美要求，更多的需考虑它在野外的实用性。一般来说，外套要求以宽松、舒适、耐于磨耗为主，这些外套上通常都标有"防水""透气"字样。现在最常见的是人造防水透气材料制成的服装。这是一种纺织品，它的原理是在衣物内层分布有比水分子小比水蒸气分子大的小孔，通过这些小孔排出身体产生的热气同时隔绝雨水。不过，如果这种材质的外套在户外沾上了尘土，就会影响它的透气性。并且这样的织物不太结实耐磨，在户外穿着时要格外注意。

适于野外求生活动的外套通常制成带帽子的短小的风衣或紧身夹克款式，并伴有不同于一般衣物的特殊设计。比如在上身易摩擦的地方缝制一层加厚的尼龙布，或是在衣服的接口处加上防水材料防止雨水浸入，或者在袖口缝上拉链，供运动发热时散热。

野外活动时常碰到大风天气，因此除了考虑防水透气外，为了保持体温，还需选择防风的外套。有些外衣外面是一层动物毛皮，将寒风完全隔绝，里面是抓毛绒面料，十分保暖。这样的衣服适合在寒气很重或空气湿度大的天气下或是在河里行船时穿着。在爬山途中，最好穿着防风外衣，等到休息时再换上透气性好的衣服。

选择野外活动的衣服，颜色也是一个重要考量。尽管迷彩服风格强烈，深得年轻人喜爱，但在野外，尽量不要穿着迷彩衣裤。因为当危险发生后，你身上迷彩的装扮会令救援人员难以发现。醒目的颜色一般是蓝色或橙色。也尽量不要用旧的服装，这样的服装耐磨性较低。

在夏季，野外活动时尽量少穿衣服，减轻重量。尽量别穿深色衣服，也要避免身体过热，防止中暑。

野外活动时所穿的鞋袜也非常重要。根据你在野外活动的具体类型不同，所需要挑选的鞋型也不同。如果是登山有专门的登山鞋；去海滩有沙滩鞋；要应付有水的地形有溯溪鞋。

最好选择皮面旅游鞋，因为它比一般的尼龙绸面旅游鞋更加柔软舒适，利于行走，且保暖防寒的功能更显著。

如果需要在山地行走，要选择鞋底厚且与地面摩擦大的登山鞋。登山鞋鞋底是厚重的橡胶，可防止崴脚。登山鞋的鞋帮也比一般的要高而且硬，为了防水并保护脚踝。皮制或尼龙面料的登山鞋透气、防水效果更佳。即使厚重的登山鞋也有相对轻便的款式，如果进行长途跋涉，最好将鞋的重量也纳入考虑范围。

登山鞋注重耐磨，徒步鞋则比登山鞋更注重防滑。所以如果要在潮湿的地方行走，徒步鞋是更好的选择。

去野外最好不要穿新鞋，至少提前两周试穿新鞋，并用消毒酒精使脚上的皮肤变得更硬。

总之，要根据活动的具体内容来选择防水性、耐磨性、防滑性、透气性、舒适性各不同的鞋子。

很多人会忽略袜子的重要性，但实际上，袜子是除了鞋之外保护双脚的另一重要物品，在选择时也是有要求的。棉质袜子有吸汗的特点，能保持脚底皮肤的干燥，是野外活动时很好的选择。如果在冬天，则最好选择更具保暖功能的毛袜。羊毛袜的唯一缺点是比较厚重。

在野外生存最好带穿过的袜子，因为新买的袜子透气性不如

轻便的现代布料靴穿起来非常舒适,特别是在天气好的情况下。

较高的鞋帮和结实的鞋底使得沙漠鞋能够有效地保护脚底和脚踝免受荆棘和细小沙石的伤害。

当道路泥泞时,在靴子上面绑上绑腿以保持小腿部位的干燥和清洁。

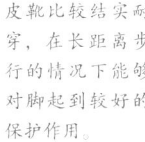

皮靴比较结实耐穿,在长距离步行的情况下能够对脚起到较好的保护作用。

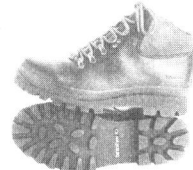

在又湿又冷的天气状况下,穿上布料高帮套鞋能够保持小腿部位的温暖和干燥。

塑胶雪靴由内外两只鞋构成:外层是塑胶靴,内层是保暖靴。这种靴子特别适合在积雪很深的环境中穿。

丛林鞋具有良好的防滑性,干得快,透气性较好,且能防止昆虫进入鞋内。

小资料

靴子的保养

靴子是旅行装备中的重要物品之一,因此需要注意保养,以便穿得久一些。为了让靴子保持良好的防水性,在出行前要在靴子上涂一层防水油。皮靴需要涂两层防水油或其他销售商所推荐的防护品,布料靴子则推荐使用含硅的防护品,喷或抹均可。

旧袜。一般建议多带几双袜子以防万一。

除了上述衣物外,最常见的野外活动装备还有太阳镜、雨具和手套。

野外生存的休息装备

野外生存的休息装备主要包括睡袋、气垫、防潮垫。

睡袋

冬季时使用的睡袋必须充分考虑其保暖性能。羽绒填充睡袋保暖性最好，其中鹅绒的保暖度又较鸭绒更高。绒毛在全部羽绒中所占比重越大，保暖效果越好。羽绒除了比人造纤维更保暖以外，携带起来也更轻便。不过由于羽绒碰水会丧失保暖能力，所以羽绒睡袋外面通常还有一层防水性能很好的材料。要注意羽绒睡袋内外的透气性，否则湿气聚集在睡袋内容易降低睡袋的温度。

这种最为普通的睡袋可用于家中或温和的气候环境中，具有易于打理和价格便宜的优点。

这种内部填充羽绒的睡袋在零下的气温环境下睡起来很舒适，但要注意保持其干燥。

如果选用化纤棉的睡袋，则不需要防水的外壳，因为它本身具有一定的防水能力，即使遇水也能保持一定的温度，且易于晾干。不过化纤

这种棉绒睡袋具有较好的隔热效果，即便是在受潮的情况下，其隔热性也不会受到太大的影响。此外，这种睡袋还可以机洗。

棉的睡袋远没有羽绒睡袋耐用，一般只能使用三四年。

棉绒睡袋在较暖和的季节比较实用，也可以在冬季用作其他保暖睡袋的内袋。

睡袋分玛眯式、信封式、混合型和方形。玛眯睡袋狭长窄小，保温效果也最好；信封睡袋比玛眯式的宽松，在较暖和的天气睡起来非常舒适。混合睡袋是两者的结合；方形睡袋打开面积较大，

小资料

影响睡袋保暖性的因素

除了构造和填充物之外,还有以下因素影响着睡袋的保暖效果。

⊙气候条件,包括湿度(湿度过高会使睡袋受潮,从而降低睡袋的隔热效果)。

⊙是在帐篷内使用还是露天使用。

⊙是否是独自一人睡在睡袋里面。

⊙睡袋下面是否垫上了席子。

⊙你穿什么衣服睡觉。

⊙你吃了多少食物,因为食物能够提供热量。

⊙你的疲劳程度,因为一个人在疲劳的状态下相对来说较难变暖。

可以当被子盖。

有的睡袋内部设计有防风夹层,可以更好地隔绝冷空气;颈部收紧的设计可以防止冷风从头部灌入。根据使用者身材的不同,睡袋也有大小号的区分。使用时,为了保持清洁,可以在睡袋下垫上其他布料或雨衣。

这种充气枕头小巧轻便、适合背包旅行者携带,能够提高夜晚睡眠的舒适度。

气垫

充气气垫比睡袋更柔软,但体积大,不便携带,也没有睡袋那么保暖。此外,有些气垫要靠嘴吹起,对肺活量是一个考验。

开放气式气垫由泡沫制成,比充气式更轻便。但缺点是不适于在潮湿的环境中使用,保温性也较差。

封闭气式气垫防潮效果好,绝缘能力强,只是睡起来没有那么舒适。

自充气式气垫在没有使用的时候是放在一个充气的尼龙外壳

中,要用时可以让它自动充涨。这样的气垫同样有很好的防水绝缘功能,但容易被刺破毁坏。

防潮垫

防潮垫很好地隔绝了人体与地面的热量传递,有很好的防潮保温功能。有些防潮垫有充气垫,因此可以自己调节垫子的柔软度,有些防潮垫自带充气枕头,这是为了增加睡眠舒适度;还有的设计成锥形,以便节省空间。

其他休息装备还有柔软保暖的睡毯和具有多种用途的气床。出发去野外时应该将休息装备塞进压缩袋,尽量减少其占用的空间。

野外生存的厨具选择

出行时你是没有条件把全套厨具装备都带上的,你需要选用一些重量轻、实用性强的厨具。

适当的容器

容器方面你可以选择一个省空间、多功能的折叠式饭盒,这个饭盒最好是有把手,并且这个饭盒的材质最好是可以承受火烤的。这样,当你需要用水来洗食物时,这个饭盒就可以作为盛水容器;当你煮饭时,这个饭盒就可以当成锅;当你需要盛食物的容器时,这个饭盒同样也可以用上。你煮饭时,如果这个饭盒有把手的话,就方便你拿捏,不至于会因为不稳而掉落。饭后,你也可以用这个饭盒来盛水,为洗脸作准备。

这种军用饭盒的优点在于其中一个较小的饭盒可以放进较大的饭盒中,十分易于携带。起初是专为军队设计的,现在已广为普通大众所使用。

火炉

在生活中火是非常重要的,你需要用火取暖,更要用火来煮熟食物,但是在野外你是没有条件找到生火的原料的。因此你的装备里要有一个小炉具和相应的燃料。燃料的选择是多样性的,你可以从各个方面来比较、考虑选用哪种比较好,以最大程度减轻你行进时的负荷。主要的燃料有以下三种:

第一种,汽油。汽油这种燃料燃烧的时候火力比较大,而且价格比较便宜,假如是出行的时间比较长可以考虑使用汽油。但汽油比较重,使用的时候,由于其燃点较高,因此要先想办法把汽油捂热才能点燃。同时,汽油点燃时还需要足够的氧气,要保证炉子里有足够的气,因此每隔一段时间都要往炉子里打气。

第二种,煤气。煤气相对汽油来说要轻一些,并且煤气是通过高压存储在火炉中的,因此保密性好,不会有太多损失。但如果你在海拔较高的地方,那么罐内的压力也会降低,导致煤气泄漏。因此,在气压低的地方尽量不要使用煤气。

煤油炉是一种相对经济的炉具,但使用起来比较麻烦。如果你之前并没有使用过煤油炉,需要在出行前练习一下。

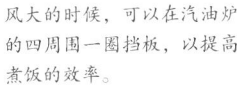

风大的时候,可以在汽油炉的四周围一圈挡板,以提高煮饭的效率。

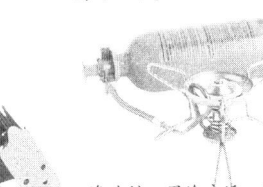

汽油炉,用途广泛,操作简便,但价格较贵。

使用固体燃料炉,即在金属架子上放一块燃料。其最大的优点是携带方便。

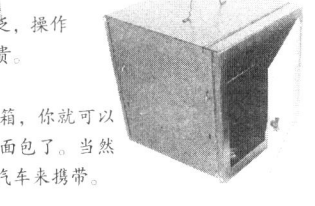

有了这种野营烤箱,你就可以在野外烤新鲜的面包了。当然这种烤箱需要用汽车来携带。

第三种，酒精。用酒精做燃料对火炉的要求不高，而且价格是最便宜的，可以是液态的也可以是固态的，特别适合在低温中使用。但是酒精的火力不够大，而且不耐烧，因此使用量也相对而言要多一些。

在出发前，你要结合每种燃料的特性以及你即将到达的生存环境的要求来选择合适的燃料。倘若无法作出选择，你可以每种燃料都带一些。但你的行进负荷会增加，而且不是每一种燃料都能用同一种火炉。

炊具

对于一次背包旅行来说，所携带的炊具自然是越少越好。当然，这样一来，旅途中的饮食也只能是简简单单了。但如果是在大本营，你可以搭起一个炉灶来做一顿相对丰盛的饭菜。为此，你必须携带合适的炊具。

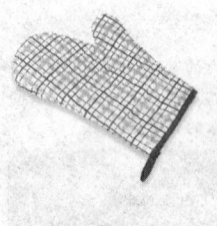

当你要端起那些正在蒸煮食物的锅时，你需要戴上一双烤炉抗热手套来保护双手。

野营炊具包括一系列不同型号的蒸锅，甚至包括专门煮蛋用的锅。

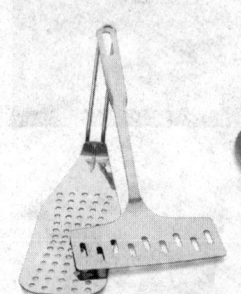

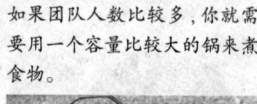

如果你携带了罐头食品，千万别忘了再带上一个开罐器。

如果团队人数比较多，你就需要用一个容量比较大的锅来煮食物。

炊具的选择取决于你所能携带的行李的重量以及你准备烧煮的食物类型。

轻装野营

如果你是背包徒步旅行，那就只能携带一些比较重要的物品。食物是必不可少的，其最主要的功能是为你提供能量，你不要奢望这些食物能合你的口味。野外探险所携带的典型食品包括罐装食品、真空包装食品、脱水食品。此外，你最好再带上一套军用铝质饭盒（既可以当餐具，又可以当炊具），而且折叠起来后还不占空间。如果你带了罐头食品，那么还得带上开罐头的器具。一般来说，剪刀或小刀都可以用来开罐头。特别是瑞士军刀，可以作为临时性的厨房用具来使用。当然，如果是一次时间较长的野营，则最好带上一些比较正式的家庭厨房用具。

大本营

如果一个团队要在某地完成一系列的活动或调查研究，通常就会在这个地方搭起一个大本营。在这样的大本营里，人们可以做一些相对丰盛的饭菜。因为在某地搭建一个大本营就意味着将在这个地方驻扎较长的时间，这样就减少了频繁的移动所带来的麻烦，携带比较多的炊具也就不会造成太多的不便。厨房用具要根据所使用炉子的类型来决定，两者要相互匹配。

蒸煮罐

蒸煮罐的大小要根据旅行团队的人数来决定。有些较大的蒸煮罐的容量为 9.0～13.5 升。蒸煮罐的内部和外部都要保持干净。使用的时候，在罐口上盖个盖子可以节省煮东西的时间。

对蒸煮罐质地厚薄的要求，得看你是使用炉子还是使用明火来煮东西。那些质地比较薄的蒸煮罐禁不住明火的高温，通常只能放在炉子上使用。用于煎炸的平底锅通常要求其质地要比较厚实，因为煎炸食物必须要在高温下进行。

储水容器

一般来说，出于尽量减轻行囊负担的目的，轻装野营活动是不会自带饮用水的，而是于沿途临时寻找水源。但是，如果你是驾车旅行（也就是说行囊的重量不是问题），并打算在某地驻扎较长的时间或前往某个偏远地区，建议你最好自行携带大量的饮用水。饮用水可以用比较结实的塑料大桶来装。注意不要将饮用水装在存储燃料的金属容器里。

量杯

量杯有各种不同的型号，你可以根据团队人数的多少来决定量杯的型号。对于一个人数较多的旅行团队来说，你可以准备一个大量杯以及数个中小型量杯。

砧板

切各类生熟食物，如蔬菜、鱼类、肉类和面包时，都应有其各自单独的塑料砧板。每块砧板的颜色最好都互不相同，以便区分其是用于切哪种食物的。比如，红色的用于切肉，蓝色的用于切鱼，绿色的用于切蔬菜等。这种做法有助于避免食物交叉污染，减少食物中毒的概率。

如图所示，这种水壶通过在其底部燃烧干草或树枝所发出的热量经由容器内部的一根传热管道来对壶内的水加热。

烤炉手套

如果你需要端那些正在烧煮食物的锅，最好有一些东西来保护你的双手以免被烫伤，特别是那些放在明火上烧的锅。为此，你最好准备一双烤炉用的抗热手套。

餐具

你需要各种不同大小的餐具来盛食物。这些餐具既可以是塑料的，也可以是金属的。一般来说，塑料餐具要比金属餐具轻，但是要注意远离火源（因为塑料遇火会熔化）。

附加装备

除了背包、帐篷、炊具、个人洗漱用品、收音机、手电筒等主要装备外，还有一些附加装备能让你的户外生活变得更加方便和舒适（虽然不是必不可少的物品）。

汽灯

当夜幕降临后，如果营帐里面有一个汽灯的话，做起事情来就要方便多了。如果你带着汽灯的话，在途中要把汽灯用多层覆盖物包裹起来，以防灯罩在运输途中被震碎。与汽油炉一样，汽灯也是不允许带上飞机的。因此，如果你是乘飞机旅行的话，就不要带汽灯了。在这种情况下，你可以带使用蜡烛的灯笼（尽管灯笼的光没有汽灯明亮）。

当人离开帐篷时，一定要将汽灯或灯笼熄灭。此外，不要在封闭的空间内使用或摆放汽灯。

汽灯是一种比手电筒更为方便的夜晚照明工具。

枕头

如果你习惯于晚上睡觉用枕头但又没带枕头，你可以把自己的衣服折叠成枕头的形状，临时充当枕头。如果有枕头套的话，可以将衣服塞到里面，这样衣服就不会滑动了。事实上，许多小巧的充气枕头都是非常便于携带的，将里面的气放完之后，几乎不占什么空间。要用的时候，再往里面充气就行了，十分方便。尽管枕头并不是十分重要的物品，但是确实能让人在晚上睡觉的时候更舒服。因此，枕头还是值得带的，特别是充气枕头。

折椅

折椅的价格虽说比较昂贵，但在休息的时候能有个椅子坐也确实要舒服得多。如果你有一辆车或者一匹马来装载行李，你就可以考虑带上一把折椅。但如果是背包徒步旅行，就不适宜带了。对于某些野外考察研究，如鸟类观察，就特别有必要带上一把折椅。有了折椅，你就可以坐在上面长时间一动不动地进行某些观察。

坐垫

坐垫的规格一般为30厘米×60厘米。你可以利用废弃不用的旧睡垫剪成坐垫的形状和大小。这样，你就可以在途中休息的时候拿出来坐。

这种坐垫可以从普通的户外用品商店中买到。其特点是质量很轻，便于携带。

钢镜

钢镜，即有光泽的金属薄片，可以作为镜子使用。有了这种镜子，刮胡子的时候就方便多了。钢镜在不用的时候要放在盒子或塑料袋里面，以防长时间受潮而生锈。

棋盘游戏

如果是轻装野营旅行，一般不带棋盘游戏。棋盘游戏能在旅途中为人们提供很多乐趣。如果有时候大家只有一个游戏可玩，可以把大家分为几个小组，然后做一些体现团队合作精神的游戏。有些棋牌的筹码和骰子一定要保存好，因为少了这些东西，棋牌便玩不了了。

棋盘游戏能为人们在闲暇时提供不少乐趣，并且能培养良好的团队精神。

炉子的挡风板

很多炉子都配有一块小的挡风板。如果你觉得原有的太小的话，你可以再买一块大点的。当你在户外风大的环境下煮东西的时候，在炉子的四周围上一圈挡风板可以节省煮东西的时间，同时也节省燃料。

闹钟

如果你需要在早晨准点起床，而你的手表又没有闹铃功能，那你就需要带上一个使用电池的旅行闹钟，以确保你在早上不会睡过头。

电源适配器

如果你前往国外旅行，则需要带上可以转换该国电压的电源适配器。这样才能使用你所携带的电子用品。

弹簧秤

如果你是乘飞机旅行，最好带上一个弹簧秤。这样就可以称一下自己所带的行李，以免行李超重导致产生额外费用。

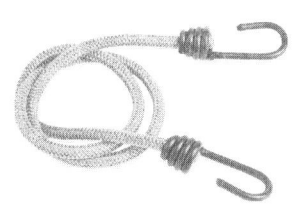

延伸器

所谓的延伸器，就是一根弹性绳的两端各固定有一个钩子。这种延伸器有许多用途：搭帐篷、挂蚊帐以及绑行李等等。

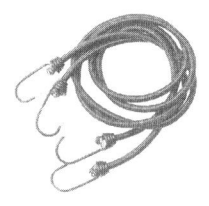

这种延伸器具有易于携带、不占空间的特点，且有多种实用用途。

野外生存的必备工具

在野外必备的导航仪器就是全球定位系统（GPS）。这款设备的工作原理是在卫星信号覆盖的范围内通过和卫星交换信号从而得出你当前所在的位置。通常可以据此掌握非常详细的坐标数据、区域名称以及可行路线。

要根据你在野外活动的具体内容来选择适合的全球定位系统仪器。比如，如果你行进的路线在水边，则需要考虑仪器的防水问题；如果你的行程持续时间较长，则需要考虑它是否便于携带或者电池是否耐用；有的全球定位系统仪器附带支架，可以矗立在平坦的地面，而有的仪器制作精细，可以直接佩戴在手上。

使用全球定位系统最基本的是要获取信号。因此，当需要进行信号传送时，要找一处开阔的地方，确保信号不会被周围的高大物体挡住，然后保持静止，因为在行进中信号可能不稳，从而给卫星的定位带来困难。还可以事先确定行进路线经过的几处比较明显的地点，将它们的数据输入全球定位系统设备中，以便随时对比，看行进方向是否出现偏差，也可以在遇到困难时查看怎样到达预设的目的地。暂时没有使用设备时，要将它收好藏在衣服里，避免摩擦碰撞和恶劣天气带来的毁坏。

要避免经常性使用仪器，造成电池的损耗。在野外，想要在关键时刻给电池充电是很困难的事。

另一样必备的通信工具是无线电通信设备。尽量选择频道较少的设备，因为多频道的设备容易让人产生混淆，在紧急时使用错误的频道。无线电通信设备的使用较为复杂。首先，要确保队伍里有至少两个人完全熟悉无线电通信设备的操作方式，然后设置好户外的队伍同总部之间联系的信号、方式和时间，并保证在所行进的区域内所选频道能够畅通地和总部进行联络。除了用来进行早晚固定联络的工作频道外，还要设置一个供突发事件时使用的优先频道，这样的优先频道可以保证在遇到紧急情况需要联络时不被人干扰。而且，要确定总部随时能收到这一频道。如果在野外的队伍不止一个，一定不要擅自互相联系，这样容易造成混淆和干扰，引起不必要的麻烦。在取得联络之前要先写下要说的话，发送信号时要认真辨别，避免干扰其他频道，并在与人联系时备好纸笔随时记录。每晚要向总部通报自己的方位和未来计划，早晨要注意收听天气预报。中午要再次确认自己的方位。

使用无线电设备时尽量缩短使用时间，节约电量。不用时要将设备交由专人保管。

如果进行野外活动的目的地是山区，那还需要准备一个高度计。它可以帮助你更加准确地确定自己的方位，以及测算与目的地之间的距离。

保温毯并不是人们日常所想的棉质布料，而是由锡箔纸制成，携带轻便的小毯子。它的工作原理是在人体寒冷的时候，包裹在受冻部位，借人体发出的热量再反射到人体，起到保温的作用。除了这一基本功能，也可以借助保温毯的特殊材质在需要的时候作为反射物反射信号。保温毯比一般的锡箔纸坚固很多，如果遇到有队员行动困难，可以把它当作担架使用，让伤员躺在上面，其余的人抓着保温毯四周将其抬起。只要步调一致，在短途运送过程中，它基本不会被撕破。如果有队员严重冻伤，可以用保温毯帮他急救。当赶来的医务人员看到伤者已经包裹了保温毯，知道他受了伤，便会率先对他施救。

在封闭的区域，可以利用闪光灯吸引救援人员的注意力。在野外生存的时候，身上可以带上放电器或者红绿闪光微型信号灯头，但是需要注意的是这些东西都容易引发爆炸，所以在存放的时候要万分小心。它们的使用方法很简单，在遇到紧急状况的时候，将信号灯与放电器连接好就可以发挥作用了。不过需要注意的是，一定要在万分危急的时刻才可以使用，平时要尽量少浪费电能。

装备的保养

各种野营装备大都比较昂贵，而且关系着你的生命安全。因此，要保持各种野营装备的良好性能，你就得适时地对其进行保养和维护。野营装备的维修和保养最好在旅行刚结束后回到家的时候进行，因为这个时候你对各种装备的损坏处还记忆犹新。在将各种野营装备存放好之前,你得对其损坏的地方进行维修(如果有损坏的地方的话),然后清洗干净并晾干或擦干,以便下一次使用。

帐篷

野营结束后收拾帐篷的时候,要检查一下帐篷的零部件是否齐全。如果发现帐篷的接缝处有开裂,可以用密封剂(可在户外用品商店买到)粘好,等密封剂干了之后,再将帐篷收好。如果帐篷内部有蚊帐,你还得检查一下蚊帐上是否有破洞。在下一次使用帐篷前,得把这些破洞修补好。

炉具

野营所使用的炉具如果没有给予必要的维护,就不能发挥其良好的性能,甚至会发生危险。千万不要将可能让炉子产生损坏的东西放在炉子上面烧。如果你需要更换炉子的某些部件,一定要使用正规厂商生产的质量好的产品。在不使用的时候,炉子和燃料瓶要分开放置,这样才比较安全。

指南针与电子产品

指南针要远离磁场,如熨斗或无线电扬声器。如果你所携带的是量角器指南针,则要保持量角器的清洁,以免日后看不清上面的刻度。长时间不使用的电子产品,要将里面的电池取出来,以免发生电池泄漏或腐蚀。

背包

背包在使用的时候,注意不要扔或拖、不要只背一根背带。旅行结束后,要将

背包在使用后要用湿布擦干净晾干,然后再将其存放在通风的地方。

背包清洗干净。如果有破的地方，则要缝补好。在存放起来之前，一定要确保其已经完全干燥。记住不要使用洗衣粉来清洗背包，因为洗衣粉容易破坏背包面料的防水性。存放背包的地方一定要干燥、通风。

睡袋

睡袋都需要仔细地清洗，晾干所需的时间也较长。如果你是用洗衣机洗的，晾的时候最好平摊，因为挂在绳子上晾容易变形。如果还有睡袋衬套的话，旅行结束后也要按照生产商所注明的清洗方法进行清洗。

羽毛或羽绒填充物的睡袋

羽毛或羽绒填充物的睡袋最好拿到干洗店进行清洗，就像洗羽绒被一样。如果你喜欢自己洗，一定要用羽绒产品的专用洗涤剂，晾的时候要平摊。晾的时候，要将里面的结块拍打蓬松。晾干之后，请将里面的羽绒拍打均匀。羽绒填充物的睡袋得存放在干燥的地方。

> **小资料**
>
> 睡袋保暖度
>
> 任何种类的睡袋所给出的保暖度都只能作一个参考，因为关于睡袋的保暖度并没有一个统一的标准。一些生产厂家是以适用于不同的季节来区分保暖度的；而另一些则以具体的温度来区分。这些标示既可能是以感觉舒适温暖为标准的，也有可能是以能生存的最低限度为标准的。

合成纤维填充物的睡袋

这种睡袋可以手洗，在通风的阴凉处晾干或用滚筒烘衣机低温烘干，但要注意不要使用清洁剂。此外，这种睡袋还可以用干洗的方式清洗。

毛绒填充物的睡袋

这种睡袋是最容易清洗的，直接放进洗衣机就行了，而且晾干的速度也很快。

鞋子

作为一种重要且价格昂贵的旅行装备，鞋子在旅途中以及旅行结束后都需要一些特殊的维护和保养。

旅途中的保养

每天晚上脱下鞋子的时候，请将两只鞋子轻轻地相互敲打，以便震落鞋子上沾着的泥土。鞋底的缝隙里嵌着的泥土可以用小刀撬掉。晚上晾鞋子的时候（放在帐篷门口或挂在帐篷外），可以在鞋子里面塞一些报纸，这样更利于鞋子干透。注意不要将鞋子放在营火边烤或放在烈日下暴晒，以免损坏鞋面。

旅行结束后的保养

先将鞋子上的泥土弄干净，然后放入温肥皂水中清洗，洗完后让其自然干燥。所有的鞋子都要给予适当的保养才能使之保持良好的防水性能。特别是皮靴，如果不定期打蜡和上油，很快就会穿破。因此如果你的靴子或鞋子是皮质的，建议你在存放起来

靴子的保养

1. 将两只鞋子轻轻地相互敲打，以震落鞋子上的污垢和泥土。

2. 鞋底的缝隙里嵌着的泥土可以用小刀撬掉。

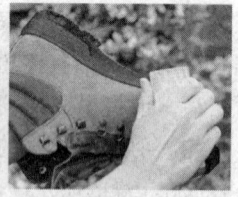

3. 用硬毛刷将鞋子上残留的尘土和污垢刷干净。

4. 检查一下鞋带是否有磨损，如果需要更换的话就要及时进行更换。将鞋子放在温肥皂水中进行清洗。

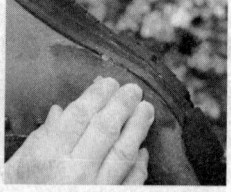

5. 用一块软布或直接用手给皮靴上油。

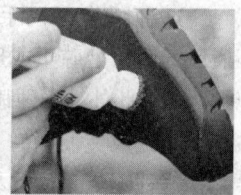

6. 如果你的靴子是纤维面料的，则使用硅树脂产品进行护理。

之前将其进行抛光、打蜡和上油处理；如果你的鞋子是纤维面料的，建议你使用硅树脂鞋护理产品喷涂在鞋子上面。

装备的检查

在进行任何野外旅行之前（无论是近距离的一日远足还是长达一个月的国外探险），你都得仔细检查一下自己所要携带的旅行装备。任何装备如发现有破损的迹象都要及时地进行修理或更换。在家里修理总比到时候在野外修理要方便得多，因为在家修理时修理的材料和器具都比较易于获取，万一修不好还可以换一个新的。

衣物与鞋子

除了要确保你所带的衣服适应当地的气候以及你所进行的活动以外，你还得确保这些衣物的舒适性，特别是裤子和衬衣（如果穿着不舒服，会影响身体的灵活性）。出行前，你得检查一下这些衣物是否需要缝补，特别是拉链和扣子这些部位。如果是团队旅行，你最好在自己的衣物上缝上自己的名字或其他标记，以便辨认自己的衣服。

除了检查衣物之外，你还得检查野外旅行时所穿的靴子是否完好无损。如果有破损的地方，一定要修补好，缝合处最好涂上一层密封剂以保护缝线。

靴子上一些小的裂口可以自行用黏合剂粘好，如果是比较大

整理靴子

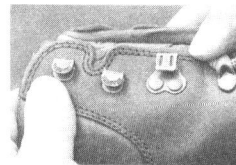
1.检查一下鞋带是否牢固，即在重力下是否很容易被拉断。此外，记得带一双备用的鞋带。

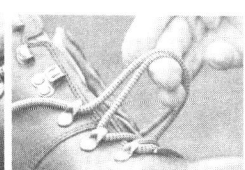
2.检查一下D字形的鞋扣是否有弯曲或损坏，或者嵌有泥土；如果存在以上问题，鞋带就不容易穿好了。

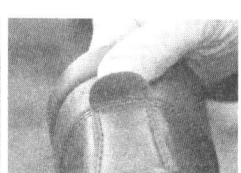
3.仔细检查靴子的缝合处是否有松动，最好在缝合处喷涂一些防水的密封剂。

的洞则需要拿到修鞋铺修补或者换一双新的。此外，要检查一下鞋带是否牢固，并且要记得准备一副备用的鞋带。

注意检查一下鞋底是否脱胶；如果脱胶，一定要拿到修鞋铺修理或者换一双新的。如果是皮靴，记得在出行前抛光和上油；如果是纤维面料的靴子，则应喷涂一些硅树脂鞋护理产品。

电子产品

一些电子产品在长时间不使用的时候，要记得将里面的电池拿出来，以防电池渗漏腐蚀。万一电池真的渗漏腐蚀，你可以用砂纸将腐蚀的部位擦干净。检查一下所有的电池接头是否存在腐蚀；如果存在腐蚀的话，务必要清除干净。如果被腐蚀的部位清除不干净的话，则表明需要更换了。或者，你可以再换新的电池试一试，看其是否能正常运转。一些使用多节电池的产品，你可以将其中的一节电池反向放置。这样，在不使用的时候，就不会发生由于误碰某个按钮而开启了该产品的情况。记住，务必携带充足的备用电池，包括用于相机或电脑的锂电池。

野营装备

检查一下帐篷的各个零部件是否齐全，以及帐篷桩是否充足（要准备备用的帐篷桩）。仔细检查帐篷和防潮布上是否有破洞，以及绳索是否结实。此外，如果有睡袋的话，还得检查一下睡袋是否干净以及拉链是否完好。

炊具

出行前，你可以先试用一下炉子，看其能否正常使用。此外，一定要备足充足的燃料，除非你确定能在目的地买到该燃料。如果你乘坐飞机旅行，燃料一般是不允许带上飞机的。因此，你必须将燃料瓶从炉子上拆下来。此外，你还应该检查：野营时所使用的各种餐具是否洁净，洗涤剂和各种调味品是否齐全，各种锅碗瓢盆是否完好无损,等等。

装载行李的装备

你得检查一下自己的背包是否干净以及背带和拉链是否都完好无损。特别是大容量的背包,由于要装比较多的物品,对背带及腰带的牢固程度的要求就更高了。如果发现有任何松动的迹象,就必须及时缝补好。另外,建议你在背包的各个缝合处涂上一点密封剂,以使其具备更好的防水性。

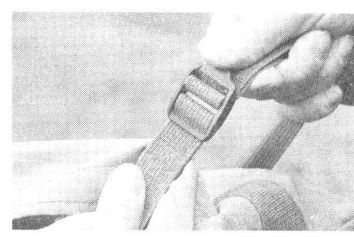

出行前,务必仔细检查一下背包的背带是否牢固。如果背带不结实,旅行中在重物的压力下很容易断开。

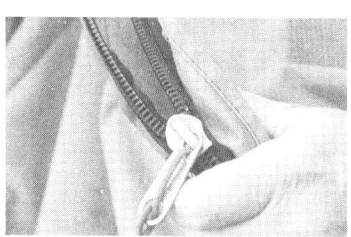

请仔细检查一下背包的缝合处和拉链是否完好无损。此外,建议你在缝合处涂上一层密封剂以保护缝线。

装备的装包

将各种装备装包的首要原则就是要尽量减轻重量,但同时也不可省去任何重要的装备。行李装包的第二原则就是对一些不能受潮或易碎的物品要小心处理。

个人装备

个人行李装包的第一步是先将所有要携带的物品堆放在一起,并根据你所列的行李清单清点一下是否有任何遗漏。核对无误后,你应该对某些物品的必要性及其所增加的重量和体积等因素再三考

这种防水的塑料袋比较适合装睡袋和帐篷。

虑，然后再决定是否携带。

以上工作完成后，你就可以开始装包了。建议你先将一些细小的物件装在一些小的袋子里面并在这些袋子上贴上所装物品的标签，以省去到时候寻找的麻烦。

睡袋的打包一定要特别注意，务必要将其放在防水的袋子里面。这样一来，即便到时候你的背包不小心弄湿了，里面的睡袋仍然是干的。羽绒填充物的睡袋具有很好的压缩性，可以被压缩成很小的体积并且不会对填充物造成损坏。合成纤维填充物的睡袋经过压缩之后，其厚度也能变薄。到达目的地之后，将其拿出来拍打，其隔热性能丝毫不会受到影响。

团体装备

装包前，可将打算携带的各种团体装备集中在一处，以免遗漏。如果是乘飞机前往目的地，你还可以核对一下这些物品是否有可能超过飞机所允许的载重限制。

飞机旅行

一些旅行中不常用的物品应该安全地存放在行李箱中。如果行李中有易碎物品，要提醒搬运工小心轻放。诸如小刀、剪刀、手术刀、剃刀刀片等物品要放在各自的工具箱内，而不能放在手提袋里，否则是不允许你登上飞机的。

背包的装包

先将睡袋放入背包底部，然后依次放入帐篷、防潮布，这样正好符合打开行李时拿东西的顺序。水瓶、地图、指南针及其他个人物品可以放在背包的小口袋里面，以方便取出。炉具和燃料瓶一定要与食品、衣物、睡袋等物品分开放置，以避免燃料泄露造成污染。

第二章
急救医学知识

第一节 急救基本知识

常见的医疗急症

当遇到某些医疗急症的时候,大多数人常常会表现得束手无策。常见的医疗急症包括大出血、呼吸问题和休克。下面我们提供一些常见的应急办法。

大出血

我们都知道,身体各个部位的主动脉一旦出现大出血的状况都会对人体造成相当严重的伤害。从医学角度讲,失血量达到1升,会导致轻度休克;失血量达到2升时,已经非常危险了,人体会出现严重休克;而失血量达到3升,通常会造成死亡。

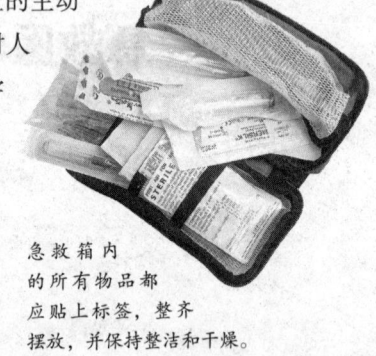

急救箱内的所有物品都应贴上标签,整齐摆放,并保持整洁和干燥。

呼吸问题

有很多情况可以造成呼吸障碍,下面列出的任何一种情况都会导致人的气管阻塞,从而使人窒息——

口腔或者喉咙被异物塞住,从而造成气管阻塞。

面部和颈部遭受伤害。

口腔或者喉咙因为发炎而肿胀。人体一旦吸入了刺激性的烟雾,包括烟火,就会产生口腔和喉咙发炎的状况。另外,过敏也可以使人口腔和喉咙发炎。

喉咙中出现结块。这通常是脖子向前弯曲,直到下巴靠在胸口位置上而产生的结块。

在因意外而失去知觉的时候,空气进入肺部的通道被舌头挡住。因为人在没有知觉的时候,下颚和舌头的肌肉都是出于完全松弛的状态,如果这时脖子向前弯曲,下颚便会随之下垂,继而舌头就会往后退,从而阻塞气流通路。

休克

休克是因为没有足够的压力使心脏对动脉正常供血,最终导致身体器官和细胞组织没有得到足够的血液供应而产生的临床症状。

救生的基本步骤

在野外生存时,总会遇到各种各样的困难和危险,受伤也是难免的。当你受伤时,最重要的是保持冷静,沉着应对突发事件和自然伤害。学会科学合理的自救知识也是极为必要的。据有关部门统计,野外受伤主要存在三种情形:紧急呼吸不畅;失血;休克。

我们一定要学会相应的救护措施。

紧急呼吸不畅

当出现呼吸不畅的情况时,所采取的一切救生措施,都要围绕着一个中心,就是竭尽全力恢复呼吸道的畅通。

恢复呼吸道通畅,具体操作步骤如下:

·检查呼吸道是否有异物存在。此时,伤者如果清醒过来,则对他进行心理辅导,稳定情绪;伤者如果是昏迷状态,要作好对其进行人工呼吸的准备。如果情形严重,伤者出现呼吸暂停、心脏停止跳动等严重症状时,就要考虑实施心脏复苏术。心脏复苏术实施的前提是确保伤者没有大出血症状,或是大出血症状已经得到有效处理。

·如果伤者口腔内确有异物存在,要及时用手将异物取出,保持呼吸道通畅。

・异物取出后，静观伤者状态，如果仍旧是昏迷，应采取抬升下巴急救法。抬升下巴急救法，即急救者将自己的双手从两侧分别握紧伤者的下巴，同时确保自己的双肘支撑于地面，以固定身体。握紧伤者下巴后，用拇指将其下巴打开，而后缓缓向前移动伤者身体。

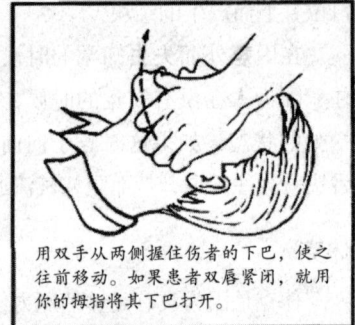

用双手从两侧握住伤者的下巴，使之往前移动。如果患者双唇紧闭，就用你的拇指将其下巴打开。

▲ 抬升下巴法

・以上操作结束后，查看伤者身体的反应。用拇指和食指捏紧伤者的鼻子，而后向伤者的口腔内吹几口气，以激发伤者自主呼吸的求生本能。然后，进一步观察，伤者是否有胸腔起伏、有气呼出等表现。

・在上述措施均执行完毕后，如果伤者依旧不能正常自主呼吸，则要采取人工呼吸法进行下一步的急救。

・在采用人工呼吸法对伤者进行急救时，要注意随时关注伤者的表现。在某些情况下，伤者在接受人工呼吸时，会出现呕吐症状。施救者要及时处理这些呕吐物，保持伤者呼吸道的通畅。

控制出血

出血是野外生存时经常会发生的。对于出血这一症状，一定要进行谨慎的处理。因为一旦出血症状变得严重，后果将不堪设想。

出血类型有外部出血和内部出血两种，内部出血无法轻易判断和急救，需要专业医护人士进行处理。这里简要介绍一下外部出血的类型及处理方案。

外部出血，根据出血源头，可划分为动脉出血、静脉出血、毛细血管出血等三种类型。

动脉出血。动脉是连接心室的血管，它的主要功能是将血液从心脏输向身体各个器官。动脉出血，不仅出血量很大，而且出血频率很高。如果动脉出血没有得到及时、有效的控制，伤者很容易因失血过多而昏厥或死亡。

静脉出血。静脉起于毛细血管，是将全身的血液运送回心脏的血管。静脉出血的失血量远远小于动脉出血，且比较容易得到控制。静脉出血速率很稳定，一般不会突然间增多，流出的血液多是暗红色或紫色。

毛细血管出血。毛细血管是连接动脉和静脉的血管，它的数量极为庞大。几乎遍布全身的毛细血管连接在一起，形成了一个网状。毛细血管是极细的，毛细血管出血一般是由细微的划伤或是擦伤引起的。伤口很小，出血量也不多，经过简单的处理后就可以达到止血的目的。

相对于内部出血而言，外部出血较容易通过急救措施得到控制。现如今，医学上比较常用的外部止血方法有4种，即直接按压、抬高肢体、按压点法和止血带止血等。

直接按压法。在野外环境中，用手直接压住出血点是最及时、有效、简便、易行的止血手段之一。使用这种方式进行止血时，要坚持长时间有力地按压，直到伤口不再流血，皮肤开始闭合。但是，如果

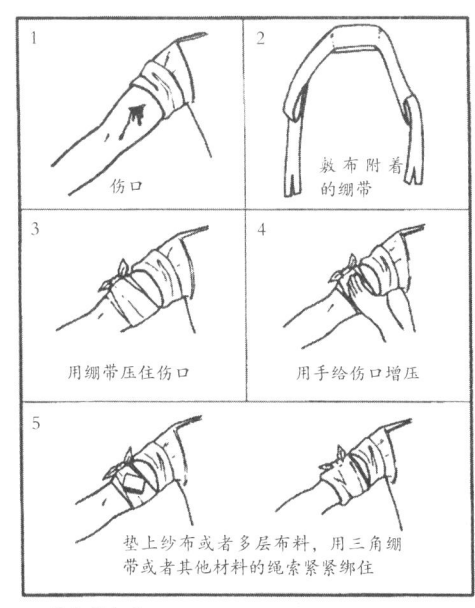

▲ 敷布的包扎

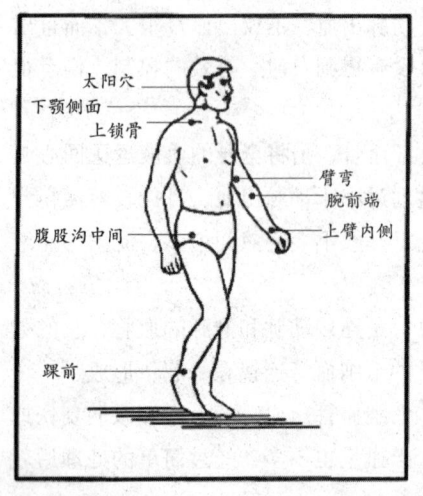

▲ 按压点

按压时间超过半个小时,出血迹象仍旧没有得到控制,要转变止血方式,用纱布等将伤口包扎好,然后用鞋带或是绳子等随身携带的条状物品,将包好纱布的伤口紧紧绑牢。紧紧绑住伤口是必要的,但是要注意,不能阻碍身体其他部分血液的正常流动。绑好伤口后,要冷静地等待,在一段时间内,伤口可能仍会继续出血,甚至将纱布浸透。此时,不要惊慌,也不要将纱布拿下。一般而言,伤口处的纱布要保留1~2天。在这期间内,要及时更换纱布,同时留意伤口的愈合情况,防止出现感染。

抬高肢体法。当肢体外部有出血迹象时,可通过科学抬高受伤肢体的方式进行止血。抬高身体的受伤部位,使其高于心脏,以便血液回流至心脏,同时减低伤口的血压,以达到减少出血量或止血的目的。值得注意的是,当由于蛇咬而受伤出血时,肢体的高度不能高于心脏的位置,否则会有生命危险。

按压点法。按压点法,顾名思义,就是选择一个有效的止血点进行长时间的按压,以减缓动脉血液流动速度。通常按压点会选在距离伤口较近的主动脉的表层皮肤处,或者是人体骨骼突起处直接流经的主动脉。按压的方法操作起来也很简单,即用手指长时间大力按压,直到伤口处被绷带包扎好。按压点的位置不是很好确定,对于出血量的控制成效也不是很显著。在紧急情况下,若是采用这种止血方式,可以选择按压受伤部位邻近处的手腕、脚腕、脖颈等关节处。

在脖颈处进行止血按压时，一定要注意控制力度，一旦用力太大或时间过长，可能会引发伤者昏厥甚至是死亡。

止血带止血法。此法是最后考虑的止血方法。当上述几种止血方法都没有奏效时，才会选择使用这种止血方法。止血带法有一定的危险性，一旦控制不好捆绑止血带的时间和力度，可能会引发严重的后果。如，产生坏疽，严重时会导致整个肢体的坏死，还可能对伤口四周的神经组织

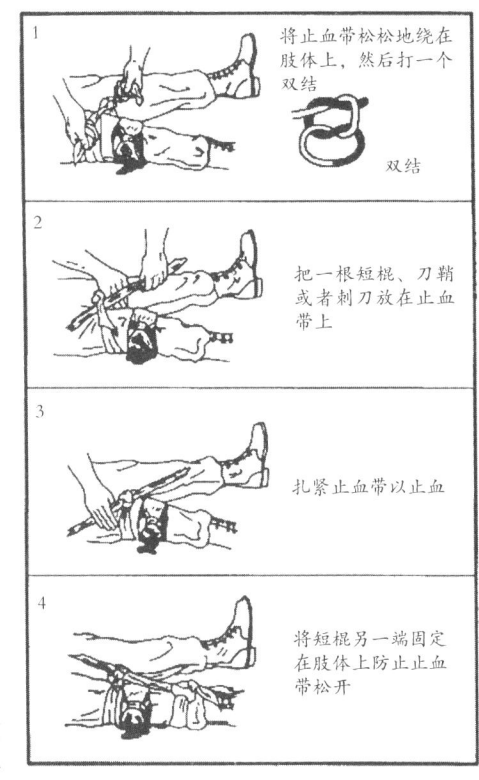

▲ 止血带的绑扎

等造成难以复原的伤害。因而，不到最后关头，不使用止血带法。使用止血带进行止血时，要选择正确的位置捆绑止血带，不可将止血带绑在伤口处或是骨折部位。将止血带绑好以后，接下来要做的是清理和捆绑伤口。捆绑止血带后，要注意按时拉松止血带，以缓和血液的流通，避免造成肢体末端因长时间的供血不足而坏死。所以，一般而言，此法的使用要在他人的帮助下完成，伤者很难独自完成定期松放止血带的工作。

休克的预防及医治

在某些情况下,受伤过重或是失血过多的伤者,还可能会出现休克。对于休克伤者的治疗,急救者可以采用以下方法:

· 首先将伤者置于平地,将其下肢抬高离地 15~20 厘米,然后确定伤者是否还有意识。

· 如果伤者已经失去意识,保持伤者呈侧卧姿势,或面部朝下而头部侧向一边的卧姿。这样做的目的是防止伤者因体内排出的呕吐物或液体,阻碍了呼吸道,从而导致呼吸不畅。

· 如果确定伤者已经休克,则要保持伤者平躺的姿势不动,不可随意移动其身体。处于休克状态的伤者,需要借助外部力量来维持生命所需热量,所以急救者要注意维持伤者的体温。维持伤者的体温,一般会采用如下几种方式:原地搭建临时避身所,给伤者增加衣物,生火取暖,热的饮料和食物,加热的石头和热水。

· 伤者若是处在清醒状态,则让他饮用盐水或糖水等快速增加身体能量,从而维持有机体的正常运行。切记,若伤者腹部有伤,或是处于昏厥和休克状态时,急救者不可随意喂伤者食物。

运送伤员的方法

野外生存中,如果有队员意外受伤,在对伤员进行了紧急的救护以后,要及时把伤员送往医院等专业救援机构实施进一步的治疗。对于意外受伤的队员的运送,要注意很多事情,防止因运送不当加重伤者的病情。

运送伤员遵循的主要原则如下:

· 在运送伤员前,对伤员的伤情进行仔细的检查和谨慎的处理。

· 如果伤者病情严重需要搬运,救援队应根据伤者的具体情况选择科学合理的搬运工具和方式。

· 在搬运伤者的过程中,一定要小心谨慎,轻抬轻放,平稳走动。同时,密切留意伤者病情的变化,作好应急准备。

伤员的搬运,主要有如下几种方式。

担架搬运

担架搬运是比较常见和常用的伤员搬运法。当伤者脊柱或四肢发生损伤,且运送路途长时,担架搬运法是最合适的运送伤员的方法之一。

如果救援条件不允许,找不到现成的担架,可以用木棒、竹竿、衣服、绳子、门板、床板、床单等物品,自制一个简易的担架。自制担架虽然简单,但一定要保证其牢固性。

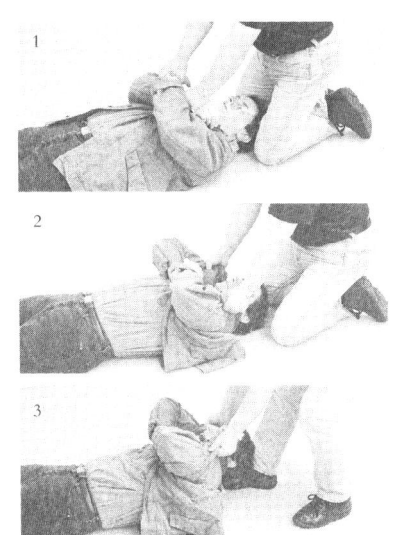

拖动伤者
1. 将伤者的手臂在其胸前交叉。2. 解开伤者身上的外套,卷到伤者头部下方。3. 蹲在伤者身后,抓住他肩膀上的衣服,慢慢地拖动伤者。

在用担架搬运伤者的过程中,应该注意以下几个事项:

· 救援者要依据地形调整抬担架的姿势,以保持伤者身体的平衡,特别是在道路不平坦的区域。

· 随时留意伤者的病情,如果伤者出现呼吸困难等状况,将背部用衣物等垫起来,帮助其自主呼吸。

· 对于不同的伤患,采用不同的搬运姿势。例如,腹部受伤者,要保持下肢屈曲、脚底踩在担架上的姿势,以减轻腹部受伤带来的疼痛;背部受伤者,保持身体俯卧在担架上;脑部受到撞击而有出血症状的病人,应将其头部稍稍垫高,减缓血液在脑部的循环速度。

小资料

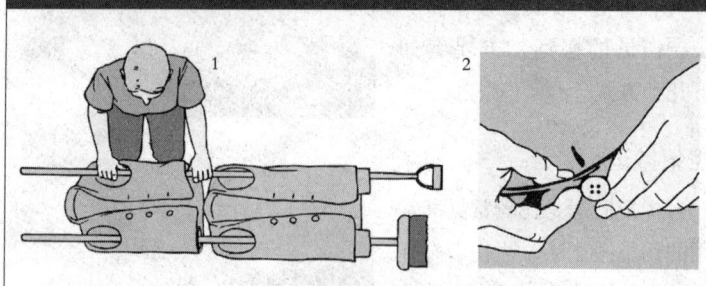

制作简易担架

1. 找 2～3 件外套。将衣服的袖子往里塞进去，将两根棍子分别从两侧袖筒里穿过去。

2. 把外套的扣子扣上或拉链拉上，简易担架的制作就基本完成了。

试用担架。可以先让一个没有受伤的人躺到担架上试一下，确保它能够安全地承受一定的重量。

徒手运输

如果没有现成的担架或没有材料做成简易担架，而且伤者伤势较轻时，救援者可采用徒手运输的方法，对伤员加以运送。根据救援人员数量的不同，徒手运输又分为单人徒手运输和双人徒手运输。

单人徒手运输包含 5 种方法

扶行法。扶行法要求救援者以身体支撑住伤者的臂部和头部，采用一手握住其手腕，一手托住其腰部的姿势行走。

抱持法。对于受伤的孩童或是体重较轻的伤者，可以考虑这种单人徒手运输方法。救援者一手托住病患的大腿，一手扶住其背部，抱起病人小心行走。

背负法。背负法不适用于出现昏迷和休克等严重病症的伤者。首先，救援者与伤者面向同一方向，蹲在伤者前面，同时救援者保持背部稍稍弓起的姿势。然后，救援者小心背起病人。如果伤者不能站立以配合背负法，救援者应与伤者保持同向，并排侧躺在地面上，然后救援者一手反过来抓住伤者的肩部，同时另一只手抱住腿部，用力翻身站起来。

拖拉式。拖拉法虽然也是一种徒手运输方法，但只有在情况紧急，不能采用其他运输方法时才使用。

爬行式。如果遇到救援现场空间狭小或是在火灾现场进行救援时，为保证救援者和伤者的生命安全，救援者应将身体重心下移，采用爬行式将伤员运输到安全地段。

双人徒手运输一般有2种方法

椅托式。椅托式的运输方法适用于伤者意识清醒，可以控制自身行为时。两名救护

扛起伤者

1. 帮助伤者站立起来，用右手握住伤者腰的左侧。
2. 膝盖弯曲，身体向前倾，小心地将右肩放在伤者的腹股沟下，将伤者的身体扛起来，并使之自然地从你的肩和背俯下去。用右臂从伤者腘窝处绕过去并握住。
3. 站起身，调整伤者的姿态。

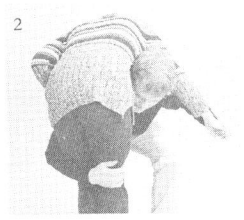

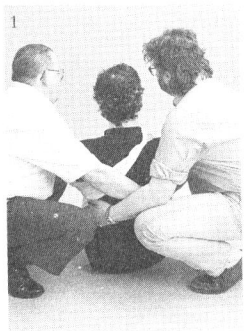
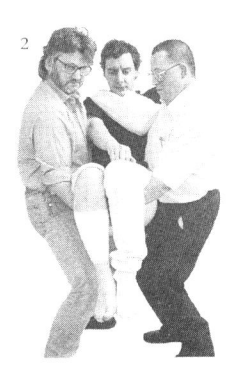

两手"扶椅"法搬动伤者

1. 两个急救人员面对面蹲在伤者的两侧，二人各伸出一只手臂，交叉放在伤者的背后，同时抓紧伤者的衣服。
2. 二人各自将另外一只手臂放在伤者大腿下，同时握紧对方手腕，轻轻抬起伤者。两位急救人员同时站起，并同时迈出外侧的一只脚，然后步调一致向前进。

者分别以左右膝盖触地，跪在伤员两侧，二人分别以一手托住伤患腿部，另一手扶住伤患背部，然后行走。

拉车式。拉车式适用于短距离运送伤者。首先，一名救护人员站在伤者身后，双手从伤者腋下穿过，将其抱住。然后，另外一名救护人员跨进伤者两腿之间的空地，两手抓紧伤者的膝关节。最后，在两名救护人员均作好准备以后，轻轻地将伤者抬起然后运走。

捆绑背负法

这也是常用的野外运输伤者的方法之一。捆绑背负法的一般做法是用绳子、布带、鞋带等，将救援者与伤者捆绑在一起，然后将伤者牢牢固定在救援者背部。

当野外生存时遇到危险，救援者一方面要运送伤者，一方面要应对紧急状况，捆绑背负法为救援者减轻了负担，是一个非常有效的伤员运输法。

根据捆绑方式的不同，捆绑背负法又进一步分为两种，一种是用带子绕住伤者的腰和臀，然后将其固定在救援者的肩上；另一种是用带子绑住伤者的双腿，然后救援者像背背包一样，将伤者背在背上。

特殊伤者的运送方法

由于伤者受伤的部位和伤势不同，运输伤员的方法也应因人因时作出相应的调整。

对于脊柱受伤者的运输，应该注意保护其受伤部位。如果伤在颈椎，则做法如下：首先，将木板或铁板等硬板放在伤者的身旁；其次，将一块柔软的垫子放在伤者受伤的颈部；再次，几名救援者分别扶稳伤者的腰、肩、腿等部位，然后另一名救援者将伤者的头部固定住，保证伤者身体各个主要部位在一条直线上。最后，慢慢将伤者平放在身旁的硬板上，用沙袋、垫子等物品将伤者的头部加以固定，防止运输过程中因晃动加重颈部的伤势。

如果伤者是腰、胸椎等部位受伤，运送方法可参考颈椎伤者的运输方法。对于特殊伤者的运送，要注意保护伤者的受伤部位。

脱去伤者身上的衣物

脱去伤者的外套

有时为了便于检查伤者的伤势或治疗伤者，必须脱去伤者的衣物。当然，有时候不需要脱去伤者的衣服就能够检查到伤势，如骨折，还有一些伤口可以直接从明显破裂的衣服外看到。

如果必须脱去伤者的衣物，也要尽量在不影响伤者的情况下脱去他的少量衣物。对于清醒的伤者，要先征求他的意见才可以脱去他的衣物。

如果伤者是位女性，有时必须将其身上过紧的内衣解开。

如果不是非常必要的话，尽量不要脱去伤者的衣物，因为脱衣物时可能会给伤者带来一些额外的伤害。

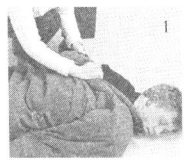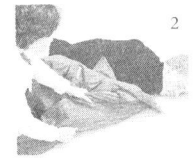

脱去（手臂受伤的）伤者的外套、衬衫和内衣

1. 抬起伤者的上半身，将外套从他的肩膀往下拉。弯曲伤者未受伤的手臂，并将它从衣袖中抽出。 2. 轻轻地将另一只衣袖从受伤的手臂上脱下。

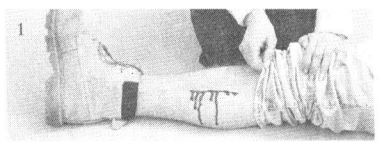

脱去（腿受伤的）伤者的裤子

1. 如果伤者的小腿或膝盖受伤了，可以将裤管卷起来。 2. 如果伤者大腿受伤了，从伤者腰部将裤子褪下。

 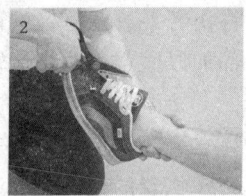 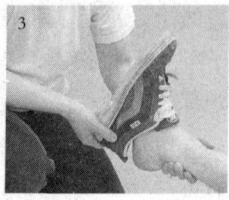

脱去（脚受伤的）伤者的鞋子
1. 固定住伤者的脚踝。2. 剪掉或解开鞋子上所有的带子。3. 脱去鞋子。

脱去伤者的袜子

如果急救人员按照正常方式去脱伤者的袜子很困难的话，可以采用如右图所示的方法。

脱去伤者头上的安全帽

下面介绍脱去伤者头上两种不同的安全帽——透气型安全帽和盔式带玻璃罩安全帽——的方法。一般情况下，强烈建议急救人员不要脱去伤者头上的安全帽，因为在如颈骨骨折之类的事故中，这样做可能会导致伤者瘫痪甚至死亡。大部分情况下，安全帽可以保护头部避免受到严重伤害。如果不得不脱去伤者的安全帽时，必须注意以下事项。

· 在脱去伤者头上的安全帽之前，先摘下伤者的眼镜（如果伤者戴眼镜的话）。

· 如果伤者能够自己脱去头上的安全帽，那是最好不

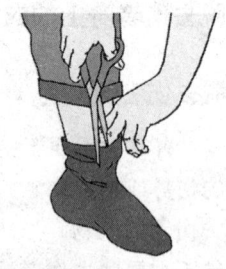

脱去伤者的袜子
将两个手指放在伤者的腿和袜子之间，将袜子的边提起，从急救人员的两个手指之间剪开袜子。

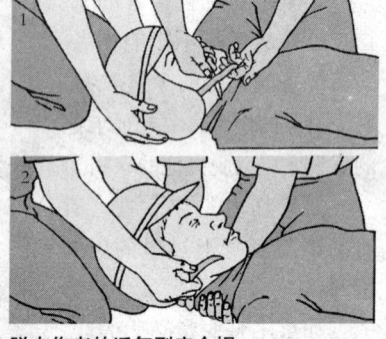

脱去伤者的透气型安全帽
1. 解开或割断系在伤者下巴的安全帽带子。
2. 一个人用手托住伤者的头和脖子，另外一个人用两只手分别托住安全帽的两侧，把安全帽向上和向后拉，便可以脱去。

过了。

脱去伤者头上的透气型安全帽

透气型安全帽就是只盖住头部,脸部露在外面的安全帽。这项工作需要两个急救人员共同完成(如 P94 图示)。

脱去伤者头上的盔式带玻璃罩安全帽

这项工作也需要两个急救人员共同完成:一个人用手托住伤者的头和脖子,另一个人脱去伤者的安全帽。

除非是在伤者有生命危险的情况下,否则千万不要试图脱去伤者头上已经破碎的盔式带玻璃罩安全帽。例如遇到以下几种情况就不得不脱去伤者的安全帽。

・安全帽阻碍了伤者呼吸。
・伤者已经没有呼吸和脉搏。
・伤者发生呕吐现象。

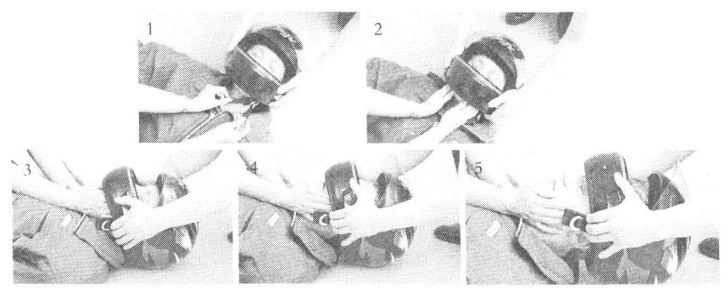

脱去伤者的盔式带玻璃罩安全帽
1.其中一个人将两只手分别放在安全帽的两侧,用手托住伤者下颌,使其头部保持平稳。另外一个人解开或剪掉系在伤者下巴上的安全帽带子。2.使伤者的头骨和下颌骨保持不动。3.将安全帽往后倾斜,露出伤者的下巴和鼻子。4.再将安全帽向前倾,轻轻往上脱离伤者头部。5.脱下安全帽。

伤口的处理

伤口的类型很多,包括外伤、皮肤病、冻伤、烧伤。

外伤

在野外生存的时候,一旦受了外伤,通常情况下都会很严重,因为伤口很容易受到病菌的感染，比如皮肤上、衣物上或者其他东西上的细菌，很有可能侵入伤口。而且，造成伤害的物体上面的病菌，也容易致使伤口感染。除此之外，外伤处理不好的话，会使组织受损，并大量失血。

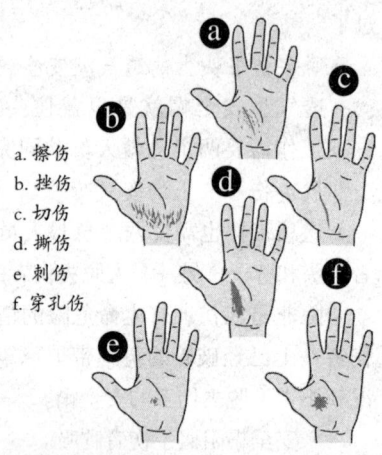

a. 擦伤
b. 挫伤
c. 切伤
d. 撕伤
e. 刺伤
f. 穿孔伤

各种各样的伤口

在对外伤伤口进行处理的时候，如果处理方法得当，便可以降低伤口感染的危险，同时还可以加速伤口的愈合。

受伤之后，要立即用清水清洗伤口，去除伤口周围的衣物。能脱掉最好，不能脱掉的话也要果断剪开。

如果是被尖锐的物体、投掷物或者子弹所伤，首先一定要找到伤口的另一侧的出口。

清洗伤口周围的皮肤，一定要彻底。要尽量使用清水，另外，也要注意用冲洗的方式对伤口进行清洁，而不能擦洗。如果周围没有水，也可以用新鲜的尿液对伤口进行清洁。

在野外生存的状态下，"开口疗法"是最安全的处理伤口的办法。通过缝合伤口，或者其他类似的办法把伤口封闭起来未必是正确的处理办法，相反，让伤口开着可以排除因感染而产生的脓液。尽管这样会很难看，或者伤口因化脓而味道很臭，但是等伤口逐渐变干，就不会致命。

找一块干净的布条包在伤口外面，并用绷带包扎好。每天要勤换布条，同时，要检查伤口是否有感染迹象。

如果伤口外裂开来，我们可以将胶布剪成哑铃形或者蝴蝶形将伤口边缘粘起来。注意要使用抗生素为伤口消炎。如果没有抗生素，要小心伤口的化脓感染。在使用这种方法的时候，要注意为伤口留出排脓通道。

在求生状况下，多多少少会有一定程度的外伤感染。当出现以下情况的时候，便是伤口感染的信号：

· 伤口出现红肿，并带有疼痛感。

· 体温明显升高。

· 伤口上或者布条上出现脓液。

如果伤口感染，下列措施可以帮助我们进行必要的治疗：

· 将布条用热水浸泡之后，在潮湿状态下敷在伤口上，等布条变凉了之后更换新的，反复进行，大概敷半个小时，每天如此进行3～4次。

· 将器具消毒之后，拨开伤口，并深入进去，进行排脓。

· 敷上布条，将伤口包扎好。

· 大量饮水。

如果受了严重的外伤，例如枪伤，最好每天可以用干净的水对伤口进行冲洗，最好选择具有强大水力的冲洗方式。每天冲洗，直到伤口完全愈合。这样的方法最大的好处就是可以大大降低伤口的感染概率，但是，这样做会使伤口最后留下较大的疤痕。

如果伤口已经严重感染而不愈合，又没有抗生素，不仅这种普通的清洗方法没有用处，就连普通的清创术也收效甚微。所以，在这个时候，可以考虑使用蝇蛆疗法，尽管它存在一定的危险：

· 将伤口暴露在外，这样苍蝇就有机会接近伤口，一天之后再将伤口盖住。

· 每天检查伤口生蛆的情况。

· 如果伤口已经开始生蛆，要继续包扎好，不过每天要坚持检查。

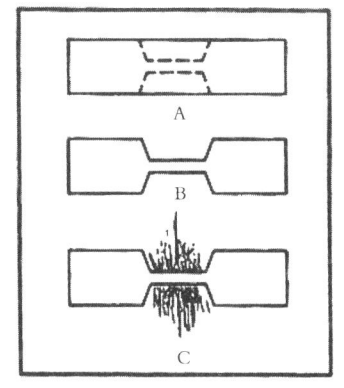

▲ 蝴蝶形封闭胶布

- 在蛆把坏死的皮肤组织消灭干净，但是还没有破坏健康的皮肤组织的时候，把蛆清除干净。如果疼痛加剧，同时出现鲜红色的血，这就说明蛆已经开始接触到健康的皮肤组织了。
- 用消毒水或者新鲜的尿液对伤口进行反复的清洗，直至将蛆清除干净。
- 在之后的几天，每四小时就要对伤口进行检查，主要是为了确定蛆虫是否已经完全被清除干净。
- 将伤口包扎好，接着对伤口进行简单的处理，就像处理其他伤口的程序一样，这样一来，伤口就会自行愈合。

皮肤病

疖子、真菌感染、皮疹虽然会引起一些不适，但是一般情况下不会发展成为严重的疾病。对于这些不适可以用如下的方法进行处理方法：

疖子。拿一块热的布条敷在疥疮的位置，使其脓头鼓出来。然后将脓头挑破，但是要注意，一定要用经过消毒的工具，包括金属丝、针尖或者小刀片等类似的工具。用清水将疥疮清洗干净，这时，使用肥皂去除脓水的效果更好。将疖子包扎好，并定期做检查，从而确保伤口没有被感染。

真菌感染。在皮肤遭受到真菌感染的情况下，要尽量保证皮肤的干爽和清洁，同时要避免受感染的皮肤在阳光下暴晒。不要用手抓挠感染处皮肤。

有士兵曾尝试使用肥皂、醋、浓盐水、酒精、碘酒、防真菌粉、氯漂白粉等对真菌感染的皮肤进行治疗，都有很明显的效果。但是这种治疗方法属于非常规疗法，所以，使用这些方法的时候，要非常小心。

痱子。如果想要迅速、有效地治愈痱子，首先就要确定痱子产生的原因。生痱子的原因很多，也很复杂，即使在环境良好的情况下，查明生痱子的原因都有很多困难。

治疗痱子需要遵守下面的几个原则：
- 如果是在潮湿的环境中生了痱子，就要注意保持皮肤的干爽。
- 如果是在干燥的环境中生了痱子，就要注意保持皮肤的湿润。
- 不要用手抓挠长痱子的地方。
- 对于因干燥而产生的痱子，可以用沾有醋的布条擦拭，注意力道要轻。另外，也可以用丹宁酸代替醋。丹宁酸的来源很多，比如茶水、煮橡树皮或者硬木树皮的水。可在干燥的痱子上少量地涂上动物油脂保持其湿润。

对痱子的处理方法跟伤口的处理方法基本一样，每天要检查其是否清洁，并要做好包扎。如果是在野外，或者是被囚禁，求生者可以用很多东西作杀菌剂来治疗伤口，比如：

碘片。将 5～15 片碘片溶于 1 升的水中，这样就制成了一种良好的伤口清洗液。

大蒜。大蒜可以直接拿来擦拭生痱子处。也可以将大蒜放在开水里煮，然后用大蒜水冲洗生痱子的部位。

盐水。将 2～3 大匙的盐溶于 1 升水中，这种浓度的水可以起到良好的杀菌作用。

蜂蜜。将蜂蜜直接涂于患处，或者将蜂蜜溶于水中搅拌稀释后清洗患处。

苔藓。在任何一片沼泽地都有苔藓的存在，苔藓被称为"天然的碘酒"，直接外敷于生痱子处。

糖。将糖直接敷于患处，等固态糖的颗粒逐渐转变为光滑液态的时候，将其清除干净，然后再如此反复多次。

果汁。如果外界环境不允许，没有蜂蜜和糖可以利用，这时可以选用果汁等具有相同功能的液体。果汁中的含糖量很高，同样可以起到有效的作用。不过需要注意的是，在使用非商业化制造的材料时要非常小心才行。

灼伤

灼伤带来的疼痛极其难忍,下面提供一些方法,可以减轻一些疼痛,并对伤口起到一定的保护作用,还会给治愈带来一定的帮助:

灭火。脱下着火的衣物,用水或者沙子浇灭、湮灭火苗,或者直接在地上打滚,同样可以扑灭火苗。然后,用冰块或者水冷却被烧伤的皮肤。但是要注意,如果是白磷引起的火灾,要首先用镊子将白磷全部挑拣出来,而不能用水直接去灭火。

把布条放进煮沸的丹宁酸溶液中浸泡大约10分钟之后取出。待布条冷却后,敷于患处。

糖或者蜂蜜对于被灼伤的伤口也有一定的疗效,而且,蜂蜜对于促进新皮肤的生长,以及防止伤口的感染都有很好的作用。因此,可以在伤口上涂抹糖或蜂蜜。

补充伤口的水分流失,通过喝水补充是最好的方法。此外,还可以通过静脉注射水分来补水,也可以通过直肠进行补水。补充的水分不需要进行消毒,只要保证水是干净的就可以了。通过注水管向直肠送水,每个人平均1小时可以有效吸收大概1~1.5升的水。

呼吸道要保持畅通。出现休克要及时治疗。

绷带包扎法

环形包扎法

这种方法是绷带包扎中常用的,多用于手腕、额部、颈部、腰部、足部等肢体粗细均匀的部位。进行环形包扎的参考步骤是:

· 用无菌敷料覆盖伤口,可以一只手把绷带固定在敷料上,另一只手拿绷带卷环肢体进行包扎;

· 将绷带端头叠成斜面,第一圈环绕做斜状,接下来两圈做环状，然后压住下折的斜角固定绷带；

· 重复上面的步骤，多缠绕几圈，每一圈要盖住上一圈，且绷带缠绕范围要超出敷料的边缘；

· 用粘膏或胶布固定带尾，也可将带尾从中间剪成两条，打一个结后再缠绕肢体打结固定。

螺旋包扎法

螺旋包扎法主要适合于包扎伤口面积较大，且肢体粗细均匀的身体部位，例如双臂和双腿的下部。

在包扎过程中，采用环形包扎的形式，绷带每卷一次都向斜上方缠绕，往前移至上一圈的1/2~1/3左右，以此来增加包扎的范围。

"8"字形包扎法

"8"字形的包扎法主要适合于肘、膝、踝等关节部位。

包扎时可以采取两种不同方法：

第一种，先在关节下方进行环形包扎后，再将绷带由下而上、由上而下地来回做"8"字形缠绕，使相交处逐渐靠拢关节，最后完成包扎。

第二种，先在关节处做几圈环形包扎后，将绷带斜形环绕，一圈在关节上方缠绕，一圈在关节下方缠绕，两圈在关节凹面相交，反复进行，逐渐离开关节，每圈都要压住前一圈的1/2~1/3左右，最后在关节上方或下方做环形包扎，以此来完成整个包扎。

三角巾包扎法

三角巾包扎法应用方便，适用范围广。下面介绍几种包扎方法：

手部包扎法。将三角巾平铺，手平放在三角巾的中间位置，同时，手指冲着顶角，腕部横放在底边。然后向下方反折三角巾的顶角，将两底角向手腕背部交叉着缠绕，最后在腕背打结。

足部包扎法。与手部包扎法相同。

头部包扎法。头部包扎适用于额头、头侧、头顶。将三角巾的底边放在前额的位置，顶角朝后，底边绕前额缠到头后，将顶角压住，然后打结。如果三角巾的底边过长，可以在脖子后交叉然后再绕到前额打结。最后，将顶角拉紧，然后向上翻转做好固定。

下颌兜式包扎法

吊手臂法适用于手臂受重伤，肩膀和手肘脱臼的情况。将三角巾固定在受伤部位，然后将三角巾多余的部分卷起，直到手肘全部包裹起来。

打绷带的要领

打绷带之前要在伤口上覆盖一层敷料，避免弹力绷带直接接触伤口。

打绷带用力要适度，既不能太紧，也不能太松，太紧会导致血液循环不畅，太松会使纱布固定不住。

打结时，避免将结留在伤口正上方和病患的身后。

打完绷带要检查病患是否出现手足甲床发紫、手脚变凉、浮肿等症状，若出现这些症状应及时松开绷带，重新进行缠绕。

如果手边没有现成的绷带，可以用干净的毛巾、手绢、撕成条的床单、长筒尼龙袜等替代。

环境伤害的诊治

在生存环境中可能会碰到中暑、痢疾、体温过度偏低、肠内寄生虫，等等环境伤害。在发生上述状况的时候，要尝试按照以下方法去做。

中暑

中暑通常是由于身体的温度调节系统遭到破坏（体温高过40.5℃即引起中暑）。痉挛或者脱水等高温病并不一定总是在中暑之前出现。中暑主要有如下症状：

· 面部红肿。

· 眼白颜色变红。

· 身体不出汗。

· 身体失去知觉或者神经错乱，从而导致皮肤颜色苍白，嘴唇颜色和指甲变成蓝色（通常称黄萎病）。

· 皮肤变凉。

注意：如果出现这些情况表明伤者已经处于严重的休克状态，必须立即给其降温。

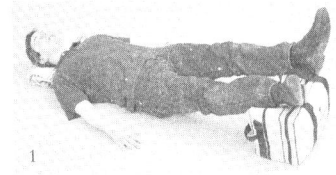

小资料

中暑衰竭的急救措施

1.让伤者平躺在阴凉的地方。抬高患者的双腿。2.让伤者不断喝淡盐水（按1升水放半汤匙盐的比例），直到伤者的情况有所好转。打电话寻求医疗救助。

可以将他放到凉快的水中。如果没有水流，可以用尿液或者水浸泡布条外敷病患的所有关节处，尤其是脖颈、腋窝和胯下等处的关节部位。特别要注意将伤者的头部弄湿，因为头皮可以大量地散发热量。可以为伤者扇风排热，也可以通过静脉注射的方法为伤者补充水分。

在为伤者降温的过程中，或许会出现下面的几种状况：

颤抖。

腹泻。

呕吐。

喊叫。

挣扎。

很长一段时间内没有知觉。

48小时内第二次中暑。

心脏和脉搏停止跳动。这时要作好进行心肺复苏术的准备。

注意：出现脱水症状的时候，要用淡盐水进行处理。

战壕足病

在0℃的气温下，长时间（数小时到数天）在潮湿的环境里，就会引起足浸病和战壕足病。对于这种病症，最主要受损的部分就是神经和肌肉，严重时可能会产生坏疽，最终导致整只脚或整条腿被截肢。预防这种疾病的最有效的措施就是经常保持双足的干爽清洁。随身携带备用袜子，做好防水。要每天洗脚，并换上干爽的袜子。如果是洗过的袜子，要将潮湿的袜子放于身上，慢慢将其焐干。

冻伤

由于组织被冻僵而造成的伤害被称为冻伤。冻伤的伤害会深入皮肤下面的组织，从而使组织变得僵硬。暴露在外面的脸部、手脚等部位最容易被冻伤。在同行有其他人的情况下，可以利用团队防止冻伤的发生。要与队友

冻伤的急救措施

将伤者转移到能避风的地方，用40℃的温水浸泡伤者被冻伤的部位。送伤者去医院接受治疗。

经常相互检查面部情况。要是周围没有其他人的帮忙，要记得每隔一段时间就用手套捂住鼻子，以及脸的下部。

在冻伤的初始阶段，脸部、耳朵或者手和脚会出现僵硬、冰冷、灰色或白色的部分，冻伤后的2～3天，会出现水泡或者皮肤表皮掉落。

注意：不要尝试用火来烤被冻伤的部位。可以将冻伤的部位放入37℃～42℃的水中浸泡，直到组织解冻。要保证温度恰到好处，可以将手腕内侧的部分放进水中，以确定水温。也可以将冻伤的部位用干燥的布擦干，然后将冻伤部位靠近身体取暖。

低体温症

低体温症是指人体的核心温度没有达到36℃。或长或短的时间内处于寒冷的环境中，都能引起低温症。此外，缺乏食物、缺少休息或者脱水，也都能造成低温症。

产生低温症的时候，需要立即进行治疗。首先要把病患挪移到避风、避雨、温暖的地方。脱下病患的潮湿衣物，并为其换上干爽的衣服。为病患补充水分，并用人体进行肌肤相触为其提供温暖。如果这时病患无法自行喝水，可以采用直肠补水的方法，立即进行治疗。

小资料

在野外如何对体温过低的患者实施急救

1. 寻找医疗救助。2. 尽快将患者带到室内或能避风的地方。3. 用睡袋或其他隔热物盖住患者。4. 和患者躺在一起，用自己的体温温暖患者。5. 检查患者的体温。6. 检查患者的脉搏。7. 在条件允许的情况下，为患者提供一些热的食物和饮料。

痢疾

这是一种很常见的小毛病,但是它很容易让人变得虚弱。下面几种原因都可能造成痢疾:

- 水土不服。
- 饮用的水被污染。
- 食用了变质食品。
- 疲劳。
- 使用了不干净的餐具。

如果出现痢疾的状况,要及时吃止泻药。如果条件有限,可以采用下面的几项措施:

- 24小时以内限制流食的摄入。
- 每隔2个小时喝一杯浓茶,一直到腹泻的现象停止或者好转。因为茶里面含有的丹宁酸有止泻的作用。同样的原理,可以取硬木树的内皮,将其放在水中煮2个小时以上,从而获取丹宁酸。
- 将木炭灰、干骨或者白垩土溶于水中,制成溶液。
- 将柑橘类的水果果皮或者苹果糊,按照相同的比例放入混合物中。每2个小时左右服用一次,服用两汤匙左右为宜,直到停止腹泻或者腹泻的次数减少。

肠内寄生虫

如果能够及时采取预防手段,通常状态下不容易产生蠕虫等肠内寄生虫。预防人体肠内寄生虫需要注意的是:

- 不要光脚走路。
- 不要吃生肉。
- 不要吃生的蔬菜,因为它们很有可能被未经加工过滤的污水或者人类的粪便肥料之类污染了。

如果肠内已经出现寄生虫,并且周围没有必要的治愈药品,你可以采用下面的几种办法,改变肠胃环境:

盐水。把4汤匙的盐溶于1升的水中,然后喝下。需要注意的是这种方法不能重复使用。

烟草。可以食用 1～1.5 根的香烟，或者大约一汤匙的烟草。因为烟草中含有尼古丁，尼古丁能够使蛔虫等寄生虫失去侵蚀人体的能力，甚至能将它们杀死，再将它们排出来。如果属于稍微严重的情况，可以在一天或者两天之内重复使用这个办法，但是中间间隔时间不要太短。

煤油。喝进 2 汤匙的煤油，但是注意不要过量。这个方法可以在一天到两天之内反复使用，但是也要小心，不要把煤油气味吸入肺部，否则会出现肺部疼痛的症状。

注意：烟草和煤油疗法的危险系数都比较高，所以要小心行事。

辣椒。经常吃辣椒可以预防肠内寄生虫的出现。辣椒的吃法有很多，可以生吃，可以放进饭里、汤里、菜里等。

大蒜。碾碎四瓣大蒜，放进一杯液体，进行混合，一天一杯，连续喝三个星期。

自然药物

在野外如果你没有急救药品，不要恐慌，这并不意味着你不能对自己或者他人采取急救措施。有一些常见的疾病可以利用你身边能够找到的某些野生植物来进行处理。

苔藓能够用来包扎伤口，并可控制出血。像泥炭藓这类的苔藓还具有杀菌的功效。

小伤口

到目前为止，应用最为广泛的草药就是车前草。很多人将车前草叶子捣碎来治疗蚊虫叮咬引起的炎症。以前，人们曾把车前草叶嚼碎成糊状，用来处理小伤口。车前草茶治疗咳嗽也有效果，其做法是将晒干的车前草叶 10 毫升放入 1 杯开水中，待 10 分钟后内服。

感冒发热

在温带地区，接骨木是一种常见的灌木。接骨木是制作接骨木酒的原料，这种酒能预防冬季感冒。接骨木花（无论是新鲜的还是晾干的）可以像车前草叶一样用来内服，能够退热和缓解感冒症状。接骨木叶还可驱赶苍蝇和蚊子，把叶子泡水涂抹在皮肤上也能达到这个目的。

制作治疗咳嗽的自然药物

1. 干车前草叶能够用来泡制治疗咳嗽的茶水。将一把干车前草叶放入碗中。
2. 烧一些开水，倒入装干车前草叶的碗中，让叶子浸泡约 10 分钟。
3. 从碗中捞出车前草叶，一碗天然的治疗咳嗽的汤药就准备好了。

制作治疗腹泻的自然药物

1. 煎煮橡树皮的水是治疗腹泻和加快伤口愈合速度的良药，也可以治疗牙龈炎和喉咙痛。
2. 将橡树皮捣烂，放入碗中，放水置于火上烧开。
3. 让水保持沸腾 3～5 分钟，从火上移开，待凉后当茶饮用。

腹泻

橡树皮可以被用来缓解慢性腹泻和痢疾。你需要在春天的时候收集橡树嫩枝的树皮，然后晒干保存。为治疗腹泻，可将10毫升干橡树皮放入0.5升水中，煎煮3~5分钟，待冷却后内服。这种汤药具有杀菌和收敛的功效，也被用作外敷药物处理愈合缓慢的伤口，或者被用作漱口水，治疗牙龈炎或者咽喉痛。

草药的应用

随着人类社会的不断发展，医疗技术也日益发达。如今人类已经研制出了各种先进的医疗设备、各种具有神奇疗效的药物，给人们的健康提供了良好的保障。但是先进的设备、疗效佳的药物并不是所有人都能享用，或者都能及时获得的。现在，在世界的许多地方还是依靠一些土方法来治病。这些土方法都是从古代流传下来的，简单地说就是通过总结经验和利用常识，使用自己采摘的草药来治病。其实草药的疗效在很多方面和现代药品的疗效是一样的，而且，如今很多药品都来自对草药的提炼，因此在你熟悉草药而又没有办法获得药物的情况下，可以食用草药来治病。

警告：草药不能随意食用，因为它并没有经过提炼处理，有些草药不仅有药物作用，还有毒药作用。如果食用了不正确或者不能直接食用的草药，很可能会使你的病情加重，甚至会危及你的生命。因此，不是在实在找不到药品、走投无路的情况下，不要擅自食用草药。还有，你要充分了解草药的一些疗效，才能对症下药。

处理原则与职责

急救人员的职责

急救人员的职责包括以下几个方面(按先后顺序排列)。

- 避免让自己受到伤害。
- 确保伤者脱离险境,有必要的话可以移动伤者。
- 检查伤者的状况,对其伤势作出诊断。
- 有必要的话立即采取急救措施。

只做力所能及的事。切记,随救护车前来的医务人员比外行的急救人员更专业。

不要试图对伤者的状况进行过于详细的诊断。这样的诊断在伤者被送到医院后会由专业的医生来做。

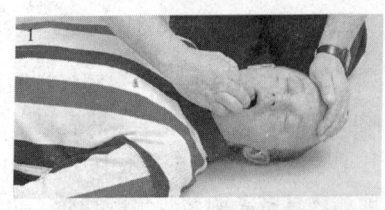

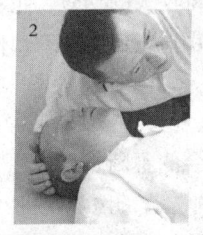
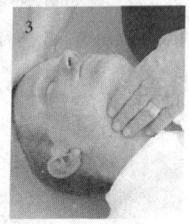

检查伤者的状况
1. 检查伤者的呼吸道是否通畅。2. 检查伤者是否有呼吸。3. 检查伤者是否有脉搏,确定伤者心跳是否停止,检查伤者是否有严重出血情况,检查伤者是否出现休克现象。

在处理轻微伤害时,不要对伤者使用绷带或其他不必要的东西,只需对伤者实施基本的急救措施即可。

紧急事故的处理措施

急救人员必须尽快检查伤者的伤势,确认是否已经濒临死亡或者更糟。

如果很难再有其他人经过现场,你必须先使伤者脱离危险,然后再去寻求支援和饮水。

除非是严重烧伤的伤者可以喝一点水,否则不要让伤者进食和饮水。

除非是特殊需要,否则不要轻易移动伤者。

不要因为伤者伤势非常严重而恐慌地尖叫,做出一些不当行为。

避免引起尚有意识的伤者休克。

特殊事故和伤害

烧伤与烫伤

尽快脱去伤者身上燃着的衣物并用水冷敷烧伤部位,减轻烧伤和烫伤程度。滚烫的湿衣物仍然会烫伤伤者,所以必须在脱去之前用水将衣物冷却。

如果燃着的衣物粘在了伤者的皮肤上,不要强行脱去伤者衣物。

伤口感染

必须包扎好伤者暴露在外的伤口,以免引起感染。

昏迷的伤者

必须清理昏迷伤者的呼吸道。

骨折

为了避免引起伤者进一步骨折或拉伤肌肉组织,可以固定伤者受伤的腿,减少受伤部位的活动。

如果已经叫了救护车,就不要使用临时夹板来捆绑伤者的腿,因为救护人员会带来更专业的医疗设备。

体温

为伤者裹上毛毯,保持体温。

不要用热水袋或过多的衣物包裹伤者,这容易导致伤者因体温过高而引起血管扩张、皮肤发红,甚至突然休克。

紧急事故处理须知

急救人员或其帮手在拨打120或请求其他援助时必须向对方提供以下基本信息:

· 拨叫方的电话号码,以便需要时再次联系。

· 事故发生的具体地点,越具体越好,例如在哪条路上或事故现场旁边有什么显著标记等。

· 事故的性质、严重程度和紧急程度等。

· 伤者的伤势情况。

· 伤者的年龄、性别等基本情况。

第二节 常见野外伤病急救

淹溺急救

淹溺是指人被淹没在水中或其他液体里,因为液体充塞呼吸道和肺泡或反射性引起喉痉挛而导致缺氧和窒息,使人处于临床死亡状态。溺水时可能会有大量的泥沙、杂物、水等经过口、鼻灌入肺内,进而引起呼吸道阻塞、缺氧和昏迷,甚至导致死亡。淹溺的症状为严重缺氧、高碳酸血症和代谢性酸中毒。对于那种从水中救出来后出现暂时的窒息且还有大动脉波动的情况,医学上称之为近乎淹溺。

按照人吸进体内的水的性质不同,淹溺可分为海水淹溺和淡水淹溺。按照人吸进体内的水的多少不同,淹溺可分为干性淹溺和湿性淹溺。干性淹溺出现的概率是10%,湿性淹溺出现的概率为90%,前者的症状是病患因喉痉挛而窒息,呼吸道或肺泡内没有或仅有很少水吸入,后者是病患喉部肌肉松弛,吸入大量水,水充塞呼吸道和肺泡,导致窒息。

一般情况下,淹溺者会呼吸停止、大动脉搏消失、神志不清,处于临床死亡状态。具体的症状是:头痛、剧烈咳嗽、出现视觉障碍、胸痛、呼吸困难、出现粉红色泡沫痰、面部肿胀、球结膜充血、皮肤发绀、口鼻充满泡沫或泥污、抽搐、昏睡、昏迷、肌张力增加、呼吸急促或停止、心律失常、心音微弱或消失、腹部膨胀和四肢厥冷等。淹溺到海水中的人还会感到口渴,稍后还会有寒战、发热等症状。然而,由于溺水时间不同、吸入体内的水量不同、吸入体内的水性质不同等,近乎淹溺者的临床表现则差异较大。

发现溺水者后要抓紧时间对其进行抢救,有序地褪去溺水者的衣服、鞋帽等。

救护者可以迅速游到溺水者所在的水域，看准溺水者的位置，用自己的左手握住溺水者的右臂或抱住溺水者的腰部，然后努力朝岸边游去。但是，注意千万别让溺水者缠住你的身体，以免危及自己的性命。如果溺水者不习水性，救护者可以在救助之前准备好救生圈、救生衣或者浮力较强的泡沫板、木板等。救助溺水者的时候，要使他的头向后仰，口朝上张，争取让其口、鼻都露出水面，呼吸到空气。

如果存在潜在的溺亡危险，千万不要跳进水中。给需要救援的人提供某种东西让他们抓住。如果没有东西，躺在地上，把手伸给他们，让他们抓住你的手自己爬到岸上。

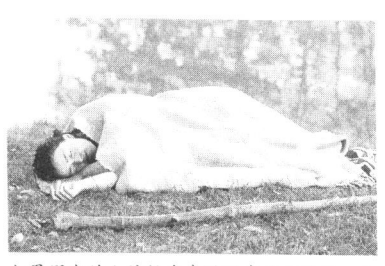
如果溺水的人被救出来时还在呼吸的话，注意其保暖，检查其生命迹象。

将溺水者救上岸以后可将其舌头拉出口中，然后把口鼻腔中的泥沙秽物清理出来，使他呼吸道能够通畅，呼吸不受阻碍。如果溺水者依然还有心跳，能够微弱呼吸，救助者可以让溺水者俯卧、低头，把腹部垫高，轻压其背部，把他肺部和胃内的积水挤出来。如果溺水者已经没有了呼吸和心跳，救助者就要马上对其进行人工呼吸和胸外心脏按压，常用的方法有吸氧、口对口人工呼吸和气管插管等。等急救稍有进展，就要马上把溺水者送往医院进行进一步的专业治疗。

救助淹溺者的急救措施：

尽快把溺水者从水中救出来；

为了确保呼吸道的通畅，应尽快把溺水者口腔和鼻腔里的污水、秽物、分泌物和其他异物等清理出来；

把溺水者的腹部横放在抢救者的大腿上，使其头部下垂，拍

打背部让其腹中的水流出来。片刻之后,把溺水者倒过来,否则可能会耽误心肺复苏;

如果溺水者发生呕吐,应避免吐出来的秽物被溺水者吸进呼吸道;

用口对口人工呼吸的方法对昏迷溺水者实行抢救;

将溺水者及时运往医院,在送医院的途中注意给其保暖,并对其进行心肺复苏;

溺水者被送往医院后先送其到监护病房进行观察,然后再进行供氧、复温、脑复苏等进一步治疗。

骨伤和关节伤急救

在野外生存时,人很容易受伤,骨折、脱臼和扭伤都是家常便饭,这几种伤归纳起来也就是骨伤和关节伤两大类。当我们受伤的时候,可以按照下面介绍的方法进行处理,让伤情不至于往更糟糕的方向发展。

骨折

当我们发生骨折的时候,有可能是开放式骨折,也有可能是闭合骨折。开放式骨折,意味着骨头会外露,情况相对复杂。外露的骨头直接接触空气,更容易受到感染,所以需要作消毒处理。找两块能固定住受伤的骨头的木板,然后仔细观察骨头受伤位置的出血情况。止血以后,用木板将受伤部位固定好。

闭合骨折,意思就是骨折是在内部,是看不见的。这种情况也需要用夹板固定受伤部位。

我们可以通过观察判断是否出现骨折的情况。一般来说,骨折时我们可能会听到骨头断裂的声音,而且会觉得疼痛甚至没法行动。我们可以用手触碰受伤位置看是否会感到疼痛,还可以用眼睛看这个部位的皮肤颜色是否改变了或者这部位是否肿起来了。

如果只是轻微的骨折还没什么大碍,要是压迫到骨折处的神经或者血管，麻烦就大了，所以尽量不要动受伤的部位。当主动脉被挤压的时候，有可能出现几种临床表现，一是受伤部位失去知觉或者肿起来；二是受伤部位摸起来不是正常体温或者看起来不是正常肤色；三是受伤的人暂时昏迷。当前两种情况出现

易骨折部位
a. 头骨
b. 锁骨
c. 肋骨
d. 肘
e. 骨盆
f. 股骨颈
g. 股骨干
h. 脚踝
i. 鼻骨、下颌骨和颧骨
j. 胸骨
k. 肱骨
l. 脊柱
m. 尺骨和桡骨
n. 手腕
o. 手指和脚趾
p. 膑骨
q. 胫骨和腓骨

时，将夹板拆除，估计好位置再重新绑定；最后一种情况出现需要特别处理，必要的时候还需要为伤者输血。

除了要固定夹板，骨折时还要协助性地进行牵引治疗。牵引运动其实很简单，如果是手受伤，找一棵有分叉的树，一只手放在树分叉口，另一只手反方向地推甩；如果是脚受伤，就把手换成脚，其他操作相同。受伤部位还是要用木板绑稳。

受伤的部位是大腿骨的话，因为这里的肌肉比较有力，比较难做牵引运动。我们需要借助一些辅助工具，具体方法如下：

· 找两根直径大于5厘米的"Y"字形树枝。将树枝截断，按照没有受伤的腿部这边来测量，一根树枝的长度大概为腋窝往下20～30厘米到脚板的距离。另一根树枝长度为腹股沟往下20～30厘米到脚板的距离。要确保固定好之后两根树枝的底部跟脚底在同一水平线上。

· 夹板的衬垫是必须有的。在两个木板的最下面都开一条槽，截一根直径5厘米、长25厘米左右的树枝作为连接两块木板的横

杠，然后绑紧。

· 把夹板放在受伤那一侧，拿结实的可以作为捆绑绳的条状物品，从上身一直绑到脚。

· 还需要做一个脚踝套分别跟横杠的两端绑在一起。

· 脚踝套上面还要放一根用来起紧固

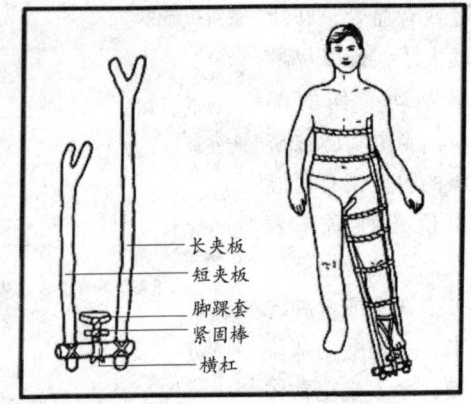

▲ 临时牵引夹板

作用的棒，这根棒大约长10厘米、直径2.5厘米就可以了。为了牵引更简单方便一点，紧固棒是必需的。

· 紧固棒要紧一点，保证受伤的腿长于或者等于另一条腿。

· 绑紧紧固棒后，就可以进行牵引运动了。

注意：有时候东西用久了，就会失去本来的效果，所以每隔一段时间要检查一次这套辅助工具。无论是什么时候，牵引的状态都要保持。

脱臼

脱臼也是有关骨头的问题，只不过不是骨断裂，而是骨关节分离导致骨头错位。骨头错位的疼痛感尤其强烈，而且神经也会跟着受到损害或者骨头下面的血液不能正常循环。所以，骨头错位后最好马上还原过来。

脱臼也可以通过一些临床表现来判断，例如关节是否疼、触碰受伤的位置时是否感觉疼痛、外表是否肿起来、走路是否不方便以及关节是否变形等。如果答案是肯定的，那么就是脱臼了。脱臼的处理办法有还原、固定和恢复。

还原，顾名思义，就是把骨头放到原来的地方，也叫归位。还原的方法有几种，最简单、快捷且安全性高的是人工牵引和利用比较重的物品伸展这两种方法。还原过后，脱臼造成的血液不正常循环又开始正常了，并且疼痛也会消失。如果是在野外环境，我们无法借助高科技来得知还原情况，那么也可以用眼睛和感觉来检查。

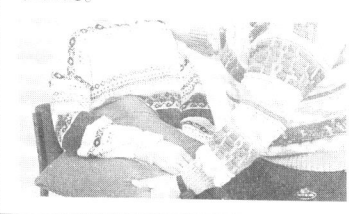

小资料

肩关节脱臼的急救措施

使伤者脱臼的手臂处于最舒适的位置。用一个枕头或坐垫托起胳膊，或用悬带或绷带吊起手臂，将受伤的手臂固定起来。将伤者送往医院。

固定，也就是用木板将还原后的脱臼部位固定住。有条件的话，就找两块木板来固定，没有就只能选择直接把受伤部位跟身体绑在一起。下面是用木板固定的详细说明：

- 受伤部位上面和下面都要用木板绑定。
- 为了让受伤的人更舒服一点，木板上面可以加上衬垫。
- 注意受伤部位下方的血液循环是否正常。

一到两周，就可以去掉固定的木板了，这时候还没有完全恢复。多活动活动受伤的筋骨，让它好得更快一点。

扭伤

不做热身运动就突然过度过猛地做拉伸运动可能会导致扭伤。扭伤的表现比较明显，伤者会感到非常痛苦，受伤部位会肿起来，被轻轻触碰的话疼痛加剧，局部肤色变得很不正常，通常是黑色或者蓝色。

扭伤这种情况可以按照 RICE 口诀进行处理。

R，取自于 rest 的首字母，意思是休息。

I，取自于 ice 的首字母，意思是冰敷，时间大概 1～2 天。

C，取自于 compression 的首字母，意思是压紧，让夹板和受伤部位紧紧地连在一起。脚踝受伤的时候，尽可能别穿会影响血液循环的靴子。

E，取自于 elevate 的首字母，意思是抬高受伤的部位。

注意：虽然用冰敷扭伤部位效果会更好，不过在野外，可能冰并不是那么容易得到，那么也可以选择用冷泉水来敷。

热力伤（烧伤、烫伤）急救

在生活中几乎每天都要与火接触，你需要用火煮食物、取暖、照明。但有时候会因为不小心而让自己被烧伤或烫伤。野外生存时不会有足够的医疗设备来帮你治疗的，所以你必须了解一些基本的热力伤的急救知识来防患于未然。

烧伤或烫伤的判断标准

轻微烧伤或烫伤。这种情况下，被烧伤或者烫伤的部位，只会轻微泛红、变色，一般几天时间内就会愈合。

皮肤表层及中间层上部的烫伤或烧伤。如果是这种程度的烫伤或烧伤，你的皮肤表层会出现红肿，并长一些水泡。这种情况下，只要保证受伤部位不感染，一般 2 周内就会愈合。

皮肤真皮层的烫伤或烧伤。这种程度的烫伤或烧伤，

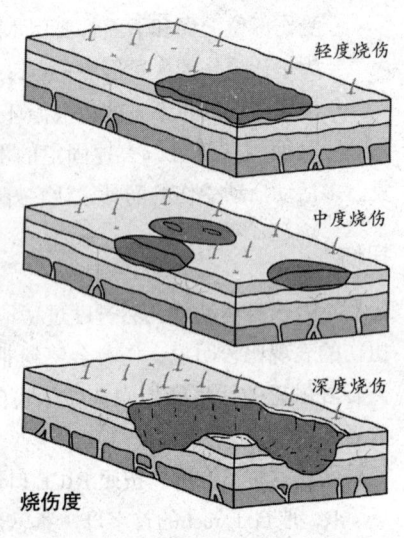
烧伤度

同样也表现为长水泡，只是会更加严重，愈合期要3～4周时间。

全面深度烫伤或烧伤。这种热力伤的程度已经伤及人体的皮下组织甚至骨骼部位。皮肤层已经没有了生命力，必须靠将其他部位的皮肤移植过来才能治愈。

烧伤、烫伤的处理方法

如果是轻度烧伤或烫伤，只要将受伤部位用凉水冲洗降温，保证受伤部位干净就可以了。对于稍微严重点的，用少量的牙膏或软膏涂抹在烫伤或者烧伤部位缓解疼痛，然后保持清洁就可以了。

如果是身体或四肢大面积严重烧伤，首先，你应该把身上烧坏的衣物立即脱掉，如果是队友受伤并且没有能力自己脱，你要迅速、主动

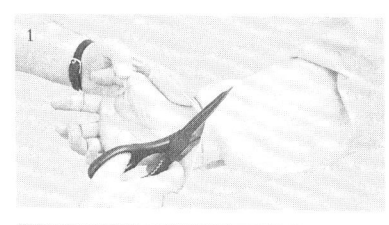

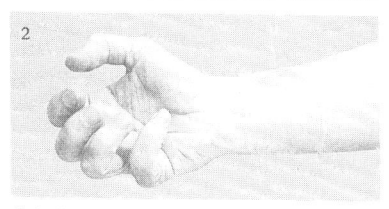

烧烫伤的处理方法
1.脱去或剪掉伤者被烧烫伤部位的所有衣物。2.用冷水冲洗伤口。

帮其把烧坏的衣物脱掉。因为烧焦的衣物不仅有异味且容易感染伤口，而且也不透气、温度高，会对人体造成更大的伤害。接着，用干净的布块将烧伤部位包扎好，防止被感染，如果没有干净的布块就让伤口裸露，不要涂抹任何东西，因为在野外环境中消毒措施不全，任何东西都可能含有病菌。倘若手指或者脚趾也被严重烧伤，有布块包扎时要注意将每个指头都分开包扎，以免指头与指头之间相互摩擦而使伤情更加严重。人体被严重烧伤后，会流失大量水分，此时人会十分缺水，因此要及时补充水分。可以少量多次地喝水，如果条件允许的话，还要在适量的水中放一些食用盐以补充身体流失的盐分，补充一下体力。这些初步的处理之后，就要迅速到就近的医院治疗，如果野外没有医院，要立马

请求支援。

注意：被火烧身时，不要跑动，因为这样火会借助风力更加旺盛，以致烧到你的脸部和呼吸道；也不要用手去扑灭火，这样会烧到手部，最好的办法就是努力在地上打滚将火扑灭。

如果是口腔、咽喉等被热水、蒸汽或者腐蚀性的药物烫伤，可以立即饮用大量的冷水来降温。如果十分严重，已经导致咽喉部位肿胀疼痛，应该立即就医。同时要保证自己所处的环境是通风的，因为呼吸道被烫伤很大程度上会影响人的呼吸，甚至会让人窒息，因此充足的氧气是必要的。

如果是眼部被烫伤或烧伤，甚至伤到了眼球部位，此时一定要谨慎处理，因为眼睛部位是最脆弱的，稍有不慎，都会导致失明。首先要用双手把眼睛撑开，然后用干净的冷水冲洗眼球部位，同时要注意将头部倾斜，以免将水冲到了鼻子里面，或者冲到另一只未受伤的眼睛里。接着用干净的布块将受伤的眼睛蒙住，以免被细菌感染。

电击伤急救

当一定量的静电或电流通过人体，引起器官功能障碍、组织损伤，甚至死亡，称为电击伤。出现电击伤的一般原因是人体直接接触电源，或者是电流、静电电荷等在高压电或超高压电场中通过空气或其他的介质电击人体。地震、火灾、风暴等也能使得电线断裂，进而让人意外触电。低于380伏的低压电、高于1000伏的高压电和超高压电、雷击等都可能导致电击伤。

电流具有使肌细胞去极化的作用，可引起肌肉强烈收缩。旷野里常出现雷击，闪电是直流电，电压在300万伏到20000万伏之间。而交流电对触电者的危害比直流电更大，它可能引起肌肉持续抽搐，使得触电者脱离不开电流。此外，低频交流电的危害要比高频交流电要大很多。就算人的中枢神经接触到了小于100

毫安的电流，也很可能引起神经传导阻滞。

随着电流能量转化为热量，局部组织的温度会随之升高，甚至引起灼伤。人体深部软组织电阻比皮肤和骨骼要小一些，因此它更容易被电烧伤，并导致人体缺血。

电击伤通常分为自然电击伤和生产电击伤。受电击伤害的人群主要集中于儿童、汽车修理工、建筑施工人员、采油工人等。电击伤病例在我们的日常生活中较为常见，并呈逐年增多的趋势。除了自然电击伤，其余的电击主要由于缺少用电常识、电器漏电、儿童乱摸线路、违章作业、违章布线、设备老化、线路年久失修等造成。

人在阴雨天气主要会因为缺乏相关基本常识而受到电击。恶劣的天气不适合户外运动，有的人在阴雨天踢球就很可能被雷电击倒，有的人在树下避雨也很可能遭到雷击。

电击的表现

局部被电击的表现：电流进出部位常有严重烧伤，阻滞解剖结构清楚，烧伤部位组织碳化或坏死成洞。人在触电后大肌群会出现强制性收缩，容易发生肩关节脱位或者脊柱压缩性骨折。一般情况下，电击处周围的部位烧伤程度较轻，有的时候衣服会被点燃，之后引起更大面积的烧伤。

全身被电击的表现：轻微电击会让人出现惊恐、面色苍白、头痛、头晕、心悸、痛性肌肉收缩等症状。高压电击的时候，通常会呼吸骤停、神志丧失等。有些病患的心肌和传导系统如果受到了损害，就会心肌梗死和心房颤动。体表烧伤处大量的液体流失和组织损伤都会引起低血容量性休克，并引发急性肾衰竭。被击者如果呼吸停止超过了15分钟而不及时进行复苏的话，人可能就会面临死亡。电击幸存者会定向力丧失或癫痫发作。

并发症和后遗症：电击后 1～2 天通常会出现烧伤处感染、心律失常、胃肠道出血、神经源性肺水肿、弥散性毛细血管内凝血等。半数触电者会单侧或双侧鼓膜破裂。孕妇若遭到了电击,强大的电流可能会导致流产或死胎。

发现电击者之后的处理措施

发现有人触电后,应立即切断电源并斩断电路,可以拔掉电源插座、闭上开关或拉断电源总闸。用绝缘体帮触电者脱离电源,可用木柄干燥的刀、斧、锹等斩断电线。同时,救助者也要做好防护,以免自己不慎触电。

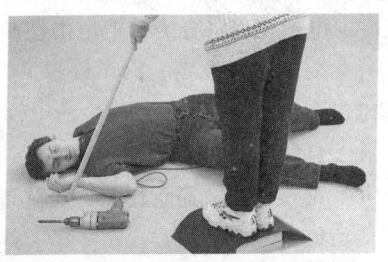

发现有人触电后,急救人员可以站在一个干的橡胶垫上,用木棍把伤者的肢体与电源分开。

当人体被下垂的电线击倒,电线和人体连接紧密、暂时无法找到开关时,救助者可站在干燥的木板或塑料绝缘体上,用干燥的木棒、扁担、竹竿、手杖等把电线挑开。挪移触电者必须十分小心,要留意到其可能出现的骨折、大面积烧伤等病症,否则就会在无意中造成更加严重的继发性损伤。

触电者的受伤情况如果不严重,神志依然清醒,只是全身无力、四肢发麻、内心惊慌、昏迷后又清醒过来等症状,就要将其挪移到空气流通且温暖的地方,尽量让触电者安心休息,少动,同时及时联系医生,等待专业的救助。如果触电者伤势较为严重,没有了知觉,只有心脏和呼吸,这时要让触电者平卧在舒适、安静、通风较好的地方,避免旁人的干扰。待触电者躺下以后,在确保触电者身体温暖的前提下可以解开他的衣服扣子或拉链。至于那些有痉挛、面色发白、严重缺氧、呼吸困难的触电者,一般人束手无策,就不要轻举妄动,而是要及时求助专业人士。如果触电者伤势非常严重,心跳停止、呼吸停止,可适当地进行人工呼吸或胸外心脏按压,同时电话联系医生获得求助。

触电者如何进行自救并脱险逃生呢?一般情况下,人们都是被220伏民用电和380伏工业电击到的。人不幸触电，周围又无人救援时一定要保持镇定。刚触电的几秒钟内，人还没有完全丧失意志，不妨用一只手抓住电线的绝缘处，将电线拉出来，让人摆脱触电状态。人触电的时候电线或电器若固定在墙上，可以用脚猛蹬墙壁，身体向后倾倒，借助身体的重量甩开电源。旁边如果恰好有救助者，救助者一定不要直接伸手去拉被击者，否则被击者就会充当导体，加大电流对人体的损伤，最终使救助者的生命安全受到威胁。

对电击者进行救助应注意的事项

遭低压电打击的人通常会在电击的瞬间本能闪开，如果他除了轻微的酸麻感没有其他症状，让他好好休息就可以了。

遭受电击后出现了其他严重或奇怪的症状后，要及时把被击者送往医院进行观察和治疗。

借助绝缘材料安全地处理引起电击的电源，切记不可因救人心切而直接用手接触电源或触电物体。

在附近贴出醒目的标志防止人们靠近。

急救措施

人工呼吸

对伤者进行人工呼吸的主要目的是为了及时给伤者提供氧气。因为你呼出的气体中仍含有足够的氧气，可供另外一个人使用。这样的"二手氧气"甚至能挽救生命。对伤者进行人工呼吸必须及时，并且确保你呼出的气体能够到达准确的位置——深入到伤者的肺部。

伤者在接受人工呼吸时，最基本的反应是他的肺会鼓起来。如果看不到伤者的胸部在你呼气时鼓起，吸气时瘪下去，那么你做的人工呼吸就没有成功；你应该按照治疗窒息的程序对伤者进行急救。

在实施此项急救措施时应该小心。如果把呼吸道的阻塞物吹进了伤者的肺部深处,就会导致伤者死亡。

另一种不同于嘴对嘴的人工呼吸是嘴对鼻的人工呼吸。将伤者的嘴封紧然后往其鼻子内吹气,此时,也要封紧伤者鼻子四周,确保空气被有效地吹进鼻腔。

如果伤者的胸部没有鼓起,请作如下检查。

· 伤者的鼻子是否已经适时捏紧。

· 伤者的嘴和鼻子周围是否封紧。

· 你吹气的时候是否足够用力。

实施人工呼吸

1. 检查伤者脉搏,如果伤者已经没有心跳了,立刻进行胸部按压。如果伤者还有脉搏,立刻清理伤者口腔里的异物。2. 捏紧伤者的鼻子,深吸一口气,张大嘴并用嘴封严伤者的嘴。3. 用力向伤者嘴里吹气,同时观察伤者的胸部是否鼓起。4. 一旦伤者胸部鼓起,继续注视伤者的胸部,看它是否会再瘪下去;完成呼气。然后用同样的方法快速对伤者进行4次呼气,再检查伤者的脉搏。重复步骤2～4,直到伤者恢复呼吸。

如果你完成这些步骤之后,伤者仍未恢复呼吸,可能是伤者的呼吸道被异物梗阻了。

胸部按压

这一急救措施是在伤者没有脉搏的情况下实施的。胸部按压以前被称为"心脏外部按摩",其实这种说法并不准确。从胸部并不能对心脏进行按摩,只能够按压。

心脏的位置

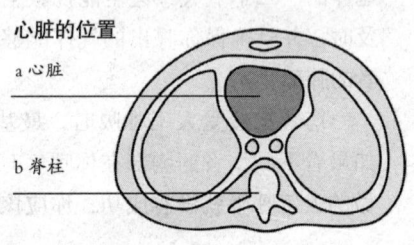

a 心脏
b 脊柱

心脏（a）占据了胸腔的大部分空间，而胸腔又处于胸部前面的胸骨和后部的脊柱（b）及其周围的肌肉之间。由于胸腔前部通常是活动的，所以可以将胸骨和肋骨向后轻轻地按压。朝着脊柱方向垂直按压可以将心脏中的血液压至身体组织器官中。由于心脏有瓣膜这一机制能确保血液沿着一个方向流动，因而对心脏施加的压力可以使血液顺着循环系统流动，这与心脏自发跳动时的血液流动完全一致。

虽然胸部按压做起来困难，但是这种方式是让伤者血液循环恢复正常的最好方法。这时，只要有空气输入伤者肺部，那么伤者就很有可能立刻恢复健康的脸色，放大的瞳孔也会再次恢复正常，其他一些显示伤者复原的

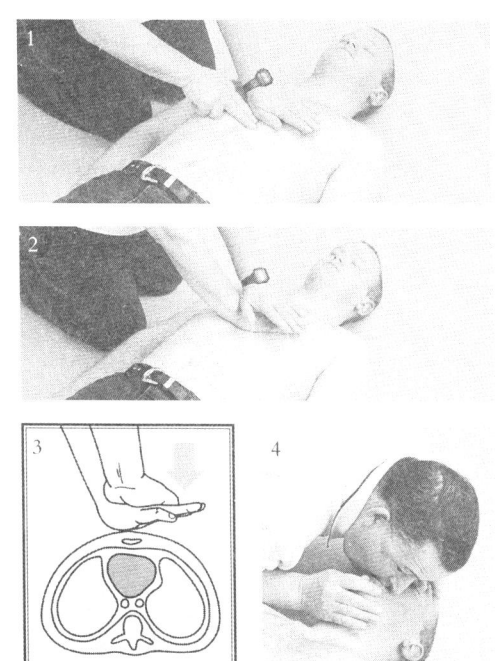

实施胸部按压的急救措施

1.使伤者平躺，急救人员双膝跪在伤者身旁。找到伤者胸腔底部的肋骨，将一只手掌放在伤者胸骨上，离肋骨边缘大约两根手指宽的距离。2.另一只手压在这只手上，手指向上翘起。身体向前倾，使肩膀处于伤者胸部上方。手臂伸直。3.垂直向下按压。如果伤者是成人，可以将他的胸壁向下压4～5厘米。如果伤者是儿童，将他的胸壁向下压2.5～4厘米就够了。像这样以稍快于每秒钟按压一次的频率按压15次。你可以一边按压一边快速地数：1，2，3……15。4.嘴对嘴地向伤者输入两次氧气，确保将空气吹进伤者肺部，切记观察伤者胸部的起伏。重复步骤3～4，直到伤者出现恢复迹象，或救援到达或你筋疲力尽为止。每3分钟检查一次伤者颈部的脉搏。

迹象也将随之出现。紧接着伤者就能够恢复心跳和呼吸。胸部按压必须配合人工呼吸才能奏效。因为该措施的目的就是为了恢复伤者的有氧血液循环,所以你必须为其提供氧气。

该急救措施只能够由经过训练的急救人员来操作。只有在伤者的心跳完全停止的情况下,才能对其进行胸部按压。否则,原本微弱的心跳也会因此而停止。

如果现场只有一个曾经接受过急救培训的急救人员,可以采取以下急救措施对伤者实施急救。

伤者恢复的迹象

· 伤者的肤色由青色、灰白色或紫色转为健康红润的颜色。

· 伤者恢复了脉搏。

· 伤者开始呻吟或者身体开始有反应。

· 伤者可以自己自由呼吸,不需要急救人员继续做人工呼吸。

二人轮流对伤者实施人工呼吸

二人轮流对伤者实施人工呼吸比单独一个人实施更轻松、更有效,因为两个人可以互相配合,一边向伤者肺部吹气,一边对伤者进行胸部按压。对伤者进行5次胸部按压后需要输入一次氧气,这时可以由一个人负责对伤者进行胸部按压,另外一个人负责检查伤者的呼吸

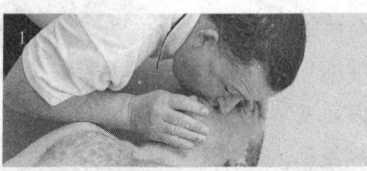
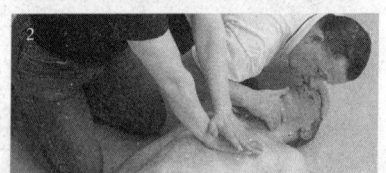
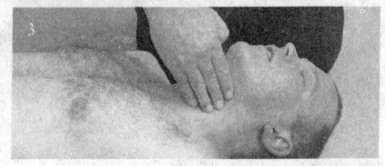

二人轮流对伤者实施人工呼吸的具体步骤

1. 一个人负责清理伤者的呼吸道并确定伤者是否停止了呼吸,为伤者输入氧气2次。2. 检查伤者颈部的脉搏。另外一个人对伤者实施5次胸部按压。对伤者胸部按压5次后输入氧气1次,重复此步骤,直到伤者复原或者救护车到达。3. 每2分钟检查一下伤者颈部的脉搏。

道,并对伤者进行嘴对嘴的人工呼吸,同时检查伤者的脉搏。如果急救时间很长,两个人还可以在中途交换任务。

时间掌握很重要。胸部按压和人工呼吸不能同时进行。

使伤者处于有利于恢复呼吸的状态

将完全失去意识或处于半昏迷状态的伤者平放在地上是非常危险的,因为这时他的肌肉松弛,使得在正常情况下能保持呼吸道畅通的功能失效,所以这时应该使伤者处于有利于恢复呼吸的状态,避免因为一些不恰当的举措给昏迷中的伤者带来危险。

伤者可能遇到的危险

·伤者舌头向后蜷曲梗阻了喉咙,导致他无法吸入空气。

·血块、呕吐物等物质进入呼吸道,因为伤者昏迷时张开的喉咙在接触到异物时无法像未受伤时那样自动关闭。

·如果这些异物被伤者吸入体内会进一步梗阻呼吸道,导致更加严重或危险的情况。

日常生活中,人们常常由于不了解这些知识而造成了一些不必要的死亡,例如,让饮酒过量的人躺在地上导致其死亡等。

在伤者没有昏迷或伤者脊柱受伤等情况下,不要使用以上急

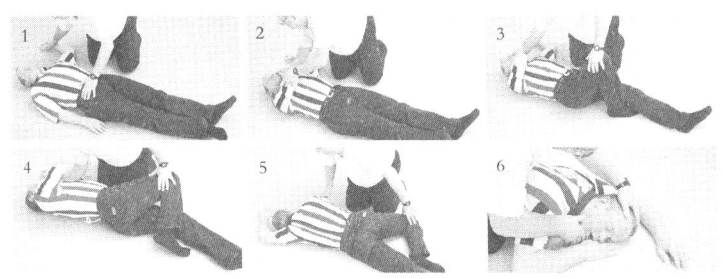

检查昏迷者呼吸道是否畅通的具体步骤

1.急救人员跪在伤者身体一侧,将伤者靠近你身体的那只手臂向上方弯曲。2.将伤者的另一只手臂绕过其胸部,并把手掌放在他的脸颊上。3.让伤者的那只手掌一直放在他的脸颊上,将伤者离你身体远的那条腿膝盖弯曲。4.轻轻地拉他的膝盖,使他转向你的身体。5.伤者面向你侧身躺下后,把他弯曲的那条腿保持在他身体右侧。6.轻轻地将伤者的头向后推,确保其呼吸道通畅,并检查伤者的呼吸状况。

救措施。但是,如果伤者的呼吸道梗阻了,必须立即清除他呼吸道内的异物。如果遇到有人昏迷躺在地上,首先要做的就是检查他的呼吸道是否畅通。

高原病急救

进入海拔3000米以上的地区时,由于高原低氧,容易使人发生高原病。由于人体对高原低压性缺氧不适应,导致机体病理、生理上一系列改变,进而引发各种不适应的临床表现。进入高原环境后,最先表现出的就是心率加快,但是脱离高原低氧环境情况则会好转。高原病又可分为慢性高原病和急性高原病两种。

慢性高原病主要发生在常年居住于海拔4000米以上的人群当中,表现为高原红细胞增多症、高原血压改变(偏低)或高原心脏病等慢性情况。

急性高原病则比较常见,主要有以下几种病症:

急性高原反应。急性高原反应是比较常见的一种高原病。如果未适应者在一天内登上海拔2500～3000米以上的地区,那么极有可能在6～72小时内发病。病患的中枢神经系统症状与过量饮酒时相似,具体表现为额部疼痛、心悸、胸闷、气短、厌食、恶心、呕吐、乏力;有部分病患会出现口唇和甲床发绀。通常在高原停留1～2天后急性高原反应症状会得到缓解,数天后症状消失。但是有少数人可以发展为肺水肿或脑水肿。

高原肺水肿。该病是最常见且容易致命的高原病,通常未适应者在快速进入高原地区后2～4天内发病,在急性高原反应的基础上,出现剧烈头痛、极度疲乏无力、呼吸困难、持续干咳等

隔离袋应该作为急救箱里面的基本用品携带,在紧急情况下它对身体保暖很有帮助。

症状，严重时会出现发绀、心跳过速、咳白色或粉红色泡沫状痰等情况。过劳、寒冷、呼吸道感染者更易发病。一直居住在高原的人短期到低海拔地区，再回到高原时也可发病。

高原脑水肿。这种高原病比较罕见，却是最严重的急性高原病。高原脑水肿是人体突然进入高海拔地区，并且在过度劳累、剧烈运动、精神剧变等情况下，机体对高原低压的环境不适应，造成大脑缺氧而引起的脑功能障碍。多数病例显示，未适应者在进入海拔 3600 米以上地区后 1～3 天发病，表现为剧烈头痛、精神错乱、幻听、幻视、言语障碍、定向力障碍，以后发展为步态不稳、僵硬或昏迷等严重的精神症状。

出现高原病后，应该立即采取以下急救措施：

出现急性高原反应病患，应该补充水分，卧床休息，经鼻管或面罩吸氧，每分钟吸入约 1～2 升氧气，这种症状可以得到缓解。头痛者可用阿司匹林、布洛芬等抗生素；恶心呕吐者应肌肉注射丙氯拉嗪。但是症状改善前，不能继续登高，严重时应到低海拔区的医院。

高原肺水肿的病患应该注意保暖，必须卧床休息，并采用面罩吸氧，每分钟吸入约 6～12 升氧气，以此来缓解呼吸急促和心跳过速等症状。当吸氧无效时，应舌下含服或口服硝苯地平，这样可以降低肺动脉压、改善氧合作用。严重时应立即转入低海拔地区，多数病例在海拔降低 1500 米后症状会得到改善。

针对高原脑水肿的病患，应用通气面罩吸入氧气，每分钟吸入约 2～4 升氧气，且静脉注射 8 毫克地塞米松，每 6 个小时一次。如果出现供给失调，应该立即转运到低海拔地区。出现昏迷或者呼吸衰竭的病患，可给予人工呼吸机正压给氧和辅助呼吸，保持呼吸道通畅。但由于此类病患常出现呼吸性碱中毒，因此也不宜过度通气。此外，还可以将冰袋放到患者的头颅、腋下、腹股沟等大血管处，通过这种方式来降低体温，进而减少人体的耗氧量，保护缺氧的脑组织。

晕动病急救

晕动病是刺激人体的前庭神经而发生的疾病，是汽车、轮船或飞机所产生的颠簸、摇摆或旋转等任何形式的加速运动，引起的前庭神经功能障碍症状。

通常在乘车、航海、飞行和其他运行数分钟至数小时后会发生这种病症。初时感觉上腹不适，接着可能会恶心、面色苍白、出冷汗，随后会有眩晕、精神抑郁、唾液分泌增多和呕吐等多种症状出现。严重时会有血压下降、呼吸深而慢、眼球震颤、由呕吐引起失水和电解质紊乱等病症。

症状一般在停止运行或减速运动后的几小时内得到缓解。有的也会持续数天后才逐渐恢复，并伴有精神萎靡、四肢无力等后续症状。重复运行或加速运动之后，症状又会再度出现。但是经过多次发病后，症状反可减轻，甚至不发生。

晕动疾病与普通意义上的病症不同，仅仅是敏感机体对超限刺激的应急反应，不能称之为真正的疾病。因此，不存在真正意义上的根治或者治疗措施，只能通过一些途径和办法暂时缓解症状，或者延缓症状的发生。

防止晕动病的最佳方法就是远离引起该病发生的环境，如乘坐汽车、轮船等可能引起晕动病的交通工具。还可以像飞行员训练一样，在相当一段时间内反复刺激前庭，如旋转椅、秋千、俯虎、荡船等，使前庭产生适应性，以达到减轻晕动病症状的目的。但是，对于野外生存来说，这些防御方法并不现实。

发病时，病患应被安排在安静、通风良好、运动刺激最小的位置，最好闭目仰卧。坐时头部紧靠在固定椅背或物体上，避免较大幅度的摇摆。

如果病患有剧烈呕吐、脱水和低血压的症状，应静脉补液和补充电解质。同时，可以按压肚脐和内关穴来有效地缓解身体不适。

原发性缺水急救

原发性缺水又被称为高渗性缺水，指由于体内的水和钠同时缺失，并且缺水多于缺钠，而导致血清钠高于正常范围，细胞外液呈高渗状态。一方面，病患的口渴中枢受到高渗刺激，需要连续饮水，使得病患体内水分增加，以此降低渗透压。另一方面，细胞外液的高渗可引起抗利尿激素分泌增多，导致肾小管增加对水量的再吸收；进而尿量减少，病患需要不断喝水，使得细胞外液的渗透压降低，容量恢复。

缺水的原因一般有两种，一是摄入水分不够，如长时间在沙漠地带活动或是处于极干旱地带，没有及时补充水分；二是水分丧失过多，如进行剧烈运动大量出汗、大面积烧伤暴露疗法、糖尿病未控制导致大量尿液排出，都有可能引起原发性缺水。

按缺水的程度表现来看，原发性缺水通常可分为轻度缺水、中度缺水和严重缺水三个等级。

轻度缺水时，病患除口渴之外无其他症状。如果继续缺水，则会转化为中度缺水。此时，病患将会极度口渴、乏力、尿少、唇舌干燥、皮肤失去弹性、眼窝下陷，甚至有烦躁不安的情绪。如果还不及时补充水分，病患会因循环血量显著减少引起醛固酮分泌增加，不得不加强对钠和水的再吸收，来维持血容量，使细胞内液移向细胞外液，导致细胞内、外液量都急剧减少。最后，细胞内液缺水的程度超过细胞外液缺水的程度，将引起脑功能障碍，出现躁狂、幻觉、谵妄甚至昏迷等严重症状。

原发性缺水主要以预防为主，在剧烈或长时间活动中、大量出汗后需要及时补充水分，最好饮用淡盐水。如果要深入干旱地带活动，应该携带足够的水和食物。

户外活动时如果出现原发性缺水症状，可静滴5%葡萄糖溶液或0.45%氯化钠溶液，迅速补充已丢失的水分。通常每丧失体重1%水分，需补液400～500毫升。

注意：补水总量不可在当日一次输入，一般可分为2～3天补给，以免造成循环负荷过重或水中毒。干旱地带缺水时，可以搜寻干旱地带含有丰富水分的植物，如仙人掌、芦荟等，借此搜索到水源，也可以直接食用以补充水分。

浅表切割伤急救

野外生存，用利刃割断前方荆棘，或在野外猎杀动物的时候都可能不小心切伤自己。轻微的切伤虽然不会危及生命，但是在危险的野外，身上有伤口很容易感染，只要是伤害，无论大小，都要引起我们的重视。

包扎伤肢

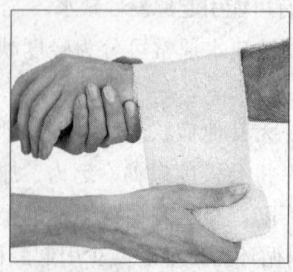

1.将绷带起始端压在伤口上，按照从里侧向外侧，从远端向近端的顺序开始包扎。

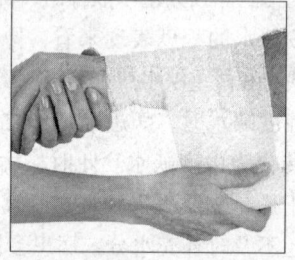

2.在伤肢上卷绷带，前两圈完全重合，然后每一圈重合在上一圈的2/3处。最后两圈也完全重合。

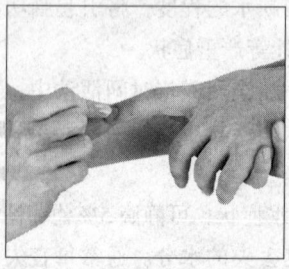

3.一旦包扎完毕，要检查血液循环的情况。如果绷带太紧，解开后重新以较松的方式包扎。

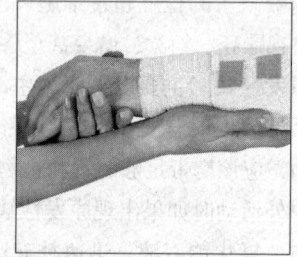

4.用几块可粘贴的胶布粘好绷带的末端，或者在绷带末端打结固定。

切伤的伤口一般都比较整齐，如果伤口没有出血，简单清洗一下就可以；如果伤口出血了，一般都是向外漏溢，只有不小心割到动脉时，才会出现喷涌的现象。如果大量出血，千万不要紧张，要冷静及时地处理伤口。如果是同伴被切伤了，一定要用沉稳的语气安慰他，让他心情平静下来。

切伤的伤口会有疼痛感，但是痛感不会非常剧烈，完全在人可以忍受的范围之内。

如果身边带的急救箱中正好有配好的生理盐水，我们就需要用一些干净的棉花类的物质，蘸取一些生理盐水，洗净伤口，然后把浓度为70%的医用酒精涂抹在伤口上消毒杀菌，接下来用急救箱内的胶布固定伤口，涂一些碘酊在上面，最后用干净的布条进行包扎。

如果恰好没有急救箱，可以用食盐自己配置生理盐水，水和氯化钠之间的配置比例大概为11∶1。反复冲洗伤口后，也能减少感染的机会。没有医用酒精，用干净的布简单包扎就好。

如果伤口比较深，仅仅是固定和包扎是不够的，还需要进行缝合，这样才能保证伤口顺利地愈合。

先拿出急救箱内的干纱布，剪下一块来盖住伤口，用医用酒精在伤口四周消毒，然后将干纱布取下来，用生理盐水彻底地清洗伤口。取一些麻醉药物在伤口周围做浸润麻醉，如果没有麻醉药物，可以找一些具有麻醉作用的植物。如果什么都没有，就只能忍痛来接受缝合。

在缝合之前，先检查伤口，扫清伤口内的血液凝块和碎屑状的肌肉组织。如果只是皮肤和皮下疏松结缔组织开裂了，那么只需要缝合一层即可，如果伤到了深筋膜，则第一步需缝合深筋膜，第二步缝合皮肤和皮下组织。

注意：如果伤口已经感染了，不要进行缝合，把一些药物，例如呋喃西林敷在伤口内部，将脓液排出。

在切伤的伤口较大时，口服一些抗生素作为预防，非常有必要。

擦伤或刺伤急救

擦伤

在草地或灌木丛中穿行，有时会被有锯齿的植物或是被坚硬的灌木丛擦伤，擦伤虽然不是什么大碍，但十分影响心情。有些擦伤如果不及时处理，伤口红肿处就会发炎，然后伤口的颜色就会加深，变成紫色。

发炎对于野外生存的人来说十分可怕，在缺乏药物的情况下，一切都会很糟糕。所以，小擦伤也要及时处理。一旦发现皮肤有擦伤情况，应立即对伤口处进行冷敷，冷敷过后，再包扎加压，这样就能很大程度地降低伤口发炎的可能性。12个小时过后，在火上烧一些热水对伤口进行热敷，每次持续30分钟。

刺伤

刺伤同样是小问题，但也要引起重视，如果是细小的物体扎进了皮肤，例如鱼刺、木头细刺等等，要尽量拔出来，不要让它们留在皮肤里。如果是被较大的物体刺伤，就会有出血的可能。

将刺入的较大物体先拔出，然后洗净双手，用手按住伤口，3～5分钟后，血可自动止住。在血止住后，可以先涂抹一些随身携带的医用酒精，再用干净的布包裹起来。如果没有医用酒精，直接包裹即可。

现场心肺复苏技术

心肺复苏技术

适用于由各种原因造成的心脏和呼吸的突然停止，但不能适用于以下症状：

- 肋骨骨折
- 由致伤物造成的胸壁开放性损伤
- 心脏压塞或者胸廓畸形
- 确定有关脑、心、肺等重要器官的功能衰竭，并且已经无法逆转，比如癌症晚期。

在进行心肺复苏之前，应采取各种不同的方法和手段对伤者进行检查，确定伤者是否已经丧失了意志、呼吸与心跳是否已经停止。可以采用下面介绍的几种方法：

一看——观察伤者的身体形态、瞳孔颜色和状态以及脸色。

二摸——触摸颈动脉和股动脉的脉搏跳动情况。

三听——倾听心音。

在证实伤者的呼吸和心跳确实停止后，要立即对伤者进行抢救。

心脏复苏这种急救技术，各个步骤和环节连接紧密，整个过程是一个连贯的系统，不允许有不恰当的中断。将伤者安置在平整、坚硬的地面上，也可以在伤者的背部底下放一块硬板。要注意，在这个过程中要尽量少搬动伤者，保证伤者呼吸道通畅。下面列出几个专业方法：

压额提颌法。对于没有颈椎损伤的病患，可以采用此种方法。在操作之前，如果伤者佩戴假牙，应该先将假牙取下。站在或者跪在伤者身体的一侧，一手放在伤者的前额处，使其头部向后仰，另一只手的食指和中指放在下颌角处或者颌骨近颌下。

双手拉颌法。如果怀疑或者确认伤者的颈椎已经受到损伤，可以选用此法，但是口对口吹气不便操作。站在或者跪在伤者的头部顶端位置，肘关节需要支撑在伤者所仰卧的平面上，两只手放在伤者的头部两侧，然后用两只手的食指和中指将伤者下颌角的两侧固定住，小拇指的根部固定在两侧的颞部，然后将两侧下颌角拉起，使伤者的头部后仰。

压额托颌法。站在或跪在伤者身体的一侧，用一只手小拇指的根部向下按压在伤者的前额处，另一只手的食指和拇指分别放在两侧的下颌角的位置，并向上托，使伤者头部保持后仰的姿势。

在实际操作的过程中，相比其他方法，这种方法效果明显，而且比较省力，不会加重伤者的颈椎损伤，而且更便于做人工呼吸操作。

对于复苏效果如何，可以用以下标准进行判断：

· 之前扩大的瞳孔缩小恢复。

· 逐渐恢复神志，眼球可以自由活动，恢复睫毛反射以及对光发射，手脚抽动、肌肉的张力增加。

· 伤者可以自主呼吸。

· 按压的时候，大动脉搏动收缩压大于 8.0 千帕。

第三节 动物昆虫咬蜇伤急救

兽咬伤急救

进行野外活动时，常常会遇到一些带毒素的动物，比如狗、猫、狼等。想要避免被这些动物咬伤，就要尽量不去潮湿的地方，因为大部分带毒的动物都生活在森林里或河边，在这种环境中应该特别小心。

这些动物经常在你毫无防备时攻击你，因此你应该做好基本防护措施，在攻击性动物易出现的环境里，必须随身携带能够迅速制服这些动物的兵器或者是一些便携式的工具，避免被动物咬伤。

如果出现了被咬伤的情况，尤其是被可能携带狂犬病的疯狗咬伤时，需要立即对伤口进行彻底的清除处理。被咬伤后，伤处皮肤遭到破损，严重时会伤及皮下软组织，甚至局部组织缺损甚至撕脱。

一般犬伤的感染，主要致病菌是金黄葡萄球菌、溶血性链球菌、大肠杆菌、拟杆菌、破伤风梭菌。伤处疼痛极强，伴随着流血和伤口化脓。此外，伤口可能会遗留兽类唾液、食物残渣或其他污物，导致微生物的污染，及伤口的感染。

被咬伤后，应立即处理伤口，先用盐水将伤口反复冲洗，再用干纱布拭净伤口，以70％乙醇或碘酊消毒周围皮肤。如果伤口较深，则需用

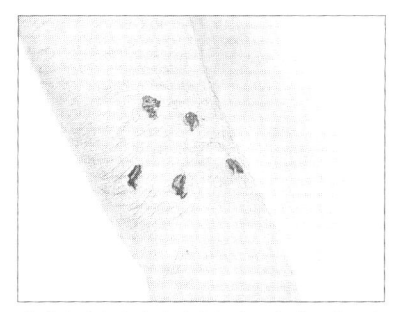

被感染过狂犬病的狗咬伤是致命的，所以即使伤口很浅也有必要去寻求医疗救助。

3%过氧化氢清洗,以防止厌氧菌感染,必要时扩大伤口、不予缝合,以利引流。

严重的犬伤感染,是狂犬病病毒感染,可由患有狂犬病的犬、猫或狼等咬伤或抓伤引起。在简陋的条件下,可以尝试使用肥皂来进行彻底的清洗和杀菌,清洗过程至少要持续5分钟,同时应该尽量将伤口处的污血挤出,并且始终保持直立状态,减少运动,减缓毒素流向心脏的速度。

另外,并非只有犬类才会患狂犬病,浣熊、狼和狐狸等动物也有可能患狂犬病。患病动物通常低头垂尾、漫无目的地乱窜,不能正常地转头弯身、叫声低嘶等。因此要观察伤人的动物,判断其是否患有狂犬病,并且及时到就近的动物防疫站进行疫苗注射,并接受免疫治疗。

蜂蜇伤急救

野外活动时,最好不要自行闯路,避免踏入黄蜂等聚集的丛林。若遇蜂巢挡路,可绕路前进,也不要用树枝去拍打树丛,避免碰到蜂巢,招引蜂群的攻击。蜜蜂和黄蜂尾部有毒腺和刺,蜇人时会将尾刺蜂毒推入皮肤,引起中毒。通常只有蜜蜂蜇人后把尾刺留在人体内,其他蜂种蜇人后会把尾刺收回。

如果遇到一两只黄蜂在头上盘旋,可以不加理会,照常前进。若遇群蜂追袭,可坐下不动,用外衣盖住头、颈,以作保护,等蜂群散开后,再慢慢撤离。

若被单只或少数蜜蜂蜇伤,局部红肿、疼痛,应立即把蜇刺和毒囊拨出,如果粘住了,可以用指甲或者刀片进行刮擦。千万不要挤或抓蜇刺或毒囊,因为这样会使更多的毒液进入伤口。用肥皂和水彻底清洗叮咬处以减少二次感染的机会。

被蜜蜂群蜇伤后,将会出现多处红肿、发热、头晕、恶心呕吐、烦躁不安等症状,甚至出现昏迷、尿少、呼吸困难、血压降低等严重情况。急救时,首先应尽量拔除所有尾刺,然后用5%碳酸氢钠溶液涂洗伤处，再涂敷糊状的南通蛇药，并口服蛇药片。如蜂毒引起过敏反应，如荨麻疹、鼻塞、颜面水肿等，应用地塞米松、氯苯那敏等抗过敏药来缓解症状。

被黄蜂蜇伤后，则应该先用浸泡过食醋的纱布条敷贴，再用1毫升依米丁（吐根碱）溶于5毫升的生理盐水中，注射于伤处，或用南通蛇药糊剂敷贴。也可以冷水湿透毛巾，轻敷在伤处，减轻伤处的肿痛。

蛇咬伤急救

如果我们对蛇的生活习性、种类有一些基本的了解，那么我们更容易避免被蛇咬伤。但是身在野外，被蛇咬伤，是客观存在的可能发生的事件。一旦被蛇咬伤，我们要立刻知道下一步该怎么办、如何做才能脱离险境。蛇咬伤而死亡的事件比较少，而且被蛇咬过的人很多都不会中毒，只有较少的人，在被蛇咬后会出现严重中毒反应。但不论是有毒还是无毒，当队伍中有人被蛇咬伤，肯定会对自己或是他人有心理上的影响。如果轻视被蛇咬伤这件事，没有采取任何急救措施，那么也会延误最佳治疗的时间，造

小资料

被昆虫蜇伤后的急救措施

1. 用指甲盖或一把钝刀小心地刮昆虫蜇咬后留在皮肤上的螫针。
2. 用肥皂水清洗受影响的皮肤。
3. 然后冰敷伤口。让伤者服用止痛药。

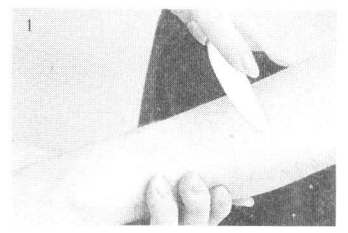

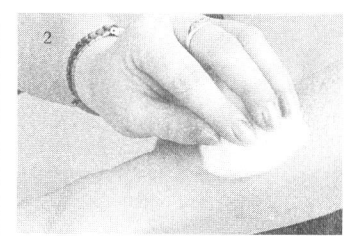

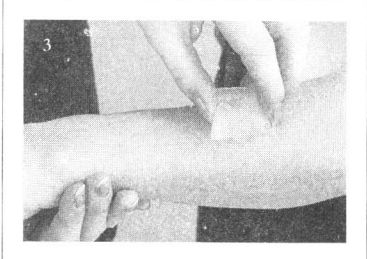

成不必要的悲剧。

治疗蛇咬伤最关键的一点，就是要尽最大可能来降低伤口四周组织的损伤程度。

不管被什么动物咬伤，伤口都有沾染动物口腔中细菌的可能。之所以被没有毒的蛇咬伤也会出现感染，就是因为这一点。

蛇的毒液中的有毒物质，能够攻击人体内的中枢神经系统和血液循环系统，并且毒液中含有消化酶，能够分解物质，使人体内的组织坏死。如果不及时进行有效治疗，人就可能会被截肢。

被蛇咬后，心理上的恐慌或是身体上的休克，都会影响之后的恢复。例如恐慌等不良情绪，会加快血液的流动，身体对有毒物质的吸收也就随之加快。而休克一般出现在人被蛇咬伤后的30分钟内。

在治疗伤口之前，我们先要辨认一下这个伤口是否是毒蛇留下的。如果是没有毒的蛇留下的伤口，皮肤上面只会有一排牙印。如果是有毒的蛇留下的伤口，除了那一排牙印外，还会清晰可见一个或是多个小孔，这些都是毒蛇的尖牙造成的。被蛇咬伤后，人一般会鼻孔出血、肛门出血，且尿液中也有血；伤口处肿大，且十分疼痛。被蛇咬后的三四分钟到2个小时内，人一般就会出现这些症状。

小资料

被蛇咬伤后的急救措施

1.让伤者躺下休息，使其心跳减速，减缓毒素扩散速度。2.清理伤口，洗去伤口周围的毒液。3.牢固包扎伤口，然后尽快送伤者去医院。

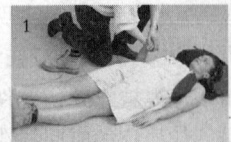
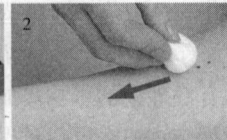
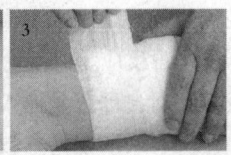

有毒物质侵害神经之后,人一般出现呼吸急促、身体瘫软、浑身无力、全身抽搐或是麻木等症状。这些症状的出现时间一般是被咬后的 1.5～2 个小时之内。

如果是身边的人被毒蛇咬伤,我们需要采取一些急救措施:

· 用心抚慰受伤的人,让他的情绪保持稳定。

· 随时作好对方休克的准备,可以采取灌水或是静脉注射的方法。

· 将受伤者身上的耳环、手表、手镯等一切对身体有压迫的东西取下来。

· 清洗受伤者的伤口。

· 保证受伤者呼吸通畅,特别是伤口的位置在脖子或是脸上时,并且作好为受伤者人工呼吸或心肺复苏的准备。

· 在受伤者的心脏和伤口之间勒一条布带。

· 将伤口处固定。

· 迅速排除伤口中的有毒物质,可以用医用抽吸装置。注意不要用挤伤口的方式排出毒液。

另外,在医治蛇咬伤的时候,一定要谨记以下 4 点:

禁止让受伤者喝含有酒精的饮料或者吸食烟草类的东西。不要让受伤者服用缓解疼痛的药物,或是任何对中枢神经系统起抑制作用的药。

不要在被蛇咬伤的地方进行深切,因为切开伤口意味着切开了毛细血管,有毒物质进入血液就会更快。

注意:医治 1 小时之后,需要在每一个毒蛇大牙留下的小孔上切口(长度小于 6 毫米,深度小于 3 毫米),切口的深度要能把小孔扩大,但是最深只能到第二层皮肤。将一个真空抽吸杯放置在伤口的上方,用它抽吸伤口 3～4 次,时间要达到 30 分钟以上。如果没有抽吸杯,就只能用嘴来完成,同时要看自己的嘴中是否有伤口,有伤口,则不能冒这个危险。用嘴吸取完有毒物质后,需要马上用清水冲洗口腔。使用此种办法，一般能排出 25% ~ 30% 的有毒物质。

自己不要用手去摸脸或是揉眼睛，因为在医治受伤者的过程中，手是最容易沾染毒液的地方。如果真的不小心碰了眼睛，就会有失明的危险。

不要将蛇咬过的伤口四周的水泡弄破。

做到以上几点之后，还可以采取以下的方法，来减小影响：

· 若是受伤者有感染的情况出现，要让他的伤口保持开放和清洁状态。

· 24 ~ 48 小时后，可以用高温来减缓某一处感染的扩散程度，同时高温对感染的消除有一定帮助作用。

· 把一些干布进行彻底消毒，然后盖在受伤者的伤口处。

· 保证受伤者饮用大量的水。

蜘蛛蝎子咬伤急救

蜘蛛和蝎子是野外生存的巨大威胁。雌性的黑寡妇蜘蛛经常咬人，它的腹部有红色沙漏状的花纹。这种蜘蛛的毒液中有神经毒素，一般被咬初期不会有很强的疼痛感，但是随后就会出现剧烈的疼痛，并迅速传至全身，尤其是腹部在持续的疼痛之余还会伴有痉挛，继而出现反胃、呕吐等强烈反应；腿部也会有剧烈疼痛，全身都有可能出现皮疹，有些人会有虚脱、浑身颤抖、出虚汗和不自觉地流口水等各种强烈的过敏反应。一般在被咬之后的三天内症状逐步恶化，接下来一周会稍有减轻。被咬之后要及时清洗和包扎伤口以减少感染的可能，并要注意防止休克。

棕色或灰色的漏斗网蜘蛛一般生活于澳大利亚的野地，被这种蜘蛛咬后的反应和治疗的方法大致与黑寡妇蜘蛛相同。还有一些浅棕色的小蜘蛛，一般是室内蜘蛛或棕色隐士蜘蛛，它们的背部图案呈深棕色小提琴形状。被棕色室内蜘蛛咬后会出现轻微的痛感，甚至不会疼痛，以至于有些人被咬后完全没有发现。几个小时后，被咬的区域开始疼痛并呈现红色，中心则出现青紫色斑点。有时被叮咬的区域不会出现疽，但通常在三四天内，被咬处呈现星状坚硬的深紫色，1~2周的时间内这片区域颜色继续深化并出现缩水干瘪，直至结痂，最后脱落出现裸露的溃疡痕迹。这时候一般还会出现二次感染，有的会出现淋巴结局部肿胀。而被棕色隐士蜘蛛咬后的反应则稍显强烈，会连续几周甚至到数月出现溃疡，儿童和其他抵抗力弱的人群甚至会出现极其严重的反应，如发烧、寒战、关节疼痛、呕吐和皮疹等。

体形较大、体表多毛的狼蛛多在热带地区出现，它们有着巨大的毒牙，但大部分并不释放毒液。只有南美地区的一种狼蛛，如果被它咬到，必须和对待其他的咬伤一样进行治疗。被狼蛛咬之后也会出现疼痛和流血，并有可能出现其他的感染反应，这种中毒症状可以采取被黑寡妇蜘蛛咬伤的治疗方法。

大部分的蝎子也都有很强的毒性，根据蝎子的不同种类，被叮咬之后一般出现两种情况：一种是较严重的局部反应，比如被咬区域疼痛、肿胀，嘴部可能有刺痛、发麻感，舌头变厚，有肿胀的感觉。另一种则是严重的系统反应。这种系统反应一般是呼吸困难、身体痉挛、无意识流口水、胃痛胃胀、视觉模糊重影、失明、眼珠加速移动、大小便失禁，甚至是心脏衰竭。但大部分被咬情况不会致命，也极少出现局部反应。罕见的致命情况多发生于儿童和有高血压或患其他病的成年人。其治疗方法也可采取治疗黑寡妇蜘蛛咬伤的方法。

水母蜇伤急救

水母，又叫海蜇，伞盖下长有触角，触角上有毒刺，当人被刺伤后，毒液进入人体容易引起过敏反应。被水母蜇伤后，依据不同人的体质或水母的种类，病情较轻者会感到触电般的刺痛感，被刺皮肤周围会出现红斑，感觉瘙痒。过敏体质的人可能会立刻长水泡或严重的瘀斑,伴随剧痛及瘙痒,皮肤红肿。对毒素非常敏感的人病情会比较严重,毒素会蔓延至全身,出现头痛眩晕、痉挛麻痹、血压升高、关节疼痛、恶心腹泻、吞咽困难、肾功能衰竭等症状,严重者甚至会休克死亡。

发现身体局部被水母蜇伤后,千万不要抓挠伤口处,要及时上岸或上船接受帮助,取海水或备用的碱性溶液(例如碳酸氢钠溶液、明矾水等)轻轻冲洗伤口。不要用淡水冲洗,淡水可能会刺激滋生新的残留毒素。也可以用含沙的海水搓揉伤口处,或用肥皂水冲洗。然后擦去留在皮肤上的水母触手或毒液,将伤口浸泡于温水中,不要用冰按压伤口,也不要用毛巾擦洗伤口。之后把醋酸或炉甘石洗液涂抹在伤口上,持续擦拭直至痛感消失。治疗人员要戴好手套,防止自己被蜇伤。如果出现呼吸困难等紧急情况,应让伤者采取坐姿,两腿下垂,保持口鼻等呼吸管道的畅通,然后寻找专业救护。口腔被蜇伤者要持续漱口,眼部被蜇伤者要用淡水清洗。为防止病情加重,被水母蜇伤后最好立即前往医院进行专业治疗。接受专业人员治疗时应对伤口进行切片,通过化验找出被哪种水母蜇伤,以对症下药。

第四节 常见中毒与急救

一氧化碳中毒急救

一氧化碳中毒,也就是我们平常所说的煤气中毒,是人吸入过量的一氧化碳而造成的中毒现象。一氧化碳中毒经常发生在冬季,在门窗紧闭、通风不好的室内使用燃气加热型热水器或者是没有烟囱的火炉,都可能发生一氧化碳中毒事故。一氧化碳之所以使人中毒,是因为在进入血液后,一氧化碳和血红细胞的血红蛋白结合,形成碳氧血红蛋白。血液中的碳氧血红蛋白含量升高,而氧和血红蛋白的结合减少,导致对人体的各器官组织供氧不足,出现中毒症状。一氧化碳中毒对人体的神经系统、心脏和大脑的伤害最大,如果不及时救治,轻则昏迷、窒息,重则会死亡。

一氧化碳中分轻度中毒、中度中毒和重度中毒三种。要对伤者进行一氧化碳中毒急救,就要了解这三种程度的中毒表现,判断中毒者的中毒程度,再采取相应的急救措施。

轻度中毒

血液中碳氧血红蛋白浓度:10% ~ 20%

症状:口唇黏膜呈樱桃红色,有剧烈头痛、头晕、乏力、心悸、恶心、呕吐、嗜睡、意识模糊、视物不清、感觉迟钝、谵妄、幻觉、抽搐、颞部波动感等症状。

中度中毒

血液中碳氧血红蛋白浓度:30% ~ 40%

症状:除了轻度中毒有的那些症状以外,还会出现面色潮红、脉快、多汗、烦躁、乏力明显、移步困难或不稳、呼吸困难、意识丧失、昏迷、瞳孔对光反射和角膜反射迟钝、腱反射减弱、虚脱,甚至昏迷等症状。

重度中毒

血液中碳氧血红蛋白浓度:>50%

症状:深度昏迷、面色苍白、四肢厥冷发绀、脉快而弱、血压下降、牙关紧闭有阵发性强制性抽搐、尿便失禁、呼吸衰竭、瞳孔缩小。各种反射消失,呈现去皮层状态,常有脑水肿、惊厥、肺水肿、上消化道出血、休克和严重的心肌损害、心律失常、心肌梗死、大脑局灶性损害、肾衰竭等症状,皮肤会出现红肿和水疱,昏迷时受压部位甚至会肌肉坏死。

"纠正缺氧,防治脑水肿,促进脑细胞代谢,防治并发症和后发症"是一氧化碳急救的主要治疗原则。以下是具体的治疗方法:

离开现场,通畅呼吸。在发现中毒者以后,要迅速将其移到空气流通、新鲜的地方,让中毒者平躺,头偏向一边,解开其衣领裤带,要注意保暖和呼吸顺畅,尽快把患者送往医院救治。如果中毒者呼吸停止,要对其进行人工呼吸。如果中毒者体温过高,可以用冰袋为其降温,防止高体温影响脑部功能。

纠正缺氧,高压氧治疗。要尽快对中毒者纠正缺氧,高压氧治疗是抢救一氧化碳中毒的首选方案。它可以迅速帮助增加人体血氧含量,改善机体缺氧状态,阻断大脑缺氧与脑水肿的恶性循环,从而促进脑功能的恢复。轻度一氧化碳中毒者在脱离中毒环境,吸入新鲜空气或是经过吸入低流量氧气的方法治疗后,症状很快就会消失。中重度一氧化碳中毒的病患,经抢救生命体征稳定后,要立即进行高压氧治疗。中度中毒者治疗后可以恢复正常并且没有明显的后遗症,而重度中毒者在经过急救后,要观察2~60天,以防出现后遗症,发生迟发性脑病。

后期观察,确保无后遗症。无论是哪种程度的一氧化碳中毒,在中毒者恢复意识、认知能力和活动能力后,仍要对其进行后期观察，看护一段时间，使其充分休息。只有在确认身体状况已经恢复正常的时候，才能让其进行较为剧烈的活动。

蘑菇中毒急救

蘑菇学名是蕈，是一种高级真菌。它含有丰富的矿物质且美味可口，是很多人都喜爱的食物。但众所周知，一些蘑菇可以放心食用，而另一些蘑菇则含有致命的毒素，动辄就会引起中毒，乃至威胁人的生命。我国已鉴定的蘑菇中，可食用的蘑菇约300种，有毒蘑菇将近80种。我们常见的有毒蘑菇包括绿帽菌、毒蝇菌、马鞍菌等，它们的共同特点是颜色非常鲜艳，伞盖和茎上有斑点，伞盖为肉质薄片形，把茎折断后流出浆状黏液体。但有些毒蘑菇并无这些特点，比如白毒伞，它的颜色就不鲜艳。

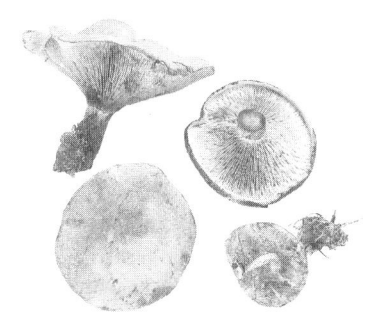

卷柄蘑菇是一种很常见的蘑菇，但是却奇毒无比，其毒性导致的后果类似于白血病。

人吃了毒蘑菇会出现腹泻、腹痛、呕吐、痉挛、流口水等症状，有时候还会突然进入兴奋、发笑、手指颤抖、出现幻觉等状态。因为毒蘑菇里含有毒性强烈的植物性生物碱，会对心、肝脏、肾和神经系统等造成损伤。野外生存时不能随便乱采食野生的蘑菇，因为这些蘑菇有毒的可能性很大。

人在食用了富含不同毒素的蘑菇后出现的症状是不同的，具体如下：

溶血型。蘑菇毒素在人体潜伏6～12小时后会引起中毒，起初是恶心，之后便会出现肝部肿大、溶血性黄疸、贫血等症状、极个别病患还会有血红蛋白尿。通过肾上腺皮质激素治疗后病情就会得到很好控制。马鞍菌的临床表现多为此类。

肠胃型。人在进食毒蘑菇（如红菇、腊伞、乳菇、月光菌、牛肝菌、橙红毒伞、毒光盖伞、环柄菇等）后10分钟到2个小时内会出现恶心、呕吐、腹痛、水样腹泻、乏力等症状。

肝肾损害型。人在进食毒蘑菇10～30小时以后会出现类似肠胃炎的症状，然后损害到心、脑、肝、肾等其他器官，尤其是肝脏。有些病患1周即可痊愈，有的则需要2～3周，且死亡率较高。瓢菌、白毒伞的临床表现多为此类。

神经型。人在进食毒蘑菇10分钟到6个小时以内会有肠胃炎症状，同时唾液增多、瞳孔变小、多汗、流涎、流泪、脉搏缓慢，并伴有幻觉、兴奋、步态蹒跚等情况。捕蝇菌、斑毒菌的临床表现多为此类。

精神型。即出现头晕、昏睡、精神错乱，甚至出现幻觉、谵妄等。

以下是一些必要的出现蘑菇中毒时的急救措施：

· 呼叫救护车。小心保留毒蘑菇的样品为医生的救助提供参考。

注意：一人首发中毒时，要警惕其他食用相同蘑菇的人相继发病。

这种蘑菇名曰"催命天使"，其名字取得很是恰当，呈白色，毒性致命，通常和许多食用菌生长在一起。

毒蝇伞所具有的独特的红色在大雨之后可能会褪成橙色。

危险的毒伞菇。只需一株就足以致命。

瓢虫菇中毒占蘑菇中毒事件的一半以上。

·导泻、催吐和洗胃。先让中毒者多喝温开水或稀盐水,以减少身体对毒素的吸收,之后可将手指伸到病患咽喉进行催吐。

·输液和利尿。让病患大量饮水,加快有毒物质的排除。

·解毒治疗。食用解毒药。

·对症治疗。给惊厥者和有精神症状的病患吃些镇静药。

·补水。让中毒者喝一些糖盐水,以防止呕吐后可能出现的脱水和补充体液流失,防止休克发生。

·防止窒息。切忌强行往昏迷的病患口中灌水,这样可能导致病患窒息。

·为病患盖被子以保温。

注意:识别毒蘑菇一定要依靠科学的方法,千万不能轻信民间那些没有任何科学依据的方法。在不确定蘑菇是否有毒之前,最好不要妄自采摘和食用。

以下是一些鉴别毒蘑菇的方法:

观察颜色。无毒蘑菇多呈淡紫色、咖啡色或灰红色,而有毒蘑菇一般都是黑色、白色、金黄色、粉红色和绿色等较为鲜艳的颜色。

观察形状。毒蘑菇比普通蘑菇的表面要黏滑一些,菌柄上有无菌蘑菇所没有的菌环,菌盖上会长一些丁状的斑块或者藏有一些杂物。

闻气味。无毒蘑菇的味道类似于苦杏味或水果味,而有毒蘑菇多散发出萝卜或土豆的味道。

观察分泌物。撕开采下的蘑菇,将菌杆撕断,如果分泌物清澈或呈白色,菌面撕断处不易变色,那么就是无毒蘑菇。如果分泌物为赤褐色浓稠状,且撕断处暴露在空气中极易变色,那么就是有毒蘑菇。

观察地点。无毒蘑菇常在草原、栎树或松树上被发现,有毒蘑菇则常见于阴暗潮湿且肮脏的地方。

河豚中毒急救

在野外捕食鱼类食用时,切记要先判断所捕鱼类是否含有毒素。河豚就是一种常见的含毒素的鱼。河豚全球共100多种,中国有约40种,分布于我国沿海地区和长江下游,是一种海洋鱼类,味道鲜美但含有剧毒。在河豚中,最常见的河豚有星点东方豚、豹纹东方豚、虫纹东方豚等品种。河豚的毒素主要有河豚毒及河豚酸两种,其毒素毒性稳定,盐腌、日晒和烧煮均不能破坏。

河豚毒素是一种高活性、非蛋白质的神经毒素,能麻痹神经,对光和热极其稳定,容易溶于醋中,微溶于水,当pH值大于7时常被破坏。河豚毒素进入人体后可抑制神经细胞膜对钠离子的通透性,从而阻断神经冲动的传导,使神经麻痹,影响神经肌肉的传导、感觉、运动。它在人体内的潜伏期是0.5~3小时。

河豚毒素中毒是在食用河豚肉0.5~3小时内突发的,病情发展迅速,在4~6小时可能恶化、身亡。在河豚中毒的初期,人会出现头痛、呕吐、剧烈恶心、腹泻、腹痛等症状,接着会引起感觉神经麻痹,即嘴唇、舌头、手指的麻木和刺痛。然后会出现运动神经症状,如手臂和四肢上的肌肉乏力、运动不便等。病情严重的病患可能会出现血压下降、心跳过缓、呼吸困难等症状,甚至因此丧命。

河豚含有的毒素量会随着不同季节、雌雄不同、鱼体的不同部分而情况各异。春天为雌河豚的卵巢发育期,卵巢毒性最强,肝脏的毒性也很强。因此,这个季节是河豚中毒的高发季节。等夏天和秋天过后,雌鱼过了产卵期,卵巢就会退化,河豚的毒性也会随之减弱。

除了卵巢和肝脏,河豚的血液、肾脏、眼、腮、鱼皮等部位也容易积累毒素,但量不是太多。有些品种的新鲜河豚在洗干净后有毒物质会降到人体可接受范围以内。河豚肉用浓度为2%的碳酸钠溶液浸泡24小时,等洗净后可被视为无毒。然而,河豚死后，毒素可渗入到肌肉中，所以，一定不能吃未经专门加工处理过的河豚。

河豚中毒的急救措施：

尽快把人体内的毒物排出来，用碳酸氢钠溶液清洗胃部，再从胃管注入硫酸钠溶液以导泻。

及时补充水分，保持水和电解质的平衡，以利于毒物的排泄。

如果出现肌肉麻痹就用约2毫克的士的宁进行肌肉注射或皮下注射。

给呼吸困难的病患进行洛贝林等肌肉注射，并及时使用肾上腺皮质激素。

其他常见中毒急救

在野外活动中，受环境条件的影响，人们常常会因为某些外界因素的介入而意外中毒。一些属于化学上的中毒，另一些则属于植物类引起的中毒反应。以下是一些常见的中毒和急救方法。

化学中毒

甲醇中毒。通常人们在意外吸入了浓度较高的甲醇蒸汽后，上呼吸道黏膜和眼睛会有明显的刺激感；若是不小心饮入了5～10毫升甲醇有可能引起肠胃炎，并且会造成视力的障碍和意识上的混乱。当甲醇新陈代谢后，则会引起酸中毒。针对甲醇中毒，应该采用碳酸氢钠，及时产生化学反应，纠正酸中毒。

氨气中毒和氯气中毒。当接触或者吸入氨气和氯气后，上呼吸道黏膜和双眼会有刺激症状。此时，应该及时脱离有毒环境，并吸入氧气。

强酸中毒和强碱中毒。沾到皮肤上后，会容易被灼伤；若不小心误食后，口腔和消化道黏膜会遭到腐蚀，严重时有可能出现休克现象，后期还有可能出现食管穿孔、食管狭隘，甚至引起胃穿孔。强酸中毒症状可以通过冲洗得以缓解。吞食强碱中毒，可以饮用牛奶、蛋清，情况严重时需输液或服用抗休克的药物。

汽油中毒。误饮之后，会觉得头晕，呼吸时有特殊气味。严重的时候可能会引起精神失常、呼吸麻痹，甚至昏迷。急救时，要注意避免洗胃，以免汽油误入气管中。

植物中毒

杏仁中毒。食入后，呼气会出现苦杏仁的味道，伴随头晕、头痛等症状，后续还会出现呼吸困难，心跳加快、皮肤潮红等连锁反应。严重者有可能出现昏迷、惊厥等情况。急救时，应立即注射10毫升3%亚硝酸钠，随即再在静脉注射50毫升25%硫代硫酸钠。

曼陀罗中毒。曼陀罗又叫洋金花，不小心吃到曼陀罗花的种子后，会感觉发热、口干舌燥、吞咽困难、皮肤泛红干燥、瞳孔渐渐散大，还会出现视力模糊、心跳加速和排尿困难的症状。严重时，会抽搐、狂躁，出现幻觉，甚至使人昏迷。急救时，应肌肉注射10毫克地西泮，加以缓解。

乌头中毒。误食后会出现口干、四肢麻木等症状，并有肌肉僵直、抽搐等情况，之后还会出现呕吐、腹泻、心率异常，甚至呼吸衰竭等情况。急救时，可进行人工呼吸或者及时吸氧，另外再服用抗心律失常药物。

第五节 一般的急救方法

异物进入眼睛

风沙、灰尘、碎玻璃、眼睫毛、蚊子等一些异物会因为某些意外进入眼睛里，此时会出现眼睛疼痛、眼睛干涩流泪、瞳孔放大、眼睛没有办法睁开等一系列不适的症状。一旦出现这种情况，人的第一反应就是用力揉眼睛，以为这样做能够将异物弄出来。事实上，出现这种情况绝对不允许揉眼睛，因为这样做不但不能把异物排出，而且还会让异物嵌入眼睛内部，导致眼睛受伤，更难以取出异物。而且如果手上带有细菌，揉眼睛可能会使受伤的眼睛发炎，让病情加剧。那么，如果异物进入眼睛，我们应该怎么做呢？

让异物自然排出。首先轻轻地闭上眼睛，然后再慢慢地试着睁开眼睛，或者用干净的手将眼皮往上提，让流出的眼泪带走异物。如果

> **小资料**
>
> 如何清除眼睛里的异物
>
> 1. 把头伸入水里，眼睛在水里不停眨动或者让眼睛彻底浸泡在水里清洗，就能够清除眼睛里的异物。2. 如果眼皮或角膜里进了砂石，用一张柔软的纸折叠后轻轻除去沙石即可。

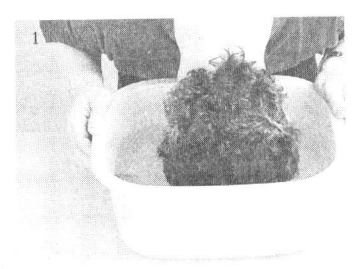

有人在旁边，也可以让别人往眼里轻轻地吹气，刺激眼泪更快地分泌出来冲走异物。

如果眼泪分泌得不够，还可以用干净的水冲洗掉异物。如果没法完全排出，那么只能求助他人，让人翻开眼皮寻找异物。首先扒开下眼皮查看，没有的话再寻找上眼皮部分。如果发现结膜上有异物，就拿棉球沾一点干净的水，轻轻地剔除掉。如果发现下眼皮和眼球交界的地方有异物，就拿湿毛巾的一小角轻轻地沾出来。如果翻开眼皮没有找到异物，但是还是感觉疼痛，这时候异物可能粘在眼角膜上，建议去医院找专业人员进行处理。

如果经过确定异物已经完全排出，但是还是觉得疼痛不适，就表明眼睛没有适应或者眼角膜受伤了。这种情况也需要找医生开点药，很快就能治疗痊愈。

耳中有异物时

人耳中的异物有很多种，但常见的分为动物性异物和非动物性异物。动物性异物多是臭虫、蚊虫、体形较小的蟑螂等，非动物性异物多是小果核、豆类、纸团、玻璃球、金属小玩具等。异物停留在耳道的骨性部分时会让人有疼痛的感觉，尤其是进入耳道的动物性异物在里面骚动或爬行的时候，人的耳鸣和耳痛就会因之加剧。此外，豆类遇到水后容易发生膨胀，进而使外耳道皮肤感染、发炎，甚至糜烂。稍大一些的异物则可能会引起耳鸣、耳痛、听力障碍和反射性咳嗽等病。

外耳道的尾部是一层很薄的鼓膜，稍不注意就会将其弄破，引发感染。因此，在发现耳中有异物之后，就需要及时到医院进行清除和处理。在医生来之前或受限于当地条件无法就医时，你可以参考以下建议进行有效的急救：

· 若进入耳中的是动物性异物，可以先往耳朵里滴几滴香油或其他油类，将小动物淹死；还可以使用70%酒精或乙醚，使小动物被黏附或麻醉而动弹不得；可向耳中吹入香烟产生的烟雾；

也可以用手电筒的强光照射外耳道。

· 若进入耳中的是泥块,可先用温水进行冲洗,但此法不适用于那些患有中耳炎和鼓膜穿孔的人,对他们则需要用小匙一点点取出。

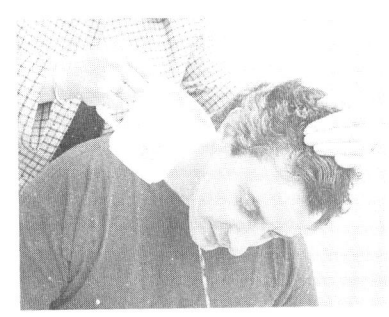

如果确定耳道里有小虫,用小水壶轻轻地往耳朵里倒入温水,使小虫随水流出来。

· 若进入耳中的是豆类,可以先取95%酒精滴入耳中,等异物缩水后再将其掏出或钩出。

注意:豆类不能用滴水的办法,否则极易膨胀。

· 若进入耳中的是纸团、棉纱团等,可用镊子轻轻取出。
· 若进入耳中的异物较为圆滑,可以拿钩从异物周围的缝隙进入更深处,将其取出。
· 异物被取出来以后,外耳道若受到了损伤,就要及时消毒,以防感染。

喉咙有异物时

有时候吃东西时,异物如果卡在喉咙里,则无法说话,严重的还会呼吸困难。解决办法主要有以下几种:

第一种,将身体向前弯,然后救助者用力拍打病患后背,让异物自然排出。或者病患通过大力咳嗽将异物吐出来。还可以想办法用拳头等硬物在横膈膜稍下处使劲压,这样也能把异物吐出来。

第二种,如果病患手指能够够到异物,就面朝地面,用手指抠出异物。或者让救助者查看口腔,具体方法是用大拇指指肚抵住病患上牙,食指指肚按住下牙,两根指头交叉,用力让病患张大嘴,然后用手指或者借助工具取出异物。

第三种，如果在喉咙已经摸不到异物，可能异物已经进入呼吸道，那么需要先用外力让异物返回喉咙。具体步骤是救助者用一只手撑起病患胸部，另一只手的手掌底部有力快速敲击病患肩胛骨中间部位。连续敲四次后，再撑开病患的嘴查看能不能看到异物。看到之后配合使用第二种方法。

第四种，如果敲击之后还是没法看到异物，那么就只能使用压迫病患上腹部取出异物的方法。具体做法是让病患往后靠，救助者站在病患的后面，一只手握着拳头从病患的肋下环绕过心窝的地方，用拳头的大拇指侧与食指侧对准病患剑突与肚脐之间的腹部，另一只手握住自己的拳头，紧紧地抱住病患，快速地从内侧上方挤压病患的上腹部。这也是一种有效地取出异物的方法。如果病患是孕妇或大胖子，就需要特殊处理，这时候拳头的大拇指侧与食指侧对准的不应该是剑突和肚脐之间，而是胸骨下半部（剑突以上），其他操作相同。

第五种，如果上面四种方法都没用，那么赶紧对病患进行人工呼吸。如果人工呼吸效果不明显，那么，第三种和第四种方法一起交替进行，并且马上打电话叫救护车。

脚的轻微伤

脚被磨破是我们在生活中常见的情况，若损伤的程度较轻，可以解开鞋带，脱下袜子，轻轻按摩脚。若伤口的皮肤被磨红，可以贴上一个创可贴。但在损伤没有出现之前，你还是可以采取一些方法进行及时预防的，比如在穿鞋之前擦干脚，并确保袜子是干的，在穿鞋时稍微放松鞋带，使脚步感到放松。

脚上起水泡是人在长时间行走后常常出现的，水泡不仅会给人带来疼痛的感觉，处理不当还有可能引发感染。缺乏锻炼的人突然长时间行走会使脚掌过于用力和摩擦加剧，从而磨出水泡。此外，脚底汗湿、皮肤软化、步速不均或行走在凸凹不平的道路上等都容易磨出水泡。因此，在野外行走之前，一定要选择合脚的鞋、吸汗的袜子、平整的鞋垫,并事先在容易出水泡的部位贴上创可贴。晚上睡觉之前还可以用热水烫脚,促进血液循环,轻轻按摩足底,或用煤油或相关药物涂抹足底突出的部位,及早预防水泡。

脚底如果出现了水泡,首先要用清水或酒精给水泡周围的皮肤消毒,也可以用热水烫脚5～10分钟,然后用指甲或烧热的针把水泡内的液体挤出来,最后用酒精、碘酒等消毒药水涂抹伤口,消毒过后拿干净的纱布环绕着将受伤部位包好。包扎脚的纱布要勤换洗,以免处理不慎引起感染。

肌肉抽筋

抽筋,即"肌肉痉挛",它是指肌肉突发地、不由自主地进行强迫性收缩的现象。抽筋会造成剧烈的疼痛,肌肉也会随之变得僵硬。

抽筋的分类

中暑性抽筋。中暑性抽筋比较容易在运动员的身上出现,尤其是当天气较为炎热的时候。中暑性抽筋与体内电解质的平衡失调以及身体脱水相关。它通常出现在手掌、手臂和腿部的大条肌肉上。此外,腹壁也有发生中暑性痉挛的可能性。

典型的中暑性痉挛一般发生在连续在高温的环境中工作1～2个小时后,甚至在工作结束后的18个小时之内都有发生的可能。而且,在接下来的几天内,肌肉都会出现活动不正常的现象。

夜间抽筋。夜间抽筋通常发生在腓肠肌和足部一些小的肌肉部位。它是指由于神经肌的自主性活动导致脚部产生的抽筋。夜间抽筋包括人体在所有的静态的情况下所出现的抽筋。

抽筋的真正原因目前还未知,但是大多数研究者都认为,抽筋主要是因为神经或者神经肌的应激阈值降低,并使得肌肉的神经行动的频率加快,从而导致肌肉进行强迫性地抽缩。下面的几种情况比较容易引发抽筋：

· 情绪过分紧张、所处环境的突然改变。

· 在进行运动之前，准备不够充分，或者运动过程中姿势不恰当、肌肉不够协调导致局部循环不畅通。

· 长时间的运动造成的肌肉疲劳，在没有得到较好的休息的情况下持续运动。

· 严重地呕吐、腹泻过后，或者饮食中缺乏钙、镁等矿物质的摄取，水分、盐分过度流失。

· 肌腱或肌肉轻微的裂伤，运动强度突然加大，运动方式骤然改变而引起的肌肉强烈收缩。

· 某些慢性病。

· 一些不明确的原因。

此外，孕妇发生抽筋的频率也会比较高，要非常小心。

抽筋的应对方法

在遇到抽筋时，首先要对自己的生活加以审视，比如，平时的饮食习惯如何？运动量和工作量如何，是否会给自己的身体造成负担和压力？现在的天气状况怎样？抽筋的部位是哪里？……将所有分析到的情况综合起来，找到促使抽筋发生的原因，然后针对不同情况做出不同的处理。

如果经常性地抽筋，又没有明确的原因，那么就要谨慎对待，及时请教医生，做一次彻底的检查。因为有的时候，抽筋可能是一些疾病的征兆，包括糖尿病、血管疾病以及神经系统疾病等。

抽筋的处理主要分为两个部分，急性期的处理和治本的处理。在抽筋发生的急性期，也就是抽筋发生时，需要让病患立即休息，并且轻轻地按摩抽筋的部位，同时可以轻轻地拉伸抽筋部位的肌肉。因为拉伸肌肉的时候，肌腱的张力会加大，当这种张力达到某一程度的时候，神经冲动会传到大脑，为防止肌腱受损伤，大脑会释放一种放松抽筋部位肌肉的信息。不过要注意，拉伸的时候，不要过度用力，防止因为拉伸而造成肌肉的再次受伤。

采取药物治疗也可以达到效果。在抽筋的部位直接涂抹一些消炎、活血、镇痛的药物，然后稍微休息一下。如果局部产生一些轻微的不适，而且该部位稍有僵硬的感觉，那么这也预示着抽筋即将发生。这个时候，可以将手稍微握拳，以适当的力度敲击该部位，让该处肌肉放松，然后，用手指轻轻地按摩，促进血液的循环以及新陈代谢。

如果肌肉抽筋的时间较长，可以用冷敷或者热敷的手法，这样可以减轻疼痛。此外，也可以涂抹一些舒筋止痛的药品。为了防止抽筋的复发，需要考虑清楚到底是因为脱水，还是因为肌肉的过度疲劳而造成的肌肉抽筋。如果是因为脱水，病患要充分补充水分和电解质；如果是因为肌肉疲劳，则应该立即休息。

在气温较低、穿着厚重的情况下，尤其是当病患是女性的时候，如果抽筋的部位刚好在大腿，或者腰部以上，不便脱衣或者擦过药物之后不见效果的时候，不要硬拉，也不要弯曲抽筋部位，而是应该采取指压办法，即用大拇指按压痛点以及周围的肌肉，逐渐用力，然后击打疼痛处，并慢慢按摩。接着将抽筋的部位垫高一点，不要乱动，保持几分钟。情况好转后，不要强行用力。

腿部在发生肌肉抽筋的时候，在膝关节的内侧腘窝两边有肌肉主根，坚硬且是凸起的。

用大拇指按压附着于内的腓肠肌头神经根，这样会使兴奋异常的神经镇静下来，从而停止抽筋和疼痛。

抽筋处理方法

不同部位抽筋，应对的方法也有所不同。

手指抽筋。让抽筋的手握拳，用力且快速地张开，同时向后压，反复进行，直到抽筋停止。

手掌抽筋。用另一只手掌去用力按压抽筋的手掌，并向后扳，然后放开，反复进行，直到疼痛消失。也可以将两手掌合并，手指交叉，掌心反转向外，使劲伸开。

上臂抽筋。抽筋的手握拳，小臂弯曲靠向肩部，小臂要紧贴上臂，接着使劲伸开手臂手掌，然后按摩抽筋的地方，反复操作，直到恢复。

足趾抽筋。让抽筋的足趾抵住另一只脚的脚后跟，然后用这只脚的脚后跟尽力压迫抽筋的足趾，也可以用手直接握住抽筋的足趾，然后使劲向抽筋部位的相反方向拉伸或按压。这种方法可以帮助抽筋的部分暂时复原，但是很容易引发二次抽筋。如果想要彻底治愈，就需要用拇指按压屈趾肌的肌腹，使劲揉捏，直到疼痛消失。

小腿抽筋。小腿发生抽筋的位置一般在腓肠肌的部位。将脚伸直，用手握住抽筋小腿的脚趾，另一只手按压膝盖的位置，方向向下，并同时用力拉趾的部位。这样做的目的是让腓肠肌尽可能地伸直，然后揉捏小腿肌肉的部位。反复进行这样的操作，直到最后复原。用手指交替进行按摩时，要顺静脉的走向，并且由下至上轮流进行。另外，也可以用手掌来回轻轻滚动小腿的肌肉，或者从侧面用手掌轻轻地拍打肌肉，令肌肉放松，恢复正常的血液循环。

大腿抽筋。膝盖和大腿弯曲，靠近腹部，两手环抱，然后放开，将腿伸直，重复操作，直到痛点消失。大腿抽筋可以分为股二头肌抽筋和股四头肌抽筋。股二头肌抽筋发生在大腿的内侧。抽筋时，用一只手抓紧踝关节，另一只手按压膝关节，朝向脸部拉伸，然后用力揉捏抽筋的部位。

股四头肌抽筋发生在大腿的外侧。应对这种抽筋，首先将膝盖弯曲，用手抓住足背，向后拉伸，然后向臀部按压，使足跟和足底尽量向臀部靠近，并且使抽筋的肌肉尽可能地伸开伸直，然后轻轻地按摩，直到因抽筋而产生的僵硬变软。

腿部抽筋很容易发生，这主要是由于缺钙。因此，在平时可以多食用一些鱼肝油、鱼干以及钙片等。

第三章
野外生存前的身体训练

第一节　不借助重物的身体训练

锻炼体能

你应该具备的体能水平取决于你所进行的旅行活动的强度要求。例如，山地骑车或激流冲浪这类运动所要求具备的体能远比轻松的徒步旅行高。当然，即使是徒步旅行之类的低水平运动，也需要在生理和心理上作好双重准备。

作为旅行团队中的一员，为了其他成员，你有责任尽力确保自己的身体健康。一个团队成员的生病或体能不济很可能会影响到团队中的其他成员。一般来说，行前进行至少1个月的适度锻炼将有助于你避免生病和受伤。

全方位的体能训练

为了达到适于野外探险和户外活动的全面体能水平，应当注意以下要素：耐力、力量、灵活性、速度、敏捷性、平衡性、协调性、反应时间。在这些要素当中，耐力和灵活性最为重要。

耐力

耐力是指能够长时间地进行体育活动，这是体能要素中最为重要的。一个人的体质越好，他的耐力也就越强。通常有两种不同类型的耐力：心血管耐力和肌肉耐力。

心血管耐力

心血管系统包括肺、心脏、血液和血管。良好的心血管耐力能使人在长时间全身运动之后既不感觉累也不气喘吁吁。

为了增强你的心血管功能，你应该制订一个计划来进行一系列的体能训练以增强心脏的负荷能力。例如，游泳就是一项极佳的体能训练运动，它能够锻炼全身的肌肉。特别是仰泳和蝶泳，对背部和肩部肌肉有很大的锻炼，而背部和肩部肌肉一般很难通过其他运动得到锻炼。

此外，骑自行车和跑步也是提高全面体质和耐力的好方法，特别是对于大腿肌肉。作为行前身体适应训练的一部分，你还需要穿上你将在探险活动中穿的靴子或其他衣物进行一些常规训练。比如，背上跟自身体重差不多重的背包进行训练就十分有用。

肌肉耐力

肌肉耐力是指重复运动同一块肌肉而不疲劳。不同的活动需要不同的技能，因此需要锻炼不同的肌肉和关节。例如，步行和登山需要大腿和小腿肌肉的力量。如果你需要随身携带装有帐篷和野炊器具的背包，你的肩部肌肉就必须十分强壮。相反，划独木舟则需要手臂、肩部和胸部等处的肌肉力量，而骑自行车需要腿部、手臂和肩部肌肉力量。

你可以通过多种方式增强全身肌肉的力量。也许你会觉得参加一个健身俱乐部很方便，因为那里有各种专业的健身器材，并且只需做一套简单的常规既定动作，外加一些常规负重步行。另外，俯卧撑、引体向上和仰卧起坐等都是准备进行户外活动前的好的锻炼方法。这些运动可以在家里做，既不用去健身俱乐部，也无须借助于体育器材。

灵活性

伸展关节和肌肉有助于增大动作幅度和防止肌肉损伤。进行伸展运动前，最好先做15分钟的小幅运动来热身，例如甩臂散步、掷飞盘、慢跑，以防突然疲劳并减少发生肌肉损伤的危险。

伸展运动，既可以仅仅单做以提高全身各方面的良好灵活性，也可以在耐力训练之后做以增加训练效果。伸展运动应遵循从上到下的原则，先活动头部和颈部，然后逐渐往下直至腿脚。不要突然加大动作幅度，而应该缓缓地伸展，伸展的幅度以自己感觉

双脚分开站立，一只手放臀上，另一只手举过头顶，然后慢慢地向身体一边倾斜，之后再向身体另一边倾斜，以重复以上动作。

双脚并拢站立，然后一条腿从膝盖处开始向后弯曲，双手从身体后面抓住脚以舒展脚筋和四头肌。

双脚并拢站立，身体向前弯曲，让背部呈水平状态，然后双手高举过背并交叉在一起，维持15秒。

舒适为准。放松前，每一伸展动作都至少要持续15秒钟。训练后所做的肌肉伸展运动的时间越长，你的身体灵活性就越好。

心理素质

心理力量基于你相信自己能够处理身边的一切状况。具备良好的心理素质有助于你克服心理焦虑，并自信自己的体能可以克服所有的困难。

事先为某些紧急情况作好准备是十分重要的。必要的训练能够使你在生理和心理上更为从容地应对困难，而且将提高你对自身能力和局限的认识并增强自信心。必要的训练还能够让你在糟糕的状况下不易陷入恐慌。

心理准备

有一些人虽在旅行前已经在体能上作好了充足的准备，但是当他们进入野外时，状态并不好。这在很大程度上源于缺乏心理准备，使得他们不能够适当地调整自己来适应新的环境。

有些人觉得露营生活缺乏隐秘性；有些人会对他们在一些地

方所看到的贫穷或疾病等现象深感不安,甚至被某些气味和声音所困扰;有些人始终觉得睡在露天不太安全而更倾向于睡在帐篷里面。

许多类似问题,如果在行前被及时发现,都能得到有效的解决。例如,事先尽可能多地了解有关目的地的各方面情况;行前尝试一些体验,如用柴火来煮饭或进行高难度的登山。这些事情在第一次做的时候看起来不太容易,但是在你下一次做的时候就不会如此了。因为通常都是由于未知人才会感到不安。

热身运动

野外生存者必须具备很好的体能,这样才能适应高强度的活动。同时,在进行体能训练之前要做好相应的热身运动,让身体有一个适应高强度运动的缓冲时间,进而让肢体发热、灵活一些,不至于因突然的高强度运动而造成身体上的不适。

热身运动主要是对身体的下肢、髋部、手臂、背部进行锻炼。

下肢

要分别活动小腿、大腿、脚部的关节和肌肉。

首先是大腿外侧肌肉的拉伸。让身体处于站立的状态,然后用一只手抓住同边脚的脚踝部位从后面往上提,一直提到臀部,同时确保另一条腿是直立的,保持这个姿势15秒左右,再换另一条腿。这样能让大腿外侧的肌肉得到很好的伸展。

其次是大腿内侧的肌肉伸展。平躺在地上,然后将

沿海滩慢跑是进行伸展运动前的热身方式之一。

一条腿弯起来,脚着地;再将另外一条腿用手往上提,直到与身体处于90°以上,同时保持身体的挺直。维持这种状态15秒左右,再交换两条腿的动作,这样能让大腿的内侧的肌肉赶到明显的拉伸感。

接着对小腿部位的肌肉进行拉伸。先站立,然后把一只腿往前伸,膝盖处于弯曲状态。未抬起的腿绷直,在把身体往前倾,朝膝盖弯曲的方向往下弯,直到高度低于膝盖部位,同时保持腰部是挺直的。这样你的支撑腿上的肌肉会有非常明显的拉伸感,同样维持这种状态15秒,再交换。

然后是膝关节的锻炼。膝关节的热身比较简单。站立,两腿合拢,两手握住两腿的膝盖部位,同时膝盖部位微微弯曲,然后手和膝盖同时转动,来回15次左右就能让膝关节灵活起来。

最后是脚部的运动。脚部主要是脚尖的锻炼。先站立,然后将一只脚往上提20厘米左右,维持脚的后跟部位不动,脚尖部位做绕圈运动,先一个方向转动15圈左右,在逆方向转动同样的圈数,两脚交替运动。

髋部

髋部运动主要有两种方法。一种是先直立,然后将一只脚往前跨,另一只脚绷直,身体直立,将双手放到往前跨的腿的大腿上,髋部开始左右前后扭动,这样你的髋部就会产生热量。第二种是直立,将两腿张开到与肩部同宽位置,双膝微微弯曲,然后将双手放在胯部,保持上身的直立,接着扭动髋部,同时要让腹部的肌肉紧缩,这样就把身体运动的全部力量来源都积压在髋部,从而达到热身的效果。

手臂

手臂部位的运动主要是为了活动肩关节和肘关节。直立,将一只手放在颈部,然后把另一只手放到这只手的肘部,往内侧拉伸，直到手臂有明显的拉伸感，这样连续15次，再换另一只手。

背部

背部运动主要是拉伸背部的肌肉。坐下，然后将两腿往前伸直并拢，接着双手往前伸努力靠近脚尖部位，同时紧缩腹部肌肉，尽量让胸部贴近腿部，这样就会很大程度上对你的背部的肌肉进行拉伸。

热身运动的时间

人做热身运动的目的都是为了防止不必要的伤痛。但不同的人，对热身运动的时间要求不同。体质、年龄、性别的不同会使对热身运动的时间要求不同。当然，对于热身运动的时间我们有一个标准的计量方法。

第一种，你热身运动的时间可以根据你即将运动的总时间来确定。如果是在野外生存环境中，你无法安排好运动需要的时间，你可以根据你的经验或者询问上级来确定。一般情况下，热身运动的时间占所有运动时间的10%～20%是最佳的，也就是说你如果运动2个小时，那么你热身的时间就要控制在24分钟以内。当你的身体微微出汗时，就可以了。

第二种，根据运动时的心跳速率来计算。人运动时，心跳速率会加快。你可以在之前的训练中，了解自己运动最激烈时心跳的速率，那么在之后的训练或者野外生存中，你热身运动时如果心跳速率达到你了解的最大速率的60%～70%，此时你就可以终止热身运动了。

热身运动的好处

通常的说法就是，热身运动是为了给身体一个缓冲适应的时间，而事实上，热身运动的好处并非仅仅如此。

通过热身运动能够加速你体内的血液循环，从而增加你运动时所需的能量和促进体内的新陈代谢。

通过热身运动，能有效地保护你身体各个部位的肌肉，因为热身运动一般都是比较缓和的，这样你身体的肌肉能够慢慢地适应各种拉伸活动，并且能很好地配合关节部位灵活运动，以避免脱臼、肌肉肌腱拉伤等情况。

通过热身运动，能缓缓地增加身体的体温，从而刺激身体的感知神经，使之兴奋，从心理和生理上作好面对高强度运动的准备。

注意：热身运动只是为了给你接下来的运动作准备，因此不要太剧烈，要自然呼吸。你在做热身运动时，倘若身体某个部位有明显的疼痛感，你就要马上停止。

有氧练习

有氧运动是指运动的时候，人消耗能量时体内所需要的氧气一直保持充足的供应状态。有氧耐力指的是人在长时间运动体内能量消耗的是由有氧运动产生的能量的工作能力。这个耐力的主要影响因素是运动中氧气的供应情况和体内还有多少糖原。人可以通过持续负荷法、间断负荷法和高原训练法这三种方法来提高有氧耐力。

有氧运动是相对于无氧运动而言的，我们该如何分辨自己进行的运动是有氧的还是无氧的呢？从生物的角度来分析，人运动的时候肢体的动作都是需要体内的能量来供应的，有氧运动的能量是通过氧化反应得到的，1克分子的葡萄糖被充分氧化可以放出38个ATP（三磷酸腺苷）的能量，产物是人体内常见的水和二氧化碳。而无氧运动的能量就是由无氧酵解得到的，在这个过程中，1克分子的葡萄糖只能产生2个ATP的能量。同时，过程中会产生丙酮酸、乳酸等物质，这些物质是酸性的，并且不容易排出体外，所以无氧运动过后的一段时间内人会出现身体疲倦和酸痛等

骑自行车是一种增强心血管耐力的极佳训练方法,而且对锻炼大腿肌肉特别有效。

游泳是一种很好的训练方式,它能够全面促进耐力的提高,而且不会造成任何肌肉损伤。

症状。运动的人就可以根据这点来判断运动是有氧的还是无氧的。

那么,如果身体不酸痛就一定是有氧运动吗?也不一定。要达到一定强度的运动才能称之为有氧运动。运动完之后面不改色心不跳气不喘的,证明运动强度还不够。运动需要再加强,起码要等到出现面色变红、心跳加快、呼吸急促、身体发热等症状,这样才能算是有氧运动,从而达到锻炼体能的目的。

运动贵在坚持。对于一个有效的有氧运动,如果你能坚持有规律地做下去,一段时间之后,你就会感觉到身体素质明显提高了,免疫力、耐力等都会大大提高。现在有氧运动项目非常多,例如瑜伽、健身操、太极拳、步行、跑步、游泳等,你可以从中选择一项或者几项适合自己的去坚持锻炼。

运动稍有不慎就容易出现问题,例如造成筋骨的拉伤等,所以在有氧运动前需要先做一些准备工作。你可以扭扭脖子、捶捶肩背、伸伸手臂、压压腿脚,轻微地活动一下筋骨,让身体有个预热过程,然后再开始慢慢加大运动的程度。

想要坚持有氧运动,要注意下面几点:

·做有氧运动的人不能有心脏病之类的容易突发状况的疾病。运动者要想达到锻炼身体的目的，必须每周运动3～5次，根据自己的实际情况确定每次运动的时间，通常是在20分钟到2个小时之间合适。

·运动的强度要刚刚好，做有氧运动的保持在每次运动过后有点面红心跳、微热冒汗就刚好合适。如果没有运动的感觉，说明运动强度还不够，如果出现呼吸困难、发热头晕、疲倦乏力等症状或者运动过后出现身体非常酸痛和劳累过度的感觉，那就说明运动强度过强了。

·运动强度还可以根据靶心率来控制。先教你怎么算自己的靶心率，靶心率是170这个固定值减去自己的实际年龄得到的结果。举个例子，你现在30岁，那么靶心率就等于140次每分钟。这就是说，运动过程中，你可以数数自己的脉搏，让心率刚好接近140次每分钟。如果心率跟140次每分钟这个数值差得太远，说明运动强度还远远不够。

·运动是一个慢热的东西，需要慢慢地增加，慢慢地达到健身目的，不能想着一步登天。一开始，运动的人可以先从少次少量的运动开始，然后慢慢增加运动的次数和运动的强度。如果自己没有很好的运动规划，也可以去找有经验的人或者健身教练给你一些合理的建议。

冷身活动

在进行体能训练时，激烈运动之后，有经验的人总不忘叮嘱一定不要忘记"冷身"。何谓"冷"？是让身体感到寒冷之意？当然不是，在野外生存训练中所指的"冷身"，是让身体内部急速运转的器官缓慢下来，让它变得平稳、正常。

不过，在很多人眼里，"冷身"这个词相比"热身"要陌生许多，所以，常常被人们忽略。

运动的时候，人的身体处于亢奋状态，就像一辆正在急速行驶的汽车一样，如果猛然刹车的话，对车的损害是非常大的。同样的道理，如果让一个血液循环非常快的运动中的人猛然停下，那么身体势必也会受到巨大的伤害。所以说，只有"冷身"运动的结束才能给你的此次运动画上一个句号。

那么，不谈汽车，单单说人的话，为什么我们不能在激烈运动之后，马上坐下来休息呢？那是因为运动时血液循环的速度是非常快的，静脉周围的平滑肌上的循环带挤在一起，身体虽然停止了运动，但是身体内的血液却不能马上适应这种急速的变化，需要我们帮助血液逐渐地适应，恢复到相对安静的状态，防止发生眩晕和昏厥。其实，之所以如此强调"冷身"运动，是因为它可以确保乳酸能够从组织中更有效地排出体外。

如何做"冷身"运动呢？"冷身"运动的具体动作包括很多，各种有效的拉伸动作都可以让身体这辆急速行驶的"车"慢慢冷却下来，像两个胳膊相互拉扯、扭扭腰、踢踢腿，这些看似简单的动作都可以调整血液循环和呼吸系统，以及让肌肉、关节、韧带都得到放松。当然，拉伸运动的力道要掌握得恰到好处，不宜过重。如果你已经疲劳至极了，没有力气再去做拉伸运动，这个时候慢走也是一个不错的选择。

这样看来，热身与冷身是一样重要的，就像做事情一样，"开始"很重要，但是要得到最后的胜利，"收尾"也同样重要。不要因为身体疲劳就省去"冷身"环节。

那么，什么状态预示着冷身运动可以结束了呢？感觉一下自己的心跳是不是趋于缓和，呼吸是不是逐渐平稳。如果想要得到更加确定的结果的话，不妨摸摸自己的脉搏，如果已经减慢至120或更少，你就可以舒舒服服地躺下来休息了。

第二节　借助重物的身体训练

重物设备

重物设备是锻炼肌肉常用而且好用的训练器材，最常见的是哑铃和杠铃。

哑铃

哑铃是用于进行增强肌肉力量锻炼的器材。因在使用过程中一般不会发出声音，故称哑铃。它结构简单，主要材料是表面包有一层橡胶的铸铁，也有许多木制品和塑料制品。

哑铃可根据重量分为固定重量的和可调节重量的两种。

固定重量哑铃就是铸铁哑铃，重量有2.7千克、3.6千克、5.4千克、7.2千克的轻型哑铃和10千克、15千克、20千克、25千克、30千克的重型哑铃。

可调节哑铃有的是形状和结构类似杠铃的微型版，支杆两端可随意增减不同重量的环形铁饼；有的则是塑料制品，内部中空，可以通过注水调节重量。

许多希望锻炼肌肉、力量的人都喜欢选择便于存放、使用的哑铃。有的人能通过哑铃锻炼获得健美的肌肉和强大的力量，有的人却一无所获，因为哑铃需要科学合理并且持之以恒地使用，否则不会达到效果。使用哑铃时，一定要选好适合自己的重量。因为我们的目的是要增强力量，所以最好选择我们最大负荷重量的65%～85%作为哑铃的重量。也就是说，如果我们能每次举起20千克重的物体，就应该选择13～17千克重的哑铃进行锻炼。使用哑铃，每天练习应控制在5～8组动作，每组间隔2～3分钟，每组动作重复6～12次，动作频率不要过快。哑铃过小或过大、间歇时间过短或过长,都不会达到好的效果。

杠铃

杠铃由横杠、杠铃片和卡箍三部分组成,是重量训练的常用器材。借助配备不同重量的杠铃,我们可以锻炼肩、背、臂、胸等处肌肉,同时能起到延缓肌肉老化、增加骨质密等作用。常见的杠铃分标准和非标准两种。

标准杠铃一般用于比赛,又分男子杠铃和女子杠铃两种。男子杠铃横杠长 2.20 米,重 20 千克;女子杠铃横杠长 2.15 米,重 15 千克;杠铃片重量有 25 千克、20 千克、15 千克、10 千克、5 千克、2.5 千克、2 千克、1.5 千克、1 千克和 0.5 千克十种,卡箍单个重 2.5 千克。

非标准杠铃尺寸要求比标准杠铃低,重量一般自由规定。有时还按需要制作成屈轴杠铃、弓型杠铃和环型扛铃等其他形态的特种杠铃。

力量训练注意事项

力量训练之前、之中、之后都有许多值得注意的地方。

运动前的准备活动

如果是要做一些力量训练,那么最好提前 5 ~ 10 分钟进行热身,在进行训练的过程中,以及在训练完成后,都要再继续做一些相关的拉伸运动,这样才会防止因准备活动不足而导致的运动损伤。

运动中的注意事项

使用固定器械时的注意事项:
要熟记器械的名称,熟知该器械所锻炼的肌肉群。
调整好器械,并调整好坐姿。坐姿正确、舒适不仅可以达到训练目的,还可以防止在运动中造成损伤。

检查好器械的负荷重量,调整到适合自己的重量,不要直接坐上去就开始训练。

控制好运动的速度,注意"快起慢放"的原则。也就是说,如果举起重物用了2秒,那么放下重物的时候,需要用2~4秒。如果听到器械的重量架有响声,那就表示你在放下重量的时候,肌肉没有按照要求做离心收缩。

不要急于求成,要循序渐进地增加重量,并及时根据运动情况和身体素质修改运动方案。

做力量训练的时候,不宜憋气过多。尽管憋气可以提高肌肉的力量,使得肌肉的张力加大,但是憋气会影响血液循环的正常进行,会使血压升高。另外,憋气还会引起胸廓内压力的升高,使得动脉的血液循环受阻,从而导致脑贫血,严重时会产生休克。

使用自由重物的时候需要注意:

杠铃片要固定好,避免砸伤自己。

使用超重量负荷的器械的时候,需要有人帮助并保护。

完成练习,放下杠铃的时候,注意动作要缓慢,防止造成大的噪音,或者重物滚动给他人带来伤害。

运动后的注意事项

运动后不宜立即休息,最好先继续进行一些强度较弱的小运动,等呼吸和心跳恢复正常之后再休息。因为剧烈运动会造成人体血液流动和心跳加快,肌肉和毛细血管都会扩张,而且,肌肉有规律的收缩会给小静脉带来压力,从而使血液快速地回流到心脏。这个时候如果立即休息,很容易造成血压降低、脑部暂时性缺血,从而造成头晕眼花、心慌气短、脸色苍白等症状,严重者还可能导致休克。

完成运动后也不宜立即洗澡。因为剧烈运动过后,皮肤表面的血管扩张、毛孔张开、排汗较多,如果此时洗澡水过凉,可能会使血液循环的阻力增加，心脏负担加大，使得机体的抵抗力下降，很容易生病；如果此时洗澡水过热，会继续增加皮肤内血液流量，从而导致大脑和心脏的血液量减少，造成头晕眼花，甚至虚脱休克，同时诱发其他慢性疾病。

在进行力量训练后要适当地伸展肌肉。因为这个时候，肌肉在收缩后要比平时的自然长度短，通过静力拉伸可以帮助肌肉恢复到自然长度。静力拉伸可以帮助我们缓解延迟性肌肉酸痛、增强柔韧性。

注意：在拉伸的过程中，动作要轻柔和缓、不能过激过急，防止结缔组织承载过大的压力，导致韧带和肌肉没有充足的时间去适应。

拉伸状态至少要保持15～30秒。

拉伸的时候以不感觉疼痛为宜。

肌肉训练

科学、合理地进行锻炼，让自己的身体适应野外生存，必不可少的一个锻炼项目就是肌肉耐力。我们能够行走、弹跳、攀爬等，都和皮肤下的肌肉有着密切的关系，人体600多条肌肉的引擎作用使得我们可以灵活地做出这些动作。

肌肉对每个人都有极其重要的作用，肌肉纤维控制着我们发出的每一个动作，为数众多的纤维集结起来形成肌肉束，然后再形成完整的肌肉系统。我们的身体只要做出行走、弹跳、攀爬等动作，就会引起相关肌肉的松紧缩放。肌肉可以牵动眼球，使人能够自由眨眼和看清东西，而指尖和手掌之间的肌肉又能让我们拿得住哪怕很小的物体。

肌肉大多属于骨骼肌，由肌腱和骨骼相连，肌腱纤维有橡皮筋一样的伸缩功能，因此肌肉不能被推挤，只能被拉扯。人可以决定在什么时间以什么样的方式牵动骨骼肌，但人却不能随时随

引体向上是一种锻炼手臂力量的好方法。不断重复练习,可以让你的肌肉更强壮。

斜体仰卧起坐,要求肘部触膝,有助于锻炼腹部肌肉并增强上半身的力量。

也许你会觉得用双膝来支撑身体重量更容易做俯卧撑。

俯卧撑运动有助于塑造结实的胸大肌、肱二头肌、肱三头肌。

地察觉这其中的变化。那些与消化系统相关的肌肉是我们不能随意控制的,因为消化系统中包含着很多非随意肌。人的胃部共有三种非随意肌,即内斜、中环和外纵三层平滑肌,它们负责碾碎食物;小肠里有两种,负责挤压并推动食物。除此以外,非随意肌还可以维持心脏的跳动,因为心肌只负责传送血液的任务。

人的肌肉可以通过体育锻炼而变得发达,但肌肉越大块并不意味着人越健康。究其原因,毛细血管负责携带红细胞流经肌肉,当肌肉剧烈收缩时,毛细血管会受到强烈挤压,肌肉就会缺氧,废物就会堆积。随着压力的不断加大,肌肉的反应越来越迟钝,人体的疲劳感也就越来越大。

那人们该如何科学合理地进行肌肉训练呢?

第一,应该遵循的训练原则是先练大肌群,即胸部、背部、腿部的肌群。这样的训练需要附加较重的负荷,否则很难见成效。你如果恰好精力充沛,且身体能承受较重的负荷,不妨利用良好的时机进行大肌群的训练,等你出现疲惫的时候再进行这种训练,不仅会让训练的结果大打折扣,也很可能会出现一些不必要的事故。

举个例子,一个人习惯的锻炼是在开始先做三组90千克杠铃的卧推练习,之后在训练的后半部做三组30千克三头肌练习,那么假如有一天他调换了训练的顺序,先做34千克杠铃的三头肌下推练习,那么他就很难再做90千克的杠铃卧推了。这时,他最多推起79千克,因为经过第一轮训练,其三头肌已经十分疲劳了。

第二个原则是轮流交替训练肌肉。肌肉力量与体积的发展和训练的强度密切相关,因而采用交替练习会更加有利于肌肉体积的变大和力量的增长,同一块肌肉并不需要连续不断的练习。交替练习的肌群经过第一次练习会及时得到恢复,等第二次练习的时候它们便能承受更大的负荷。

举个例子,人在卧推和三头肌下推的练习中,原动肌为三头肌,所以练习者若能在卧推结束后马上做三头肌下推练习,他就能克服约30千克的阻力。如果他在两组练习期间完成了一组站立屈肘练习,疲劳的三头肌就会得到适当的恢复,那么他在做下推练习的时候就会克服约34千克的阻力。

上体与双肩训练

胸训锻炼

平卧举。首先,保持仰卧的姿势躺在长凳上,两只手抓住杠铃,使杠铃处在胸部的正上方。

然后,双手垂直地上举杠铃,直到两只手臂完全伸直。同时,彻底地收缩胸肌,然后保持静止,坚持一秒钟,接着再缓慢地下落。在进行动作的过程中要注意呼吸方法,杠铃上举的时候要吸气,下落的时候要往外呼气。

注意:不要用力过猛,尤其起初做动作的时候,用力要稍小一些,之后再逐渐加大力度,不要让脖子有任何转动,以防扭伤脖子。

上斜卧举。首先保持头部朝上,平躺在倾斜30°~45°的长凳上,双手抓住杠铃,使杠铃位于胸部正上方的位置。

进行动作的时候,要将杠铃垂直向上举起,直到手臂完全伸直,然后保持姿势,静止一秒钟,接着慢慢地将杠铃落下,回到原位。在进行动作的过程中,上举杠铃的同时吸气;中间保持静止的时候,将气呼出;杠铃下落的时候慢慢吸气,回落到初始状态的时候再呼气。

下斜卧举。首先,头部向下,斜躺于长凳上,双手紧握杠铃,使其保持在胸部下方的位置。

然后,将杠铃垂直向上举起,直到两臂完全伸直,然后保持静止,一秒钟过后慢慢地将杠铃落下,直到原位。在上举杠铃的过程中吸气,在保持静止的时候呼气;然后在杠铃慢慢下落的时候吸气,最后落回原位的时候呼气。

仰卧飞鸟。首先,仰卧于板凳之上,两只手分别握紧一只哑铃,保持双臂伸直,掌心向上,从胸部的位置慢慢地向两侧放下,尽量保持双臂张开,之后迅速下落,还原到之前的状态。整个动作如同鸟儿挥动双翼一般。向两侧放低的时候呼气,恢复初起姿势的时候吸气。

卧式直臂上拉。首先,脸部朝上,平躺在长凳上,双臂保持伸直且与地面平行的姿势。两只脚踏在长凳上或者地面上。双臂伸直伸平,然后向后拉杠铃或哑铃,一直向下到自己可以承受的最低点，保持静止，保持一秒钟，拉伸胸大肌。接着收缩胸大肌，双臂先向上拉，然后向前，一直到其落在双腿两侧的位置。当双臂向上和向后拉的时候吸气，放下的时候要呼气。

注意：双臂拉伸的时候，动作要充分、到位。也可以两只手一起握住一个比较重的哑铃来做这个动作。因为两只手的握距比较远，整个重量充分集中在哑铃的中间，这样对胸大肌的锻炼效果也很明显。

肩部训练

三角肌前部——前平举。挺胸、收腹并直立，双手紧握哑铃，双臂下垂，放于腿前。手臂垂直向上举起，举过双肩，保持静止，坚持一秒钟，然后再将双臂垂直地慢慢放下，直到回落到腿前。正确的呼吸方法是，双臂上举的时候要吸气，下落的时候要呼气。

注意：在双臂上举和落下的时候，身体要保持直立姿势，双臂要伸直，将注意力集中在三角肌的位置。

三角肌中部——侧平举。身体站直，双脚自然分开，双手紧握哑铃，保持双臂垂直于身体两侧。双臂伸直向体侧的方向举起，举过双肩，三角肌自然收缩，然后静止一秒，随后再缓缓放下双臂，恢复初始状态。上举的时候要注意吸气，静止的时候呼气；下落的时候吸气，恢复原状态的时候呼气。

注意：双臂上举或下落的时候，身体都要

保持直立的状态，不能随意弯曲、摇摆，臀部要保持伸直的状态。

三角肌中部单臂——侧平拉。身体直立，用一只脚踩住拉力器或胶皮条的一端，一只手按于腰部的位置。收缩三角肌的同时，用手向侧上方拉起拉力器或胶皮条，直到与肩齐平，另一只用力插在腰部，以保持平衡。慢慢向上拉伸到最高点，然后保持静止的状态，持续一秒钟，接着三角肌用力，让拉簧或胶皮条缓慢松缩，直到最初的位置。进行此动作的呼吸要点是：向上拉伸的时候吸气，到达顶点处呼气；向下回落的时候吸气，直到落到最低点呼气。

注意：向上拉伸的时候，身体不能左右摇动，更不能借助身体的力量。另外，可以应用哑铃来做这个动作，也可以利用侧卧的姿势来做。

三角肌后部——俯身侧平举。身体直立，两脚自然分开，身体弯曲90°，双手紧握哑铃，双臂自然垂下。收缩三角肌后部的同时，双臂伸直，从两侧平伸，举起哑铃，与地面保持平行，保持姿势静止一秒，然后再缓缓放下双臂。两只手臂上举的时候要吸气，落下的时候要呼气。

注意：上举和下落哑铃的时候，身体不能左右摇摆。上举的时候身体要彻底放松，直到到达最高点时再收缩。另外，这一项运动也可以俯卧在长条板凳上进行。

三角肌后部——直立推举。将杠铃从地面一直拉到胸部的位置，全身保持直立。双臂向上推，一直到完全伸直，保持静止的姿势，坚持一秒钟，随后将杠铃慢慢回放于胸部位置。在上举杠铃的时候要吸气，杠铃下落的时候要注意呼气。

注意：不管是上举还是下落杠铃，身体都不能左右摇摆。此

动作可以对上臂的三头肌有比较明显的锻炼效果。此外，还可以用哑铃做这个运动，运动时，双臂同时交替进行上推和下落，反复进行。上推和下落的时候都要吸气，静止的时候呼气。

杠铃屈体划船运动。双手紧握杠铃，两手之间的距离要保持与肩同宽，上半身前倾，头部和背部要保持挺直，膝盖处略弯，这样可以减轻腿部的压力，然后上拉杠铃，一直到下腹部，之后慢慢恢复起初的姿势。上拉的时候吸气，下落时要呼气。

肩负杠铃体前屈伸。身体直立，两脚分开，双手紧握杠铃，身体从直立的位置开始弯曲，直到上身与地面水平，之后再伸直，如此反复。

注意：臀部不能下坐，双腿要伸直。上身前倾的时候动作要慢，身体恢复起初状态的动作要快。此项练习对髋和脊柱的伸肌群，以及腿后肌有很好的锻炼作用。

肩负杠铃体侧屈。双脚分开，身体直立，双手扶住杠铃片，交替向左右两侧进行体侧屈。进行动作的时候，上身要保持直立，双腿不能弯曲，侧屈到自己可以承受的范围内就可以了。

臂力练习

野外生存之前对身体进行训练，臂力的训练是必不可少的。很多人都知道俯卧撑可以锻炼臂力，但是如果适当地借助重物，达到的效果会更好。你可以选择哑铃、杠铃、实心球等重物来完成你的臂力练习。

哑铃、杠铃训练

首先介绍如何使用哑铃来进行臂力练习。这种练习方法有两种方式，一种是两臂弯举，另一种是单臂蹲坐弯举。

两臂弯举：身体直立，双手仰握哑铃，两条手臂自然下垂；保持上臂不动，依靠肱二头肌的力量弯起前臂到最高点，迅速让肱二头肌彻底收缩一秒钟，同时吸气；再让肘关节伸展，慢慢放下哑铃到开始的位置，同时呼气。然后一直重复这几个动作。

单蹲坐弯举：首先蹲在地上或者坐在凳子上，一只手紧握着哑铃，同时让上臂贴着同侧大腿的内侧，前臂下垂，而另一只手扶压在同侧的大腿上；然后让握着哑铃的那只手臂保持上臂不动，屈肘，在弯起前臂到最高临界点的时候，迅速让肱二头肌收缩，并且保持一秒钟，在这过程中吸气，再让肘关节松展后慢慢放下前臂，下垂的过程中同时呼气。

注意：不要在弯起前臂时摆动上臂，弯起前臂使肱二头肌收缩的时间要有一秒钟，不能一收缩就马上放松。

杠铃的练习方法跟哑铃的差不多，也是用来举重练习，通过调动肌肉来锻炼臂肌。哑铃的重量会比杠铃的小很多，如果想要更好地锻炼出手臂的肌肉，可以将这两种工具配合起来锻炼。

实心球训练

实心球投掷也是一种有效的臂力练习运动。实心球这个项目以力量为基础，速度为核心，综合了力量性和运动速度，属于力量型的运动。

投掷实心球的具体方法如下：

首先，用两只手掌托着实心球，让自己的十个手指自然分开，两边除了大拇指之外的手指都放在球的两边夹稳，这时候大拇指的作用是紧紧地扣在实心球的后上方摆成类似一个"八"字来固定实心球。按正确方法拿好球后，两只手下垂，放在身体的正前下方，自然一点，不要非常刻意。然后，两腿自然分开，一前一后地站着，后脚距离前脚大概 50~80 厘米，让前脚掌和投掷线的距离在 25 厘米左右。这时候眼睛看着前面下方的位置，后脚跟略离开地面一点点，身体肌肉保持放松的状态，把重心放在中间，稍微偏前。在正式投掷前，都要先经过一到两次的预摆。预摆的最后一次，让球在前下方从胸前划过到达头的后上方位置，加速摆动的速度，身体上部分往后仰，微微地弯弓，让整个身体看起来是一个反弓形，在这个过程中吸气。最后，双手握着实心球，用力地从后上方往前上方摆动，利用下肢蹬腿送髋和腰腹的力量，同时两只手臂使劲向前摆动，将实心球投掷出去，同时下肢及两脚交换位置。

随着投掷技术的不断娴熟，力量也可以得到训练，下面介绍了几种训练的方法。

第一种，实心球前抛练习。训练者用双臂将实心球举过头顶，放在脑的后上方，两只脚很自然地分开站立，然后利用腰腹和上肢的力量，使劲将实心球往前方抛出。

第二种，实心球后抛练习。跟前抛训练方法有点区别，就是训练者背对着将要投掷的方向。两只手握着实心球，手臂伸直，两只脚很自然地分开，身体稍向前屈，然后挺起胸部舒展身体，四肢一起用力，往身后的位置大力地抛出实心球，努力让实心球抛得更远。

第三种，旋转实心球练习。训练者握着实心球置于身体前面，让两只手臂尽量伸直，然后用其中一条腿为轴心，迅速旋转一周后将实心球从身体前面抛出去。这个旋转练习还可以用一只手来抛掷实心球。

第四种，实心球下抛练习。这个练习方法跟后抛练习有点相同，都是背向投掷方向。这个练习的动作是两只脚分开站立，两脚之间的距离比肩宽一点点，然后把实心球举起到头的上方位置，让身体屈起，腹部收起，迅速在两腿之间往后面抛出实心球。

第五种，仰卧上抛实心球。训练者先仰卧在一条长板凳上面，屈起两边膝盖，双脚放在凳的上面。接着两只手置实心球于胸前，十根手指自然分开朝上，将实心球固定好。然后让双肘关节分别紧贴着身体同一侧，使劲伸长伸直手臂，将实心球从胸前往上方抛起。等实心球下落的时候接住球，等一会儿让身体机能恢复过来之后，继续重复这些动作。这里要注意的是，不要分开两肘，让它们一直保持在身体侧面。

想要锻炼出强大的臂力，要以无氧运动为主要形式，效果才能明显。并且练习用的重物要慢慢增重，只有使得肌肉在大部分时间里都是在不能适应的状态，才会锻炼出肌肉。切记，欲速则不达，不要操之过急，一开始先别急着使用超出自己负荷能力的重物来练习，以免造成肌肉拉伤等伤害。享受运动的过程，等到肌肉适应了运动的强度，再逐渐增加训练的强度，持之以恒，才可以锻炼出更强的臂力、更壮的臂肌。

小腿训练

在我们的大多数动作中，例如奔跑、跳跃、攀登、滑冰，小腿的力量对于动作的完成质量都起着决定性作用。强大的小腿力量也有利于更好的支撑和平衡。单腿站立时，小腿力量大的人平衡性更好。对于小腿力量的训练，对在野外活动的人也是非常重要的。

小腿肌肉和身体其他部位的肌肉一样，需要进行相应锻炼，并经常进行测试。

踝关节具有伸展和弯曲两个功能，对人具有至关重要的作用，这一点与腕关节相同。人们通常采用提踵练习法锻炼踝关节的力量，其实弯曲练习法同样有助于提升踝关节的力量，也就是勾脚尖。反向提踵训练器可以帮助我们更好地进行这种锻炼。当然，我们大多没有这种设备，但是我们可以用杠铃代替专业设备。

小腿肌肉的耐力极强，而所能进行的锻炼，动作幅度又基本都比较小。因此，小腿肌肉很容易从疲劳中恢复。它完全能承受每天或隔天一次的锻炼，一般不会因疲劳造成损伤。

小腿肌肉的锻炼以每次练习做10组为宜。过少则无法达到锻炼目的，过多则影响其他锻炼项目——如果小腿肌肉每次锻炼过多，很可能导致无力继续其他锻炼项目。

用杠铃锻炼小腿肌肉的锻炼方法简单易学，下面介绍一下简单的9个动作。

半蹲起跳

抓举杠铃，然后采用半蹲的姿势，提起脚跟，利用踝关节的力量，持续向上蹬跳。在这个练习中，蹬地时一定要注意使用脚弓的爆发力。

全蹲起跳

全蹲起跳可以说是半蹲起跳动作的加强版。做这个动作，需要将杠铃从颈后负于肩上，采用全蹲的姿势，利用大腿、小腿和踝关节的力量持续向上蹬跳。蹬跳时，要保持上身的笔直状态。做动作时如感觉呼吸急促，可在起立时快速呼吸几次，吸入更多氧气。体力充沛的情况下，呼吸方法是在下蹲时呼气、起立时吸气；负荷杠铃较重时，应先吸气然后立即下蹲，并于再次起立前呼气，然后吸气起立。

提踵

将杠铃从颈后负于肩上，采用站立姿势，用踝关节和小腿发力，向上提踵。提起脚跟时吸气，落下脚跟时呼气。当两腿完全伸直后，再放下脚跟，在小腿肌肉放松后，再提起脚跟。

静力半蹲

将杠铃从颈后负于肩上,采用半蹲的姿势,膝关节的弯曲度尽量接近90°,保持此姿势一段时间。

弓箭步跨步

将杠铃从颈后负于肩上,自然站立,保持上身直立,然后用腿部做弓箭步跨步动作。可左右脚分开锻炼,也可左右脚交叉跨步。

全方位蹬跳

将杠铃从颈后负于肩上,先自然站立,双脚或单脚向前、后、左、右做蹬跳动作。注意屈膝蹬地,以前脚掌发力,保持稳定的频率。

坐姿伸腿

将哑铃或沙袋绑在小腿上,坐好,将注意力集中于股四头肌,将小腿伸直,稍停一会儿再放下,然后重复几这个动作。注意,小腿伸直时吸气,放下时呼气。两小腿可交替伸直,也可同时伸直。

俯卧屈腿

将哑铃或沙袋系在小腿上,俯卧在凳子上,注意力集中于股二头肌,屈腿,稍停一会儿,然后再放下,然后重复"曲—收"动作。呼吸节奏是屈腿时吸气,放下时呼气。

坐姿负重提踵

将杠铃放在大腿上靠近膝盖的部位,坐好,双手握杠,提起脚跟,稍停一会儿再落下。反复做几次。呼吸节奏是提起脚跟时吸气,落下脚跟时呼气。

第三节　跑步训练

跑步动作

跑步是在野外生存挑战前时常需要练习的运动，掌握正确的跑步技巧和动作能减少我们在野外活动中的麻烦，特别是跑步的动作、姿势是否正确关系到身体健康和能否很好地应付各种环境。

跑步时身体各个部位的正确动作

跑步时全身上下，包括头部、肩部、手臂、躯干、臀部、腿部、脚都要有正确的姿势，同时还要注重调节你的呼吸节奏，完美地配合跑步动作。

1. 头部

头部是控制你跑步时整个身体的平衡和协调的重要部位，很大程度上决定了你跑步的速度。跑步时要注意把头摆正、目视前方，不要把目光放到你的脚下，也不要四处张望，以免增加你的颈部和肩部的压力。同时要保持你的脸和你的身体保持在一条直线上，不要刻意往前伸或者向后倾，防止因速度过快而摔倒。

2. 肩部

肩部是确保你身体的上面部分平衡的重要部位。跑步时

跑步有助于增强耐力，但是要注意穿合适的跑步鞋以防碰伤。

不要让你的肩部处于紧缩状态，尽量使之放松，处于没有压力的状态。同时让你的肩部处于水平状态，不要向一边倾斜或者随着你的跑动而不时地抖动。

3. 手臂部位

你的手臂摆动的节奏控制着你肺部呼吸的状态，因为你的臂部摆动直接连接你的胸腔肌肉的伸缩，从而影响你的肺部伸缩。同时，手臂摆动是你往前跑的动力源。跑步时微微握拳，然后将手臂尽可能幅度大地前后垂直摆动，摆动的速度不要太快。

4. 身体主干部位

你身体主干的姿势很大程度上是由你的头部和肩部以及手臂控制的，可以说只要前面几个部位的动作正确，你身体的主干部位就能处于一个很好的姿态。跑步时你只需要将你的背挺直，当然是自然的挺直就可以了。

5. 臀部

臀部是你跑步时腿部力量的核心部位。臀部的作用能否得到很好的发挥，取决于你身体的主干部位动作是否正确。如果你的主干部位是自然挺直的，那么你的臀部也会随之自然控制你的腿部运动。

6. 腿部

跑步时，如果是短跑，尽量将你腿部提升的幅度最大化；如果是长跑，你则只需要找一个你自己最适合的姿势即可。因为长跑是打耐力仗，不是速度仗。选择正确的抬腿幅度，能有效地提高你的运动效率和你的能量的使用率。若你跑步时抬腿的高度不正确，会给你的膝盖和脚底增加压力，从而影响你跑步的速度和你腿部的健康。

7. 脚

跑步时，扩大脚与地面的接触面积不仅能保证你跑步时的舒适度，更能保证你跑步时脚跟不受伤。因此，应该先让你的脚底的中间部位着地，然后是前面部位，再到脚跟。这样能减少地面对脚的冲击力，有效地保护踝关节。

跑步时错误的动作

1. 身体不平稳，摇晃

跑步时身体左右摇晃，像在山路骑自行车一样，这样不仅会消耗你更多的体力，同时也会减慢你跑步的速度。

2. 跑步时脚的姿势不对

有些人有走内八字或者外八字的陋习，以致跑步时也有同样习惯。这样就致使膝盖和脚尖不在同一条直线上，从而使膝盖的压力增大。如果一直这样会导致膝关节的损伤。

3. 跑步时脚后跟先着地

跑步时脚后跟先着地，首先是减少了脚落地的面积，从而增加脚承受的缓冲力，同时由于脚后跟与人的颈椎是相连的，脚后跟先着地会震动颈椎部位，次数多了可能导致颈椎出现问题。

4. 跑步时每次跨越的幅度过大

在跑步训练时，有人总是喜欢大幅度地跨步跑，这样虽然会提高一定的速度，但是却致使运动时身体的重心抖动，从而增大人体的震动，甚至超出身体的承受能力。

5. 抬着头跑步

如果你在跑步机上跑步的话，不要被你面前的电视机所诱惑而抬着头跑步，因为抬头会增加你的头部对颈椎的压力和震动，从而影响你的颈椎的健康。

错误动作导致的病痛以及治疗方法

跑步时如果不注意姿势，会导致一些病痛，最常见的就是脚踝扭伤。扭伤后不要立马就走动，要留在原地缓冲一段时间，然后用冰块或者凉水敷，以减轻伤痛。如果情节严重就要到医院去诊治。另外，由于跑步姿势不正确，可能会使膝盖骨和股骨过度摩擦，从而导致膝盖骨在股骨的凹陷部位能够有很大的空间活动，致使膝盖骨移位，去摩擦股骨的其他部位，进而使膝盖骨的软骨组织被磨损，膝盖肿痛，无法伸直。面对这种情况，你首先要缩短自己的运动时间，然后专门找一些路面不平的道路跑步，让受伤的部位处于较高的位置，这样慢慢地就能够治愈。

跑步能很好地锻炼人的心脏和肺的功能，同时能增强体魄。因此平常多跑步，能使你在野外环境中得以更好地生存，同时也能帮助你很好地应付没有交通工具的环境，而不至于在野外环境中轻易丧生。

长跑训练

受野外生存条件的限制，时常要以跑步形式前行。因此，长跑是必不可少的训练项目，以适应生存环境。

在进行长跑训练时要注意不能操之过急，每次训练时运动量不要太大。长跑一般是以运动的距离来判定运动量的大小的。按照最科学的方法，每一段固定的时间内你跑步的距离的总和相对上一段相等时间内跑的距离总和不要超出10%，也就是长跑训练所谓的"百分之十"规律。

"百分之十"规律

一个人长跑最需要热情和毅力，这样才能坚持，但也最怕热情和毅力，因为什么事都是过犹不及。在一个人过度热情的时候，就会忘却自己身体的疲倦和承受能力，然后超负荷地运动，这样做的结果就是身体因此而崩溃，之后将会感觉全身无力、酸痛，甚至出现更加严重的后果。因此，此要注意把握好度，最好按照"百分之十"规律来训练自己。

要正确地认识"百分之十"规律，不是说你先让自己每天跑4千米，然后一周跑5天，而到下一周你就每天跑5千米，一周跑7天。这样的话，计量下来你一周跑步的跨度就是15千米，也就是75%，远远超过了10%。因为"百分之十"规律是以总量来计量的。你可以规定自己这周要跑15千米，然后下一周跑16千米，然后每周依次加一千米。这样稳步增加，过了10周，你之后一周的跑步量就达到了25千米。之后你继续以这个速率增加下去，直到自己认为合适的距离，这才是科学健康的。并且，如果严格按照"百分之十"规律来训练自己，会大幅度地提升你的身体素质，那么也就有助于你在野外环境中更好地生存。

跑步距离的计量

要想很好地按照"百分之十"规律进行长跑训练，就要有很好的方法来计量自己跑步的距离，这样才能循序渐进地提升自己长跑的耐性和能力，在野外生存环境中适应长距离的徒步运动。你可以用以下方法来计量自己跑步的距离：

1. 如果是靠运动器具来运动（跑步机），这就不需要你自主来计量，机器会自动帮你计量，你每次只要遵照"百分之十"的规律进行锻炼即可。

2. 如果是围着跑道训练，那么就以圈数来计量自己的跑步距离。要注意的是，由于跑道一般是分内圈外圈的，而内外圈的长度是不一样的，因此要弄清楚自己每次跑的是哪一道，或者干脆固定在一条道跑。

3. 如果是沿着马路跑，那么就要依靠一定的测距工具，条件允许的话可以依靠现代一些高科技产品来计量，如GPS跑表、手机等等。或者事先在地图上估测好每段路的距离然后再按规律进行训练。

长跑训练时的忌讳

1. 过于紧张、压力大、呼吸没方法。长跑对于一个人而言是很大的心理和生理挑战。人时常都会产生无意识的紧张，从而导致肌肉紧绷，体内血液循环过快，心跳过速，这样就会很难坚持。另外，一些长跑者，不懂得怎么在长跑的途中调节自己的呼吸节奏，要么敞开口呼吸，要么一直闭着嘴巴呼吸，这样都会导致氧不够或者心肺不适。

2. 呼吸与跑步的方法不能很好地配合。由于长跑是一项体力与时间的考验，掌握好呼吸和跑步的节奏都至关重要。如果你在长跑训练的过程中，完全没有按照长跑的规律，要么呼吸不够，要么跑步节奏紊乱，致使呼吸与跑步不能相辅相成，都是不能取得好的效果的。

长跑训练的正确方法

首先，要充分认识到长跑对人的身体素质的要求，掌握相应的方法来提升自己以给长跑训练提供有利的条件。肺活量是长跑时最需要的，你可以通过游泳等方式增加自己的肺活量，同时注意校正自己平常的站立、坐的姿态。提升肺活量后，你可以通过摆动手臂并结合呼吸规律来模拟长跑时的节奏，以给自己在实践中奠定基础。

然后，在你最开始进行长跑训练时，不要刻意地去让自己的呼吸与步伐相配合，一切顺其自然最好。因为刚开始进行训练时，还不能很好地按照规律运动，若太过在意呼吸规律很可能造成相反的效果，导致你的肢体运动与呼吸活动都不协调。你可以把长跑当作你平常的饭后散步，尽量放松，不要去考虑自己要跑的距离。

最后，当你能够很自然地将步伐与呼吸结合以后，就要开始提升自己。除了从距离上提升外，技巧上也要提升。将自己的跑步速度控制在你身体最能适应的数字，并让你的呼吸与跑步的节奏有一定的规律，这样你的长跑训练就会不断地取得好的效果。

长跑训练的要点

1. 要坚持。耐力和毅力是长跑最重要的因素，因此不能因为外界环境或者其他非必要因素的影响而终止你的训练。

2. 要有方法，有规律。呼吸要有方法，比如三步一吸，三步一呼。跑步动作要协调，整个身体要统一，手的摆动、步伐的大小快慢都要一致，还要在跑步时注意保持上身挺直。

3. 要了解身体的一个顶点。你经过很长一段距离的跑步之后，会出现呼吸困难、四肢无力的状态，这就是你运动的一个顶点。但遇到这个顶点时不要停止运动，你可以稍微放慢速度，依赖自己的毅力继续跑步，过了一小段时间，你就能挺过这个点，坚持跑下去。

4. 长跑前和长跑后都要注意调整身体的状态。长跑前要适当地做些准备运动，如原地弹跳、仰卧起坐，等等，拉伸身体的韧带，以适应接下来的高强度运动。长跑结束后不要立即坐下来休息，要先做一些放松运动给自己的身体一个调节过程，让身体的关节、韧带都能恢复到正常状态。

5. 长跑时要注意衣服的卫生以及气温的影响。长跑时身体会大量出汗，衣服肯定会湿，因此每次跑步后都要及时清洗衣服。还有就是在气温比较低的时候要注意跑步时的保暖措施，不要为了省事一开始就只穿一件短袖，要慢慢地减衣服，以免感冒。

6. 长跑不是一项特别专注速度的运动，尤其在你平常训练时，不要用高速度进行长跑，这样会消耗你大量的体力，甚至造成痉挛。还有就是要注意身体的营养均衡，这样才能提供足够的体力去运动。

7. 长跑是项比较枯燥的运动，你可以用不同的方式来坚持。你可以选择和战友一起跑，相互监督，或者平常偶尔换换别的运动方式来调节一下。

短跑训练

在野外生存时经常会遇到一些意想不到的危险，这就需要你能够迅速地躲避危险。因此，提高自己短距离跑步的速度和了解短距离跑步的技巧，是十分重要的。

提高短跑能力的要素

短跑考验身体素质的同时也考验心理素质，特别是当你遭遇一些危险的时候。在野外生存之前你可以通过自主练习或者在训练员的培训下来提升自己的速度、耐力、灵活性、柔韧性等等。而速度作为短跑最基本也最重要的一个因素，你需要对其有个系统的认识。

1. 为了提高短跑能力，你需要认真地纠正跑步姿势和进行最基本的短距离训练。短跑起步姿势是最基本也是最重要的，起跑的姿势有多种，可以是站立、可以是半蹲，也可以是进行间起跑。每种姿势都需要你集中精力，把力气都用到脚跟部位，这样才能最大限度地提升自己的起跑速度。你还要掌握最基础的短跑训练方式，用90%左右的身体强度进行5～6次的50米短距离加速跑。

2. 训练跑步时提腿的频率。腿部运动的快慢主要是由腿部肌肉的伸缩速度来控制的，因此同时需要很好地控制并提升神经系统的反应速度。

你可以小幅度、高频率地屈腿来提升腿部的灵活度；然后不断高频率在原地弹跳、跑步，刺激脚掌，以提高神经的敏感性；再通过腿部、臀部的摇摆运动来调节身体的平衡能力，以帮助身体适应腿部的高频率运动。

3. 训练每次跨步的距离控制能力。影响短跑速度的一个很重要的因素是每次跨步的距离。这部分的训练主要依靠训练脚后跟的力量和灵活度来提升。你可以利用一切能刺激脚后跟的运动来达到目的，例如单腿弹跳（最好是身体承载一些重物来跳）、上下跳楼梯阶梯、蛙跳等等。然后，为了防止运动过度，引起身体的不适，你要训练自己胯部的灵活性，大幅度提高每次提脚的高度或者利用橡皮条拉伸腿肚可以有效地锻炼这个能力。

短跑训练六步骤

如果没有专门的短跑训练，你可以通过下面的步骤来锻炼自己，提高自己的短跑技能：

第一步：增强自己的体能。首先用较慢的速度跑 1000～1500 米或者通过拉伸活动、弹跳来热身；然后每次坚持做仰卧起坐或者引体向上来锻炼自己的腰部、腹部的肌肉，以增强自己的身体抗压能力。

第二步：提升抗压能力以及耐力。先做好热身运动，方法同第一步；然后利用哑铃、杠铃等重物来锻炼自己上身的力量；每次坚持以较慢的速度跑完 5000 米，但中间不要休息，这样才能锻炼自己的耐力。

第三步：提高跑步速度。速度快是建立在超强耐力的基础上的，因此首先还是要努力提升自己的耐力。你可以先把沙袋绑在自己的小腿上每次坚持跑几千米，来进一步提升自己；然后开始短距离速度练习，可以选择连续分段跑 100 米，但每段都必须用尽全力以最快的速度跑，也可以是 100 米、200 米、400 米等短距离的组合跑，同样也要以自己最快的速度进行每一段跑步。

第四步：提升自己的身体素质。由于前面几步的速度和耐力练习在很大程度上都是十分消耗身体体力的，因此在掌握技能后还得进一步提升自己的身体素质，这样才能防止突发情况下体力不支。首先，同前面几步一样，利用慢跑或者弹跳做好热身运动；然后分段加速跑，这次每段只跑 30 米，这样跑只是为了提升自己的应变能力，在突发情况下也能迅速地以高速度跑步；再通过其他的运动来高强度地提升自己各方面的身体素质，如向后扔重物、引体向上、跳高等。

第五步：提升肢体力量。这部分锻炼分上肢、下肢锻炼。上肢可以通过抓举、攀爬等运动来锻炼臂力；下肢则是通过弹跳、蹲下起立来锻炼。

第六步：提高跑步技术。首先用加速的方式跑 100 米左右；然后用跨越障碍物的方式来训练跑步节奏；再负重跑，可以背一个装有 5 千克重物的包，然后跑步。

第四节 骑自行车训练

骑自行车训练

自行车赛车手一般都很强壮。确实,骑自行车是能够强身健体的一种极好的运动。然而,你并不需要为了锻炼身体,而将骑车旅行的要求定得过高。

培养耐力

无论是在公路上训练还是在山道上训练,都要遵循循序渐进的原则。不要在第一天就骑很长的路程,否则第二天你很有可能体力不支。

如果你平时并不常骑自行车,你就需要一定的时间来强化你的肌肉力量以及让臀部适应自行车的车座。在一段时间内,坚持进行有规律的短途骑车有助于增强你的肌肉力量和耐力。正式出发前,你可以试验一下自己在一天内的最大骑程(应该在轻松自如的状况下完成)。

林中山道上通常有很多盘根错节的树根露在地面上。下坡的时候,臀部要离开车座,遇到树根时要减慢速度。

与其他运动一样,骑自行车的最佳训练方法就是要多练。因此,除了做一些其他增强体能的运动外(如跑步、游泳等),你还是要多花一些时间骑车。这不仅可以增强体质,而且能使你的骑车技巧更为娴熟。上坡的时候要注意调挡；有时候骑累了也可以下车推着走，好让腿休息一会儿。

家庭野营出游就很适合骑自行车，因为自行车的使用和修理都比较简单，即使是孩子们也能轻松驾驭。

骑车技术

你所需具备的骑车技术取决于你将穿越什么样的地形。所有骑车的人都要时刻注意地面路况，特别是在山道上骑车的时候。骑车时，眼睛要向前看，以便在远距离以外就能观察到前方的障碍物。千万不要紧盯自己的车轮，那样，等你看到障碍物的时候再采取措施就为时已晚了。

在技术要求方面，公路骑车与山地骑车的主要不同点在于对自行车的平衡把握的要求。在下陡峭的山道时，臀部要离开车座，将身体的重量移至车后轮。

如果有多人一起下山，千万注意不要与其他人的车相撞，否则后果十分严重。

在仅容一辆自行车通过的狭窄道路上骑车，技术含量高且危险性大。因此，出行前你最好在一些窄道上练习一下。在窄道上骑车时，对方向的控制是最为重要的，务必要集中注意力，紧盯前方的路。

制订计划

自行车的训练要多样化，应该交替进行简单和艰险路段的训练。因此，你应尽量选择那种有多种路况的路线进行训练——平地、起伏地、多坡地、山道等等。因为在真正的野外骑车旅行中，你一定会遇到各种各样的地形状况。在山道上训练时，要尽量尝试上下各种不同长度和倾斜度的山坡。此外，你还要训练在下雨和刮风的天气里骑车，以便从容应对旅行中可能遇到的各种状况。

自行车训练的目的是要使你能在各种不同的地形状况下保持相对稳定的速度以及一定的耐力,而不是训练骑车的速度。自行车旅行的目的在于能够观赏沿途的自然风景,因此并不需要骑得很快。你应该保持一种让自己感觉比较轻松的速度,而不是累得气喘吁吁。

团队骑车的安全性

团体骑车旅行的理想人数是4个人。当其中有一个人发生意外事故的时候,可以有两个人结伴同去寻找帮助,还有一个人留下来照看伤员。团队中每个人的体力和耐力都是不同的,但是大家要尽量保持大致相同的速度,相互之间不能相距太远,否则容易失散。旅途中,注意不要过于劳累,要经常停下来休息并且补充食物和水分。下山的时候,先下山的人应该在山脚下等后面的人。最后需要提醒的一点就是,注意同伴的体能状态。

如何补自行车轮胎

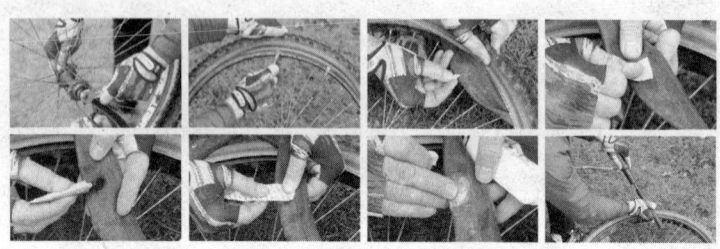

1. 将自行车轮胎的钢圈取下来。所有的螺帽和螺钉都要存放好。
2. 使用卸外胎用的撬棍将外胎从钢圈的边沿上撬松。
3. 将内胎从里面取出来,注意不要损坏打气的气门。检查漏洞所在,并做上记号。
4. 用砂纸将有破洞的部位磨平。
5. 在砂纸打磨过的部位涂上黏合剂。
6. 将补胎胶片贴到涂过黏合剂的部位。然后按照该产品的使用要求,将胶片按住一段时间。
7. 用粉笔在补过胎的部位涂抹一下,以增加其光滑度。稍微给轮胎打点气,再将内胎塞进外胎里面。
8. 将外胎边沿重新塞进钢圈,然后打足气。

第五节　游泳训练

蛙泳的训练

蛙泳的定义

蛙泳是一种模仿青蛙的动作进行游泳的一种姿势,也是一种极为古老的泳姿。据相关文献记载,在 2000～4000 年前,在古中国与古罗马,类似蛙泳的泳姿就已经存在。

蛙泳的最大好处是,游泳者可以清晰看见眼前的物体,避免因误撞障碍物而使自身受到伤害。蛙泳的不足是,使用蛙泳进行游泳时,其速度慢于其他泳姿。

蛙泳动作要领

学习蛙泳技术,应把握四个重要环节,即蛙泳的身体姿势、腿部动作、臂部动作以及配合技术。

1. 身体姿势

使用这种姿势进行游泳,要保持身体的水平姿势,头部向下,卧于水中。在行进过程中,身体的位置并非一成不变,优秀的游泳者善于随着双手和双腿的划动而调整身体位置。当完成一个动作周期以后,要尝试着挺胸、收腹,并拢双脚,伸直双臂,头部靠在两臂之中,双眼盯着自己身体的前下方。

2. 腿部动作

腿部动作是整个蛙泳技术的关键所在,因为正确的腿部动作,是行进动力的主要来源。蛙泳的腿部动作包括四个方面:收腿、翻腿、蹬腿、滑行。这四方面相互影响,相互作用,构成了蛙泳的腿部动作。

收腿。收腿是蛙泳开始的基本动作，收腿动作进行的好坏，直接影响到接下来的翻腿、蹬腿动作的进行。收腿，将两膝逐渐打开的过程中，同时将膝部、髋部弯曲，直至大腿的前端与身体躯干成120°～140°角，两膝内侧几乎与肩关节同宽，大腿与小腿之间成30°～45°夹角，然后开始下一个动作——翻腿。

翻腿。翻腿动作是直接影响游泳者蹬水效果的关键动作。在上一个收腿动作快要完成时，保持脚尖向外、脚掌向上的姿势，将脚部外翻，以接近臀部。向内靠拢两膝关节，使两者之间的距离小于两脚之间的距离。科学合理的翻腿动作发生在收腿动作完成后，结束于蹬腿动作开始时。要正确把握翻腿动作的时间，过早或过晚，都会影响蹬水效果。

蹬腿。收腿、翻脚、蹬腿，是一个连续的动作过程。蛙泳者进行蹬腿动作时，要始终保持双脚用力向两侧和向后快速蹬水。在行进过程中，比较好的蹬腿动作是双脚成弧形运动，用力划水。

滑行。在相继完成收腿、翻腿、蹬腿三个动作阶段之后，蛙泳进入到了滑行阶段。将双脚并拢，集聚身体能量，借助身体惯性向前滑行。

3. 臂部动作

进行蛙泳时，臂部动作的好坏在一定程度上影响着向前推进力的大小。蛙泳的臂部动作包括五个阶段：开始姿势、划下动作、划水动作、收手动作和移臂动作。

开始姿势。开始时，将两臂用力向前伸出，保持掌心向下的姿势，使两手的拇指相互靠近，同时身体成流线型。

划下动作。划下动作被游泳者形象地称为"抓水动作"。进行划下动作时，将上臂向内转动，双手分开分别置于身体两侧，保持掌心向下，对准前进方向，用力划水。

划水动作。保持两手外分的姿势不变，抬高肘部，使掌心、小臂以及上臂内侧部位同时向外侧、后方以及下方划动，这样一个完整的划水动作就结束了。

收手动作。在双臂分别划到双肩的下方时,及时将手臂向外翻转,同时双手向胸前、向内部快速划动。

移臂动作。与其他泳姿不同的是,蛙泳的移臂动作是在水下部分开展和完成的。进行移臂动作时,将双臂在自然状态下向前伸展,同时将掌心慢慢向下翻转,而后一个完整的移臂动作周期便完成了。

4.配合技术

完整的蛙泳动作配合技术,普遍使用1∶1∶1的比例,依次完成一次腿部动作、一次臂部动作和一次呼吸动作。蛙泳者在行进过程中,双腿要尽量放松,自然伸直,在手划下时开始收腿动作;开始收手动作的同时,抬起头部吸气;身体向前滑行时,双脚向后用力蹬水。收腿、收手、吸气、蹬水等几个动作要相互配合、相互促进。要注重每一个细节问题,因为对于游泳者而言,一个动作的失误,将会大大影响整个游泳过程。

自由泳的训练

自由泳的基本特点

人们习惯于把爬泳称为自由泳,因为爬泳是目前唯一的自由泳姿势。现代自由泳技术的开端,可以上溯到20世纪20年代初期,美国人韦斯摩洛实现双臂交替划水和双腿六次交替蹬水的配合。自由泳的好处是,游泳者不受姿势和技术的限制,以最快的爬泳速度前进。自由泳动作模式科学合理,速度均匀快速,游泳者受到的阻力很小,节省力气。

自由泳具有如下几个技术特点:

第一、保持头部和肩部高于水面,身体俯卧于水中。

第二、前进时,保持躯体沿着身体纵轴,左右摆动,双臂轮换着用力划水,推动身体前行。

第三、入水后的双手以S形线路划水,调整呼吸,使之与双手划水的动作相协调。在手臂用力划水的同时，利用在头部两侧水流形成的波谷，进行吸气。

自由泳动作要领

1. 身体姿势

自由泳要求身体保持流线型，保证臂部和臀部肌肉适度的紧张性。在前进时，尽管身体各部位都要用力，但头部必须保持平稳，四肢、躯干以身体纵轴为中心点，进行规律性的自然转动。

2. 腿部动作

腿部动作是自由泳中游泳者前行的助推力之一，同时合适的腿部动作也维持了身体的平衡。自由泳时，两腿交替蹬水，在保证身体稳定的前提下，双臂用力划水，同时双腿并拢，脚尖内转，以髋部为中心点，以大腿带动小腿和脚掌，做交替动作。

3. 臂部动作

臂部动作是自由泳的主要推动力，一个完整的臂部动作周期包括五个阶段：入水、抱水、划水、出水、空中移臂。

入水。手的入水点在身体纵轴与肩关节前后延长线之间。入水时，双手伸直并自然垂下置于水中。将双臂向内侧转动，从而使肘关节最大限度地抬高。将手掌向身体侧面下方移动，以指尖触水，然后依次将小臂、大臂自然置于水中。

抱水。双臂没入水中之后，移动手掌向身体内后方移动，同时要弯曲膝部和肘部，直到肘部的位置高于手掌所处的位置，肘关节弯曲成150°角。抱水动作是为接下来的划水动作做准备的，抱水动作是划水动作的预热阶段。因而，如果对于抱水动作处理不当，将会影响接下来的划水以及整个游泳过程。

划水。划水动作至关重要，按照动作类型的不同，可进一步将划水动作划分为拉水动作和推水动作两部分。完成抱水动作时，保持抬高肘部的姿势不动，将双臂尽力内转。保持手上的动作与身体前进的速度相协调，保持身体肌肉成良好状态，便于划水动作的展开。拉水动作进入到与肩部垂直的平面以后,开始推水阶段。保持肘部弯曲成100°角,肩部向后,大臂内旋,拉动小臂运动,向后划水。向后划水是一个复杂的动作过程,加速从弯曲手臂到伸展手臂的动作,保持手掌自内而上、自下而上的划动方式。在一个周期的划水过程中,手的运动路线呈S形,从肩部前端开始运动,经过腹部,终点止于大腿两侧。

出水。在完成入水、抱水、划水等动作之后,自由泳进入到了出水阶段。保持小指向上,掌心向大腿旋转,放松双臂,肘部稍微弯曲。肘部从身体的外上方开始,将小臂和双手带出水面。出水动作既要保证速度和连贯性,也要保持相对的放松和稳定。

空中移臂。保持双手低于肘部的姿势,及时不间断地进行空中移臂动作。空中移臂动作要在出水动作完成后立即进行,否则会影响自由泳的前进速度。

4. 配合技术

自由泳者在运动过程中,要坚持双臂完成一次划水动作的同时,人体也要完成一次呼吸。以左侧吸气为例,左手入水之后,嘴鼻慢慢呼气。划水时,当左臂置于肩下的位置,用力呼吸。左臂出水时,张大嘴巴,呼吸。在左臂进行下一个周期的入水动作之前,要进行短暂的闭气。直到左臂再一次入水,游泳者开始新一轮的呼吸运动。

自由泳技术与蛙泳不同,它中途没有间歇,对游泳者素质的要求很高。初学者可能会因为跟不上动作节奏而灰心紧张,但只要用心勤于练习,掌握好动作之间的配合,学好自由泳并不是一件难事。

蝶泳的训练

蝶泳的特点

蝶泳对于学习者身体素质的要求很高,在熟练掌握蝶泳技术之前,学习者必须掌握其他三种游泳姿势。蝶泳要求学习者有极强的身体协调能力，两臂、两腿协调发力。很多学习者因为无法掌握动作、身体之间的协调，长时间无法学会蝶泳。蝶泳与自由泳有着相似的 S 形划水线路。

蝶泳对学习者素质的要求主要集中在以下几个方面：

·身体的柔韧度。足够的身体柔韧度，可以使空中移臂动作进行得更加顺利和省力。

·腰腹部的力量。腰腹部的爆发力，可以加快游泳者的前进速度，赢得先机。

·身体机能。蝶泳是一项极为消耗体力的运动，如果蝶泳者身体机能不是很好，很难完成蝶泳的训练。

·四肢间的协调力。蝶泳动作复杂，形式多样，要求蝶泳者双臂、双腿在发力时有着极好的配合能力。一旦四肢之间协调不好，就不能很好地完成蝶泳动作。

动作要领与练习方法

1. 动作要领

进行蝶泳运动时，双腿并拢伸直，脚尖稍稍内转。以腰部带动臀部、大腿、小腿以及脚步共同发力，上下打水。向下打水时，伸展膝部，提高臀部，脚背向后下方用力蹬水。向上打水时，挺起腹腔，伸直双腿，脚部上下打水的幅度应控制在 40~50 厘米之间。

蝶泳技术要求肩、手、臂、脚等身体多个部位协调运动。

双手的入水点分别在双肩的延长线之上，从大拇指、小臂到大臂，按照顺序依次插进水中。手臂入水后，将肩部和肘部用力向前伸，双手以曲线轨迹向外侧、后面和下面三个方向用力抓水。然后双手分开，与肩同宽，弯曲肘部，加速划水的速度。

2. 练习方法

站立模仿。模仿蝶泳运动中四肢和腿部的动作，保持双腿并拢、双臂合并后伸直向上举起的姿势。站立模仿练习分解为两个主要步骤：其一，挺起髋部；其二，弯曲髋部和膝部。熟练掌握了分解动作之后，再将两个动作串联起来，进行多次连贯练习。重点和难点在于体会蝶泳腰部和腿部的发力方式和动作顺序。

单脚站立模仿。单脚站立模仿，就是保持一只脚站在水池边或台阶上，而另一只脚配合躯干的模拟方式。单脚站立模仿，模仿练习的是躯干和腿部动作的配合。在练习过程中，要重点学习以腰部带动大腿、小腿进行发力，鞭打水面的动作。

鱼跃潜水练习。选择一处浅水区域，双腿并拢而立，高举双臂，半蹲，然后身体向前方跳跃。在上身跃出水面时，压低头部，收腹提臀，屈体发力。等身体再次潜入水中之后，放松身体，以反弓形姿势滑出水面，然后站立。如此反复多次，就能很好地掌握潜水技术。

滑行打腿。在蹬住池壁或池底进行滑行以后，在水下频繁练习上下打水的动作。对于初学者而言，为降低难度，可以先练习屈腿打水，对于初学者的这种练习方法，要求较低。直到动作熟练之后，学习者再进行以腰部带动腿部发力的打水动作。

仰泳的训练

仰泳的基本特征

仰泳是指人体仰卧在水中进行游泳的一种游泳姿势。仰泳的历史很悠久，早在18世纪末，就有关于仰泳技术的记录。现代的仰泳技术在20世纪20年代初成熟。

仰泳时，身体躺在水面之上，头部一直处于水面上方，既利于呼吸又节省体力，因而仰泳比较适合弱体能人群和中老年人。

仰泳的动作要领

仰泳的动作操作起来并不复杂，主要包括身体姿势、腰部姿势、身体转动动作以及仰泳配合技术等四个方面。

1. 仰泳身体姿势

仰泳要求游泳者全身自然伸展，成放松状态，仰卧于水面。头部和肩部位置略高于身体其他部位。腿部、腰部要保持在同一平面上，置于水底。身体的纵轴应与水平面构成 10° 左右的角。

头部在仰泳中起着重要的控制作用，它协调着游泳者身体的左右摇动。游泳者身体的相对位置是不断变动的，但是头部一定要足够稳定，不可晃动。值得注意的一点是，保持头部处于稳定状态的同时，放松颈部肌肉。颈部肌肉如果过于紧张，会引发抽筋等病症。坚持正确的仰卧姿势，同时双眼盯紧腿部的上方。

2. 腰部姿势

在前进过程中，保持腰部的肌肉处于适度的松紧状态，不要过于松弛，也不要过于紧张，以保证身体不至于过分僵硬，同时弯曲髋部可成坐卧姿势。提肋，但不能含胸。将肩部、胸部和腹部同时露出水面，让身体与水平线的迎角变大，进而提升游进速度。

3. 身体转动动作

正确的仰泳姿势是，保持身体纵轴跟随双臂不断划水的动作而自然移动，移动的角度并不是固定不变的，角度因人而异，以舒适为前提。一般而言，肩关节较为灵活的游泳者身体纵轴移动的角度很大，肩关节不太灵活的人则移动角度小。但是，身体转动的角度要在一定的范围之内，角度过大，极易引起游泳者的疲劳感，同时也会降低游进的速度。

身体的不断转动，有如下两个好处：

第一，不仅有助于双臂在划水过程中处于舒适、放松的状态，而且能够增强划水的力度。

第二，维持双臂划水时有足够的深度，同时利于手臂出水动作向前移臂动作的进行。

4. 仰泳配合技术

双臂配合技术。仰泳时，一只手臂完成划水动作时，另一只手臂进入水中并开始划水动作；当一只手臂在完成一半划水动作时，另一只手臂则完成了一半的空中移臂动作。一个完整的臂部动作包括五个阶段：入水、抱水、划推水、出水、空中移臂。在臂部的这些运动中，两只手臂总是处于不相同的位置，要特别注意两者之间在时间上和空间上的配合。

臂部运动与呼吸的配合。较之其他三类泳姿，仰泳对呼吸技术的要求并不高，因而臂部运动与呼吸之间的配合也相对简单。通常，仰泳者会采用两次划水一次呼吸的配合方式。主要过程如下：当一只手臂在空中移动时，游泳者开始第一次吸气，进行时间不长的闭气，直到另外一只手臂移动时呼气。这样，两次划水一次呼吸的模式就完成了。仰泳时，游泳者头部置于水面上，呼吸并不困难，但是即便如此，也不能没有节奏地随便呼吸，因为呼吸运动的凌乱会影响前进速度。

臂部与腿部的配合技术。臂部与腿部的配合技术，是影响整个身体的运动是否平衡协调的重要因素。当手臂进行划水动作时，尽量避免身体随着腿部上下打水的动作而随意转动。

游泳训练注意事项

在游泳训练前，要给自己制订严格、有效的训练计划，并配备相应的营养补给。训练前每周应至少游6000米。游泳训练通常持续30周，前半段训练游泳技能，后半段锻炼耐力。当然，具体计划强度视自身游泳目的而定。要熟悉训练路线，事先勘查路线周围的环境，注意水质是否良好。做到对所有可能的危险（暗礁、险滩等）心中有数，还要检查路线途中的浮标是否摆放到位。下水前要做好热身准备，运动通常持续10～15分钟。训练前热身帮助我们活动关节，放松肌肉，适应水温，对防止游泳时的抽筋尤为重要。准备两副感觉舒适的泳镜，其中一副备用。戴上颜色醒目的泳帽。

饭前、饭后、酒后都不能游泳。饭前游泳可能会导致在游泳的过程中出现头晕等症状。饭后立刻游泳可能会导致胃痉挛产生呕吐、腹痛的现象。酒后游泳可能导致低血糖，并阻碍肝脏器官的正常运作。剧烈运动过后也不宜立刻游泳。它会使身体体温转变过大，抵抗力下降并患上感冒等，心脏的负荷也会更重。

女性在经期不宜游泳，因为泳池的细菌和微生物很容易进入体内引发感染，导致妇科病。

另外，有各种疾病比如皮肤病、心脏病、高血压、癫痫的人也不适合游泳。

尽量练习直线游泳，避免做扭动脖子或转身的动作。采用双面呼吸，避开向你袭来的海浪。

游泳超过一个小时，需要及时补充营养。

如果在户外切记不要游太长的时间，尤其不要曝晒。如果游得太久，体内热量慢慢散失，感觉到寒冷，这时要立即出水。长时间曝晒在太阳下会引起皮肤灼伤，也会产生晒斑。要及时出水，用毛巾盖住身体，到阴凉地休息。一般游泳时长在 1～2 小时。

如果夏季在户外进行游泳训练，水分流失比较严重，虽然身体泡在水中，但一定不要忘记补水。推荐的办法是将饮品放置在岸边，训练者游完一个来回便可补充一次水分，少量多次。最好的饮品类型是富含碳水化合物和电解质的运动饮料。如果在游泳结束后想知道应该补充多少水分，可对比游泳前后体重差异。头晕、恶心、口干、肌肉痉挛等都是缺水的征兆。

尽量和别人一起游泳，避免单独游泳。这样，万一发生危险可及时得到救助。自己游泳时，要选择有救生措施的地点，不要离开近海游泳。

可以自己安排训练时间和计划，但不要轻易更改训练强度。

游泳之后要注意身体清洁。擦干身体后，滴上几滴眼药水，清洁鼻孔，导出耳朵里的水。不要立即喝水，也不能马上吃东西，要先做一下运动或按摩，放松肌肉，避免肌肉疲劳和僵硬。半小时后方可喝一些含盐分的水或运动饮料。

在完成一次长距离的游泳训练后，接下来的 3 周内需做恢复性训练。

第四章
野外生存实用技巧

第一节　避身场所

最基本的避身所

避身所在紧急关头可以让我们幸免于难，得益于它们，我们可以不必遭受阳光暴晒，不用经受风吹雨淋，可以避免被昆虫袭击，甚至被敌人追踪。可以说，避身所在给我们带来安全感的同时，也帮我们坚定了求生的意志和信心。

在地球上的一些地方，找到合适的避身所甚至比找到赖以活命的食物更为重要。众所周知，一个生长于正常环境下的人若长时间处于极其寒冷的天气条件下，他就很容易疲劳和虚弱，进而可能产生消极的态度，对前景失望，对生命悲观，乃至逐渐丧失了求生的意志。

最理想的情况就是找到一个天然的避身所，并根据我们的需要对其进行适当的改造。若没有天然的避身所，那么自己动手建造的时候也切勿将其建得太大，过大的避身所非但会造成资源的浪费，更不利于我们在寒冷的天气里确保身体的温暖。

有一点需要注意，军服是我们最为常见的最基本的避身所了。不管我们是在炎热的沙漠还是在寒冷的雪山，不管是热带还是极地，军服都始终陪伴着我们。正因为如此，我们一定要正确穿戴军服，以备不时之需。

避身所地点的选择

当我们身处困境，急需找到一个避身所的时候，我们要首先明确自己到底需要一个什么样的地点。通常情况下，避身所需要具备以下两个条件：

· 我们手边有现成的建造避身所的材料。

- 这个地点一定足够宽敞、平坦，以确保我们能平躺下来。

在这两个基本条件具备以后，我们还要考虑到与之相关的更多因素：

- 是否足够隐蔽，能躲过敌人的搜索。
- 是否有伪装起来的脱险路线。
- 是否能够向外界发出信号。
- 周围是否有对人体有害的爬虫、毒草等？
- 周围是否有可能来袭的猛兽、可能滚落的石块或可能掉落的树干等？
- 如果靠近水域，是否避开了最高水位线以下的区域？
- 如果在山区，是否避开了山石崩塌的区域？
- 如果在山脚，是否避开了山洪暴发的区域？

简而言之，在选择避身所地点时，请记住"BLISS"（福佑）这个单词和以下原则：

B（Blend）——与周围的环境相融合。

L（Low）——避身所阴影应该低一些。

I（Irregular）——形状不规则。

S（Small）——小。

S（Secluded）——所选地点隐蔽。

避身所类型

在寻找避身地点时，避身所的类型也是你不得不用心考虑的，同时你还需要考虑以下问题：

- 建造一个避身所要耗费多少时间和精力？
- 你手边有现成的或可以临时制作的建造避身所的工具吗？
- 有建造的必备材料吗？
- 避身所能保护你免受大风、寒霜、暴雨、强电、强光等的侵袭吗？
- 要回答这些问题，你必须知道不同类型的避身所建造时需要的材料。

雨披单坡避身所

建造这类避身所耗时较短，你需要具备的材料也很少，仅需雨披1件，2～3米长的绳子一条，30厘米左右长的木桩3支，相距2～3米的树木2棵（2根结实的杆子亦可）。接下来就是实际操作的步骤了：

- 首先检查风向，避免避身所正面迎风。
- 将雨披的帽子打结，把帽子上的拉绳拉紧，使帽子纵向卷起，折叠三下，用拉绳系紧。
- 从中间剪断拉绳，把两个半截长的绳子分别绑在雨披较长一边两侧的边角扣眼上。
- 在两段绳子距离扣眼2.5厘米处分别系上一根滴水棒，以阻止雨水顺绳子流入避身所。
- 把绳子绑在树上（或杆子上），与腰齐平，绑绳子时可先拿绳子绕树一圈，再打两个半结（半结轻轻一拉就可解开）。
- 迎风打开雨披，用三个削尖了的木桩穿过扣眼插入土地，把雨披牢固定在地面上。
- 如果这个避身所使用超过一个晚上，可以找一根较长的绳子做一个中部的支撑。可将绳子的一端绑在雨披帽子上，另一端绑到树枝上，确保绳子能够紧绷。或者也可以把一根棍子竖在雨披正下方以作支撑。
- 放一些灌木或其他较大件的装备在雨披外面以遮风挡雨。
- 为了减少热量的流失，可铺一些树叶、针叶等隔热材料在地面。

注意：若直接接触地面，人体80%的热量会被地表吸收。

- 若避身所需要避开敌人的视线，可适当作些调整。先把绑在树上的支撑线高度下调，与膝齐高，把两根齐膝短棍穿过雨披两侧的中间扣眼；然后，把雨披斜着展开，用尖头木桩固定于地面。

雨披帐篷

这种帐篷不是很高，两侧都得到了保护。比起单坡避身所，它可使用的范围较小、视线较受限制。搭建这样一个避身所，需要的材料是：雨披1件，1.5~2.5米长的绳子2根，30厘米长的削尖了一端的棍子6根，相距2~3米的树2棵。具体操作步骤是：

· 绑紧雨披的帽子，做法和做单坡避身所一样。在雨披两个中间扣眼里分别绑上一根1.5~2.5米长的绳子。

· 把两根绳子的另外一端绑在2~3米之外的树上，高度与膝盖齐平，确保雨披绷紧。

· 拉紧雨披一侧，用3根尖头棍子穿过扣眼插入地面，将雨披牢牢固定下来，另一侧方法相同。

· 如果雨披篷需要一个中部支撑，方法同单坡避身所。除此之外，还可以参考A字形支架做法，在帐篷外搭建支架。找2根0.9~1.2米长的棍子，其中一根棍子的一端需有较大分叉，这样它们就可以做成一个A字形支架了。再把雨披帽子上的拉线绑在A字形支架上。

三杆圆锥形降落伞帐篷

这种帐篷容易做，耗时也不多，而且它足够大，能同时容下好几个人，人们甚至还可以在里面煮饭、贮存木柴等。制作这样的帐篷需要的材料是：主降落伞或后备伞盖（部分或整张）。若你用的是标准的人员降落伞，那你还另外需要3根3.5~4.5米长的杆子，杆子的直径约为5厘米。具体操作步骤是：

· 把3根杆子放在地上，把它们的一端绑在一起。

· 竖起杆子，摆成一个三脚架，若认为3根杆子的力度不够，可以多找几根杆子。

· 确定风向，使得帐篷的入口与风向呈90°角或更大。

·将拉环置于帐篷顶部。

·把拉环放在一根没有绑起来的杆子顶端,拿它靠近被绑在一起的3根杆子组成的支架上,让帐篷的顶端和3根杆子交汇点在同一高度上。

·顺着三脚架的一侧慢慢把帐篷包严。当你把整个降落伞都包上后,帐篷应该是双层的。因此,你只要包住三脚架的一半就可以了,其余部分自动就包住了另外一半。

·拿帐篷折起来的边缘裹住2根没有绑起来的杆子,排起2根杆子,做成封闭帐篷的入口。

·将降落伞底下其他部分放到帐篷里面做保暖的地板。

·若你还想在帐篷内生火,你一定要记住在顶部留出一个30~50厘米长的开口,以便通风换气。

单柱降落伞帐篷

搭建这样一个帐篷,你需要的材料是:14片三角形的布、一个较粗的中部支杆、几个削尖了头的小木桩、一根针。具体操作步骤是:

·剪下降落伞伞绳,留下40~50厘米长的绳子备用。

·选择一个好位置,在地面上画一个直径为4米的圆,放上剪下来的伞布。

·确定帐篷的开口处,定一个小木桩,把第一根绳子固定住。

·重复上面的做法,把左右的绳都固定好。

·用剪好的绳子把三角布的顶端松散地绑在中部支杆上,找到支杆立起来后三角布顶端应该扎牢的位置,然后把三角布的顶端扎牢,固定在支杆上。

·用针和绳子把三角布的两边缝起来,在出口处留出1~1.2米的口子。

无支柱降落伞帐篷

若缺少中部支杆,你还可以用同样的材料搭建一个无支柱降落伞帐篷。方法大致和单柱降落伞帐篷相同，只是有几处地方应该注意：

- 将剪下来的伞绳绑到三角布顶端。
- 把绳子系到一个大树干上。
- 在和门相对的一面，画一个直径 4 米左右的圆，打一个小木桩，把三角布底端绳子绑到小木桩上。
- 重复上面的做法，把左右的绳都固定好。
- 解开绑在大树干上的绳子，拉紧帐篷后再把绳子系到树干上。

单人避身所

做一个单人避身所相对简单一些，你只需具备 1 棵树、1 个降落伞和 3 根杆子。其中，一个杆子长 4.5 米左右，另外 2 根长 3 米左右。

- 把较长那根杆子的一端绑在一棵树上，高度与腰齐平。

▲ 单人避身所

- 把 2 根较短的杆子平行摆放在长杆子两侧的地上。
- 把折叠后的伞盖搭在杆子上，确保两侧垂下来的部分长度一样。
- 把伞盖多出来的部分披到短杆子下面，把避身所里面的降落伞铺平。

野外应急单坡避身所

野外应急单坡避身所需要的工具较少，可是搭建它需要的时间较长。你要找到距离 2 米左右的两棵树，再找一根长 2 米、直径约 2.5 厘米的杆子做横梁，5～8 个长 3 米、直径相同的杆子做桁梁，顺便准备捆绑用的绳子或结实的藤条和一些备用的短木棍、树枝等。具体操作步骤是：

· 把较短那根杆子绑在两棵树之间，高度在人的腰部到胸部之间。若找不到合适的树，可以用 Y 形棍子做两个人字形木架，以做横梁。

· 将一根 3 米长的杆子一端放在刚搭好的横梁上，捡一些小树苗、藤条等杂乱地放在桁梁上。

· 捡一些灌木、树叶、杂草等均匀地铺在避身所顶部。

· 捡一些树叶、杂草、针叶等铺在内部地上。

· 如果遇到寒冷天气，你还可以搭一个简易的围火墙让避身所变得温暖、舒适。把 4 根长 1.5 米左右的棍子插入地里，在棍子之间撒一些没有全干的新鲜木头，注意要在两排木头之间留出一个空间，以便你填一些土进去，这可以使得围火墙更加坚固，同时也可使其反射热的能力更强。最后把 4 根棍子的顶端绑起来，使得新鲜木头和土被牢牢固定住。

湿地床铺

当你被困在湿地、沼泽，或是其他潮湿的地方时，搭一个湿地床铺是必要的。当然，在搭建之前，你要充分考虑到天气、风向、潮汐和要使用的材料。具体的搭建步骤如下：

· 找到 4 棵呈矩形排列的树，找不到的话可以砍 4 根结实的、能承受你体重的杆子，把它们打入地里。4 棵树（或 4 根杆子）之间的距离应确保你能平躺下来。

· 砍 2 根长度上能够横跨矩形架子的杆子，把它们绑在树上（或杆子上），确保底下的空间流水或者上涨的潮汐可以穿过。

· 再砍一些杆子，把它们横架在之前的两根杆子上，在节点处把它们绑起来。

· 找一些树叶、杂草等均匀地铺在架子上，形成一个较为松软的床。

天然避身所

大自然馈赠给我们很多天然的避身所,例如灌木丛、小型的凹陷处、洞穴、岩石裂缝、山脚巨石、枝桠较矮的大树、枝叶浓密的倒下的大树等。在有效利用这些避身所的时候,有些问题是你不能忽视的:

· 一定要避开地势较低的区域,如深沟、山谷、河床等,因为这些地方晚上会有寒风来袭,且容易滋生虫子。

· 一定要查看附近是否有毒蛇、蝎子、毒虫、食人蚁等对人体有害的小动物。

· 查看附近是否有松动的石头、可能滚落的石块或可能掉落的树干等。

残枝小屋

假如你仅仅是为了取暖和方便,那么搭建一个残枝小屋是最合适不过的了。具体的操作步骤是:

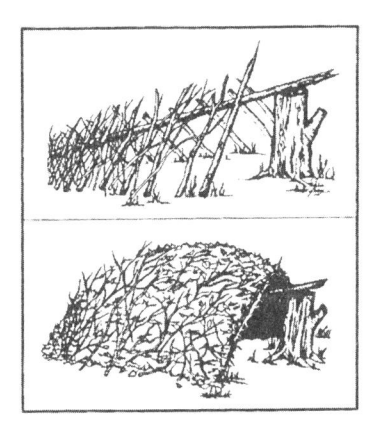

▲ 残枝小屋

· 找2根短粗木棍和1根长杆做成三脚架。

· 在长杆的两侧支撑上一些大树枝,呈现出楔形。但一定要确定楔形下的空间能容下你的身体。

· 多找一些较小的树枝、树叶、杂草等交叠着放到架子上。

· 铺一些较轻、较干的残枝、树叶到最上层,使得这层隔热材料的厚度达到1米左右。

· 在避身所内部铺上一层厚30厘米左右的隔热材料。

· 在入口处堆放一些隔热材料,作为一扇门。

- 在残枝、树叶层上面放一些外表较光滑的小石头，避免大风将隔热材料卷走。

雪地树坑避身所

若你身处天寒地冻的地方，同时那里有常绿植物，你又恰好有一把用于挖掘的工具，你就可以动手搭建这样一个避身所了。搭建的步骤是：
- 找到一棵枝叶较密的树，确保枝叶多得能盖住头顶。
- 挖走大树周围的积雪，把雪坑边缘和四周临近的积雪压实，使其能够支撑住你的身体。
- 找一些较直的树枝盖在雪坑顶部，避免头部受冻。
- 在坑底铺上一层树枝用来隔热。

水滨避身所

这类避身所主要是让你避免忍受日晒、风吹之苦，它主要是借助天然的材料来搭建，具体的步骤是：
- 找一些浮木或其他可以用作梁的天然材料。
- 选一个合适的位置搭架子，床铺的高度一定要高于最高水位线。
- 挖一条朝北的小沟，减少强光的照射，沟的长度和宽度要根据你自己的身型来定。
- 在沟的三边都堆些土，土越高你的活动空间就越大。
- 把支撑的浮木（或其他做梁的材料）横跨土沟放在土堆上，形成屋顶的框架。
- 在入口处挖出更多泥沙。
- 用柔软的树叶、杂草等在内部铺一层床。

沙漠避身所

当你身处干旱燥热的沙漠时，你就选择沙丘、岩石等当自己天然的避身所。

在你借助岩石避身的时候，你可以这么做：

· 把雨披、帆布、降落伞等的一端定在岩石的一侧。

· 展开雨披，使它尽可能多地遮挡阳光，另一端也尽量用重物固定好。

在你借助沙丘避身的时候，你可以这么做：

· 堆一个沙堆，也可把沙丘的另一侧当作避身所的一边。

· 把雨披、帆布、降落伞的一端固定在沙丘上，借助一些重物将其牢牢固定住。

· 把雨披展开，另一端也用重物固定好。

如果你的材料足够大，不妨对折一下，让两层之间有一个35～45厘米的空间，这有利于降低避身所里面的温度。

地下的避身所

与其他类型避身所相比，这种避身所搭建起来很不容易，不仅要花时间，还要耗费更多的体力，并且你要在中午气温上升之前就着手搭建。参考的步骤如下：

· 在岩石之间或沙丘之间找一块地势较低的地方，若有挖掘工具，也可以挖一条45～60厘米深的沟，长度与宽度视自己的体形而定。

· 把挖出来的沙子堆放在沟的三面。

· 在沟开放的一面多挖出些沙子，作为入口。

· 用雨披、降落伞等盖在沟的上面。

· 把石头或其他重物压在雨披或降落伞边缘，加强固定。

· 假如你还有其他材料可以使用，你可以在覆盖材料中加上一层材料，这层材料有助于降低避身所里面的温度。

在沙漠里搭建避身所的方法大同小异，关键是要选择开阔的地方，让四周的空气能够对流。建议你至少用两层降落伞材料，外面一层最好选择白色，以更好地反射热量，里面一层最好选择深色，以便更好地吸收热量。

帐篷的种类

在野外生存时，帐篷是必不可少的物品。不同的帐篷有不同的功能，一定要选取适合自己的帐篷。帐篷按照款式、大小、材质、颜色的不同有很多的种类。帐篷还可分为四季帐篷、三季帐篷，又可分为高山帐篷、旅游帐篷，还有单层、双层之分。

在燥热气候条件下，应该选择内部空间大的帐篷，以利于空气流通，降低室温。

四季帐篷可以在寒冷的冬季里使用，一般是双层帐。三季帐篷除了冬季，其他季节都能使用。高山帐篷一般会比较矮小，但是抗风雪的能力很强。因为高山上只下雪不下雨，所以高山帐篷防雨效果不是很好。旅游帐篷高大舒适，但是抗风效果不佳。

单层帐篷一般简单轻便，但是防雨能力差。而且如果在寒冷的天气下使用，帐篷里层会因为内外气温差异，很容易就结露、结霜，打湿睡袋和衣服。不过顶级单层高山帐篷的防风和透气性都很不错，只是价格十分昂贵。双层帐篷的内帐壁薄而透气，外帐可以防水，罩在内帐上面。还可以在内帐入口外支起一个小门厅，放背包或者是做饭。因为帐篷不耐火，所以做饭一般应该在外面，不过也存在天太冷在帐篷外不方便的时候。

下面介绍一下几种不同种类的帐篷。

小型帐篷

顾名思义，小型帐篷是供少数人使用的帐篷，构造简单、重量轻、搬运起来也方便。这种帐篷大致的结构就是竖立一根支柱，布幕的四角用钉子固定住。小型帐篷有两种类型，一种是角锥型或金字塔型，这种小型帐篷将一根支柱树立于中央，用角绳和钉子把正四方形的布幕固定住。因为只有一根支柱，帐篷主体的重量又轻，所以搬运非常便利，适于2～3人使用。另一种是简略式帐篷，这种小型帐篷的内部大约有10平方米，适于两人使用，也可以用汽车搬运。

这种坚固的小型帐篷适合在空旷的地域和较冷的气候环境下使用，因为其内部较小的空间有利于热量的保存。

因为小型帐篷的构造简单，为了防风避雨，布幕应该绑牢一点。除此之外，要使用这种帐篷，就要对露营的知识有相当程度的了解，还要多加注意露营地的气候和地形。搭盖帐篷时，钉入钉子需要相当多的技巧。如果你是初学者，事前要多练习几次，防止因钉的时候力度轻而钉不牢固。

"A"字形帐篷

"A"字形帐篷的搭建方法是在正方形或长方形的地上竖立两根支柱，这样，支柱与支柱间就形成了屋顶之栋，然后用较粗的主绳将二根支柱固定下来，再铺上一层幔幕，将布幕的四个角落固定在地面上。因为"A"字形帐篷内部无支柱，所以是最容易使用的帐篷。

因为由正面看其出入口，犹如英文字母中的A，所以叫"A"字形帐篷，同时又被称为三角形或屋顶形帐篷。因为"A"字形帐篷搭盖的方法比较简单，搬运也方便，一向是使用量最大的帐篷。露营地天气好的时候，可以将屋顶打开，使阳光进入，用以代替阳台，再将四方的钉子固定好，就完成了独特的帐篷。

墙壁形帐篷

墙壁形帐篷,又称有壁帐篷或家居形帐篷,与"A"字形帐篷十分类似,但屋顶两侧底边有墙壁与地面垂直。墙壁形帐篷用主绳、腰绳固定,防风雨的效果极佳。

墙壁形帐篷的搭建方法是用主绳把支柱固定住,在搭上幕布时,又要用到相当多的角绳、腰绳。因此,一定要学会搭设方法。搭建墙壁形帐篷的方法是进行野外生存训练必不可少的一课。墙壁形帐篷在现在野营夜宿中被广泛使用。

由于墙壁形帐篷内部没有支柱,但是在屋顶的底边又有墙壁,因此会让天花板部分稍高,这样就有了较为开阔的视觉空间,这种帐篷极其适合居住。

墙壁形帐篷的主体重量,6人使用的话大概在10千克左右,10个人使用的话在15千克左右,因为不是很重,所以搬运起来容易。

弹头形帐篷

弹头形帐篷是用又轻又坚固的合成树脂做成支柱,把支柱弯成抛物线形状做成宽架,再套上尼龙制幕布的帐篷。因为这种帐篷组合后的形状为半球形,所以被称为弹头形帐篷。弹头形帐篷颜色多种多样,而且帐篷本身重量非常轻,搬运也很方便。

市场上销售的弹头形帐篷,以绿色和白色的搭配作为基本色调,并且配以蓝色和黄色,设计得非常好看。

近来,双人用的弹头形帐篷,其面积达2.6平方米,但全部重量只有6.5千克左右,相当适合小家庭的亲睦露营使用。

小屋形帐篷

小屋形帐篷和弹头形帐篷相似,在质材上十分考究,设计也极具现代风格,是一种轻巧而坚固的帐篷,并且有很好的防火、防虫效果。为了避免成人在帐篷里头撞头,这种帐篷还特地把栋梁加高,地面面积也设计得特别宽,不过价格相当昂贵。

小屋形帐篷改良了"A"字形帐篷、墙壁形帐篷，创造了一个宽大的居住性空间，从而消除帐篷内部的压迫感。

在构造上，小屋形帐篷的外形与独栋形别墅相像，因此也被称为家居五角形帐篷，非常适合家庭露营和朋友聚会。帐篷内部分成两大

这种屋式帐篷是作为大本营的理想类型。当然其体积和重量都比较大，需要用车来装载。

部分，如果是3~4人使用的话，大概有5~6平方米大的寝室，其余的则是起居室，如果5~6人使用，寝室部分会超过9平方米。最新的样式还会在帐篷外部用2根支柱搭成挡雨棚。

在选择小屋形帐篷时，必须要注意起居室和挡雨棚的设计。

活动用帐篷

活动用帐篷在大型野外活动中是不可或缺的角色。它在露营中有很多用途，可以当成营地的总部使用，也可以是会议、聚会使用的场所，如果用布幕将侧面围起，还能作为物品收藏室。

在构造上，活动用帐篷除了4根支柱外，其余栋梁都是用钢管制成的，幕布撑起作为屋顶。因为是由铁骨组合的，所以非常坚固。

活动用帐篷有三种，第一种只有屋顶部分覆幕布；第二种是三面围起，只余一面空间；第二种则是四面均以布幕围起。四面均以布幕围起的样式，还可以当作急救的救护站或伤者的暂时收容所，十分方便。

帐篷各部分的名称

为了方便携带，我们所用的帐篷都是以组装零件的方式来应用的。在懂得如何正确搭帐篷之前，我们就需要对帐篷的各部分

零件都有所了解，并记住它们的名字。

帐篷的主体分为三部分——布幕、支柱和垫子，其他的属于帐篷的配件。下面一一介绍这些部分。

布幕

帐篷的布幕分成很多小部分：

屋顶上的布幕，是帐篷倾斜面的构成部分。

墙壁上的布幕，是帐篷侧面的构成部分。但是有些简单的帐篷，缺少墙壁上的幕布。

挡雨棚，属于屋顶上布幕的其中一部分，其向前敞开，另外有支柱来支撑它。

门，帐篷的入口，门的一侧可以开一扇窗。

支柱

支柱又叫作柱子，可以用各种形式连接起来，用来支撑布幕。

边框，是小屋形或是弹头形帐篷的主体支柱，主要的材料是短小的棒状物。

栋，用来支撑屋顶上幕布的支柱。

垫子

垫子分为两种：地面垫和飞垫。

地面垫，铺在帐篷里地上的垫子。如果身处湿气比较重的野外环境，还可以再铺上一层草席或竹席，按实际情况来安排。

飞垫，是悬挂于帐篷内、屋顶上的，这么做的目的是遮挡猛烈的阳光。

其他配件

如果只有帐篷主体，而没有配件，也不足以支撑起一个帐篷。

主绳，又叫作柱绳，其一端与支撑帐篷的支柱相连，另一端固定在地面上，目的是用来稳住支柱。

角绳，在帐篷四周的布幕上，连接着角绳。同样，角绳的一端固定在地面上。

腰绳，在帐篷屋顶的布幕底端，连接着腰绳，另一端同样固定在地面上。

铁锤或木槌：在钉住上面所说的三种绳子时，需要用到钉子。这时就要用锤子来把钉子砸入到地里。在野外，若是没有锤子，可以制作一把，或是用石头代替。

帐篷袋，用来装布幕、支柱、垫子、还有各种配件的袋子。

适合搭帐篷的地方

露营的时候，需要找到适合搭帐篷用作休息的场所，那么如何为帐篷选择一个适合的地点呢？按照下面的建议，选择一个最佳帐篷场所。

第一，因为水是人生命的源泉，人依赖水而生存，所以帐篷的附近必须有水，这样做是为了更方便取水。但是，在靠近水的同时，还得考虑一个问题，就是水淹。

如果你不得不在树林中扎营，应选择地面上无腐烂的树枝树叶的地点作为营地。

如果是在江河附近扎营，可能会遇到水位突然上升的情况，淹到帐篷。如果是在小溪流附近，暴雨的突然来袭会导致水灾，危及人的生命安全。所以，在尽量靠近水源的前提下，也要注意安全第一，将帐篷搭在地势较高并且平坦坚硬的地面上。我们还可以在帐篷边线的正下方挖一条临时的排水沟。

第二，在野外，风力会比较大，所以一定要让帐篷的门口背风，帐篷的四个角还要用重物压住。这样做也可以保证安全。因为迎着风取火,火不容易点着,而且即使点着,火苗也容易被吹散,可能会吹到易燃物品上然后燃烧起来。睡觉前还要检查是否有残留的火苗。

第三,如果白天露营,营地还需要背阴。帐篷内部要保持通风,可以选择一个较大的障碍物来挡住直射的阳光,或者是选择一个只有早上会晒到太阳的地方。切忌选择阳光太强的地方,否则会非常闷热。

第四,在经常出现雷雨天气的地区露营,要注意防雷。高地势的地面、大树底下、空旷的地面,这些地方都是容易被雷电击中的地方,所以最好不要选择它们作为营地。

第五,建议选择靠近人类居住的地方,这样出现紧急状况的时候可以尽快找到求助的人。

第六,帐篷要远离有滚动大石块的山坡和悬崖,否则如果石块被风吹下,可能会发生意外。

住帐篷的注意事项

帐篷是在野外生存必备的装备,在使用帐篷时也有许多需要注意的地方。

帐篷的保养

帐篷有一个十分重要的特性就是防水,因此不要让帐篷长期处于潮湿状态。每次使用完后,要先将帐篷吹干,再折叠起来。如果帐篷被弄脏了,不要用洗洁精之类的化学物品来清洗,可以简单地用清水清洗一下,然后用抹布擦干就可以了。因为洗洁精之类的化学物品有腐蚀作用,会腐蚀掉帐篷外面的防水层,从而破坏帐篷的防水性。并且不要用刷子刷帐篷,这样也会破坏帐篷的防水性。

不要把帐篷放在不通风的地方,这样容易让帐篷发霉,一旦帐篷发霉,不但在你下次使用时会有一种难闻的气味,更重要的是霉会腐蚀帐篷表面的防水层，同样也会降低帐篷的防水效果。

每次使用完帐篷后，不要在同一个位置折叠帐篷，如果每次都使用同一个折痕，那么这个折痕部位就会很快被损坏。

帐篷的修补

由于在野外环境中一般都不可能有太大的空地给你搭建帐篷，所以帐篷比较容易损坏，为了保证帐篷的使用寿命，在你使用帐篷之前，要将帐篷一些容易脱线的部位缝牢实些。

帐篷使用久了肯定都会有些破洞。此时你需要将这些破洞缝补好，以保证其防水效果和保暖效果。如果是帐篷的顶部或者贴地部位有破洞，你就需要在将破洞补好的同时保证补好的部位不漏水。

此时你可以用到一种叫作缝线胶水的工具。首先你用牙刷之类的用具将缝线胶水刷到缝线上面，等到缝线上的胶水快干的时候，将缝线穿过针孔，再用手将破洞两边的布捏紧开始缝补。注意缝补的时候缝得越密越好。等缝好后，过一段时间确定胶水干了，再取一些水洒在缝补好的部位，如果没有漏水就表示漏洞缝好了，如果漏水的话就要重复在原来的位置继续缝补，直到完全不漏水为止。

怎样才能安全、卫生、舒适地使用帐篷

合理利用帐篷内有限的空间。火炉、大型绳索、锅炉等不贵重的工具应该放到帐篷的外面，这些东西如果堆积在帐篷内你将没有地方睡觉。装衣服的背包放到帐篷的门口，背包如果放到帐篷外面，容易被夜间的露弄湿，你也可以用背包当作睡觉用的枕头，这样一举两得。一些比较贵重的物品要放在贴身的位置，可以是枕头下也可以放在被子里。食物也要放到帐内，因为野外一般蚊虫比较多，食物如果放在外面很容易被其偷食。饮用水则可以根据你个人的习惯来放置，如果你是夜间需要饮水的人就把水

放到帐内,如果没有夜间饮水的习惯,就可以把水放到帐外,以让帐内空间充足点。还有要注意在自己的枕头底下放一把防身刀具以防万一,毕竟野外生存危险重重。

注意帐篷要通气。有时候生存环境的温度十分低,你要尽可能地让自己暖和些,但是一定要保持帐内通风,这样才能保证你睡觉时呼吸顺畅。帐篷原本都会有像纱窗之类的通风口,但是这样的通风口在寒冷的环境中会过大,你可以用你的衣服或者其他布料将这样的通风口堵住一部分,留一个拳头大小的口子保证帐内通气即可。当然,在温度比较高的环境中你就没有必要考虑这点了,这时候你只要注意防蚊就可以了。

保持帐内干燥。不要将鞋子带到帐内,一方面鞋子上沾有的泥土、沙石会将帐篷刺破,另一方面鞋底一般都比较湿,这样会让帐内潮湿,以致发霉。特别是在寒冷的生存环境中,下雪后鞋底会沾有大量的雪,这样更加容易把帐内弄湿。气温比较低的环境中,人呼出来的气体遇到帐篷后就会遇冷变成水,一个晚上下来如果没有什么处理措施,整个帐篷的内壁都会被弄湿,甚至会因为水太多往下流,弄湿帐内的其他物品。为了防止这种现象出现,你可以把毛巾、穿过的衣服之类的能够吸水的布料叠起来,贴着帐篷的内壁,以吸收夜间呼出的热气液化的水。早上起来,再将这些衣物拿出帐篷,把水弄出来循环利用。还有要注意搭建帐篷时贴近地面的一面的防潮措施,你可以用一些防潮垫或者雨衣之类的不漏水的布料铺在下面。

如果你是露天睡的,注意不要太靠近火堆,以免晚上睡觉的时候翻滚到火堆里或者火星溅在身上。

注意帐篷内防火。如果你有抽烟的习惯,一定不要在帐内抽烟,烟灰有火星存在安全隐患。在帐内使用蜡烛之类的照明工具时要小心，避免发生火灾。不要在帐篷里面生火煮食物，帐篷对火的抵抗力十分低，加上帐篷的空间比较小，里面又堆积了各种易燃物品，一旦不慎把火弄到其他物品上会造成不可估量的后果。并且在燃料燃烧时，会产生一氧化碳之类的有毒气体，在封闭的空间内，如果人大量吸入这种气体，会导致人中毒晕倒。

注意：每次搭建好帐篷后要记住将使用的工具和其他物品都收好，不要有任何遗漏。每次撤掉帐篷、转移营地的时候也要注意不要遗漏任何物品。

布置营地

营地的具体布置方法取决于营地的所在位置、天气状况、帐篷的大小以及个人喜好等因素。但是，出于野营者的人身安全考虑，有一些不变的黄金法则值得人们去遵循。

帐篷的位置

帐篷的搭建应该遵循背对盛行风向的原则。如

位于树木下的营地能够遮蔽阳光，但同时也会遭遇枯枝断权落下所带来的危险。

果有可能的话，可以利用树木或者灌木来作为一道天然的挡风屏障。如果该地区的气候比较炎热，那么帐篷还应该搭建在树荫的下面。但同时你也应该注意，树木上可能会有一些枯枝断权掉下。此外，睡觉和休息区域应远离煮食区和如厕区。如果该地区盛行某种风向的话，睡觉区还应处在煮饭区的风向的上游。

如厕区

如果你所在营地没有固定的厕所,那你就得在远离睡觉和煮食区的顺风处自行搭建一个临时的如厕区——利用天然的屏障或用帆布或防潮布围起一块区域。你可以用铲子或刀在地上挖一个小坑,作为大便的地方。排泄完毕后,用土将排泄物覆盖,并将厕纸烧掉。小便处则应设置在另外一个不同的地方。同样地,你也可以挖一条小沟,作为小便的地方。每次小便完之后,也用泥土将其覆盖。需要注意的是,每次方便完之后都要用泥土将其盖好,否则排泄大小便的地方很容易滋生微生物和细菌。

盥洗处

如果你需要设置一个洗衣服的区域,则该区域应远离睡觉和煮食区。晾衣服的绳子应安置在夜间人员走动较少的区域。

营火的位置

营火的位置应该距帐篷一定的距离,以免柴火燃烧时爆出的火星把帐篷烧出小洞。此外,生火的位置应位于帐篷的顺风处,并要远离树木和灌木丛。

食物准备区

准备食物的区域应距离睡觉的区域一定距离,以防夜间动物被食物引诱所发出的响动影响到你的休息。同时,也远离被食物的香气所吸引的苍蝇。如果可能的话,最好在煮饭地点的附近单独搭建一个用于存放食物的小帐篷。切记不要将食物放在睡觉的帐篷里面。

社交中心

在远离睡觉和煮食的地方,可以选择一个大家一起做事、聊天或进行其他活动的场所。这一区域也就是整个野营团队的社交中心。每一个在此区域活动的成员都有义务保持该区域的整洁。

建立大本营

对于一次时间较长或人数较多的探险活动来说，在艰险的地形上从事一些极具挑战性的活动肯定要涉及到众多的装备。为此，你们有必要建一个大本营作为半永久性的物资供应基地。从这个"大本营"出发，你就可以携带更少的行囊从事探险活动了，比如徒步穿越一片原野、登山或者考古考察等活动。一些探

一个大本营的搭建包含许多不同的细节。因此，在你搭建任何一项帐篷之前，都应该先做一个关于营地布置的详细规划。

险过程中用不着的物品都可以存放在大本营的营帐里面。大本营扮演着一个通信中心和物资供应中心的角色。大本营的扎营地点应该选在车辆可以到达的区域，并且该地的各方面条件应该都能够提供一个相对比较舒适的环境。

用作大本营的帐篷更大也更重，搭建这种营帐自然要比搭建普通的临时性帐篷复杂多了。此外，你还得搭建相对正规的煮食区、如厕区并指定处理垃圾的临时场所。

大本营中的日常事宜

为了便于处理大本营中的日常事务，你最好制订一套每个成员都能遵守的合理而又简单的规章。如果你们的团队人数较多，则最好将每日的用餐时间、开会或计划活动等事项张贴于帐篷的墙上。除了以上这些事项外，你们还可以规定晚上的熄灯时间和白天的休息时间，以便让那些想睡觉和休息的人有一个安静的环境。当然，这些规定要得到切实的执行才有意义。特别是当你们的营地离其他一个团队很近的时候，更要有比较规律的作息时间

和活动安排，以免打扰别人。

营地的安全

如果你们的团队人数众多，且不时会有成员离开或回到营地（有时在夜间），那么你应该制订一个方案，以使你能够清楚各个成员所处的位置及目前营地中有哪些成员等。这不仅仅是一种确保团队成员人身安全的措施（能够让你在任何时候都知道各个团队成员的所在方位），而且也能让你准确地准备所需的食物数量。

当所有或绝大多数的团队成员都准备离开大本营的时候，你最好雇佣一个当地人来帮你们照看营帐。

食物的准备

在营地的食物准备区，卫生是最重要的事。营地中准备食物的器具务必要保持干净，每天的垃圾都应及时处理掉，以免招来苍蝇及其他蚊虫。食物卫生如果不合格的话将很可能导致大家都生病，在一些热带地区尤其容易发生这类事件。

所有的餐具和厨具每天都要用热水烫洗。炉子上的水壶最好时刻都烧着，以备随时取用。

如果可能的话，最好搭一个简易的架子用来摆放餐具、厨具和所有的食物。这比直接放在地面上要卫生多了。而且在桌子上准备食物也要比蹲在地上轻松得多。所有新鲜的食物都要存放在密闭的容器或保鲜盒里面。

如果你打算将食物直接放在营火上烤，你得把柴火堆放得整齐一些。储水的容器应该时刻都装有水，并要分别标明饮用水和洗漱用水。

垃圾的填埋

对于一个需要长期驻扎的营地来说，不乱扔垃圾是一件很重要的事情。食物的残渣会招引某些动物和苍蝇。为了处理营地的垃圾，建议你在营地挖两个深约60厘米的坑：一个用于填埋固体垃圾，如压扁的罐头盒；另一个用于处理食物残渣和废水。

每次将固体垃圾扔进坑后，都要记得用泥土将其掩盖，以防招引虫蚁。在填埋垃圾的地方应该插上一定的标记，以免有人不小心踩到上面。在处理空罐头盒和包装袋的时候，能焚化的就焚化，不能焚化的则将其压扁以减小体积。

用于处理食物残渣的坑的表面应盖上一层蕨草，以过滤煮食物的废水中的残渣。这些过滤出来的残渣每天都应该用火焚烧掉。

第二节　生火技巧

火的基本原理

　　火能够满足人类多种生存所需，不但可以给人提供温暖，也可以用来保存食物和加工食物。在很多时候，火还可以用来净化水源、消毒、发出求救信号，甚至是消除野生动物的威胁。你还可以用火加工各种利于我们生存的工具和武器。所以说，在野外的求生环境下，使用火的技巧和能力甚至在一定程度上决定了你的生存命运。

　　当然使用火也存在些一些问题，比如暴露自己的行踪。敌人会根据火产生的光亮、烟雾和气味进行跟踪。在干燥的季节，火还会导致森林火灾或者烧毁重要的装备，甚至是烧伤自己。有些人在天冷或者封闭的场所用火，会导致一氧化碳中毒。

　　因此在使用火的过程中，要在你的实际所需和火的各种负面影响之间作出权衡。

　　首先要了解火的基本原理。众所周知，燃料（非气体状态）一般不会直接燃烧，当用火进行加热时，燃料首先产生气体，气体与周围空气中的氧气结合才能燃烧。这也就涉及了火的三要素，即空气、热量和燃料。只有这三要素完全具备才能产生火。这三者缺一不可，无论哪一元素缺失，火的稳固的三角结构就会塌陷，也就不会出现燃烧了。了解这一点对于野外生存人员正确使用火是非常重要的。

　　所以在生火的时候，必须要有良好的通风条件保证空气的存在，必须有足够的燃料储备，还应该有足够的热源。在生火时，高温集中到一点，空气与燃料密切接触产生反应。足够的氧气能够保证火苗旺盛，如果此时进行通风或者疏散空气，火势会更加迅猛，同时火苗会迅速燃烧燃料。如果在这种情况下抑制通风，火势会减弱。我们了解了这些，那么在生火过程中就不会出现浓烈的烟雾，也会节约燃料，保持火势。

生火地点选择

生火地点直接影响着火的三要素，生火之前一定要选择适合的生火地点，并作好充分的生火准备。一般来讲，需要考虑以下因素：

- 了解你所处地区的气候、天气特征和地形地貌。
- 可以用于生火的工具。
- 时间。你有多少时间？
- 必要性。你生火是必需的，还是仅仅是一种辅助？
- 安全。生火是否会影响你的安全？敌人是否能够根据火光和烟雾找到你！

确定好这些要素之后，要找到一个干燥、避风的区域，这个区域和你避身所的距离要恰当，太近或太远都不合适。这个区域要确保热量能够集中在生火点，有足够的干燥易燃的引火燃料。如果你是在茂盛的森林或者低矮的灌木丛，则要将生火地点及其周围的植被清除干净，只有这样才能防止森林火灾的发生。

如果条件和时间都允许，最好能够搭建一个火墙，用以帮助火产生的热量聚集到你需要的地方，还能避免火势乱窜，保证燃火安全。但是要注意，不要因火墙而影响了火的正常燃烧。火墙周围要保持良好的通风。

警告：潮湿或被水浸泡过的石头如果在火中长时间熏烤，会导致爆炸，所以生火时要远离这些石头。最好是有个地下火炉，它不但能够隐蔽火而且也有利于集中热量加工食物。建地下火炉或是达科他火洞的步骤是这样的：

- 先在地下挖一个洞，可以根据需要调节深度。

- 在洞的一面挖一条通道与生火的洞相连，用以通风。
- 生火。

如果你所住的地区有冰雪，你可以考虑用树木搭建一个生火的底座。要选择新鲜的树木，并排摆放于地面，堆积 1~2 层，叠加时要保证上下的木头稳固，不易倒塌，同时也更加方便实用。

生火材料

生火的材料有很多，主要分三种。

最常见的生火材料是火绒，这种干燥的材料燃点很低，甚至一个火星就足以使其燃烧。当然，火绒必须保证绝对的干燥。如果你的生火装置比较单一，那么最适合的火绒就是烧焦的布料。它能够使火星持续较长时间，你可以在这段时间内将火绒放到易燃的地方产生火苗。你把普通布料加热来制作烧焦的布料，直至布料变成黑色但又未燃烧，这时你迅速将其保存在密封的容器中保证干燥。在任何野外生存环境中，这种布料都是必需品。同时，你也可以准备一些酒精片或胶状石油纱布。

还有一种易燃材料是引火物，我们可以将它加入到已点燃的火中以加强火势。这种材料也必须干燥保存，以保证其在生火时快速燃烧。这种材料可以放入不太容易点燃的材料中以增回火势。

薪材是不太容易点燃的材料，但一旦点燃，可以稳定地燃烧。

我们平时所说的火种泛

小资料

劈柴小技巧

用砍刀劈柴的时候，要注意动作和方法，脚要站稳，这样手臂力量才容易发挥，也不容易因推动平衡而发生危险。

劈柴的时候，砍刀下去的方向以 45°斜劈比较好。这样可以防止刀刃被夹住，也可以防止树木晃动而发生缓冲。

将木柴劈成 50~100 厘米的长度为宜。

如果想用来生火，最好劈成稍小的树枝，如果想要增加火力，就准备一些大树枝。

指仅靠较少的热量就可以燃烧的材料。有的优质火种仅有一个火星就可以燃烧。桦树皮、干草、细木屑、鸟绒、蜡纸和衣服上露出的蓬松的棉花都是良好的火种，干燥的菌类植物可以磨成粉末做火种，烤焦的棉花、亚麻或者其他的植物纤维，昆虫钻木留下的细碎的粉末，干燥的细末状的鸟类排泄物或羽毛，甚至干燥的动物巢穴都是非常好的火种。不管是哪类火种，都要保证其干燥，远离潮湿的环境，在储存足够多的火种的基础上，最好是随身携带防水的器皿，将火种保存在里面。

引火物大多是木质材料，可以将已经燃烧的火势迅速蔓延，扩大燃烧面积。干燥的小树枝是引火物的最佳选择，一些干燥、松软的木柴也可以，有些含有松脂的木柴也容易燃烧。这些引火物都能够迅速燃烧起来，但是软木柴并不是上好选择，因其容易飞溅火花，而且燃烧迅速，很快就燃尽，需要的燃料量很大，消耗太多。

地面上的引火物并不是最好的，因为它们或多或少都会含有水分。我们可以从一些干枯的树枝上取材，如果有些材料表面潮湿，可以将其最外层剥去，只留下干燥的部分。生火时还会用到简易火杖，它将树皮轻轻刮起，这样在燃烧时就会更加充分，燃料也会随之迅速燃烧。一般的生火材料分为硬材和软材两种。

硬材：主要是质地较硬的木头，比如山核桃木、山毛榉、栎树，这种木质引燃比较慢，但是一旦燃烧会很充分，释放的热量也会相对较多，可以持续燃烧很长时间，甚至有的整宿不熄。

软材：主要是一些质地松软的木柴，比如雪松、桤木、铁杉、松树、栗树、柳树等，这种燃料燃烧时速度很快，火花较多，但火星较少，快速燃尽不易持续燃烧。

记住：燃烧带有水分的木柴，会产生较浓的烟雾，这种烟雾能够驱赶各类虫蚊飞蛾，并且燃烧持久，火种不容易熄灭。

易燃物和引火物

要想燃起营火，除了要有燃料，还必须有易燃物和引火物。

易燃物和引火物有各自不同的用途。易燃物是作为点火的物质来点燃引火物，再由引火物去点燃燃料。虽说可以跳过易燃物，而直接点燃引火物去生起营火，但是，这样一来，引火物的火焰通常会比较小。如果是在比较潮湿的环境下，柴火比较难被点燃。

易燃物

所谓易燃物，顾名思义，只要是容易被点燃的物质都可以作为易燃物。最好的易燃物是那种碰到一点火星就会燃烧的。如果你计划在途中生火，而又不确定天气是否会晴好，那么你最好提前准备一些易燃物，以免到时候四周环境潮湿而找不到干燥的易燃物。有了易燃物你便可以根据自己的需要随时燃起营火了。

户外用品商店也出售一些人造的易燃物（火绒），但是你在野外能够找到多种天然易燃物，因此根本不需要花钱去买。在行进途中，你可以注意一下沿途是否有合适的易燃物，如果有的话，可以收集起来以备以后用。如果天气干燥，可以直接将其装进塑料袋里。如果天气比较潮湿，则设法使其干燥后再行收藏。

引火物

引火物一般都是木柴。最适于作为引火物的木柴是细小的干树枝。软木材比硬木材燃烧得更快（特别是那些含有树脂的软木材），但是燃烧时会产生噼里啪啦的声音，而且燃烧速度也比较快。这就意味着你需要有较

干枯的碎树叶是一种理想的引火物。此外，松针和干草等也是不错的引火物。

干枯的松球果也可以作为引火物，因此如果发现地上有很多的话，可以收集一些。其缺点是燃烧时的火焰不是很大。

干燥的细树枝是一种理想的引火物。在使用之前，先将其掰成小段。

林地里的干树皮也可以用作引火物。但是不要从树上将树皮硬剥下来，否则会对树木造成损伤。

多的软木材，才能点燃一堆较大的营火。引火物应当是一种比易燃物更粗大的燃料，同时又比作为营火主要燃料的柴火细小。引火物必须是干燥的，否则会需要更长的时间来燃烧。如果打算收集一些引火物以备后用，则要尽量将其装在能够防水的袋子里面，以防受潮。如果找不到干燥的引火物，你可以将那些潮湿的引火物的外皮剥去，其里面的部分会比较干燥一些。

易燃物和引火物的使用

易燃物的点火工具：火柴、打火机、打火石或火镰。当易燃物开始燃烧的时候，立刻将其靠近引火物，然后用引火物所产生的更大的火焰去点燃上面的柴堆。

如何生火

对于野外生存而言，学会生火是十分必要的。野外的快速生火方法有很多，其中较为简易和方便的有如下三种形式：锥形、单坡形和交叉沟渠形。

锥形

顾名思义，就是将树枝、野草等生火材料架成锥形。从锥形内部点火，火堆燃烧起来，慢慢向外扩散。这种方式最大的好处是，保证充足的氧气，使燃烧更旺盛，即便是潮湿的树枝、野草也不会影响燃烧的效果。

单坡形

是通过斜插入地面一截没有完全干枯的树枝来生火的方式。让树枝与地面成30°左右的斜角，并且令树枝的一端迎着当时的风向，这样才能保证燃烧时有足够的氧气支撑燃烧。将树枝架好以后，就进入到了生火的关键步骤：取出足够数量的火绒，塞入树枝的下面，然后在树枝的两侧各放上一定的干燥树枝，用以引火。待到生火成功后，根据具体情况，添加干树枝。

交叉沟渠形

这是通过挖沟渠进行野外生火的一种方法。首先，选择一个地势较为平坦的区域，用小刀、木棍等挖出两条长约30厘米、深约8厘米的小沟，两条小沟成交叉状。其次，将火绒置于两条沟渠的交叉处，且保证火绒的数量足够。再次，在火绒上方使用干草、干树枝等材料堆砌成梯字形。交叉沟渠形，适合在风势较小时使用，下方两条沟渠，可以保证燃烧时空气的流通，从而维持火势。

以上三种生火方式是野外生存必须学会的生存技能之一。但是除了以上三种，根据周围的环境和情形其他的生火方式也是非常实用的，金字塔形就是一种在一定情况下非常必要的方式。

金字塔形

是将燃烧物堆砌成金字塔状的生火方式。首先，选择两根粗壮的木头或是干树枝，将其平放在地面上，两根木头或树枝之间要有一定的空隙，从而确保燃烧时空气的流通。其次，在这两根木头或树枝之上，铺上一层干木头或树枝，这一层的树枝或木头要与地面上的两根垂直。以此类推，铺4～5层。在这个过程中，除了注意将相邻两层材料垂直摆放外，还要注意自下而上，逐层递减材料的数量。最后，在最上面的一层点火。随着火势的逐渐增大，火苗会慢慢向下燃烧。由于金字塔形的摆放模式，火是向下燃烧的，绝大多数的热量都会传到地面上来，从而保证了地面的温度。

以上四种方便、实用的生火方式，有一个共同点，就是要随身携带充足的、质量好的火绒。火绒可谓是野外生火的必备武器，特别是当你身边没有火柴、打火机、火石等一切点火工具时，火绒的重要性不言而喻。

如何点火

点火前，要保证你已经完全准备好了火绒、引火材料、薪材等，并能保证材料可以维持火堆持续燃烧，然后从迎风的一面开始点火。点火的方法分为两类：现代方法和原始方法。

现代方法

脱离了刀耕火种的年代，现代方法主要得益于现代化的装备和设置，这些装备主要是用于点火的现代物品。

火柴。最好是用能够防水的火柴，保证火柴和擦片都是干燥可燃的。

凸透镜。这是在天气晴朗、阳光充足时可以使用的方法。凸透镜可以用望远镜、照相机或放大镜，将其调整好角度，使阳光聚集到火绒的一个点上。强烈的阳光会产生热量，直到火绒开始冒烟，你可以轻轻扇动火绒使其产生火苗，或者缓缓朝上面吹气，使之燃烧，待其产生火苗之后放到柴堆上。

金属火柴。金属火柴一般需要用刀反复刮刷，这时就会产生火星，所以你要把干燥的燃料放在火绒底下，露出一小部分，将金属火柴搭在燃料上，这时用刀刮金属火柴，产生的火星就会迸溅到火绒上，火绒被点燃之后按前面介绍的方法使其扩大燃烧面积，直至点燃全部燃料。

电池。电池也可以用来点火，但是不同的电池点火的方法也不同。比如车辆电池，你需要将其放在靠近火绒的地方，然后在正负极上各连一根金属线，使金属线两端裸露的部分相互接触产生火星，继而点燃火绒。

火药。在野外宿营时，弹药是必备品。你可以前后移动弹头，将其从弹壳中拔出来，用内部的火药当火绒，这样的火绒只要一个火星就能立刻燃烧。

注意：使用火药的过程中务必谨慎，火帽是非常灵敏的，而且火药威力巨大，稍有不慎就会造成严重的后果。

原始点火

原始点火法是人类的祖先在生产、生活条件不发达的情况下使用的方法，需要花费较长的时间，这就需要你有足够的耐心。

打火石和打火镰。原始方法最常采用的是直接产生火星的方法，大多数情况下是使用打火石和打火镰。你可以用一块碳钢（不锈钢很难产生火星）反复敲击打火石或其他坚硬的石头，这个过程十分漫长，待到火星溅到火绒上之后，缓缓吹气保持火星旺盛，直至燃成火苗。

火犁。火犁是利用摩擦作用来产生火苗。一般是在一块软木上凿出一个槽，然后用一个钝头的硬木棒在槽里用力划动，这种划动会产生很多碎屑。继续用力划动，最后因摩擦生热而使木屑燃烧。

原始点火法耗费时间长，需要耐力、体力和技巧才能成功。如果你只能采取原始点火法，那么需要记住以下几点：

- 尽量不使用带有香味的风干硬木做薪材。
- 在野外随时搜集各种火绒和火种。
- 可以在火绒上倒一点驱虫剂。
- 必须保证木柴和火绒干燥。
- 潮湿的木柴要烘干方可使用。
- 为了保证火种能持续一夜，尽量保留燃料的余烬。
- 如果有可能，尽量随身携带点着的火捻。
- 在用火结束或者离开营地前，必须彻底灭火。
- 尽量不使用地面上的木柴，虽然有的不潮湿，但是其摩擦力不强，用原始点火法较难点燃。

弓弦钻钻木取火法

弓弦钻钻木取火法是摩擦取火常用的方法。它与其他摩擦取火法的原理是一样的，但更易于操作。即使是在潮湿的环境下也能使用。

选择木料并进行加工

制作弓弦钻钻木取火装置需要几块木料：一根钻轴、一块钻板、一块垫板、一根手握的棍子，以及一段绳子。你需要刀子或者其他锋利的工具对这些原材料进行加工。

首先需要加工的就是钻轴。它的长度至少应该跟你

用中等硬度的木料，如榛树、雪松、白杨或者悬铃木，自己动手制作取火工具。

将手张开之后大拇指指尖与食指指尖的距离相当。钻轴的顶端应该削得尖一些，底端应该平一些。钻轴应该是圆而且光滑的，其两端应该尖而平滑。

与钻轴材质一样的钻板应该厚度均匀，其宽度应该是厚度的2倍。长度应该在30厘米长以上，而且其底部应该是平的，这样便于你用脚踩住并保持平稳。

握在手上的垫板可以用与钻轴一样或者更坚硬的材质的木料。垫板应该与手的大小相当，便于握住，其厚度应该不低于钻轴的直径。

手握的棍子，也就是弓，最好略弯，尽管笔直的棍子也能够使用，但最好是一根有一定弯度的棍子。首先学会使用长度在1米左右的弓弦钻。掌握之后，可以试一下更长或者更短的弓。

将绳子绑定在弓上，将钻轴绕在绳子上之后，努力控制好绳子的松紧度，既不能松得让钻轴上下滑动，也不能让钻轴紧得一点也动不了。理想的状态是，用上一定的力后能够勉强将钻轴抽动。此外，绳子（弦）的松紧度也决定着弓的灵活性。在使用过程中，可能会需要调整弦的长度。方便起见，在绑定绳子的时候，一端打死结，一端打活结。

准备弓弦钻

在开始钻木取火之前,要分别在钻板的边缘处和垫板上用刀或者锋利的工具削一个与钻轴直径差不多大小的坑,用来放置钻轴的两端。或者先用刀子等工具分别削一个小坑,然后用转轴将坑钻大,其过程与钻木取火的过程一样,而且在此过程中你也练习了如何有效地转动钻轴。

站好位置

这里列出的指导原则针对的是习惯用右手的人。如果你是左撇子,请进行相应的调整。

左脚踩在钻板上,将右腿跪地上。左脚足弓应该在钻板上的钻孔边上附近,也就是装上钻轴之后钻轴的附近。左膝盖成直角弯曲。将钻轴绕在弦上。

将胸部贴紧左膝盖。左手握住垫板,从左腿外绕过小腿。将钻轴定位好,让其底端位于钻板上的钻孔内,顶端位于垫板上的钻孔内。

正确拉弓的方法

钻轴应该在钻板和垫板之间保持完全直立。如果不是,那就调整膝盖的角度,直到钻轴与钻板之间保持垂直。等角度正确,钻轴也已经与钻板垂直时,用右手持弓。

制作弓弦钻

  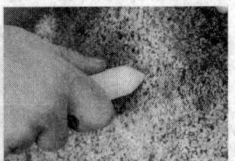

1. 收集几块木料:一根钻轴(直径约2.5厘米)、一块钻板、一块垫板、一根手握的棍子。
2. 修理钻轴:它应该是直的、圆而光滑,直径2.5厘米左右,长度为20~23厘米。
3. 将钻轴顶端削或者磨成大约2.5厘米长的尖。

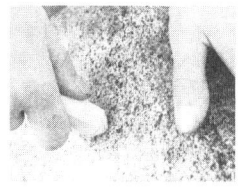

4. 将钻轴底端削或者磨成平一些的尖,约6厘米长。

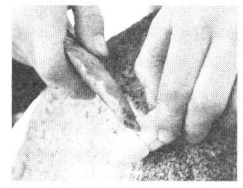

5. 在使用之后,钻轴底端和顶端可能很难分辨,因此为了易于辨认,在顶端一侧削一条槽。

6. 制作完成之后的钻轴应该是直的,两端的尖一个长一个短,其顶端一侧有一条槽。

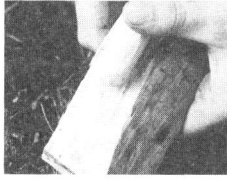

7. 在准备钻板的时候,在钻板的边缘处削一个与钻轴直径差不多大小的坑,用来放置钻轴底端。

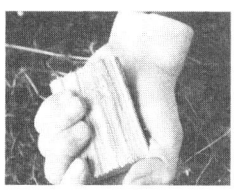

8. 在垫板上削一个类似的坑,注意避开握住垫板时指尖的位置。

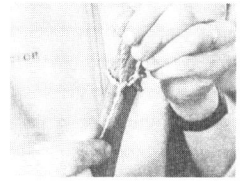

9. 将绳子(弦)绑定在手握的棍子(弓)上,注意一端打死结,一端打活结,这样便于调整绳子的松紧。

10. 将钻轴绕在弦上,确保弦在弓与钻轴之间(钻轴在弦的外侧)。

11. 左脚踩在钻板上,将钻轴两端的尖分别放进钻板和垫板的坑内。

12. 将弓用力地前后拉动,这样钻轴就会转动。

13. 当钻轴全部进入钻板之后,可以停下来,这时候手上垫板也会出现一个洞。

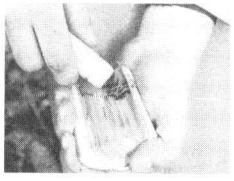

14. 给手上垫板的孔内添点"润滑剂",让钻轴更容易转动,钻轴顶端的槽将预防你把钻轴底端当成顶端。

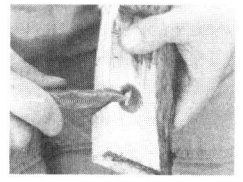

15. 削开钻板上钻孔旁边的木料,做一个楔形的凹槽以收集炭灰。

为了保证每一个拉弓的动作能够发挥最大功效，将弓拉到最远的距离，然后慢慢地前后推拉弓，保持弓与地面平行。等找对了感觉，而且这个动作已经平稳和有规律之后，你可以适当加速推拉。

如果你的技术是正确的，即用在垫板上的力度适当，保证钻轴稳定并与钻板垂直，弓与地面保持平行，即使你推拉弓的速度并不是太快，你也可能会发现钻板上的钻孔边缘出现了烟和黑色的粉末。如果没有烟，你也不用担心，这需要一定时间的练习。通常出现的问题是没有保持钻轴的稳定或加在垫板上向下的压力不够。利用25%的力量来让左手腕抓紧垫板，50%的力量向下压，然后用25%的力量来推拉弓。

如果出现了大量的烟，你可以适当加快推拉弓的速度，并加大左手向下压的力度。在钻轴整个陷进钻孔之后，你就可以暂时停止转动钻轴了。

完成弓弦钻的制作

停止转动钻轴后，可以给手上垫板的钻孔内添加润滑剂，这样钻轴更容易转动。并在钻板上开一个槽，以收集产生的炭灰，并最终形成炭火星。

垫板上的钻孔能够用捣碎的松针挤出的油、动物油或者其他植物油、来自身上或头发上的油脂或者其他任何可以当作润滑剂的东西进行润滑。但是千万不要用水。水不仅不能在钻轴顶端起到润滑作用，反而会让钻轴膨胀、钻孔缩小从而增大摩擦。一旦对钻轴顶部进行润滑之后，千万不能将钻轴两端混淆，不能将润滑过后的顶端放入钻板上的钻孔当中，因为这里需要的是摩擦。

钻板上的槽非常重要，因为需要它来收集摩擦产生的炭灰。它的宽度应该是钻孔周长的1/8，从钻板边缘一直到钻孔的中心附近。将钻孔等分成16份，用刀或者锋利的工具将最靠近钻板边缘的两份挖去即可，同时确保槽是光滑的。

现在,你的取火工具就已经完全准备好了。这时候,你首先要搭建好火堆,准备好引火物取火。用柔软干燥的纤维制作的引火物应该是蓬松的,形成一个中空的鸟巢形状。

钻木取火

在钻板上槽的下方放置干树皮或者一些干的树叶,这样可防止炭灰掉到地面上被弄湿或者冷却。在这个地方也放上引火物,用于随后的取火。有的人在槽下方的地面上挖一个小洞来放置引火物,但是这种方式可能会导致引火物被压扁或者被弄湿。

槽在你的哪边不要紧,可以查看风向,调整位置。但要确保有足够的地方供你把脚放在钻板上。将钻轴放进原来的位置,重新开始慢速地前后推拉弓,让钻板上的钻孔受热。这时候如果发出尖厉的声音,说明你推拉弓的速度过快或者左手下压的力度太小。

刚开始的时候也不要在左手上施加太大的力度。开始冒烟的时候,你可以加快推拉弓的速度和加大左手的压力。继续推拉弓,直到有大量的烟冒出来,而且钻板上槽内的炭灰也要有烟冒出来。这时候,小心地取出钻轴,非常小心地将钻板拿起来检查是否已经有了炭火。根据从炭灰底下冒出的烟的多少能够判断是否已经有了炭火。有的情况下,你还可以直接看到红色的火光。这时,你可以松一口气,等炭火继续燃烧。你还可以用手轻轻扇风,但

使用弓弦钻

1. 将一块木头、一片干树叶或者一块干燥平整的石头放置在钻板上槽的下方,这样收集到的炭灰不会掉到潮湿的地面上。

2. 将钻轴放进钻孔内,以平稳缓慢的速度前后推拉弓,当出烟的时候加快推拉弓的速度并加大左手向下压的力度。

3. 一旦成功,在槽内的炭灰处应该会出现炭火星。刚开始的时候可能不太明显,但是炭灰中会持续有烟冒出。

让炭火转变为火焰

 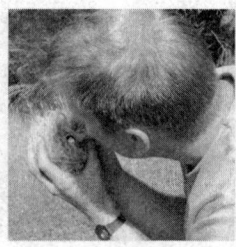 

1. 将引火物小心翼翼地举起，让其稍微高过脸部，注意别让烟熏到眼睛，然后轻轻地吹。一旦炭火在引火物中蔓延，就可以稍微加大吹的力度。

2. 当引火物已经烫得几乎在手上拿不住的时候，尽最大能力给它吹风供氧，它会燃烧得很快，抓紧时间将引火物放置到准备好的火堆中，但是一定要小心。

3. 如果抓得太紧，你可能会让火焰熄灭。如果担心引火物太少，会很快燃尽，就在火焰还没有完全产生的时候就将引火物放进火堆，在火堆里对其吹风，让它能够燃烧起来。

是切记要小心，因为这时候炭火才刚形成，还非常微弱。

一旦炭火烧得比较稳定的时候，你可以休息几秒钟，然后小心地将炭火移到准备好的引火物上。

手钻钻木取火法

尽管手钻钻木取火与弓弦钻钻木取火使用的技巧和材料不同，但是原理相同。手钻需要一根钻轴和一块钻板。钻轴长介于0.35～1.50米，粗细跟一般的钢笔差不多。钻板厚度要均匀，与钻轴的直径差不多，其宽度是厚度的2倍。这意味着手钻所用的材料比弓弦钻要少，准备工作也要相对简单。但是手钻的劣势在于在潮湿环境下这种方法不一定可靠，而弓弦钻在绝大多数情况下都适用。

手钻需要的是中等硬度的木质。钻轴可用诸如接骨木、毛蕊花、牛蒡等植物笔直的空心树枝，而钻板可用白杨或者雪松的木头。不需要确定钻轴的顶端或者底端，只需要将钻轴弄光滑，去掉多余的侧枝和树节。

制作手钻

1. 准备钻轴，选择一根粗约1.2厘米的直的树枝。

2. 将钻轴处理光滑，去掉所有的侧枝和树节，如果不够光滑，可能还要去皮。

3. 将钻轴底部处理光滑，避免与钻板上的钻孔之间产生不必要的摩擦。

 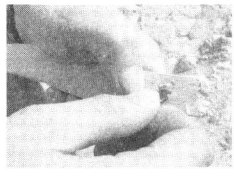 

4. 将钻轴一端在钻板上距边缘约6毫米的距离上做一个圆形的标记。

5. 小心地在标记内打孔，使其大小正好与钻轴的粗细相同。

6. 用脚踩住钻板的一端，将钻轴放在钻孔处，双手搓动钻轴的顶端。

 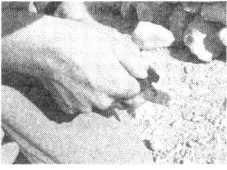 

7. 当钻轴进入钻孔并确定钻轴不会滑落的时候，停止搓动钻轴。

8. 在钻板上切一个槽，其大小为钻孔周长的1/8。

9. 如果钻轴是空心的，你可以将槽口直接切到钻孔的中心。这时，手钻就已经制作完毕了。

使用手钻

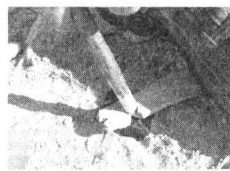  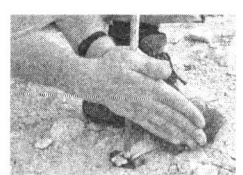

1. 将钻轴一端插入钻孔，调整钻板槽的位置，避免其被风吹到。

2. 用双手手掌前后慢慢地搓动钻轴，注意观察钻孔冒烟的情况。

3. 将双手迅速移动到钻轴底部附近，接着继续迅速搓动钻轴。

4. 尽量用整个手掌(包括手指)搓动钻轴,这样能够保证每一次搓动产生最大的功效。

5. 当停止搓动,槽内充满炭灰并有烟冒出的时候,你可能就已经制作出炭火了。

6. 炭火可能非常微弱,很快就烧尽,因此在其产生之后应尽快引燃。

钻木取火

将钻板在地面上放置平稳,用脚进行固定,脚要远离钻孔。如果像使用弓弦钻那样跪着的话,要让你的左手臂位于腿的内侧。你还可以坐在地上,用脚的侧面固定地上的钻板。这样的话将让你的手有很大移动空间,但是可能在用手施加向下的压力时会有更大的难度。

将钻轴放入钻孔内,双手搓动钻轴的顶端。在前后搓动的同时施加向下的压力,让钻轴转动。刚开始的时候慢慢地搓动钻轴,等到钻轴底部出现大量的烟,就可以加速转动钻轴并施加更大的压力。

手钻产生的炭火一般都比较微弱,很快就会烧尽。因此在手边放一些易燃物,让炭火烧得更旺一些,以便将它顺利转移到引火物上。易燃物可以是助燃的任何干燥蓬松的材料,如芦苇绒、撕碎的雪松树皮或者捣碎的干燥软木碎屑。

泵式钻钻木取火法

在野外生存情况下,你需要快速生火,这就需要时间和精力。如果你在一个供长期居住的住所,而又没有更多的空间可以随意走动的话,你可以尝试使用这种泵式钻钻木取火法。这种装置在制作上更难,但是在一个诸如窝棚内部的有限空间内将更容易使用,而且能很轻松地生火。这种装置还能用来钻孔以用做其他用途。

制作钻轴

泵式钻的钻轴需要一根长约60厘米、直径3厘米的直棍子。如果棍子是弯的,必须将其弄直,或者换一根。否则的话,泵式钻将不能很好地工作。

刮除树皮,并对其进行磨制,让其形成轻微的锥形,其较粗的一端将作为钻轴的底部。完成之后,在钻轴底端挖一条槽,便于安装钻头,在顶端也割一条槽,便于安放绳子。

泵式取火装置在有限空间内,如供较长时间居住的窝棚内以及需要经常取火的情况下尤其适用。

制作飞轮

制作飞轮时,为了让飞轮的两块木板更好地吻合,最好在一块长约45厘米、宽约7.5厘米的木头上进行分割。用钻、烧或者挖的方式在其中间部位弄一个孔。孔的大小比钻轴底部稍小。然后将这块木头分成两片,就得到两块相互吻合的木板,并各有一个孔在中间部位。

找两块重量相等的圆石头将飞轮加重,将它们分别夹在两块分开的木板的两端。在木板的两端分别切割一些槽口,这样便于用绳子将石头定位。在绑定这两块用作飞轮的木板的时候,一定要确保中间的孔在一条直线上。

飞轮绑好后,可以将其安装到钻轴上(从钻轴顶端安)。如果飞轮上的孔大小合适,安装就比较容易。飞轮应该在距离钻轴底部2.5 ~ 7.5厘米的位置上。

握柄

该装置的握柄应该约60厘米长、7.5厘米宽。你可以砍下一

制作泵式钻

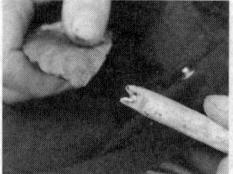 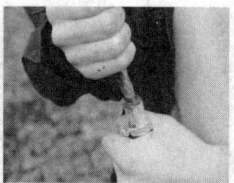 

1. 钻轴应该长度在1米、直径在2.5厘米左右，在其顶端（较细一端）挖一个槽。

2. 在钻轴较粗的一端顶部钻一个孔，便于以后安装钻头，并用绳索等物在孔外的钻轴上进行绑定，防止破裂。

3. 寻找一块7.5厘米宽、45厘米长的木料，在中间钻孔，然后将其劈成对等的两半。

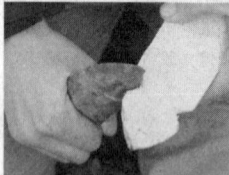  

4. 找一块60厘米长的木条作为握柄，在两端分别割槽，用来绑定绳子。

5. 在握柄中央钻一个孔，孔的大小要能够保证握柄在钻轴上下自由滑动。

6. 找两块圆形的1～1.5千克重的石头来增加飞轮的重量。

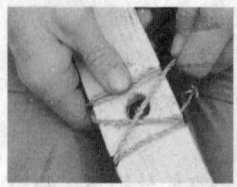  

7. 找一些绳子，将绳子绑在飞轮木板的中央对其进行加固，防止其在受力之后裂开。

8. 将两块石头分别夹在两块飞轮木板的两端，用绳子进行绑定。

9. 将飞轮从钻轴较细端套进，飞轮应该位于钻轴上距离底端2.5～5.0厘米的位置。

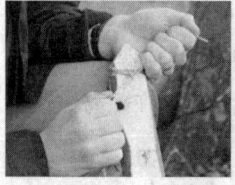  

10. 把一根1米长的绳子绑在握柄两端的槽口内。

11. 将握柄套进钻轴，将握柄上绳子的中部套进钻轴顶端的槽口内，然后将握柄绕着钻轴旋转几圈。

12. 将握柄提升到最高处，然后下压，这样钻轴就开始转动，整个装置就可以使用了。

根树枝然后进行加工。握柄的中央也应该有一个圆形的孔，其大小应该超过钻轴的直径，至少应该保证握柄在套进钻轴后能够自由滑落到飞轮的位置。在握柄两端分别开一条槽口，便于绑绳子。

现在对于整个装置，你还需要一条绳子，其长度大约为1米。将绳子的两端分别绑定在握柄两端的槽口内。将握柄套进钻轴，然后将绳子的中部卡进钻轴顶端的槽内。

准备取火的泵式钻木装置

这个泵式装置可以有很多用途，如果为了摩擦取火，需要在钻轴的底端安装一个木质的钻头。选择一段中等硬度的木头（如白杨、雪松等）作为钻头。钻头应该被制成与弓弦钻钻轴的底端差不多大小，并将其顶端削成能装进泵式钻轴底端槽口的形状。钻头的直径可以与弓弦钻钻头一般大（12毫米），或者稍大，这样的话能更有效地摩擦。将钻头安装在钻轴底端，并将其固定好，避免晃动。

找一块与弓弦钻钻板差不多的木料来做钻板。在其表面开一个小孔，然后将钻头放进去。将握柄提升到钻轴顶端，然后下压至飞轮处，这样钻轴就会转动，然后飞轮会自动将握柄反弹回顶端，再往下压。这样循环往复，钻头就会在钻板上留下一个坑。在钻板上挖一个槽用来收集炭灰，这样你就已经做好用泵式钻木装置取火的准备了。利用泵式装置取火的技巧与用其他方法取火相同。

强风时如何生火

在大风里，我们可以选择以下几种生火的方式。

圣殿火

在一个潮湿的环境里，起火的地方必须高出地面，这时候就可以搭建一个悬在空中的圣殿了。首先拿四根木棍交叉摆好，然后在两根较长的成对角线的木棍上面横放一根木棍，另外在地面上盖上一层泥土或者小碎石。把要烹饪的器皿悬挂在横担的木棍上,在下面生火。

壕沟生火

如果刮大风,就可以选择挖壕沟来生火。壕沟大概挖长度为90厘米,宽度为30厘米,深也是30厘米,然后盖上一层岩石。岩石在烧过之后,还会残留着热度,继续烘烤食物。

岩墙火

选择一些干燥的、没有孔洞的较大块的岩石,然后堆叠成几堵墙,还要找一些泥土将所有空隙都堵上。用这种方式将火围起来,挡住大风,既可以减慢热量的流失,还可以节省燃料。还可以拿一些岩石垒成坑也能达到同样的效果。

洞穴火

如果有天然坑洞或者有适合挖洞的地方,也可以挖个坑,然后在坑的出口处码上一层层的小石块。这些小石块用来抵御四周刮来的大风,让洞里面的火不至于燃烧得太快,浪费太多的燃料。

无论用哪一种生火方式,都要切记,不要选择较软的、潮湿的或者有孔的岩石块,避免使用板岩。因为这些带孔隙或者裂缝的岩石,经过高温,容易剧烈膨胀然后爆炸,如果岩石内部有水分,则爆炸的威力会更严重,甚至还会危及性命。

让火堆保持燃烧

很多时候,你可能希望火堆能够持续燃烧整个夜晚,以便第二天不需要重新取火。其实有很多种方法能够保证火堆整晚燃烧,但是必须确保在晚上睡着的时候,火堆没有失去控制的危险。

在准备睡觉之前,可以在火堆里添加大型的湿柴来保证其能够整宿燃烧。最好的材料就是像橡树这种木质坚硬的树木的新鲜

小资料

潮湿木柴的保管

木柴随便放在地上很容易吸收到地面上的水汽，使得木柴变潮。使用下列方法可以帮助木柴防潮。

- 将木柴直立放置

在通风较好的地方，将木柴两根两根为一组，交叉摆成"X"形，并用绳子将交叉处固定，另外两根木柴也按照这样的方法摆放。然后将这两组木柴平行摆放，直立在地上，中间要保持一定的距离，并架上木柴，组成一个架子，最后将其他的木柴斜插进架子的两端。

- 高楼堆积法

将四根木柴排列成"井"字，其他的木柴也按照这种方法摆放，一层一层地摆在一起。找一些芒草，积累成一束，将一头捆起来，然后将捆起来的一头竖立在最顶端的木柴上。

树枝，但是新鲜树枝会产生大量的浓烟。

如果火堆在住所内部，而且你不会受到烟雾的干扰的话，完全可以利用这种湿柴让火堆过夜。如果火堆是在野外，容易受到风的影响，你可以在添完湿柴之后，在燃烧的炭火上盖一层干燥的土壤，以阻止过多的氧气进入而导致炭火燃烧过快。但是要确保土壤中没有干的树叶、草或者其他易燃的材料，以防发生意外。

第二天早上，要让火堆继续燃烧，只需要小心地移开火堆上的土壤。火堆中应该还有大量燃烧着的炭火，有可能在一层炭灰的下面。将火绒和一些其他引火物放在炭火上面，然后吹气，你就能在很短的时间内得到火了。

生火后的善后工作

生火之后做好善后工作十分重要，处理不当的话，不仅会留下需要长时间分解的垃圾，甚至还会引起森林大火。不要小看那一点点火星，虽然火已经灭掉了，但是火星会借助风的力量重新燃烧成熊熊大火。

每一个在野外生存的人都要谨记这一点：彻底熄灭火，并尽量做到和现场生火之前的状态基本相同。因为，敌人可能会顺着生火的痕迹，找到我们，那样我们就会面临更大的危险。

下面是具体的做法：

1. 生火之后，不可能把所有木柴都用尽。这时，我们需要把未燃完的木柴移开，彻底熄灭上面的火，放在工具箱或背包里，以备下次使用。

2. 取来一盆水（可以是刚才烹煮食物剩下的水），一遍一遍地泼在火堆上。当感到没有温度时，就可以停止泼水了。

3. 将烧剩下的炭灰扫开，或者在地上挖一个坑，把炭灰扫入坑中，然后再用土重新埋好。

4. 尽量让现场没有生火痕迹，重新埋好的土地，要让它和周围的样子相似。

第三节　如何获得水

水的重要性

人体的 60% ~ 70% 是由水构成的，大脑约 85% 是水。这就意味着人体平均含有 50 ~ 60 升的水。因此，水对于生存来说显然非常重要。每天我们都需要补充一定量的水，因为从食物中，我们不能获得足够的水分。很多身体功能失调都是由于缺水，或者由于饮用水含有微生物或受到化学污染引起的。

在温和的气候条件下，为了维持身体的各项功能，平均每个人每天需要摄入 2 升的水。在高温或者从事高强度劳动情况下，平均每个人每天需要摄入 3 升的水。

延缓水流失

如果不能立即获得水，或者水量有限，降低水流失速度非常重要，这样也可以相应减少水分补充。

人在温和气候条件下从事剧烈运动，每小时以出汗的方式将排出 1.5 升的体液。如果在高温情况下从事剧烈运动，必将失去更多水分。在温和气候条件下，人在休息状态每小时也能排出 1 升的水。这就意味着，只要减少出汗，就能有效减少体液的流失。

在野外生存，你可能没有别的选择而不得不辛勤劳作以满足自己的日常所需，这就有可能导致出汗。但是，也有一些方式能够帮助你减少身体水分的流失。

首先需要的就是掌握野外生存所需的所有技能。例如学会在 30 秒内用弓弦钻取火就比花 30 分钟取火节省大量的精力，从而减少大量的水分流失。学会如何快速地收集所需的材料，这样也能减少身体水分的流失。

1. 如果有一定量的水可以储备,应该在避免阳光照射的地方保存,避免水分蒸发。
2. 将水袋吊在树下能够保持水的清凉,每次喝多少取多少,避免浪费。

第二种有效减少身体水分流失的方式就是尽量在一天当中最凉快的时候从事那些可能需要体力劳动的工作。在一些极其高温的环境下,需要晚上干活,白天休息。

第三种方式就是避免在热的时候脱掉衣服。相反,在有些情况下可能还需要添加衣服来降温。其中一个最好的例子就是沙漠地区的游牧民,他们经常将自己从头到脚宽松地披上好几层衣服来保持凉爽。在头上戴一块头巾或者其他头饰来遮挡阳光也是一个很好的例子。

呼吸也能让大量水分流失。因此,保持身体内部温度和减少活动也能减少水分的流失。另一种减少呼吸导致的水分流失就是用鼻子而不是用嘴来呼吸。这一点看起来可能无关紧要,但是在野外生存条件下,注意这种极小的差异可能导致完全不同的结果。

消化食物的时候也需要水,因此在缺水的情况下,尽可能地减少食物的摄入。同时对喝的东西也要加以注意。不要饮酒,因为分解酒精需要大量的水,分解酒精需要的水甚至比添加在酒类饮品中的水还要多。另外,在缺水情况下咖啡也应该避免,因为咖啡有利尿的功效。

水的分配

很多人都认为，在缺水情况下，应该将水像分配食物一样进行分配，这其实是一种常见的误区。千万不要这么做。这种节水方式的负面影响往往远远超过其正面效果。很多时候，脱水能够很快将人击垮，快得都让人不能察觉。脱水时，很容易在没有任何征兆的情况下出现昏厥。很多真实的案例就说明了这一点，在一些事故中，由于脱水而死亡的人身边往往还有一整瓶水。因此，即使在水量有限的情况下，也要与平常一样饮水。但是也不要狂饮，而是啜饮。如果在脱水情况下发现水源，要切忌狂饮，一定要让身体慢慢地补充水分，否则可能造成胃部痉挛，导致呕吐而失去更多的水分。

保证饮水安全

补给水的方式有很多种，但是最理想的就是寻找干净的、新鲜的、流动的水。收集水是其中的第一个步骤，你可能需要人工制造的或者天然的容器。你往往还需要对水进行过滤和净化，但是从干净的水源里取水是个好主意。

寻找目标

寻找那些流速相对较快、岸边生长有茂盛植物的江河溪流。一般情况下，静止的水塘中更容易滋生和繁殖细菌和病毒，而流动较快的水中不太容易有这类细菌和病毒存在。

检测水质的一个方法就是观察是否有大量动物前来饮水。但是这种方法并不十分可靠，因为很多野生动物已经对水中某些致病性细菌和病毒产生了一定的抗体，但这些细菌和病毒在人体中可能会导致严重的疾病。观察当地居民的饮水情况也是同样的道理。在很多情况下，当地人一辈子都在饮用这种水，外来者喝了

在干旱季节，往往是看不见河流的，但是它们可能会在地面下流动。地面上的植物带能够提示你它们的位置。

通常在峡谷谷底的地面下会存在水。但是这种情况下，植物就不一定能够作为判断是否有水的标准了。

粗大的植物往往会生长在距离水源相对较远的地方，但是地面的青草表明水源就在地面下方。

却会生病。

当发现一个看似很好的干净的水源的时候，尽量往其上游走进行检查，看是否有动物尸体或残骸或者其他的污染物，以确定水源是否干净。

饮用水中存在的危险

饮用不干净的水可能引起的常见疾病包括霍乱、甲型肝炎和贾第鞭毛虫病。

霍乱是一种相对轻微的疾病。这是一种细菌感染疾病，主要会导致腹泻，通过持续饮用干净水补充身体水分能够治愈（如果继续饮用受污染的水将导致病情持续恶化）。大约20位受感染的病人中才有一位会出现水腹泻、呕吐和腿抽筋的严重症状。在这类人群中，身体水分的快速缺失通常会导致身体脱水和休克。如果得不到救治，几小时后有

除非你完全确定水是清洁的，否则不要直接饮用溪流中的水。

将非洲热带大草原上出现的水坑当作水源可能是危险的，因为这种水坑也能吸引大量危险的动物前来饮水。

有动物饮用的水源并不一定表明人类也能饮用。许多动物对某些可能导致人类生病的细菌和病毒具有免疫力。

一些水井有提水的机械装置，而另外一些水井必须手动将水提上来。千万不能在水井附近进行清洗，那样可能会污染水井。

可能死亡，这种病人需要进行静脉注射以补充水分。

甲型肝炎是一种比较严重的疾病，是由于肝脏被滤过性病毒感染而引起。其症状并不一定非常明显，但通常能持续长达两个月的时间，其中包括发热、疲劳、没有胃口、恶心、腹部不适、尿液发黄、黄疸（皮肤和眼睛变黄）。通常老年人比小孩更容易受到感染而患上该疾病。所幸的是，这种疾病并不威胁生命，但是通常需要进行治疗。一旦治愈，身体里将出现抗体，能防止再度感染该疾病。

贾第鞭毛虫病是一种由肠道寄生单细胞微型寄生虫引起的疾病，可能由于饮用了被下水道污染的水而引起。这种寄生虫有坚硬的外壳，在体外也能存活相当长一段时间。贾第鞭毛虫病是当前最常见的水传染疾病之一。感染之后能引起一系列肠道系统症状，包括腹泻、大便多油脂（差不多能漂浮）、胃痉挛、恶心等。症状会持续2~6周，或者更长时间。但是也有感染贾第鞭毛虫病不出现任何症状的情况。该疾病的诊疗方式通常是减轻症状，将寄生虫从体内驱除。

对水进行净化

如果发现有动物饮水的地方，水流速度相当快，水是清凉的，在其上游也没有发现动物尸体，你就可以推断，这水是相对干净的。但是即便如此，在饮用之前也要进行净化，因为等到发现细菌和病毒的时候，往往为时已晚。

检查化学污染物

即使水里面没有细菌和病毒，水源也可能受到化学物质的污染。降低饮用化学污染水的概率的唯一有效途径就是沿着河道一直往上游走进行检查，或者仔细检查水中及水边植物的生长情况。

经常在头脑中想到这样的问题：首先，水中是否有藻类？没有藻类可能是坏的迹象，但是如果藻类太多也可能不怎么好，因为某些藻类在磷酸盐等环境下能够大量繁殖。其次，水源周围的植物生长得是否健康？通常情况下，一旦水被化学物污染，就会严重影响污染区域内植物生长。还有一个问题就是：溪流中是否有很多健康的鱼类？

水被化学污染之后的问题是，很多污染物并不能通过烧开被净化掉。利用木炭或者其他的过滤设施过滤也不能完全将化学污染物滤净。因此，如果对水是否受到化学污染存在疑问，最好的办法就是寻找另外的水源。

收集水

最常用的取水方式就是用手捧着从溪流中直接喝。但是只有在彻底保证水的安全性的情况下才能如此。

如果拥有大量容器，下雨的时候可以收集雨水。即使雨水受到了轻微的化学污染，也可以不必净化。

如果有防水油布或者雨布，将布的四个角绑在立起的柱子上，在布的中央放一块重物让布接水，将布的一侧放低，让水顺着流进容器中。

水源的寻找

通常来讲,水无处不在。根据下面表格你可以清晰地知道如何寻找各种环境中的水源,并如何正确处理发现的水源,将其变成可以饮用的水。

环境	水源	可饮用水的获得方法	备注
寒冷地区	冰块、雪	将其融化、净化	不要直接吃那些没有融化的雪块、冰块,这会降低体温,导致水分过度的流失。比较脏的水,在凝结成雪和冰之后,也不会变得干净。
海上	雨水 海水 海水冰块	利用油布等防水材料接水。 利用已有的容器接水。 使用水源淡化工具。	没有经过淡化的海水不能直接饮用。如果防雨材料上有结晶的盐粒,那么在接水之前要在海水里面清洗一下。
海滩	土地	挖个深坑,使水能够渗入;取若干块岩石,用来生火加热,将烧热的岩石放到水中;取一块干布,将其盖在深坑的口上以吸收水蒸气;最后,拧出布里面吸收的水分。	在有头盔或者容器的条件下,还可以使用另外一种办法,即用容器或者头盔装满海水,然后将海水煮开,将干布盖在上面,吸收水蒸气,最后将其水分拧出。

沙漠地带	•有绿色植物存在的任何地方 •沙子潮湿的任何地方 •地表低洼处、凹陷处 •干枯的沙漠湖泊所形成的沙丘背面第一处凹陷的地方 •显露在地表的或者悬崖的岩层的下面 •带有气孔的岩石 •岩石的缝隙、裂缝中或者凹陷处 •凝结在金属上的水珠 •仙人掌	挖坑,越深越好,直到有水渗出。割下桶形仙人掌的顶部,将其切开捣碎。	如果身处沙漠地带,最容易找到水源的地方就是原始流域的河床——沙丘的边缘地带。 在切开仙人掌的时候,要小心割开坚硬的外壳,并注意避开长而坚硬的刺。不能直接食用仙人掌的果肉,应该吸仙人掌里面的汁,果肉则应丢掉。在岩石的裂缝中,或者在岩石的洞孔里可能会存有雨水。昼夜温差大可以使大量的水汽凝结在金属的表面上。

注意:如果手边没有盛水的容器,如水杯、水壶、罐子等,我们可以尝试着用防水布或者塑料制作一个临时用的盛水容器。具体做法是:将防水布或者塑料弯折成碗的形状,然后用手、大头针或者其他类似的东西,将弯折的地方固定住。

如果在野外环境中,身上没有携带足够的水来补充身体的水分缺失,那么就要注意周围的环境是否有潜在水源的存在。但是要注意,下表中所示的水源并不能作为饮水的替代。

液体	备注
血液	具有一定的咸度,可以用来当作食物,但是食用后身体消化会消耗掉一定的水分。
尿液	大约2%的含盐量,此外还有一些有害且无用的物质。
海水	海水中约含4%的盐分。每喝1.1升的海水,就需要消耗2.3升的体液来除掉海水中的无用物质。也正因为如此,饮用海水,会使身体的水分流失,甚至还会影响人的判断能力。

露珠可以提供少量的水分。如何利用露珠获取足够的水呢?我们可以在脚踝处捆绑一些衣物,或者干脆捆一些草束。在太阳升起之前,蹚过有露水覆盖的草丛、草地,当绑在脚踝的衣物或者草束吸取了一定的露水后,将衣物和草束解开拿下,把露水拧到容器中盛放。如此反复,在太阳升、露水蒸发之前,便可以积聚足够的水。在澳大利亚,一些原住民曾使用这种方法迅速获得水,平均每小时一升水。

可以搜寻蚂蚁或者蜜蜂的足迹。如果它们爬到某一个树洞中,这就显示那个洞穴中有水的存在。这时,我们可以用自制的临时碗勺盛里面的水,也可以用塑料吸管直接吸取里面的水。我们甚至还可以将衣物塞进洞穴内,吸收里面的水分,之后再像上面提到的那样,把水拧出来。

有的时候,树丫处或者岩石缝隙处都会积聚水,所以,我们也可以用上面提到过的方法来获取水。

在干旱缺水的地区,地表的裂缝附近如果有鸟粪,这就说明裂缝附近有水源。

绿色竹林是非常好的水源,可以提供可饮用水。从这里收集的水没有异味,而且很纯净。但是如何搜集竹林中的水分呢?首先把竹子折弯,绑住顶端,然后将顶端切开。等到夜晚的时候,水便会从竹子里面流出滴下。对于那种生长时间比较长、长有裂缝的竹子,里面可能会贮藏水分。不过,需要注意的是,需要将水净化之后再喝。

也可以在甘蔗、大蕉树、香蕉树上寻找水源。首先将树砍断，留下的树桩高度30厘米为宜；然后在树桩的中心位置挖一个碗形的口，这样根部的水就会马上溢出，浸满碗口。最初三次获得的水可能有点苦涩，但是三次之后流出的水就可以直接饮用。一般情况下，树桩可以提供四天的水，需要注意的是，要用东西盖住树桩，以免昆虫等爬入。

在热带地区，可以从藤蔓植物中获取水。具体做法是：用刀在藤上割出一个V形的槽口，位置越高越好，然后在近地面的位置将藤砍断，把水滴入盛装容器里，或者也可以直接将流出的水滴入口中。

注意：在使用这种方法取水的时候，要首先确保所选择的藤蔓植物是没有毒害的。

未成熟的绿色椰子的椰汁可以提供水分，这是一种很好的止渴方法。不过，成熟的椰子的椰汁却含有一种油，会让人腹泻，所以在饮用的时候一定要适量。

注意：如果椰汁呈现奶白色、黏稠状，味道苦涩，就不要喝。

在美洲的热带地区，很多高大的植物的树枝上会长有很多气生植物，在这些气生植物厚厚的叶子上或者重叠的部分，存在雨水的可能性非常大。这时，我们可以用布将这些水过滤出来，滤掉昆虫和一些杂质。

对于有些茎干柔软多汁的植物，我们可以从中获得水。具体做法是：切下一段植物，碾榨茎干的肉质部分，这时流出的汁液要用容器盛装好。

植物的根部也是很好的水源。可以将植物的根部挖出，用刀切割成小段，并将其压碎，然后用容器盛装流出的水。

下面的几种树木也可以提供水源：

旅人蕉。在马达加斯加有很多这样的植物，旅人蕉叶子基部的叶鞘是杯状的，这里面常常贮有水分。

棕榈科的植物，包括椰子树、藤、聂帕榈和扁形棕榈等，都包含有水分。可以挑选长得较低的叶子，折断，在折断口就会流出水来。

猴面包树。在非洲地区，以及澳大利亚北部沙地平原地区的猴面包树会在雨季储存一定量的水分。在干旱季节的起初几个星期，通常都能从这些树木中获取一定量的水。

木兰树。在非洲西部的热带地区，有很多木兰树，从其叶子和根中可以获得水分。

注意：在获得水的时候，那种从植物中得到的汁液类不要等到 24 小时以后饮用，因为在这个时间以后，它们会慢慢开始发酵，这时饮用会产生危险。

蒸馏器的制作

在野外，可以使用简易制作的蒸馏器收集水。因为蒸馏器能够凝结从地表和植物蒸发的水汽，所以蒸馏器几乎可以在任何野外环境中使用。但是，制作蒸馏器需要特定的材料。另外，利用蒸馏器收集也很耗时间，一天只能收集 500 ~ 1000 毫升的水。

根据不同的取水对象，需要制作相应的蒸馏器。从植物上收集水所使用的蒸馏器为植物袋蒸馏器和蒸发袋蒸馏器，从地表收集水所使用的是地下蒸馏器。下面将分别介绍这三种蒸馏器的制作方法以及取水方法。

植物袋蒸馏器

所需材料：一个干净的塑料袋、一块小石头、一株绿叶植物、一个向阳斜坡。

步骤：

- 把植物用塑料袋罩起来。植物要占到塑料袋容积的一半以上，同时留出 1/4 左右的容积。为了防止塑料袋被扎破，要先清理植物，确保上面没有尖刺或是坚硬的枝条。挑选植物时要选无毒的植物，以防收集到的水会有毒。

· 把准备好的小石头放进塑料袋，并且束紧塑料袋的口子。这里要注意两点：第一，保证塑料袋里有足够的空气，且应当是能有多少空气就有多少；第二，最好准备一根吸管或类似的细长管子，在束紧袋口前插入塑料袋。将管子露在袋子外边的口堵住，防止袋内空气泄漏。这样，取水的时候可以通过管子导出来而不必打开塑料袋。

· 把袋子放在向阳斜坡上，袋口面向下坡的方向，注意要让袋口高于塑料袋的底端。

· 调整好袋子的位置，让袋里的小石子滚到袋子的底端。

取水步骤：首先松开塑料袋的口子，然后倾斜袋子倒出凝结的水。取完水后将袋口再次束紧，重新放好继续凝结水。

为了能够收集更多的水，在取完一处植物大部分的水后，需要换一处植物。

蒸发袋蒸馏器

制作蒸发袋蒸馏器的材料和方法类似于植物袋蒸馏器，但是相对更加简易。具体方法如下：

· 寻找一根带叶的树枝，将塑料袋绑在树枝上。
· 在束紧袋口前插上一根管子，把袋口和树枝紧紧地绑在一起。
· 绑住树枝的末端，让袋口高于树枝末端，以便水在袋子底部凝结。

可以使用同一根树枝 35 天，树枝可以在摘掉塑料袋的几小时后自行恢复，这种取水方法不会让其有长期性伤害。

地下蒸馏器

所需材料：一个挖掘的工具、一个容器、一根吸管、一块干净的塑料布、一块石头。

步骤：

· 挑选地点。注意选择的地方要土壤潮湿、松软且日照时间较长，譬如干涸的河床或者积雨的低洼处。

· 挖两个坑。先用挖掘工具挖一个直径60厘米左右、深1米的碗状土坑。在坑底部中心再挖一个小坑，小坑的大小和深度要保证能放进容器。注意要让小坑的底部尽量平整。

· 置放容器。把吸管打一个松的结，放在容器的底部，然后将容器放进小坑里，并使容器口朝上放稳。注意要让吸管打结的上端露出地面，且不用的时候要堵住吸管口，这样既能防止水分蒸发，又能防止昆虫爬进去。

· 封口固定。用塑料布盖住大坑，在塑料布的边缘盖上些砂土，固定住塑料布。

· 放置石块。把准备好的石头对准容器口放在塑料布上，使塑料布下垂大约60厘米。如此就可以在容器的上方形成一个锥形，水会凝结在塑料布上并且顺着锥形滴落在容器里。但是要注意，塑料布不可以碰触到坑壁，以免凝结的水被泥土吸收掉，在塑料布周围放更多的砂土以防塑料布松动或水分流失。

要喝水的时候，你可以用吸管喝，不用打开蒸馏器而影响它蓄水。你也可以放一些绿叶植物在坑里作为水源，不过你还要在坑的一边做一个斜坡来搁置植物，其他的步骤同上。

要保证你每天摄入水的量，你需要制作至少3个蒸馏器。而在这三种蒸馏器中，收集水最多的是植物袋蒸馏器。

水的净化

一般情况下，使用干净的容器收集的雨水，或通过植物采集的水都是可以直接饮用的。但是，如果是来自湖泊、溪流、池塘、沼泽或者泉眼的水，尤其是从人类居住地附近和热带地区的水源采取的水，一定要先进行净化才能饮用。

在有条件的情况下，要对通过地表取得的水进行净化，将其煮沸，或者是用碘和氯进行杀菌消毒。在净化完一壶水之后，一定要拧开壶盖，将壶口朝下用水将壶嘴上沾着的没有净化的水冲走。下面将介绍两种净化水的方法。

药片净化法

使用净化药要依据其使用说明，一般有三种净化药：碘酒、氯漂白剂和高锰酸钾。

1. 碘酒。如果要净化的水是清澈透明的，滴5滴含有2%酊的碘酒；如果是浑浊的水或是冷水，则滴10滴碘酒，放置30分钟后再喝。

2. 氯漂白剂。将两滴含有5.25%次氯化钠的氯漂白剂滴入一壶水中，并且静置30分钟。如果是浑浊的水或是冷水，静置一个小时。每个地方的漂白剂都可能不一样，在购买前要检查一下漂白剂中的次氯酸钠含量。

3. 高锰酸钾。在市场上，出售的高锰酸钾一般是"康狄结晶"的形式。除了可以对水进行紧急消毒，高锰酸钾还有许多的作用。因为高锰酸钾的结晶形状并不规则，所以要判断高锰酸钾的用量只能通过观察加入高锰酸钾后水的颜色变化。在1000毫升水中加入3块结晶，并且静置30分钟，如果水变成了亮粉红色，那么说明水已经得到了净化，如果变成了深粉红色，那么说明加入的高锰酸钾的量过多，水不能再饮用了。这时可以加水稀释一下，或者当作消毒剂存储起来。如果水变成了红色，虽然不能饮用，但是可以用作杀死真菌的溶液。

煮沸净化法

将水煮沸是最安全的净化水的方法，因为在沸水中没有任何水生病菌可以存活下来。

不干净的水里可能含有有害的或是致病的微生物，如果你喝下去，轻则可能生病，重则可能丧命。贾第鞭毛虫和隐孢子虫是在全世界水域分布最广的两种病菌。贾地鞭毛虫会引起贾第虫病（海狸病）。导致严重痉挛的水状腹泻。这种病的病程大概有1~2周。隐孢子虫会引起孢子病。孢子病的病症和贾第虫病相似，但是更严重，时间也更长。孢子病没有治疗方法，只能等待自然治愈。不过，腹泻也有可能并不严重，持续时间大概为3~14天。

注意：唯一有效减轻隐孢子虫影响的方法就是将水煮沸，也可以采用微型过滤器或者是反渗透过滤系统。化学消毒剂没有办法将隐孢子虫全部杀灭。

下面是饮用不合适的水引发的其他可能的疾病：

痢疾。痢疾会让人长时间的腹泻，并伴有大便出血，还可能导致高烧、虚弱等症状。

霍乱及伤寒。即使你曾经注射过相关的疫苗，也会感染上霍乱和伤寒。霍乱的症状有严重的水状腹泻、呕吐和腿部痉挛。伤寒的症状有发烧、头痛、没有食欲、便秘和肠道出血。

甲型肝炎。甲肝的症状通常有腹泻、腹痛、黄疸和尿液颜色变深。甲肝经由人与人的近距离接触传播，被污染的水或者食物也是传播甲肝的媒介。

血吸虫病。血吸虫经常存在于死水、污水中，热带地区尤其多。如果喝下含有血吸虫的水，它们会进入血液成为寄生虫，引起疾病。

水蛭引起的病。如果你不小心吞下一条水蛭，它会吸附在喉咙或者鼻腔内，吸取你的血液、造成伤口，接着移动到别处。每一个伤口都有可能受到感染，引起疾病。

水过滤装置

当我们要把一些味道难闻、不清澈的污水处理干净时，就可以使用水过滤装置。

将污水倒入过滤装置的容器当中,放置 12 小时以上。然后,将已经保留至少 12 个小时的污水过滤器进行过滤,将污水中的污渍去掉。

注意:这只是对水进行了初步净化,仅仅去掉了水中一些比较难闻的气味,还不能用来饮用。如果想饮用的话,还要通过接下来的步骤,把水处理得更加干净。

进一步净化水的目的,其实就是将初步净化过的污水中残留的一些细小杂质和异味给处理掉。可以利用一些有过滤性的材料自制过滤器来处理水中残留的细小杂质。具有过滤作用的材料有很多,如沙子、碎石、木炭、竹子内部的薄膜,甚至是一块布都可以。你只需在容器的镂空层铺上一定厚度的过滤材料,然后将水通过过滤层就可以将水中的细小杂质过滤掉。

而要处理水中余留的一些异味,则需要另外的方法。由于异味是水中的气体发出来的,这样就需要使用能够吸收气体的材质。木炭具有很强的吸附性,不仅能吸附水中的异味分子,也能吸收水中可能存在的农用或工用化学制品。水放置在容器中 45 分钟左右便可以放心饮用了。

如何分辨有毒水

怎样在野外分辨饮用水质的好坏呢?

首先,通过观察,如果水是有颜色的,基本上都不能饮用。红色的水可能是被铁锈所污染,或者水里中有藻类;黄色的水可能是水里有腐物或被金属元素污染,也可能是水中净水剂过量;黑色的水就是非常严重的有害污染了。如果水体呈浑浊状态,很可能是水里掺杂了泥土或有其他微生物存在。清洁的饮用水看起来透明纯净,有时呈淡蓝色。

其次,伸手测水温。地下水的温度一般保持在十几度左右,不会发生大的变化。如果出现异常,很可能是受到了临近工厂或生活用水的污染。

然后，可以凑近水体，闻闻水有没有异味。如果湖泊或水库的水有淡淡的蔬菜腐烂味道，有可能是水中的浮游生物过盛；如果有金属的味道，有可能是被输水管道的锈所污染；如果有腐烂恶心的味道，很可能是被下水道的水污染了。对人体无害的清洁饮水一般是闻不出气味的。

最后，如果水喝起来有甜味，有可能是水里含有过多有机物；如果有咸味，可能是受了氯化钠污染；如果有苦味，可能是被硫酸盐或铁盐污染；如果有辣味，可能已经被农药污染。

第四节 如何获得食物

生存所需的营养

食物就是身体的燃料。它不仅提供身体工作所需的能量,也产生维持体温所需的热量。食物还提供制造和修复细胞所需的材料。

像徒步旅行和攀爬这样的活动会消耗大量的能量。如果能量没有得到定期的补充,身体就开始使用体内以脂肪形式存在的能量储备。无论身体中这种脂肪储备有多少,如果得不到及时补充,这种能量储备也将最终用光。如果能量补充跟不上,身体将不能释放更多能量,因为它要竭力维持身体重要器官的能量供应。当所有能量储备都已经耗光的时候,死亡也就来临了。

热量

身体所需热量的衡量尺度是焦耳。焦耳是热量的单位。因为焦耳是一个非常小的热量单位,所以人们经常使用"千焦"来表示所需的食物量。

每天所需的食物量根据年龄、性别和所消耗的热量的不同而不同。在中等劳动强度下,女性平均每天所需的食物热量是 6280 千焦,男性的平均量是 7500 千焦。但是在野外生存条件下,由于所从事劳动强度大(如搭建窝棚),或者极度严寒,

在野外生存条件下,你将不得不从事大量的劳动来维持生活,因此需要寻找大量营养丰富的食物来补充身体的能量。

需保持体温，此时需要的能量可能达到 16700 ~ 21000 千焦。富含碳水化合物的食物，如水果、蔬菜和谷物通常能够提供大量身体所需的能量。

维生素

身体需要定期补充某些有机物质，一般统称为维生素，这对于将食物进行化学分解并吸收以及维持细胞的化学变化非常重要。维生素不足导致的疾病包括坏血病（缺乏维生素 C）和糙皮病（由于缺乏维生素 B_1 导致的神经系统功能紊乱）。

维生素可以分为两大类。一种是水溶性维生素，如 B 族维生素和维生素 C，这种维生素不能在身体里储存，每天都需要补充。另一种是脂溶性维生素，如维生素 A、维生素 D、维生素 E 和维生素 K。这种维生素能够在身体里储存一段时间，尽管它们不需要每天摄取，但也需要进行定期补充。

与其他营养元素一样，绝大多数维生素都能从包含水果、蔬菜、肉类、谷物和奶制品的均衡饮食中获取。但是在野外环境下，这种均衡饮食很难得到保障，因为你可能不能长期摄取肉类、谷物和奶制品，而且作为维生素最主要来源的水果也只是季节性的。身体自己能合成的唯一的维生素就是维生素 D（维生素 D 在阳光直射时能在皮肤下产生），它对于钙的吸收非常重要。

纤维素

日常饮食中的谷物类制品如面包和麦片等提供身体所需的纤维素，也就是纤维。身体不能对纤维素进行分解，因此它没有任何营养价值，在身体里停留一段时间之后以粪便的形式被排出体外。但是，它却能帮助食物消化，因此也是日常饮食的重要组成部分。身体缺乏纤维素将导致新陈代谢缓慢，形成便秘。所以，如果没有谷物类食物，也需要食用大量同样富含纤维素的蔬菜和水果来代替。

蛋白质和钙

身体大约需要 20 种不同的氨基酸来制造从食物中不能获取的蛋白质。其中，12 种氨基酸由身体自己制造，另外 8 种必须从食物中获取。像肉类、鱼类、蛋类和奶类的食物都被称为完全蛋白质，因为其中含有这 8 种我们身体必需的氨基酸。

奶制品是现代日常饮食的重要组成部分，因为它们不仅能够提供完全蛋白质，还能提供钙。但是，奶制品也是野外生存条件下最不容易获取的食物。不过单就钙来说还可以从水中获取。

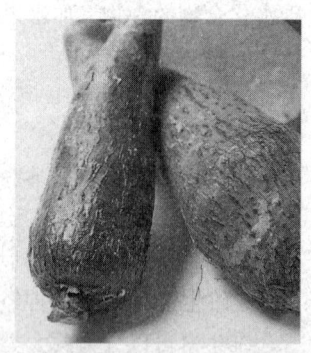

在地面上没有足够食物的时候，就需要寻找地面下的食物来维持生存。像山药这样的根茎植物能够提供基本的营养。

野外生存中保持均衡饮食

在野外生存条件下，如果没有谷物和奶制品，均衡的饮食就需要将每天蔬菜或者水果的摄入量调整为 11～12 份，将诸如肉类和鱼类这样富含蛋白质的食物的量调整为 4～6

香蕉是热带地区常用的食物。生吃、加工后再吃均可。

份。如果能有机会获取谷物，还是要摄入一定量的谷物类食品。

非常明显，这样的饮食将很快让人感到厌烦，因此学会尽可能辨认所在区域可以食用的动植物，将能够保证你有一个更多样化的饮食结构。也应该抓住一切机会收集像水果这样季节性的食物。秋天的时候，要抽出尽可能多的时间来收集像浆果这样的水果，将它们制作成果酱或者晾干，以备冬用。

在收集可食用植物的时候，如果发现野兔等动物，记住它们洞穴的位置。想好在什么地方设陷阱，如在它们觅食、睡觉或者喝水的地方或路上。在傍晚或者早上是设陷阱最好的时机。

食物及其价值

食物是除了水以外最重要的必需品。如果你在野外生存的时候陷入困境，一定要想方设法从野外获取食材，时时留意周围潜在的食物。分配到的食物不要全部吃光，储存起来，以防因意外而断粮。

晚餐是一日三餐中的主餐，因此需要准备得丰盛一些。

不用担心在野外会缺少食物，因为在自然世界里，食物取之不尽。不过前提是你得知道怎样寻找并且得到食物。

设想真实的野外生存环境，你一定会立马想到食物。尽管维持人体机能最重要的是水，但是只要不是在缺水的环境下，食物对人的重要性甚至在水之上。每一个想要在野外生存的人都得记住，排列水、食物和避身所这三个生存基本要素的优先顺序时，必须要根据对实际形势的评估。而且，对实际形势的评估必须要做到及时、准确。虽然我们在不进食的情况下依然可以生存好几周，但是我们也许要用几天甚至几周的时间来确定哪些区域的哪些食物是可食用的、安全的，怎样才能捕获该区域的动物。为了避免因为食物供给不足而体力衰减，你应当在野外生存刚开始的时候就储存好食物。但是也会出现食物和水的重要性都不如避身所的情况，因此要及时、准确地评估实际形势。

动物类食物

比起捕捉体形较大的动物，体形小且力量弱的动物更容易捕捉。体形小的动物一般数量很多，捕捉时需要花费的精力也会小一些。不用特别背记哪些动物可以食用、哪些动物有毒，因为肉质有毒的动物很稀少。另外，我们要清楚各种动物的生活习性。例如，可以用陷阱来捕捉的动物有哪些；有固定巢穴的动物有哪些；拥有特定觅食范围的动物有哪些；会定期更换领地的动物有哪些。像驯鹿、麋鹿这种体型较大的动物，其活动范围十分辽阔，捕获的难度也就随之加大了。你同时要清楚自己要捕捉的动物平时主要以什么食物为生，这样就能挑选到准确的诱饵。

基本上大部分爬行动物、水生动物、天上飞的、地上跑的都能当食物。你首先要摆脱对某一类食物的抵触感。经验表明，当人感到非常饥饿时，是可以吃下身边一切能充当食物的东西的。如果在野外选择食物掺杂了个人的好恶，而不顾身体的健康，则是在拿自己的生命开玩笑。如果条件恶劣，一些动物、昆虫可以直接生吃。但只要具备烹煮的条件，还是要将食物煮熟再吃，这样能预防很多疾病。

昆虫

昆虫是生物大家族中数量最多也最容易获取的。多数的昆虫，其蛋白质含量在 65%～80%，而我们平时经常吃的牛肉，其蛋白质含量才 20%。所以，我们在野外一般将昆虫作为食物的主要来源。我们要避免接触那种会叮咬人的，颜色浅的成体昆虫、毛毛虫、还有具有刺激性气味的昆虫。另外，不要接触身体上有大量细菌的虱子、苍蝇和蚊子一类的昆虫，蜘蛛有危险，也不要接触。

找寻昆虫最好的地方就是已经腐朽在地的木头，例如蚂蚁、白蚁、甲壳虫以及甲虫的幼虫——蛴螬。在地面上或是土堆里的昆虫巢穴同时要多留意。像

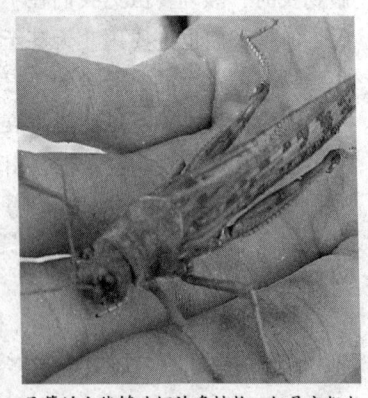

尽管蝗虫能够破坏许多植物，但是它们也能救命，你可以将它们当成理想的食物。

田野这一类青草繁密的地方,很适合寻找昆虫,因为这些地方昆虫很容易被发现。一些石头、木板或是可以附着的地方,也是昆虫繁衍生息的选择,要认真搜寻这些物体。有些昆虫,例如甲壳虫、蚂蚱都携带着寄生虫,在吃之前,必须进行烹制。昆虫的翅膀和带有毛刺的腿不能食用,需去掉。大部分软壳昆虫不必烹煮,可以直接吃。昆虫的味道都不尽相同,蚜蜢尝不出什么味道,一些蚂蚁的身体里有蜂蜜,所以尝起来是甜味的。把搜集到的昆虫弄成一大团,与其他能够食用的植物混合在一起煮,其味道会更好些。

蠕虫(环节动物)

蠕虫含有大量的蛋白质,一般生活在腐朽、湿润的土壤中。从土中拔出草,就有可能看到附着在草根上土块中的蠕虫,如果下过雨,这些蠕虫有可能会爬到地面上来。抓住它们之后,需要将它们泡在可饮用的干净的水中,时间为 15 分钟左右。在这个过程中,蠕虫会排便并洗净自己的身体,然后直接生吃它们就可以。

绝大多数蠕虫(比如蚯蚓)尽管看上去恶心,但基本都是可食用的。食用时将它们放进清水中泡几分钟,然后放进炖菜中即可。

甲壳类动物

淡水虾属于甲壳类动物,它的长度一般在 0.25 ~ 2.5 厘米。它们以群居为生,生活在水中的藻类植物里面,或是湖泊与池塘这种天然水域。

小龙虾是螃蟹和海生龙虾的同类。辨认它们的方法就是看它们的外骨骼和五双腿,小龙虾的前腿上的钳子很大。小龙虾一般夜间十分活跃,我们可以白天来确定它们的具体位置,一般是在溪水中的石头下边或是四周。找到它们的另一个方法是看水中有哪些松软的泥土上有形状像烟囱的透气孔,那里就有可能是小龙虾的巢穴。捕捉小龙虾的方法就是,找来一些牲畜的内脏或下水,捆绑在一根细细的绳子上,当成诱饵,当小龙虾上钩后,就能轻松地拽出它们。

捕捉盐水龙虾、螃蟹或是小虾作为食物,也是不错的选择。我们可以到距离岸边 10 米左右的海水中寻觅它们的踪迹。在夜间,小虾对亮光都很敏感,会游到有光的地方,我们只要张开网,很容易就抓到它们。另外,在网或鱼钩上放上一些诱饵,就能捕捉到龙虾和螃蟹。螃蟹喜欢在海浪边猎食,我们可以在那里放上诱饵,也能捉到它们。根据龙虾和螃蟹的习性我们知道,捕捉它们的最佳时间是夜里。

注意:所有的软体动物、甲壳类动物以及鱼类都必须进行烹煮。淡水中一般有很多具有毒性的生物、人类或动物产生的污染物,甚至是工农业污染物。

软体动物

这里所说的软体动物包括章鱼和贝类例如蜗牛、蛤、贻贝、牡蛎、藤壶、玉黍螺、石鳖以及海胆等。牡蛎和淡水贻贝长得非常相似,陆生及水生蜗牛分布很广,凡是有水的地方一般都能找到。

很多的蜗牛或是淡水玉黍螺都生活在针叶林地带的淡水水域中,蜗牛的形状不一,可能是圆头的,也可能是尖头的。

想要在淡水水域中找到软体动物,必须在水比较浅的地方寻觅,尤其是那些以沙子或是淤泥为河床的地带。如果泥土或沙子上有细微的痕迹,或是成椭圆形状的裂缝,都是可能藏有软体动物的地方。

如果是在大海边,则要仔细查看潮汐过后的潮湿沙土,或是小水坑。很多贝类都会黏附在深海的珊瑚礁或是海边的石头上。

在水较浅的地方，或者能看到岩石上有蜗牛和帽贝。石鳖是体形大一些的蜗牛，它的附着地点是岩石水面以上的部分。

贻贝的聚集地点是在有很多细碎石头的池塘里、巨型石头的底端，以及圆木上。

注意：夏天的时候，有些生活在热带地区的贻贝是含毒的，不能

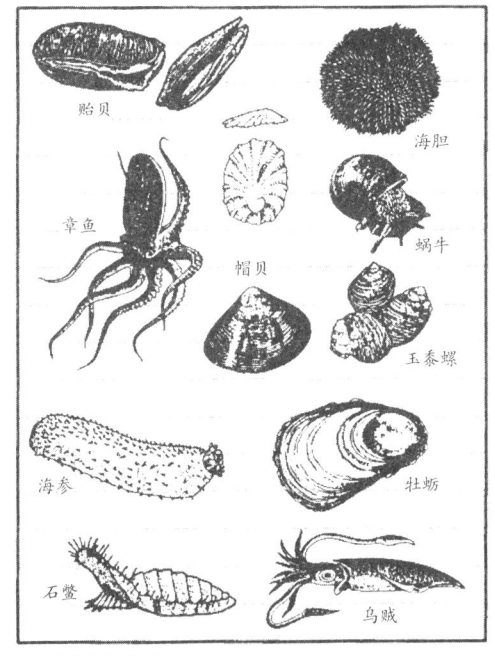

▲ 可食用的软体动物

食用。尤其是生活在三个昼夜内发生过红潮的水域的贝类和鱼类，同样不能食用。

在吃软体动物之前，我们需将它们放入锅中进行烹煮，或者直接放到火上进行烧烤。如果将这些软体动物和可食用的绿色植物一起烹煮，其味道会很好。有一种软体动物是不能食用的，那就是水域很深，依然漂浮在水体表面上的软体动物。

鱼类

从鱼类中获取蛋白质和脂肪等营养，一直是我们很推崇的。这尤其适合野外生存这种情况。鱼类的数量要比哺乳动物大很多，捕获又快又方便。想要成功捕到它们，我们需要对鱼的基本习性有所了解。例如，风暴侵袭之前，鱼一般会拼命进食。在风暴结

束后，水面就会涨高，且水质浑浊不堪，鱼这个时候进食很少。当黑夜来临，鱼会向着有亮光的地方游去。当遭遇很强的水流冲击时，鱼会选择有水涡的地点休息，例如岩石边上。鱼还喜欢生活在水塘中，这里水草密集，还会有些木头、岩石类的物体，适合鱼掩藏自己。

淡水鱼一般没有毒性。但是，鲶鱼的鱼须和背鳍上会有比较尖的突起，所以在吃鲶鱼时，容易被扎伤，且很快感染病菌。

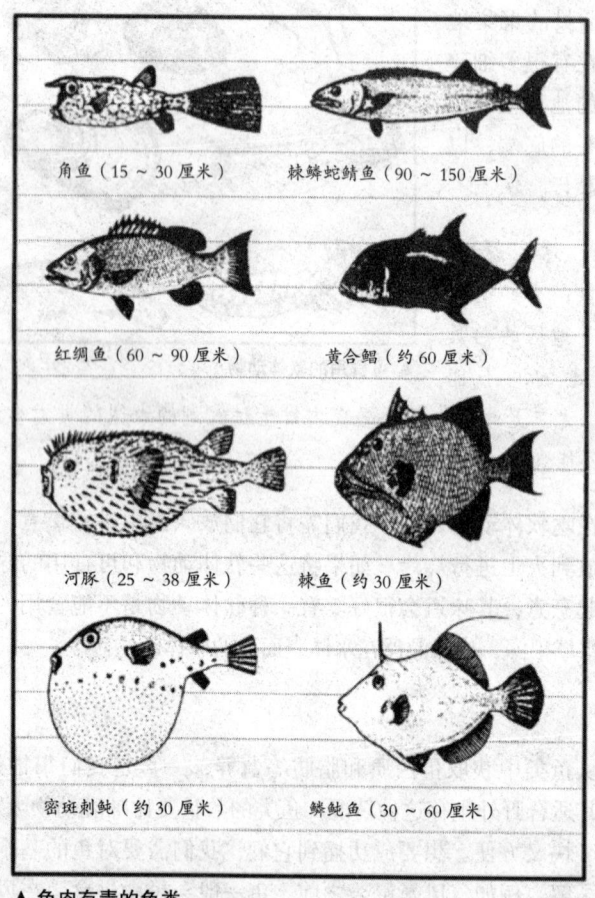

▲ 鱼肉有毒的鱼类

几乎所有的淡水鱼都必须进行烹制，这样才能杀灭鱼中的寄生虫。由于本身所处的海洋是咸的，所以海水鱼里一般没有寄生虫，可以生吃。可是靠近淡水水域或是暗礁附近的海水鱼还是要煮熟了以后才能吃。

我们能见到的鱼一般都可以当成食物。但一些鱼的器官是含有毒素的，还有一些鱼因为吃了有毒的食物，自身也具备了毒性。雪卡毒素就是一个典型的例子，生活在热带和亚热带的海水鱼由于吃了含有雪卡毒素的藻类，致使毒素在身体越积越多，并且遍布在鱼身的大小组织中。想要靠人工的处理办法，例如干燥、烟熏、浸泡或者烹煮来消灭雪卡毒素，根本不可能。含有雪卡毒素最常见的海水鱼包括黄合鲳、梭鱼、鲷鱼、鳞纯鱼、鲭鱼和石斑鱼等。

很多在温带水域生活的鱼身体里都有雪卡毒素。但产生毒鱼的概率是很小的，且不受鱼的种类和鱼生活地点的限制。石斑鱼和红鲷鱼在佛罗里达州的近海和东海岸很受大家的欢迎，经常被餐馆当成招牌菜，鱼市中这两种鱼也非常普遍。但是，1998 年在佛罗里达州帕姆海岸却发生了严重的食物中毒事件，就是因为人们没想到自己经常吃的鱼会含毒。这一次的中毒事件，让美国很多民众都不得不停止食用在千龟岛海岸附近捕获到的普提鱼、石斑鱼、红鲷鱼、琥珀鱼和梭鱼。1981 年 4～6 月之间，波多黎各也发生了雪卡毒素中毒案，这里禁止售卖梭鱼、琥珀鱼和黑鲳鱼。

有些海水鱼是有毒的，不能食用，例如密斑刺纯鲀、角鱼、棘鱼、棘鳞蛇鲭和河豚等。

两栖动物

在淡水水域，最常见的两栖动物就是青蛙。青蛙喜欢待在比较稳定、安全的水边。当它们意识到身边有危险时，会立刻跳入水中，并且把自己的身体埋进泥土里。青蛙的皮肤十分光滑、有湿度。一些青蛙是有毒的，比如色彩鲜亮或是背上有"X"标记的青蛙，以及树蛙。务必要分清蟾蜍和青蛙。蟾蜍的皮肤表面有大小不一的疙瘩，且很干燥，它们喜欢生活在比较干燥的陆上，而不是水边。一些蟾蜍在进行防御时，其皮肤会分泌出含毒素的物质。所以，一定不要靠近或接触蟾蜍，更不要把它们当作食物。

蝾螈也不能吃。这是因为只有25%的蝾螈无毒，所以去赌自己捉到的蝾螈没毒，是一件非常冒险的事情。蝾螈的生活地点在水边，且皮肤湿润、光滑，它的四只脚上都有四个脚趾。

爬行动物

爬行动物同样含有很高的蛋白质，且捕获方法简单。在吃爬行动物之前，需对它进行反复的清洗，然后放入锅中彻底煮熟。所有爬行动物的皮肤上都有大量的沙门氏菌，并且是这种细菌的主要携带者。

典型的例子就是海龟和蛇。人类最易感染它们身上的沙门氏菌。当我们的自身免疫比较差或是营养不良的时候，沙门氏菌很容易乘虚而入，危害人的生命。

烹煮爬行动物时要使其熟透，并且在接触过爬行动物后要仔细清洗自己的双手，这样才能很好地消灭沙门氏菌。

蜥蜴在世界上的分布区域很广，它们的皮肤是鳞状的，且很干燥，蜥蜴的四只脚上都是五个脚趾。世界上有毒的蜥蜴有两类，一个是希拉毒蜥，另一个就是墨西哥珠毒蜥蜴。一般来讲，蜥蜴尾端的肉味道是最好的，且处理起来比较容易。

巨蜥和绿鬣蜥的嘴中和牙齿上都附着着沙门氏菌，所以在捕猎它们时，一定要特别注意和小心。

把海龟当食物也不错。蛇鳄龟的肉口感很丰富，味道有七种之多。蛇鳄龟的肉一般集中在前后肩的四周，在其脖颈处也有些肉。闭壳龟很常见，却不能充当食物，因为这种龟以吃毒蘑菇为生，它的身体中就有很多毒素，且靠烹制的方法不能去除毒素。玳瑁海龟一般是在大西洋中，其胸腺含有毒素，所以不要捕食这种海龟。毒蛇、美洲鳄鱼、鳄鱼及大型海龟都带有攻击性，所以不要去碰它们。

鸟类

大部分的鸟都是可以吃的，虽然味道参差不齐。但有一种鸟有毒，不能吃，那就是生活在新几内亚的黑头林鵙鹟。

一些鸟平时会捕食鱼类，若是食用这些鸟，味道更好，但需剥掉皮再吃。前面我们已经讲过，了解动物习性是捕获它们的一个前提。我们也需要对鸟的习性有一定认识。一些鸟，例如鸽子，会在夜间回巢休息，所以我们在夜里只要找到鸟窝，就能轻松抓到它们。还有一些鸟，在筑巢期会紧紧守住自己的窝，有危险也不飞走。当我们清楚这些鸟的筑巢时间与地点，抓到它们也很容易。

鸟类捕食、喝水等飞行路线一般是固定的。如果我们掌握了这些飞行路线的规律，就可以在其中设置捕鸟的网。最佳的捕鸟地点就是鸟筑巢、饮用水的地方。

鸟类筑巢地点

鸟类	常见筑巢地点	筑巢时间
内陆鸟类	树木、林地或田间	温带、寒带的春天或夏初
鹤、苍鹭	水边的高大树木或红树林湿地	春天、夏初
一些猫头鹰类动物	高大树木	12月下旬~次年3月
一些海鸟	沙洲或低矮的沙岛	温带、寒带的春天和夏初
海鸥、海雀、海鸦、鸬鹚	海岸的陡峭岩壁边	温带、寒带的春天和夏初

筑巢的鸟还可以给我们提供另一种食物——巢中的鸟蛋。但是不要将鸟蛋全部拿走，留下两三个，并在上面做记号。如此一来，鸟不会有所察觉，接着下蛋。在这之后，我们就能再拿到新

的鸟蛋，但是有记号的蛋依然不要动。

哺乳动物

哺乳动物体内蛋白质丰富，且在美洲人的眼中是非常美味的食物。但捕获哺乳动物不那么简单，需要特别小心。一般想要抓到哺乳动物，需要设置陷阱或网。这些人为的痕迹一旦被敌人发现，则会增加自己的危险。并且，人无法与很多大型哺乳动物对抗，所有的哺乳动物都是有牙齿的，它们在反抗时，会撕咬对方。即使是体形小、看起来弱的松鼠，造成的伤害也是不可小觑的。一旦被咬伤，我们就要承担伤口感染的风险。当我们要捕捉似乎力量弱小的哺乳动物幼崽时，若是被其母亲发现，会对我们发起凶猛地攻击。只要动物面临着生命危险，都会与敌人进行鱼死网破的抗争，这是普遍的道理。

不是所有的哺乳动物都能被当成食物，海豹和北极熊肝脏内的维生素 A 是有毒的。鸭嘴兽是一种半水生半陆生的哺乳动物。生活在澳大利亚和塔斯马尼亚的鸭嘴兽，其后腿上的爪子是有毒的。另外，如果吃负鼠这一类带有大量细菌的哺乳动物，患病可能性会大大地增加。

陷阱和套索

在野外生存时，利用陷阱和套索捕捉野生动物是很好的选择。对于野外探险者而言，能否学会利用陷阱和套索猎捕动物，是关系到是否有食物维持体力的大问题。

要想成功地设置陷阱和套索猎捕动物，必须做好以下的几个方面：

1.仔细观察，作好准备

仔细观察目标猎物的生活习性

熟知其特性，如动物的粪便、食物、窝巢等。通过这些可以很好地确定动物的行进轨迹和生活区域，从而找到合适的地点设置陷阱和套索。在观察的同时，要认真记录目标猎物的行走足迹。

注意陷阱和套索的隐蔽性，不要被动物发现自然环境中的异常。

设置陷阱和套索时，要坚持一个原则，即最大限度地维持自然条件的原貌。比如，当你必须要挖土或者挖走植被时，在操作完毕后注意恢复原貌，挖出的新土要移到别的地方，挖走的植被要再次覆盖上去。

2.混淆动物的嗅觉

猎捕过程中，要小心谨慎，不要被动物发现。一般而言，野生动物的嗅觉十分灵敏，特别是对于人的气味，它有着极强的辨别能力。这些非同寻常的气味会引起动物的恐慌，从而逃离陷阱区域。想要成功猎取动物，就要采取巧妙的方式掩盖自己身上的气味。混淆动物的嗅觉一般有两种方法，一种是除掉人类的气味，另一种是用其他的味道将人类的气味覆盖。第一种方法执行起来很难，任何一种味道都不是能够轻易去除的。因而，在大多数情况下，有经验的野外求生者会选择使用其他不易被动物发现异常的味道，将人体自身的味道遮盖住。

通常遮盖人体气味的方法主要有三种，一是用动物的胆汁和尿液覆盖人体气味。用野生动物的胆汁和尿液等刺激性较强的味道，可以很好地掩盖住人体的气味，动物也不容易察觉到。但是，不能使用人类的尿液等令动物感到陌生的味道。野生动物对于陌生味道有着天然的警戒性。二是充分利用烂泥来遮盖气味。在设置陷阱时，将双手涂满烂泥，特别是那些掺杂了腐烂植物根茎叶的烂泥。布置好陷阱以后，将陷阱的周围也撒上足够多的烂泥。三是利用烟味混淆动物的判断。对经常出没于野外的动物而言，植物自然的味道和所散发出的烟味，是它们所熟知的。因而，点燃陷阱周围的植物，使其散发出足够掩盖你自身气味的味道，是混淆动物嗅觉的有效手段。

3. 喇叭口和通道的设置

喇叭口和通道是设置陷阱的重要辅助手段。喇叭口和通道的设置，地点很重要。在动物常走的道路上，面向陷阱，建立一个喇叭口形的障碍并且让其中最狭窄的地方靠近陷阱，这样的做法，在一定程度上会增强陷阱的隐蔽性。

通道不能太明显，要有隐蔽性，以免引起动物的注意。虽然在多数情况下，野生动物的行走路线都是勇往直前，不会轻易后退的。但是，为了防止动物向左或是向右偏离通道，要巧妙布置，使它只能沿通道行走。

这是很重要的一点。不要因为自身的疏忽，使得精心设置的通道成了难以通过的障碍区。这样粗心大意的做法，无异于亲手将目标猎物赶走。设置障碍的主要目的不是阻止动物的通过，而是对动物顺利通过该地段，设置一段微乎其微的小插曲。

同时，通道要保持畅通，通道的宽度也是布置陷阱时要注意的一个问题。通道过宽或过窄，都不利于成功猎捕动物。最好的宽度是，通道的宽度稍宽于目标猎物的身体宽度最为适合。为了减少工作量，对于通道宽度的维持，不一定应用在整条通道中。但至少从陷阱处开始算起，足够容纳目标猎物体长的这一部分，是必须要进行宽度处理的。

4. 诱饵的使用

野生动物天然的警戒性和灵敏性，为我们猎取动物制造了极大的困难。诱饵的使用是解决这一困难的必备武器。就像抓鱼的时候，捕鱼者必须使用鱼饵引诱鱼类一样，猎捕动物的时候，也要有适当的诱饵作引诱。

放诱饵也不是一件容易的事情，你要考虑放诱饵的位置和选取何种东西作诱饵。诱饵位置的设置，不能太过于隐蔽，也不能太过于明显，同时还要保证位置能够吸引动物的注意。

关于诱饵的选择，可是一个大学问。首先，你所选择的诱饵一定是目标猎物所熟知的，简言之，就是在目标猎物的生活圈里常见的。其次，要选择与陷阱周围的东西有所差异的诱饵。比如说，在红薯地里，将红薯作为诱饵，就是极为错误的做法。大片的红薯地，使得精心布置的诱饵失去效用。也许，在不生长红薯的地方，以红薯作诱饵，是一个不错的想法。但同时，也要考虑到，动物可能会因为这种食物突然出现在它本来不该存在的地方，而放弃接近食物。

对于小型哺乳动物来说，花生酱和盐的吸引力很大。在使用这类非天然食物作诱饵时，要注意一点，不仅是陷阱处，其周围区域也要撒上一些诱饵。这样既可以使诱饵的出现变得自然，也会吸引动物逐步接近诱饵。

5.陷阱和套索的布置

陷阱系统的设置，可以达到猎捕、抓紧动物，进而将其杀死的目标。套索是用一个圈套来实现抓捕、控制、杀死动物的目的。陷阱和套索的布置，是整个猎捕计划的核心和关键所在。一个设置成功的陷阱和套索，不仅可以成功获取猎物，还可以通过捆绑、悬挂等手段抓紧动物，防止其挣脱陷阱。

触发装置是陷阱和套索的关键部分。在设置陷阱和套索的时候，要充分考虑将动物紧紧抓牢的力量应从何种渠道获取。好的陷阱和套索，会巧妙地将动物挣扎所发出的力量，转化为将动物套牢、杀死的力量。

下面着重介绍一下常用的几种陷阱和套索的布置。

简单套索

简单套索是在动物行进道路或巢穴，通过连接周围的树桩进行设置的圈套。简单套索一般是用绳子或金属线制作。简单套索使用起来方便、简洁。以绳子为例，将绳子作为套索，设置在动物可能经过的地方时，要用树枝、草叶等天然物加以隐藏和固定。圈套要保证有足够的空间容纳目标猎物的头部。如果圈套过小，可以考虑利用蜘蛛网保持圈套的空间，使其张开。设置成功的套索，一般将目标猎物套住以后，动物越挣扎，绳索越紧，动物也就越难挣脱。与金属线做的套索相比，绳子套索的最大缺陷是当动物用力挣扎时，绳子套索可能会因为松脱而失去效能。

拖曳套索

拖曳套索一般会设置在动物经常行走的道路之上。它的主要操作步骤是：

首先，选择两根带叉的木棍，立在选好的道路的两边。将一根结实的木棍横放在两根木棍的叉上。

其次，在横杠上固定已经做好的套索。套索的高度，要稍高于动物在行走状态下，其头部所在的位置，以防止动物的身体或脚将套索破坏。拖曳套索，不是直接将动物牢牢抓住，而是通过被套索紧紧勒住脖子的动物拖曳横杠奔跑时，四周丛生的植物横杠，将动物缠住，然后再进行下一步的猎捕活动。

弹发套索

野外环境中的弹发装置，是利用触发装置将一棵柔韧性好的小树弯曲，进而为各种类型的套索提供其所需的力量。有条件的话，应该将小树的树枝和树叶部分全部除去，这样会增强其弹发的力度。

选取一棵柔韧性好的小树，压低其树干，然后在树干顶部指向的地面上，做一个标记。选择两根各自带有一长一短两个叉子的木棍，将其中一根木棍的长叉深深插进地面上的记号里，同时保持这根木棍的短叉平行于地面。把一根绳子绑在小树的顶端，并将其与另一根木棍的长叉绑在一起。然后将这根木棍的短叉与前一根木棍的短叉勾连在一起。最后将套圈放在合适的路面上，以确保当动物的头部被套圈困住时，借助动物的挣扎力，小树会将动物悬吊起来。

松鼠杆

松鼠杆，顾名思义，就是利用松鼠活动的树干设置套索的方法。这种方法主要用来猎捕松鼠，具体的操作步骤如下：

首先，将一根长长的杆子放在树干上，并将一些金属套放在长杆的顶部和侧面。保证松鼠上下时会从此处经过。

其次，固定套索。在距离长杆顶端2～3厘米处，将一个直径约5～6厘米的套索固定住。

最后，顶端要与长杆的顶端保持45厘米的距离，底部要相应地与长杆的底部保持45厘米的距离。因为如果距离不合适，松鼠在经过套索时，即使会被套住，但它的脚部已经接触到地面或树木，就可以轻松地将套索咬坏，使其失去效能。

欧吉布威捕鸟杆

欧吉布威捕鸟杆，是美洲土著人传统的捕鸟装置。首先，选择一根长约1.8～2.1米的树干，去掉树枝和叶子部分。然后将树干的一端削尖，使其变得锐利。其次，在距离尖端5～7.5厘米的地方，凿出一个小孔。把一根长度在10～15厘米的木棍放到孔中，将树干插入地面。再次，将一根一端系着与鸟重量相当的重物的绳子，穿过小孔。将绳子打结，然后抵住树干。最后，将准备好的套索绑在树干上。这样的装置可以通过重物的下垂，树干的倒放而紧紧抓牢鸟类的脚部，将其猎捕。

美洲土著人捕鸟时，会选择在生长着高大树木的开阔地带放置捕鸟杆。这些开阔地带，一般也是靠近鸟类找寻食物、整理羽毛和喝水的场所。所以在野外生存，采取这种方法猎取食物时，也要选取类似的地点，以降低猎取的难度。

套索棒

猎捕鸟类和小型哺乳动物，还有一种常用的方法，就是套索棒。所谓套索棒，即是一根带有金属线或绳子滑动套索的杆子。在进行猎捕时，将滑动套索对准动物的脖子套住，然后用力拉紧。将动物紧紧套住以后，再用其他方式将动物打死。套索棒并不能令动物死亡，所以它经常作为一种辅助工具出现在猎捕行动中。

"4"字形触发装置

"4"字形触发装置是通过重物下落的力量压住猎物的一种狩猎方式。对于重物的选取，很是灵活，只要有足够的力量压住猎物，使其失去行动力即可。"4"字形触发装置的制作也很简单，将三根绷紧状态下的木棒保持"4"字形状，然后在每根木棒上都刻上深度相当的小槽即可。使用这种装置猎捕，需要操作者有足够的耐力和信心。虽然制作方法和操作步骤很简单，但这种装置对于精确度的要求极高，它需要三根木棍的紧密配合。

弓箭陷阱

弓箭陷阱是一把双刃剑，它既是一种有效的猎捕手段，但同时也会给猎捕者带来潜在的危险。弓箭陷阱的布置方法如下：

首先，用结实的木桩将一张弓固定在地面上。然后在弓的触发棍上绑上一个栓扣棒。

其次，为保证触发棍在准确的位置，需要将两根立柱插进地面以固定。

再次，将一个绊棒设置在栓扣棒与其中的一根立柱之间。

最后，将绊发线绑到那根绊棒上，并将多余的部分环绕着立柱整理顺当，横放在动物行走道路上。

陷阱设置完毕后，一旦动物触及绊发线，弓上的箭就会立即发射出去。有时，为了保证准确度，还会在弓上刻一个小槽，以瞄准目标。弓箭陷阱威力很大，一定要谨慎使用，确保自身的安全。

猪尾矛杆

制作猪尾矛杆，需要先找到一根长约 2.5 米的结实杆子，然后将几根小木棒绑在杆子较细的一端，把猪尾矛杆较粗的那一端牢牢固定在路旁的树上。取出一段长绳，绑到道路另一旁的树上，将长绳的另一端绑上一根结实且光滑的木棒。接下来进入整个操作的关键环节，在接近地面的位置把一根绊发线绑在第一棵树上，然后拉到树的另一侧并绑上绊棒。用植物的藤蔓做一个滑动环，滑动环要将绊发线和那根光滑结实的木棒牢牢地固定住。找到另外一根平滑的木棒，将木棒的一端放进滑动环里，保持木棒的另外一端抵住道路对面的第二棵树上。最后，将矛杆较粗的那一端拉到道路的另外一侧，并牢牢固定在长绳和木棒之间。路过的动物不小心触及绊发线时，绊棒就会拉动滑动环，接着矛杆也会随之张开，最终将路过的动物夹紧在路旁的树上。

以上是野外生存中常用的几种猎捕手段，除此之外，帕巫特触发装置、瓶形陷阱、弹力踏板套索等也是可用的猎捕工具。

每种猎捕方法的使用，都有一个重要的前提，就是绝对保证猎捕者自身的安全。不仅仅是猎捕装置应用不当可能会给猎捕者带来伤害，一旦猎捕行动失败，具有攻击性的野生动物也会威胁到猎捕者的生命安全。在野外生存时，确保自身的安全是一切野外活动的核心所在。

猎杀工具

为了在野外生存下来，我们需要捕获一些小动物，比如兔子，这就需要你借助一些好用的猎杀工具，常见的有打兔棒、矛、弓、箭、投石器等。其实，你也可以自己动手制作这些小工具。

打兔棒

你可以直接将它举过自己的头顶抛掷出去，或者从身体的侧面用力抛出去。在你抛掷的时候，若能让打兔棒横着飞出去的话，其命中概率就会大大增加。这一工具适合用来猎杀那些体形较小的野生动物。制作打兔棒的上等选材是一根结实的木棍，它的长度大概是从成人的指尖到肩膀的距离。

矛

矛和打兔棒的最大不同是，后者是抛出去，而它是手持工具，用力猛戳。你可以找一根结实的棒子，把它做成矛，用以猎杀体形较小的野生动物和鱼。

弓

一个好弓不是轻而易举就能造出来的，它往往要花费很多时间。但你若只需一个临时能凑合使用的弓，事情就变得简单多了。找一根长1米左右的坚硬木棍，注意木棍上不能有分叉或者树结。用刀或者其他坚硬的东西仔细刮棍子的表皮，使其变得光滑。在刮表皮之前，你要先进行观察，弄清木棍天然弯曲的方向，然后找到开弓时朝向你的那一面进行刮擦。如果不进行观察和判断就贸然刮擦，你一用力它就会马上断掉。此外，为了增加弓的拉力，你可以在这个弓上面对面再绑上一个弓，从侧面看，它们两个刚好呈现出"X"形。最后用绳子把两个弓的两端牢牢绑在一起，在其中一张弓上绑上弓弦即可。

箭

和打兔棒一样，你可以选择一条直且坚硬的木棍当箭。箭的长度较短，大约为弓的一半。先把木棍的外层刮擦光滑，如果条件允许，你可以借助热炭把天然弯曲的棍子弄直。需要注意的是，不要让炭把木棍烧着了，确保在木棍冷却前它能一直保持挺直的状态。

至于箭头，你可以找一些锐利坚硬的玻璃、金属、岩石和兽骨等。实在找不到这些东西，你可以把箭的一端削尖，再用炭把它烧硬，即把木头悬放在热炭上方或者把它埋进带火星的热炭灰里。同样要注意不能让木棍被烧焦或烧着。最后把箭顶端开槽，将它放在弦上。开槽要用刀切或者锉出槽口，切记不能蛮力劈裂。你甚至还可以在箭尾装上羽毛，提高飞行质量，增加飞行距离。不过，这要在条件允许的情况下才能实现。

投石器

把两条60厘米左右的绳子一端系起来，在另一端上绑一块巴掌大小的布或者皮革，这样就做成了一个简单的投石器。投石器猎捕的也是那些体形较小的野生动物。在使用的时候，往布里放一块石头，把一条绳子缠在你的中指上，紧紧握到手掌里，同时把另一条绳子夹在自己的食指和大拇指之间。如果你想把石头投出，就要用力抢几圈绳子，并在恰当的时候放开拇指和食指中间的绳子。

捕鱼方法

不管是在乍暖还寒的早春，还是在天寒地冻的严冬，来到沿海地带，最需要的就是娴熟而科学的捕鱼方法。下面介绍几种野外捕鱼方法。

安放渔线

安放渔线是极为简便的捕鱼方法之一。就地取材，选取一根结实的长线作为渔线，利用铁丝、铜丝等易得物品制成几个简易鱼钩，然后将鱼钩固定在渔线上。接着，将绑好诱饵的渔线置于水边向下弯曲的树枝之上。调整渔线的位置，使之没入水域，然后将其固定，等鱼上钩。这种捕鱼方法最大的好处是节省人力。渔线固定在树枝上，不需专人进行看守，只需隔段时间进行查看，将上钩的鱼取走，再安放好下一个诱饵。如此循环往复，既节省人力，又可轻松获取食物。

立桩监视

立桩监视是巧妙利用机关进行捕鱼的绝佳方法。首先，在水域的底部竖直放置两根芦苇或木头，然后，将一根事先做好的渔线固定在两根芦苇或木头之间，切记渔线不能绑得太死，要能上下移动。在这根绑好的渔线上，有距离地系上两根同样的渔线，在保证两根渔线不会缠绕的同时，也要保证它们不会因为浮力作用而缠到芦苇或木头上。最后，选择恰当的时机，将渔线装好鱼饵。定期查看渔线，等待鱼儿上钩。

假饵钓钩

假饵钓钩是十分适合在光线较弱，特别是夜间进行捕鱼的方

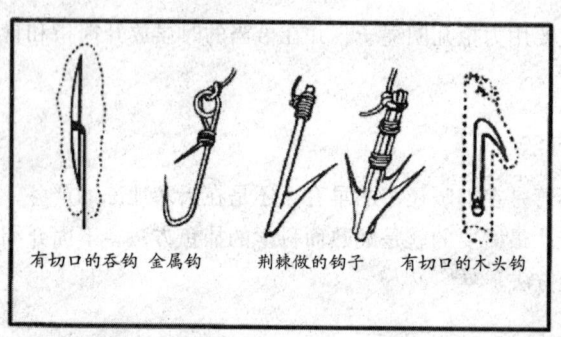

有切口的吞钩　金属钩　　荆棘做的钩子　　有切口的木头钩

▲ 简易鱼钩

法。进行假饵钓钩，要事先准备好一根长约 2.5 米、柔韧性能好的木棍或竹竿，一条长约 3 米的渔线，一个简易鱼钩，一些鱼饵以及一片发亮的金属片。金属片即为假饵。当一切材料和装备都准备好以后，要按如下的步骤进行操作：将渔线固定在木棍或竹竿的一端，然后在渔线上绑好假饵和鱼钩，确保假饵在鱼钩之上，然后将装好鱼饵的渔线放到水中。特别要注意的一点是，要用系着渔线的竹竿或木棍间歇性地轻击水面，使发亮的金属片假饵发挥作用，吸引鱼儿上钩。

徒手捕鱼

徒手捕鱼比较便捷，节省时间，节省材料，但是受到周围环境的极大限制。使用这种方法，仅限于水位较浅的区域。如，水流缓慢的小河，或是水位退去后遗留下来的小水坑。徒手捕鱼，捕鱼者要有足够的耐心和毅力。双手顺着水流的方向，缓慢移动，直至贴近水底。静观其变，慢慢接近鱼身，不能急于求成。顺着鱼腹，手掌接近鱼鳃，待到确定目标以后，快速出手，稳当而迅速地抓住鱼身。徒手捕鱼时捕鱼者注意不要被鱼刺、鱼鳍扎到。

冰上钓鱼

当你处在冰天雪地之中，安放渔线、立桩监视、假饵钓钩和徒手捕鱼等捕鱼方式都变成了纸上谈兵，这个时候最有效的方式是冰上钓鱼。在寒冷的冬天，冰上钓鱼操作起来简单易行。在结冰的河流表面挖一个洞，洞应选在水温相对较高的浅水区域，在这里鱼儿比较集中，方便垂钓。如果条件允许，可在洞口周围覆盖上一圈厚厚的树枝或干草，防止洞口再次冻上。虽说操作方法简单，可是冰上钓鱼还是具有一定的危险性。冰上钓鱼的前提是冰面必须足够结实。为了保险起见，钓鱼者应随身携带竹竿、木棍等防护器具，一旦冰面破裂，发生危险，可利用防护器具在第一时间逃生。

陷阱法

一些聪明的捕鱼者还会使用陷阱法进行捕鱼。陷阱捕鱼法适用于在海水中捕鱼。陷阱法巧妙利用了海水潮起潮落的间隙，设置陷阱，使鱼儿上钩。众所周知，在海水中，鱼群会随着潮水的移动而移动，鱼群常常会做着平行于海岸线的游行活动。知道了这点就可以在海水涨潮时根据鱼群的活动范围选择好地

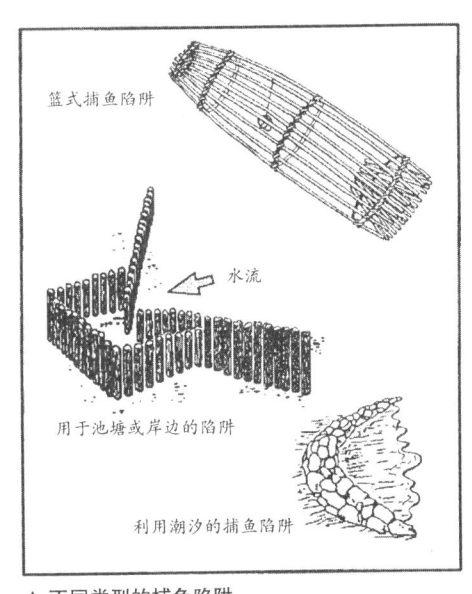

▲ 不同类型的捕鱼陷阱

点，在潮水退去后在此地及时设置陷阱。设置陷阱的方式有很多，比较常用且便捷的方式是利用海边的水坑、沙子等天然物，围堵鱼群。

叉鱼法

清清的水流中，一条又一条大鱼从眼前游过。此时，在确定了水位较浅后，可选用叉鱼法捕鱼。鱼叉制作和使用起来方便而有效。一根竖直的长树枝或竹竿，将其一端削尖，一个简易的鱼叉就做成了。如果削尖后的鱼叉仍是不够锐利，可考虑绑上刀片、锋利的金属片等，以保证叉鱼的效果。接下来要做的很简单，只需握紧鱼叉，将鱼叉置于水底，静静守候。然后慢慢靠近目标，当鱼叉到达游鱼的上方时，鱼叉与鱼身成45°角，迅速刺过去，直到鱼叉抵住河底，然后用手小心地将鱼抓上来。如果光线较暗，可使用手电筒、打火机等进行辅助照明，光亮不仅能帮助捕鱼者看清鱼群，还可以吸引更多的鱼。

药鱼法

药鱼法也是野外捕鱼的一种常用方法。药鱼法操作简便、效果显著，但同时也具有一定的潜在危险性。药物的选取至关重要，如有不当，可能会对捕鱼者自身造成伤害。药鱼法除选用石灰外，也常选用天然植物。一些植物中含有鱼藤酮，这种物质可以将鱼类杀死或麻醉，但它对于人体而言是无害的。含有鱼藤酮的植物，多数生长在河流或是小溪的上游。

注意：鱼藤酮发挥作用是有温度限制的，即当水温小于10℃时，将它置入水中，不会有任何效果；当水温大于21℃时，鱼藤酮见效很快。鱼类一旦接近这周围的水域，将会立即浮出水面，失去活动能力。

经医学研究发现，以下6种植物含有鱼藤酮：
- 防己属植物。这类植物属于木本藤蔓类，生长于热带岛屿地区。在捕鱼时，将其种子搅碎，而后撒到目标水域中。
- 巴豆属植物。常见于荒地之中，其生命力顽强。它的使用方法同样是将碾碎后的种子撒入水中，进而捕得鱼类。

- 玉蕊属植物。玉蕊属植物多生长在南美洲的沿海地带，性喜潮湿和温热。捕鱼时的用法与上述两种相同。
- 鱼藤属植物。鱼藤属植物属于热带灌木植物类。现在市场上流通的鱼藤酮多数是从这类植物的根茎中提取的。使用药鱼法时，找到这种植物，取其根部，研磨成粉末状，用少量的水将其溶解，而后将混合溶液洒入目标水域中。
- 澳茄属植物。这类植物常见于澳大利亚，鱼藤酮广泛分布于这类植物的植株中，因而在使用时，要将整株植物碾碎，然后置于水中。
- 灰叶属植物。这种小型灌木，在闷热潮湿的热带地区很常见，它的用法是将其叶子连同茎干一起捣碎，然后大量抛入水中。

砍鱼法

只身处于野外，在黑夜之中尝试捕鱼，砍鱼法值得一试。它的操作方法很简单，一支火把、一把砍刀、一颗勇敢的心，足矣。用手中的火把照亮一片浅水水域，吸引鱼群游过来。见到鱼游过来以后，用手中砍刀的刀背对准游鱼，将其打昏即可。

其他方法

在野外生存时，除上述这些常用的捕鱼方法之外，还有几种有效的捕鱼方法。如，浑水摸鱼、射杀法、爆炸法等。浑水摸鱼，即是用树枝、木棍等搅动河岸上浑浊的小水坑，打晕浮出水面透气的鱼。射杀法只有在捕鱼者拥有某种射击武器时才可使用。爆炸法也是一种捕鱼方法，且杀伤力大，一次爆炸法捕得的鱼可能是其他几种方法获取鱼数量的几倍甚至是几十倍。

学会上述多种捕鱼方法，即便是形单影只、独处野外，也不必担心食物问题。只要是有鱼的地方，就会有食物。

猎物的烹饪与储藏

身处野外环境时，我们必须对收获的猎物的烹煮知识有所了解，例如，烹煮开始之前，我们该如何处理食物；当还有食物剩下时，我们应当如何储藏它们，等等。如果烹煮的整个过程中，我们清洗食物的方法不对，或是储藏食物的方法不对，那么辛苦而来的鱼或猎物就会白白浪费掉。

处理食物的基本方法

1. 鱼类

那些看起来已经腐坏变质的鱼，烹煮一下，并不能让腐坏的鱼变得没有问题。我们需要记住一些鱼变质的特点：

· 鱼的眼睛向内凹。

· 鱼身散发出奇怪气味。

· 鱼身的颜色不正常（正常的鱼鳃颜色为红色或者粉红色，鱼鳞显现灰色，无褪色痕迹）。

· 用手指按一下鱼身，待抬起后，会在上面留下一个坑。

· 鱼身发黏，并不是潮湿的感觉。

· 鱼肉的味道辛辣。

当不小心食用了腐坏或是变质的鱼后，身体就会发生一系列的反应，如腹泻、恶心、腹部绞痛、呕吐、皮肤瘙痒、麻痹，且口中会有明显的金属腥味。一般上面提到的症状的发生时间是在吃完鱼之后的 1 ~ 6 小时以内。当发现自己有这些症状时，要马上刺激自己的喉咙，并努力将其吐出。

当鱼死掉后，它会迅速腐坏，尤其是在气温高的时候。当我们捕获到鱼后，一定要马上处理，并尽快食用。先将鱼鳃和脊椎下的大血管挑出来。如果鱼的身体长度大于 10 厘米，需要将鱼的内脏取出来。下一步是刮鱼鳞，或者直接撕掉鱼皮。

我们可以把整条鱼都叉在一根棍子上，然后放在明火上反复烤。但烹煮鱼的更好方法，就是将带着皮的鱼放到锅里煮，这样可以更全面地吸收鱼的营养。鱼的脂肪在其皮肤下面，选择煮鱼，我们还能品尝到美味的鱼汤。另外，烹煮鱼的方法也可以参考烹煮植物类食物的方法。用黏土包裹在鱼的表面，使其成为一个球，然后把它放到火堆里，进行烤制。当黏土变硬后，我们就将其敲碎，露出来的就是熟透的鱼。

判别鱼是否煮熟，只需看它的肉是否能轻松脱落。如果想要储存一些鱼，应对以后的食物紧缺，我们可以将鱼放到烟上熏干或是放在太阳下晒干。注意在熏鱼之前，需要将鱼头割下来，然后再将脊椎剥出来。

2. 蛇类

吃蛇必须要剥掉蛇皮。在剥下蛇皮之前，需砍下蛇的头部，并且位于蛇头以下大概 10～15 厘米的那一段同样要砍掉。这么做的目的是为了将蛇头下端的毒液囊全部清除掉。切下的毒液囊要迅速进行掩埋，并且谨防

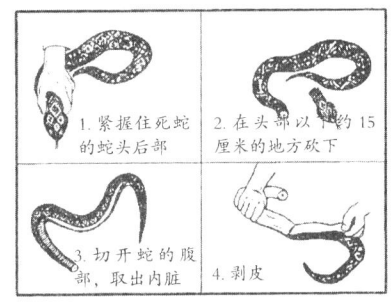
▲ 把蛇开膛去皮

接触。之后要在蛇皮上切出一个口子，长度在 2～4 厘米之间，向后翻开它的皮，用一只手抓住蛇身，另一只手拽住蛇皮，用力撕扯，将蛇皮剥离蛇身，然后将蛇的内脏全部清理出去。把蛇切分为几块，或者煮，或者烤。

3. 鸟

当我们杀掉鸟后，需要把它身上的毛都拔下来或是剥掉鸟的皮。请牢记一点，如果将鸟皮剥掉，其营养会流失一部分。下一步是将鸟的腹腔切开，将内脏取出，只留下心脏、肝脏、嗉子（以种子为食的鸟类）。然后将鸟的爪子砍下来，用煮或者烤的方式来烹制。

注意：如果捕获的鸟是以吃腐肉为生的，就一定要煮20分钟以上，这样才能杀死鸟身上带的寄生虫。

猎物屠宰和剥皮的方法

先割开猎物的喉咙，让其失血而死。如果情况允许的话，要把猎物拿到河水中进行仔细清洗。然后从腹部以上的部分开始剥皮，从喉咙到尾巴的部分都要剥掉，而且最好将猎物的生殖器官去除。下图（左）A点到B点之间是猎物的麝腺，一定要切除掉，否则就会影响到肉的口感。如果猎物是体形较小的哺乳动物，需要将动物身体一周的皮切开，将自己的两根手指伸到切口的两侧，用力剥下它的皮。

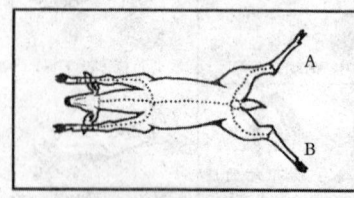
▲ 较大猎物的剥皮和屠宰方法

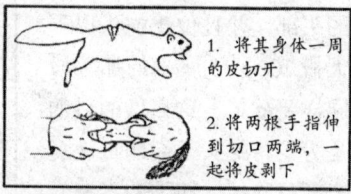
▲ 较小猎物的剥皮方法

注意：在切开动物皮时，需要把刀刃插进动物皮下，然后把刀刃由下向上翻，这么做的目的是避免动物毛发和肉混在一起的情况发生。

取体型较小的动物的内脏时，可直接切开动物的身体，用自己的手取出内脏，不能遗漏掉胸腔部位。而体形较大的动物，我们需要将其食道与隔膜分开，让内脏从其身体里滚出。再将其肛门切开，一直贯穿到下腹部，拽着大肠，用力把它们从动物体内拉出。用手捏住膀胱，然后用刀割掉膀胱。若是有尿液不小心溅到了动物的肉上，一定要反复清洗直到干净为止，否则其上就会有味道，影响食用。把动物的肝脏、心脏保留下来。切开它们，仔细察看里面有没有寄生虫或是蠕虫。同时要观察肝脏颜色是否正常。正常的肝脏表面湿润、光滑，颜色呈紫色或深红色。若是肝脏的颜色有些异常，就不要冒险去尝试。但是，肝脏看着不健康，不代表动物的肉也不健康。

剥大形动物的皮，首先下刀切的位置在其脚部，沿着它的脚一直切到之前切开的口子，然后就可以剥皮了，当遇到组织连接处时，需要用刀割一下。随后将动物的头和脚全部砍下来。

我们可以将体形大的动物切成块，这样就便于携带。首先，切断前腿与身体连接的肌肉组织。四足动物，在其前腿和身体之间是没有关节或是骨头的。然后，将身体的后腿还有臀部切断。我们需要切开大腿前侧的大骨头，一直切割到臀部的球状关节。之后，切开关节四周的韧带，让其弯曲，用力将它们分开。位于脊柱两侧，也就是腰及背的位置，有两块大肌肉，我们可以将它们切下来。切开肋骨和脊椎之间的连接，先是切断肋骨，这么做既节省力气，也不会磨损刀，再顺着刚才的切口，我们就能顺利分开脊椎和肋骨了。

烹制的方法

切好的肉块，我们可以放到锅中煮，或是将肉叉到棍子上烧烤。如果肉块比较小，可以放到锅里熬汤。动物身上的一些器官，如心脏、肝脏、胰脏、肾脏、脾脏等都能用上面的方法来烹制。我们同样可以食用动物的大脑。动物的舌头也可以吃，将舌头切下来，然后将皮剥掉，当舌头彻底软烂后，我们就能吃了。

保存食物的方法

1.熏肉

先生起一堆火，然后在火堆四围形成一个圆圈。把两块雨布像图中那样搭在上面。火堆不用烧得很旺，因为我们不是用火来烤，而是要用产生的烟进行熏制，所以是不用火苗的。不要使用树脂木头，因为树脂木头燃烧后产生的烟，会影响肉的口感。选择一些硬木当材料，如此形成的烟用来熏肉刚刚好。用来熏的肉，需要切成片状，且不要太大，其厚度最好在6毫米以内，将其串好，挂在架子的上边，肉片之间的距离不要太近。雨布围得恰当的标志就是，烟不会跑走。多留心火堆，不能让火过热。如此一来，肉在熏烤一个晚上之后，一般能保存6~7天。如果肉熏制了连续两天，则能保存14~28天。熏好的肉，其颜色很深，会卷成棍状。肉熏制成功后，可以立即食用。但更多还是为了保存，可以在地上挖出一个深一点的坑，用来放熏肉。

2. 制作肉干

我们可以将肉彻底干燥，这也是一个保存肉的方法。具体做法如下：先将肉切成长条，宽度为6毫米左右。然后将这些切好的肉条全部悬挂在架子上，寻找一个通风且干燥的地方放置，且要保证其他野生动物不会偷走。把肉条都盖起来，这样能保证不被苍蝇骚扰。在食用前，要检查肉条是否完全干燥。完全干燥的肉的鉴定方法也很简单，那就是放入口中感到清脆，并且用手指摸一下，不会感到冰冷。

3. 其他储存食物的方法

将肉冻住或是用盐来泡肉，同样是很好的保存肉的方法。如果天气很寒冷，就可以用冷冻肉的方法来保存。冷冻过后的肉还要进行烹制，才能拿来食用。另一种方法是准备一些盐水溶液，然后将肉放进去，同样可以很好地保存肉。盐水溶液需要将肉没过。拿盐来掩埋肉，同样能增加肉的保存时间，但是吃之前需要把盐都洗掉。

搭设炉灶

大石头堆成的炉灶

在野外想要生存下来，最主要的是找到食物，所以烧煮食物是十分必要的。在不可能随身携带燃料和做饭工具的情况下，自己动手建立炉灶能够使热量集中，节省找到的燃料。如果单纯地点燃篝火，可能会使热量迅速丧失，浪费能源。

最简便容易搭建的炉灶是野战灶，这种炉灶的搭建方式在行军打仗时经常会用到。具体操作方法：找到三块形状、大小比较相近的石头，把平整的一面向内摆成三角形，把火堆围起来，使火堆的三面都被石头挡住，同时注意要面对风吹来的方向留出缝隙，让风能不受阻挡地进入石灶内，防止篝火因为缺氧而熄灭。摆好石头后把炊具架在石头上，注意保持平衡，防止炊具翻倒。锅底或壶底要离开地面20厘米左右，如果使用的燃料是牛粪，最好不要超过20厘米，如果使用的燃料是木柴，就可以适当地加高。这种炉灶不能有效地节约能源，不过搭建起来简单方便，易操作。

除了野战灶之外，还可以用石块垒成马蹄灶。收集一些碎石块，搭成高度为40厘米、内径为30厘米的半圆形，到上方时一定要向内收缩，以便在上面摆放锅或者壶。石块之间留出可以通风的缝隙，炉灶呈马蹄形，方便在开口处添加燃料，开口要朝向风向。这种炉灶可以有效地集中篝火的热量，同时节约燃料，在刮风的天气还可以避免引起火灾。

土洞挖成的炉灶

如果既找不到石块又没有树枝，就可以采用坑灶。在地上挖出一个深20～30厘米、长20厘米、宽30～40厘米的斜形地穴，开口迎着风向，在坑口两边堆起土包，在上面架上木棍或帐篷杆，吊上锅或壶，底端离坑底的距离在20厘米以上，在坑里点上火就可以做饭了。

在野外使用炉灶时要注意避免引发火灾，在搭建炉灶之前要清理周围的杂草和易燃物。离开前一定要熄灭篝火，并且用土把灰烬掩埋。

在土坑中烹饪食物

1. 收集大量没有被水泡过的石头，将它们放进火堆中加热。

2. 挖一个深度在60厘米左右的土坑，其宽度取决于你要烹饪的食物的量。

3. 当石头被充分加热之后，将它们夹进挖好的土坑底部，石头越多越好。

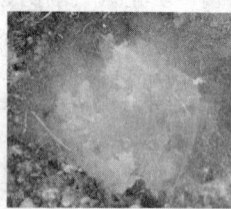

4. 等待一段时间，让石头将土坑烘干，然后在石头上铺一层树叶，以防止石头把食物烧焦。

5. 将食物包进可食用的树叶内，再将包好的食物放进坑内，大块的食物不需要用树叶包裹。

6. 石头的热量将会升上来加热食物。

7. 用可食用的树叶或者青草盖住食物，覆盖一层树皮同样也能避免泥土弄脏食物。

8. 用泥土将坑全部填上，用某种方式做记号，提醒自己土坑的位置。

9. 让食物保持这种烹饪状态3～7个小时（时间长短与食物大小有关），然后小心地挖开土坑，就可以享用美食了。

第五节　绳结的使用方法

有关结绳的术语

在野外生存，很多种情况都需要用到绳结，例如搭帐篷的时候，做捕猎陷阱和套索的时候，制造设备武器的时候，等等。所以，我们最好懂得有关绳结的术语。以下的术语是我们需要了解的：

绳耳，英文是Bight。绳耳只是绳子上弯曲的地方，并没有交叉打结。

结的布置，英文是Dressing the knot。绳子上打的结要均匀分布，不能让绳子本身被过分地扭曲。处理不好，绳结就容易松掉。这个术语还有另一个意思，就是要拉紧绳结，绳结各处要绑紧，并使结能够使用。绳结拉得不够紧的话，一旦受力过大，就容易松开。

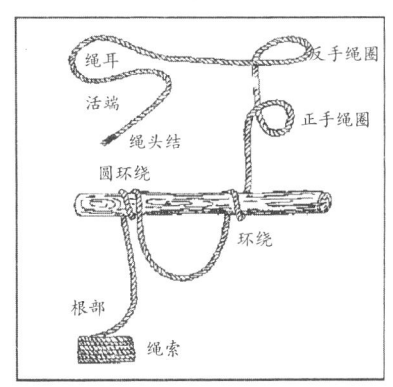

▲ 缠绕

缠绕，英文是Wrap。缠绕有两种情况，一种是在两根木棍上面缠绕后打方回结，另一种是在三根木棍上面缠绕后打三脚架结。然后在起始、末尾各打一个卷结，配合缚紧，这样子会更加牢固。

缚紧，英文是Frap。缚紧的意思是绳索跟绳索之间是成垂直角度打结，并且后一根绳索是缠绕在几根木棍上的，这样的绳结可以让木棍捆绑得更稳固。

捆绑，英文是Lashing。捆绑就是在缠绕和缚紧的基础上将两根或三个木棍做成一个三个脚的支架。起始、末尾各打一个卷的结，这样形成的角度会非常紧固。

绳捻，英文是Lay。很简单，这个术语就是绳股的意思。

绳环，英文是Loop。绳环在生活中很常用，就是拿一根绳子，让它的两头连起来交叉打结，最后得到一个环状的绳。

猪尾，英文是Pig tail。猪尾就是打完结后，绳索活动那端剩下的绳子部分。猪尾不要超过10厘米长，以免过长的绳子缠到别的地方。

活端，英文是Running end。活端也叫自由端或工作端，其实就是我们打绳结所用的那部分绳子。

根端，英文是Root end。在一根绳子上，除了活端，剩下的就是根端了。

环绕，英文是Turn。环绕是绳环的一种，缠绕在立柱、横杠或者圆环上面，特点是活端和根端方向相反。圆环绕刚好相反，活端和根端大致为同一方向。

绳头结，英文是Whipping。绳头结的作用是为了防止绳头部分的绳股受到过大摩擦而松开。所以我们可以这样做，拿一点东西将绳头顶端部分包裹起来。想要切断一根绳子之前，我们就可以提前在切口两边都绑上东西，这样子绳股就不容易松开了。

基本绳结的介绍

下面将介绍一些你需要了解的绳结的基本种类及打结方法。

半结。半结是所有绳结中最简单的一种。半结有个缺点，就是没有重量在上面的时候，它会自己松开。所以，一般都不用半结，而是用反手结代替。

反手结。打反手结很容易。我们穿运动鞋时，系鞋带这个过程的前半部分所打的就是反手结。上面提到我们现

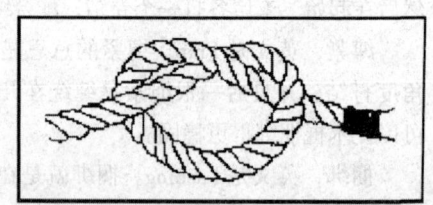

▲ 反手结

在用反手结代替半结，但是由于反手结会减少绳索55%的强度，因此建议将反手结打在所有的绳结最后，作为收尾的绳结。

平结。平结不仅打起来容易，用途也很多。简单来说，平结就是两个方向相反的反手结。简言之，就是左边的绳子在右边的上面，右边的绳子在左边的上面。打平结的时候，将两条粗细一样的绳子的绳头像系鞋带一样系在一起，切记要在两端分别打上两个反手结。因为平结形成了两个绳环，也容易解开，所以检查起来比较简单。

单绳锚结。一种主要的单绳锚结，其打结方法是先将一根绳索环绕一圈，然后再打两个半结。这种绳结在其他的绳结因过度使用而没有办法解开的时候，有很大的用处。比如，在你需要将绳子系到树或者杆子上时，就可以使用这种单绳锚结。

卷结。卷结是一种简单容易的锚结。如你需要在树上绑一根绳子，并且要攀爬上去或者是系重物的时候。这种绳结很简易，但是如果绳索不绷紧的话会很容易松动。要解决易滑脱的问题，可以用绳子在要悬挂的重物上多绕一圈。

普鲁士结。把一条短的绳索缠绕在长的绳索上打的结，就是普鲁士结。普鲁士结的特点是，在长绳索没有绷紧的时候，短绳索可以上下自由滑动，而当长绳索绷紧的时候，短绳索则会固定住。因为这样的特点，普鲁士结经常被用作攀登绳上的脚蹬。

称人结。绕身称人结因为在人的身体上绕一圈形成一个环，因此在绳索绷紧的时候，既不会滑脱也不会成为死结。因为这个优点，长期以来，称人结成为救援过程中基本的绳结之一。有的称人结会以反手结为尾结。但是因为这种结对绳索的

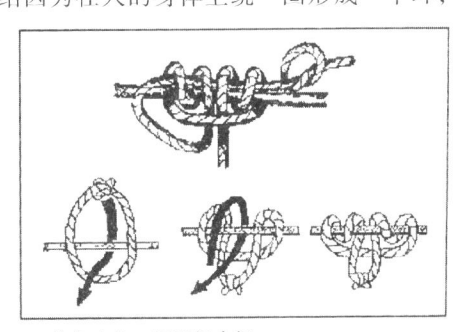

▲ 普鲁士结，绳及绳中间

伤害较大，现在多用"8"字结来代替称人结。

"8"字结。刚才提到，现在"8"字结已经代替称人结，成为救援过程中使用的主要绳结。"8"字结的优点在于，它比称人结要结实耐用，打法容易，检查起来也比较便利。但是"8"字结还有一个缺点，就是在它湿了以后解开它会比解开称人结还要棘手。"8"字结可以作为在一条固定的绳索上作锚结口。

用绳子捆绑的方法

绳子可以说是一个伟大的发明，它被人类使用了5000以上，尽管材质有变化，但形状、特点、使用方法并无变化。直到今天，人类仍大量使用绳子，我们在野外生存中尤其经常用到它。

绳子的捆绑有时被归纳为打绳结的一种。其实捆绑和打绳结并不完全相同：捆绑一般都需要打绳结，但打绳结却不一定能实现捆绑的目的。如果我们不懂得捆绑的技巧，很可能没法保证捆绑的效果。这正是许多看似牢固捆绑的物体轻易散落的根本原因。

我们在野外生存中主要通过捆绑实现固定和维稳作用。最常见的是固定相互垂直的两根棍状物的十字捆绑法。我们制作木筏、船桅、搭建挡风墙或木屋时都要用到这项技术。它使用的技巧实际上就是绕圈，先在交叉棍状物体的四个方向各绕两圈，然后沿逆时针方向在横棍上缠绕几圈，再在竖棍上缠绕几圈，打个起固定作用的反手结，然后再在上下横木上缠绕一圈，最后打三套结。

圆形捆绑法也是常用的捆绑方法。它用于将两根比较短的棍状物绑在一起，组成一根长竿。这种捆绑法要求所捆绑的棍状物是细长的，有足够的捆绑空间。它的捆绑方法是先将两根棍状物的连接部分并拢，用绳子在一头打三套结，之后绕几圈再打一个三套结。从一头往另一头缠绕捆绑，一直打到另一头为止。捆绑完成后，最好在两根棍之间插入一个固定桩，使绳子更紧绷，以达到满意的捆绑效果。

第六节　野外洗澡及卫生处理

野外洗澡的方法

在野外，没有像家里那么方便的浴室，也没有很好的淋浴设备，但是当你出了一身汗或者是全身脏兮兮的，不洗干净就无法入眠时，只能为自己创造一个洗澡的环境。

第一种方法是淋浴式的洗澡方法。淋浴式是一个利用"连通管原理"来进行淋浴的方法。野外生存的时候，

在野外，不要在溪流、湖泊和江河中使用肥皂、洗发水等。尽管它们的生产商可能都标注其为环保产品，实际上与生产商所宣称的刚好相反，这些产品不会完全降解，即使是一小块肥皂也可能破坏整个环境。

要带着一个专门用来装水的容器。这种专业水袋会带着吸管，你就可以把这个吸管当喷头来使用。在一个平整安全的地点，垫上几块防潮垫，加上登山用的拐杖和一块地布，搭建成一个方便实用的简易浴室。然后就可以洗一个舒服的澡了。

第二种方法是泡澡式的洗澡方法。在野外生存环境，当你发现河流、湖泊、小溪等水源的时候，如果水温合适，你可以直接跳下去泡澡。如果在天寒地冻的情况下，你可以在岸边挖一个足够大的洞，作为你泡澡的浴盆。

挖好洞之后，首先，引进适量的水。白天让水刚好暴晒在太阳下面，几个小时候，水就可以热起来；或者用大火烧一些石头，将烧热的石头丢进"浴盆"里，水温也可以升高。当水温达到你认为适合的程度之后，你就可以进去享受一下露天的泡澡了。

制作肥皂和洗漱用品

出门远行或者野外生存最容易忘掉的就是肥皂。其实在野外制作肥皂非常容易,而且对于保持卫生非常重要,尤其是在生死攸关的情形下。

即使带了生物可降解的肥皂或者洗发水,你也必须意识到它们的降解需要土壤,因此为了避免污染,应该在距离水源 25 米以外的地方挖一个坑将洗漱用水全部倒进去。

制作肥皂所需的原料如下:

- 木炭灰(含碱)
- 水
- 油或者脂肪(动物脂肪、植物脂肪均可)
- 松脂或者松针(这些东西并不是必需的,只是为了让肥皂

制作简单的肥皂

1. 等待火堆燃尽冷却,从中收集部分炭灰。

2. 将块状的炭用石块捣细成粉末状。

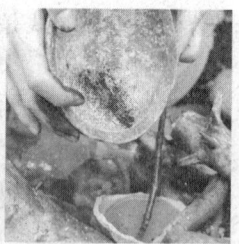
3. 将炭灰与水混合,充分搅拌,滤出炭灰,留水备用。

4. 加热油或者脂肪,然后将过滤之后的水倒入。再将混合物重新烧开。

5. 捣碎一定数量的松针,并将其加入到混合物中。继续加热,直到蒸发掉所有水分。

6. 将混合物从火上移开,冷却。这样就制作出很好的具有一定抗菌功效的肥皂了。

具备杀菌功能和好闻的味道）

你还需要某种过滤的装置，如用一块布料将灰烬从水中过滤出来。最好用棍子对炭灰和水进行搅拌，因为炭灰的碱性很强，不要用手搅拌，以免灼伤皮肤。

当水被蒸发掉之后，剩下的混合物就是一种很好的肥皂了。你还可以通过改变其中炭灰、油和松脂的比例来调节其功能的强弱。

丝兰肥皂

另外一个制作肥皂的常用方法就是捣烂丝兰根。捣烂丝兰根的时候会有一种泡沫状的东西溢出，这种东西富含皂角苷。用这种泡沫可以制作肥皂和洗发水。

牙膏

如果能够发现山茱萸或者桦树，可以嚼一段它们的嫩枝，然后将剩下的纤维作为牙刷，将放有炭灰的水作为牙膏。但是刷牙之后必须用清水彻底漱口，避免刺激口腔。

可以在水中加入捣碎的松针，然后过滤用作漱口水。这种漱口水有一股好闻的味道并具有一定的杀菌功效。

制作抗菌型漱口水

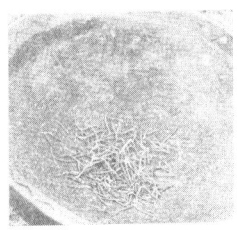
1. 收集一定数量的新鲜松针，放入碗中。

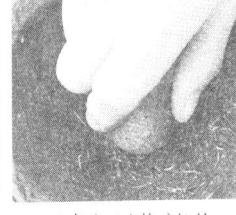
2. 用干净的石头捣碎松针。

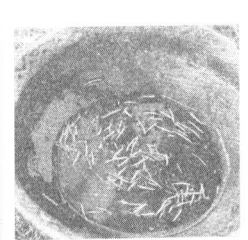
3. 加入开水浸泡约5分钟，过滤。

指甲和头发护理

卫生当然也包括修指甲和剪头发。保持指甲较短的一个简单有效的途径就是在光滑的石头上磨。磨指甲的石头应该具有金刚砂的质地。磨指甲可能是一个比较费时间的事情，但是总比指甲太长不小心被折断要好。至于头发，如果没有黑燧石之类锋利的石头可以用，就最好让它继续生长。

如果你找到了像黑燧石这样锋利的东西，最好不要用它们刮胡子。即使刮，也一定要保持高度警惕，因为它远比金属刀片锋利，而且还不规则，更没有现代剃须刀那样的保护措施。与其不小心伤到自己，还不如不刮胡子。

垃圾的处理方法

美好的生态环境是在时间的流逝中慢慢沉淀、积累下来的，需要一个漫长艰难的过程。人类进入大自然，各种活动都会破坏它的自然状态。我们要学会保护自然环境，在迫不得已必须对自然造成伤害的情况下，也要将伤害降低到最低。

首先，我们要学会处理垃圾，包括各种废弃的包装袋、废旧的电池、已被损坏的设备、用过的各种生活用品、粪便等的处理。最常见的处理方法就是综合利用、堆肥、焚烧和卫生填埋。

我们通常将垃圾分为四大类，分别是可回收垃圾、厨房垃圾、有害垃圾和其他垃圾。像纸张、塑料、玻璃和各种金属等都属于可回收垃圾，对这种垃圾一般是用综合处理方法来处理。循环利用这些资源，不但减少了环境的污染，同时还减少了资源的浪费。像剩菜剩饭、菜叶、骨头等就属于厨房垃圾。这种厨房垃圾都是可以降解的，所以对这种垃圾的处理方法就是堆肥，让它们继续做肥料。废旧的电池、日光灯管以及水银温度计等含有不可降解的金属以及过了保质期的药物，都属于有害垃圾。这种有害垃圾不但会污染环境，不小心处理的话还会造成人体伤害，所以需要比较特殊的处理。除了这三大类垃圾，剩下的一些卫生用品等都是其他垃圾。为了减少这些垃圾对土壤、空气以及水资源的污染，可以通过填埋来处理它们。

在自然环境中，还要懂得一些保护自然环境的措施。水是生命的源泉，水一旦被污染了，就很难进行清理。在野外生活的时候，要特别注意水资源的保护。我们可以通过以下做法来处理垃圾，保护自然中的水资源。

·不要直接在水流中清洗东西。要先把水打起来，然后在离水源几米的地方清洗，洗过后的水也不要倒回水源中，以免造成水源的污染。

·任何化工生产出来的浴室卫生用品和化妆品都要禁止使用，特别是要禁止在水里使用，否则造成的污染更严重。

·临时厕所必须离开水源30米以上，而且要设在露营帐篷的下风处。有条件的话，还可以给厕所加上盖子或者用泥土掩埋，以免气味挥发，污染环境。离开之后一定要在将厕所掩埋，尽可能地恢复原来的样子。最好还要在厕所旁边立块东西，写明厕所曾经存在的日期和具体地点。

要合理处置废弃物，一个大的营地留下的垃圾会破坏自然环境。

·需要掩埋的垃圾要集中倒进坑里，统一处理，不要这里掩埋一些、那里掩埋另一些。像电池一类的垃圾是必须特殊处理的，一定不要将它们混在掩埋的垃圾里面，否则对自然造成的伤害是非常严重的。

·如果是可以做焚烧处理的垃圾，就将它们集中起来焚烧。

然后，除了学会垃圾的处理和保护水资源，人类还要知道怎么样才能不破坏自然的原始生态。保护环境，人人有责，人类可以从以下几个方面做起：

·如果不是十分需要，就不要用火。如果必须生火，在离开前也要确保火种已经熄灭。吸烟的人不要随处乱扔烟头，必须熄灭后带走。

· 不要采摘、挖掘和破坏植物。即使是需要开路，也要小心，保护植物的主干，让植物能尽快恢复原貌。像一些山顶的植被，在贫瘠缺水的泥土里，本身比较难以存活，所以更应该受到细心的保护。如果需要生火，应选择枯枝烂叶作为燃料，而不要随意砍伐树木。

· 尽量不要猎杀野生动物。野生动物是受到国家法律保护的。因为它们的生存区域已经越来越小了，品种也在日益减少，所以我们需要保护它们。如果生命没有受到威胁，千万不要随意追捕动物。即使迫不得已需要食用动物才能维持生命，也要尽量减少对动物的猎杀，尽量不捕猎刚成年的动物。不要在动物的巢穴旁边吸烟、焚烧、生火煮东西，以免影响它们的正常生活。

· 去到哪里，都不要破坏环境；离开哪里，都要把当地环境恢复原样。在我们离开营地之前，把生火的灶台拆除，把排水沟填好，将所用的材料全部放回原处，将所有的垃圾都带走。即使是走在路上压坏了一棵植物，也要将它扶起来，如果植物被压伤了，还得拿东西把它固定起来。

· 如果在路上见到别人丢弃的垃圾，爱护环境的人都应该把它们捡起来，跟自己的垃圾放在一起，然后再集中处理。

第七节　野外如何活用指南针与地图

指南针基础知识

虽然叫指南针，但因为绘制地图时常常按照上北下南的方式，所以指南针现在在多数情况下是用来寻找北极的。当然，找准了北方也就意味着弄清了另外三个方向。

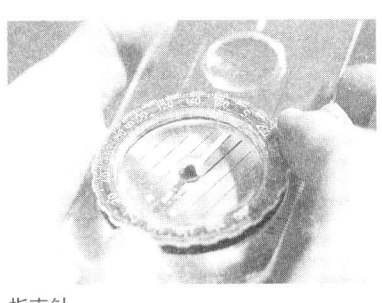
指南针

用于野外的指南针通常有薄身和盒形两种。薄身的是长方形，周身透明，易于放在地图上比对方向，精致小巧易于携带。军队多采用盒形指南针，用以目测方向。

有的指南针指针周围充满液体，这是为了防止指南针转动过快，也可起到固定指南针的作用。有的指南针指针涂有夜光剂，方便在晚间查看。一般情况下，深色的箭头指向北方。

有的指南针以东（East，简写E）、南（South，简写S）、西（West，简写W）及北（North，简写N）四个方位来表示方向；有的则是把原盘分为四部分，按照北

小资料

如何携带指南针

　　所有类型的指南针对撞击和震荡都比较敏感，因此在携带过程中必须小心。最好用一个套子包起来。为了方便拿取，可以把它放在上衣口袋里或腰带里，也可以挂在脖子上。

　　当你坐飞机的时候，要将指南针存放在手提袋里面，以免高空大气压力影响其准确性。

（南）偏东（西）的方式计算方向；有的采用从正北起顺时针方向的方位角度数计算方向。

使用时，水平放置指南针，读方向时要确保方位阅读线和前进方向在一条直线上。需要注意的是，由于地磁的南北极每天都在缓缓地移动，所以指南针和地图上的南北极并不完全重合，产生的偏差叫作磁偏角。在使用时要注意校正磁偏角。

由于指针指向地球内部的磁极，因此在高纬地区使用指南针时，指南一端会翘得过高以至于卡在镜面停止转动，所以，有些指南针制造者在南端加重了重量，以在高纬地区使用时取得平衡。有时水平瞄准目标，视线和读数距离不同容易造成判断偏差，而军用指南针的镜面反射设计就很好地解决了这个问题，使方向判断更加精确。

用完后要及时清洁，然后将其小心放置在稳妥的位置，确保指针能随意移动。避免碰撞，更不能把指南针和带磁性的东西、铁或其他电器用品放在一起，也不能靠近高温物体。

简单补正偏角的方法

地球上磁石的北方并不是对应着北极，准确的位置是在加拿大北方，距离北极2000千米。所以，指南针上指出的北方实际上不是北极，而是前面提到的位置。在世界上任何一个地方使用指南针，它所指示的北方与实际的正北方向都会有一定角度的偏离，这个角度就叫作偏角。

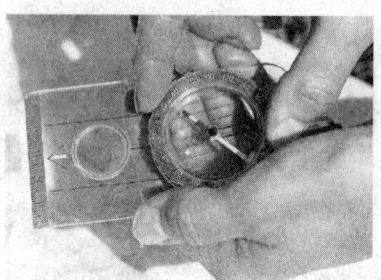

在使用指南针进行定位的时候，要在网格方向的基础上加上或减去磁偏角的数值，才能得出正确的方向。

根据科学数据，在偏角达到8°的时候，每1000米会出现140米的误差。

补正地磁偏角的方法:

摆正指南针，选定目标作为参照物。

伸直双臂，六根手指的宽度相当于6°的视角，将六根手指的宽度对准目标。

将六根手指朝东移动，瞄准另一目标，该目标即是正北方方向。

此外，可以使用量角器补正地磁的偏角。首先弄清楚当地的偏角，然后使用量角器与地图上所标记的北方重叠，在偏角的位置处画直线，接着将指南针瞄准地图上的线，指针与直线重合的地方就是正北方。

还可以使用带有补正地磁偏角功能的指南针，这种指南针的磁北针转盘附在正北针的刻度上。使用的时候，如果当地的偏角为8°，就将转盘转到8°的位置上。

利用指南针辨别方向

在野外生存环境中，如果你找不到方向，指南针就派上用场了，它可以帮助你找到你的目的地方向。指南针要在磁针静止的情况下使用才能得到高准确性的方向。使用的时候还要注意远离磁铁、高压线和任何含有磁性的东西。

如果手上没有指南针，也可以自制一个简易的临时指南针。这个临时指南针可以用一个细线吊起来做成悬挂式，还可以水平地放在纸张、树皮和叶子等物体上，让磁针自由地转动，指向南

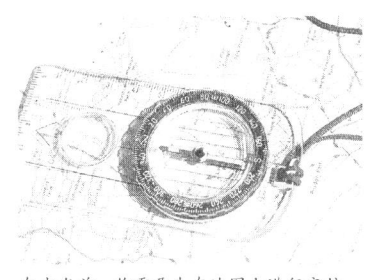

在出发前，你需要先在地图上进行定位。如果能见度比较差，可借助于指南针。

正确使用地图和指南针有助于你规划行程路线、测定距离以及野外定位。

北方向。

你先要学会如何使用指南针,才能正确找出要行走的方向。下面详细地介绍了使用指南针确定自己所在位置的方法:

·先确保地图上各个地方和实际的地理环境上的方向是相同的。

·拿出地图,摊开地图在一个平面上,寻找两个或者两个以上可以看见的明显标志物。

·让指南针长的那条边对准第一个标志物,使得指南针圆圈的箭号和指针方向一样。

·保持圆圈方向不变,轻轻地将指南针放置于地图上的北边方向,使得这时候长的那条进行线的末端对着第一个标志物。

·在圆圈箭号和指南针的指北方向上画一条延长线。

·用同样的方法,得到第二个标志物和指南针指出的直线,让两条直线相交,相交点就是你正在停留的地方。

学会了确定自己所在位置之后,再学习如何使用指南针和地图找出即将要行走的方向。具体步骤如下:

·先使用指南针,找出所在位置和目标地点之间的直线,这时候直线要对准指南针长的那条边,也就是进行线。

·让圆圈箭号、磁北线保持平行。

·把指南针拿到身体前面,调整身体方向,让箭头和指针重叠起来。

·然后让进行线的方向也跟着重叠起来,得到的方向就是要前进的方向。

认识比例尺与等高线

地图上的大小和现实中实际数值之比就是比例尺。根据比例尺以及图上数值,我们可以算出实物的实际数值。常见的表示比例尺的方法有文字式、数字式和图解式。比例尺越大,标注的内容越详细,反映的信息也越多。所以在准备野外使用的地图时,尽量选择比例尺大的地图。

等高线是地形图上将海拔高度相同的点连接起来形成的封闭曲线。等高线上的数字就是这条等高线所代表的海拔高度。根据其作用不同，等高线分为四个类型：首曲线、计曲线、间曲线、助曲线。首曲线是普通的等高线；计曲线是每隔一定距离被加粗的等高线；间曲线和助曲线分别是在普通等高线1/2和1/4处被标记出来的虚线，用以判定一些细微处的高度变化。一端与等高线相连并与等高线垂直的线叫示坡线，不与等高线相连那端指示下坡方向。

通过读等高线可以对地形、地势、海拔、坡度等有一个大概的了解。首先，在同一等高线上的点海拔高度相同；等高线越密集，坡度越陡，反之，坡度越缓；各等高线间隔差不多，表示高

小资料

比例尺	用途
1：15000	定向越野
1：25000	步行
1：50000	步行或爬山
1：100000	骑自行车旅行、开车旅行、划船旅行
1：250000	骑摩托车旅行
1：1000000	国家地图

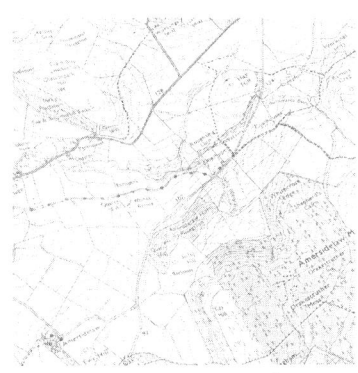

比例尺为1:25000的地图意味着地图上4厘米的距离代表实际1千米的距离，能够提供较多比较详细的信息。

比例尺为1:50000的地图意味着地图上2厘米的距离代表实际1千米的距离，这便于估量实际中的距离。

度下降均匀；一组等高线向山顶弯曲，表示此地可能是山谷；一组等高线向山脚弯曲，表示此地是山脊。阅读等高线来辨认地形，对野外活动意义重大。

认识图例、坐标格和经纬度

地图是旅行、远足、战争等必备的辅助工具。在日常生活中，人们也常常使用交通图、省地图、市地图等。地图的主要作用是帮助人们找出从出发点到目的地的前进路线。在野外生存中，地图除了帮助人们寻找地点和路线外，还有其他重要的功能。要想充分利用这些功能，就必须知道如何识图。

图例

规范的地图上都会有图例，图例即是用各种各样的符号来表现河流、沙漠、森林、加油站、交通线等景观和建筑物。图例在地图的四角上，一般的地图，图例会出现在地图的左下角或是右下角区域。

对于地图图例的使用，世界各个国家的用法不尽相同，但是对于一些出现频率高且有重要影响的景观，图例的选择一般是相同的。在一张地形图上，蓝色代表的是海洋，且蓝色越深说明海水越深。绿色代表森林，绿色越深，代表植被覆盖率越高。褐色代表高原，黄色且均匀分布的点状区域代表沙漠。

弄清图例上的每一种符号代表何种景观，对于野外求生者而言，是获取资源、寻找食物等的好帮手。

坐标格

为了方便人们辨别方位，几乎每一张地图上都有经纬线，还会有一些正方形的格子，帮助使用者进行距离的测算、方位的确定等。人们通常把这些方形小格子称为"坐标格"。

坐标格的大小是依据所选比例尺的大小来决定的，坐标格通常与比例尺是成整数倍的关系。例如，坐标格间的间距是 1 厘米，而实际距离是 3000 米，说明这张地图的比例尺大小是 1 ∶ 3000。坐标格可以帮助使用者很好地计算出地图上两点之间的距离，方便快捷而且准确性高。

有一种方法可以提高使用者对两点之间距离的估算。将小方格做十等分，然后将每个方格代表的实际距离除以十，即是每个十等分所代表的实际距离。运用这种测量方法，准确性更高。

经纬度

经纬度是在地球表面进行定位的一种方法，了解经纬度知识，可以帮助野外求生者辨别方向，特别是当求生者身处森林、海洋时，一张有经纬度的地图是求生的法宝。

读地图

数千年以来，人们一直在没有地图的情况下成功地穿梭于世界各地。各种精确的地图仅仅是近代以来才发展起来的（最早可追溯到 200 年前）。在各种精确地图的帮助下，导航越来越成为一项精准的技术。当然，如何读懂地图也成了一门学问。为了你自身的安全，你必须学会这一技能。

3 种不同的北向

大多数国家和地区的地图顶端都标有地球正北方向（地理北极的指向）。但是，网格比例尺地图通常使用网格北向。网格北向与地理北向的区别在于：地图是平面的，而地球表面实际是呈弧形的，故而两者所指向的正北方向并不一致。在中低纬度地区，两者之间的区别并不是很大；而在高纬度地区，两者之间的区别就比较大了。第 3 个北向是北磁极。指南针的指针就始终指向北磁极（目前正位于加拿大北部的哈得逊海湾），而非地理北向。质量好的地图一般会将 3 种不同的北向全都标出，即网格北向、地

小资料

地形图

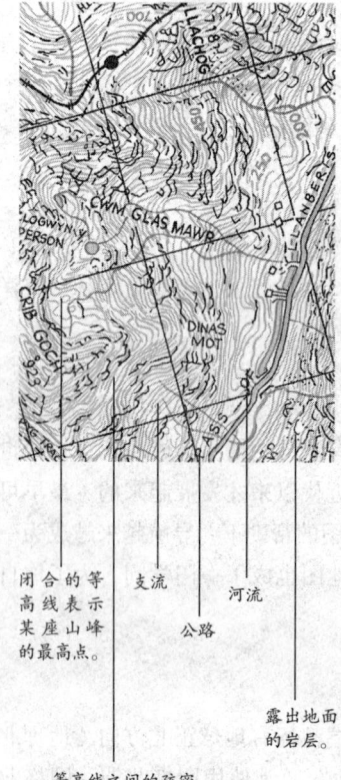

闭合的等高线表示某座山峰的最高点。

支流

公路

河流

露出地面的岩层。

等高线之间的疏密程度表示山坡的陡峭程度。等高线越稀疏，坡度越缓；等高线越密，坡度越陡。

乍一看，某地的地图与实地照片之间的关联并不是很明显。你得仔细辨别照片上所显示的该地的地理特征，然后将其与地图联系起来，才能发现两者之间的一些关联。你得学会找出周围环境所隐含的独特地理特征，并将其与地图相对照。这是读地图的一项基本技能，而且并不难学会。

简单地说，确定自己位置的过程即先识别地形特征，再将其与地图上的标记相对照，逐次排除不符合的地点。你可以只找一个特征，如先从等高线的疏密程度来判断山坡的陡峭程度。然后再寻找其他特征作进一步的排除。最后，你就可以将照片中所反映的景物锁定到地图的某一点上了。

球北向与磁极北向，并且会标出逐年的磁变数值。

学会看地图标记

地图上所使用的各种标记通常都会在关键词列表中注明其意义。同样的标记在不同的地图中会有不一样的意义，因此在确定行进路线之前一定要先弄清楚各个标记的正确意义。你应该熟记自己所使用的地图上的各种标记的含义，以免每次看图的时候都要查看关键词列表。只有熟记各种地图标记，读地图的效率才会高。看懂地图上所标示的等高线的含义是读图的一项最重要的技能。这并非一件很容易的事，需要多次练习才能掌握。

如果你并不善于读地图，那么一定要在出行前多加练习，争取能熟练而又准确地读图。你可以先拿当地的地图来练习，最好是那种标有海拔高度和各种地貌特征的地图。然后选定某一地点作为目的地，按照地图所标示的路线寻找，看自己能否准确地到达目的地所在的位置。

找到自己所在的位置

一个好的导航员能够准确而又迅速地重新部署行进路线。重新部署行进路线实际上就是积极识别周围所处环境的一个系统过程。该过程的第一步就是地图定位，即将自己所处的周围地理特征与地图上的标记相对照（比如说一片树林或一个湖泊），或者使用指南针来定位。无论是用哪种方式，你所使用的地图都必须要标示出正北方向以及地形状况。这样，你就可以识别自己所处环境的地理特征，并将其与地图相对照，然后不断排除那些不相符的地点。下面举一个例子来说明这一过程。比如你站在一个面南的陡峭岩石坡上，从山坡上看下去，可以看到一条向东流的S形的小溪。于是，你就可以排除所有不朝南的山坡和不向东流的小溪。这样一来就大大缩小了范围，然后再作进一步的排除：有几条位于面南陡坡下并且流向朝东的小溪是呈S形的。一般来说，通过这样几步排除工作，就能确定自己的所在位置了。如果有两条以上的小溪符合这一特征，那你就得再寻找其他的特征对照，直至找到与你所在位置的地貌完全相符的一点。

自制地图的方法

在野外求生，拥有一张地图是十分必要的。但是如何自己动手制作一张临时地图呢？你可以按照下面提供的方法进行操作。

自制地图最关键的一点是，你可以自己设计适当的比例，即等高线的数值。因为，想要测量出具体、确切的高度是不可能完成的事情。

首先登上最高点，观察附近的地形地势。在观察的时候，要注意脉岭的走向和山脊的数量，当然，依然会有一些死角是你看不到的。另外，每两座山脊之间都可能会有河水和溪流。在空白的纸张或者布料上画出简单的图样，然后通过不断地观察和探索，不断地获取新的信息，来不断补充地图。

在自制地图上标注出自己感兴趣的事物，包括岩石、河道、树林、障碍物等地面标识。另外，还可以在地图上面标注出各种不同类型的可食性植物的分布情况，或者其他困难障碍点、食物源等等。

第八节 安全前行的基本法则

安全步行法

在野外生存的时候,为了减少不必要的体力消耗,走路的时候可以选择安全有效的步行法。步行之前和步行的过程中,都可以按照下面的做法,让长时间的步行消耗最少的能量,避免过度疲劳。

如果你打算攀登雪线以上的山峰,一双结实的皮质登山鞋是必需的。

步行出发前,先做好一些准备工作,最重要的是选择一双合适的鞋子。长时间的步行最好选择一双结实又舒适的登山鞋。登山鞋是专门为长途旅行而设计的,鞋底厚,不但可以起到保护脚踝的作用,还可以防止鞋子里面被水浸入。出发前,穿上两双袜子,一双厚的一双薄的。然后穿上鞋子走几步,先感觉一下鞋跟是否跟脚,如果不跟脚,步行多了就容易因为摩擦过多而受伤;停下脚步,伸伸脚趾,看看它们是不是能活动自如,不受鞋尖的阻碍。如果两者都是肯定

小资料

新鞋子的购买

当你购买旅行时所穿的鞋子时,记住要把旅行时所穿的袜子也带上。试鞋的时候把袜子穿上,要确保脚趾有活动的空间。如果你不确定自己究竟需要哪种类型的鞋子,可以向一些有经验的售鞋商咨询一下。

新的鞋子在正式出行前要先穿一段时间,以使脚尽快适应。特别是皮靴,这一点尤为重要。纤维材质的鞋子则无须太长的合脚时间,一般来说,穿着它在户外走几次,每次走半小时左右就差不多了。

的，那么这就是一双适合自己步行的登山鞋。值得注意的是，最好不要穿新的鞋子，因为新鞋没有跟脚充分磨合，可能在长途跋涉时容易让脚擦伤。

步行主要活动的身体部位是腿，但是也需要手臂协调地摆动来保持身体的平衡，调整步伐的大小。在步行的过程中，牢记几句口诀：眼睛往前看，走路不要慌，两手轻握起，出脚膝盖直，肩沉背要挺，腹部深呼吸，脚掌全碰地，步幅尽量小，节奏不能变。

眼睛往前看，这是最基本的要求。东张西望、漫不经心，可能会撞到别人，伤到他人或者伤到自己，造成不必要的意外。走路的时候不要慌慌张张，不要谈笑聊天，不要打打闹闹，因为这些小动作不但会让自己消耗过多的体力，从而很快就进入疲劳的状态，而且还会影响到旁边的人。

忽快忽慢、走走停停等都很容易让人感到疲惫，所以最好一直保持相同的节奏，不紧不慢地匀速前行。一开始的时候，步幅要尽量小，几分钟后，等身体各个地方都开始感到适应了，再加快步伐的节奏。最合适的节奏是呼吸不急促，不大声喘气，脉搏保持在 120 次 / 分钟之内。如果是一个团队一起步行，要考虑到队员的速度和力量，尽量选择一个最合适的速度，可以折中选择一个稍慢的速度。团队步行时可以选出一个领道人，然后让速度最慢的那个人在队伍的第二个位置行走，这样子就不会容易发生事故了。

走上下坡的时候跟走平地有点小区别。如果坡比较陡，尽量走"之"字形的路线，也就是左右左右地交替行进。这样会比走直直的路线安全很多。走上坡路的时候，保持重心靠前，放在脚掌前面的位置，否则很容易往后摔倒。同时，如果迈开大步走路，身体容易失去平衡，所以可以小步地攀爬，保持身体的平衡。上坡的时候还可以借助一些外物来攀爬，例如突出来的石块、垂下来的树枝、长在缝隙里的藤条等。不过在借助它们的力量之前，先用手大力地拉扯，确保它们是结实稳固的。因为这些东西有可能经过了很长时间的侵蚀，石块松动了，树枝腐烂了，一旦被外力拉扯，就脱离本来的位置。如果不先测试，可能攀爬的时候一下子就失去重心，酿成悲剧。走下坡的时候，略下垂身体，稍微把重心降低，往后倾斜放在后脚掌的位置。然后脚底各个部分都要紧紧地贴着地面。

步行中的休息也是很讲究的，不是想走就走、想停就停的，一定要遵守休息的原则。长时间的休息要与短时间的休息相配合，长时间的休息要少点，大概1～1.5小时一次，短时间的休息尽量多点。长时间休息的时间要控制在15分钟左右，可以

在晴好的天气，找一个地势较高、视野开阔的地方休息，这样可以更快地恢复体力。

把身上所有东西放下来，也可以坐下来休息。不过刚停下来的时候要先让身体有个适应的过程，慢慢调整呼吸，还可以自己揉揉肩、捶捶背，按摩几下腿部，然后再慢慢坐下。坐下后还可以稍稍抬起腿部，这样做的目的是为了让血回流到心脏。一停下来就马上坐下来，身体一下子反应不过来，心脏负担就加重了，严重的还会导致昏眩、休克等症状。

水是生命的源泉，人离不开水，每时每刻都需要补充水分，所以在步行中应该带上足量的水，宁愿带多点也不要带不够。一个人每天大约需要补充3升水，步行的人大概按这个量带水就可以了。当然也可以根据实际情况调整。步行中的喝水原则也很重要，尽量多次少量地喝，而且要定时定量喝，可以选择每15分钟喝250毫升的水。每次喝这么几口就够了，如果实在想要多喝水就以缩短喝水时间为主，不要一次就喝大量的水，因为身体没办

法一下子吸收这么多的水分，只能白白浪费，而且心脏的负担也跟着加重，真是得不偿失。

千万不要等到发现自己口渴了才想要去补充水分。步行的人可以在排尿的时候检查自己的尿液颜色，看看自己是否缺水。如果4个小时以上都没有排尿的现象，并且自己感觉口渴难受，昏昏欲睡，脸色看起来非常苍白，呼吸不规律，脉搏超过平时频率，那就是严重缺水了。如果尿液是暗黄色的，伴随着口渴，唾液分泌少，脉搏频率加快同时软弱无力，那就是中度缺水了。如果尿液是深黄色的，但是脉搏频率保持在正常范围内，只是感到有一点点口渴，这就是轻微缺水的症状了。

穿越草丛的方法

在野外时常需要徒步穿越丛林，此时你需要有充分的保护措施来保护自己避免遭到丛林中蚊虫、毒蛇等危害性动物的侵扰。同时，你还需要足够的丛林生存知识来帮助自己顺利地到达目的地。

衣着的选择

丛林中蚊虫、毒蜂时常都会有，因此要选择长袖的衣服和长裤。同时衣服的颜色不要太显眼，颜色过艳会容易引起毒蜂的注意力，把你当成攻击目标。并且要注意将衣服的袖口扎紧，以阻止蚊虫从袖口进入衣服内。

要选择厚实的鞋子，尽量选择高筒的靴子。因为高筒厚实的靴子一方面能有效地抵抗蚊虫甚至毒蛇的侵害，另一方面能很好地把裤脚包裹在靴筒里面，以保证蚊虫无法靠近你的身体。如果是有鞋带的鞋子，一定要把鞋带系紧。穿越丛林时障碍比较多，路途也可能比较远，倘若鞋子没有固定好，会很容易从脚上脱落下来。

对于裸露在外面的身体部位，你也要做好防护措施。头上应该戴好帽子，并且帽子要足够大，能够保护你的脸部以及耳朵部位；脖子部位你可以找一些衣服或者布块包裹好；手要戴好手套，以防止被蚊虫叮咬或者被沿途的树枝划破。

必要的工具

穿越丛林时，由于没有明显的路或者路十分杂乱，所以非常容易迷失方向。此时你需要用刻刀之类比较尖锐的工具在沿途一些比较明显的位置做好标记，防止迷路或者原地绕圈。

丛林中杂草、藤蔓、杂乱的枝叶到处都是，并且很多时候挡住了你的去路。你需要准备好一把锋利的砍刀，用于在途中开路。值得注意的是，有些藤蔓或枝叶特别乱而杂的地方很可能是一些猎人为了迷惑动物而设置的陷阱，因此每次用砍刀砍去路障后，你都要观察清楚再继续前行。如果是和队友同行，砍路障时要注意后面队员的安全，以免误伤了队友。

如何攀登山岩

在攀登山岩的过程中，也要注意方法。同样的一座山岩，有的人走得轻轻松松，有的人走得身心俱疲，这就与攀岩方式有很大关系的。下面我们介绍下攀登山岩的一些注意要点。

攀岩时的动作要领

在攀登时，一定要保持身体前倾，两膝盖弯曲，两脚用力，步伐一般比较小而轻快，利用胳膊和腰部的配合让行走稳定和安全。在爬山时让脚步有意识弹跳，这样有一定的缓冲作用，不容易因陡峭的山崖而伤害到脚踝。另外也要注意保持良好的精神状态和心态。

徒手攀岩的方法

攀登时你务必要看到你前进的路程是怎样的，然后开始将身体紧贴崖壁，一只脚用来摸索前进，另一只脚和一只手则用来稳定全身，另外一只手也应该用来判断或者找寻合适的路线，或是拽住安全的绳索，努力让身体前进。用来固定的脚最好踏得稳稳当当，全脚掌着地最好。如果身体不稳定则会给自己带来非常大的危险。

攀登开始的时候，要注意全身的骨骼和肌肉都要全力搭配好，在身体重心稳定的基础上让身体慢慢移动。这时，你首先要保证身体平衡，然后缓慢谨慎地移动。用手寻找可以支撑身体的稳固石块或者其他物体。移动过程中的那个落脚点最好不用脚尖着地，脚尖脚后跟同时来支撑是必须的。

借助外物攀岩

攀登陡峭的山壁需要借助绳索或者其他的外物，仅靠徒手是完全不可能的。下面介绍几种方法：

用绳索帮助通过障碍物

在某些无法直接通过的障碍物前，一般用绳索或者其他条状的工具来帮助自己通过。这些障碍物有时候是悬空的狭窄隧道，有时候是小溪、小水洼、泥沼等等。首先要将绳索的两端固定，接着让身体攀在绳索上。这时你的手一前一后握住绳索，一条腿窝勾住绳索，最好是身体仰挂在绳索下面，然后用另一腿的腿窝悬空摇摆，利用两臂前后行进。也可以用两腿的内侧夹住绳索，两手交替前移，全身搭配通过障碍。

用绳索帮助攀登高岩

在攀缘高山或者高大的山崖时，难度比较大。一般来讲，需要一个人带着绳索一直登上需要的高度，然后将绳索系在那个高度周围稳固的地方，接着将绳索的另一头带给其他的攀登者。这时其他攀登的人只需要两手握住绳索借力前行即可。最关键的是第一个登山的人务必要把绳索紧紧系在稳固的地方，绳索的质量也必须要好，否则在其他攀登者的前进途中一定会遇到这样或那样的困难和危险。

如何渡过山溪

在野外生存或者执行任务时，河流和山溪是非常容易遇到的障碍。在渡河之前，你需要对河流的地形地貌以及其流水特征做一下详细的考察和了解。一般来讲，我们要细致了解河流的深度、水流速度、河流周围的地形地貌和河流的源头等。同时，要确定河流中是否有暗礁、急流或漩涡等，以更好地确定过河地点。因此，在渡河前一定要注意以下几点下面。

湿热气候环境下，时刻需要对身体做好从头到脚的防护；即便是穿越溪流的时候，脚上也要穿着靴子。

详细勘察河流的特征和周围的地形

在过河之前对于河流各个方面的特征要进行详细的测查，看是否能在避免危险的基础上安然过河。最佳的过河地点一般是在水浅并且水流较缓的位置，当然这些位置的河底最好没有坑洼、暗涌或者漩涡，河面也不是很宽。这样最佳的过河位置在实际的过河中不要求面面俱到，只要能基本均衡、适宜即可。

过河时的装备安排

要保证安全地渡过河流，最好能够准备充分一点。

鞋袜。在有的河流中可以穿，有的却不可以。比如河底坚硬且崎岖的河中，最好穿着鞋子免得脚底受伤。河底绵软有淤泥的时候最好脱去鞋袜，当然要避免淤泥中有伤害脚的坚硬石子或其他的沉淀物。

身上的衣物。这个也要看具体情况而定。如果是在激流中，多一点衣物有助于维持身体的平衡。但是在天冷的季节，最好是脱掉，免得被冻伤。

维持身体平衡的工具。过河时为了保持身体的平衡，也要有拐杖或者其他的竹竿做支撑。还可以用绳索来牵绊住同伴，互相扶持过河会更安全一些。此外还可以准备救生圈等等。

不同情况下的渡河方法

一般来讲，最佳的过河时间是早晨。渡过水流比较湍急的河流，最好是能够在河流两岸的树木上固定索道，然后手握绳索来过河。这样能够避免身体被激流冲击，也可以方便好几个人一起过河。当然，务必要保证绳索要牢固不易断裂，能承受数人的重量。

在有些河流的三角湾处，经常是水流湍急，危险很大，河面也比较广阔，特别不适合过河。这样的情况下，如果能制作竹排或者木筏最好。

在水较深的河流中，你需要做的准备工作更加细致。你要有绳索或者拐杖来稳固身体，或者几个人结伴而行。而且在深水中过河最好是水流速度比较缓慢，否则危险性很强。在过河时，一定要借助坚固的拐杖，立在前方的水中固定身体，并且把拐杖的顶端顶在身体上来支撑。你还可以借助裤子或者其他的衣物来漂浮起来，帮助过河。塑料袋灌满空气，然后扎紧袋口也可以做漂浮物。

如果是在激流中过河，最好脱掉身上的衣服来减轻负担和摩擦力。如果有些衣物你必须要带，一定要紧紧扎成一团放在背包中，免得中途散开给自己带来危险。

徒步过河需要注意的要点

在考察了河流周围的环境之后再过河，这些说起来简单，但是做起来却是很有技巧性的，很多要点都需要我们慎重对待。

一定要借助工具,比如绳子、木材或者其他的材料。用绳子可以帮助你稳定身体,也可以直接滑着过河,用木材则主要是做拐杖或者是搭建简易的木桥等。

数人过河一定要有分工。比如有的人负责绳索的松紧度,有的负责保持平衡,相互之间必须要协调好,也要做好意外情况下的分工安排,确保过河的安全。如果三个人一同过河,最好是围成三角形,手臂肩膀互相扶持,身体也要紧靠在一起,保持稳固的三角形形状。体重最重的人应该在上游,以最大限度阻断河流。一般来讲,在普通的河流中用这样的方法过河是非常可行的。如果是三个以上的人一起过河,最好是能排成直线,前面的人带领后面的人,每一步都需要几个人协调好,千万要避免因为一个人的不小心而导致大家一起遭难的情况。

可以选用的过河方式。不同的河流、不同的人过河的方式都不同。一般来讲,基本的过河路线是一定的,大部分都采用斜线。身体要与河面形成一定的夹角,保证河流对你身体的冲击力降低到最小。这是借用了物理学中的合力的概念,哪个方向合力最小你就选择哪个方向。此外,为了保持平衡,有的时候你一定要拖着脚走路,迈步不要太大。

如何穿越沼泽地

如果在野外的行进路线中必须经过沼泽地,要小心一定不要掉进去,因为跌落沼泽很可能丧命。切记不要惊慌失措,应冷静、谨慎地对待。

经过环境潮湿、苔藓遍布的地区,要特别留意。如果看到满布苔藓、表面平坦的地表或者是光秃秃的黑色平地,一定要小心,这些很可能就是危险的沼泽。如果有疑虑,可以在地面跺脚,看是否会产生水纹,也可以通过投石的方法辨别。

通过沼泽地区时要掌握一些基本技巧,要选择有东西可以抓或有地可踩的地方行进。抓那些生长在硬地的结实的大树干,避免抓岸边的枯树树枝或不坚固的浅草。抓的时候要用按的方式而不是拉。要选择基础坚实的石头或草丛踩，避免踩在潮湿的岩石或水里的浮石上。行走时，不要踏在前面的人留下的脚印上，每个人之间要保持一定的距离。

如果不幸跌落沼泽，保持冷静，一定不要慌张。脱离沼泽的办法和脱离流沙一样，不要盲目挣扎，而是身体往后仰，采取平躺的姿势，张开双臂，让身体和沼泽保持最大的接触面积，慢慢游回岸边。如果感到乏力，也要张开四肢，保持静止。如果跌落地点离岸边较近，可以翻滚身体，挣扎到岸边。如果来不及平躺，要抓住背包，因为背包沉得比较慢。其他队员在施救时，可以将绳子捆成环状向沼泽扔去。也可以用木板平铺在被困者身边，让他趴在木板上缓慢前进，直到把他拖到岸边。

如果被水冲走，要调整身体，脚朝流向，保护头部避免撞击。等到达水流和缓处再向岸边游。在水面下挣扎时要屏住呼吸，等到可以冒出水面再换气。

把落水队员救起后，要转移到避风场所。因为沼泽地区通常天气阴冷潮湿，如果身上的衣服又浸湿了很容易被冻伤。山洞、矮小的树丛、圈养牲畜的棚等都是很好的避风场所。可以收集雨水或雪水饮用。如果是暴风雨（雪）天气或能见度非常低，最好不要冒险继续行进。

总而言之，在遇到陷入沼泽的危险时，要沉着应对，保存体力的同时注意观察，抓住每一个可能获救的机会。

节省体力的步行法

在野外执行任务或者从事其他活动时，由于活动范围特别广、活动时间特别长，因此必须在行进过程中掌握一些节省体力的方法。其实一般人在走路过程中是不会考虑这个问题，但是对于野外执行任务的人来讲，是否掌握节省体力的方法直接影响着能否高效率地完成工作任务。因此，在漫长的征途中，你务必要学会各种节省体力的方法。

方法一：行走过程中要学会调整自己的肢体动作

在行进过程中一定要注意不可以大步前进，虽然在很多时候大步流星让人觉得有力量。但是，野外行进更要有耐力，要使自己的体力保存到你完成任务。因此，要注意步子适中，迈步轻快松缓，这可以在不影响速度的基础上缓解腿部肌肉，节省体力。此外，还要尽量让自己的行走过程变得自然顺畅，而不是给身体带来疲劳和负担。要做到这一点就要努力控制自己肢体的活动，不要使双腿过度疲劳，也要借助双脚、双臂等部位，分散行走过程中的压力。另外，要学会利用腰部、背部的力量来支撑身体，保证腿部有足够的力量继续前进。

走路的过程中还要注意最好是拖着步走路，脚不要太高，迈步时大腿也不要太高，这样可以节省很多不必要浪费的体力。在爬山或者向高的地方前进时，最好是用手协助身体前进，这样既安全又省力。这个过程中最好还要将自己的重心压低，具体来讲就是身体低伏，背部放松前倾，腿部稍微弯曲，头和手臂放低，整个重心都稳在下半身，这样走路会更加平稳和省力。

方法二：行走过程中要学会调节自己的各个器官

学会调节自己的各个器官可以使你不会那么快就体力衰竭。这里所说的各项器官主要是呼吸器官。要确保呼吸与自己的步伐相协调。这时，你轻松有节奏的步伐与均匀放松的呼吸会让你在整个行进过程中感到轻松。

有些人在行进过程中喜欢一直憋着气，这是不好的习惯，憋气会让你呼吸困难，最终影响前进。因此，你一定要在行走过程中学会呼吸，一步一呼吸或者两步一呼吸就看你哪样更舒适。如果实在感到疲劳，可以采取大口向外吐气的方法，绵长的气息从体内呼出有利于全身心的放松。但是这个过程一定不能太急躁，呼吸一定要平稳，防止岔气。

不要一直张着嘴巴呼吸，否则会口干舌燥，影响进程。当然最好是不说话，说话时整个面部都会有牵连，且极度消耗氧气，会给呼吸道、肺部造成很大的负担，有的人说话多了直接影响正常呼吸。因此，大声说话、长时间说话、心浮气躁这些都是必须要避免的。

方法三：行走过程中保持良好的精神状态

良好的精神状态是指你心情愉快放松，精神处于最佳状态。不要因为一些外界的事情而担忧或者焦虑，更不要急于求成，否则只会使你在行进过程中觉得路途遥不可及。

方法四：行走过程中借助外力缓解疲劳

在行进的过程中，要适当补充食物和水以及糖分，这些都可以增强你的体力，当然不要过多携带，否则会造成身体的负担。在行进过程中可以找些轻便坚固的木棍做拐杖，以帮助自己走得更加平稳。此外，任何可以帮助你行进的东西都要尽量准备充分一点，甚至是缓解疲劳的滴眼液、润唇膏等等。此外，为了放松身体，可以适当放松鞋带、腰带以及其他勒紧身体的东西，当然最好不要脱鞋，适当对脚部进行按摩即可。

第五章

特殊环境的生存方式

第一节 气候与地形

气候带的划分

气候带的定义

气候带是指根据气候要素的纬度方向分布特点而划分出来的基本成带状的气候区。

在相同的气候带内,太阳辐射、温度、蒸发、降水、气压和风等气候因子的本质属性基本相近。但是,就地球上各种各样的气候现象而言,两个地点气候完全相同是不可能的。不同地区,气候特点不同,同一地区不同年份的气候特点也是不同的。气候的地带性分布,使得土壤、动植物以及水体的分布也呈现出明显的地带性。

气候带的成因

影响气候带形成的因素很多。气候带形成的基本原因是太阳辐射。纬度不同,太阳照射角不同,因而太阳辐射也不同。

受太阳辐射纬向变化的影响,气候带的分布与纬线圈基本平行。从高纬度到低纬度,气候带按照一定的规律顺序分布。

天文气候带

天文气候带的划分,充分考虑了太阳高度角以及昼夜长短的差异。有时,人们也称其为"太阳气候带"。

根据这种划分方法,在全球的气候带中,8%是寒带、52%是温带、40%是热带。

中纬度地区是温带,南北气温差异很大,气候差异也很大。

因而，科学家又进一步将温带划分成暖温带、冷温带和寒温带等三个带。热带面积很大，不同地区的气候和植被有着明显的差异。所以，科学家将原本的热带划分成热带、赤道气候带以及副热带。

简而言之，地球上的天文气候带有：赤道带、热带、副热带、温带、冷温带和寒带（极地气候带）。

由于这种划分方式能很好地体现全球范围内不同地区植被、物种、降水、温度等气候因子的差异性和规律性，因而被广泛使用。

赤道气候带

赤道气候带在赤道无风带之内，位于东北信风和东南信风的辐射线上，主要涵盖南美洲亚马孙河流域、非洲扎伊河流域、几内亚沿海、马来西亚、印度尼西亚以及巴布亚新几内亚等地区。赤道气候带降水量大，多为对流雨，年降水量可达2000mm以上。赤道气候带干湿季不明显，几乎全年都有降水，是地球上降水量最大的气候带。赤道气候带全年高温，年均温在25℃～30℃之间，气温年较差很小，但日较差很大。

赤道地区气压梯度小，空气流通速度微弱，全年异常闷热，海陆风多发，可以暂时缓解闷热。

热带气候带

热带气候带分布于赤道气候带和回归线之间。热带气候带的年均降水量也很多，但少于赤道气候带，降雨量约为100～1500毫米。热带气候带没有明显的四季变换，但有着明显的干湿季。雨季大约在每年的5～10月，干季在11月至次年4月。纬度不同，各地的干湿季也有所差别。距离赤道越近，雨季越长；反之，雨季越短。热带气候带接收的太阳辐射较多，温度极高，年均温度可达二十几度。在有些情形下，这一气候带的最高气温甚至高于赤道气候带。昼夜温差大也是这里显著的气候特征之一。

热带气候带受信风的影响，洋面上热带气旋多发。台风和暴雨是这里主要的气象灾害。

副热带气候带

副热带气候带,也有人称其为亚热带气候带。副热带气候带地区,常年受副热带高压控制,下沉气流盛行,因而地表温度极高、太阳光线强烈、云层较少,气候十分干燥。受副热带高压控制的大陆西岸,位于信风的背风面,洋面上有寒流经过,所以这些地区沙漠广布。大陆西岸较为著名的沙漠有撒哈拉大沙漠、喀拉哈里沙漠、阿塔卡马沙漠、澳大利亚沙漠等。流经大陆东岸的洋流为暖流,为当地带去了充足的水汽和丰沛的降水。亚洲的东南部,特别是印度半岛、马来半岛的北部,以及中国的东南地带,虽然在副热带高压的控制之下,但受到海洋暖流的影响,气候很湿润,是典型的亚热带季风气候。

副热带气候带内,气温的年较差和日较差都很大。夏季气温最高可达五十几度,将鸡蛋放置在炎热的裸露沙石表面,几分钟的时间就能变熟。这一气候带内,特别是沙漠地区,上层热空气较密集,加之大气中光的折射作用,海市蜃楼频发。

温带气候带

温带气候带,大体分布在中纬 $30°$ ~ $45°$ 之间。温带气候带受盛行西风和副热带高压交替控制。冬季受盛行西风控制,气候温和湿润;夏季受炎热干燥的副热带高压控制,降水较少,气候炎热干燥。

温带气候带的大陆西岸,以地中海气候为典型代表,夏季炎热干燥,冬季温和湿润,全年降水量在 300 ~ 900 厘米之间,迎风坡的降水量更多,每年在 1500 毫米左右。因为全年降水分配不均,农作物生长所需水分不足,因而农业灌溉技术很发达。从海岸到内陆,大陆性气候越来越明显,四季分明,降水和高温同步,有利于农作物的生长。大陆东岸有明显的季节交替,夏季气候潮湿炎热,冬季昼夜温差大。

冷温带气候带

冷温带气候带,分布于极圈与 $45°$ 纬线之间,常年受盛行西风的影响，夏季短促而温暖，冬季漫长而寒冷。

受盛行西风控制的冷温带气候带，大陆西岸与大陆东岸气候差异很大。

大陆西岸的洋面有暖流流经，海洋性气候特征显著。越往内陆，水汽越少，气温也越来越低，海洋性减弱，大陆性越来越强，直到大陆东部，完全被海洋性取代。

大陆西岸的夏季，气温日较差很小，舒适宜人，白天不热，夜晚不冷。大陆西岸的冬季，气温也较同纬度地带的气温高，温和而潮湿。大陆东岸夏季时间长，高温多雨，无霜期最长可达200天，大陆性气候显著的区域适宜发展农业。在冷温带气候带的内陆区域，日照时间长，但降水较少，气候寒冷而干燥。

冷温带气候带，锋面气旋活动频发，冷暖交替，降水充沛，是除了赤道多雨带之外另一个多雨地区。大陆西岸降水均匀，全年都有降水；大陆东岸降水多集中在夏季，以对流雨为主。

寒带（极地气候带）

极地气候带仅存在于南北极圈之内，极地气候带主要有如下几个特点：

· 南北极点处，白天与黑夜时间各占半年。随着太阳直射点的位移，纬度越低，白天与黑夜的时间也相对减少。

· 极地区全年气候寒冷。冬季日照时间短，地面热量不足，大气逆辐射作用弱；夏季日照时间虽长，但地面吸收的热辐射，被积雪吸收，大气温度依旧很低。

· 受极地高压的影响，极地地区盛行下沉气流，气候干燥，少降水。越接近极点，降水越少，接近极点地区的降水以雪为主。

高山生存

高山顶上，寒风凛冽，白雪皑皑，没有食物，也没有避身所。在这样的环境中，如何克服冰雪的阻碍显得尤为重要。如果遇到意外情况，被困于高山地区，需要注意以下几个方面。

如果暂时没有获得救援的可能，在白天的话，可以尽量摸索着下山，找到村落，以获得一些食物和藏身之地。如果是夜间或者能见度极低的白天，这样做就会很危险。也就是说，在能见度提高之前要找到避身所。

如果是在半山坡上睡觉，要注意将头枕着上坡；在地面崎岖不平的地方，则最好趴着睡，这样会比较舒服。

冰雪常常是干冷气候地带的特征，但同时那些地方的太阳光照也比较强。

如果在高山区，岩石间无法躲藏，没有覆盖的东西，那么可以在雪地上挖洞。如果不是在雪地区域，那么也需要找到东西盖在身上，以防冻伤。在没有救生袋的情况下，可以找一个大塑料袋替代。可以将一切能找到的衣物盖在自己的身上，将自己完全裹起来。但是要注意不要裹得太紧，稍微留有一些空隙，因为空隙中的空气可以帮助隔热。

海滨的类型

对于野外求生者而言，海滨就像是一个巨大的宝库，它不仅可以提供各种资源，在某些情况下，还会为求生者求生提供地理优势。不同的海滨和沙滩类型，为求生者提供的资源和环境不同。

沙滩

相对于海水的波涛汹涌，沙滩温和而安静，是求生者休息的好场所。伴随着潮汐现象的发生，穴居的蠕虫和各类软体动物裸露在沙滩上。这些小动物是海滨鸟类的主要食物，会吸引众多鸟类前来觅食。仔细观察，求生者可以在沙滩上发现软体动物爬行的痕迹，双壳类动物的爬行痕迹很容易与其他动物的爬行痕迹区分。

海风吹拂而形成的沙丘上,以及涨潮时海水冲击不到的沙滩高处,是海滨区域主要存在淡水资源的地方,而且这些地方一般都长有茂盛的植物。求生者可以到这样的沙丘和沙滩高地寻找饮用水和食物。

沙丘是在风力的作用下形成的一种自然景观,沙丘的形状千奇百怪。

注意:不要被沙丘细腻柔软的外表所吸引,沙丘是有害昆虫的主要栖息地。尽量避免选在沙丘附近作为营地或临时栖息场地。

泥滩、三角湾

在江河的入海口,水流流速变慢,流水从上游携带的大量有机物和矿物质,因为水流变缓而沉积下来。这样,在河流的入海口,由于这些养料丰富的沉积物和流水的侵蚀,逐渐形成了泥滩或三角湾。泥滩和三角湾区域,水流缓慢,富含丰富的有机物和矿物质,许多蠕虫和软体动物在此寄生。这些蠕虫和软体动物,吸引了很多鸟类、鱼类以及其他动物来此觅食。求生者在泥滩和三角湾地区,很容易寻得食物,饱餐一顿。

岩质海滨

岩质海滨是指由岩石断层组成的海滩。在岩质海滨地带,当海水退潮以后,海滩上会形成许多积水的小坑。这些小坑里可能会有鱼类、蟹类等海洋生物。许多单壳类的软体动物,喜欢附着在岩层表面,这里有丰富的水草资源。岩石间的裂缝处,

对营地的周围情况应做一定了解,某河道可能会由于几十千米外的上游下大雨而发大水。

是章鱼等头足类软体动物的乐园。了解岩质海滨中不同动物的栖息地，可以为求生者提供不同的食物来源。

石灰岩、泥灰岩等质地较为松软的岩石，表面受海风和海水的侵蚀，而日益光滑。质地坚硬的岩石在海风和海水的侵蚀下，日积月累，逐渐形成短小却厚实的碎石，海鸟十分喜欢在这些碎石上栖息。

卵石沙滩

与其他几类海滩相比，卵石滩宽敞壮观。卵石滩多形成在海岸线周边的沙滩与岩石滩的中间地带。因为卵石的特殊性，而且卵石常常会随着海水的潮汐而浮动，这里生长的植物稀少，栖息的动物也不多见。

岛屿的类型

什么是岛屿

关于岛屿没有明确的定义，通常人们会把分布于江河湖海中，四面临水且涨潮时高于水面的陆地区域，称为岛屿。众多岛屿聚集在一起形成了群岛。半岛是指一端与水域相连，一端与大陆相连的地形。

全世界的岛屿数量众多，广泛分布于七大洲之中。岛屿总数可达 50000 多个，这些岛屿的面积加起来有 997 万平方千米，是全球陆地总面积的 1/15。

岛屿求生守则

当野外求生者漂流到一个孤岛时，总会面临众多的难题，除了扎营地，水源、食物等资源缺乏外，心理上的害怕与孤独也是一个巨大的难题。熟知岛屿求生守则至关重要。下面介绍一些荒岛求生的基本技能。

1. 绘制地形图

当求生者到达一个岛屿的陆地区域以后，首先应选择一个地势较高的观察点，对全岛的地形、地貌加以全面观察了解，并绘制出一张岛屿的地形草图。草图上不仅要有地形，还要将水源地、森林区等细节问题涵盖其中，以方便生存。

2. 选择扎营地

选择一个合理、安全的扎营地，对于求生者来说是十分重要的。扎营地可以为求生者抵御暴雨、洪水、台风等自然灾害，还可以为其提供取暖、隐藏和躲避野兽的场地。选择扎营地，首先要考虑其安全性，被人遗弃的小房子是首选的驻扎地。如果没有这类房子，求生者可以考虑自行搭建一个牢固可靠的营地。岛屿上的篱笆、大树，身上的绳子等都可以作为建造营地的材料。

3. 获取资源

水资源

水是生命之源，无论身处何地，一定要有足够多的水资源。在荒岛上生存，可考虑用如下两种方式为自己搜集饮用水：

第一，收集溪水、雨水。荒岛上的资源很有限，有些岛屿鲜有溪流湖泊，饮用水资源匮乏。溪流或是清泉周围一般长有茂密的植物，求生者可以繁茂的植物为切入点，寻找水源。如果没有找到，可以考虑收集和贮藏雨水。

第二，淡化海水。如果岛屿上没有天然淡水资源，而且气候干燥，降水很少，可以使用淡化海水的方式获得饮用水。野外的海水淡化需要通过蒸馏实现，而蒸馏海水需要足够多的燃料。浮木、晒干的海藻、海豹的脂肪等，都可以作为燃烧的燃料。抓住海水退潮的黄金时间，因为退去的海水不仅会留下浮木，也会留有许多改善求生者生存环境和生存状况的东西。

椰子树

完全荒芜的岛屿在热带地区几乎没有。如果求生者漂流到了热带岛屿上，不用担心，海水和海岸将会为其提供充足的食物。

椰子树是最好的资源之一。椰子树对于求生者而言,浑身是宝。它的树干可以提供搭建营地的木材,搓好的树皮可以代替绳子,嫩茎尖可以食用且营养丰富,外壳可用来制作容器。香甜可口的椰子汁更是人们最爱的饮品,也是用来充饥和维持体力的好食物。避免食用过嫩或过老的椰子果实中的汁液,因为食用这样的椰汁很容易引发腹泻等病症。另外,椰子肉极难消化,不宜一次性食用过多,消化系统不良的求生者避免食用椰肉。经过加热后的碎椰肉会产生椰子油。椰子油可用来涂抹皮肤以防日晒和盐浸,还可以用来驱蚊止疼,将椰子油和草木灰混在一起,还可以作为肥皂使用。

4. 寻求救助

在孤岛上生活的时间不宜过长,应采用一切可能的手段及时寻求救援。主要的求救方式有三种:

第一,将海藻、石头等与周围环境有着明显色差的东西放在一起,形成一个足够吸引他人注意的求救信号。

第二,使用海滨上的沙子将随身携带的某个金属物品打磨光亮,利用太阳光的折射向远处发出求救信号。

第三,若有船出现在求生者可视的范围内,可以通过挥舞颜色鲜亮的物品、大声呼救或是使用高频电台等手段引起其注意,为自己争取获救的机会。

5. 安全转移

在孤岛生存一段时间之后,如果仍旧没有找到逃生办法,而且面临着资源枯竭的问题,求生者不得不考虑向另一岛屿转移,以获取生存资源。如果气温不低且在人体可承受的温度之内,可以选择游到另一个岛屿上。

假如飞行员离你太远看不到你的话,日光反射信号器是一个吸引他们注意的好方法,因为在很远的距离就可以看到它反射的光。

但是如果气候寒冷、水温较低，求生者就要借助漂流工具到达另一地点。

在资源不充足的情形下，制造出可供漂流的工具并不是一件容易的事情。求生者可以利用空容器、椰子外壳等可充满空气的物品，作为简易漂流工具。如果有海豹的躯体来做漂流筏，效果更好。将几只海豹的躯体牢固地绑在一起，海豹体内厚厚的脂肪可以为其提供足够的浮力。

在漂流之前，要留意海面上气候和水流的变化，留意海水涨潮和退潮的时间。选择合适的时机，在顺风、少雾、无雨的情况下行动，可以增加漂流成功的可能性。

洞穴的特点及类型

在野外，特别是在山区活动时，总会遇到各类洞穴。熟悉洞穴的类型和主要特点，可以帮助求生者寻找食物和避难所等。

洞穴的类型

洞穴的类型根据不同的划分标准，可将洞穴分为不同的类型。

天然的洞穴通常是不错的选择，但是你也必须注意，有可能别的动物也跟你有同样的想法。

根据围岩的性质，洞穴可分为盐酸盐岩洞、石膏岩洞、砾岩洞、玄武岩洞、砂岩洞、冰川洞等。依据洞穴与围岩形成的先后顺序，洞穴主要分为原生洞和次生洞两个类型。按照洞穴规模的差异，有单一洞穴和洞穴系统之分。从洞穴内的水文特点来看，洞穴又可分为干洞和水洞两种类型。

洞穴的形态特征

在洞穴形成过程中，经过日积月累的溶蚀、侵蚀以及崩塌等外力作用，洞穴形成了不同的形态。从宏观上来看，洞穴形态主要有大形态和小形态之分。大形态是指包括平面、断面以及三维空间组合在内的洞穴空间展布特征。洞穴小形态主要指在洞穴通道表面发育而成的各类小型溶蚀、侵蚀状态。通过对洞穴小形态的观察，可以推测洞穴古水文状况。

洞穴的环境特点

与其他环境不同的是，洞穴由于相对封闭，温度、湿度都较为稳定，且常年潮湿、黑暗。

洞穴的环境系统和生态圈是相对独立的，其内部的气候特征受外部影响很小，只有接近洞口一带，才会受到外部气温、湿度等气候因子的影响。离洞口越远的地方，受外部气候因子的影响越小，大气温度和湿度几乎稳定不变。洞穴气候的变化和维持主要是由于洞穴内空气和水流的运动。

洞穴的湿度一般都是很小的，但洞穴的位置不同，它们之间的湿度也有所差异。例如，当雨季降临时，有地下河流经的洞穴，其湿度要远远高于相同条件下没有地下河流经的洞穴。

影响洞穴内部气候变化的主要因素

1. 洞穴内部洞口数目的多少

如果洞穴内部的洞口数目较多，那么洞穴内部空气与外部空气之间的对流较多，因而，洞穴内部小气候的变化也会相对增多。

2. 洞穴所在地的温差

洞穴所在地温差的大小，影响洞穴内部小气候的变化。如果外部气候温差大，则洞穴内部的空气因较大的内外空气差而产生运动，洞穴内小气候变化也较多。

3. 洞穴内通道横断面的变化

洞穴内通道横断面突然变小，会导致空气的密度变化。这样，在洞穴之内，就有了空气密度差的存在。空气密度差的存在会引发空气的大规模运动,从而引起洞穴内气候的变化。

在洞穴中行动的几个注意事项

求生者在山区活动时,免不了要进入洞穴躲避或寻找食物。在洞穴内活动,可能会遇到迷路、岩石崩塌、有毒生物、真菌感染、缺氧窒息等危险。因而,野外求生者在进入洞穴之前,应该学会如何应对这些危险。

迷路

洞穴内地形极为复杂,黑暗且潮湿,求生者很容易迷失方向。其实迷路是可以避免的,设置路标就是一个很好的辨别方式。

几乎所有的洞穴都有这样一个特点:在几条通道的交汇处,会有一个较为开阔的大厅存在。当求生者从一条通道进入大厅以后,面临着诸多的小通道,极易迷失方向,因而,在进入大厅之前,沿途做标记是必要的。

路标的设置简单易行,但也要考虑到洞穴内黑暗少光的实际情况。可行的办法有如下几个:绘制草图,标明洞穴的走势以及自身行走的线路;使用移动地标进行标注;拉绳进行标注。用粉笔在洞穴内部做记号的方法不是十分有效。这种做法不仅会弄脏洞穴,还可能会与其他进洞者做的标记弄混,这样反而更容易让自己陷入迷路的困境。

如果条件允许,可准备一些反光性好的物品作为路标。为了便于区分,最好这些路标的颜色是有差异的。设置反光路标的主要做法如下:将选好的作为反光路标的物品逐一编号,按照号码的次序进行摆放。摆放时,除了要考虑号码的顺序,还要保证在不同的小路上,路标的颜色是不同的。反光路标的最大好处是,不仅在黑暗环境中容易为人所发现,同时还可以回收再利用。在野外生存环境中,任何一种资源都是极为珍贵的,不能轻易浪费或丢弃。

洞穴内的河流会帮助探洞者重新确定方向。岩洞的洞穴是在地下水日积月累的冲蚀作用下形成的，河流的冲蚀作用会在洞壁上留下或大或小的痕迹。求生者可以通过观察痕迹的走向来推测河流的流向。根据推测出来的河流流向，慢慢摸索，求生者可以找到河流主干道的方位。然后沿着河流主干道行走，找到洞口的可能性很大。

如果不幸迷失了方向，千万不要惊慌，面对现实，寻求解决之道。一旦迷路，求生者不可随意走动、四处探路，因为这样会消耗求生者诸多的体力。在节省体力的同时，还要尽可能地节省饮用水和食物等资源。如果是团队同行，在迷路时，将团队的所有成员聚集到一起，商讨解决办法，不可单独行动。在确定好团队计划以后，以迷路点为起始点和临时的大本营展开行动。成员们一个方向接着一个方向地走去，沿途设下标记。每次探路失败，都要返回临时大本营，然后再进行下一次探路。探路要有足够的耐心，寻找到正确的方向可能会耗费求生者很多的时间，此时，最大的禁忌不是找不到方向，而是焦虑不安。

在失去蜡烛、火把、探测灯等一切照明设施以后，只能在临时大本营处等待救援。洞穴里地形地势复杂多样，在没有光线的帮助下行走，是十分危险的事情。

缺氧窒息

缺氧窒息也是进入洞穴时，求生者可能会遇到的潜在危险。在进入一个陌生和安全性未知的洞穴时，可以首先以燃着的火把或蜡烛探测洞穴内的氧气是否充足，具体做法如下：点燃火把或蜡烛，求生者拿着火把或蜡烛进入洞穴一段距离，然后停止，观察火把的燃烧情况。如果火把或蜡烛的燃烧不旺盛甚至是熄灭，说明洞内氧气不足。此时，求生者应立即出洞，停止探洞行为。

在洞口附近探测成功以后，在洞中的行动也要小心谨慎，因为突然缺氧的现象很可能会出现。当求生者感到呼吸不通畅或困难时，应立即采取行动，转移方向。

电石灯对于探洞者而言是一把双刃剑。电石灯火苗的颜色变化，可以帮助探洞者判断洞内含氧量的变化。同时，电石灯有一个特性，在其燃烧殆尽时，残余的电石气会释放出来。如果同行者不慎用自己的电石灯火苗将其点燃，可能会发生爆炸现象。当一名探洞者进行新电石的更换时，要与其他持有电石灯的同伴保持一定的距离，防止出现爆炸等危险。

其他注意事项

除了迷路和缺氧窒息两种常见的危险，探洞者可能还会遇到岩石崩塌、有毒生物和真菌感染等困难。

洞穴中的岩石常常会有崩塌现象出现。在洞穴中行走时，要留意四周岩石的状况，避免被突然崩塌的岩石砸伤身体。

洞穴终年潮湿而黑暗的环境，为各类真菌的滋生提供了温床。求生者在洞穴内活动时，如果不小心受伤，应谨慎处理。彻底的清洗、消毒和包扎等急救措施是必要的。因为在充满真菌的环境下，稍有不慎，伤口就会感染发炎，引发的后果不堪设想。

洞穴中，特别是靠近洞穴出口一带，会有蛇类、毒虫等有毒生物出没。在这些地方行走时，一定要小心谨慎，不要轻易用手去触摸任何不明物体或是小洞，防止被有毒生物咬伤。一旦被有毒生物袭击，不要惊慌，应冷静下来，立即采取紧急处理。在处理完毕以后，要在第一时间走出洞穴，寻求救援，对伤口做进一步处理治疗。

第二节　沙漠生存

地形的识别与观察

大多数的干旱地区都有如下几种比较相似的沙漠地形，它们分别是：

山地沙漠。
岩石较多的高原。
沙丘。
盐沼。
深裂地形。

沙漠地形会给行进带来很大困难。地面导航也会因为地面标志很少而极其困难，寻找避身所会受到地形的很大限制，因此极易暴露在敌人面前。

山地沙漠

山地沙漠上有很多贫瘠的山脉或小山坡，山之间被盆地隔开。在比较平坦的地区，有部分地带会突然升高，最高的地方可达海拔几千米。

位于高纬度的山地沙漠，空气较为稀薄，很少有植物生长。在这种地方生存，最容易受到的伤害便是阳光灼伤。在较高纬度的地段爬山，需要付出的体力更多，这便增加了人对水的需求量。

高地上的雨水天气不多，但是只要下雨，就很容易引起山洪暴发。这个时候，沟渠和峡谷受到洪水的侵蚀和冲刷，大量的沙子、石子将会在盆地的边缘堆积。大雨过后会有植物萌发，但是由于雨水的蒸发时间较短，所以地面又很容易像以前一样光秃。如果雨水量很大，没有被完全蒸发的话，剩余的部分雨水会流进盆地，形成一片较浅的湖泊。位于犹他州的死海和盐湖的形成就是这个原理。这些湖泊中的含盐量很高。

岩石较多的高原

在具有较多岩石的高原沙漠，地表有很多坚硬、易碎的岩石。在高原附近，可能会存在一些沙丘。高原沙漠的地势较为平坦、开阔，有部分岩石露出地面。可以利用这些岩石遮挡太阳，也可以躲在这些岩石的后面隐藏起来。

岩石是一个不错的天然蓄水池。在降雨之后，岩石中会存有一定量的水，你可以在这些地方寻找水源。尤其是动物、鸟类的痕迹，包括粪便、小径或者鸟儿飞行的方向，都会表明水源的位置。

沙丘沙漠

沙丘沙漠的地势广阔，地表覆盖着沙子和砾石。有些地区的沙丘高达300米，长达16～24千米；而有些地方的沙丘可以长达3.2千米。不过，有些地方的沙丘却是完全平坦的。在这些地区，存在植物的可能性很小，或者只有高1.82米的灌木。

世界上有很多沙漠属于沙丘沙漠，包括撒哈拉沙漠、阿拉伯沙漠的一部分、西奈沙漠、新墨西哥和加利福尼亚沙漠以及位于南非的喀拉哈里沙漠。

如果可以的话，尽量不要穿越沙丘沙漠。

盐沼

盐沼的区域一般都是平坦的。但是这些地方都很荒芜，只有部分地方长着稀疏的草，其他植物根本没有。在干旱的地区，雨水积累蒸发，留下碱盐或含盐量非常高的水，这就形成了盐沼。盐沼的水很咸，不能供人饮用。这里的盐水经过结晶形成的岩层厚度可达2.54厘米。

在较为干旱的区域，盐沼地可达几百平方千米。盐沼地中存在大量的昆虫，并且多数昆虫都是会咬人的。这种地形很容易腐蚀人的衣物和皮肤，要尽量远离这种盐沼地。

深裂地形

深裂地形在几乎所有的干旱地区都存在，也被称为旱谷或旱山。这种地形是因为泥土被暴雨侵蚀而形成的小峡谷。旱地的宽度可达3米、深度可达2米。有的旱地也可能宽几百米、深几百米。旱地不仅宽度和深度多样化，它的纵深方向也像迷宫一样复杂多样。在这种类似迷宫的地形中，人很容易迷路。从这一点上来说，旱地可以为我们提供一个良好的避身之所，但是最好不要尝试穿越它。

干旱地区环境特征

在沙漠、隔壁等干旱少水的环境中生存，首先要熟知周围环境的特点，以做好相应的装备、器具和心理准备。干旱地区的环境因具体地点的不同而有所区别，主要有如下七种地理和气候特点：少雨、炎热、温差大、植被稀少、矿物储量大、沙尘暴、海市蜃楼。

少雨

沙漠和戈壁等干旱、半干旱地区，最显著的气候特点是少雨少水。沙漠地区降水少，即便有降水，也会由于沙子的特性，速度极快地渗到地下。所以在干旱地区，特别是平均气温较高的沙漠地带，寻找到适合饮用的水源是非常困难的。

气候炎热

在干旱地区，如沙漠，地表的热量主要来自于太阳直射、温度较高的风以及沙子反射出的太阳直射的热量。沙子和岩石的热熔度很高，极易汇聚热量，这些热量汇集在一起，造成了干旱地区炎热的气候。这是沙漠探险者所要克服的困难之一。

炎热的气候增加了身体对水的需求,而水在干旱地区是不易寻见的,所以最好的解决办法是减少自身体能和水的消耗。减少自身在阳光下的暴露时间、减缓行动速度、在夜间活动等,可以延缓身体水分的消耗。在烈日暴晒下,要注意对无线电等敏感的随身携带物品进行必要的防护。

温差大

干旱地区的另一个气候特点是昼夜温差大。一天之内,白天的最高气温可以达到54℃,夜晚的温度可以低至10℃。40多度的昼夜温差,让人很难适应。除了必备的长衣、长裤、帽子等防寒设备,一颗平常心也是至关重要的。

植被稀少

沙漠、戈壁地区由于天气炎热、降水稀少,所以植被稀少。对于求生者而言,寻找合适的避难所或是隐藏自己的踪迹是很困难的。在必要时,可选择植物生长相对茂盛的旱谷地带,气温相对较低的石头、灌木、岩层等的阴影处,进行隐藏。因为沙漠、戈壁等干旱地区遮蔽物较少,所以在行进之前,就应留意周围的地形、植被和其他情形。在危险发生时,熟知地形可以为顺利逃脱或躲避提供便利。

矿物储量大

根据矿物质分布的环境特点判断,在干旱地区地表的泥土里,硼砂、盐、碱和石灰等矿物质的储量很大。这些为人类日常生活提供各种便利的矿物质,对于野外生存而言,是一种潜在的危险。在矿物质储量大的地区,河流、湖泊等的水是不可以饮用的,这些水接触到皮肤,很容易引发皮疹等皮肤病。以犹他州的盐湖为例,它的含盐量很高,盐湖周围其他矿物质的储量也很大,植物在这里几乎无法生长。这样的盐湖四周,不仅找不到适合饮用的水源,也找不到合适的避难所。

沙尘暴

沙尘暴在干旱、半干旱地区非常常见。相对于其他地区,干旱地区沙尘暴的发生频率更高、威力更大。干旱地区的求生者要学会如何抵御沙尘暴,保证自身安全。

沙尘暴对求生者造成的危害,不仅是吸入性颗粒带来的危害,还可能导致求生者迷失方向。在沙漠中失去方向,是一件危险的事情。最好的抵御措施是随身携带太阳镜、口罩等防护器具,同时一路标记你的行进路线。标记行进路线,要选择大石头、裸露岩层等不易被风吹动的东西。切记不要将记号标记在路过的沙丘上,因为沙丘会随着大风移动,更容易令求生者迷失方向。沙尘天气中,一切无线电通信设备都形同虚设,所以在干旱地区生存,最好随身携带烟火、信号镜、信号布板等物品。

海市蜃楼

海市蜃楼是沙漠地区常见的一种大气现象,它主要是由于光的折射作用形成的。海市蜃楼出现时,求生者会看到农舍、岛屿、河流等景象,给人以极大的错觉。它不仅让人觉得美好的事物就在眼前,还会阻碍陆地导航设备发生作用。海市蜃楼的出现,会令沙漠求生者迷失方向,危险性很大。保持一颗冷静沉着的心和采取必要的应对措施,这种危险是可以逃脱的。在沙漠行走时,如果眼前出现了轮廓模糊不清的景象,特别是农舍、岛屿、河流等求生者喜见的,千万不要冲动。站到地势较高的地方,避开地表的热空气,仔细观察,就会发现眼前景物是虚还是实。

沙漠中如何获取水

战争时期,人们在沙漠里作战,面临的最大困难是水资源的

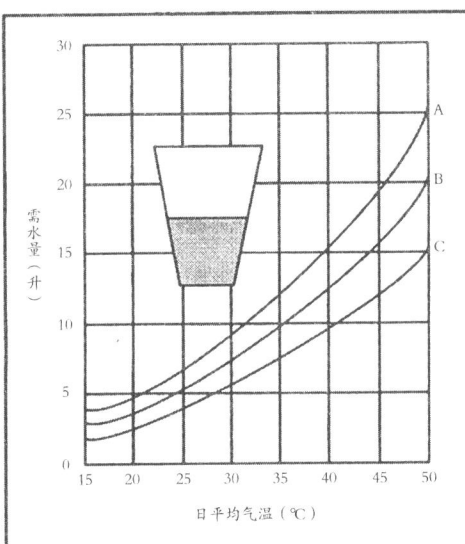

A. 阳光下高强度活动（负重葡萄、攀缘等）
B. 阳光下中等强度活动（清洁武器和装备）
C. 在阴凉处休息
图表显示了一个人进行三种活动所需要摄入的水量与日平均气温的关系。例如，如果一个人在阳光下进行8小时的高强度活动（曲线A），当平均气温为50℃时（垂直线），一天要喝水约25升。

▲ 三种活动每天的需水量

短缺。为了解决水的问题，有人想出了一个方法，那就是慢慢地减少给人的供水量，如果人体内没有感觉缺水，就能在缺水的情况下生存下来。可是事实证明，这个方法是不可行的，人缺少了水就只能受到死亡的威胁。

想要在沙漠里活下来，最主要的是保持身体活动、大气温度、水的消耗之间的平衡。一个人要想正常地做事，在不同的温度下就要消耗不同数量的水。举个例子说，高级动物从事24小时比较辛苦的活动，在43℃必须消耗23升的水。假如没有足够的水，这个高级动物是没有办法做出正确的判断和正常地处理问题的。

正常情况下，人体内的温度都会保持在37℃左右。当我们活动或者身处高温环境，体温就会升高，然后就容易出汗，并且出汗的多少跟体温的高低成正比。出汗会带走人身体内部的水，需要及时补充水分才不会导致缺水。在活动量过大或者外界环境过高时，人必须出汗才能保持身体的平衡，否则就容易生病。一旦有人生病了，周围的人就必须抓紧时间对这个人进行抢救。

现在，我们明白了活动、温度与人体内水分之间的关系后，就知道应该怎么才能更好地减少水分的消耗。我们有三个办法可以降低水分消耗的速度：

第一，尽可能地减少活动量。如果不得不活动，就选择在凉快的地方活动，例如树荫底下、房子里面等。

第二，利用身上出的汗。当我们活动的时候，需要从头到脚全副武装，戴上帽子，穿上长袖衣服和裤子，借此躲开恶劣环境的侵害。我们穿戴的东西可以将汗保存起来，留在身体表面，当汗挥发的时候，我们就会感觉特别凉快。如果想要少消耗一点水，那么我们只能找一个没有阳光的地方，一动不动地坐着。

第三，禁止在缺水的情况下进食。因为任何食物进入人体，都需要消耗水，所以我们在缺水的时候需要做的就是把水用在不得不消耗的地方。

很多人都觉得渴了就是表示身体缺水了，其实这十分正确，一个人渴了才开始补充水分的话，是不可能得到足够的水分来维持日常的活动的。要想自己的身体得到足够的水分，我们就应该这样来喝水：当外界温度低于 37.8℃ 时，我们平均每小时就需要补充 0.6 升水；当外界温度高于 37.8℃ 时，我们平均每小时就需要补充 1.1 升水。

按照规定的时间补充水分会比一时喝多一时喝少效果好很多。即使身边没有足够的水，每隔一定的时间，喝一点点水也是很好的。这样做可以减少出汗带来的水分流失。要想尽可能地留住身体里面的水，就要尽量避免大幅度的运动。假如我们在高温的环境下，同时又不相隔固定的时间补充水分，那么得热伤害的概率就大大增加。

怎样避免沙漠热伤害

热伤害是指人体在炎热环境中因为水缺乏、装备不足、医治不及时或心理压力等造成的伤病。它主要包括中暑、痉挛和虚脱。

中暑

中暑是身体在炎热的环境中因为严重缺水、缺盐，自身无法启动降温机制而引发的常见热伤害。大多数中暑的人在经过适当救治后能够很快恢复，但也有症状表现严重的病人因为体温不能及时降低而死亡。中暑的主要症状为：皮肤干燥滚烫、不排汗、头痛、头晕、脉搏跳动加速、恶心、呕吐、精神错乱以致失去知觉。许多中暑的人都是因晕倒而被发现的。

发现中暑病人，应立即将他放到阴凉通风处，让他平躺于距地面45厘米左右的担架或桌子上，解开衣扣，并向他身上浇水或者扇风以帮助他降温，同时给他做一些按摩。病人恢复意识后，要每隔3分钟给他喝少量的水。

痉挛

痉挛的原因有很多种。炎热环境下出现的痉挛主要是因为人体大量排汗导致盐分流失过多而又得不到及时补充。它的症状开始时表现为轻微的肌肉不适，然后发展为手臂、腿部或者腹部的中度或重度肌肉痉挛，并伴随有剧痛。

在感到肌肉轻微不适时就要停止一切活动，在阴凉处休息并补充水分，最好是盐水。如果已经肌肉痉挛和剧痛，应立刻将病人放置在阴凉处平卧，解开衣扣，向他身上浇水或者扇风来给他降温，每3分钟给他喝少量的水，并在充分休息之前停止一切活动。

虚脱

炎热环境下的虚脱是身体水分和盐分的大量流失引起的。它的症状表现为头痛、精神错乱、躁动不安、大量出汗、虚弱、头晕、痉挛、面色苍白、皮肤潮湿冰冷等。

对虚脱病人的救治，仍然是以给其降温为主，因此与中暑、痉挛病人的救治措施基本一样。

沙漠中的预防措施

在炎热的野外生存环境中，我们很难获得医生的帮助。因此，我们应该小心谨慎，力求不受到热伤害。在这种环境下，我们应该尽量在凉爽的傍晚或夜间行动，白天尤其是中午应该在凉爽通风处休息。具体做法是：

- 如果是白天行动，明确告诉队友：我们要去哪儿、什么时候回来。
- 注意观察队友的身体状况。如果有人表现出疲惫，可能已经因热伤害而开始发病。
- 每小时至少喝一次水，避免水分流失对身体造成的伤害。
- 休息的地点尽量选择阴凉的地方，而且不要直接躺在地上。
- 不要因为感到炎热而脱掉衣服降温，那会灼伤身体。
- 检查尿液，如果尿液颜色过深则说明我们需要多喝水。

沙漠中的衣服装备

在沙漠中要注意保护好眼睛，护目镜和太阳镜是非常必要的。你也可以在眼睑下方涂上一些烟灰，这样也可以减少因反光而造成的眼部伤害。为了避免头颈部受到伤害，你可以选取一块和手帕大小差不多的布块儿，将它们与一条布带缝在一起，然后挡在背部。使用的时候，手帕作顶部，将大块布块对折之后放在手帕上，长条朝前，用布条沿着头部四周将其包扎，这样既能防晒又可以隔热，还能防止沙暴迷眼。

在沙漠中的着装要以轻便、舒适为主。在沙漠中穿好衣物，不但可以防晒、保存体力，还可以防止蚊虫叮咬。不要光着脚在炽热的沙地上行走，也不要穿平底凉鞋，避免因烫起泡而引起化脓感染。

干旱地区的各类危险

沙漠环境中，除了中暑、痉挛、虚脱，我们还可能受到毒蛇、

这种棉质棒球帽能够遮挡面部,把帽檐转过去还能遮挡颈后部位。

这种宽边棉质太阳帽能有效遮挡强光,且其上的透气孔有利于空气流通,从而能够减少出汗。

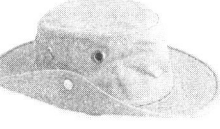

夏天的时候,建议你带一件轻便的风衣;如果是冬季,则建议你带一件厚外套。

当太阳光最强烈的时候,一定要戴一副高质量的太阳镜。镜腿上系上绳子,挂在脖子上。

如果你每天都要在阳光下开几小时的车,务必戴上一双轻便的手套以防手背被太阳晒伤。

长袖衬衣可以保护你的手臂免受阳光灼射。

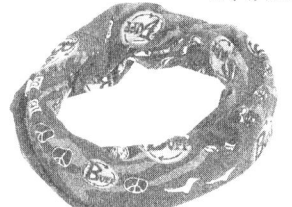

脖子上宽松地围上一条花色棉质大手帕能有效地吸汗。

一根结实的皮带能够用来悬挂一些常用的物品,如水壶、指南针或地图。

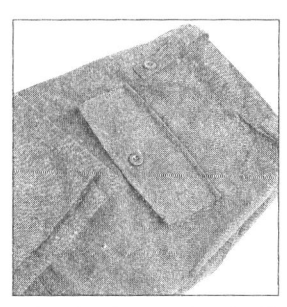

选择一条颜色深浅适度的宽松棉质长裤,穿的时候把裤脚塞进靴子,这样能防止沙子进入鞋内。

昆虫、带刺的植物、受污染的水、灼伤以及气候性紧张等带来的伤害。

所有干旱地区都有蛇，而沙漠里的蛇基本都是毒蛇。它们有的会隐藏在沙子里，等待伏击猎物。对于这些蛇而言，我们的体型过大，并不是它们可以吞下的猎物。因此，只要不是我们无意中踩到、碰到毒蛇或者让它感觉到威胁，它是不会攻击我们的。因此，在沙漠中行动时，我们

沙漠地区最大的问题在于光照十分强烈，而又没有遮阳的地方。这样一来，你身上穿的衣服就是皮肤的主要保护了。

尽量不要摘下手套。如果我们的身体要接触某块岩石或沙堆，一定要先仔细观察是否有毒蛇藏在那里。每次休息过后站起来时，要抖一抖睡袋、衣服和靴子，以免毒蛇藏在里面。绝不能光脚走没有仔细检查过的地方。一旦发现蛇，要立即警告队友，并远远绕开。

看似荒凉的沙漠里还有各种昆虫，其中有一些携带病菌，例如苍蝇、虱子、螨虫，有些则是有毒的，例如野蜂、蝎子、蜘蛛、蜈蚣。它们通常躲起来等待猎物上门。如果我们被它们袭击，很可能因此生病或中毒。所以，在我们在沙漠中行走，一定要非常小心，并尽量仔细检查。

遇到流沙时的自救

在沙漠中，最怕遇到流沙，很多人因为突然遭遇流沙而丧失生命。但是很多时候遭遇流沙是无法避免的，因此你需要知道如何在遭遇流沙时进行自救，或者当队友遭遇流沙时如何将其安全地从流沙中解救出来。

流沙的形成及特性

实际上，我们大多数人对流沙的恐惧都源于电影里面的情节。而事实是流沙并不恐怖，它只是一种十分常见的自然现象。"流"是表示沙子在这种半流体状态下非常容易移动。只要有足够合适的条件，流沙能够在很多地方形成。流沙基本上都是沙子或者其他颗粒微小的物质与水混合而成，只是由于水与沙子混合达到了一定的饱和度，让沙子之间的摩擦力十分小，从而液化了能够承载重物的地面，使之无法承受任何有一定重量的人和物。

有沙地和足够的水不一定就会形成流沙，它还需要借助一定的动力，使水和沙充分混合。一般有两种途径能使得沙地形成流沙：第一种就是受到地下往地面涌动的影响而形成流沙。当地下水往地面涌动时，其产生的动力超过了沙子本身的重力，从而使沙粒与水充分融合并且漂浮在水面上，这样自然地面就没有了承受重物的能力，也就形成了流沙；第二种是由于地面震动而形成了流沙。

遭遇流沙时如何自救

很少有流沙的深度超过几米，因此只要你处理得当，即使遭遇流沙你也不会有生命危险，或者说可以轻易从流沙中解救自己。

首先，你应该做好遭遇流沙的准备。你需要准备好一根结实的木棍。木棍在你遭遇流沙时能够帮你找到身体的平衡点。刚刚陷入流沙时，你把木棍平放在流沙的表面，然后将自己的身体平躺，背部压着木棍，这样很快你的身体就会在流沙的表面浮动而不会沉下去。

接着，你把背后的木棍缓慢地往身体的下肢部分移动，一直移动到你的腰部稍微往下一点的部位，使得木棍与你的腿部成垂直状态。然后，缓缓地把陷在流沙里面的一条腿拔出来，接着拔出另外一条腿。整个拔腿的过程中你的身体会因为木棍的存在而不会下沉。身体全部都从流沙中解救出来后，你再以游泳的姿态从流沙地划出去。

根据流沙的流动速度，流沙可以分为慢流沙和快流沙。针对漫流沙和快流沙你需要做出不同的动作来解救自己。当你遭遇快流沙时，首先要保持冷静，不要慌张、挣扎，因为人陷入流沙后，用很大的力气挣扎或者蹬腿只会让自己越陷越快、越陷越深。因为你身体的挣扎和运动会加快流沙中沙与水的混合，从而增加它的黏稠度，这样你就会更难从流沙中出来。

此时，一旦流沙淹没你的头部，你将永远无法解救自己，或者流沙淹到你的腰部以上后你继续挣扎，你也将丧命。因此，你需要做的是，充分利用人体的密度比流沙小的特点，慢慢地将自己的身体躺在流沙中，尽量将腿和胳膊伸展开来，以扩大身体与流沙接触的面积，从而增加浮力。同时要尽可能地减轻身体的重量，把身上一些有重量的物品全部扔掉。试着用双脚轻柔地在流沙中滑动，使得流沙中出现一些真空的部位，从而减轻身体承受的压力。然后以游泳的姿式或者滚动的方式，离开流沙区域，解救自己。

遭遇漫流沙时，当脚被流沙吞没后立即将腿拔出来就可以了。因为漫流沙的速度慢，其承载能力相对而言会比较大，所以不会有太大的危险。但有一种情况你要引起重视，如果漫流沙的面积很大，你无法很快地脱离流沙区域，这时你就要采取和遭遇快流沙时一样的措施来解救自己。

注意： 独自一人在沙漠中遭遇流沙时，你可以通过上面的方法解救自己。碰到队友遭遇流沙时，不能盲目地救人，这样有可能让你的队友陷得更快，甚至会搭上你自己的性命。因此，你需要做的是将自己的身体趴在比较安全的流沙区域的边缘位置，然后把找来的比较结识的木棍或者长绳的一端抛向你的队友，再缓缓地将队友往外拉。自己保持冷静的同时，及时劝导你的队友要保持冷静，不要剧烈运动，以免下沉。

第三节 寒冷气候生存

寒冷地区

北极、亚北极以及与这些区域距离不远的区域都属于严寒区域。由于低温影响到的范围包括了几乎整个北半球的一半,因此可以把这部分区域全部定义为严寒区域。冬季,一些靠近海的区域,受到海洋冷气流的影响,气温迅速下降,那么这些区域同样也可以定义为严寒区域。同时,一个区域的海拔高度,也会影响这个区域的温度,从而影响这个区域是否属于严寒区域。

虽然说严寒区域都有气温低的特点,但有些区域的湿度大,有些区域的湿度小。而你所在区域的湿度大小,在很大程度上是会影响你的日常活动的。

湿度大的寒冷区域

若你所在的区域一天的平均气温在 -10℃或以上,那么这个区域就属于湿度大的寒冷区域。在这样的环境中,晚上的温度会比较低,水会冻结成冰;而白天的温度上升,晚上结成的冰就会融

在寒冷地区要想生存下去,更应该作好充分准备。

化，从而导致地上到处都是水，地上的泥土也会与水融合，那么人走的时候就会十分不稳当。你一定要懂得怎么避免地滑、冻雨、雨夹雪所带来的影响。

湿度小的寒冷区域

若你所在的区域一天的平均气温在 -10℃ 以下，那么这个区域就属于湿度小的寒冷区域。在这种环境中，你虽然要忍受比一般的温度还要低的气温，但是你没有在湿度大的寒冷区域时要对付的冰雪融化的麻烦。当然，在干燥的严寒区域，你要经受 -60℃ 甚至更低的温度，在受到温度和冷风的威胁，因此你要尽可能地多穿些衣服来保证自己暖和。

冷风降温

在严寒区域，由于空气运动形成大强度的冷风，冷风会造成降温，人的皮肤裸露在这样的环境中会存在一定的危险。比如，在温度为 -9℃ 的环境中，如果风的速度是 16 千米/小时，那么此时温度产生的效果会和没风的 -18℃ 所产生的效果一样的。

注意： 在无风的天气，你滑雪、跑步、使用雪橇滑行或者待在促使空气流动的飞机旁边，都会产生类似于有风天气的效果，以致面临冷风降温的危险。

基本生存原则

在严寒的环境中，要想拥有充足的生活必需品，如水、食品，或者是找到合适的暂住地等，都会比在暖和的环境中艰难。虽然有时候你已经获得了维持生存的必需物资、设备，但你还要有强烈的生存意志力才行。

没有足够的意志力，即使你拥有再充足的物资、设备都是无济于事的。以前就有一些身体素质过硬、生存装备齐全的求生

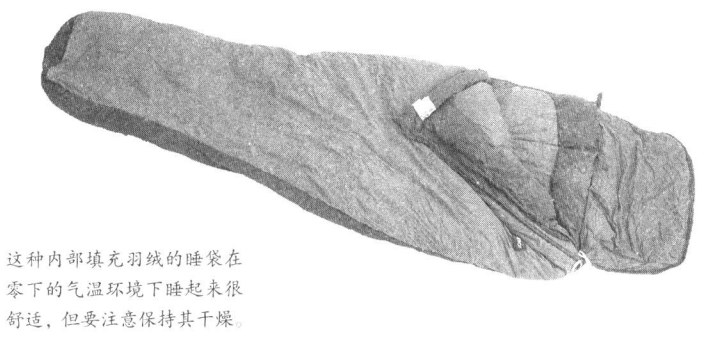

这种内部填充羽绒的睡袋在零下的气温环境下睡起来很舒适,但要注意保持其干燥。

者,由于意志力不够而在严寒的环境中丧生。而那些身体素质、生存装备相对而言都要弱些的求生者,却很好地在严寒的环境中生存下来了。

其实,有时候只要你懂得怎样在严寒环境中存活的一些基本方法,即使你没有的衣物,你也能依靠旧的衣物维持自己身体的温度。当然,新的衣服肯定会比旧的衣服的保暖效果好,有新的衣服还是选穿新的比较好。不管是新的衣服还是旧的衣服,它们都要是全毛的,披在外面的风衣除外。

在你拥有充足的衣物来保暖后,你还要懂得怎样利用这些资源使之达到最佳的保暖效果。假如,人的头部与人的身体的每个器官之间都存在血液流动,这就意味了如果你没有确保自己的头部足够暖和,你将会流失身体一半左右的热量。加上头部的血管大多数是在外层的,也就是说人的头部只要受一点点寒,就会迅速靠损失你身体的热量来维持其运作。由此可见,你一定要确保头部的温暖。还有一些你的身体中脂肪相对较少的部位也要做好保暖措施,如颈部、手腕、脚踝等,这些部位一旦受凉就会消耗你的身体的大量热量。

在严寒的环境中,你可以参照以下几条基础性的准则来御寒。为了方便记忆,我们把这几条准则称为COLDER(冷)准则:

C——保持衣物卫生

英文即 Keep clothing clean

保持自己的衣物卫生、干净不仅能让自己感觉舒服，也能预防一些细菌疾病。在冬天，如果你的衣物沾满灰尘、油脂，那么你的衣服会由于没有足够的空间来填充气体，而导致其保暖效果下降。因此，保持衣物的卫生是十分有必要的。

O——防止过热

英文即 Avoid over heating

假如你穿的衣物过厚，导致你的身体过热，那么你就会流汗，而汗水会直接被你的衣服所吸收，进而从两个方面来影响你的体温：汗水被衣服吸收，导致衣服被弄湿，从而降低了衣服的保暖效果；汗水中的水蒸发，就会消耗身体的一部分热量，从而导致你的体温降低。因此，要适度地调整自己所穿衣物的多少，避免自己流汗，你没必要用所有衣物把自己包裹得严严实实，如果身体温度过高，你可以适当减一两件衣服，把外套敞开或者把手和头裸露在外面，因为头和手是人体散热最快的地方。

L——要穿宽松的衣服，并且有层次

英文即 Wear your clothing loose and in layers

由于人体大量的血管是在皮肤表层，如果你的衣服、鞋子、袜子都穿得不宽松，就会影响血液流动，从而不利于你的身体产生热量，使身体更容易被冻伤。并且，衣物包裹得太紧，就减少了衣物之间的空气量，也不利于衣物隔绝热量、保暖。如果你的衣物穿得宽松，并且有层次，在你过热的时候，就能很快脱掉部分衣物，也能在你觉得冷的时候，迅速地添加衣物。

D——保持衣服干燥

英文即 Keep clothing dry

在严寒的环境中，为了保暖你会穿很多衣服，出汗会使你的贴身衣物变得潮湿。同时在严寒的环境中，下雪比较多，倘若你的外衣没有防水效果，那么就会因为沾上雪霜而潮湿。假如条件允许的话，你要尽量穿防水的外衣，这样能够避免外衣被弄湿。同时，当你从外面到临时住处时，环境温度会升高，如果你身上沾有雪霜，它就会迅速融化，从而导致你的外衣潮湿。因此，在进入室内之前要把自己身上的雪霜拍掉。但是，在雪霜多的环境中，不可能完全确保你的衣物不会被弄湿。那么，你就要想办法给衣物做干燥处理。

如果你是在户外行动，你可以利用风或者阳光来使你的衣物变干，你只要把衣物绑在你的背包上就可以了。同时你也可以利用你自己的体温来干燥像手套、袜子之类的衣物，你只需把湿的衣服贴身并摊开放置就行。如果是在避难所，你可以制作一些晾衣物的架子、绳子，然后将潮湿的衣物晾在外面，或者用火来把湿的衣物烤干。但像靴子之类的皮质衣物，你就不能很快使其干燥，你可以把这些衣物放在你睡袋的中间层，然后利用你身体发出的热量，慢慢地使其干燥。

E——检查

英文即 Examine

要经常、即时地检查你的衣物有没有损坏或者是不是卫生，如果发现问题就要即使补救。

R——修补

英文即 Repair

如果你发现自己的衣物破损，你就要在衣物还没有更破之前将其修补好。在野外一般没有针线，你可以利用一些动物的骨头、植物纤维、鱼刺等自制一个缝制衣物的工具。

在严寒的环境中，厚实的包有羽绒的睡袋是十分重要的生存装备。要保持睡袋中羽绒的干燥；羽绒潮湿的话会大大降低它的保暖效果。假如你没有带睡袋，你可以自制一个。你只需要搜集一些自然的干燥材料，像树叶、苔藓之类的，然后将这些材料放到两层不通风的布料之间（降落伞布），就完成了睡袋的制作过程。

团队所拥有的各种地图对于探险活动的顺利进行十分重要，因此有必要指定某个人专门负责保管这些地图。

还有一些必要的生存工具，如刀、用于取火的防水火柴、点燃火柴用的打火石、质量过硬的指南针、地图、手表、手电筒、望远镜、墨镜、能迅速补充热量的食物、野外获取食物的装备、搜集信号的设备，等等。

烛台蜡烛易于燃烧，可用于生火。

生火工具（包括火镰、物和火柴），可从户外商店购得。

注意：要想在严寒的环境中生存是十分困难的。在自己出发之前，要选择好自己所需要并适合自己的工具。若对一些工具你不熟悉，你就要在出发前在模拟的生存环境中实践一下；选择适当的工具后，一定不要在严寒的环境中遗失自己的工具。

个人卫生

虽然在严寒的天气洗澡会让人觉得很难受，但是为了避免得皮肤病甚至更严重的疾病，你必须要坚持洗澡。

有时候，你可以选择用雪来洗澡。先用手抓雪把自己身体汗水比较多的地方（腋窝、腿的上面部分等）擦干净，然后再用雪擦拭身体的其他部位。若有足够的条件，要坚持天天洗脚，并勤换袜子，脚是细菌最多的地方。每七天至少要换两次贴身衣物，假如你没有条件及时把替身衣物洗干净，你可以先把脱下来的衣服甩几次，再把衣服放到外面晾几个小时。

假如你所停留的地方曾有人住过，你要十分注意这个地方是否干净，要每天都检查自己以及自己的衣物是否有虱子。若你在自己的衣物上找到了虱子，要及时用杀虫剂将虱子处理掉。若你一时找不到杀虫剂，你就立即把衣物晾在冰冷的环境中，然后用木棍拍打衣物，将虱子从衣物中清除掉，但是这种方法无法清除虱子的卵。

假如你要刮胡子，尽量在晚上你准备睡觉之前进行。这样就不会让你的皮肤裸露后就立即要面对生存环境，从而有足够的时间来形成保护。

医疗方面

人在正常情况下，其身体中心温度是维持在37℃，而裸露在外面的手、脚、头由于没有什么来保住热量，因此温度会比人体中心温度稍微低一些。

严寒环境中，一个人只要穿上足够厚和足够多的衣服，是能够维持自己身体的热度的。但是，如果一直处于严寒的环境中，那么他就要借助运动和抖动来维持自己身体的热度。

在寒冷的环境中靠抖动身体可以得到自己所需要的热量，但是也会因此而感到疲惫，而疲惫后会致使身体的温度降低。人处在有风的地方，身体的热量也会流失一部分。

人的身体能够自动调节体温，使体温保持稳定。人体是通过以下三种方式来调节体温的：自我提供热量、损失热量以及热量汽化。人体自我提供热量的快慢很大程度上由人的体温和周围环境温度的差所决定。但是,与人体自我提供热量相比,人损失热量的速度更快,流汗可以使人体的温度稳定。人通过活动所自我提供的热量和人流汗所损失的热量的速度是相同的。

冻伤及其他伤害

未雨绸缪,防患于未然是避免疾病、减轻伤痛的最有效方法。如果没有做好预防,疾病一旦出现,就会不得不经受"病去如抽丝"的痛苦。这时你不仅要经受巨大的痛苦,甚至还要承受疾病引发的一连串反应,最终使得治疗愈发艰难。

那么,如何才能及时防范、保持健康呢?首先,我们要了解疾病的征兆及症状。其次,在恶劣的条件下,我们一定要发挥集体的协作、互助能力,借助集体的力量战胜疾病。

体温过低

它是指人身体温度的下降速度大大超过了身体产生热量的速度。比如,突然掉进冷水里、长时间暴露在寒冷的环境中,或者是高温燃料及其他液体喷射到身上引起的全身浸透等,都容易导致体温过低。

体温过低后最早出现的症状就是颤抖。这种颤抖已经到了人无法自由控制的程度,甚至让那些照顾伤者的人都无能为力。一旦中心温度降低到35℃~32℃,人往往会出现意识混乱、思维迟钝的状况,并对温度产生错觉。中心温度再降至32℃~30℃或者更低,人便会肌肉

给低体温症患者喝温的饮料,比如加糖的茶,来使其体温升高。不要让其喝酒。

僵硬、不省人事、毫无知觉，挣扎在生与死的边缘。假如温度降到了25℃以下，人就会濒临死亡，毫无生命的迹象。而体温过低的情况则常出现于中心温度降到大概35.5℃的时候。

如何救助低温症病人呢？当务之急就是使其渐渐暖和起来。最常用的办法就是将病人身体的躯干部分浸入37.7℃～43.3℃的温水中。

注意：因为病人随时都可能休克或者心跳停止，因此这种办法只能在医院里进行。若不在医院里进行，倘若遇到突发情况，病人也许就不能得到及时、有效的救助。

让病人体温回升最快速的方法是温水灌肠法。这种方法操作起来很简单，即直接把温水灌入病人体内。不过，这种方法在恶劣的环境下也许不可能实现。那么你可以尝试另一种方法，那就是把病人和一个体温正常的人赤裸着裹在一起，放在同一个温暖的睡袋里，让温度从正常人的身上传到病人身上。

注意：为了避免体温正常的人因此患上低温症，一定要把握好时间，时间不宜过长。

病人要是处于清醒状态，可以试着给他喝热糖水。蜂蜜和葡萄糖为首选，要是没有这两种东西，也可以用白糖、可可粉或其他类似的可溶增甜剂等代替。病人要是处于昏迷状态或者没有知觉，这样的方法一定不能贸然尝试。

在治疗低温症的时候，我们必须意识到两个常见的危险，即体温回升速度过快和体温降低速度过快。体温回升速度过快易导致血液循环出问题，进而引发心脏衰竭。而体温降低速度过快即刚把病人从温水中移出来，他的体温就急剧下降。这种现象出现的原因是病人在体温回升了以后，其血液便要重新开始循环，于是之前停滞在四肢里的血液又要回到躯干部分,这就导致了体温再次下降。处理这样的情况,就要想办法让病人的躯干部分变暖,同时刺激外围的血液循环,尽量减少体温回落带来的不良影响。如果条件允许,把病人的躯干放在温水中是最好的急救措施。

冻伤

轻度冻伤只是皮肤冻伤,受伤的皮肤灰暗,且略微有些发白。深度冻伤则延伸到了皮肤以下的组织,使组织变得僵硬。简单说来,冻伤的发生是因为组织被冻僵了。在人体诸多部位中,手、脚以及暴露在外的面部较容易被冻伤。

在寒冷的环境中,四肢最容易生冻疮。可以不时地把冰冷麻木的手放在腋窝下取暖。

若你是一个人,那么建议你在外出时准备一双厚手套和一个口罩,尽量保护双手和脸上部。若你和其他人一起外出,那么防止冻伤的最简单办法就是彼此互补,即你们要经常检查同伴的脸,也要让同伴不时地检查你的脸。

天气极寒、温度极低但你却缺少衣服的时候,下面一些建议或许可以帮你保暖并有效防止冻伤:

· 耳朵。用手揉搓、拉扯耳朵,或用捂热的双手暖耳朵。

· 面部。可通过"做鬼脸"来促进血液循环,也可用双手捂脸来取暖。

· 双手。把手放在温暖的手套里,实在寒冷的话,可把手贴近身体以获得更多热量。

· 双足。不停地活动双脚以促进血液循环，尤其是要活动你的脚趾。

正常情况下，手脚就算再冷也还是有知觉的，如果你的手脚已经没有了知觉，那说明你已经被冻伤了。若失去知觉时间不长，冻伤程度可能只是轻度的。不可忽视的是，冻伤解冻之后又重新结冻，会带来更严重的损伤，这个时候，若没有专门的医疗训练是很难有效救助的。下面是遇到冻伤时应该遵循的一些方法和原则。

处理冻伤的允许和禁止

允许	禁止
定期查看身体是否有冻伤的部位 温暖轻度冻伤的部位 保护自己身体冻伤的部位，避免它们再次被冻	禁止用雪清洗或擦拭冻伤的部位 禁止饮用含有酒精成分的饮料 禁止吸烟 在缺乏专业的医疗条件时，禁止自行将身体深度冻伤的部位解冻

战壕足病和足浸病

这种病是人数小时甚至好几天暴露在潮湿的环境中或持续待在冰点气温以下所引起的。一般而言，肌肉和神经是主要受损的地方，也很有可能产生坏疽，严重的话会出现肌肉坏死，患者的整个脚或整条腿都不得不被切除掉。这种疾病发生以后，人的脚通常会变得肿胀、冰冷、麻木、冰冷、行走困难。预防这种疾病的最有效方法是保持两脚干爽。带上备用袜子并用防水的袋子包好。弄湿的袜子可以放在自己的背上，借助体温慢慢将其暖干。最后，要保证每天洗脚，勤换袜子。

脱水

人身体蒸发的水分会被厚重的衣服吸收，之后再蒸发到空气中，所以人在寒冷的天气里被厚衣服裹得严严实实的，常常意识不到自己体内的水分正在一点点流失掉。因此，你一定要注意及时补充流失的水分。然而，你在寒冷的天气里对水分的需求和在温暖天气里的需求是有所不同的。那么，如何检查你是否脱水了呢？一个常用的方法便是检查自己的尿液在雪地上的颜色。如果尿液呈现浅黄色或无色，则说明你体内水分处于平衡状态，不必担心脱水。如果尿液呈现深黄色，那说明你已经开始脱水，要提高警惕，马上补充水分。

低温多尿症

人长时间暴露于寒冷的天气里排尿量会增加，这使得你体内的水分相应减少，你就要注意及时补充水分了。

日光灼伤

阳光照在雪、冰和水上，光线会从四面八方直射到你敏感的皮肤上，其中包括你的眼皮、嘴唇和鼻孔等。常识告诉我们，人在海拔较高的地区暴露在阳光下比在海拔较低的地区更容易被阳光晒伤。就算是温度在0℃以下，人暴露在外的皮肤也会被日光晒伤。因而，当你外出并较长时间暴露在阳光下时，你就要涂防晒霜、防晒膏等防晒品。否则，等你的皮肤被晒伤后，再医治和恢复就很困难了。

雪盲

这种疾病的症状是患者总感觉眼睛里有沙子，并伴随着眼睛疼痛、眼球运动加速、眼圈发红、流泪、头疼等。强光照在雪地

▲ 临时做的太阳镜

上反射出有较强刺激性的紫外线时，雪盲就容易出现。你在强光下暴露的时间越久，这些症状会愈发剧烈，最恶劣的情况是眼睛被永久性地损伤，再也不能痊愈。治疗雪盲，要用干净的纱布把患者眼睛包好，避免强光直射他的眼睛，等以上症状全部消失以后，再小心撤去纱布，让眼睛恢复正常。

戴太阳镜对预防雪盲有一定的好处，但并不是所有人都有太阳镜。如果你没有太阳镜，不妨自己动手制作一个。制作方法很简单，即在纸板、木头、树皮或其他能使用的材料上切开两道缝。此外，在你的下眼睑上适量涂上一些煤炭也能帮助降低强光的刺激。

便秘

吃喝拉撒是人的本能需要，而排便是一刻也耽误不得的，没有人会因为天气寒冷而不排便或者拖延正常排便的时间。如果你在寒冷的天气里推迟正常的排便，加之吃一些脱水的食物、较少饮水、饮食不规律等，你就很可能出现便秘。在这个时候，你可以摄入适量的液体，要在每天正常饮水 2~3 升的基础上再多加 2 升。若条件允许，你可以多吃水果或其他有助于肠胃通畅、消食排便的食物。

昆虫叮咬

人要是遭昆虫叮咬，伤口处往往会因为人的抓挠受到感染。你可以使用驱虫剂、蚊帐来防止蚊虫的靠近，也可以添加一些长袖衣服进行防范。

避身所

避身所的类型有很多，你需要搭建什么样的避身所主要取决于你所处的环境和你随身携带的工具、装备等。森林、开阔地带、荒原等都是适合建造避身所的地方。在这些地方当中，森林是最佳地点，因为那里有大量现成的树木，可作为搭建避身所的天然材料，有现成的干木头可以用来取暖、做饭、抗风、躲避侦查等。在荒原里只能借助积雪搭建避身所。

值得注意的是，金属导热，会将你身体所产生的一点点热量导出避身所之外，使得你愈发寒冷。因此，金属之物在极度寒冷的天气里，一定不要被用来充当避身之所，比如飞机机身。

要想借助冰或雪建造避身所，锯和雪斧之类的工具则必不可少，除此以外，你还要花费很多时间和精力。如果你还想在避身所里面生火取暖，务必要确保避身所能够有效地通风透气。条件允许的话，你可以用你沉重的背包或者较大的雪块把避身所的入口封上，这样不仅可以保存热量，也可以防止寒风刮进来。在寒冷的地方建造避身所的一个致命错误是把避身所建得过大，以至于它从人身体吸走的热量要大大超过其帮助人体保存的热量。同时，要切记不管何时都不能直接睡在地上。你可以在避身所内铺上一些干燥、粗大的松树枝、杂草或其他隔热材料，以免冰冷的地面直接吸走你身体原本就不充足的热量。

众所周知，一氧化碳非常危险，无色无味，极易产生。因此，你一定要注意检查避风所的通风状况。明火在通风不畅的避身所内燃烧很容易让人一氧化碳中毒，所以在你入睡之前还要记住熄灭避身所里的炉子或者明灯。此外，你还要检查燃烧物是否都充分烧尽了，就算在通风良好的避身所内，燃烧物不完全燃烧也很容易使人一氧化碳中毒。中毒之后，患者很少表现出明显的症状，突然间就会昏迷，甚至死亡。然而，细心的人还是可以察觉到一些细微的症状的，即一氧化碳中毒的人会觉得眼睛有灼痛的感觉、太阳穴处有压力、头疼、脉搏跳动强烈、浑身乏力、困倦、恶心。有些患者的嘴唇、内眼皮等部位还会呈现红色。如果你发现自己或者周围的人出现了以上症状，一定要立即到室外或空气通畅的地方呼吸新鲜空气，否则生命将危在旦夕。

你还可以借助自己所有的材料建造或者使用战地临时避身

所，很多人会利用雪进行保暖。

雪洞避身所

　　雪具有保暖特性，这使得雪洞常常成为人野外生存的最佳住处。不过，建造一个适合居住的雪洞并不是件轻而易举的事情，在建造的过程中你也很可能让雪沾到身上，把自己弄湿。第一步，你可以找到一个能向下挖3米左右的雪堆。在建造这类避身所时，要把顶部做成拱形，这样可以增加雪洞的强度，也可使融化的雪水沿侧边流下来。你躺下睡觉的台子要比出入口高一些，它要尽量与雪洞的墙壁保持一定的距离。你可以在睡觉台子和墙壁之间挖一条小沟，这样就可以防止融化的雪水弄湿你的身体和装备。假如雪洞里恰巧有很好的热源，这样的构造就显得更加重要了。接着，你要保证洞顶有一定的高度，确保你能够坐在睡觉的台子上。之后拿雪块或者其他体积适当的材料把洞口堵住。洞口附近较低的地方可用来做饭。而墙壁和洞顶至少要有30厘米左右厚，避身所最好有一个通风杆。若你没有足够的大的雪堆来建造这样一个雪洞，你可以自己事先堆一个较大的雪堆，然后再在雪堆上挖一个雪洞。

雪沟避身所

　　这类避身所的建造理念是让人处于雪和风出来的平面以下，同时有效利用雪的保暖特性。你所在的地方若有很结实的雪，你可以用工具切下雪块，然后用这些雪块做避身所的顶盖。但如果雪并不是很结实，你就需要借助雨衣或其他的材料了。入口只需要一个，用雪堆或背包做门即可。

雪块和降落伞避身所

　　这类避身所是用雪块做周围四壁，用降落伞做顶。雪要是下得很大，你就一定要定时清除顶部的雪，以免降落伞被压塌而困于避身所内。

雪房或圆顶雪屋

在有些地方,当地人在打猎或捕鱼的时候常用这种避身所。它非常有效,但并不是谁都可以建造好的,只有一些经验丰富的人才能将其做得很好。此外,你在建造这样的避身所时,周围一定要有便于切割的雪块,同时你要有切割雪块的工具,比如刀或雪锯。

单坡屋顶的避身所

建造一个这样的避身所和在其他环境中建造避身所一样,不同的是,你要在避身所外部周围堆一些雪进行保暖。

断树避身所

想拥有这样一个避身所,你就要找一棵断树,并且把下面的积雪挖出来。一般情况下,树底下的雪不会太厚。若你一定要砍掉一些树枝,那么这些砍掉的树枝来可以用来铺到地上,成为隔热用的地板。

雪地树坑避身所

首先,你需要找一棵合适的树,把树底下的雪挖出来,最多挖到地面,无须深挖。其次,砍掉一些树枝搭在树坑上。然后,用一个薄床单或类似的东西做屋顶,以防雪从树上掉下来落进避身所里面。若你技术纯熟、手法巧妙的话,你还可以拥有360°的全方位视野。

20人救生筏

这种救生筏是美国空军飞机上的标准水上救生筏,你可以用它来做自己的避身所。救生筏要是放在开阔的地方,还可以成为从高处(比如飞机上)能查巡到的很明显的求生信号。要注意的是,你不能让头顶的保护层上积太多的积雪。

火的应用

火不单可以用来烹制食物,还可以供人取暖,甚至还能融化冰雪而获得宝贵的水。因而,在寒冷的天气里,火是必不可少的。火可以给你带来安全感,进而为你提供重要的心理激励。

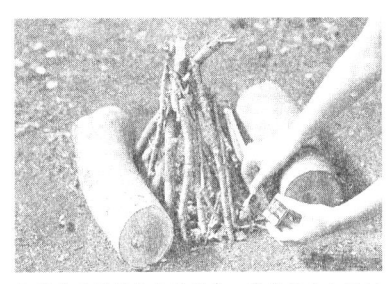

如果你听到营救人员到来,准备好生火的材料和一些树叶,将树叶盖在火焰上可以产生烟雾。

在寒冷且无风的天气里,烟雾一般都会笔直上升,就像白天里的烽火一样。到了夜里,烟雾则可以帮助遮盖一些气味。较暖和的天气里,尤其是在树木繁多的地区,烟雾多会贴近地面。它们在白天不容易被人发现,这有利于气味的及时扩散。假如你正在敌人占领的地盘,那么此时火发出的浓浓的烟雾、刺鼻的气味和强烈的火光等都会让你暴露自己的行踪。同时,你周围的树木、岩石等反射的光对你来说也都是一些危险的信号。

在敌人的地盘,为了防身,为了活命,你还需要砍掉那些生长较低的树木来当木柴,一定不能砍掉整棵树,因为整棵树体积大,它要是瞬间倒地,不管在陆地上还是在空中都很容易发现的。

海拔越低的地方,可以使用的薪材就越多,但海拔较高的极地高山地区一般没有什么材料可被用来做薪材。这种情况下,你不妨去找一些苔藓和草,但它们的数量一定不要太多。在海冰上,你无论如何也找不到任何薪材。而到了林木线以上,你或许还能找到一些灌木柳或较小的云杉。在极地、亚极地地区或者荒凉的海岸上,漂流木以及动物脂肪就是你能找到的唯一燃料了。下面,我们就林木线之内的丰富的薪材做一个详细介绍。

内陆地区云杉较为常见。这种植物是松柏科树木，它释放的烟雾因季节不同而不同，在冬天和夏天燃烧时会释放出大量的烟雾，但是到了深秋和冬季，燃烧云杉却几乎看不到什么烟雾。

桦树。它是落叶树木，燃起来的速度很快、火势迅猛，就好像事先被浸过石油或汽油。桦树大多长在河边、湖边等有水的地方，但这并不绝对，在远离水域的较高地区人们偶尔也会发现它。

美洲落叶松也属于松柏科，是松木科中唯一一种秋季落叶的树木。当美洲落叶松的针叶落完后，它看上去很像枯死的云杉，但树枝上会存在一些疙瘩似的芽和松果。它燃烧时会产生大量烟雾，因此可以用它来发信号。

极地的柳树和桤木，它们多生长在湿地、溪流、湖泊等附近，和桦树一样，它们燃烧的速度也很快，火势也很猛烈，只是没有太多烟雾。

干的苔藓、草以及灌木柳，它们是作为薪材的天然材料。在冻原地区，即地势开阔且没有树木的平原的溪流边常常有这些植物。你可以把草或者其他矮小的植物捆绑或拧成一束，这样可以减缓它们燃烧的速度，延长燃烧的时间，从而使其为你提供更多的热量。

若废弃无用的汽车或者坠毁的飞机上留有燃料或燃油，你可以拿来加以利用。你可以把这些燃料存储在油箱里，需要的时候取出来。在严寒的天气里，燃油很容易冻结，所以在保证没有爆炸的危险的前提下，一定赶在它们冻结之前把它们从车辆或飞机中取出来。若你没有适当的容器盛放它们，你可以让燃油或燃料直接留在雪地里或冰上，他们也许会被冰雪覆盖住，不过没关系，等你需要的时候再把它们挖出来即可。

注意：在温度很低的情况下，千万别让裸露的皮肤接触到油、石油或润滑油等，因为它们的液体状态很具有欺骗性，容易让你被冻伤。

至于那些塑料产品，比如速食食品中的汤匙、防护罩、泡沫橡胶、防护帽帽檐等，它们都很容易被点着，燃起来又能够持续好长时间，有的甚至可以燃烧10分钟之久。你可以借助这些火焰来生火。

在寒冷地区，你一定要知道，不管是用火取暖还是做饭，都可能会产生一些危险，具体如下：

· 在雪地的避身所里，过多的热量会融化你用来藏身的冰雪层。

· 在取暖或烘干衣服的时候，一不小心就会烧着，甚至烤焦自己的衣服和易燃装备。

· 火在燃烧时会不知不觉侵蚀周围物体的表面，因此你在生火时切不可让火距离避身所太近。

· 过多的热量容易导致雪融化，融化的雪水会浸湿你或你的装备，也可能浇灭你刚刚生起来的火。

一般而言，如果你真要做饭，那么一小堆火和一个简单的炉子就足够了。在避身所里你要想加热，找一支蜡烛就足够了。尤其是当你进入敌人的控制区域时，巴掌大的火是最为理想的，毕竟它需要的燃料很少，但又能产生足够的热量。如果你准备做饭，支起一个叉状树枝作为简单的吊架，把炊具吊在上面，然后将它们悬在火堆之上，这样你就可以开始烹饪了。在极地地区，霍伯炉尤为适用。找一个马口铁罐头盒就能马上做成这样一个炉子，用不到它的时候，它还可以用来保存燃料。一堆热炭是做饭时最好的加热帮手了，而交叉堆放薪材产生的炭可以均匀释放热量。

饮用水的获取

在极地和亚极地地区，我们有很多种途径来获得水。而你所处的位置和当时的季节则决定了你应该从哪里得到水，以及用什么方法、什么途径得到水。

夏天,你若是在冻原地区发现表面呈棕色的水,那也是很好的水源。但是在对其净化之前,建议你先进行一下过滤。

冬天,你可以把淡水结成的冰雪融化成水。在你饮用之前,一定记得让它们全部融化。如果你是在海里的大片浮冰之上或浮冰附近,你可把陈年冰块融化为水。时间久的海冰还会失去盐分。但是如何识别这种海冰呢?你可以通过其圆角和浅蓝的颜色进行判断。要注意的是,冰雪含在嘴里会吸收你体内的热量,甚至可能致使你因体内温度过低而受伤。

迫不得已的时候,将雪放在水袋里,然后把袋子放在几层衣服之间,用自己的体温来融化冰雪。这样的融化方式,其过程虽然很慢,但在没有明火和其他热源的时候,它也不失为一种获得饮用水的备用方法。

注意:若你能够找到其他饮用水源,还是不要浪费有限的燃料来融化冰雪了。

你若能找到冰,融化冰比融化雪的速度要快,而且一杯冰溶化后获得的水也比同样一杯雪融化后得到的水要多。你不妨把睡袋、速食食品或临时制成的容器放到临近火的地方来融化冰,可以先放少量的冰在容器里,待其融化成水后,再逐渐往里面添加未融化的冰。

另外一个融化冰雪的常见方法是把冰雪放在一个多孔渗水的材料袋子里,再把袋子悬挂在火边,在袋子底下放一个盛水的容器接融化出来的水。

半夜从温暖的睡袋里爬出来去方便,你的休息时间就会减少,而你暴露于寒冷中的时间就会增加。因此,你若处在寒冷地区,睡觉之前最好不要喝太多水。

通过努力得到的水，你就要小心把它带在身边，以免其再次结冰。若你是用罐子盛水，建议不要把罐子装满，这样的话，可以利用水的晃动来防止再次结冰。

食物的寻找

在极地和亚极地地区，你可以找到一些食物。而你获得食物的难易程度和你当时的位置、所处季节等都是直接相关的。

鱼类

在夏季，人们利用一些简单的捕猎方法就可轻而易举地从海岸边、小溪、河流、湖泊里抓到鱼类和其他可食用的水生动物。

若你生活在阿留申群岛以及阿拉斯加南部海域，多刺海胆的卵是非常美味的食物。海胆的卵呈鲜黄色，一般可在潮水形成的水洼里发现它。找到以后，把它放在两块石头之间，用力挤碎它坚硬的壳即可。

在高潮水位和低潮水位差别很大的地区，低潮时候，你很容易就会发现贝类。这时候，你可以在潮水退去以后形成的平坦的沙地上寻找、挖掘、拾取，也可以在退潮形成的水洼及近岸的礁石上找寻。在高潮水位和低潮水位差别不大的地区，暴风雨带来的海浪也常常把贝类带到海滩上，使得你容易拾取。北大西洋和北太平洋沿岸的水域里水产相当丰富，你只要稍加努力就可以找到蜗牛、蛤、牡蛎、小龙虾、螃蟹等水生动物。

除了北极鲨鱼以及杜父鱼卵，大多数北方鱼类和鱼卵都是可食用的。

双壳类动物，比如贻贝、蛤蜊等，它们通常都比螺旋形壳类动物（例如蜗牛）要美味。海参是可食用的海鲜，在海参体内有5条较长的白色肌肉，它们吃起来的味道、口感和蛤蜊肉差不多。

值得注意的是，黑贻贝是北方的一种较常见的软体动物，它在任何季节都携带剧毒。可以说，你在贻贝组织里发现的毒素跟士的宁一样危险。

初夏时节，胡瓜鱼常在海边的浪花里产卵，有的时候你甚至可以弯腰直接用手把它们捞上来，然后美餐一顿。到了仲夏，你则可能从海草里发现一些鲱鱼卵。巨藻是一种长长的带状海草，它们本身可以食用，生在近岸岩石上的那一小部分海草同样也是可以食用的。

海洋冰上动物

在北极海岸地区，你很容易就会看见北极熊，这种在内陆地区极为罕见的动物在那里则是寻常可见。不过你要提高警惕，北极熊可是熊类动物中最危险的一种了，因此你一定要想办法避开它们。这种动物仿佛不知疲倦，它们就好像是聪明的捕猎者，天生拥有极好的视力和敏锐的嗅觉。如果你实在没有其他食物，只能杀死一头北极熊来充饥的话，你在捕猎它的时候也要格外小心。你若使用枪，就务必要瞄准它的脑袋，因为子弹很难从别的部位杀死它。顺利捕获到北极熊后，一定要确保熊肉里外都煮熟了才能食用。

注意：北极熊的肝含有大量有毒的高浓度维生素A，因此一定不能食用。

到了春天，无耳海豹常会躺在冰面上呼吸，每隔半分钟就抬头巡视一下四周是否有它们的天敌北极熊。无耳海豹也是野外生存中的一道美味，和捕获北极熊一样，获得这种动物也需要一些技巧的。

你可以仿效爱斯基摩人的做法，即在无耳海豹睡觉的时候，从它的身下慢慢接近它。接近海豹的时候，你要侧身前进，手臂紧贴着自己的身体，尽量让自己看上去就像另一只

海豹。它用来透气的冰冻边缘很滑，朝里面倾斜，它只要稍微一动就可能滑到水里。所以，你要尽可能移动到距离它22～45米的范围以内，瞄准头部迅速出击。若是海豹动了，你就要立刻停止行动，和它一样平躺在冰面上，并不时地抬头低头，微微扭动自己的身体。到了冬天，死海豹常漂在水面，把其拖到冰面上是十分困难的。如果你皮肤受到损伤或擦伤，一定不能让海豹的脂肪碰到你的伤口，否则你会患上"肥手指"，手指会肿胀得异常厉害。

要记住，北极熊和海豹常一起出没，前者是后者的最大天敌。

在亚北极南部地区常发现豪猪，它们以树皮为食。因此，当你发现被剥得光秃秃的树枝时，就要知道，那里可能就有豪猪。

雷鸟、猫头鹰、加拿大怪鸟、松鸡以及大乌鸦等是冬天在极地地区仅有的鸟类，它们在林木线以北非常罕见。雷鸟和猫头鹰味道极美，大乌鸦有些瘦，没有必要下大功夫去捕猎。雷鸟会根据环境变化来改变自身颜色，便于掩护自己。石雷鸟常成双成对出现，且没有什么杀伤力。柳雷鸟常生活在河边低地的柳树丛里，聚堆出现，容易捕捉。所有的极地鸟类在夏天都有2～3个星期的脱毛期。在这段时间里它们不怕人，很好捕捉。

捕捉到猎物后，要趁着它们还有温度时进行屠宰、剥皮。你若没有时间给它们剥皮，贮存前起码也要除去它们的内脏、味腺和生殖器。时间允许的情况下，可将肉切成一片一片的，分别进行冷冻。除了海豹，其他动物的所有脂肪都可以留下来。冬季，

猎物在寒冷的室外很容易被冻硬,利于保存。夏季,你可把它们贮存在地下冰洞里。

植物

一些极地植物吃了以后可能会中毒,因此你只能选择那些你知道的可以食用的植物,切不可贸然使用,否则后果不堪设想。虽然冻原地区在暖和的季节里有很多植物,但它们一般都很矮小。极地柳树和桦树与其说是树,不如称它们为灌木。

行进要求

在极地或亚极地地区,遇到诸多障碍是在所难免的。当时的季节和你所处的位置决定了你会遇到什么样的障碍和危险,你应该——

- 避免在暴风雪中行进。
- 扎营需趁早,确保自己有充足的时间搭建避身所。
- 考虑到极地清澈的空气。它会影响你对距离的估算,一般情况下,你会低估距离。
- 避免在天空呈现乳白色的时候行进。
- 穿越薄冰层要当心,卧在冰面上匍匐前进。
- 待溪流水位最低时再过河。正常的结冰、解冻会让水位在一天里相差 2 米左右。水位变化会随时发生,这和河流与冰川之间的距离、当时温度、当地地形等有关。溪流边安营扎寨也要考虑到水位变化。
- 只有和其跨越的障碍呈直角的雪桥你才可以通过。可用棍子或雪斧测出桥上最结实的部分。你可以爬过去或穿上雪鞋、滑雪板穿过雪桥。
- 慎重考虑把结冰或未结冰的河作为行军通道。有些看上去结冰的河可能冰层较软,而那些看上去未结冰地容易造成通行困难。你可以借助一些工具过河,比如雪橇。

- 走在被较厚的积雪覆盖的地区一定要穿雪鞋。一般而言,超过30厘米的积雪会让人行走困难。若你没有现成的雪鞋,可以用手边的柳树、皮革、布条或者其他适合的材料临时为自己做一双。

没有雪鞋或滑雪板,想要在雪地上行进是不可能的。并且雪地上的深深足迹也可以为追踪者提供清晰的线索。若你不得不在积雪较厚的雪地上行进,那你一定要避开被雪覆盖的河流。因为积雪较厚,具有良好的隔热效果,阻止了雪层下面的河水结冰。山脊里,大雪会在背风的一侧聚集起来,形成垂直悬挂的雪堆,即雪檐。雪檐一般会顺着山脊蔓延很远,人踩在上面,很容易把它踩断。如果是在山区,你就要想办法避开可能发生雪崩的地方。在有雪崩危险的地区,最好的行进时间是在凌晨。

天气征候

若非特殊情况,人都能根据经验较为准确地判断天气对自己的基本生存所产生的影响。这里介绍一些预测天气变化的方法:

风。你可以找几片树叶或一把杂草,把它们扔到空中或直接观察树顶以辨别风向。随后你就可以知道未来将是什么天气了。如果风移动速度很快,那说明变天的可能性很大。

云。云有着各种各样的形状,要想准确预测天气情况和大气状况,对云有一些了解则极为必要。

烟。观察烟柱,若上升的烟柱细且长,天气晴好;烟柱较低或水平方向运动,则说明暴风雨即将到来。

昆虫和鸟类。昆虫和鸟类在潮湿、沉重的空气里比平时飞得要低,就说明马上要下雨。在暴风雨到来之前，很多昆虫的活动会变得多起来，然而蜜蜂却是特例，它们反而在天气变晴之前愈发忙碌。

低气压锋。风速慢得你几乎都察觉不到，并且伴随着空气潮湿、压抑，这些都暗示着低气压锋。潮湿、压抑的空气会导致荒原的味道比高压时候明显很多。而和高气压相比，人在低气压下的声音会更清晰可辨且传得更远一些。低气压锋出现时，天气会变差，然后持续几天时间。不过不用担心，你可以用嗅觉和听觉感知到低气压。

第四节　海上生存

远海求生

在远海求生，最需要面对的就是海风、海浪。在这种情况下，很容易遇到极端天气，包括过度寒冷或炎热。为了防止这种环境中潜在的危险对我们造成严重的伤害，我们要尽快采取相应的措施。也就是说，要尽量利用一切能用的资源和手段保护自己，避免自己受到严寒酷暑以及潮湿的不良影响。

防御这些危险只是保护自己的第一步，除此之外，我们还必须获得水和食物。如果这些基本的需求都得不到满足，很容易出引发一系列的身体或者心理问题。不过，我们必须要先了解一下如何应对可能会出现的影响健康的问题。

预防措施

海上能否自救取决于以下几个方面：
- 是否有足够的求生意志。
- 对求生装备的熟悉程度，是否会正确使用。
- 在遇到危险和困境的时候，是否具备特殊的求生技能。

当我们登机、登船之后，首先要了解有哪些求生装备以及这些装备都放在什么位置、由哪些部分组成。比如，在这艘船上，一共有多少救生工具，包括救生筏和救生艇？它们都放在什么位置？它们都有哪些生存装备？它们装了多少食物和水？装了多少药物？可以容下多少人？此外，作为领导者，或者说责任人，还必须要知道，其他负责人都在什么位置，并且，他们有没有了解负责人的所在位置。

掉进海里

如果,我们乘坐的飞机不慎落入海里,可以按照下面提供的几个步骤进行自救。不管是掉进水里,还是在救生筏或救生艇上面,都需要:

· 尽快离开飞机,到它上风的位置,但是要待在其附近的水域,直到飞机下沉。

· 远离有燃油覆盖的水面,防止燃油着火,发生危险。

尽自己最大努力去寻找其他的幸存者。

一般情况下,救援队会在失事地点附近的区域进行搜寻。失事之后,失踪人员可能因为失去知觉而沉到水面以下。下图展示了三种救援程序:

最好的水上救援方法就是将一件救生工具用绳子拴住,然后扔给受困者(A)。

第二个办法就是筏子上面的一个救生员可以在身上绑上一件漂浮装置,用以支撑他的体重(B)。该漂浮装置可以帮助救生员在实施救援的时候避免体力过量消耗。

最后一种办法就是将一名救生员用绳子绑住,然后他独自去把受困者

▲ 海上救援

救回来(C)。

不管使用哪一种救援方法,救生员都要穿好救生衣,并提前作好准备,防止意外受伤。

如果救生员从受困人员的后面接近他,通常情况下不容易被他抓到、踢到或者拖住。救生员需要游到受困者的正后方,然后紧紧地抓住救生装置后面的带子,然后使用侧泳的姿势向前游,直到将受困者拖到救生筏或者救生艇上为止。

如果你是受困者,要尽力朝着救生筏或者救生艇游过去。在没有救生筏的情况下,就要尽力寻找一块漂浮着的飞机残骸,然后努力攀附到上面,让自己保持放松的状态。因为,通常情况下,在海水中,懂得怎样放松自己的人一般没有溺死的危险。因为人体有一种天然的浮力,至少可以使人的头部浮出水面,不过,还需要自己做一些动作,使得脸可以露出水面。

浮于水面上消耗能量最少的姿势是仰浮。也就是说,背部平躺在水面上,四肢伸平张开,后背弓起,随时控制呼吸,保证脸

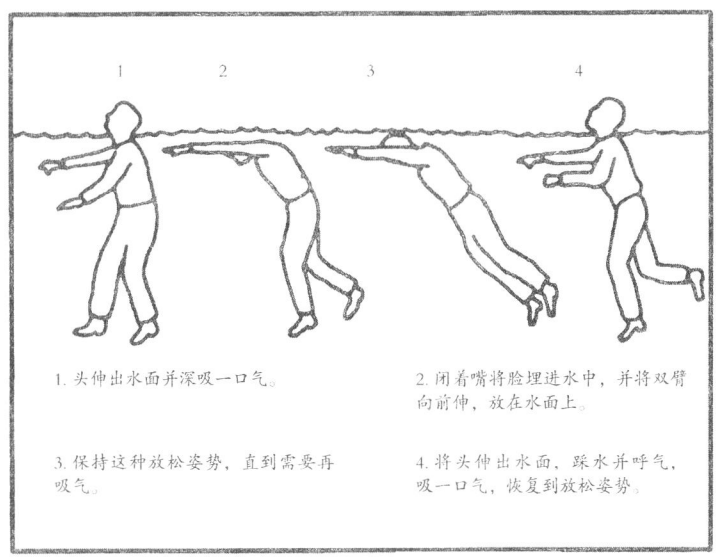

▲ 漂浮姿势

部始终浮于水面之上。你甚至可以保持这种姿势在水面上睡一会儿。这时，你的头部可能会有部分浸入水里，但是你的脸部会露在水面上。如果海浪过大，或者你本身无法仰浮，你可以脸朝下浮在水面上。

在海面求生的时候，下面的几种姿势是最好的、最安全的：

· 狗爬。被困时，你身上穿着衣服，或者穿着救生衣的话，选择这种姿势是最好的。尽管速度不快，但是不会消耗太多的体力。

· 蛙泳。这种姿势用于水下游泳，或者在需要穿越水面油层、飞机残骸，或者风浪较大的时候。如果需要进行长距离游泳，蛙泳也比较合适。因为采用这种姿势，能保持人的体力，同时，还能保持较为合理的前行速度。

· 侧泳。作为一种比较放松的姿势，侧泳是一个很好的选择，因为它只需要两只手臂来回交替以维持动力以及身体的浮力。

· 仰泳。仰泳也是一种很好的放松姿势，其他的姿势都需要运用肌肉的力量，而仰泳不太需要肌肉的力量。如果失事飞机有可能在水下爆炸的话，最好采用这种游泳姿势。

当我们所在的位置是水面的油层，并且油层出现燃烧情况，扔掉所有的鞋以及其他具有浮力作用的救生衣等。

注意：还没有充气的救生衣要保留。

· 捂住眼睛、鼻子和嘴巴，立即潜入水中。
· 浮出水面呼吸之前，尽量能游多远就游多远。
· 在浮出水面呼吸之前，用双手推一下燃烧着的油层，尽量使其远离自己。因为只有你所在的区域没有油层燃烧，你才有机会浮出水面进行呼吸。另外，在吸气前，脸部需要朝着下风的方向。
· 吸气之后，要先把脚潜入水下，然后重复上面的动作，直到自己远离着火区域。

如果水面区域被油的污染，但是还没有着火时，应该尽量将

▲ 热量溢出减少姿势

头部抬高,防止油进到眼睛里。把救生用具绑在手腕的位置,将它当作救生筏。

如果你身边有可以利用的救生装置,那么你就可以始终漂浮在水面上。在这样的情况下,使用左图中的姿势比较好,即"热量溢出减少姿势(HELP)"。保持静止的状态,同时采用这种类似胎儿的姿势可以帮助我们保持身体的热量。人体通过头部丧失的热量会高达身体热量的50%,所以要将头保持在水面以上的位置。除了头部,还有其他部位很容易丧失热量,比如脖子、腹股沟和肋骨。

如果你是处于救生筏上,你需要做到下面几条:

·检查所有在场人员的生理和状况。如果有必要,就进行急救。如果有晕船药的话,马上服用。让晕船药最大程度发挥作用,最好的方法就是将其放在舌头下面,让它慢慢溶解。此外,晕船药还有栓剂或者注射液的形式。总之,不管是因为晕船,还是其他的原因而造成呕吐,都有脱水的危险。

·尽量将所有漂浮的东西都打捞上来,包括衣物、坐垫、罐头、热水壶,以及其他所有可能会对你产生帮助的东西。然后,将这些东西放在救生筏里或绑在救生筏上。但是要注意,检查这些东西有没有坚硬、锋利的边角,防止其弄坏救生筏。

·如果周围还有其他的救生筏,那么可以将所有的救生筏系在一起,每个救生筏之间间隔7.5米。如果在被困期间,听到飞机的声音或者看到飞机飞过来,应该立即将救生筏拉到一起,因为聚集在一起的救生筏远比散落着的救生筏更容易被飞机上的救生队员发现。

·在海上求生要重视合作的力量。利用各种无线电信号设备、视觉信号设备等发射求救信号,与救援者取得联系,并在被救前保持联系。比如,可以将反光材质绑在救生筏的桨上,尽量放置最高点,引起救援者的注意。

· 使用紧急无线电收发机设备,要按照上面的操作指南操作。不过,这一方法只能在有同盟飞机出现在该区域的时候,才能使用。

· 准备好其他的信号装置,保证其可以随时进入工作状态。如果被困在敌方区域,为了保住性命,必要的时刻也要向敌方发出求救信号。

· 仔细检查救生筏,尤其是充气情况。注意检查是否有漏气或者磨损的地方。检查主浮舱的气体是否充足,标准是气体充足的时候,主浮舱很圆,但是并不是鼓得很紧。要不止一次地检查救生筏的充气情况,最好是定时检查。在天气炎热的时候,空气会膨胀,这时要将救生筏中的气体放掉一部分;如果天气寒冷,则应该适当地增加一些空气。

· 将救生筏中的所有燃料都清除干净。因为汽油不仅可以腐蚀救生筏的表面,还会损坏救生筏的胶粘部位。

· 将海锚放下,也拖一个水桶或者一卷衣物等能救生的东西。这样做可以帮助我们停留在被困点的附近区域,这样搜救人员可以很容易就发现我们。因为在没有海锚的情况下,救生筏会每天

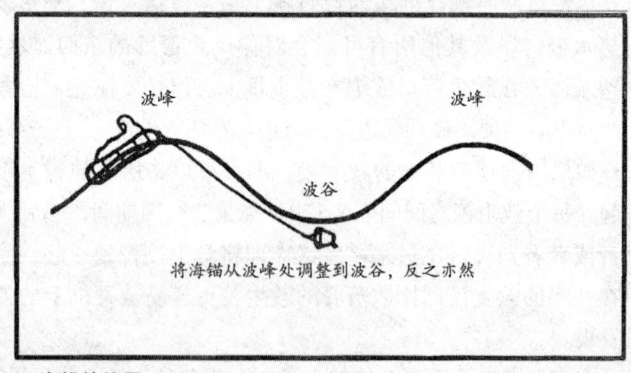

▲ 海锚的使用

漂浮160千米以上。我们可以通过调节海锚的位置来降低救生筏的漂流速度。同样道理，我们也可以使海锚成为加快漂流速度的工具。如果想要加快漂流，可以关闭海锚的顶部，这样就可以达到目的了。

打开海锚的时候，海锚就成了一个具有拖曳作用的物体；关闭海锚的时候，它就成了一个口袋，具有承受海流的作用，可以牵引救生筏顺流前行。

另外，通过调整海锚，还可以使救生筏位于波峰位置的时候，让海锚位于波谷。

· 将拖锚的绳索用布包起来，防止其将救生筏磨坏。海锚还能帮助救生筏保持头部顺着海风和海浪。

· 如果被困的时候遇到暴风雨，应该立即装好风挡和天篷，保持天篷直立，保持救生筏干爽。在可以容纳20人的救生筏里，体重最重的人要坐在中间，其他人也必须都要坐好。

· 被困于海中时，要保持冷静，与同伴仔细分析自己的处境，然后选择好生存措施。清点所有的食物、水、救生装备等，检查那些可能会被海水损坏的防水物品，包括手表、指南针、打火机和火柴等。分配食物和饮水的时候，要定时定量。

· 每个人或者每个小组要讨论并分派好相应任务。比如，谁负责收集食物和水、谁做无线电操作员、谁负责发送信号、谁做瞭望员、谁负责清理救生筏中的积水，等等。

注意：每个人瞭望的时间不要多于2小时。要提醒每个人，只有团队协作，才是求生的关键。

· 写航行日记。记录下遇险弃船的时间、被困人员的姓名及生理状况、导航系统的最终方位、食物或装备的配给一览表、风向和天气、海浪的方向、日出与日落时间，以及其他相关的航行数据。

· 如果不幸被困于敌人的海域，要采取措施防止被敌人侦察到。尽量不要在白天行动，同时，还要放下海锚，等天黑的时候再升起船帆或划桨。躲在救生筏里时，要保持身体低平，将伪装服蓝色的一面露在外面。如果向过往船只求救，要确保该船只是友好或者中立的。如果被敌人发现并即将被抓获，应该立即撕毁航行日记，并将无线电、信号装置、导航设备、地图和枪炮等销毁掉。如果敌方用机枪扫射，应该立即从救生筏上跳下去，并潜入水中。

· 问自己几个问题：是停留在一个固定的位置，还是要漂到其他的地方？在被困之前一共发出了多少信息？拥有的食物和水可以维持多长时间？搜救人员是否已经知道了你所处的位置？目前的天气状况会不会对搜救造成影响？你被困的位置是否会有其他飞机或者船只经过？

在寒冷天气的考虑

· 穿上防寒服，确保衣服的宽松、舒适。在没有准备防寒服的情况下，也要尽量多穿几层衣服。

· 不要让坚硬、锋利的物体刺破救生筏。修补工具应该放在随手可以够到的地方。

· 装上天篷和风挡。

· 确保救生筏的干燥。将衣物或者帆布垫在救生筏的下面，进行隔温。

· 可以和其他人抱在一起，保持体温，并做适当的运动，保持血液循环。将多余的帆布、降落伞或者油布等盖在队员身上。

· 对于因为寒冷而身体不适的人，在条件允许的情况下，可以给予较好的待遇、特殊关照。

如果水温过低，你面临的最大危险就是低温致死。科学显示，世界海洋平均水温在11℃，但是这并不代表不会发生低温症。即使在27℃的海水中，也会出现低温症。因为你处于冰冷的海水中时，衣物在浸湿的情况下隔热性很差，而且海水会替代你周围存

水温	时间
21.0℃ ~ 15.5℃	12 小时
5.5℃ ~ 10.0℃	6 小时
10.0℃ ~ 4.5℃	1 小时
低于 4.5℃	少于 1 小时
注意：穿一套防曝服可以将这些时间最多增加到 24 小时	

▲ 人浸在水中能够存活的时间

在的静止的空气层，这样便很容易使体温过快降低。相同的温度下，海水进行的热交换要比空气进行的热交换速度快 25 倍。

掉落在海水中最好的防护措施就是进入救生筏，尽力使自己的身体与冰冷的救生筏的筏底相隔。如果做不到这些，最好穿上防曝服，这会大大延长存活的时间。另外，尤其要注意，当水温低于 19℃时，要保持头部和颈部处于水面上，以隔离冰冷的海水的影响。或者也可以穿上救生衣，这同样可以延长你存活的时间，并增大你活下来的概率。

炎热天气的考虑

· 装上天篷或遮阳板，并留下足够的可以通风的空间。

· 为了防止皮肤被阳光灼伤，要尽力遮盖所有的皮肤。在条件允许的情况下，可以涂抹防晒霜。特别要注意比较容易被太阳光灼伤的几个部位的皮肤，包括眼皮、耳朵后面的皮肤和下颚下方的皮肤。

登上救生筏的步骤

在美国空军、陆军的装备目录中，多数的救生筏都可以起到个人保护的作用，同时，还可以提供各种行进的方式，满足求生逃生、伪装隐藏的需要。

注意：在登上救生筏之前，带好救生衣，并将救生衣绑在身上，或者绑在救生筏上。要确认自己的衣物或者携带的装备上有没有坚硬锋利的东西可能会刮破救生筏。等到成功登上救生筏之后，再整理救生衣，并重新穿上。

使用任何一种救生筏，都要牢记下面提到的几件事情。如果你是第一批登上救生筏的，首先你需要做的是：

· 检查救生筏充气的情况。包括救生筏所有的充气舱是否已经充满气了；充气阀是不是已经全部关闭；可容纳25人、35人和46人的救生筏上专门配有平衡管，在完全充气后，要其检查是否已经全部拧紧。

· 协助其他人登筏。具体方法是：确保每个人都将可能划破救生筏的物品从衣兜里掏出来；将漂浮装置背在后面；采用正确的登筏步骤和技术。比如，如何使用7人容量的救生筏上的登筏环和如何使用容量分别为25人、35人和46人的救生筏上的登筏垫。

· 确保放置海锚的位置正确。例如，可以容纳25人、35人和46人的救生筏海锚应该放置在平衡管180米处。

· 确定配件包的存放位置。应该将配件包绑在登筏垫与二氧化碳瓶之间距离登筏垫最近的位置。

· 评估被困区域的环境形势，并保持积极乐观的心态。

1. 单人筏

在单人筏上，有一个主气囊，如果出现漏气的状况或者二氧化碳瓶出现问题，可以选择用嘴直接充气。

遮挡板主要是用来抵抗海风、海水，防风挡寒。不过，在特殊情况下，也可以用来隔热。救生筏的底部是隔热的，可以减少热能量的传导，从而帮助我们避免低温症。

通过为救生筏放气和充气的途径，合理利用海风、海浪，使救生筏航行效率提高。利用遮挡板做帆，利用压舱桶来加大水的拉力。还可以利用海锚来控制前进的方向和速度。

有些救生筏经过改进，可用于战争。因为这些救生筏的颜色与大海的颜色相近。如果躲避在这种救生筏里，你可以将其做一些改进，放掉部分气体，使其目标变小，从而躲避敌人的视线。

单人救生筏上装备有一条短绳，这条短绳可以将被困于水中的求生者与救生筏连在一起。求生者落入水中后，要立即给救生筏充气。要利用这条短绳将救生筏拉向自己，而不是自己努力游向救生筏。在这期间，救生筏很有可能被海浪打翻，你可以在靠近系瓶子的一侧拉拽，将救生筏翻转过来。此外，必须确保遮挡板在筏子里，同时登筏的把手要露出。之后，按照前面提到过的登筏步骤，安全登筏。

如果手臂不巧受伤，在登筏的时候可以采取这样的方法：将后背冲着救生筏较小的一侧，将阀压在屁股下，然后向后躺；或者你也可以向下压筏子较小的一侧，让膝盖顺利进入筏中，然后向前端趴下。

如果风浪较大，最好采取这样的方法登筏：抓住救生筏较小的一端，以俯卧的姿势，用踢拉的方式进入筏里。当你脸部朝下，躺进筏里的时候，将海锚打开，并进行调整。想要坐起来，就必须将一侧座位上的工具箱打开，然后将其推滚到另一侧。之后要调整遮挡板。单人筏上的遮挡板主要有两种，改进型的单人筏上具有可以充气的地板和遮挡板，这种类型的遮挡板具有额外的隔热作用。遮挡板具体的作用是帮助我们在寒冷的海水中保持干爽、温暖，也能在炎热的天气里帮我们遮挡阳光。

2. 七人筏

在一些多座位的飞机上，生存工具箱中大多配有7人筏。这种救生筏充过气之后很容易翻转过来，这就需要你在登上救生筏之前，将其翻正。当救生筏需要翻正的时候，一定要从瓶子的一侧操作，避免受伤。在翻正救生筏的时候，要朝向风向，这样可以让风起辅助的作用。在登救生筏的时候，需要抓住筏子里面底部的把手。

若是有人可以帮助你抓住救生筏的另一侧，你可以选择用登筏垫帮助登筏。如果这时没有人能帮忙，就要选择逆着风向，利用风力将筏子放倒，并从瓶子的一侧登筏。参见前文中所描述的登上救生筏的步骤。然后，抓住登筏把手和桨架，通过踢腿使自己的身体朝向水面俯卧，通过踢拉的方式将自己拉进救生筏中。如果身体虚弱或者受伤而没有力气，可以将救生筏中的气放掉一些，这样登筏会更加容易。

利用手泵来保持救生筏的气舱有足够的浮力、横座足够坚实。但是注意，不要对救生筏进行过度充气。

3. 25人、35人和46人筏

在多座飞机上，20人的救生筏已停止使用，你可以找到25人、35人或46人的救生筏。在飞机上，救生筏一般放置在机身外面的筏仓内，筏仓通常位于机翼上，沿着机身左侧的上半部分的位置。救生筏的空间可以容纳飞机上的所有人，如果飞机上的人数超过了救生筏的最大容量，可以通过棘刺或中心线将更多的救生筏捆扎到筏仓的地板上。有的救生筏可以在货舱区或驾驶员座舱自动放置，大多数是在机长所处的位置周围，有的救生筏需要手动安置。不管救生筏是以怎样的方式落入水中，求生者都可以随时登上。工具箱和救生筏是通过一段短绳连接的。你需要找到工具箱，然后用手泵向中心气舱充气。

如果可以的话，在飞机上就登上容量为25人、35人或46人救生筏。如果不能登上，可采用如下方法：

按照救生筏外面印的箭头指示操作，身体要靠近登筏垫较低的一侧。

将救生衣取下，捆绑在身上，让救生衣拖在身体的后面。

用手抓住登筏的扶手，通过踢腿使身体朝向水面，保持俯卧的姿势。然后通过踢拉，直到成功登筏。

相比充气足的救生筏，充气不足的救生筏更容易登上去。身体靠近救生筏上下连接部位与登筏梯，用手抓住登筏扶手，类似上马的动作，通过腿部摆动跨进筏里。

顺利登筏后，需立刻拧紧平衡夹，防止当救生筏出现漏洞时救生筏跑气。

用手泵对救生筏的气舱和中心环充气，直到两者呈现很鼓的状态，但是注意不能绷得过紧。中心环的作用是保证救生筏不会凹下去，使筏内的人在站立的时候脚上有支撑力，不至于所有人都滑向救生筏的中心位置。

救生筏的驾驶

救生筏无法在风中正常驾驶，因为它没有龙骨。不过，顺风的时候就可以驾驶了。在驾驶 7 人筏的时候，你可以在救生筏与海面呈 10° 角的方向顺利驾驶。但是，要注意在救生筏靠近陆地的位置时才可以如此操作，否则不要轻易尝试驾驶救生筏。如果你需要顺风行驶，这时可以将救生筏充满气，然后收起海锚，坐在救生筏的最高处，装上帆，用桨作舵。

在 7 人筏中，你可以把桨当作横木和桅杆使用，在船头树立起一个方形的帆。然后，你可以降落伞材料或者防水布作帆。如果救生筏上面没有桅座或桅孔，你可以用绳子将桅杆绑在横座上竖立起来。为了防止救生筏被刺破，可以在桅杆底下放一层衬垫。在桅杆底下呈楔形地塞进一只鞋，这样鞋跟就成了天然的桅座。不要固定帆的下角，而是在两个角上绑上一条线，然后用手拉住线，这样做可以防止强风把帆撕裂，或将桅杆折断，甚至吹翻救生筏。

采取各种手段，防止救生筏倾覆。如果天气条件很差，就要将海锚放置在远离船头的位置。救生筏里面的所有人最好都坐下，这样可以利用身体的重量分布将向上吹掀救生筏的风力压住。不要坐在救生筏的边缘位置，也不要站着，这样很容易掉进水里。也不要在没有提前知会筏中其他人的情况下，擅自突然活动。海锚在不需要的时候要将其绑在救生筏上，不要绑得太紧，在救生筏发生倾覆的危险的时候可以立刻解开使用。

水

水的作用很关键。在只喝水的情况下，你可以存活10天甚至更长，不过这也要取决于你活下来的愿望是否足够强烈。要注意，喝水时，在将水咽下去之前，需要先把嘴唇、舌头以及嗓子湿润一下。

1. 水配备不足

当水供应不足，尤其是没有其他手段储备和补充水时，要非常重视水的有效利用。保护淡水质量，防止其被海水污染。让身体处于阴凉的区域避免强光照射，包括海水反射的光。保证空气的流通，在天气炎热的时候要把衣物浸湿。避免过度劳累，尽量使自己放松，能睡觉最好。统计总存水量、脱盐工具和太阳蒸馏器的总产水量、人员身体状况和数量，并计算每天、每个人的水配给量，并保持固定。

在没水的情况下，最好不要吃东西。如果计算所得的每天水的配给量达到2升或以上，那么就可以吃一些配给的食物或者也可以捉一些小鱼、小虾和鸟类等等。在救生筏比较颠簸或者你的情绪比较焦虑的时候，很容易感到恶心，这时候进食，会立刻呕吐，所以这时应该尽量放松，休息一下，只饮水就可以。

为了防止出汗过多、水分流失过量，可以将衣物浸到海水里，然后拧干之后再重新穿上。如果天气炎热且没有遮挡阳光的装置，就不要频繁这么做。因为这样容易患上皮疹或者海水疮。注意不要将筏内弄湿。

要注意观察云层，抓住下雨的好时机。将防水布放在手边的位置，以便天气下雨的时候可以随时接水。如果防水布上出现盐壳，就需要在海水里清洗。通常条件下，少量的海水混到雨水里，很难被发现，也不会给身体造成不好的影响。在环境比较差的大海中，想要找到完全不受污染的淡水是很困难的。

在夜晚的时候，将防水布支起来，同时把边缘朝上卷起来，用以收集露水。或者也可以将海绵或者布类放在救生筏的边缘位置，也可以收集到露水。如果下雨，就要尽量多喝些雨水。

2. 人工翻转渗透海水淡化器

目前，大多数的救生筏上都配有这样的装置。有一种相当高效的海水净化器，通过它可以将海水中的盐分除去，从而得到纯净的饮用水。这种人工翻转渗透海水淡化器最常见的两种型号是"求生者35"和"求生者06"。该种装置如果连续24小时进行工作，分别可以获得35加仑和6加仑的饮用水。在海上求生，每时每刻都要为获得淡水而努力。这种人工翻转渗透海水淡化器的使用年限是10年，可以净化5万加仑的淡水，之后需要送往生产厂商进行维修。

进行操作时，较粗的两个软管（进水口）和饮用水的出口软管都要放置在水中。在操作手泵的时候，以两秒钟为一个周期。其中，第一秒向上，第二秒向下。从泵室里会突出来一个可以显示水流是不是正常的压力指示器。当操作节奏正常后，就会发现一条橙色带。将过滤剂中的杀菌剂包拿出来仔细清洗，大概洗2分钟。之后就可以开始收集饮用水了。

注意：在使用人工翻转渗透海水淡化器得到净化水之前，要首先确定水中没有飞机燃料或者液压油等石油残留。因为过滤介质对这些石油、油或润滑剂等比较敏感，其会导致过滤器损坏，进而无法得到淡水。

3. 太阳蒸馏器

阅读太阳蒸馏器的使用说明书，并立即加以利用。根据救生筏里承载的人员数量以及阳光强度等情况，在条件允许的情况下，尽量多用几个蒸馏器。蒸馏器放在救生筏里的时候要小心。另外，太阳蒸馏器只能在海面没有风浪、比较平静的时候才能使用。

4. 脱盐工具

在连续阴天或者其他无法使用太阳蒸馏器的情况下，可以使用脱盐工具。在求生的时候，一定要保存好应急水储备以及脱盐工具，以备无法使用太阳蒸馏器时或者接雨水时使用。

5. 鱼身上的水

体型较大的鱼的眼睛里和脊椎里的水状液体，是可以饮用的。具体做法是：将鱼从中间劈开，取其脊椎附近的液体，另外，鱼眼睛里的水也可以吸出来。但是注意不要饮用鱼身体其他部位的液体，因为其身体里其他部位的液体含有大量的脂肪和蛋白质，在消化这些营养物质的时候需要消耗一定量的水，远比从这些液体中摄取的水分要多得多。

6. 海冰

在北极水域中，可取用多年积淀的海冰融化下来的水。这种冰的特点是圆角、易碎、外观呈现浅蓝色，几乎不含盐分。新冰是灰乳白色的，冰块比较坚硬，并且还会含有一定的盐分。冰山上的冰可以融化成淡水，但是想要靠近冰山寻取冰块比较危险，所以只能在万不得已的情况下，才选取冰山上的冰块作为水源。

在任何求生环境中都一样，在必需品不足的情况下，使用替代物都是存在风险的。即便水是人类生存的必需品之一，最好不要做下面几件事：

· 喝海水。

· 喝尿液。

· 喝酒。

· 吸烟。

· 吃东西，除非水很充足。

在海上求生的时候，为了熬过缺水缺食物的时间，最好的方法就是睡觉和休息。不过，白天睡觉的时候要注意选择足够阴凉的地方。如果海面上风浪较大，天气情况恶劣，那么可以将自己捆绑在筏子上，把有盖子的地方都关闭，尽自己最大的努力度过风暴期。此期间，最关键的就是放松，就算做不到，也要尝试去放松。

获得食物

在远海求生的时候,主要的食物便是鱼类。在远海,会有一些有毒害或者危险性的鱼,不过,通常来讲,看不见陆地的地方,都可以把鱼当作食物。在临近海岸的鱼类既具有危险性,又有毒害性。不过有些鱼,包括梭鱼和红鲷鱼是可以吃的,但是如果是在珊瑚礁或者珊瑚岛的这两种鱼便是有毒的。飞鱼甚至会自己跳跃进救生筏里面来。

1. 钓鱼

在钓鱼的时候,不要光手抓钓渔线,更不要将钓渔线缠在手腕上,或绑在救生筏上,这样都是非常危险的。因为沾在钓渔线上面的盐分在凝固的时候有锋利的尖头,会划破手指或者救生筏。这个时候可以

捕鱼是获取新鲜肉类的一种有效途径。尤其是在可以设置捕鱼陷阱的情况下,不需要花费很多精力就能捕到大量的鱼。

戴上手套,或者在钓渔线外面包裹一层布料,这样不仅可以避免手指和救生筏被锋利的钓渔线刮伤,也可以防止被鱼的腮盖和鱼鳍划破。

在气候温暖的地域,抓到鱼之后要立刻将鱼的内脏掏出,并将血放出。如果不马上食用,可以将它切成较窄较细的条状,然后挂起来,直到晾干。鱼干可以保存数日,而没有彻底洗净,或者还没有晾干的鱼在 4~5 小时左右就会坏掉。肉质呈黑色的鱼比较容易腐烂。如果没有一次全部吃掉的话,剩下的鱼肉就直接扔掉,不能再吃。不过可以将剩余的鱼肉做诱饵,用来钓鱼。

具有下述特征的鱼不要吃:鱼皮苍白、鱼皮和鱼肉松弛、有异味、鱼鳃发亮、鱼眼凹陷。具有相反特征的鱼,就是好鱼。海鱼有一种与海水类似的腥味。不要弄混鳗鱼与海蛇,具有明显的鳞片、尾巴像船桨一样扁平的是海蛇。海蛇和鳗鱼均可食用,但在抓海蛇的时候,要非常小心,因为如果被海蛇咬伤的话,人会

中毒。大部分鱼类的肝脏、肠壁、心脏以及血液都是可以食用的，不过鱼肠要经过烹制后才能吃。如果在大鱼的胃中发现已经被消化了一部分的小鱼，也同样是可以食用的。除此之外，海龟也是可食用的。

不管是直接生吃，还是风干后食用，甚至是经过烹制后再吃，鲨鱼的肉都是一种非常好的食物。由于鲨鱼血液中的尿素含量较高，所以鲨鱼肉易腐烂。因此，在抓到鲨鱼后，应该立即将鲨鱼的血放掉，然后浸泡，并且要注意换水。除了格陵兰鲨鱼，大部分的鲨鱼都可以吃。格陵兰鲨鱼肉中的维生素 A 含量较高，含有大量维生素 A 的肝脏不要吃。

2. 捕鱼的辅助工具

备件箱中有一种很好操作的捕鱼工具，不管你处在任何条件的情况，都可以捕鱼。下面是使用各种材料制作捕鱼辅助工具的方法：

钓鱼线。从帆布或者防水布裁下一块布条，将布条的线一股一股地拆下来，将三股或者更多数量的线股分为一组，一段一段地连接起来。如果没有布条，用鞋带或者降落伞的绳子也可以。

鱼钩。一般在海上生存的人不应该没有提前准备捕鱼工具，如果确实没有的话，就临时制作一只鱼钩。

带钩鱼饵。在一个双钩上，绑一块金属，这样一个诱饵就完成了。

抓钩。用抓钩去钩海草，抖落海草的时候你能发现很多小鱼小虾，还有螃蟹。这些东西可以食用，也可以用来做诱饵。这些海草也可以吃，但是要保证有充足的饮用水。可以把木头当临时的抓钩。选取重的木头做主杆，在重木头的上面绑上三根短一些的木棍，当作抓钩。

诱饵。抓大鱼的话，可以用小鱼来当诱饵。抓小鱼的话，可以直接用渔网捕捞。如果没有渔网的话，可以用布做一个网。将网放入水中，用手抓牢，使劲往上捞。用鸟类和鱼类的内脏做诱饵。使用诱饵的时候，要尽力使诱饵在水下保持移动的状态，这样看起来更真实，更容易吸引鱼类上钩。

记住下面提供的几项提示，可以帮助你的捕鱼行动顺利成功：

· 要当心有刺和牙的鱼类。

· 钓到大鱼，拖拽的时候很容易会使救生筏倾覆，这时候就要果断地放掉大鱼。尽量多抓小鱼，不要抓大鱼。

· 避免鱼钩等锋利的物品划破救生筏。

· 在周围有大鲨鱼出没的区域，不要捕鱼。

· 如果是在夜晚的时候捕鱼，要使用光照亮，光亮可以吸引鱼的注意。

· 白天的时候，吸引鱼的是阴凉。所以你可以在救生筏的底下发现鱼。

· 在桨片上栓一把刀，做成临时的矛。用这个矛帮助我们捕捉一些大鱼。抓到鱼的时候你必须快速地将矛拿进救生筏里，不然抓到的鱼很容易滑掉。另外，你也要注意将刀固定好，不然也容易丢到海里。

· 要看管好自己的捕鱼工具。将钓鱼线清洗、晾干，同时要保证鱼钩的锋利，注意不要让鱼钩缠住钓鱼线。

3. 鸟类

所有海鸟都可以食用。有的时候，海鸟会在飞行的时候偶尔落在你的救生筏上，但是它们一般情况下都很警觉。在救生筏的后面栓上一片金属片，金属片的闪光可以帮助我们吸引海鸟。当海鸟进入到你的射程范围内的时候，你就可以射击了，不过这一切都以你拥有枪为前提。

如果有海鸟落在你触手可及的地方，你可以伸手抓住它。如果海鸟落在较远的位置，你可以用套鸟索去捕捉它们。具体做法是：在套鸟索中间位置放上诱饵，等鸟脚进入套鸟索中间时，将套鸟索拉紧。

充分发挥自己的想象，将捕到鸟的各个部分充分加以利用。

比如，羽毛可以用来隔热，内脏和脚可以当作诱饵。

海上生存的医疗问题

在海上求生，你可能会遭遇晕船的困扰，也有可能患上海水疮，或者其他在陆地上可能会遇到的疾病，比如低温症、日光灼伤和脱水等。这些病症如果不及时治疗，很有可能会变得更加严重。

1.晕船

通常情况下，救生筏的摇晃颠簸会让人产生恶心、呕吐等感觉，这就是晕船。晕船会导致：

· 身体极度疲劳、身体水分过度流失。

· 求生意志消逝。

· 使其他人也开始晕船。

· 吸引鲨鱼来到救生筏附近。

· 其他不明的情况。

对付晕船症，你需要这么做：

· 为病人清洗身体，同时清理救生筏，去除呕吐物以及因此产生的恶臭气味。

· 帮助病人躺下，休息。

· 给患者服用晕船药。如果没有办法口服，就将药片直接塞入病人的直肠，这样身体也可以吸收。如果你已经出现晕船的症状了，就不需要再吃晕船药，这时吃晕船药反而会加重病症。晕船药应该在晕船症状发生之前吃。

注意：对于在海上求生的人来说，可以竖起天篷，盯着天上的一片云彩或者地平线的位置看，这样可以帮助克服晕船症。或者也可以跟着救生筏小游一下，这也可以帮助缓解晕船症状，不过游泳时要十分小心。

2. 海水疮

皮肤伤口长时间接触海水会引起海水疮。在有衣物紧贴的腰部、脚踝以及腕部的皮肤部位也会长海水疮。疮口结痂化脓的时候，不要企图揭开痂、挤出脓水。如果条件允许，可以用淡水冲洗一下疮口，然后自然晾干。如果身边携带消毒剂的话，可以在疮口上抹一些。

3. 其他陆地疾病

失明和头痛。如果有烟灰、火苗或者其他污染物不慎进入眼睛，可以立即用海水冲洗，然后再用淡水冲洗（依据环境决定）。如果有眼药膏，应该立即涂抹上。情况严重的话，要将眼睛包扎起来至少18～24小时。如果天空和海面的强光导致眼睛红肿、充血，那么也应该将眼睛包扎，或者戴上太阳镜。在必要时刻，也可以临时制作一副太阳镜。

便秘。便秘是在救生筏上求生的常见的一种疾病。在便秘的时候，不要随便服用泻药，这会加重脱水的状况。应该尽量多运动，同时保证足量的饮水。

排便困难。这种情况很是常见，排便困难主要是由身体脱水造成的。遇到这种情况，最好不要先行治疗，因为这会使身体更加严重脱水。

日光灼伤。在海上求生的时候，日光灼伤是比较严重的一种问题。为了避免日光灼伤，可以将头和皮肤遮挡住，尽量待在阴影里。如果有，可以涂抹一些防晒霜或者护唇膏。

注意：海面反射的光线会对一些部位造成灼伤，包括眉毛、鼻子、下巴、耳垂、腋窝等。

鲨鱼

无论是在救生船上还是在救生筏上，你可能会看到周围有很多海洋生物，其中有些可能会很危险。通常来讲，会对你造成最大威胁的不是鲨鱼。其他动物比如鼠、鲸以及海豚可能看上去会比较危险，但是实际上在远海它们并不会给你带来多大的危险。

鲨鱼共有数百种，但是只有20多种鲨鱼是袭击过人类的。最危险的鲨鱼包括锤头鲨、大白鲨、虎鲨和灰鲭鲨。其他袭击过人类的鲨鱼还有半皱唇鲨、锥齿鲨、护士鲨、短吻柠檬鲨、蓝鲨、白鳍鲨、牛鲨。体长超过一米的鲨鱼都是危险的。

所有海洋里都能找到鲨鱼的影子。多数鲨鱼在深海里生活、觅食，有的鲨鱼是在水面附近生活，它们的背鳍很高，当你发现它们的背鳍露出水面时，就能轻易发现他们。相比温带海洋中的鲨鱼，热带和亚热带海洋中的鲨鱼的攻击性更强。

几乎所有的鲨鱼都可以吃任何类型的动物，而且它们甚至还会攻击那些受伤的动物。它们对光亮、声音、气味比较敏感，可以通过这些途径找到猎物。鲨鱼的味觉也很敏感，海水中的血液会刺激它们变得更兴奋。鲨鱼也可以很敏锐地感受到海水中的任何变化，比如受伤的人或者动物在海水里挣扎、水下的爆破，或者鱼类在钓渔线上挣扎等等。

鲨鱼从任何位置和角度都可以进行攻击。它们不用转过身子再去撕咬目标。一些较大体型的鲨鱼下巴比较突出，它们可以在身体完全不用扭动的情况下，便咬到在海面上漂浮的物体。

鲨鱼可以单独行动捕食，但是大多数报道中出现的鲨鱼攻击事件都是不止一条鲨鱼完成的。体积较小的鲨鱼喜欢成群结队，它们在进攻的时候也是成群进行的。也就是说，其中的一条鲨鱼一旦发现了猎物，其他的鲨鱼便会立刻赶来。鲨鱼也会像吃掉其他的猎物一样，一点不含糊地吃掉自己的伤残的同类。

鲨鱼会不分白天黑夜地进食。大多数报道中鲨鱼攻击事件都是在白天发生的。下面列出的一些方法可以保护求生者免受鲨鱼的攻击：

- 与其他人待在一起。一个团队要比单独一个人更容易吓走鲨鱼、击退鲨鱼的进攻。而且，一个团队的人可以分散视角，可进行360°的视野观察。

·时刻警惕鲨鱼的袭击。穿上衣服、鞋子。据经验，鲨鱼一般比较倾向于率先攻击人群中没有穿衣服的人，特别是脚部裸露在外面的人。如果鲨鱼碰到你的身体，衣服可以起到一些保护作用。

·尽量少排尿。在排小便的时候，利用间歇的时间将尿液消散开来。在排大便的时候，尽量少排，排便后也要尽量将大便扔得越远越好。对于呕吐物的处理，也是一样的。

当有鲨鱼靠近并企图进攻你时，你可以用手使劲拍打水花，并大声呼喊，将鲨鱼吓走，让鲨鱼无法靠近。另外，要保存体力，以防万一，在必要的时候与鲨鱼搏斗。

如果遭遇鲨鱼攻击，可以用脚踢，用手击打鲨鱼。如果可以的话，可以击打鲨鱼的腮部和眼部。如果打到鲨鱼的鼻部，你的手很可能会划过鼻子而打到鲨鱼的牙齿上，这样很容易会受伤。

如果在救生筏上看到了鲨鱼，你可以这么做：

·如果你正在钓鱼，马上停下来。如果鱼钩上已经钓到了鱼，那么，把鱼放掉。

·不能随便将垃圾扔到海里。

·不要将设备或者胳膊、腿放到水里。

·不要乱动，保持安静。

·死去的人要尽快埋掉。如果周围鲨鱼很多，那么要等到晚上再进行处理。

如果你在救生筏中，当鲨鱼慢慢靠近的时候，你可以随便拿起周围的任何东西去打鲨鱼。注意不要用手，直接用手打很容易受伤。如果你用桨来击打鲨鱼，要千万小心，不要弄断桨，更不要丢掉桨。

探测陆地

仔细远望并观察陆地的情况，因为在靠近陆地的时候，可能会发现很多迹象和征兆。

在天气晴朗的时候，如果大片大片的云彩都在移动，只有一团堆积云静止不动的话，这就说明那片云彩的下面可能有陆地。因为堆积云通常会处在陆地的上方或者陆地附近下风的位置。

在热带地区，珊瑚礁反射的阳光和浅的礁湖水面会使天空呈现青色。

在极低地区，如果发现云层中出现颜色较浅的印象，这就说明，其地下很可能有冰雪覆盖的陆地或者冰面。因为宽广的水面在云层中会造成深灰色的映象。

深水的颜色是深蓝色或者深绿色，若海水呈现的颜色较浅，那么就说明这里的水也比较浅，同时就说明陆地很可能就在附近。

在晚上，下雾或者下雨的时候，你可以通过对声音和气味的判别来探测陆地的情况。海边陆地上的淤泥以及红树林沼泽地会散发出一种霉味，这种味道可以传很远。浪花拍击海岸的时候发出的声音也很大，在看见浪花前就可以听到这种声音。如果你听见持续不断的鸟叫声，这也能说明你离它们栖息的陆地可能不远了。

比起远海，在陆地附近，会发现更多的海鸟。可以根据海鸟飞行方向判断陆地的方向——天刚亮的时候海鸟飞来的方向和天黑的时候它们飞去的方向很有可能就是陆地的方向。而白天的其他时间，海鸟可能会到处觅食，它们飞行的方向一般没有什么特别的含义。

在任何纬度都可能会出现海市蜃楼，但是热带地区出现的可能性更大，尤其是在中午时刻。不过要注意不要将海市蜃楼误认为是陆地。从不同的角度和高度观察一下，就会发现到底是真的陆地，还是海市蜃楼的景象。一般来说，如果是海市蜃楼的话，从不同的高度来看的时候，它的外观以及高度都会变化。

还可以根据波浪运动的方式来探测陆地的情况，因为波浪接近陆地的时候会因为冲击而被反射回来。你可以选择跟着波浪的方向前进，因为波浪之间的相互作用，下图标记着"×"的水面会产生轻微的漩涡，如果朝着与漩涡平行的水面前行，你就可以顺利到达目的地。

靠岸技巧

在发现陆地的时候，要保证顺利而安全地登陆。如果你是乘坐救生筏登陆，一般单人筏没有什么危险。不过，如果随着大浪上岸，则会非常危险。在登陆前要花一些时间仔细考虑一下，衡量一下登陆地点。尽量选在岛屿背风的一侧或者部分陆地深入大海的位置登陆，而且尽量不要在太阳位置很低并且会在前方直射你的时间登陆。注意观察海浪上方的缺口处，要向着这些缺口的位置前行。在前行的同时，要注意躲开岩石峭壁和珊瑚礁。不过，淡水河口没有珊瑚礁。要注意避开可能会将你冲进大海的强离岸潮流和离岸海流。你可以向岸边发出求救信号，也可以沿着小岛的四周航行，找到浪头比较平缓的海滩进行登陆。

如果不得不穿过海浪登陆的话，你需要先把桅杆摘下来。为了避免划伤和擦伤，要穿好衣服和鞋。将救生衣充好气并穿好。在船头的位置放下海锚，拖锚的绳子也要放到最长。可以用桨调整海锚的位置，保持海锚绳绷直的状态。这样便可以使救生筏保

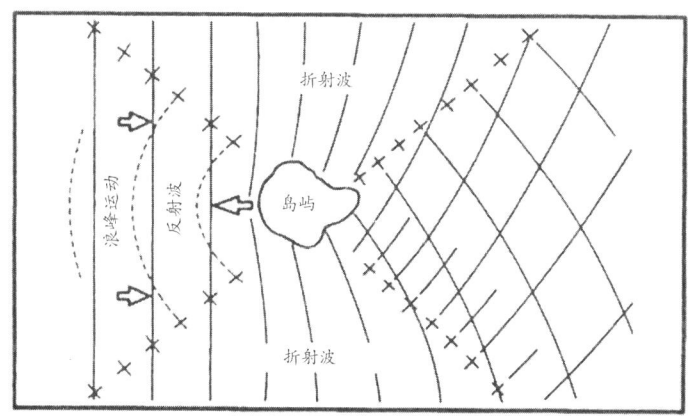

▲ 岛屿附近的波浪运动方式

持向海岸的方向前行，从而防止海浪将救生筏从船尾掀翻。可以用桨辅助筏子冲上较高的浪头。

海浪的速度会不断变化，海浪的形状也是不规则的，所以要根据实际情况，调整自己。最好的穿越海浪的办法就是将整个救生筏上的人员平均分配在两侧，两队背靠背坐着。当越过一个大浪的时候，在浪头过去之前，一半的人向着背离陆地的方向划船；然后在下一个大浪到来之前，另一半的人向着陆地划船。

对抗大浪强风的时候，为了避免救生筏发生侧向或者被大浪抛上抛下，需要尽量让救生筏保持最快的速度越过浪尖。如果可以，尽量在大浪后越过它。

如果海浪平缓，而且海面没有风的话，救生筏最好不要用较快的速度冲上海浪。因为如果救生筏的速度过快，在越过浪尖后，它会突然下沉。如果救生筏不慎被海浪打翻，要用手紧紧抓住救生筏。

在靠近海岸的时候，让救生筏冲上一个大一点的海浪，接着使劲划水，向岸边靠近，尽力跟着这个海浪，划得越远越好，直到救生筏碰到地面，再跳下去，然后将救生筏拉上岸着。

如果有其他选择，尽量不要选择在夜间上岸。如果你确定岸边有人居住，那么要与岸边保持一定的距离，同时发出求救信号，等待居民前来营救，帮你上岸。

如果在登岸途中遇到海冰，要选择那些面积较大的、比较平稳的浮冰上岸。避开流冰，因为这容易使你的救生筏发生倾覆。应该尽量避开那些小的浮冰和明显裂开的浮冰。通过手和桨的辅助，使救生筏与浮冰的边缘保持距离，防止冰面与救生筏摩擦。将救生筏拉到浮冰上，远离边缘。任何一块浮冰都有随时裂开的可能，所以要保证救生筏在充气的状态下，随时可以使用。

游泳上岸

如果救生筏没办法靠岸，只能游上岸时，要穿上鞋，穿一层衣服，采用侧泳或者蛙泳的姿势游过去，因为这种姿势比较节省体力。

如果波浪不是很大，可以骑在小一点的浪上，随着它向前游，当海浪减弱或者将要消失的时候，潜入水里。

如果波浪较高，那么就要在两个向岸边涌动的海浪中间游动。当你向岸边游动的时候，正好有海浪向相反的方向，也就是朝着你涌来，那么你应该面对着它潜进水中，待这个海浪过去了，再继续向前游。如果你被巨浪打倒，进入水里，那么你要尽力地游向水面，然后按照前面说的方法继续游向岸边。

如果在你要登陆的地方有很多岩石，那么你需要避开浪花四溅的地方，寻找那些被海浪冲刷的岩石。保存体力，缓慢地游向岩石。为了降低受伤的概率，你应该穿好衣服并穿上鞋子。

选择好登陆地点以后，选中一个较大的波浪，等它碎成浪花的时候，跟在其后面前行。面朝岸边的方向，身体保持坐姿，脚部在比头部低60～90厘米的位置，并朝前放置，这样的话，在你登到岩石的时候，脚会承担一部分的冲击力，进而减缓身体受到的冲击。如果你跟在碎浪后面没有到达岸边的时候，要用手向岸边游。等到下一个波浪来临的时候，重复以上的动作，直到顺利上岸。

海水的背风面会长满海草，这里的海水也平静得多。上岸的时候可以对此加以利用，不过要注意从海草的上方游过去，而不要横穿海草。向前行进的时候，要抓住海草，向下划水。

穿越珊瑚暗礁或岩石暗礁与穿越多岩石的海边是一样的。你要使身体放松，呈坐姿，双脚并拢，膝盖微微弯曲。这样可以减少冲撞到珊瑚礁上的冲击力。

搭载或救援

如果发现救援船只或者飞机靠近营救，要迅速将所有的钓鱼绳、脱盐工具绳等绳子清除，因为这些东西可能会在救援过程中缠住你。放下帆和天篷，保证救援顺利而安全地进行。将所有的东西固定好，带上头盔，将救生衣充足气。在救生筏里等待，除非救援人员要求你做什么，其他时间保持静止不要随便乱动。除了救生衣，其他的所有装备都除掉。你也可能遇到水下救生员的援助。但是不管怎样，不能擅自行事，要听指挥和命令。

如果直升机的救援装备没有把手，那么在搭载之前，要这样做：

· 将口袋中、备件袋以及救生筏中的所有没有固定的装备全部固定好。

· 放下稳定袋、备件袋以及海锚。

· 将救生筏的部分气放掉，充点水进去。

· 将降落伞上的生存工具箱拿下来。

· 用手抓住救生筏的把手，从救生筏里翻出去。

· 将救援绳或救援装置放到水面上。

· 抓住救生筏上的把手不要放，直到另一只手抓住了救援装置。

· 用力爬上救援装置，要注意不要跟救生筏缠在一起。

· 伸出一只手臂，将大拇指竖起，其他手指握紧，向直升机提升间里的操作人员发出求救信号。用手使劲拍打水面，然后手部保持"拇指向上"的姿势，手臂伸平。在被成功救援之后，不要自己伸手去拽拉驾驶员或飞机上的其他人员，要努力配合他们，并且不要做任何动作，完全要由机组救援人员将你拉进飞机里。

弃船逃生

发生船只失事的时候，做好准备就意味着将增大逃生的机会。了解救生设备的位置很重要，了解如何准备最基本的生存物资也同样重要，水是第一位的，但是食物、衣服和通信设备也同样重要。如果你发现没有合适的救生艇或者其他救生设备，你就需要寻找较大的可以在水中漂浮的物品，然后将必需的生存物资转移到上面。

遵循船员的任何指导。下水之后，立即远离失事船只。如果船只没有立即下沉或者爆炸的危险，可以先待在船只附近，还可以用绳索把救生艇和船只连在一起，直到更多的物资被搬运上来。要是发现继续待在这个地方将会非常危险，就赶紧离开。

油料燃烧

如果发生火灾，而且水面上也有燃烧的油料，尽量按照风向的反方向行进。燃烧的油料很容易被风吹动，因此火不会向逆风的方向蔓延。你需要在燃烧的油料之间的狭小缝隙里穿行，这样你可能就需要给救生艇放气，然后才能在这种缝隙中穿行。如果必须在火焰中穿行，可以用双手手臂煽风，这样在火焰中煽出空隙，能够保证自己正常呼吸，但是这种情况非常危险，不到万不得已的时候千万不要在火焰中穿行。因为火可能会把周围区域的氧气全部耗光，而且极高的温度可能会烧伤肺部，从而让人丧命。

如果救生设备是用嘴吹的气，你还可以吸入救生设备中的气体。尽管这种气体是从嘴中呼出的，但是其中的含氧量还是足够利用很多次。但是注意那种自动充气的救生背心，其中的气体通常含有大量的一氧化碳。

水中求生

只要身体不下沉，哪怕会游泳也不要游泳。如果可能，尽量用背部靠浮力漂浮（借助救生设备、充满空气的衣物或者椅子坐

临时漂浮辅助设备

将裤脚打结，握住裤腰摆动，然后套进头部，直到裤腰没入水中，让两条裤腿充满空气。

椅子坐垫和枕头能够用来作为漂浮物，船上的这类物资都是为此目的专门设计的。

如果没有任何漂浮辅助设备，不要脱掉裤子，尽量减少蹬水的次数以保存体能。

紧急逃生程序

1. 船只上除了一般的救生筏之外，还会配备一种圆柱形的并配有整套救生包的"抛掷型"救生筏。

2. 为了让救生筏下水，必须首先把固定救生筏的绳索解开。

3. 把系艇索（连接救生筏和船只的绳索）系好后，在保证船只外的水面上没有其他物体的情况下，把救生筏扔到水面上。

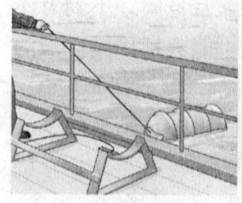

4. 将系艇索拉到最长，当系艇索拉紧之后再猛一用力，这样救生筏就会自动开始充气。

5. 将救生筏拉到船边，然后让人依次进入救生筏，最好不要把自己弄湿。进入救生筏之前脱掉鞋子，去掉身上任何尖利的物品。

6. 在所有人都登上救生筏之后，剪断系艇索，在海面上搜寻此前可能已经跳海逃生的人员，然后离开正在下沉的船只。

垫等），保存体能。只有在确定能够抵达一个安全的地方的时候才游泳。一直把头部没入水中，呼吸的时候才探出头，这样也能保持体能。即使自己是一名非常好的游泳者，也会发现在海上游泳非常困难。提前在风大浪急的海面上练习游泳对此会有很大的帮助。

游泳，即使是稍微游一段距离也会迅速散失身体的热量，大大缩短自己生存的时间。如果你能够保持静态，就能够将身体周围的海水的温度升高一点点，尤其是衣服内的海水。每次你移动，这点温水就会被凉水替代，然后失去热量，从而消耗体能。鉴于此，尽量多穿衣服。如果你有包（帆布包、塑料救生包，甚至是垃圾袋），钻进里面也能有效阻止身体周围的海水流动，从而大大提高生还的机会。如果几个人穿着黄色救生衣待在一起组成一个圈，会对大海中鲨鱼这种最令人恐怖的生物构成威慑。

海岸求生

并不是每一个在海上求救的人员都能够及时被周围援救的飞机或船只找到,有些飞机在搜寻时甚至看不到海面的救生筏。所以,当你漂浮在海上亟待援救时,首先要考虑的是如何登上陆地。如果周围是海岸那最好了,海岸上有充足的食物和淡水,临时搭建避身所也是非常容易的。

有时候,当你沿着比较安全的海岸线穿行时,往往比在内陆行进要容易得多。因此,如果没有沼泽或峭壁的阻挡,如果你不熟悉周围的小路,尽量将海岸线当作你的前行线路。

作战过程中,你会发现敌人都会集中在海岸一带搜寻和巡逻。为了避免麻烦和发生冲突,你最好不要在敌方的海岸线登陆。这对你是一个挑战,因为可供你行走的范围非常有限,而且你要避开所有人的耳目,并且还要消除所有你曾行走过的痕迹。

特殊的健康危险

沿着海岸线行走或者逃离,在很多情况下对于你来讲是明智的选择,但是这并不意味着毫无意外。海岸上也存在着特殊的危险,比如珊瑚礁、具有攻击性且具有毒性的鱼类、鳄鱼、海胆、海星、海绵、海葵以及浅海中的暗潮、回流、漩涡等,你必须提前了解这些意外状况,并能够及时解决。

珊瑚礁。珊瑚礁最容易对人体造成割伤,不管珊瑚礁是否还有生命,其伤害性是始终存在的。割伤或划伤人体,继而导致失血,甚至是感染溃烂,这都是很正常的。一般来讲,如果出现珊瑚礁造成的伤口,要进行彻底的清洗,但是一定要避免使用碘酒,因为碘是某些珊瑚水螅虫的食物,有可能会导致它们在你体内滋长。

有毒的鱼。很多暗礁鱼的肉有毒,毒性是始终存在的,有些则是在某一时间段有毒。一般来讲,暗礁鱼全身都有一定的毒性,尤其是肝脏、肠道和卵的毒性最强。它们的食物是隐藏在暗礁中的一种有毒的细菌,这种细菌容易给人体带来毒素,危害性很强。

鱼体内的毒素无色无味，在水中都有可溶性，不管如何蒸煮、烹调毒性依然存在，所以普通的可食用性检验对于这些鱼来讲是没有效果的。而且鸟类和人类不同，有些暗礁鱼鸟类食用没有问题，并不代表对人体就是安全的。如果你误食了此类鱼，其肉中的毒素会立即释放，你会感觉嘴唇、舌头、手指、脚趾都出现奇痒和麻木，对温度的感觉也会有截然相反的感受，平时冷的东西你会感觉到热，平时热的东西你会感受到冷，严重者还会恶心、呕吐、失语、头晕，以致全身瘫痪甚至死亡。

除了有毒的鱼，还有很多具有潜在危险性的东西都是需要你躲避的。比如黄貂鱼的尾巴上的钩子有很强的毒性。还有些鱼体内带电，容易导致电击。有些珊瑚鱼的毒刺，虽然不见得能造成严重的致命伤害，但是它们所带来的极大疼痛和强烈的灼烧感还是会影响你的正常行动，这主要是其刺中的毒液所致。水母也没有致命的危险，但是它们的触须一旦接触到人体，也会造成很强烈的疼痛感。

下面我们简介一下海岸及海中具有潜在的危险鱼类。

善于攻击的鱼类。那些具有攻击性的鱼是你要躲避的对象。梭鱼是其中的一种，据了解，梭鱼对人体佩戴的闪亮的饰品或者其他物品，有一种强烈的进攻心理，经常会在夜间向着能发出光亮的物品进行攻击。海鲈鱼也具有攻击性，它们一般1.7米长，危险性较大。此外，身长1.5米、有着很多尖锐牙齿的海鳗，在被打扰到时也很容易进攻对方。

海蛇。海蛇常会出现在海的中央，一般有剧毒，很少主动攻击人，但是一旦被打扰或被挑逗，其后果是十分严重的。

鳄鱼。从生长着茂盛红树林的河口，一直延伸到65千米的远海地区，这里人烟稀少，是热带盐水湾的广阔地域，也是鳄鱼最喜欢的栖息地。鳄鱼喜欢在远离人类的地方居住，一般出现在东印度或东南亚离人类居住地较远的区域。身长超过1米的鳄鱼都有很强的危险性，雌鳄鱼在守护巢穴的过程中攻击性最强。当然，抛开这些危险因素，鳄鱼肉也是非常好的食物来源。

海胆、海星、海绵和海葵。这些动物的毒性都没有致命的危险，但是强烈的疼痛是不可避免的。海胆常在热带浅水海域的珊瑚周围活动，圆滚滚的酷似小豪猪，如果你不小心踩到它，它会把尖刺直接扎进你的皮肤。它们的尖刺带有石灰质或硅酸盐质，会导致你的皮肤断裂、溃烂和化脓。如果被刺到，一定要及时取出刺并将伤口处理好以防感染。如果被其他几种动物扎到，也会出现类似的状况，可采取同样的方法治疗。

暗潮和回流。大浪内部的回流很容易将你卷入海中，这时候你要尽力远离海水深处，不要往海底沉，而是努力向海面游动，在大浪之间出现低潮时借机游向岸边。如果出现回流，要尽量顺着回流流动方向或者沿着与其垂直的方向游，等到回流的力度慢慢减退再游向安全地带，千万不要逆流而上。

食物

海岸上向来不缺乏食物来源，不管是水中的藻类植物还是其他的植物都是可食的，除此之外，很多水中的动物也可以充当你的食物。

软体动物。可食的软体动物有很多，比如蚌类、帽贝、蛤、海螺、章鱼、鱿鱼和蛞蝓等。对于海边生存的人来讲，贝壳类动物能够给他们提供足够的蛋白质人体所需。但是食用这些软体动物时也要注意，蓝环章鱼和毒芋螺是不能食用的，海中的"赤潮"会导致软体动物病变并产生毒素，在食用前务必进行可食性检验。

蠕虫。在海岸上出现的蠕虫可以充当食物，但通常将蠕虫当作鱼饵来钓鱼。如果是食用，尽量不要选外形类似毛毛虫的带毛蠕虫和带有尖边的管状蠕虫。有些人食用的矢虫，其实并不是蠕虫，它们大部分藏在沙子中，可以直接食用也可晒干后保存。

螃蟹、龙虾和藤壶。这些动物具有很高的营养价值，是非常好的食物来源，而且对人体也极少有伤害。但是也要谨慎处理，有些大螃蟹或者龙虾，能够把人的手指夹伤甚至夹断。其中很多外壳上长着尖锐的刺，在捕捉的时候一定要避免被扎伤。藤壶作为一种非常好的食物，很受大家欢迎，但是将其从栖息地转移是极其困难的，稍有不慎也会让人受伤。

海胆。海胆可食用，但是一定避免踩到或被扎伤。海胆与人体接触会造成剧痛的伤口，最好是先将其身上的刺清除再放心食用。

海参。在海洋食物中海参的营养价值是极高的，尤其在印度洋和太平洋一带。先把其内脏取出，然后直接食用，不管是蒸煮还是熏烤，甚至腌制，海参都是不错的美味。

第五节　涉水环境生存

河水与溪流

很多水域生存的方法都适用于河流和溪流。它们的深浅不一、水流流速有差异、水量多少不一定,所以在过河或是溪流前,你要做好细致的准备工作。

在你要过的河流或溪流附近找一个小山坡,如果实在没有,可以爬到树上俯瞰,以便你能更清楚地查看周围的地形,然后根据周围地形确定过河的地点。比较合适的过河地点一般有以下几种:

中间分出几条水道的平静水面。一般来讲一条河中如果有几条窄窄的水道,过河时非常容易且安全。

浅滩或沙洲地区。如果河流中有浅滩,那最好不过了,你可以在其上游过河,下游的浅滩可防止你失足落水后被激流冲走。

跨河水道。最好的跨河水道是向着河流的下游,这样你在过河的时候,可以沿着与这条水道呈 45° 角的方向渡过河流。

在过河或过溪流的过程中也会存在危险,尽量要避免以下几点:

对岸的障碍物。它会给你的前进造成障碍,要安全顺利过河最好远离障碍物。

河中的大块岩石。一般来讲,河中的大块岩石意味着这里曾有危险的激流,在行进过程中要小心。

水流湍急的河段或者瀑布等。这些地方很容易出现意外,务必远离。

岩石丛生的地方。这些地方的岩石经过河流的冲刷变得光滑,如果你不慎滑倒或摔倒,在这样的地方是非常容易受伤的。所以过河时务必要确定,你可以借力的石头是稳固且摩擦力较大的。

河口。河口地区一般河面宽阔、水流湍急,而且会有潮汐发生,水面不平稳。所以这并不是合适的过河地点。

漩涡。漩涡的危险性众所周知,强大的旋转力和拉力会让你溺于水中。

如果你的支撑力较强,那么水流的深度问题是可以避免的。因为较深的水域一般水流较慢,比较平稳,只要能稳定身体,是非常安全的。相反,有些水流很急的浅水可能因为冲击力较大而使你站立不稳。你可以选择从深水处过河,然后再弄干衣服,或者做一个小木筏用以过河。

此外,如果是寒冷的天气,最好不要直接过河,不管是游过去还是蹚水过去,都会伤害到身体,最好能做一个木筏过河。当然,如果水很浅,水量不大,可尝试直接通过,渡过后快速做好干燥和保暖工作。

急流中求生

如果急流的水比较浅,你可以选择仰躺的姿势,让背部朝下,头部向着上游,脚向着下游,两手在身体两侧划动以增加浮力来快速游动。这个过程中一定注意要让头部和脚步抬高,以免碰伤。

如果急流的水比较深,那么你在渡河时要让腹部朝下,头部向下游动,身体与河岸保持一定的夹角。我们应该知道,较深的急流中常会有暗涌和回流,甚至是水利强劲的漩涡。你一定要谨慎而行,避开这些潜在的危险。如果水中有障碍物或者其他的小岛,也要注意随时更换方向。

如果你要渡过一条流速较快或者有危险的河流,你需要注意以下问题:

如果气温适宜,最好能脱掉身上的衣物,最大限度减少影响你游泳的不利因素。但是鞋袜尽量穿着,因为你在渡河的过程中要保护脚,以便能够在水中灵活游动或者稳定站立。

将你随身携带的衣物绑在背包上扎紧,保证所有的物品都是捆在一起的,而不是零散的,这样方便你整理,也不会丢失东西。

保证你能够轻松背上背包，也能轻松解下。须知，在遭遇溺水危险时，一个小小的背包足以让一个强壮的拥有者失去求生能力。

此外，还要找一根坚固的棍子辅助自己过河。棍子直径可以在7～8厘米，长约2米多即可。渡河时，手握棍子，可以将其插入河底稳定，也可以用于阻断你周围的水力冲击，然后一步一步前行，每一步都要脚踏实地，棍子也随之往前移动，尽量让棍子在你的前方，保持倾斜，与水流呈45°角，可使棍子一端抵在肩膀上或者肩窝，脚跟在棍子后面。

这样的渡河方法，适合一个人度过水势较急的急流，这时候背包的重量在一定程度上也起到稳定你身体的作用。

如果你是和别人一起过河，那么要确保每个人都做好了渡河的准备。可以找一根绳索系在胸部，让最强壮、水性最好的人先过河，其他的人随之跟上，绳索要松紧适宜，既要让过河的人可以根据需求调整长短，又要确保不会被水流冲走。

每一个到达对岸的人都要把绳索解下，然后第二个人跟上，其余的人一起控制绳索，这样的方法不管是多少人都可以一个一个安全过河。

这个过程中，每一个人都要防止出现意外。首先要将背包和其他的衣物捆在一起，并随时能够解下，让最强壮的人拿着一端，站在上游，体重较轻的人拿着另一端，站在河流的下游，确保上游的那个强壮的人能够阻挡一部分水流，而后面体重较轻的人过河时阻力会小一点。这样即使是上游的一个人站得不够稳，下面的人也不容易受到影响，直到那个人借力稳住。

在只有一条绳索的条件下，如果是三个或三个以上的人一起过河，可以采用这种方法过河，但是注意绳索的长度至少是河面宽度的三倍以上。

筏的使用

野外求生者面临要通过大面积的水障碍时，筏是一种极佳的辅助工具。依据随身携带的材料的不同，和周围环境的差异，野外自制筏有很多类型。

如果除了木头，求生者找不到任何其他材料可以考虑制作一个木筏。木筏的制作方法很简单。找到足够多的干枯且直立的树干作为圆木，将圆木并排放置，然后用横木将一排圆木的两端固定在一起。木筏制作方法很简单，但功能是有限的。

当求生者的行李中拥有两张雨披时，可以制作灌木筏、澳洲雨披筏或雨披圈筏。

灌木筏

好的灌木筏最多可以承载115千克的重物。野外生存中，如果求生者随身携带有较重的行李，可以做一个灌木筏，帮助自己顺利通过水障碍。

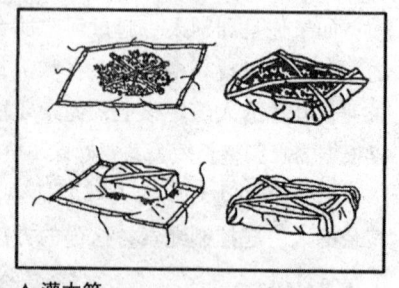
▲ 灌木筏

制作灌木筏的材料，除了必备的两个雨披外，还需要采新鲜的小灌木、两棵小树。此外，捆绑类的物品也是必需的，如果身上带有绳子，就可以做一个很好的灌木筏。但如果没有，就要用植物的藤蔓替代。

灌木筏的制作方法比较复杂，制作步骤如下：

· 取两个雨披，将它们的帽子翻到里面，之后扎紧两个雨披的颈部。

· 将准备好的长度足够的绳子或藤条，穿过雨披的边角和中间的扣眼，然后绑紧，同时确保这根绳子或藤条能够和对角或对边的绳子或藤条系在一起。

· 将其中一个雨披放到地上，里面向上，展开。然后把新鲜的小灌木放到雨披上，一直堆放，直到其高度达到45厘米左右。

将拉线穿过小灌木堆，向上拉住收紧。

- 制作一个 X 形的架子。为了安全、牢固，一般采用两棵小树进行制作。把做好的 X 形的架子放到灌木堆上，然后通过雨披颈部的拉线，将其固定。
- X 形架子固定好之后，再次将约 45 厘米高的小灌木堆放在上面。轻压灌木堆，使其收紧。
- 用雨披从四周将灌木堆包住，而后将绑在边角和中间扣眼的绳子或藤条系好。系绳子或藤条时，不是系住即可，而是要将绳子或藤条角对角、边对边地系好。这样的操作方法可以增强灌木筏的牢固性。
- 拿出另一个雨披，置于灌木堆旁，同样是里面向上。
- 逐渐将灌木堆推到第二张雨披之上，同时保持打结的一面向下。然后用下面的雨披将灌木堆包裹好，按照之前角对角、边对边的原则将其扎紧。
- 将第二个雨披打结的一面向上，放置于水中。

澳洲雨披筏

灌木筏牢固，效能好。但如果行走匆忙，需要尽快渡过水障碍，一个澳洲雨披筏可以帮助你解决问题，节省时间。

澳洲雨披筏制作起来节省时间，使用时防水性能更加，但是最大的载重量远低于灌木筏，其载重量最高只有 36 千克。

制作澳洲雨披筏的材料如下：两个雨披、两个背包、两根长杆、长绳、鞋带或藤条（长度至少 1.2 米）。

制作澳洲雨披阀，可参考如下步骤：

- 与制作灌木筏的步骤相同，分别将两个雨披的帽子翻到里面，而后扎紧每个雨披的颈部。
- 将其中一个雨披里面向上，铺放在平地上。在雨披中间，将两根长度在 1.2 米的杆子放好。两根杆子要并排放置，并且保持 45 厘米左右的距离。

・将背包、行李等不想被水浸湿的物品置于杆子之间，然后将雨披从两面拉起，合上。

・把合好的雨披抬起，向下卷起，将中间的装备裹紧。握紧雨披的两端，分别朝相反方向，拧成麻花状。之后把雨披的两头向上折叠，置于雨披卷上，再用绳子、藤条等类似物品将其捆牢。

・同样是里面向上，把另一个雨披铺放在地面上。若想增加浮力，可以在第二个雨披上放置几根新鲜的嫩灌木。

・将捆好的第一个雨披，打结面朝上，放到另一个雨披之上。然后采用同样的捆绑方式，用第二个雨披将装备包好。

・将装备用绳子或是藤条等捆绑牢固，捆绑的位置一般选在距离拧成麻花状雨披两端的30厘米处。在这两个位置，分别将装备加以固定。

雨披圈筏制作起来非常耗时，操作过程复杂，在野外生存中，并不提倡使用。

不论使用哪一种筏，一定要小心谨慎，避免将雨披刮破或刺穿。如果无法确定简易筏的制作是否成功，可以把筏放到水里试验一番，确定其是否可以漂浮。使用上述这几种筏，是为了保护求生者随身携带物不被水浸湿，而非通过它将求生者运送过水障碍。

对于求生者而言，这些筏都无法承受其重量，想要自身安全渡水，要采取其他方式。如，砍倒周边的树木临时搭建桥梁，或花费足够多的时间制作一个大型的筏，使其足以承受求生者自身体重。

漂浮装置

在时间急迫、水温较高时，求生者可以省去制作筏子的时间，采用其他更为简易的漂浮装置通过水障碍。裤子、容器、塑料袋、雨披、圆木、香蒲属植物等，都可以成为求生者渡水的辅助工具。

裤子

将裤子弄湿，在裤脚处打上结，然后扣上扣子。双手抓牢裤腰，大力抖动裤子，使两条裤管中有足够多的空气。而后用绳子、鞋带等把裤腰收紧，放到水中，留住裤管中充足的空气。这样简单的裤子装置，可以增强你自身的浮力，使你顺利通过水障碍。

容器

把随身携带的汽油罐、水壶、盒子等容器清空，然后将其与其他可存住空气的装置绑在一起，作为帮助求生者渡水的漂浮装置。空容器作为漂浮装置渡水，只能在小河或是水流较缓慢的水流中使用。因为由空容器组成的临时漂浮装置能够容纳的空气有限，所以浮力也是有限的。

塑料袋和雨披

把装满空气的多个塑料袋的袋口分别绑紧，或是将装有绿色植物的雨披卷成直径大于20厘米的装置，然后将其两端绑紧。经过处理的塑料袋和雨披，将其绑在腰间，是帮助求生者渡水的有效辅助工具。

圆木

如果求生者可以在水障碍周围找到一根圆木，也可以利用其作为漂浮装置。遇到圆木，不可盲目乐观，在使用前，必须要进行检验。检验方法主要有两种：其一，将浮木放于水中，观察其是否可以漂浮；其二，将两根圆木摆放在地上，使它们距离60厘米，然后将其捆在一起。求生者坐在两根圆木之间，保持背靠一根圆木，而双腿放在第二根原木上的姿势，在浅水中检测效果。

香蒲属植物

水障碍周围如果长有香蒲属植物，求生者也可以利用其茎干进行漂浮。主要做法如下：将足够多的香蒲属植物的茎干绑在一起，绑成的装置要保证其直径大于25厘米。和圆木的使用方法一样，在渡水前要测试其性能，保证自身安全。

其他水障碍

野外生存环境中，总会遇到各种天然障碍。常见的野外障碍类型有沼泽地、流沙地、湿地等。对于野外求生者而言，这些障碍不仅为其顺利通过制造了麻烦，也对其自身安全造成了威胁。一旦遇到这种类型的障碍，不要试图直接走过去，因为无工具帮助的行走会让你越陷越深。最好的解决方式是绕过该地段。但有时这些野外障碍面积非常大，绕过去是不可能的。此时，应采取合适的方法，利用适当的工具，通过这些地带。

沼泽地

沼泽地长期受积水的浸泡，想要顺利通过，就要有正确的方法。一般来说，沼泽地中，较之其他开阔的地区，长满植物的区域土地硬度很大，可以考虑从植物中穿过。如果面临的是成片的开阔的沼泽地，鲜有植物，就应该考虑借助木头、树枝等天然的工具，为自己铺设一条足够牢固的行路。在找不到这些材料时，也可以考虑这样一种方式通过沼泽地：保持面部向下，将身体四肢全部舒展开来，然后向前慢慢移动。

流沙地

流沙是可以移动的沙子，它与普通的沙子不同，含有水分。在外力的作用下，流沙会向下塌陷。行人如果不小心，徒步进入流沙地，很快就会陷进去。区分流沙地和普通沙地，仅仅凭借肉眼观察是不可靠的。最简单的判断方法是将一块石头，扔到沙地上面，观察其是否会沉下去。如果眼前的沙地将石头吞没，无疑这是一块流沙地。

植物障碍

红树林湿地是在热带海滨地区常见的植物障碍。红树林湿地中的乔木或是灌木，其根系发达，密集且向外延伸生长。红树林湿地是极不容易通过的，所有的解决方式都要等到潮退才能进行。如果求生者处于靠近陆地的位置，有两种方式可以顺利通过红树林。其一，从相对狭窄的小树林中穿过，朝大海走去；其二，沿着树木间的水道前进，走向海边。当求生者处于靠海地段时，沿着海边较小的溪流和水道，可以顺利走到陆地上。不论目的地是海边或是陆地，只要通过的是浅水区域，就要谨防鳄鱼的出现。一旦发现鳄鱼的踪迹，不要惊慌，爬到离你最近的红树上，确保身体离开地面，防止遭到鳄鱼的攻击。

以上的通过方式和注意事项的存在有一个前提，那就是求生者面临的红树林湿地面积不大。如果求生者想要通过的是一大片的红树林，则需要考虑其他更安全、有效的通过方式。使用自制筏通过红树林是个不错的选择。

第六节 热带地区生存

热带气候

赤道和亚热带地区除了海拔较高的地方,其他地方气候都很炎热、多雨以及潮湿。空气温度在低海拔地区一般都高于35℃,通常不会低于10℃。高海拔地区的深夜很冷,更容易结冰。雨水挥发是一个吸热的过程,所以下雨的时候很凉快,不过雨后的空气温度马上就会变高。

暴雨通常都是跟雷电一起出现。雨水打在树顶,然后水流到地上的河里,河平面就会升高很多。这种雨都是来得快,去得也快。夏末的时候,也有出现狂风肆虐的情形。

台风和龙卷风的威力非常大,在海上形成,然后吹向陆地,所经过的地方,波涛骇浪,一片狼藉。所以,当我们选择宿营的地点时,切记要选择高于洪水线的地方。

风的大小跟季节有关,夏天、冬天是不一样的。气候干燥的时候,每天只有一场雨,等到雨季的时候,雨就连绵不断,不会停止。印度洋吹到东南亚的风会带来雨季,然而,中国内陆吹到东南亚的风却会带来干燥。

在热带,昼夜等长。看起来似乎黑夜来得特别快,但白天也会突然到来。

丛林类型

没有标准的丛林。在热带地区,也许会出现下面列举的丛林的几种或者全部:
- 热带雨林
- 次生林

- 半常绿季节性和季风森林
- 灌木和荆棘森林
- 热带稀树大草原
- 盐水沼泽
- 淡水沼泽

热带雨林

热带雨林的天气情况不多变,一般存于亚马孙和刚果盆地的跨赤道一带、印度尼西亚以及一些太平洋岛上。一年降水量很丰大。大气温度白天最高可达32℃,而晚上还能达到21℃的高温。

热带雨林的植物可以分成五个层次。这些地方人迹罕至,最高的树木可以长到60米。在高树的下一层,稍低一点的树木枝叶茂盛,把阳光给挡住了。接下来的矮树林都渴望阳光,很多蔓藤植物缠着大树,朝着阳光的方向生长。叶子从树上掉下来铺成一张厚地毯,蕨类植物、苔藓植物和草本植物在地毯底下顽强地探出头来。还有很多菌类植物,它们的生长环境就是枯枝落叶。

这种丛林的地表终日不见阳光,所以底层的植物不多,你可以在地上很自由地活动。但浓密的植物使能见度只有50米左右,所以我们在热带雨林里经常晕头转向,即使是飞机从天上飞过,

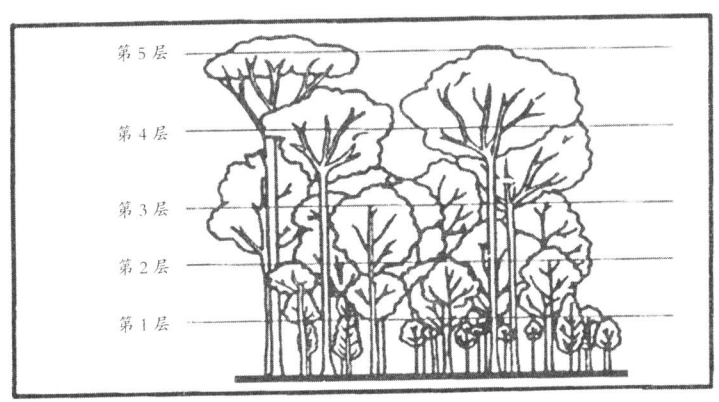

▲ **热带雨林的五层植物**

也不容易搜寻到我们的身影。

次生林

这种丛林跟热带雨林差不多，特征就是各种各样的植物非常茂密，使得照射到地面的阳光稀稀疏疏的。河岸两边、丛林边界和被人类清除掉的雨林的位置，都有可能出现次生林。这些地方如果曾经有人类生活过，接着又长期不开垦，就很容易生成一大片盘结丛生的植物。所以，我们有可能在这里发现农作物的身影。

半常绿季节性森林

如果仔细比较，我们会发现美洲、非洲的半常绿季节性森林和亚洲的季风森林的特征完全相同。归纳出来主要有以下几点：

· 都是两个树层，上面的树层平均高度通常最高为24米，最低为18米，下面的树层平均高度通常最高为13米，最低为7米。

· 树的平均直径是0.5米。

· 树叶都在干旱季节落下。

· 半常绿季节性森林分布很广，遍布南美哥伦比亚、委内瑞拉、亚马孙盆地，非洲肯尼亚的东南海岸、坦桑尼亚、莫桑比克，亚洲的印度东北部、缅甸、泰国以及印度的支那、爪哇和其他区域的海岛上。

热带灌木林

热带灌木林有以下几个主要特征：

· 有确定的干旱季节。

· 叶子都在干旱的时候从树上落下。

· 地面什么都没有，只有少许束状结构的丛生植物。一般不会有禾本科的植物。

· 大部分植物上面都挂着一根根刺。

· 火灾频繁发生。

热带灌木林通常出现在墨西哥的西海岸、尤卡坦半岛、委内瑞拉、巴西，非洲的西北海岸、非洲内陆地区，亚洲的土耳其和印度。这些丛林干旱的时候，可以吃的植物非常少。但是一到下雨的季节，可以吃的植物到处都是。

热带稀树大草原

热带稀树大草原有以下几个特征：

· 只有南美和非洲才会有。

· 整体看上去非常茂盛浓密，就像一望无际的牧场，中间长着大树。

· 大部分是红色的土壤。

· 一些像苹果树一样既不高大又不光滑的树散乱地长在这片丛林里。也有的树是棕榈树。

这种丛林都是出现在南美洲委内瑞拉、巴西、圭亚那，非洲的撒哈拉南部（喀麦隆、加蓬和苏丹）、贝宁、多哥、尼日利亚、刚果共和国东北部、乌干达北部，肯尼亚西部、马拉维、坦桑尼亚、津巴布韦南部、莫桑比克以及马达加斯加西部。

盐水沼泽

海岸附近的区域比较潮湿，更容易形成盐水沼泽。这里有很多茂盛的红树林。这种树最高可以长到 12 米。不过它的根错综复杂地盘旋交错，让人在树林里行走的时候很不方便。在这里人很难看清远处的东西，所以走路得小心翼翼。如果是沟渠形成的溪流，我们就可以乘坐木筏，然而其他情况下都只能走路。

盐水沼泽分布在西非、马达加斯加、马来西亚、太平洋岛、中美洲、南美洲以及印度恒河河口处等地区。其中奥里诺科河和亚马孙河的河口、圭亚那河的沼泽是由湿度很大的泥土和少叶木构成。这种沼泽在涨潮、退潮的时候，水位差可以达到 12 米。

这种沼泽比较危险，随时会有水蛭、昆虫、鳄鱼和凯门鳄出现。我们最好避开这些会威胁到我们生命的动物。

能选择的话，就不要经过盐水沼泽这种类型的丛林。当我们在盐水沼泽发现有水道的时候，赶紧乘坐木筏离开这个危险的地方。

淡水沼泽

淡水沼泽的分布区域在内陆低地。这种丛林的特征是里面都是一片片低矮的植物、芦苇、草以及很矮的棕榈树。这些植物让我们看不清远方，所以行动也很不方便。淡水沼泽还有个特点，即会围绕着一些小岛，使得我们可以登陆上岸。这里的野生动物种类也非常丰富。

穿越丛林

如果我们想要从矮小的树丛以及丛林中间安全地走出来，最好先通过训练。进入丛林前，为了躲避一些植物的伤害，要穿上长袖衣物做好保护措施。在这种环境生存，你必须练就"从林眼"。"丛林眼"是指一个人除了看着近在眼前的灌木丛和树，还要注意远方的动静和植物与植物之间的空隙有没有藏着危险。拥有这样的"丛林眼"的人才能在丛林里面如履平地，轻松自在。看丛林的时候要学会看透，不仅仅是看面前的一切。时不时要蹲下来贴着地表看向远方。这个方法可以让你发现动物的足迹，跟着动物走会更容易一点。

走路的时候，走慢点、稳点，随时警惕着周围的环境。时不时停下我们的脚步，注意周围的动静，然后调整已经僵硬的姿势。为了节省力气，用弯刀砍掉挡路的生长过于茂盛的植物。我们还可以带上手杖，用手杖开路，一些咬人的蚂蚁、

预测天气状况并准备好相应的行装是在丛林环境下合理着装的秘诀。

蜘蛛和蛇就会被惊吓到，然后迅速离开。灌木丛和蔓藤有很多刺，所以我们爬上山坡等地方的时候，别用手抓它们，否则很容易被刺伤。

跟着丛林和森林里面生长的动物的足迹走，很容易找到猎物。这些足迹可能凌乱不堪，不过大多数情况下都可以带着我们走到有水源的位置或者一片开阔的土地。问问我们自己，我们是否想寻找这些位置，如果答案是"是"，那么，就跟着这些足迹向前走。

在一些国家人烟稀少的丛林里，距离边缘几千米的位置也已经装上了电线和电话线。这些线路一般都是很清楚地可以看到的，我们可以沿着线大胆向前走。不过注意别触到变压器和中继站。如果这个地区属于敌方，敌方守在放着变压器和中继站的地方的概率很大。

穿越丛林和生长茂盛的树林，随时警惕周围的一切。我们会用到下面的几个建议：

· 精确定位出发的位置，制订好可靠的路线通往安全的目的地。手上最好有指南针，没有的话，就学会其他能确定方向的办法。

· 水和设备等必须随身携带。

· 可以曲折前进，不过方向要明确，确定好前进的方向，不要改变。尽量躲开阻挡我们前进的东西。如果这个地区是敌方的地盘，学会躲在天然的东西后面，挡住自己的身影。

· 走在丛林间，步伐要慢和稳。冲撞得太快只会更容易受伤。转动肩膀，扭扭臀部，弯弯腰，尽量选择最适合的步幅在不同的植物中间前进。

紧急事项

在丛林间，如果我们被茂密的植物给掩盖了，这时候不可能像在其他环境一样，随时有人来救援。

当我们乘坐的飞机出事了，我们离开飞机之前，记得拿上几样非常重要的东西，它们分别是弯刀、指南针、急救包以及降落伞。如果不拿降落伞,也可以拿一些可以打地铺的东西。

热带中的暴雨、阳光和昆虫都是要远离的。特别要避开蚊子和其他昆虫,不要被它们咬到,因为蚊子容易携带疟疾,会危及生命。

先确定好路线图,再离开飞机出事的地方。一定要看指南针,不要迷失方向。

小伤在炎热的区域也会迅速发展成重感染。所以再小的伤口也要及时处理。

取水方式

热带地区水很多,却也不是随处可见。而且即使我们找到了,这水也不是一定能喝。水的来源一般是蔓藤、树根、棕榈树和凝结水。跟在动物后面大多数情况下也能找到水源。如果找到的小溪或者河流的水看起来非常脏,那么就在离岸边一米左右的沙地里挖一个洞,就可以得到干净的水。因为不一会儿,水就会渗透到这个洞里。不过,这水还得经过过滤、消毒等才可以放心饮用。

动物——标志着水

大多数情况下,动物都能帮助我们找到水源,因为它们也要喝水。特别是像鹿这种食草的动物,都是在水边活动,每天早晚都要喝水。如果看到密密麻麻的动物的脚印,沿着它们走也能找到水。不过,如果这个动物脚印是肉食动物的脚印,找到水的可能性就不大。因为肉食动物不太需要喝水,它们可以通过食物来补充身体水分。

在图中这样的小溪流中能够找到水,但是一定要检查是否有明显的污染物以确定其是否可以饮用。

有时候，跟着鸟也能找到水。吃谷类的鸟，例如雀、鸽子等都不会离开水源太远。这种鸟也是每天早晚都要喝水。如果看到这种鸟在低空直线飞行，那么就可以知道它们在往水边飞。相反，喝完水之后，它们飞行就会经常性地停歇，飞一棵树的距离就要停一次。

跟着昆虫，特别是跟着蜜蜂，是寻找水源的最好方法。蜜蜂不会远离自己的巢穴6000米以上。而在蜜蜂的巢穴附近，往往会有水。蚂蚁也是没法离开水的。如果看到蚂蚁排着长长的队伍往树上爬，肯定就是想爬到树洼里的小水洼。无论当地多么的干旱，这个水洼也肯定会出现。绝大部分的苍蝇，特别是欧洲梅森苍蝇，正常情况下不会离开水源超过100米。我们在苍蝇身上看到绿色的话，就可以确定这是可以带领我们寻找水源的苍蝇。

如果发现人的脚印，就很容易找到水井、水坑等。在水井、水坑上面通常有一块木头或者石盖来防止水分蒸发。使用过后，记得换上新的。

水——在植物里面取水

在丛林里，每个区域都是不一样的，都会遇上不同的植物类型。在蔓藤、树根和棕榈等植物体内可以找到水。

蔓藤。看到新枝或者蔓藤的树皮非常粗糙并且粗达5厘米就意味着能找到暂时活命的水了。不是所有蔓藤植物都含水，所以我们必须了解哪些才是有水的蔓藤。有一些蔓藤含有的液体是有毒的。有毒的液体一般呈现牛奶般的黏状。无毒的液体都是清澈透明的。还有一些蔓藤跟人体碰触就会引起人皮肤过敏。吸取蔓藤的汁液时，直接倒到嘴里，不要凑上去用嘴吸。最好的办法是先把液体放进一个容器里面。

根。澳大利亚的水树、沙漠橡树和红木等树的根都很接近地面。挖一点点泥土，就可以把根挖起来，然后切成30厘米左右的长条。我们可以剥下树皮，直接吸取树根的汁液，也可以先削成

从很多树木的果实中也能获得水分，即使未成熟的椰子里面也含有大量的可饮用的水。

仙人掌长有大量的刺，但是它们的肉质里含有大量的水分。

薄薄的片状物，然后再挤出里面的汁液来吸取。

棕榈树。婆里椰、椰子和尼巴棕榈的汁液都是比较甜的，很好喝。想要得到这种汁液，先选择好已经开花的树干，用力扯下来，然后砍断顶端的位置。这种汁液很丰富，一天平均切两片小小的薄片，就能够得到大概 1 升的水。尼巴棕榈的嫩芽液体也很丰富，只要你挖开地面就能得到它。如果树已经长大了，那么我们只能爬到树上才能得到开花的树干的汁液。椰子的水分特别丰富，不过喝多了容易引起腹泻。假如出现了腹泻，那么就得不偿失了，因为腹泻导致的水分流失远比补充到的水多。

水——凝结水

挖植物根部可以得到水，不过比较浪费力气。而取得植物的凝结水相对来说就简单多了。一个方法是找一个干净的塑料袋子，绑在有绿叶的树干上，树叶上的水分蒸发后液化成液体，然后流进袋子里。另一个方法就是先切好一段植物，直接放进一个干净的塑料袋里面，也是可以得到凝结的水。

第六章

野外的天气观测

第一节 冷锋与暖流

了解冷锋

几乎所有天气的变化都是由气流的互相作用而引起的。冷锋就是其中的一种。

某一个地方,其主要被温暖潮湿的空气团占据,而远古寒冷密集的空气团不断向此逼近。当冷气团与暖气团相遇的一刻,冷气团占据了

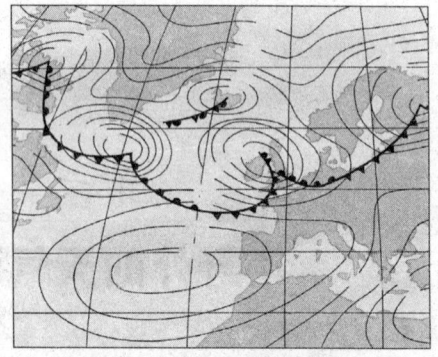

低气压地区在气象图上以密集的等压线构成的同心圆表示,常常与冷锋或者暖锋关联。

上风,所以就形成了冷锋,如果情况相反,则形成暖锋。

相比暖锋,冷锋的移动速度更快一些,一般是每小时40~48千米。曾有记录表明,冷锋的速度还曾达到过每小时96千米。因为冷锋中的空气很密集,所以会压得很沉,非常靠近地面,而此时被它驱赶的不太密集的空气则不断上升。空气在快速上升的过程中,温度也会随之迅速降低,云也就因此产生了。

冷锋到来产生的云是卷云、积云或是积雨云。因为云团凝结聚集的速度非常快,所以冷锋过境的时候,一般都伴随着阴天和阵雨。

冷锋的降临除了引起阵雨,还会有很多与之相衬的天气状况发生,例如打雷、闪电甚至冰雹。并且冷锋过境时,风向都是不确定的,大气压力、温度、露点、能见度都会快速降低。

了解暖流

从低纬度地带流向高纬度地带的洋流,被称作为暖流。相比暖流流经的区域,暖流的水温比较高。

暖流中蕴含着巨大的能量,这些能量对气候有一定的影响。暖流流经的地区,泥土的湿度会增加,气温也会上升。这些对生物的生长有很大的促进作用。

湾流

世界上的第一大海洋暖流就是湾流。下面介绍的就是著名的墨西哥湾流。

墨西哥湾流绝大部分是来自于加勒比海,也有部分是来自于墨西哥湾。在大西洋西部,南、北赤道流经汇合,然后流进加勒比海,流过尤卡坦海峡之后,这股海流中的一小部分会流进墨西哥湾,接着沿着墨西哥湾的海岸流动,而大部分则急转,从美国的佛罗里达海峡向东流进大西洋。这股流进大西洋的湾流首先向

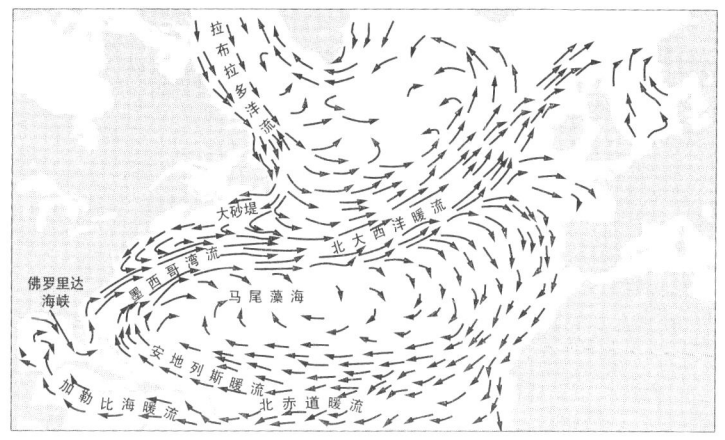

墨西哥湾暖流

海水温度高于所流经海区水温的洋流称为暖流。它对所流经地区有明显的增温增湿作用。墨西哥湾流是沿着北大西洋周围运动的一种顺时针式的表层流。它从佛罗里达海峡流到拉布拉多外海大砂堤海域。

北流去，然后急转向东北方向，它的流速每秒2.05米，厚度可达200～500米，它横跨大西洋，向西北欧的外海流去，直到流进北冰洋水域，整个过程输送的水量要比黑潮大一倍半。

湾流中蕴含及散发的能量是相当巨大的，它比世界每年由燃煤提供的热量还要多。也正因为如此，在英吉利海峡两岸的土地感受到的温度相当于每米燃烧6万吨煤所散发的热量。与处于同纬度的加拿大东岸相比，加拿大东部地区的年平均气温只有零下10℃，而西北欧地区的平均气温能达到零上10℃。

黑潮

世界海洋中的第二大暖流便是黑潮。黑潮的得名是因为是其海水看上去颜色较深，近靛青。实际上，它本身的水色比较清白，但是因为海水较深，水分子折射的光再经散射，以及水下海藻等生物的作用等等，使得整个海水看上去颜色很深。

黑潮的总行程可达6000千米，它发源于北赤道，流经菲律宾，然后沿台湾东部流进东海，接着经琉球群岛，剩余的海流流过日本列岛南部，最终流进东经142°、北纬35°附近的海域。在琉球群岛，有一条分支流向中国黄海和渤海湾，正是受这股暖流的影响，渤海湾的秦皇岛港才会在冬季也不封冻。它的主干一直向东可到东经160°，还有一支先向东北与亲潮汇合，之后转向东方流去。

夏季，黑潮的表层水温可达30℃；冬季，其表层水温至少在20℃。作为一支强大的海流，整个黑潮的径流量相当于1000条长江。黑潮在日本外海的流速最快，一般情况下可达到4节（1节=1.825千米/小时），并不比人步行的速度慢，最快的时候可达6～7节，甚至比普通机帆船的速度还快。黑潮在台湾东部厚达500米，流宽280千米，流速为1～1.5节；在入海之后，厚度增加到600米，速度加快到2.5节，流宽减少150千米。

海洋中蕴含着巨大的能量，它通过能量的散发和传递，不断地影响气候与天气。

第二节 台风来袭前的天气变化

台风的基本介绍

台风,是一种猛烈的风暴,它发生在太平洋的西北部和南海一带的热带海洋上。简单来说,台风是一种绕着其中心急速旋转又在大气中向前移动的空气涡旋。

台风,通常在夏季出现,尤其是在夏末的时候。船只在这个时间段出行的时候,要特别小心,避开台风高发的海域地带。目前各国都专门设立了相关的专业机构,对台风进行监控和跟踪,

气象云图展示的飓风风眼

当船只在海上接到警报信号的时候,应该立即离开台风可能经过的海域。如果台风会经过港口,那么航行船只最好不要立即返航,而是要驶向较为风平浪静的海域。

在台风过后,还需要保持谨慎,继续等待几个小时,因为有可能会有相反的方向的台风袭来。

在大西洋、东太平洋以及加勒比海和墨西哥湾等地区,台风被称为飓风,在孟加拉湾和印度洋海域的台风被称热带风暴,在澳大利亚的台风被称热带气旋,而只有在南海一带,以及西北太平洋的台风被称为台风。

台风出现前的征兆

台风的速度虽然非常快,但是并不是没有任何出现前的征兆。我们身在野外,想要提前做好抵御台风的准备,就要知道台风到来前的征兆。下面介绍几种台风到来前易于观察的天气变化特征。

1. 海上风浪突起,并伴有长浪。

夏天的时候,海面上一般都是很平静的,风力不是很大,人会感到比较轻松、惬意。台风到来之前,情况就会突变,海上会突然刮起大风,海浪十分汹涌、可怕,并且海浪的特征是狭长的浪潮。

2. 能见度突然转好。

若是某一段时间能见度不太好,但在台风登陆前的2～3天内,能见度会突然就好起来。本来观测距离只有10米,却突然变成了50米。所以,通过能见度这项指标也可以预测台风。

云随时都会改变形状,有些大似惊涛,有些薄如羽毛。风会改变云的形状,常使头顶的天空变幻莫测。

3. 出现高云。

我们都知道云是分几种类型的。对于台风来说,它的最外层是卷云,台风到来,最先也就是卷云的到来,卷云初形成的样子呈白色絮状,或是马尾形状,一般都是在高空中。随着气流加大,云层才越聚集越多,变成成熟的卷层云。

第三节　山中气候的特征

山风的特征

野外活动中，了解风向的变化和风的作用将有助于预测天气情况。因为风向的变化预示着天气的变化。从风的类型上来看，在山区周围主要有上坡风、下坡风、峡谷风和旋风。

上坡风

上坡风一般吹向山涧和峡谷。大多出现在日出后 30 分钟左右，并且最大风速出现在正午，此时的地面吸收到太阳能量达到最大值。从形成的原因来看，夜间的冷空气向下坡倾斜，白天暖空气向上爬升，冷暖空气交叉而引起山地温度变化而形成上坡风。通常南坡吸收到的太阳能量较多，因此上坡风较强。

下坡风

下坡风常常出现在冰川上，所以也被叫作"冰川风"。由于冰川的表面温度往往低于冰川上面的空气温度，并且不受昼夜变化的影响，所以风向是从下坡刮起。但是，受冰川范围的影响，在冰川向斜坡伸展的末尾也会出现上坡风的情况。

峡谷风

峡谷风受地形的控制，主要出现在有缺口的斜坡表面，且处于半封闭式的山谷附近，属于上坡风与下坡风的混合体。由于日光的照射和温度的差异，峡谷风中午时多出现上坡风，到夜间则转为下坡风。

峡谷风风力最强的时候一般在日出之前，而风力最弱的时候，则一般在正午前后。因此在山区中的行动，宜在早上到黄昏前的时段。

旋风

每当地形有显著变化而四周的风力很强时，就会产生旋风。旋风也是山区常见的风，通常情况下，旋风在背风坡形成，且具有瞬时性的特征。

山区白天由于受到阳光照射，空气变热、变轻，产生上升气流，所以吹上坡风；夜晚时空变冷、变重，成为下降气流，所以吹下坡风。如果发现这个现象改变，也就表示天气将有所变化。

但是，需要注意的是，在海拔 3000 米以上的高山，受到偏西风的影响，山上常年吹着强劲的西风，冬天风速更会加强 2～3 倍。如果低气压接近，风势也会受到影响。而在海拔较低的山区，受到地形等因素影响，会产生所谓山中气象。山区的天气通常比天气预报提早变坏、延迟变好。所以风向的变化只能作为判断天气变化的一个方面。

山中云雾的特征

云雾是一种自然形象，它是温度较高的水汽跟冷空气相遇然后凝结起来，成为飘浮在空中的小水滴，能见度较低。云雾形成的原因有两个，分别是丰富的水蒸气和温度的降低。

植被生长茂盛的山里往往容易形成云雾。因为假如山里的植被生长状况良好，那么这里吸收的水蒸气就会比较多，如果刚好这里的空气又不怎么流通，水蒸气都飘浮在空气中，没法散去，那就有了形成云雾的前提条件。植被多的地方，由于要进行光合作用，所以需要的太阳能也多。太阳能很大一部分被用于光合作用之后，这里的空气温度就会相对低一点，水蒸气在这种情况下很快就饱和了。如果这时候温度突然降低，水蒸气就会液化，成为小水滴飘浮在空中，这就是我们看到的云雾。

平流雾

雾和薄雾常常在河面或海面形成。在寒冷的清晨,从河面或海面蒸发的水汽会凝结形成薄雾。有时暖空气吹过寒冷的海面或河面,便会生成一种称作平流雾的雾,这种雾紧贴水面,夹在海面和暖空气之间。如果周围地势低平,平流雾就会沿地面推进。

在不同的季节或者不同的地域,地面每天达到最高温和最低温的时间会有点区别。一般来说,夏天的时候,地面受到太阳的照射,不断吸收太阳能,下午2点之后的某个时间点地面的温度往往会达到最高值,这时候山中的水蒸气温度都较高。12点之后,太阳就开始不再是直射,慢慢地偏离,越来越远,凌晨2点地面的温度是一天中最低的,这时候水蒸气在上升的过程中遇到相对低温的空气,就很容易形成云雾。所以植被多的山里更容易形成云雾,尤其是在夏季。

第四节 传统预测天气的方法

依天候变化预测天气

在长时间的晴朗之后,如果遇到大雾天气,这就说明有暖湿空气移动过来,空气变得比较潮湿,不久之后将会有阴天下雨的情况发生;相反,如果在较长时间的阴沉天气后迎来一场大雾天气,这就预示着好天气就在不久之后。

如果月亮周围有光晕,说明此时的空气比较潮湿,空气中有凝结的冰晶,月光通过这些冰晶的折射,最终形成月亮周围的环。夜晚的时候,如果月亮的颜色发青或者发红,这就说明第二天会有雷雨。在月亮的周围,如果存在由白云聚成的圆光或者月晕,就说明第二天是大风天气。

日落的时候,空气比较干燥,水分较少,这种情况下,其后的两个小时内一般不会下大雨或者大雪。如果天空中朝霞通红,通常意味着一场暴风雨即将来临。如果天空是灰色的,预示着雨水天气的降临,因为当水汽与灰尘混杂在一起的时候,很容易产

野外探险的时候,即便你不负责导航工作,仍应该尽量注意日出和日落的大致方向。

生降水。

日环和月环可以准确地预报天气情况。如果发现日环变大,这说明天气会很晴朗,因为日环大意味着水蒸气正在蒸发,天空的蓝色会更加的清澈。相反,如果日环缩小,则意味着天要下雨。

如果午后的太阳闪烁着绿光,这预示着天气较为晴朗,至少在24小时之内,天气是晴朗的。

如果天空中都是那种薄薄的云层,这说明天气较好;如果出现那种厚而低的云层,说明阴天、雨雪天气将要来临。

在冬季,在面对着海岸的时候听到雷鸣,并且西北季风吹来,就预示着大雨天气的到来。

在春天,如果吹的是南风,很容易引起雪崩。因为春天的南风是因为海上的低气压导致的。

在天气较为晴朗的时候,白天与夜晚的温差变化比较大,水蒸气遇到冷空气会结成冰霜或者凝结成露水,所以一般情况下,晚上越冷,第二天的天气越好。

钩卷云,俗称钩钩云,通常在暖锋面和低气压之前出现。如果出现钩卷云,这就证明雨天将要来临。不过,如果在冬天,或者在雨季,若是出现钩钩云,那么将会迎来连续的霜冻或者晴天。

鲤鱼斑,即那种透光高积云的气团性质较为稳定。一旦到了晚上,如果遇到气流下沉,云体快速消散的话,第二天一定是个好天气。不过,如果那种鱼鳞似的云彩较为细小,这种云彩则是卷积云。卷积云大多数发生在低压槽前或台风外围,也就是预示着近期可能会出现刮风天气或者雨水天气。

观察低压区里的低云,也可以作为判断天气情况的依据。因为低压是自西南向东北移动,如果低云

压得很低的黑色雨云表明大雨或者大雪将要到来。

向西方移动,则说明该地区是位于低压地区的前部,本地区将会因为低压而产生降雨;如果低云向东方移动,则说明低压已经从此地区转移,本地区位于低压的后部区域,也就说天气将会转晴,不过转晴之前,通常会迎来一阵大风天气。

当天空中出现黄云,即黄色的云气体或黄尘,多预示着降雨和冰雹的来临。因为黄云的产生是暖湿空气强烈上升所致。

早上,观望东南方向的云层,如果是黑压压的云团,则预示着雨天的来临。因为早上是暖湿的东南风,相比本地的温度,这种东南风的温度较高,所以出现上冷下热的情况,水汽上升,容易形成云团,加之白天地表受热,使得空气产生对流而上升,从而促使云层抬高,水汽遇到低温而凝结成水珠,因此,大风天气或者雨水天气便如期而至。

在春季的时候,如果从北方移来强冷空气,那么将要出现大风天气。如果在大风过后,仍有持续不断的小股冷空气不断来袭,那么可能还要再刮个两三天的风。

在刮风的天气里,在大风一直朝着一定的方向前行的时候,如果突然出现方向的转变,就说明有锋面过境,那么风暴就会随即到来。

天气变差的几个征兆:

半山谷的云雾上升。

雾气消散后,能见度突然转好。

风向突变,风力逐渐增大,并出现乌云。

云团行进较快,同时逐渐增多。

早晨的时候大雾布满山谷,一整天都不消散。

在黎明的前夕,星星的光辉闪烁不定。

夜晚的气温升高,伴有闷热的感觉。

在早上,天空中出现绢云,稍后黑云增多,同时缓缓下沉。

白天的时候,风从山顶吹向山谷;夜晚的时候,风从山谷吹向山顶。

白天在太阳周围发现大晕圈，晚上在月亮周围发现小晕。

根据动物的活动预测天气

在野外，缺乏专业测量器材的情况下，想要知道之后的天气是否有变，最有效的方法就是观察动物的活动。大自然中的生物大多数情况下对环境的变化比我们人类更敏感。

如果看到燕子等以昆虫为食的鸟类在低空盘旋，那很有可能不久之后会下雨。因为在下雨之前，空气中水汽增多，湿度增加，昆虫们纷纷出来活动，但它们难以飞到高空，大多靠近地面。而燕子们为了捕食，也跟在低空飞行。不过到了天空放晴的时候，它们又会重新在高空翱翔了。

在北方的秋冬季节很难看到燕子，可以观察最普遍的鸟类——麻雀。如果发现麻雀飞来飞去，不停地忙着囤积粮草的话，这通常预示着最近几天要下雪。如果发现麻雀停在浅滩洗澡，通常预示着未来一两天要下雨。因为在下雨前，空气湿度大，麻雀易感到周身发痒。如果不是一只麻雀，而是一大群麻雀都在洗澡的话，那就是要下暴雨了。如果麻雀在清晨叫个不停，说明今天是个好天气。因为晴朗时天亮得比较早。

如果半夜听到杜鹃鸟"布谷、布谷"地叫个不停，预示着第二天是个晴朗的日子。同样，如果杜鹃鸟在阴雨天气鸣叫，通常意味着天气即将转晴。

在夏季日出、日落前后，看到猫头鹰在树上不安分地跳跃，并发出低鸣，表示第二天可能是阴雨天气。

如果你附近有青蛙栖息的水塘的话，观察它的活动来辨别

猫头鹰叼着猎物回到巢穴中。猫头鹰主要以老鼠、野鼠、幼鼠和大的昆虫为食。

天气应当是最准确的。青蛙的皮肤对空气湿度非常敏感，并且它喜欢生活在比较潮湿的地方。所以当空气中湿度增加、水汽凝结，足够保持它皮肤的水润时，它就会跳出水塘，并且叫得比平时更激烈。相反，当天气晴朗，空气相对干燥，水汽不足时，为了防止身体的水分蒸发，它只能一直躲在水里。如果在野外，你在岸上发现了青蛙，那一定要做好下雨的准备。

如果在树林中发现蜘蛛网，也可以通过观察蜘蛛网来获取有关天气的信息。早晨发现蜘蛛网上凝结有水滴，代表这一天将天气晴朗。因为白天是晴天，昼夜温差比阴雨天时更大，更容易遇冷凝结成水滴。如果蜘蛛在早晨忙着织网，也代表这一天是好天气。原因很简单，因为蜘蛛从不在雨天织网。

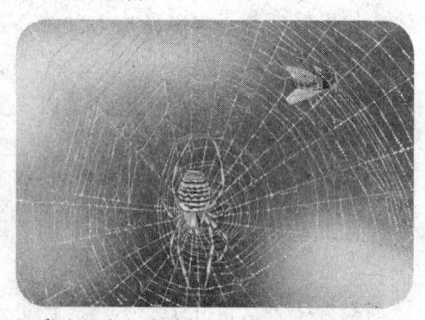
蜘蛛的行为也是判断天气好坏的一个重要标志，蜘蛛早上忙着织网，预示着有好天气。

如果看到地上蚂蚁成群结队忙着搬家和修筑防道，蚯蚓纷纷从地下冒出来，蜻蜓和各种蚊虫在空中乱飞，河水冒泡，发出一股厚重的淤泥的腥味，水底长出苔藓，这些都说明大雨将至。

在雨中，如果蝉仍在树上持续不断地鸣叫，这说明不久天空就会放晴。

如果在郊外遇到羊群，若羊不愿出来活动，只愿意待在棚内，则很有可能马上要下雨，而如果羊群高高兴兴地到山坡上吃草，则表明天气一定很好。

根据植物的变化预测天气

植物的表现和变化有时候也可以作为判断天气变化的依据。

在夏季的早上，如果发现南瓜藤的顶端朝上，这就意味着晴朗的天气可能转变成雨天。相反，如果在阴雨的天气里，南瓜藤的顶端大部分朝下，那么这就预示着好天气即将来临。因为在通常情况下，南瓜藤的顶端都是向下面延伸生长的。

在夏季，柳叶的颜色变白，说明阴雨天气即将来临。事实上，柳叶的颜色并非真的变成白色，而是在阴雨天气里，柳树的叶子会反转过来，而其叶子的背面是浅绿色，并带有一层白霜，所以，看起来比较像白色。

对于含羞草，如果被碰之后，很快地合拢叶子，并下垂，然后很长一段时间之后才恢复原状，这就说明天气很晴朗。相反，叶子被触摸之后收缩迟钝、下垂缓慢，或者叶子稍微闭合一下之后就张开，这就说明风雨天气将要到来。

如果茉莉花（胭脂花）在天亮开花以后迅速凋谢，则证明当天的天气晴朗；如果花朵凋谢的时间较晚，那么就意味着当天是一个阴雨的天气。

野茼是一种极其耐寒的菊科野生植物。如果干旱的天气里，野茼的根部长出很多白色的幼嫩小芽，那么雨天就会不远了。

在夏季，常绿乔木女贞如果只落叶，却几乎不怎么长叶子，那么就意味着接下来的2～3个月将会迎来一场秋季连阴雨的天气。因为女贞在夏季正常的生长态势是叶子随着掉落会再生长出来。

有几种植物可以成为预测天气变化的依据。比如，樱花向下垂的话预示着午前会下雨；如果看到蒲公英开花，意味着天气晴朗，反之，就会下雨；合欢的叶子打开，预示着天气晴朗，叶子闭合就说明会下雨。因为当低气压临近的时候，空气湿度改变。另外，葫芦花如果一整天都是开花状态，那么第二天天气会变差。因为阴天的时候，白天的光线比较弱。或者，将银杏皮放在木板上，如果它变得弯曲，就表示好天气将要来临。这主要是因为天气干燥的原因。还有，苜蓿的叶子张开就表示天气会转晴等等。

以周围物品的变化预测天气

通过对烟火的观察可以判断天气的变化。如果发现烟囱不往外排烟,这就说明即将到来的是阴雨天。因为当草木燃烧的时候,会释放出一种名叫二氧化硫的气体,当它与空气中的水分子相遇,就会产生反应,凝结成液滴,飘浮在空中,因此,烟尘的重量就加大了,不容易上升。如果看到从烟囱冒出的烟火呈慢慢升腾的趋势,那么证明天气不会出现过大的变化。如果烟火忽上忽下、闪烁不定,那么这就预示着暴风雨天气即将来临。

此外,还有几种办法可以对天气情况做出判断。如果石头变得比较潮湿,那么表示天气会转差,因为当低气压来临的时候,空气湿度会增加。如果吃饭的时候碗里的米粒可以扒得很干净,就预示着雨天;反之,就会迎来晴天。因为低气压接近的时候,空气的湿度也会随之有所变化。头发容易翘起,说明雨天的来临,因为头发对空气的干湿度很敏感。观望远方的山,如果很清楚,就说明天气晴朗。如果伤口出现疼痛,说明第二天天气晴朗;但是如果冻伤处疼痛,则说明即将到来的是雨天。

第七章
危险、药用及可食动植物

第一节　危险的动物

昆虫和节肢动物

除了蜈蚣和倍足纲节动物，其他的昆虫是六足，节肢动物则是四足。这些动物在很多时候也会成为有害昆虫，需要你及时躲避它们的叮咬。有些昆虫叮咬后很久之后才会出现发病的症状。尽管如此，在所有情况下，你都需要预防和躲避。为了防止蜘蛛和蝎子等昆虫的叮咬，最好是每天都检查你的衣物用品，尤其是你的床铺或其他避身所的角落之处，因为这些地方很容易匿藏昆虫。翻动长期不移动的石头或其他堆积物品时，更要谨慎，有些爬行速度快的昆虫，可能会瞬间袭击你。

蝎子

种类繁多，大概800多种，大部分的蝎子都是晚间活动，它们的活跃范围非常广，地球上的沙漠、丛林、温带地区和亚热带、热带雨林都有它们的踪迹。有一种沙漠蝎子不管在安第斯山脉还是在死亡大峡谷都有存在，而死亡大峡谷低于海平面，安第斯山则高达3600米。

大部分存在于潮湿地带的蝎子都是棕色或黑色，而沙漠地区的蝎子则呈现绿色或嫩绿色。除却个别特殊品种外，它们的平均体型都在2.5厘米左右。也有一种巨型蝎身长能达到20厘米，但基本上只会出现在美洲中部、

▲ 蝎子

新几内亚和非洲南部的丛林地区。蝎子也比较容易叮咬人，但是除了儿童、老人、过敏者和病人之外，鲜有致命现象。蝎子有一个直立的肢节尾巴，顶端带有小刺，和小龙虾有点相似。有的蝎子是无害的，如鞭尾蝎和醋蝎，它们和其他蝎子的区别在于尾端像线或鞭子，没有肢节尾巴和刺。

注意：蝎子的尾巴能把人蜇伤，被蜇的部位会出现疼痛与肿胀，严重者甚至会昏迷、死亡。

蜘蛛

蜘蛛都比较善于隐藏自己，大部分都待在阴暗处。活跃于美洲的棕色隐士蜘蛛和小提琴蜘蛛可以通过其背部小提琴形状的花纹迅速识别。它们身体短而粗，但腿较细，长约 2.5～4 厘米。被它们叮咬虽然不会致命，但是却能够导致叮咬区域周围的皮肤坏死溃烂，如果不及时进行治疗和清除毒素，甚至能导致截肢。

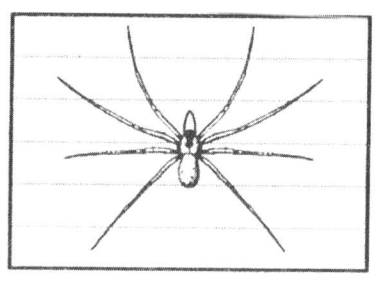
▲ 隐士蜘蛛

寡妇蜘蛛在各种丛林中也都有出没，常见的是活跃于北美的黑寡妇蜘蛛。温带丛林中的寡妇蜘蛛体型稍小，腹部斑点是红、白、橙色，呈漏斗状。

▲ 寡妇蜘蛛

注意：雌性的寡妇蜘蛛身体带毒腺，能分泌毒液。红寡妇蜘蛛被公认为是唯一能致人死亡的蜘蛛。

澳大利亚有一种体形短粗、短腿、表面呈灰色或棕色的漏斗网蜘蛛，因其蛛网是圆锥形而得名。这种蜘蛛具有较强的毒性，它们在夜晚到处觅食，如果不小心被叮咬，症状与被寡妇蜘蛛叮咬的症状很相似，都有强烈的痛感、出虚汗、身体颤抖痉挛、失去活动能力，症状时间可长达1周。

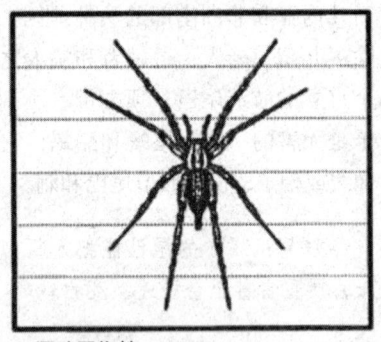
▲漏斗网蜘蛛

▲狼蛛

另有一种比较知名的蜘蛛是狼蛛，它们身体庞大，有的大如餐盘，一般颜色为棕色、红色、黑色，体表多毛，长有巨大的毒牙用于猎食老鼠、蜥蜴和鸟类等，大部分活跃在美洲的热带沙漠地区，也有一种狼蛛出现在欧洲南部。南美有一种狼蛛叮咬人体时会将毒液注入人体，但大部分的狼蛛叮咬只会导致单纯的体表疼痛或者流血，只要及时进行处理，一般不会出现感染。

蜈蚣和倍足纲节动物

除了热带和沙漠地区有长达25厘米的品种之外，它们大多数体型比较小，身体由很多节构成，颜色一般是棕色或暗橙色。蜈蚣的眼睛长在触角的底部，呈黑点状，种类繁多，据统计，大约有2800个品种。蜈蚣是夜间活动的动物，白天躲在阴暗的角落，

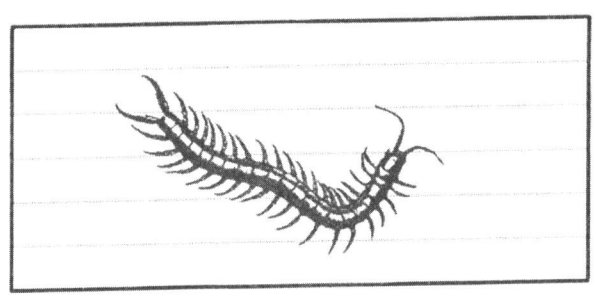

▲ 蜈蚣

如瓦砾或石头下面。只有少数叮咬有毒，大部分无毒。被蜈蚣和倍足纲节动物叮咬，一定要处理好的是感染问题，因为它们锋利的爪子在刺穿皮肤时很容易导致皮肤感染。一般来讲，一旦被它们叮咬，要顺着它们叮咬的方向将其拉下去。

蜜蜂、黄蜂和大黄蜂

蜂这类昆虫的种类非常多，生活习性也存在很大的差异。黄蜂和大黄蜂体表无毛，但蜜蜂一般在体表有浓密的绒毛。大部分蜜蜂是群居，有些是野生，生活在野外的树洞或洞穴中，有些是人工饲养。当然也有些蜂是独居在木头缝隙中，或者是地表的小洞穴中，如熊蜂和大黄蜂。蜜蜂主要是依靠腹部的刺来攻击人，在蜇伤人的时候，它将深藏于腹部的刺和毒液从腹中拉出，这也导致其自

▲ 蜜蜂

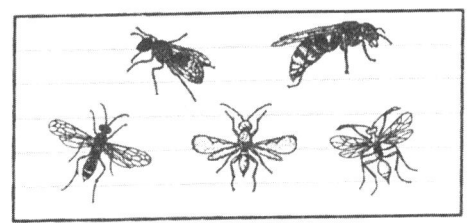

▲ 黄蜂

身死亡。大多数蜂的刺比较光滑并能够反复进行攻击，比如黄蜂、大黄蜂和胡蜂，当然杀人蜜蜂除外。

防止蜂类昆虫蜇伤的最佳选择是躲避。在野外生存中采摘花果时一定要谨慎，远离蜜蜂可能觅食的区域，在清洗各种野味时也要提防可能来觅食的蜜蜂。大多数人被蜜蜂蜇后反应并不是很强烈，有时候会出现疼痛和头疼，但数小时后即可痊愈。某些对蜜蜂毒液过敏的人则不同，如果他们没有准备抗组胺剂或其他的处理药物，很有可能会出现过敏性休克、深度昏迷，甚至死亡。

注意：有一种不能飞的黄蜂，是活跃于美国南部的蚁蜂，其体表似天鹅绒，呈现红黑交替的条纹状。

扁虱

扁虱整个身体是圆形的，头部呈别针状，身体长约2.5厘米，一共有八条腿。它们在温带地区和热带地区经常可见，生活在草木茂盛的地区。它们需要在其他动物身体上寄居，靠其他动物的血液来维持生存和繁殖，嘴巴呈尖刺状。它们在寄居过程

▲ 扁虱

中很可能会传染很多种疾病，比如莱姆关节炎、洛基山斑疹热或其他多种疾病。一旦感染这些疾病，基本上没有什么方法可以治愈。但幸运的是，扁虱在寄主身体上寄居6个小时后才会传播各种疾病。那么此期间，你可以每6个小时，进行全方位细致检查，看你的身体表面是否存在这种小昆虫。另外，在野外生存的过程中，尤其是与浓密丛林密切接触时一定要防止扁虱顺带黏附在你的身上。清洗食用性的动物时也要注意，尽可能在野外生存中使

用驱虫剂。

水蛭的危险性

水蛭，顾名思义大部分是在水中出现，外表形似蠕虫，能够吸食人血。一般来讲，受污染的河水和其他的水源中都会有水蛭存在，湿地、潮湿的丛林和泥沼中也适合它们生存。有些淡水动物的身上也会黏着水蛭，比如龟。水蛭很善于发现小伤口继而爬进，所以最好不要在有可能出现水蛭的地方宿营。过河时也要注意扎紧裤脚，时刻检查是否有水蛭爬到身上，不给水蛭潜藏的机会。吞下或者吸入水蛭更是极其危险的，有些会导致食道或者鼻子里出现伤口，并严重感染。

蝙蝠的危险性

很多传说中都提到吸血蝙蝠，说它对人造成非常大的威胁，但实际上这种吸血蝙蝠仅仅存在于美洲的中部和南部地区。大部分蝙蝠对人体的威胁是很小的。蝙蝠体形小，行动十分敏捷，吸血蝙蝠会将睡着的动物咬死，再吸食这些动物的血。它们的唾液中有一种抗凝血剂，在吸血时能够使血液缓缓流出，很多牛或马都是在睡觉时被吸血蝙蝠杀死的。一般来讲，蝙蝠身上都有狂犬病或者其他感染病毒，而且狂犬病的感染概率非常大。蝙蝠一旦被打扰就会咬人，所以千万不能在有蝙蝠栖居的地方宿营。而且有些蝙蝠的粪便中也

在特立尼达，一只吸血蝙蝠正从一头休息的驴身上吸血。为了更好地吸食血液，吸血蝙蝠首先要选定猎物身体的某个特殊区域，该区域的血管必须离皮肤表面很近。然后它会用舌头把该区域有保护性的毛发舔开，最后再把该处的皮肤咬开一个接近圆环状的开口，从而吸到里面的血液。

有多种致命的毒素，人一旦吸入都会有生命危险。狐蝠和其他蝙蝠有时经过彻底烹制之后，可以适量食用，不会感染疾病或病毒，但是务必要注意的是彻底烹制，否则一旦有病毒残留，后果不堪设想。

毒蛇的危险性

毒蛇对于野外宿营来说是一种致命的存在。因为要确定毒蛇的种类或者采取躲避措施，必须要对毒蛇进行细致的观察，那么就要近距离接触毒蛇，这点是非常危险的。所以你要做的就是尽可能远离它。在可能有毒蛇存在的地方，要注意以下几点安全法则：

走路的时候要谨慎，你落脚的区域中一定不能有蛇。在野外生存时，要跨过或绕过倒地的圆木，而不是踩着圆木过去。

采摘食物或在水边活动时要注意不要打扰到蛇。

千万不能逗弄和骚扰蛇。因为蛇的眼睛始终是睁开的，所以你无法判断其是否注意到你或者是否在睡觉。有些毒蛇在被惊扰时攻击力是非常强的，比如树眼镜蛇、眼镜蛇和李斑金花蛇等。

近距离接触地面上的岩石或树丛时尽量用其他工具，而不是手或者脚。

穿具有保护作用的衣服，尤其在夜晚行动时更要注意。

细致检查你的宿营地周围，确保没有毒蛇存在。

如果遇到蛇，一定要保持镇定，蛇是听不到声音的，在睡觉时被偶尔打扰，是会选择逃走的。

为了食用或者为了你的安全而杀死蛇时你一定要小心。也要注意人在睡觉中也会引来周围的蛇。

美洲	美洲铜斑蛇　李斑金花蛇　珊瑚蛇　水蝮蛇　矛头蛇　响尾蛇
欧洲	欧洲蝰蛇　灰链鞭

非洲和亚洲	非洲树蛇 眼镜蛇 加彭奎蛇 青竹丝 波布 金环蛇 马来亚蝮蛇 曼巴树蛇 猪鼻蛇 犀角蝰蛇 锁链蛇 沙蝰 锯鳞 蝰蝮蛇
澳大利亚	奎蛇 泰斑蛇 巨斑花蛇 鳗黑背海蛇

没有蛇的地区比较少,极地地区没有蛇是因为其极度恶劣的生存环境。我们平时所说的没有蛇的地区有新西兰、古巴、海地、牙买加、波多黎各、爱尔兰、波利尼西亚和夏威夷等。

蜥蜴的危险性

吉拉蜥蜴是一种危险的有较强毒性的蜥蜴,其外皮粗糙、体表颜色较深并带有桃色斑纹,一般身长35~45厘米,尾巴较厚且粗短,主要出没地点在美洲西南和墨西哥地区。除非被人攻击或者被困,否则一般不会攻击人。

蜥蜴俗称"四足蛇"属冷血爬行虫,其中部分种类危险性很强,要格外注意。

墨西哥珠蜥的体表有比较规则的斑点,而不是吉拉蜥蜴的彩色条纹,其他的外表比较相似。它们性情温和,有毒,主要存在于墨西哥、中美洲。

科莫多龙也是一种蜥蜴,其非常庞大,有3米多长。存在于印度尼西亚的科莫多龙可重达135千克以上,非常危险,千万不能去招惹它。

河流中的危险动物

在一般的野外生存中,体形庞大、在陆地上行走的危险动物比较容易躲避,但是在河流中存在的一些动物也要时刻注意。

电鳗身体颜色分为两部分,上半身多数是深灰色或者黑色,腹部以下的颜色较浅，它们常常出现在南美洲的奥里诺科河和亚马孙河流域的浅水地带，那里阳光、食物和氧气充足。它们体格比美洲鳗还要大，一般来讲身长2米、直径20厘米是非常常见的。因其自身的器官能够产生500伏特左右的电压，并能够用电击昏猎物，因此叫作电鳗。

在奥里诺科河和亚马孙河流域还存在另外一种危险动物——食人鲳，其原产地巴拉圭河内湾也有存在。在旱季的浅水中，食人鲳的危险性是致命的。它是一种身长约50厘米的危险鱼类，其体形和颜色各种各样，但总体来讲一般都会有橙色的腹部、颜色较深的背部。它们的牙齿如同白色的剪刀，非常容易辨别。在穿越有食人鲳存在的水域时一定要万分小心，因为人血很容易吸引食人鲳。

如果试图捕捉大型淡水龟，比如北美洲的蛇鳄龟和甲鱼以及南美洲的枯叶龟和其他龟，一定要十分小心谨慎。因为龟类动物在进行自卫的时候攻击性很强，会咬人，能够直接咬掉人的手指或者脚趾。

鸭嘴兽是世界上唯一能够产蛋的哺乳动物，它们仅活跃于澳大利亚水道两侧的泥岸上，非常容易识别。它们有着较长的身体，可达60厘米，体表有短毛，呈现浅灰色，有海狸一样的尾巴和鸭子一样的嘴巴。有些人认为鸭嘴兽是非常好的食物，但是它同样具有致命的危险。雄性鸭嘴兽的后脚上长有毒性很强的刺，攻击人时可造成严重的伤口。

鸭嘴兽在溪流或者池塘中觅食小的生物。鸭嘴兽的嘴触觉非常灵敏，可以用来在浑浊的水中寻找猎物。

港湾和江口的危险动物

　　大海与河流的交汇处，因为淡水与咸水的融合容易产生危险。在较浅的海域中存在能造成人体疼痛甚至产生感染的水生生物，比如海胆。因此，在浅水中行走，务必要穿着鞋袜，尽量采取擦水底行走的方式，避免抬腿迈步，以免落脚时踩到具有攻击性的生物。热带浅水区域的最大威胁是黄貂鱼，在美洲、非洲和澳大利亚的海岸线都有出没。各种黄貂鱼的尾部有很大差异，但一般来讲都有尖锐的毒刺和风筝形状的鳍刺，如果不小心踩到它会造成严重的伤口。

第二节　危险的鱼类

攻击人类的鱼

在野外生存环境中，除了狮子、豹、虎等大型的陆地野兽外，生活在江河湖海中的鱼类，也会对人类发起攻击。常见的攻击人类的鱼类主要有鲨鱼、梭鱼、海鳗等。

鲨鱼是野外环境中，最为常见的攻击人的鱼类。在大多数人眼中，鲨鱼这一种群生性凶残，轻则将人咬伤，重则将人咬死。事实并非如此，并不是所有种类的鲨鱼都具有强大的攻击性。白鲨、虎鲨、锤头鲨和蓝鲨是经常攻击人类的四种鲨鱼，曾有记录称大青鲨、灰护士鲨和灰鲭鲨也会攻击人。这几种鲨鱼在外观上，特别是身体长度上有所差异。但除此之外，其他多种类型的鲨鱼，会对野外生存的人造成安全威胁。

一旦受到上述几种鲨鱼的攻击，后果将不堪设想。最好的办法是远离鲨鱼的活动区域。但在复杂多变的野外环境中，事情往往不尽如人意，求生者很有可能会遇到鲨鱼。所以，学会如何逃脱鲨鱼的攻击是至关重要的。

并非每个人都是生物学家，所以当我们遇上鲨鱼时，可能根本无法辨别出这类鲨鱼是否有攻击力。仅仅凭借鲨鱼体积的大小来推断其攻击性的强弱是错误的，因为二者之间没有必然的联系。

一旦不幸被鲨鱼袭击，身体有出血迹象，此时最重要的事情是，想尽一切办法，立即止血。因为当人体的血液融入海水中，散发出的血腥味会招致成群结队的鲨鱼前来。然后想方设法使伤者登上救生筏或是逃离到陆地上去。如果伤者暂时无法离开海水，要确保将伤者围好，降低被鲨鱼发现的可能性。

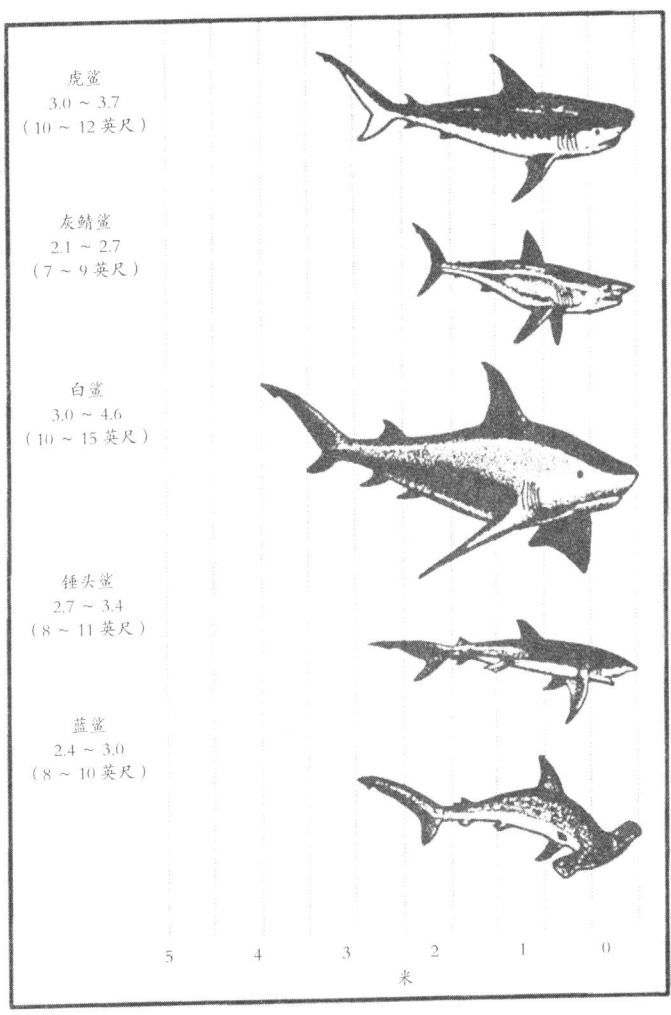

▲ 鲨鱼

除了鲨鱼之外，梭鱼、海鳗和海鲈，也是会对人类造成伤害的凶猛鱼类。海鲈在近海水域并不多见，它体型巨大，可以将求生者身上的肉撕咬下来。有记录称，梭鱼和海鳗主要分布于浅水区域以及暗礁一带。海鳗在只有受到一定的惊吓时，才会为了保

▲ 凶猛的鱼类

护自身而产生极强的攻击性。

有毒的鱼类

海洋里某些鱼非常危险，不能捕捉它们，也不能食用，甚至不能触摸。它们分泌毒液的方式不尽相同，但一般会通过鱼鳍、触须以及鱼嘴等器官将毒液散布出去。下面将详细介绍这些鱼。

刺尾鱼。一般刺尾鱼的颜色都很绚烂，因其尾部的刺形状像手术刀得名。刺尾鱼的体长平均为 20 ~ 25 厘

▲ 刺尾鱼

米。如果被刺尾鱼刺伤，伤口会感染，会中毒，鲨鱼也会因为嗅到海水中的血腥味而被吸引过来。

毒蝎鱼。毒蝎鱼也叫斑马鱼，它们身上的颜色有很大的差别，有红棕色、紫色及棕黄色。体长为30～75厘米不等。它们的鱼鳍和刺很长，波浪形状，人如果被它们的刺刺到会产生剧痛。这种鱼大多生活在热带印度洋和太平洋的暗礁附近，它们毒性稍弱的近亲生活在大西洋里。

▲ 毒蝎鱼

刺足鱼。刺足鱼的鱼鳍非常锋利，且带有毒刺，多生活在印度洋和太平洋的珊瑚礁上。尽量不要触碰这种鱼，如果要拿，一定要很小心。

蟾鱼。蟾鱼是一种热带近海鱼类，常见于南美洲和中美洲。蟾鱼体长为18～25厘米，长着一张大嘴，颜色比较暗，背部的刺不但锋利，而且含有剧毒。这种鱼会潜伏在沙子里等待它的猎物。若是不小心踩到它背部的毒刺，危险性很大。

▲ 蟾鱼

石头鱼。石头鱼体长最长可以达到40厘米，它身上褐色的块状色块让它具有很强的伪装性，使人很难发现它的存在。如果人误踩或者拿的时候大意的话，会被它背上的毒刺所伤。石头鱼生活在太平洋和印度洋里。

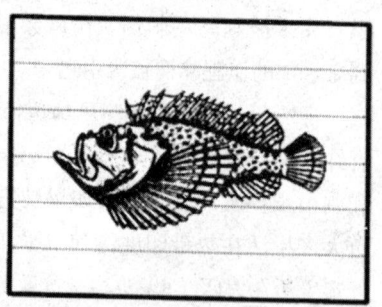
▲ 石头鱼

鳌鲈鱼。通常鳌鲈鱼的颜色是单一的棕色。它们的腮和背长着毒刺，体长平均30厘米。它们经常潜伏在海岸的沙子里，这种鱼生活在欧洲、非洲及地中海。这类鱼的毒性很强，危险性很大。

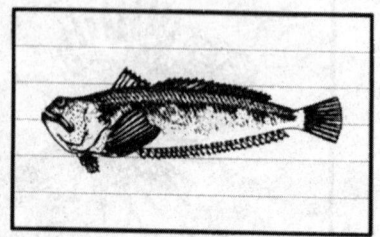
▲ 鳌鲈鱼

河豚。河豚忍受冷水的能力非常强。河豚可见于全世界的热带和温带海岸沿线，有些河豚生活在东南亚和非洲的一些河流里。河豚的身体又短又胖，长有短刺，在感到危险的时候会把身体鼓成一个球。河豚的颜色和体长因种类而异，最长的河豚有75厘米。尽管当地人认为河豚在某一时节是一种美味，但河豚还是一种十分危险的鱼。河豚的危险性在于它的毒性。河豚的血液、肝脏和性腺都含有剧毒，28毫克的河豚毒就能置人于死地。当地的人认为河豚和其他一些危险的鱼同样可以食用，不过如果吃了没有处理好的河豚则会致命。建议寻找其他没有毒的鱼食用。

鳞纯鱼。一般鳞纯鱼为短体，形状就像一个薄煎饼。它们背上的刺又长又尖，体长可以达到60厘米。这种鱼因为鱼肉有毒而不可食用。鳞纯鱼生活的区域很广，大部分生活在热带海域。

梭鱼。梭鱼的体长最长可以达到1.5米，多存在于热带海域。

梭鱼性格凶猛，会主动袭击人类。多数人会躲避它们，不过有时候人们也会捕食它们。梭鱼肉中的雪卡毒素会致命，因此不要食用这种鱼。

黄貂鱼。黄貂鱼主要生活在热带以及温带地区的浅水区域。黄貂鱼的身体形状是射线形，颇为奇特。黄貂鱼外表的颜色为它自己提供了一种很好的保护色，使其不易被人类和水中其他食鱼类动物发现。黄貂鱼通过它的尾巴制造毒液，它的尾巴上长有毒钩刺。毒钩刺，对人体的伤害很大。一旦求生者被黄貂鱼的毒钩刺刺伤，可能会丢掉生命。

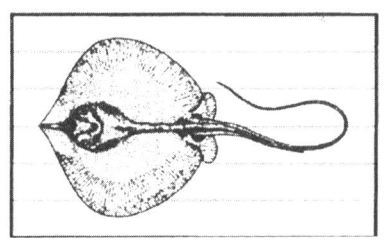
▲ 黄貂鱼

篮子鱼。篮子鱼喜欢生活在暗礁区域，目前已探明的篮子鱼，主要分布于太平洋和印度洋。篮子鱼身形长短不一，平均长度在30厘米左右。篮子鱼通过鱼鳍上的毒刺攻击人类，会给受袭者带来难忍的疼痛。

▲ 篮子鱼

莹斑篮子鱼。莹斑篮子鱼，外表与金枪鱼类似，身形较小，长度在10~15厘米之间。莹斑篮子鱼长在背部和腹部的毒刺，须加以防备。

▲ 莹斑篮子鱼

很多生活在湖里、江口和近海暗礁里的鱼都有毒性，尽管其中的某些鱼在特定的季节才会有毒，但是还是尽量不要食用。虽然说有毒性的鱼多为热带鱼，但是你不管在哪里都要小心谨慎地对待那些不确定有无毒性的鱼。在浅水域中，如果一些掠食类鱼捕食了有毒的鱼，那么它自己也会含有毒性，譬如梭鱼和甲鱼。

其他有危险的海洋生物

除了鱼类，海洋中还有其他需要注意的危险生物。因此，要在海洋中活动，任何时候都不能放松警惕。

蓝环章鱼。适当烹制过的章鱼非常美味，但这并不意味着章鱼没有危险。蓝环章鱼就是一种非常危险的章鱼。它们因其灰白身体上不规则分布的环状蓝色图案而得名，很好辨认。这种章鱼体形比较小，只存在于澳大利亚大堡礁。这类章鱼毒性不强，但是一旦被它胡萝卜般的嘴咬到，就可能有生命危险。

▲ 蓝环章鱼

水母。大多数的水母都不会对人造成生命危险，但是被它们刺到会产生剧痛。其中僧帽水母的危害性相当大，所知的因水母致死事件多数是由僧帽水母造成的。僧帽水母喜群居，漂浮在海

▲ 水母

上时像是粉红色或是紫色的气球，它们长长的触须最长可以达到12米，可漂浮的部位最小却只有15厘米。其长长的触须含有毒素，对人体伤害极大，会使接触者残疾或者丧命。其他水母也会蜇人，并且造成剧痛。因此不能接触水母的触须，那些死掉的被

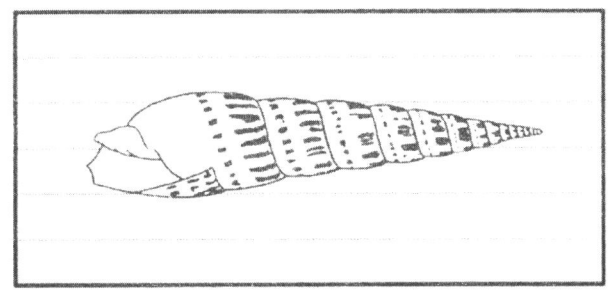

▲ 芋螺

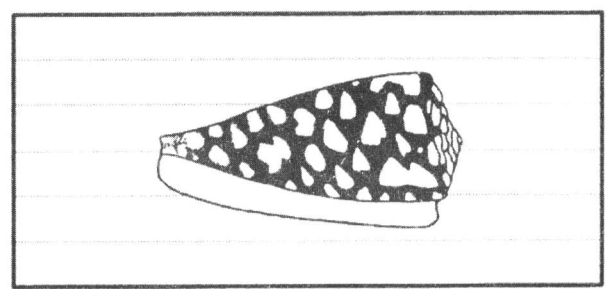

▲ 锥螺

冲上海岸的水母的触须也不能碰触。

芋螺。毒芋螺分布在热带水域，岩石、岩缝、珊瑚礁、石海岸等地都是毒芋螺的栖息地。毒芋螺是一种圆锥形的生物，它表面光滑鲜亮。毒芋螺外壳的底部有一长而窄的小口。它的牙齿很小，但毒力却很强。一旦被毒芋螺的牙齿咬到，毒素很快发作，几小时之内，伤者就会有疼痛、肿胀、瘫痪、失明等病症出现，严重者则会死亡。谨慎起见，看到圆锥形的贝壳类生物就要避开。

锥螺。锥螺毒性很强几乎能置人于死地。锥螺多生活在温带和热带的海域里。生活在印度洋和太平洋中的锥螺的倒钩含有的毒素比其他地方的多。不要食用锥螺，它们的肉也可能含有毒素。

第三节 有毒蛇类

避免被蛇咬的方法

蛇是一种常见的生物,它广泛分布于热带、亚热带以及绝大多数的温带地带。蛇的种类多种多样,毒蛇的种类也很多。毒蛇一般都是通过毒腺分泌毒素。毒蛇本身不具有攻击性,只有人类或是其他生物接近它时,蛇为了自卫,才会选择用毒腺袭击敌人。

了解一些基本常识和生存技能,可以帮助野外求生者免受毒蛇的侵害。

1. 高大的灌木丛、树林、大石头或是野草是毒蛇的主要栖息地,尽量避免在这些地方长时间休息或驻足。在野外生存中,夜晚休息时,应把睡袋至于开阔平坦的地带,然后把蚊帐自上而下罩住整个睡袋,最后将蚊帐垂下的边角塞到睡袋下面。这样做,有助于防止或是减少蚊虫蛇蚁对人体的叮咬。

2. 保护好身体各个部位,特别是对于像岩缝、灌木丛等安全性未知的区域,要以棍棒探测,不可用手直接触摸。

3. 对于横卧在地上的树木,不可轻易跨过,要仔细检查树枝

响尾蛇　　　　　　　　　　　　　　　　　　　　蝰蛇

毒蛇咬伤的处理方法

当某人被毒蛇咬伤之后,应该尽量让他保持镇定,并让他躺下,使被咬部位低于心脏的位置,这种方法能够防止毒素迅速向全身扩散,伤者必须尽快得到医疗救治。上图是两种常见的毒蛇。

周围是否有蛇类隐藏。对于生长茂盛的灌木丛和野草堆，也不能心不在焉地轻易越过，在行走之前，要首先确定是否有蛇。

4. 不管遇到的蛇外表如何，都不要用手抓蛇。

5. 如果有食用或是其他需要，必须将蛇杀死。有一点也是值得注意的，对于刚刚杀死的蛇，不要用手去触摸，因为在那一段时间内，有些蛇类的中枢神经仍是清醒的，死蛇也会反击，咬伤人类。

毒蛇的种类

蛇的种类很多，可根据毒牙和毒素的不同，将毒蛇进行分类。

毒蛇类的特征

组别	毒牙类型	毒液类型
前沟牙类	固定的	显性毒害神经
管牙类	交叉的	显性血毒素

毒牙，是指在前沟牙类毒蛇的上颚前部，长在普通牙齿前列的牙齿。毒牙的形状是固定不变的。

其中一种是管牙类毒蛇。管牙类毒蛇的毒牙是直立的，这类毒牙被称为折叠毒牙。

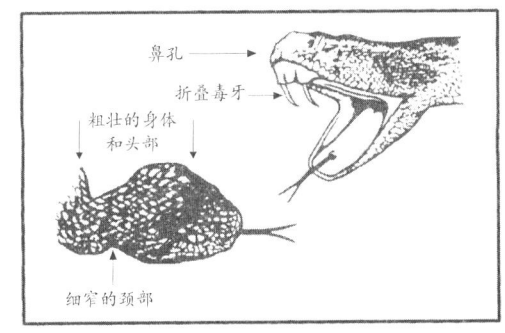
▲ 毒蛇的可靠识别

毒液，是指存在于前沟牙类毒蛇中的可以毒害神经的毒素。接触到这些毒液的求生者，会因体内神经系统遭到破坏而呼吸困难。一般而言，一种毒蛇都会含有两种或两种以上的毒液。不过在多数情况下,发挥作用的只有一种毒素。

对于蛇类是否有毒,肉眼是很难判断的。当遇到蛇类时,谨慎行事为好。

毒蛇的介绍

毒蛇的种类有很多,常见的毒蛇有以下几种。

蝮蛇科

蝮蛇科的蛇,身躯宽大,头部较大。蝮蛇科类蛇,因体型、斑纹和颜色等的差异,也有所不同。

响尾蛇科

响尾蛇的头部大大宽于颈部。响尾蛇的种类很多,身体宽窄不一。在眼睛和鼻子之间,有一小坑,因而又被称为"坑蝮蛇"。常见的坑蝮蛇体色是褐色,常伴有黑色斑点,也有一些响尾蛇是青色的。

蝮蛇和响尾蛇这两种毒蛇,在印度很常见,有记录的就有12种。树上和地上是这两种毒蛇的主要栖息地。较之地上的毒蛇而

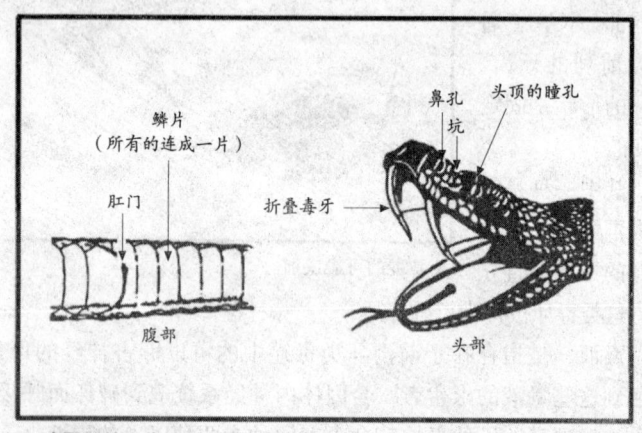

▲ 响尾蛇的可靠识别

言,树上的毒蛇身躯更细小一些,但毒性都很强。

在中国南部的偏远山区,生长着一种类似北美铜头蛇的响尾蛇。这种响尾蛇身体最长可达4米,在没有受到惊吓的情况下,并不具有攻击性。在中国东部的平原地区,生长着一种身长0.46米的小型响尾蛇。但是只要求生者穿着鞋子,一般威胁不大。

美国和墨西哥地区分布有27种颜色迥异的响尾蛇。它们从颜色到体长都不尽相同。

有5种热带响尾蛇广泛分布于美国的中、南部地区。这些响尾蛇最大的特点是,当有人类或动物接近,响尾蛇在逃走时,它的尾尖可能会发出"咔嗒"声,并且它们总会袭击路人。

眼镜蛇科

对于眼镜蛇或者眼镜蛇的近亲,是很难判断的。只有在它们死后,通过对其身体进行仔细检查才能确定。眼镜蛇、金环蛇和珊瑚礁眼镜蛇,这三类蛇的头部,第三片鳞片将眼睛和鼻子连在一起。除此之外,金环蛇还有一条鳞片是延伸到蛇背上的。

眼镜蛇广泛分布于非洲以及近东地区。这些地区的眼镜蛇,它们多栖息在溪流、河边和大树等地方。一些眼镜蛇具有极强的

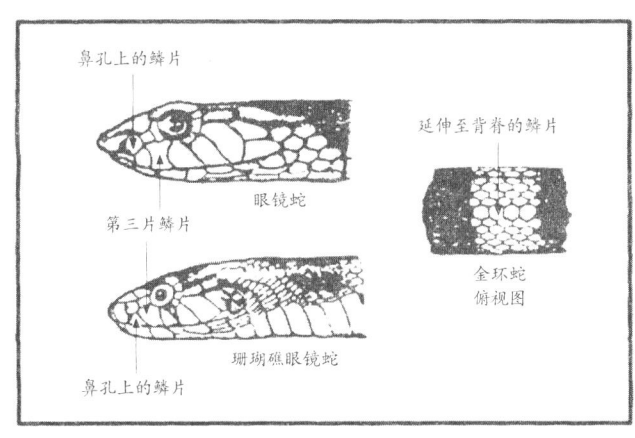

▲ 眼镜蛇、金环蛇、珊瑚礁眼镜蛇的可靠识别

攻击性，攻击的距离大体等同于它头部可以离开地面的距离。值得注意的是，一些眼镜蛇可以喷射出长度达 3 ~ 3.7 米的毒液。眼镜蛇喷射出的毒液对人类的眼睛伤害性很大，如果没有得到及时的清洗，可能会引起失明等病症。

海蛇科

在太平洋沿岸、非洲东海岸和波斯湾地区，生长着许多种类的海蛇。它们的形状和颜色迥异，所有的海蛇都有一个共同点，即它们长有一条扁平的尾巴。海蛇看似很凶猛，但是鲜有海蛇攻击人类的事件发生。不过，一旦渔夫和野外求生者不慎被海蛇咬伤，伤害也是很大的。

第四节 可药用植物

药用植物的介绍

不是所有植物都适合作为药使用的,就像选择用来食用的植物一样,选择用来治病的植物也同样需要谨慎而正确地做出判断。如果植物本身没问题,可是用法、用量不对也容易出现问题。

下面介绍一些有关可以用作药物的植物的术语和定义。

膏药

拿一些树叶或者某种植物的一部分碾碎之后就成了膏药,膏药是可以加热的,然后直接敷在病患处或者先用纱布包起来再敷。膏药加热的作用是促进血液循环,让伤口处的血液流动得更快和让植物的化学成分迅速被皮肤吸收,以缩短伤口的恢复过程。膏药在慢慢晾干的过程中,会把病患处的毒素给吸出来。所以,如果病人可以忍受的话,就尽可能选择热敷,同时为了让效果更好,要把植物碾成泥状。

草药汤剂或草药茶

草药汤剂既可以外敷也可以内服,是把药用植物混合起来而成的。先拿一些草药浸在水里,然后拿一个不需要盖子的容器,将这些草药放进去,冲上热水就可以了。前几次喝药都不要喝太足的分量,否则空腹喝的时候有可能产生不良的反应。

煎剂

煎剂的目的是获取植物身上某个部位的精华。把需要煎熬的药材放进一个容器里面,倒进适量的水,然后用慢火煎,让植物的化学成分慢慢地渗透进水里，成为汤药。正常情况下，28～56克重的草药都是跟半升水混合起来煮。

榨汁

榨汁就是直接榨出植物里面的液体，这些汁既可以直接涂在伤患处也可以跟其他药混合使用。

可能有一些我们已经很熟悉的药见效很快，但是一些自然疗法却比较慢。一开始，不要着急，不要马上用量很大的药，药效慢一点没关系。不过，见效很快的自然疗法也是有的。下面章节就会详细地讲述效快的疗法。

抗菌剂和广谱性抗菌药性植物

止血

用西洋蓍草或者普通的治伤草制成的药剂可以止血，用车前草叶子做成的药剂也可以止血，但是前者止血效果更好一点。拿一块生的仙人掌去皮后涂在伤口可以让血管收缩从而达到止血的目的，金缕梅也有同样的效果。当你牙龈出血或者牙痛，在嘴里嚼或者含几片香枫叶就好了。因为这些叶子里面含有可以抗菌的化学物质。

金缕梅

治疗感染

被蛇咬的伤口或者其他伤口、皮疹等都可以用抗菌剂来治疗。抗菌剂可以用野生的洋葱、大蒜、繁缕叶等植物榨出来的液体或者酸模叶的碎末来制作。抗菌剂还可以用牛蒡的根、锦葵的叶子或根茎、含丹宁酸这种物质的白橡树皮煎出的液体制作而成。还有很多植物，例如红榆树皮、枫香、西洋蓍草和仙人掌都是可以作为抗菌剂使用的。不过这些抗菌剂都是不能内服的。蜂蜜和糖是最好的抗菌药物。用糖做抗菌剂的方法是先将糖敷在伤患处，等糖变成糖浆之后，洗干净，然后重复这个过程。用蜂蜜做抗菌剂的用量是一天三次，直接敷在伤口处。最适合用于烫烧等外伤的抗菌剂是蜂蜜，糖是第二选择。

止痛

你可以选择外敷，拿一些车前草、繁缕、大蒜、柳树皮或者酸模做成的膏药敷在伤患处就可以了。一种叫香枫的植物也有止痛药的效果。柳树皮里面有阿司匹林这种化学成分，所以泡茶或者直接咀嚼都可以减缓痛感。

治疗瘙痒与接触性皮炎

如果在野外，人的皮肤被蚊虫咬了或者是接触了有毒的植物而出现瘙痒症状，都可以涂上金缕梅或者凤仙花属的植物制作的膏药。如果接触的是常青藤或者被昆虫叮咬，凤仙花属植物的汁液是比较理想的选择。灼伤、烧伤可以用凤仙花属植物和库拉索

牛蒡

芦荟来治疗，也可以用蒲公英液、大蒜末和香枫叶治疗。牛蒡叶的治疗没这么见效，选择嫩的车前草的叶子会更快治愈。不管怎么说，凤仙花属植物是目前为止发现的最见效的药用植物。

镇静

如果你失眠非常严重，可以选择饮用薄荷叶或西番莲叶泡的茶，情况会有所改善。

痱子

在夏天非常容易长痱子,这时候就可以拿丹宁酸或者金缕梅来治疗。身边有玉米淀粉的话也可以拿来涂在长痱子的部位让身上清爽。如果没有玉米淀粉,也可以用其他的植物碾成粉,作用跟玉米淀粉差不多。

清洗杀菌

脚容易感染真菌而患上足癣和香港脚等脚疾,这时候可以涂上胡桃叶、橡树皮或橡子煎出来的汁液。涂上这些汁液后,还要经常让脚跟阳光亲密接触。宽叶的车前草也可以杀菌。不过无论用什么植物治疗,让脚晒太阳都会使得治疗效果更好。凤仙花和醋也可以用来清洗杀菌。

驱虫

大蒜和洋葱的味道很浓,食用后一段时间,昆虫都不会靠近。如果不喜欢食用这类植物,也可以把它们的汁液涂在裸露的皮肤上。檫树叶子揉出汁液也可以拿来涂抹做驱虫剂使用。你还可以放几片雪松木片在身边,同样起到驱赶蚊虫的作用。

洋葱,经常添加到三明治和沙拉中,能给食物带来一种温和的甜味,给食物增色。

治疗肠道疾病的药性植物

治疗腹泻

腹泻是一种非常折磨人的疾病,特别是当你需要逃生或者已经被俘虏之后。

你可以拿黑霉或者它的同类植物的根泡茶,喝下去就好了。

仅仅将黏土和果胶这两种东西混合起来，也是可以治疗腹泻的。在一些柑橘类水果的皮内侧或苹果渣中就可以得到果胶。

止泻还可以喝越橘、蔓越莓或者榛树叶泡出来的茶。

这几种治疗方法都是需要先经过试验才能采用的，因为这几种方法的副作用很大，会让一个没病的人脱水，所以更容易对在野外生存的本身已经很虚弱的人产生很大的伤害。

便秘

便秘的时候可以喝蒲公英叶子、野玫瑰或者胡桃树皮等煎的汁液。黄花菜不煮熟就吃也能治疗便秘。不过便秘的主要原因是缺水，所以患者更需要补充充足的水分。

欧洲越橘，在欧洲北部和亚洲的小山岭上生长。

治疗蠕虫和肠内寄生虫

人有时候体内会有蠕虫和肠内寄生虫，这种虫子危害很大，除了以毒攻毒别无他法。不过，为了人身体健康着想，这种治疗需要小心把握药的分量。有毒的艾菊叶和野生胡萝卜叶就是治疗蠕虫和肠内寄生虫的方法之一。浓丹宁酸也是治疗方法的其中一种，不过它的副作用是伤害肝脏，一定要谨慎地拿捏好分寸。

治疗胃部胀痛

胃不舒服可以喝萝卜籽或者薄荷叶泡的茶。

第五节 可食用野生植物

植物的可食性

作为食物的一种基本来源，植物扮演十分重要的角色，它易种植、易获取，并且各种不同的植物相互搭配足以满足你身体所需。

注意：将植物作为食物，需提防某些植物的毒性，只能食用安全无害的植物。

在食用植物时一定要谨慎，食用植物导致中毒的现象也时有发生。曾经有人将毒芹（野芹菜）误认作野生胡萝卜食用而中毒身亡。

实际上，生存环境在很大程度上都教会了你如何判断一种植物是否有毒。因此，你可以用"可食性通用检验法"来判断你身处的环境中，哪些植物是安全可食用的、哪些是有毒的。

在艰难的生存环境中，不管是野生的植物还是种植的植物，都需要进行毒性的鉴别，本章将就野生植物的辨别进行阐述。

在食用植物之前，一定要考虑以下几方面：

在农村田野或者居民区附近的植物可能被喷过杀虫剂等农药，这些植物要进行彻底的洗涤。路边的植物普遍受汽车尾气的严重污染，因此不适合食用。

水中的植物也要注意，有些水域由于受到污染，可能含有蓝氏贾第虫或其他寄生虫，这些水中的植物必须要消毒或者煮熟。

还有一些植物本身会滋长一些危险的毒素，如真菌毒素。因此，为了保证饮食安全，最好不食用发霉的植物。而且，植物本身的毒素种类和毒性有很大的差异，即便是同种类的植物也有区别。比如花椒果的叶子，有些含有氰化物，有些则没有，而含有氰化物的叶子中，其成分多少也有差异。

食用植物后的反应因人而异。有些人反应轻微，有些则会导致严重的胃部不适。如果你在饮食方面比较敏感，就要尽量不食一些比较特殊的植物。如果你对一种植物比较敏感，那么同类的或者同一属科的植物果实或者茎叶也都要尽量避免。有些植物可以食用，但是味道并不太好，在清除苦味的同时也会导致食物味道改变，要注意食用的安全性，比如橡树果、睡莲就要去除苦味。

很多植物中含有草酸盐，这种物质能够灼烧嘴巴和喉咙，而且会损害肾。在食用此类植物时，必须要用烘烤和干燥等方法破坏草酸盐。天南星草——也叫"印度芜菁"——的球茎（球根），在食用前就必须慢慢烘烤直至干燥，去除草酸盐的结晶方可食用。

注意：蘑菇是在求生环境中禁止食用的。唯一能够鉴别蘑菇能否食用的方法就是进行肯定特征识别，但在野外并没有实验室，所以鉴别存在很大的难度。有人食用蘑菇导致神经系统病变，是在食用后数天才发现，那时候就错过了治疗的最佳时间。

要识别植物，就要通过叶子形状和叶缘、叶序以及根部的相关结构，仅靠记住特殊种类是不够的。我们都知道植物的叶缘分为锯齿状、分裂状或者全缘或无齿。叶子形状的种类更多，可以分为批针形、椭圆形、蛋形、矩圆形、楔形、三角形、尖长形以及倒圆锥形。叶序的类型则包括对生、互生、复生、单叶，以及基生莲座叶丛等。

按照根部特征，植物可以分成以下几种：直根、块茎、鳞茎、根

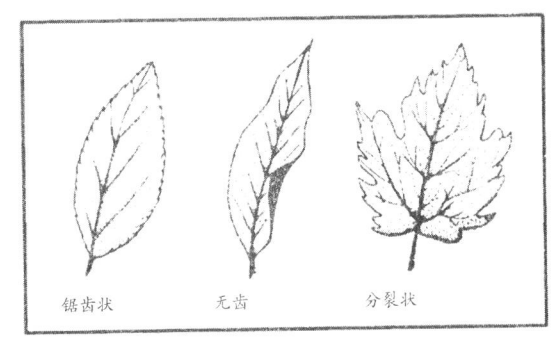

▲ 叶缘

茎、小鳞茎、球茎和冠茎。鳞茎是最常见的，小鳞茎形状像大蒜，切开后呈小瓣分布，正常的鳞茎被切开会呈现同心环。球茎与鳞茎类似，但是切开后不变形、不呈环状。直根的形状大致像胡萝卜，也会有单茎或分叉的区别，不过一般来讲一个根茎上只有一根茎杆。块茎形状酷似马铃薯，呈条形或成丛的块茎结构常常是亲本植物的特征。根茎一般比较大，从地下爬出，根眼里能够长出很多植物。冠茎地

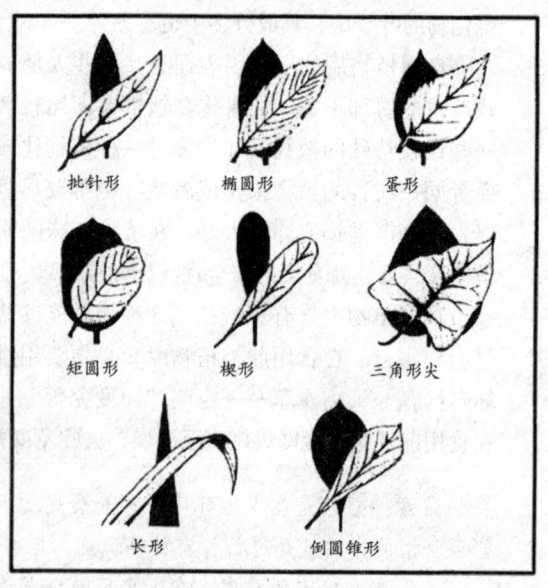

▲ 叶子形状

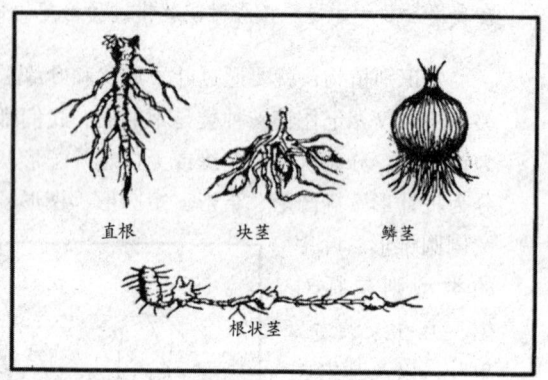

▲ 根部结构

表下的部分很像拖把头，典型的冠茎植物是芦笋。

　　植物的各种特征很复杂，野外生活务必要尽可能多地了解植物的特征，以判断其能否食用。有些植物部分可食用，部分有毒；有些植物在某一时期会含有毒性；有些可以食用的植物和毒性植

物长得类似，这些都需要了解。世界上植物种类何其繁多，有些植物甚至只食用一点，就足以让你的身体出现强烈的不适，导致病变甚至死亡。因此，如果对于植物能够食用存在哪怕

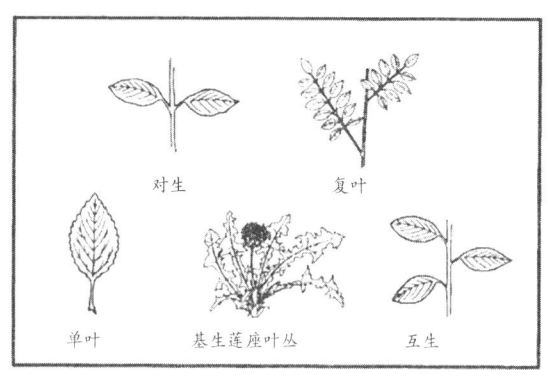

▲ 叶序

是一丁点怀疑，也尽量用下面的可食性通用检验法检验一下：

· 一次只针对植物的一部分进行检验。

· 将植物的基本组成部分——叶子、茎干、根、芽和花，细致地分开。

· 判断植物是否有浓烈的气味或者酸味，不过这点并不是判断其毒性的唯一标准。

· 检验前 8 小时内不要进食。

· 对植物的接触性毒性进行检测，要在禁食的 8 小时内，将植物放在手肘内部或者手腕内部，如果出现过敏反应，通常 15 分钟就能显示出来。

· 检验过程中，除了吃要检验的食物外，不可进食，但可以喝干净的水。

· 食用要检验的食物时，取一小部分试用。

· 食用前，先用嘴巴碰触一下，确定嘴唇没有出现过敏反应，方可食用。

· 将要检验的植物放在舌头上，含 15 分钟。

· 含食物过程中如果没有出现过敏反应，即可嚼碎植物，但不要吞咽，继续含 15 分钟。

· 等待 15 分钟，期间如果没有出现任何不适，如灼烧、痒、

麻、刺痛等，可慢慢吞下植物。

·等待8个小时，如果没有出现不适的感觉，应强迫自己呕吐，并喝大量水。

·如果仍然没有不适的感觉，用同样的方法食用半杯食物，再等待8小时。仍然没有不适感的话，说明该植物可以安全食用。

警告：如果不确定，就要检验植物的每一个部分，生的植物和熟的植物也要分别检验。并不是有些煮熟可以吃的食物，生吃也可以，因此要保证其安全性，必须分别进行检验。

有些验过的植物，也不能毫无节制地吃，比如青苹果和野洋葱吃多了可能会引起腹泻、反胃或腹部绞痛。类似的植物在野外也有很多，都需要你谨慎食用。

检验食物所需时间之长、检验步骤之严密，都反映了检验植物是多么重要。

在野外进食过程中，必须避免食用以下特征的野生植物：

·植物表面有乳白色液体或脱色树液。
·有些豆荚中的豆粒或种子，味道发苦或者有肥皂味。
·有些植物长得比较特别，外形带刺的，或者有漂亮的冠或荆棘的，叶子类似莳萝、欧洲防风草和欧芹的植物。
·植物本身带有杏仁味道的。
·植物的头呈颗粒状，并带有粉红色、紫色或黑色的刺。

把以上植物排除在食用范围之外，可能有些笼统，但是这些标准却几乎涵盖了大部分有毒植物，保证了野外用餐的安全性。

植物种类数不胜数，在此也只是分门别类地列举其中的一部分。要尽可能多地了解你生活的地区所生长的植物，要细致区分辨别植物的特性，还是要靠实践经验。以下为你列出了一些最常见的可食植物和药用植物。

·竹芋
·芦笋

- 山毛榉坚
- 黑莓
- 越橘
- 牛蒡属植物
- 香蒲
- 栗子
- 菊苣
- 荸荠
- 蒲公英
- 百合花
- 荨麻
- 橡木
- 柿子
- 车前草
- 多刺梨形仙人掌
- 马齿苋
- 檫树
- 开红花的酸模
- 草莓
- 蓟荷花和睡莲
- 野生洋葱和野生大蒜
- 野玫瑰
- 酢浆草

另外，在海中，最主要的植物就是海草。海草在食用后也会导致肠胃不适，甚至还会引起腹泻。大部分的海生藻类植物生长在浅海水域或者海岸，虽然海草含有丰富的碘、其他矿物质以及维生素 C，营养价值较高，但也不能多食。

选作食用的海草，要尽量是附在岩石上或者漂浮在水中的海草。一定要避免食用搁浅在海滩上的海草，因为这种海草可能大部分都已经变质或者腐烂了。因此如若食用，可以把新鲜海草晒干，以备加工食用。

在加工过程中，各种海草也不能用同样的方法，比如质地细软的海草在阳光下直接晒干即可，或者在火上烘烤，直至可以弄碎用来做汤；有些较厚、类似革质的海草则要先进行加热蒸煮，等其变软之后直接食用或者与其他食物一起煮食。有些海草甚至可以不用加工直接食用，但是在这之前必须进行可食性检测。一般来讲，可食海草有以下几种：掌状红皮藻、绿藻、角叉菜、海草、紫菜、马尾藻和糖海草。

虽然很多植物都可以直接食用，但是必须加热或者烹制才能更加可口。毕竟可食仅仅是说植物没有毒性，能够保证人体的基本营养，可口却意味着气味、味道能够让人大快朵颐。很多野生植物可食，但是却甚少可口。

我们所了解的提高食物的可食性、改善食物口味的方法有以下几种：浸泡、煮熟、烹制或者沥滤。沥滤过程中，要捻碎植物，放入过滤器中，然后用沸水浸泡或者长时间在流水中冲洗。

将植物可以食用的部分，比如叶子、茎秆、根、芽、果实等进行蒸煮，直至变软。延长蒸煮时间虽然有可能过滤掉其中的部分营养成分，但是却有利于去除其中的苦涩味道。对于大块的茎和根，最好进行烘烤、干燥。有些植物虽然生吃不错，但是做成熟食味道更佳，就像野生栗子等。

再有，成熟之前可以生食的植物也有不少，比如谷物，但是要把握时间，在成熟之前进行食用。如果真正成熟之后则会变硬变干，必须蒸煮或者磨成粉质的碎末再食用。

有些树上也有可以食用的部分，比如树液，树液含有丰富的糖分，可以提炼出糖浆食用。但并不是所有的树种都可以，树液中含有丰富糖分的树种有枫树、白桦树、胡桃树和小无花果树等。据了解，1升枫树液糖浆大约需要35升甚至更多的枫树树液才可以提炼。

植物的多种用途

正确使用植物，植物会带给你帮助。前提条件是你要准确无误地知道这些植物的使用方法和药性。下面介绍了一些植物的特殊用途：

在植物体内提取出来的带颜色的汁液，既可以拿来做衣服的染剂，也可以涂在身上作为隐藏自己的一种手段。如果想要得到更好的效果，可以先煮一下要提取汁液的植物。洋葱皮、胡桃壳和美洲商陆果都可以提取出染料来，分别是黄色、棕色和紫色。

绳索可以拿植物的纤维来制作。荨麻、乳草属植物、丝兰属植物以及菩提树和同类树木的内皮都是可以制作绳索的。

点火的火绒可以在香蒲的绒毛、雪松的树皮里面得到，引火结可以在松树中得到，在一些含有树脂的树木中得到变硬了的液体。

隔热材料可以从雌性香蒲头或乳香的绒毛中获得。

檫树的叶子和点燃的熏香蒲种子的细纤维都同样具有驱虫剂的功效，可以拿来放在自己居住的地方。

植物的作用很多，既可以拿来食用或者治疗，又可以作为防身工具，还是建造营地的好材料。不过还是要再强调一次，在你决定用这些植物之前，必须要准确无误地了解这些植物的使用方法和药性。

可食用藻类

石莼。这种海藻属于绿藻类，海生植物分类上属于绿藻门，俗称海白菜，是可以在野外代替食物的海藻。生长在海里时高度在 10～20 厘米之间，在营养丰富、生长条件好的海域最大可以长到 40 厘米，在藻类中属于体积较小的。颜色呈碧绿色，看上去是不规则的椭圆形，通常没有柄，即便有也不明显。藻体上不规则地分布着大小不一的孔。生长的地区多在潮间带的礁石缝隙或者石槽中。生长速度快，在全世界范围内都有分布。产量极大，可以使海岸呈现出大面积绿色，所以在海边居住的渔民常采集海白菜充当蔬菜。

浒苔。与石莼同属绿藻类，俗称海青菜。无毒，同样可以食用。高度10~30厘米，最高的可以达到50厘米。颜色为绿色，但是比其他藻类颜色鲜亮，呈亮绿色。藻体呈管状或动物肠状，生长时藻体会有扭转现象，有些地方会长出分枝。一般生长在泥滩或沙滩上的礁石或石砾上，在沿海地区都可以见到这种藻类。

江蓠。属于红藻类，生长时藻体一般高10~20厘米，属于小型藻类，但是最大也有达到90厘米的。可以食用，在民间被叫作龙须菜。颜色呈紫红色，藻体分为主干和侧枝。主干呈扁平状，上面会有一些附着物生长。这种藻类生活在潮间带和潮下带水位较浅的地区，但在深水区也有发现。属于比较常见的藻类，基部有固着器，能够把藻体固定在石块上或贝壳上。在退潮后可以在海岸的低洼处采到。产量比较大且容易采集，沿海居民时常以这种海藻代替蔬菜。

紫菜。属于红藻类，植物分类上属于红藻门，可以食用，俗名叫塔膜菜。生长在海中时藻体高度在20~30厘米之间，扁平状，宽度在10~20厘米之间。颜色为偏深的紫红色，接近黑色。藻体上有极薄的膜质，形态有很大差别，呈椭圆形、不规则的圆形或者披针形，在藻体的四周边缘有褶皱。通常生长在平静的海湾地带，有固着器可以固着在岸边的岩石上。能够适应各种气候环境，所以分布范围广泛，繁殖能力强，产量极高。沿海地区经常食用这种藻类，口味极佳。

裙带菜。属于褐藻类，体型较大，平均高度在100~150厘米之间，宽度可达50~100厘米。颜色为绿色或者绿褐色，颜色发暗。整体由三部分组成，分别是固着器、柄和叶片，叶片上有羽毛状的分支。褐藻类多生长在潮下带的深水水域，裙带菜多生长在1~5米深的海域里，用固着器固定在海底的岩石上。因为生长在水下，采集的时候比较困难，需要借助工具。分布范围很广泛，产量也很高，含有丰富的营养成分，口感很好，是在野外生存时十分理想的食物。

　　海带。褐藻类，体型大，高度在200～400厘米之间，最高的可以达到600厘米，宽度为20～50厘米，颜色为绿色或褐色。藻体分为三部分：固着器、柄和叶片，固着器上有叉状的假根，叶片呈狭长状，中间的中带比叶片的其他部位厚。生长区域在潮下带的5～20米深的海域，固着在海底岩石上。适应性强，分布范围广泛，产量很高，在中国有大面积的养殖区域。口感好，含有丰富的营养成分。在海岛上生存时海带是最好的食品。但是生长在海底，不易采集。死亡后可能会被海浪冲上沙滩，但是这时藻体表面发白而且有破损的部分，这是变质的表现，这种海带最好不要食用。

第六节 致命的植物

植物中毒的原因

一般人都是由于以下原因而引起植物中毒的:

触摸。人如果触摸到了一些具有毒性的植物会引起各种皮肤的过敏反应,如发炎、起红疹。

食入。很多植物中毒是由于人不小心误食了具有毒性的植物。

射入或者呼吸。这种现象是由于人的皮肤接触到了有毒植物,然后植物中的毒素射入人的皮肤,或者人通过鼻子吸入了植物发出的一些毒素,毒素进入人的呼吸道。

人一旦植物中毒后,有可能只是稍微有点感觉不舒服,也有可能非常严重,甚至导致死亡。有人问:"怎样能确定这些植物的毒性?"其实,很多原因致使确定植物的毒性成为一件非常难的事情。

如果人接触的是一些毒性不是很强的植物,那么只有在其接触了很多之后才会感觉到一些不适;如果接触的是毒性强的植物,人只是稍微接触一点,都有可能失去生命。

同种植物如果在不同的环境中生长,也会产生不同量的毒素。并且,其所包含的每种毒素的分量也会不一样。

人的抵抗力不同,对毒素的免疫力也会不一样。

同样,由于人的体质不同,同种植物可能有些人接触了不会有反应,而有些人则会表现出一些不良反应。

人们对植物毒性的了解存在很多误区。

以动物为参照物,认为如果一些植物动物能吃,那么人也可以吃。虽然很多情况下这种想法是正确的,但还是有很多例外,一些植物动物吃了不会有什么反应,而人吃了会有不良反应。

把植物煮熟，能够把植物中的毒素给清除掉。不是所有植物毒素都会因煮熟而被清除的，只能说一部分可以。

植物只要是红色的就会有毒。其实并不能完全根据植物的颜色来判断植物是否有毒，有些红色的植物确实具有毒性，但有些红色的植物是没有毒的。

最主要的原因是，你没有系统的知识来识别植物的毒性。因此，你就要利用一切可利用的资源和机会去了解更多的有关植物毒性的知识。

有毒植物的各类知识

有些有毒植物从外表来看和一些可以食用的植物是没有多大差别的。例如，一种有毒的芹菜就和野生的胡萝卜十分相似。有些植物在某些季节或者在其某些生长阶段是有毒性的，但在其余的季节或生长阶段又是可以食用的。例如，生长在美洲的一种叶子在其刚长出嫩叶的时候可以吃，而当其成长一段时间后又变成有毒性的了。有部分植物所结的果实也要分阶段才能食用。比如，一种叫作盾叶鬼臼的植物结出的果实，当果实还没有成熟的时候是有毒的，只有果实熟了才能吃。也有一些植物虽然说可以吃，但是其所包含的某些部位却有毒，不能食用，就像马铃薯和番茄，其果实上的绿色部分就不能食用。

一些植物在生长的时候没有毒，但当其枯萎后就变得有毒了。例如，黑霉只有在它枯萎的时候才会产生一种叫作氰化钠的毒素。一些植物在没有经过一些方法处理之前是有毒的，但当其经过处理后，便变得没有毒了。有种叫作印度天南星的植物，它的球状的茎如果切成薄片，然后把其做干燥处理（有些情况下要用 1 年的时间来干燥）就能够吃，倘若没有让它足够干燥的话，就会有毒。

只有获得足够的有关植物的知识，才能在残酷的野外环境中生存。获取有关知识的路径有很多，如各种书籍、电影、植物园，或者可以通过一些本地的民众来了解有关植物的特性。同时要想了解植物全面的知识，除了善于收集信息外，还要善于总结、合并信息，这样才能从方方面面了解植物。

如何避开有毒植物

最直接有效的方法就是用眼睛来识别植物，然后努力掌握不同植物的用途以及它们的危害性。然而很多时候，是不能非常肯定一种植物的性质的。假如你没有充分了解一些地方的植物，或者根本不了解的话，你可以参考下面的一些标准来检验植物是否可以食用。注意，要远离——

全部的蘑菇。要区分蘑菇是件非常不容易的事情，辨别蘑菇要比辨别其他种类的植物都要精确。有部分蘑菇是有非常强的毒性的，一旦食用了就会立即致命。而有部分蘑菇目前人类还没有研制出解除其毒性的解药。有毒的蘑菇能使人受到各种伤害，其中危害人的肠胃和中枢神经是最常见的。

有些植物，不管是否了解，只要知道其可能会有毒的话，都要尽可能地避开。

接触性皮炎

在野外，如果不小心触摸了有毒的植物而引起皮炎是件十分头疼的事情。有时候皮炎比较严重，抓痒的话可能会造成感染的范围扩大，甚至有时候感染的部位在眼睛或者眼睛四周，这样将会更加严重。

植物通过与人接触而使人中毒，主要是将其毒素与人的皮肤上的一种油接触。而受到感染的人的皮肤表层的油如果沾染到一些设备上的话，其他接触了这些设备的人也会因此而患上皮炎。如果认为把有毒的植物烧掉就可不被感染，这就大错特错了，因为植物被焚烧时会发出一些与植物自身的毒性不相上下的气体。有时候因天气热而出汗，你如果被感染的话，将会面对更大的危险。被感染的范围也不同,可以是你身体的某部分,也可以是你的全身。

皮肤被感染后可能不会立即有反应,有时候要经过几个小时甚至是几天。而被感染的症状也有很多,例如皮肤发烫、红肿或者长水泡。

第一次被有毒的植物感染并且出现不良症状时,你可以马上用肥皂与冷水将你的皮肤表面被感染的油给清理干净。假如找不到水,你也可以找来泥沙多次重复地擦被感染的皮肤。但是如果皮肤因感染而长了水泡的话,就不能用泥沙来解决问题。因为泥沙比较粗糙,会把水泡给擦破,进而导致身体的其他部位被感染。将皮肤表面的油去掉以后,将这部分皮肤擦干。然后,你可以找到一种从橡树里面取出来的丹宁酸来继续清洗被感染的皮肤,最后把一种叫凤仙花的植物碾碎涂到被感染的皮肤上。

下列植物可以导致人患上接触性皮炎——

豆科攀缘植物。

毒常青藤。

毒栎。

漆树。

美洲凌霄花。

摄入性中毒

中毒的后果是致命的,如果你没有十分的把握,千万不能吃任何食物,而对自己已经吃过的食物最好进行记录。摄入性中毒有不同的症状,有的是恶心、呕吐、腹泻、腹痛等消化道的反应,有的则是呼吸心跳变弱、头痛、出现幻觉等心脑血管的症状,还有的是嘴干、失去知觉、昏迷甚至是死亡。一旦你发现有人中毒,必须尽快清洗口腔,将口中的有毒物质清除,甚至还要将已吞食的有毒物质从胃中清除。如果中毒者尚有意识,可将其手放到舌根底部或者用温热的盐水强迫自己呕吐,之后让中毒者喝足够的水将毒素稀释。食用以下植物会引发摄入性中毒：

蓖麻籽。

苦楝。

北美棋盘花属百合科草本植物。

马樱丹。

毒番石榴。

夹竹桃。

马来亚大风子树。

蓖麻。

毒芹和水生毒芹。

鸡母珠。

马钱子树。

有毒真菌的种类

有毒真菌的分类

有毒真菌对人体和动物都有较大伤害，一般属于子囊菌和担子菌。有毒真菌的毒蕈可分为损害消化系统和损伤神经系统这二大类。

1. 损伤消化系统的有毒真菌

毒粉褶菇、粉褶菇、簇生黄韧伞等。误食这些之后会出现剧烈的胃痛，并伴有恶心、呕吐、眩晕、腹泻等。

鹿花菌。这种真菌毒性比前几种要强得多，其产生的剧烈腹痛能直接引起吐血、抽搐甚至深度昏迷，症状消失后会出现轻度黄疸。

豹斑毒伞、白毒伞、鳞柄白毒伞，这些会导致剧烈的腹痛和腹泻，严重者昏睡2～5天后死亡。此外，还有很多真菌也能够导致中毒，比如白棕口蘑、灰光柄菇、月夜菌等等。

2. 损害神经系统的有毒真菌

大孢花褶伞、橘黄裸伞等。如果误食这些真菌，患者会出现中枢神经系统紊乱的症状，比如亢奋、易激动、多话、反应迟钝。比如墨西哥的光盖伞属中所含的有毒成分是二甲－4－羟色胺磷酸，可导致患者亢奋和迟钝。

毒蝇伞、鹅膏属、毒伞以及丝盖伞属等有毒真菌。这种真菌被认为同时损害神经系统和消化器官。因为一旦误食这类毒菌之后，初期会有消化器官的病变，比如流口水、呕吐、腹泻等，之后会出现神经系统的不良反应，比如神经麻痹、迟钝、意识模糊、出现幻觉等，而最后呼吸中枢麻痹，导致死亡。其罪魁祸首是这类真菌中的蝇蕈碱，医学上可用阿托品来解除毒素。

杯伞属。这种有毒真菌会损伤神经末梢，在误食之后会出现手指尖或者脚趾尖的持续肿痛。

根据以上两种对人体的伤害类型，我们可以大体掌握有毒真菌的中毒症状。比如，误食蕈毒碱毒素后会引发神经系统的病变；误食飞伞菌之后会出现不同种的消化系统、神经系统疾病，虽然症状严重但是一般能够恢复；死人帽和毁灭天使能够导致呕吐、腹泻和痉挛，症状会愈演愈烈，大部分中毒者最终会死亡，目前没有治疗方法。

有毒真菌的识别及毒性

下面列举部分有毒真菌的识别方法以及毒性，有些没有列出的如果你不确定，千万不可随便食用。

1.毒蝇伞。有白色的斑纹，整体呈红色，菌盖直径22厘米，生长在秋季的针叶林中。

2.死人帽菌。有橄榄绿色、直径约12厘米的菌盖，

毒蝇伞很容易被识别，因为它的颜色很独特。

白色的茎干、菌肉和菌褶，是毒性最强的真菌种类之一，一般在橡树或山毛榉林生存。

3. 毛头棘菌。有结实、呈号角状、直径约 12 厘米的棕黄色菌盖，毒性非常强，一般生长在茂盛的桦树林中。注意其外形和其他的真菌类似，千万不能误食。

卷桩蘑菇是一种很常见的蘑菇但是却奇毒无比，其毒性导致的后果类似于白血病。

4. 毁灭天使菌。是一种白色菌类，有直径约 12 厘米的菌盖，茎干上生长着细密的鳞片，一般夏秋季节生长在茂盛的树林中，含剧毒。

5. 网孢牛肝菌。这种真菌对神经系统、心脑血管和消化系统都会造成伤害，误食之后容易出现血压降低、心率过缓、恶心、呕吐、腹泻等症状，此外还会意识模糊、出现幻觉，严重者可导致精神异常。

6. 白毒鹅膏菌。有不大不小、白色的子实体，菌盖在生长过程中从卵状变成平展状，表面细滑、直径在 7～12 厘米之间。其菌肉为白色，有长度为 9～12 厘米、粗 2～2.5 厘米、呈细长圆柱状的菌柄，基部外表膨胀为球形，内部结构为实心或松软组织。一般在夏秋季节生长于茂盛的森林中，有致命的毒肽和毒伞肽，一般中毒者无药可治，死亡率很高。

7. 美洲豹菌。这种真菌有直径 8 厘米、比较厚实且带有斑点的棕色菌盖和白色的菌褶，一般有 2～3 圈的菌环。大部分生长在潮湿的林荫地，内含强烈的毒素，容易致人死亡。

8. 哈蟆菌。这种真菌有鲜红色或者橘红色的菌盖，上有白色或淡黄色的颗粒状鳞片，直立较长的菌柄呈白色，上部生长着白色的菌环。这种真菌可以毒杀苍蝇，误食后 6 小时内患者会出现呕吐、腹痛、腹泻等消化系统疾病和神经错乱等神经系统疾病，严重者全身抽搐、脉搏微弱、呼吸困难,甚至神志不清。可使用阿托品治疗。

9. 苏云金杆菌。有直径15厘米的灰白色菌盖,菌褶在生长中由黄色变成淡紫色。在潮湿阴暗的草地、低矮的丛林中常有分布,内含致命的毒素。

10. 大鹿花菌。菌盖呈黄褐色,直径8.9～15厘米,表面比较平坦,带有轻微的褶皱。菌柄圆柱形,颜色较浅,生长在针叶林中的腐木旁边。毒性不是很强烈,但绝对不可食用,不同的人也会出现不同的中毒症状。

各类有毒的植物

毒叶藤和毒橡

人们常把它们弄混,因为二者从外表上看很相似。它们每年都会落叶,锈棕色茎干,浆果状果实。它们都有互生复叶,一片复叶上有三片小叶。毒叶藤属攀缘植物,能爬到很高

毒叶藤和毒橡

的树木上,果实灰色,没有绒毛,单片小叶的叶缘有较浅的分裂。毒橡是灌木状,也可以攀缘,有和橡树小叶差不多的分裂形小叶,果实有绒毛。

这两种植物都会让人的皮肤有严重过敏现象,那些过敏体质的人要引起注意。只是它们对鸟类并没有太大的危害。

生长环境和分布地区:它们分布在北美洲,可以在北美洲的任何地形中生长。

毒漆

毒漆的危害

毒漆属灌木科，互生羽状复叶，小片叶子呈深绿色，形状全缘。长成的毒漆高 3.7 米左右。它的花呈黄绿色，并不张扬，果实呈灰褐色，簇生悬挂在植物茎上。

人接触到这种植物容易使皮肤严重过敏，其毒性较大，不会因季节和地区的变化而变化。

生长环境和分布地区：毒漆一般长在酸性湿地中，仅见于北美洲。

毒百合和佛罗里达毒树

毒百合

毒百合的球状根部与洋葱外表相似，很容易被人误认为是洋葱。毒百合的花朵是六瓣花瓣，每个花瓣上都有一片绿色心形图案。它的叶子在形状和

毒百合

普通的草相差不多,叶子之上醒目地长着它的花茎。

毒百合的任何一个部位都有毒,人一定不能接触它。

生长环境和分布地区:在美国西部的部分地区很容易发现毒百合。此外,美国东部、北美洲亚北极西部的部分地区和西伯利亚东部地区也零星分布有这种植物。毒百合一般上都喜欢生在向阳、开阔、潮湿的地方,同时也有一部分喜欢生长在干燥、多岩石的斜坡上。

佛罗里达毒树

长成的佛罗里达毒树通常有12米高,叶子是互生复叶,一片叶子上的小叶数目都是单数。新生的新叶是深绿色的,看上去闪闪发光。

人的皮肤接触到佛罗里达毒树后容易过敏,甚至会起水泡。燃烧佛罗里达毒树生成的烟会伤害人的眼睛,让人感觉很不舒服。

生长环境和分布地区:这种植物是佛罗里达群岛最为常见的一种树木,多生长在干燥、开阔的林地里,加勒比地区也是它的生长地区。

马缨丹和毒番石榴

马缨丹

说明:马缨丹是灌木状植物,长成的马缨丹大约高1.5米,各个部位都散发着浓浓的香气是其最显著的特点。它的叶子对生、圆形,花朵簇生,顶部较平。在不同地区其花朵有不同的颜色,比如黄色、白色和橙色。马缨丹有黑色或深蓝色的浆果状果实。

马缨丹的任何一部分被人食用后都会引起中毒,严重的时候甚至可以让人丧命。

马缨丹

症状轻微的患者则产生过敏、皮炎等症状。

生长环境和分布地区：这种植物常被用作装饰材料，成片的马缨丹多生长在热带地区，但野生的马缨丹也散布在其他的地区，比如在路边或在荒芜的田野里。

毒番石榴

叶子互生，呈闪亮的绿色，果实在成熟以后是绿色或黄绿色。

毒番石榴是剧毒植物，任何一部分都不能食用。人在接触它之后的半个小时内就会出现严重的皮肤过敏现象。燃烧毒番石榴所产生的浓烟会让人的眼睛感到不适。

生长环境和分布地区：毒番石榴一般都分布在沿海地区，比如加勒比海地区、佛罗里达南部、中美洲以和南美洲北部等。

其他有毒植物

1. 蓖麻

说明：半木质植物，互生，扇形，叶子较大。蓖麻的花不大，果实簇生在植物顶部。

蓖麻的种子较大，看起来较像豆状食物。它全身都有毒，不可食用。

生长环境和分布地区：遍布于热带地区。

蓖麻

2. 楝树

说明：楝树一般可长到9米高，有互生复叶和伸展形的树冠，小叶呈现锯齿状。楝树有淡紫色花，球形的花朵成丛簇生，花心颜色较浅。楝树的果实在刚开始结果时

楝树

是浅橙色，颜色随着生长和成熟会变得更淡，果实大小和弹子差不多。

所有的楝树都是有毒的，切忌不可直接入口食用。

生长环境和分布地区：人们在非洲常见到楝树，现在广布在热带和亚热带地区，它们常被人当作装饰性树木来使用，也常作为市建树木而被栽种在马路或街道两侧。在一些特殊的地区，楝树还被当地人赋予了宗教的意味，因此常被种在居民的房屋和村庄附近。

3. 海绿

海绿为一年生植物，体型较矮，叶子对生，花朵有五片花瓣，呈蓝色或深红色。海绿在不开花的时候特点并不显著，看起来很像人们常见的繁缕，因此常被人当成繁缕而没有防备性地采集。

海绿全身都有毒，人应该谨慎避开。

生长环境和分布地区：海绿原产自欧洲，后来被引进到美国、中东和非洲北部部分地区。人们在路边、田地旁、谷物田地里或其他杂草丛生的地方都能发现这种有毒植物。

4. 相思子

相思子属攀缘植物，淡紫色花，互生复叶，黑色或红色种子。一颗相思子种子里含有的毒素较多，甚至可以让一个强壮的成年人因此毙命。

它是众多有毒植物中最毒的一种品种，其每一个部位都有剧毒，会对人产生致命的危害。

生长环境和分布地区：相思子这种野草并不罕见，一般分布在中南美洲、非洲部分地区和佛罗里达南部等地区。

相思子

5.欧洲夹竹桃

灌木，叶子互生，深绿色，较直，有红色、粉红色、白色和中间色花朵。褐色果实呈豆荚状，果实里有很多细小的种子。

欧洲夹竹桃任何地方都有毒，不宜用作煮饭材料。

生长环境和分布地区：它原产自地中海地区，后来在热带、亚热带地区被广泛种植，多被用作装饰材料。

第八章

营救与逃生技巧

第一节 野外识别方向

利用阳光与阴影

我们可以根据地球与太阳的相对位置来确定方向。众所周知，太阳东升西落，但是方向并不是正东方和正西方。四季变换，这个方向也会出现偏移。影子永远都是跟太阳做相反的位移运动。在地球赤道以北的地区，影子从西向东移动，正午时分是指向正北边的。相反，在地球赤道以南的地区，影子正午时分是指向正南边的。掌握了技巧，我们就能按照影子的指向分辨出当前的方向和时间。利用影子识别方向有两种办法，分别是影子末端法和手表法。

影子末端法

利用影子末端法需要一根1米长、没有弯曲的棍子和一片没有大树的地面，因为有树挡住的话，棍子在地上的投影就会受到干扰。影子末端法准确性很高，同时非常容易操作，四个步骤就能辨别出当前位置的方向。

· 为了得到清晰的影子，需要找到一块水平的空地，然后在空地中间插上一根棍子或者枝干。用坚硬的能在地上刻画出痕迹的东西在影子顶端的位置做一个记号。因为前面说了，在地球上的任何地方，影子移动的方向都是由西向东，所以这第一个记号一定是指向西边的。

· 静静地等待十几分钟，这时候我们可以看到影子的最顶部偏移了本来的位置，在影子顶端的位置做一个记号。当然，第二个记号是指向东边的。

· 第一个记号和第二个记号用直线连接起来，这时候，东西两个方向就都能看出来了。

· 辨别出东西方向之后，选定方向站好，让我们的左手指向西边，右手指向东边，然后就可以分出南北方向了，我们就是面向着北方站的。无论在哪里，这个方法都是百分百没有错误的。

还有另一个方法更加复杂，不过准确性也更高。同样是找一块空地，在中间插上棍子或者树枝，早上开始做一个记号。拿一根细长的线，以棍子为中心，影子为半径，记号为初始端点，画出一个圆弧来。影子随着时间的推移慢慢变短，最后就完全跟物体重合起来了。过了正午，影子又开始慢慢拉长，直到影子最顶端跟圆弧的某一点重合，在这一点上面做上记号。把第一个记号和第二个记号用直线连接起来，东西方向就准确无误地出现在我们眼前了。

手表法

想要准确地分辨出东南西北，手表的时间就不能是夏时制之类的时间而必须是真正的当地时间。同时，我们要知道，在地球的南北最中间的地方利用手表法分辨方向最准确，越靠近两极，准确性越低。当我们身边仅能使用的工具只有数字手表时，也可以在纸上面刻画出表盘的点数，然后根据数字手表得到当时的时间，确定现在指针应该是指向表盘的哪个方向。为了得到更准确的答案，我们还可以把表盘画在地上或者把手表放在地上。

在地球赤道线以北的区域，使当前时间的指针对着太阳的方向，要注意手表不是倾斜的。这时候南北线就是指针方向和12点方向这两条直线之间的角平分线。可能有人会说：得到南北线，我还是不知道哪边是南、哪边是北。不用担心，因为太阳永远都是东升西落，12点的时候指向正南边。12点前，太阳出现在东方；12点后，太阳就出现在西方了。

注意：手表的时间是夏时制的话，分辨南北方向时，上述方

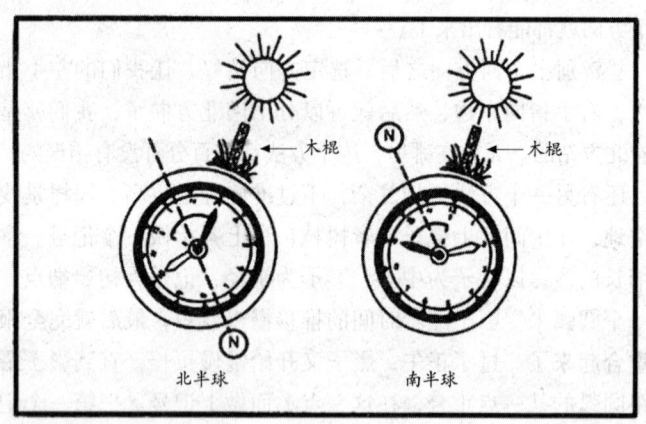

▲ 表盘法

法中用到 12 点指针方向的就要换成 1 点的指针方向了。

在地球赤道以南的地区，让 12 点的方向跟太阳的方向重合，这时候南北线就是 12 点方向和指针方向这两条直线之间的角平分线。

另外一种方法叫 24 小时时钟法。我们需要先知道当时的当地军用时间，然后用它乘以 1/2。知道了这个时间后就能知道这时候的 12 小时制的指针方向。在地球赤道以北的地区，让当前时间的指针指向太阳的方向，让 12 点的方向指向北边。举个例子说明，假设现在的当地军用时间是 1400 点，乘以 1/2 等于 700，就可以得到现在的时间了。将手表保持水平，让 7 点钟方向跟太阳方向重合，这时候 12 点钟的方向就是北边。在地球赤道以南的地区，前面步骤不变，然后让 12 点钟的方向跟太阳方向重合，刚才得到的"时间"指向的方向就是南边了。

利用月亮辨别方向

月亮本身不发光，平时看到的月光都是太阳照射到月球表面然后再反射出来的光。月亮以地球为中心，公转周期是 28 天，在这 28 天里，月亮的相对位置一直在改变，因此我们看到的月亮也一直在变化。在一个时期里面，地球挡在月亮和太阳的中间，在地球上就看不到月亮了，这时候我们可以说这是新月，也可以说是没有月亮。然后月亮继续转动，这时候月亮、地球和太阳不再是在同一条直线上，月亮的右侧开始反射光线，先是一个小小的月牙，随着时间的推移慢慢饱满，最后变成弦月挂在左边。我们就可以根据这个原理识别方向。

如果太阳没下山，月亮就升起来了，它的发光侧指向的那一边就是西边。

如果已经是后半夜了，月亮才升起来，它的发光侧指向的那一边就是东边。所以我们根据月亮就可以确定哪边是东边、哪边是西边了。

利用星辰辨别方向

我们可以根据星座来分辨出南边和北边，不过南北半球不同，需要分析的星座是不一样的。下面介绍为什么不能分析同一个星座。

上图所示的是如何利用娥眉月来辨别南北的方法。将面朝左的娥眉月的两个端点连起来，划一条虚线。在北半球，该虚线与地平线的相交点即指正南；在南半球，该虚线与地平线的相交点即指正北。而面朝右的娥眉月，则正好与之相反，即在北半球，该虚线与地平线的相交点即指正北；在南半球，该虚线与地平线的相交点即指正南。

小资料

做好方向标记

当夜晚利用月亮或星星来辨别方向的时候，不要忘记日出之时，月亮和星星都将消失。因此，当晚上辨别好方向后，一定在相应的位置做上标记，以便第二天清晨辨认。

北半球的星空

最重要的是先要学好在星空里找出大熊星座（也叫大杓星或北斗七星）和仙后星座这两个星座。大熊星座一共有 7 颗星星，这几颗星星围成一个勺子的形状，在勺子的外缘的两颗星星都指向北极星，所以也把这两颗星星叫作指极星。找到勺子最下面和最外侧的这两颗星星，然后在脑海里给它们连上直线。延长这条线直到延长线是本来线段的 5 倍长。北极星就出现在延长线的另一端附近。

仙后星座只有 5 颗星，看起来就像一个大写字母"W"。只不过这个大写字母的一边被扯得有点变形。沿着这一边角的角平分线看出去，很容易就能发现北极星。先目测字母变形的这一边的底部到顶部的距离，然后可以发现北极星跟顶部的距离大概是它的 5 倍。北极星夹在仙后星座和大熊星座这两个星座中间。找到北极星，然后沿着北极星往地面作一条垂直线，这条直线的下端点就是北极或者是正北方了。

南半球的星空

南半球的星空没有像北极星那么耀眼的星星，所以通常情况下是根据南十字星座来识别方向。南十字星座就是一个指南针。南十字星座由 5 颗星星组成，其中 4 颗很耀眼的星星，构成了一个十字形状。选用十字形中比较长的那条轴线作为指导。将这条线一直延长到差不多是本来轴线的 4 倍长度，这条线的终点就是南极。这个星座左边方向的指极星有两个作用。第一个作用是由星座开始往地面作垂直线找到南边。第二个作用是借助它可以辨别真假南十字星座。南十字星座和两颗指极星之间没有星星，看起来就是一片漆黑的夜空。这片漆黑的夜空也叫作碳囊。从那里往地球表面作垂直线，可以选择一个地标作为日后的方向标。当我们所处的环境是寂静无人的时候，晚上观察，然后在这里插入一根棍子之类作为路标，白天的时候，我们就可以通过它来识别方向。

指南针

人们使用指南针作为导航工具已有数千年的历史了，其间指南针得到不断改进。指南针的指针指向磁北的方向（它随着磁北极的移动而移动，目前的磁北极正位于加拿大北部的哈得逊海湾）。

传统指南针的构造为：一个圆盘内装一个摆动的指针，圆盘四周标有360°的刻度和基本方位（东、西、南、北）。后来，又有人在其上装上一块棱镜，以便更清晰地看到方位。为了更准确地判断地图上某一地点的所在方位，又有人在指南针上安装了一个量角器。第二次世界大战之后，北欧人发明了一种新型的指南针，称之为量角器指南针，即将指南针、量角器、直尺合而为一，也就是现在最常见的指南针。

量角器指南针是如今最流行的一类指南针，是一种多用途的导航工具，它具有如下功能。

- 地图定位。
- 测量地图上标示的距离。
- 找出你所在位置的网格基准。
- 确定你实际的行进方向。
- 确定自己在地图上的行进方向。

指南针的养护

指南针是一种重要的野外生存工具，且构造较为精细。因此，在旅途中，务必小心保管。你可以把它挂在脖子上或放在腰包里，但要注意不要将指南针与有磁性的东西放在一起，否则会影响指南针的精确性。

找到正北方向

将指南针平放在手掌之上，并确保附近没有大的含铁金属物（因为这样有可能形成一个较大的磁场，从而影响指针的精确性）。指南针的红色磁针始终指向磁北的方向。为了找到真正的地球正北方向,你得知道你所在地区的磁偏角的数值(一般地图上都会注明),然后再将该数值应用到量角器中。根据你所在位置的不同,你可能需要加上或减去磁偏角的数值。在使用时必须对照地图来调整磁北和地球正北的偏差角度,才能得到正确的方向或位置。将红色磁针与量角器底板上的平行经度线对准,前进方向的箭头即指向正北。

寻找方位

如果你行进的路线上没有显著的地理特征如小路、小溪或山脊作为判断方向的参照物,那么指南针就是指示方向的唯一可靠工具了。

确定自己打算前往的目的地的方向后,将红色磁针与量角器底板上的平行经度线对准,前进方向线箭头所指向的就是应该行进的方向。

在用上述方法寻找方位时,一定要先以路途中的某一地理特征为标记。也就是说,你必须找出地面上的某一地理特征(比如说一棵树)作为参照物。让这一参照物与你的前进方向一致,并朝它走过去。然后不断重复以上过程,直至最后到达你打算前往的目的地。

在能见度差的天气条件下,人们很容易迷路。在这种状况下,要尽量避免在行进途中偏离方向。你可以借助近距离的一些地面特征来判断自己是否身处正确的位置,如露出地面的岩层。如果是团队探险,可以先让几个人始终行进在众人的前面,但要保持在后者的能见范围以内。当能见度极低时,最好采取前面说到的方法,即把人当作一个地面特征。前面的人可以用喊声来指示方向。这样一来,就不容易偏离正确方向了。

制作临时指南针

制作临时指南针所需要的材料很简单,只需要一片铁片或者双刃剃须刀片做成针状，一根能承受指针重量的细线或者头发。拿一块丝绸出来，在上面朝着同一个方向摩擦指针，如果没有丝绸，也可以用头发替代。值得注意的是，一定要始终朝着同一个方向摩擦，否则就没有效果了。电池、电线之类的东西，也是可以磁化金属的。

电线外面通常都包着一层绝缘体。假如没有这层绝缘体，那么我们就要把金属用纸或者树叶包起来，不要让它接触到电线。用电线做一个线圈，然后将电压2伏以上的电池的正负极连接起来。将指针的一头先插入线圈，然后再拔出，如此反复做，然后指针就带上了磁性了。这时候我们可以把它吊在一根线上，也可以放在水中的荷叶上或者小木板上，它自己就会转动，指向南边。

如果嫌上面的指针太过于粗糙，我们还可以做一个更加别致的临时指南针，需要的材料是一根缝衣针、薄薄的金属片、钢笔镀银的笔尖和塑料容器上切下的底部。第一步，将缝衣针折成等长的两段，一段用来做指方向的指针，另一段用来作为支点。第二步，将作为支点的断针轻轻地插入塑料容器中间，不过不要透出来。第三步，拿有黏性的东西将笔尖粘到另一段断针的中间。第四步，磁化这一段断针的其中一端，然后放在刚才做好的支点上，这样就完成了。

确定方向的其他方法

第一个方法是利用树木。古老的一个辨别方向的方法，就是看树上的苔藓，哪边树上长着苔藓哪边就是北边，但是有的树上几个方向都长着苔藓，所以这个方法不可靠。事实上，在赤道以南的地方，树北面的苔藓的确长得非常浓密，但是在地球赤道以北的地方，却是树的南面长的苔藓会比其他方向多。我们还可以通过比较倒在地上的树桩来确定方向。如果在北半球，那么年轮间隔距离很宽的一边是朝向赤道那边的，因为朝着赤道这边生长得更快一点。对应地，年轮相隔近一点的朝向北。

第二个方法是利用风。很多地方的风大多数情况下都是往同一个方向吹。如果提前知道这个风的情况，我们就可以通过风来确定方向。

还有一个方法是利用土坡上的植被和它的湿度的差异来确定方向。在地球赤道以北的地方，北边的土坡照射的阳光会比另一边少很多，所以北边的泥土摸起来会相对阴凉和潮湿。夏天的时候，北边的土坡有残留的积雪。冬天的时候，最先融化的雪是在土坡、长在宽广的地面上的树木还有石头的南边。因为南边太阳照射多，所以地上的雪也会相对浅很多。而在地球赤道以南的地方，我们可以看到以上的情况都是刚好相反的。

利用周围的事物保持方位

在生存环境中方向是十分重要的，在被派遣之前你要准备好指南针之类的仪器来帮助你辨别方向。倘若不慎将仪器丢失或者损坏，你就要明白怎么根据你周围的事物来判定方向。

根据周围植物的生长情况来辨别方向

可以根据树的生长情况来辨别方向。一般向阳的地方树都会枝繁叶茂，也就是南面。生长在树墩南面以及附近的杂草会相对北面而言要茂盛，秋季枯萎的时间也会比北面要早一些。同时可以根据树干表面的光滑度来辨别方向：一般情况下树的表皮北面的要比南面的光滑，凹凸不平的部分要少一些。对于一些结果实的树，同样也是南面的枝叶和果实要多一些，并且成熟得快一些。特别是，有些地方的树干上的年轮是可见的，而年轮一般都是北面比南面要密集一些。

利用一些动物的习性来辨别方向

如果你是在海洋附近生存，那么你会有一个很好的帮你辨别方向的帮手——海龟。大量实践证明，海龟在海洋中生存从来不会迷失方向，是因为它们体内形成了自己的指南针，能够准确辨别方向，躲避危险。海龟刚从蛋壳里孵化出来，就会立马朝着海洋的方向爬去，这是因为海龟从小就有能够根据它所处环境的磁场来辨别方向的能力。因此在海洋环境中，如果你无法辨别方向，你可以选择跟着海龟游动的方向前行。

注意：你不能把一个海洋区域的海龟带到另外一个海洋区域去帮你辨别方向，因为海龟的方向感只对它所生存的海洋领域有用。

第二节　发信号的技巧

信号的应用

如果没有战斗，尽可能在你附近最高的地方寻找一个平坦开阔的空地，然后想方设法做出最醒目的信号。但是如果在战斗中，你必须要提高警惕，以免你发出的信号将敌人吸引过来。选择的空地要保证能够让飞机看见，附近还必须要有一个你可以躲藏的地方。为了不让敌人发现你的信号，最好选择在你和敌人之间有小山之类的阻挡物的地方发射信号。在发射信号前要彻底侦查周围的环境，如果周围有敌人的部队，就另择一处。

要想发信号，必须要了解发信号的技术和装置的使用方法，并且可以即刻操作。尽量不要使用对你的身体产生威胁的信号或是发信号的方法。在发信号之前，要考虑被战友援助的机会和被敌人俘虏的风险哪个更大一些。你要知道，你发给战友的求救信号也可能把你的藏身信息暴露给敌人。

最安全快速的发信号方法大概就是无线电了。使用无线电既能够使你的信息最快地传递到战友那里，也能使你很快就能收到他们的回复。为了能使用无线电发送信号，你必须要知道如何操作发射装置、如何发送并接收消息，还要熟悉你所属部队的无线电频率。

你可能还会接触到其他发射信号的方法，你要掌握这些技术和装置的使用方法。在真正用到这些技术和装置之前，多多地练习，可以想象在不同的环境里该如何对它们进行调整来适应环境。如果你有计划地提前准备发信号，就会增加你得救的概率。

发信号的方法

我们引起别人注意的方法一般有两种,即视觉和声音。不同的情况下我们采用的途径不同,但不管采取哪种方式,我们都要考虑自己所处的环境和可使用的材料。在本部分中,你会看到几处"三个一组",而"三个一组"的事物在大自然中并不多见,它一般上都是人工制造出来的视觉信号或声音信号。

视觉信号

这里所说的信号指的是人用来让救援者看到自己所使用的材料或装备。视觉信号包括火、烟、火焰以及其他类似的信号。

火。在黑暗的地方,火常用来发出视觉信号。生三堆火,让它们形成一个三角形,是国际通用的求救信号。或将火堆排成一条直线,彼此相隔25米。在时间和条件允许的情况下,要尽快把柴堆堆起来,以免受到恶劣天气的影响。如果你一个人在外,同时确保三堆火都燃烧起来有一些难度,那就集中全力保护好一堆火。火堆燃烧后形成的热炭堆同样能让装有红外线或热敏探测仪的飞机侦察到。

生用于发信号的火堆时,你要考虑自己所在的地理位置。举个例子,你要是在丛林里,你就要找一片空地或在溪水边生火,否则火堆会被丛林里的树叶遮掩住。若没有天然的空地,你可以临时清理一片出来。如果在雪地里,你可以清理地面的积雪,也可以搭一个平台来生活,不然刚生起来的火就会被融化的雪水给浇灭。

把树烧着是另外一种吸引救援人员注意的方法。含有树脂的树木容易被点燃,即便它们是绿色的、潮湿的。至于其他类型的树木,为了能够点燃,你可以尝试在较低的树枝上放上一些干木头,借助干木头壮大火势,进而将整棵树点着。在树还没有全部被烧完之前,你可砍掉一些小树扔到火堆里,这样可以产生更多的烟,使得信号更容易被发现。不过,燃烧的树一定要远离其他的树木，以免引发森林火灾，威胁到自己的安全。

烟。如果你是在白天受困，你可以做一个烟发生器，以引起救援人员的注意。国际通用的受困信号是三柱烟。为了让信号能更好被识别，你就要想办法使烟的颜色和周围的背景颜色区别开来。背景色浅，你就要使用黑烟，反之亦然。如果想要白色的烟雾，你可往火里添加一些绿色的树叶、苔藓或者直接浇灌适量的水。如果想得到黑色的烟雾，你可以往火上加一些橡胶、在石油中浸泡过的碎步等。

烟在沙漠里不容易升高，多是在地面附近聚集，但沙漠要是足够宽广的话，飞行在上方的飞行员还是能察觉到的。

风和日丽的日子里，用烟做信号再好不过了，但在大风、雨、雪、冰雹等恶劣天气中，烟会被驱散，便很难被发现了。

烟雾手榴弹。烟雾手榴弹的使用方法和火大同小异，提醒你注意的是，务必要保持手榴弹的干燥，并确保在用得着它们的时候它们是有效的。使用烟雾手榴弹的时候要避开周围的植物，以免引燃，发生火灾。国际公认的求救颜色是红色，一旦你向空中释放出了这种颜色的烟雾，那么得到救援的概率就会大大增加。

信号枪。飞行员的救生衣中一般都有这种M185信号装置，包括一支钢笔形状的枪，枪上用尼龙绳绑着一粒燃烧弹。它发出的声音和手枪射击发出的声音有些相似，燃烧弹射程150米，直径大约是3厘米。

把燃烧弹从包装中取出，部分装入枪中，让扳机处于非击发位置，可使燃烧弹处于随时待命的状态。但与此同时，你也要做好隐蔽准备，以免飞行员误把你发出的信号弹当成是敌人在底下射击。值得注意的是，燃烧弹飞起来有可能会碰到树枝和树冠，这样的话，其飞行方向会发生偏移，其落到地上也很容易引发森林火灾。因此，你使用燃烧弹的时候，一定要确保发射上空没有障碍物。

微型火箭筒。它是信号枪的更新装备，只是信号枪依靠弹力，它则靠喷气获得动力。其射程最大是 300 米。在顺利发射之前，要把燃烧弹推进套管里面固定牢固，而非拧进去。

注意：国际公认的危难信号是三个一组。

曳光弹。它和信号枪一样，飞行员若是没有识别到就会误以为是敌人的火力，因此，你也要在释放完求救信号之后立刻将自己隐藏起来。使用它的时候，切记不要向飞机的前方发射。同样，三个一组是国际公认的危难信号。

星状烟火信号弹。红色是国际通用的求救颜色，那么红色的烟火信号弹就是求助时的最佳选择了。如果你实在无法释放出红色烟雾，其他颜色的烟雾也是可以帮助你获得援助的。其射程高度一般在 200～215 米，可持续燃烧 6～10 秒，落下速度是 14 米/秒。

星状伞投信号弹。其射程高度为 200～215 米，落下速度 2.1 米/秒。M126 型（红色）能持续燃烧约 50 秒，M127 型（白色）可持续燃烧约 25 秒。夜间，其视距离为 48～56 千米。

MK-13 和 MK-124。这类信号装备常被配置在救生筏和飞机里。它们的一端可产生橙色烟雾，以便白天使用，另一端可产生明亮的火焰，以便晚上使用。其产生的烟可持续 15 秒左右，火焰可持续 20～25 秒。然而，它们虽被安装在了救生筏上，但却无法在水上漂浮。此外，它们使用起来是需要手持的，但手持的一端并不能防止烧伤。而一端发射过信号后，另一端依然可以使用，并没有因此作废。细心的制造者在装置的两侧都留下了具体、详细的说明，所以就算你是初次使用，也可以马上学会正确释放信号的方法。这类信号装备两端的盖子都是彩色且凸起的，拉环上也有区别是白天使用还是夜晚使用的垫圈。

反光镜或闪光物。在阳光充足、天气晴朗的白天，镜子也是不可忽略的一种信号装置。

如何使用 MK-3 信号镜呢？下面是一些步骤：

- 借助镜子，将阳光反射到周围一个物体的表面。

·将镜子举到眼前，把眼睛靠近，观望小洞，你看到的那个异常明亮的光点即是目标显示器。

·在眼前慢慢转动和调整镜子，使得那个明亮的光电最终停在目标物上。

·假如你所处的地区没有敌人的侵袭，只可能出现友军的救援队，那么你就可以自由地使用信号镜了。你可以在地平线上扫描，直至发现救援人员。但如果你正处在敌人控制的区域或者敌人很可能出没的区域，你就要谨慎了，信号镜这时候则只能被用来瞄准信号了。

如果你随身没有携带镜子，那么你可以临时把你的水杯、皮带或其他的类似物磨光，让它们也能反射阳光。把反射的光集中到一点上，可以避开敌人的侦查。如果你恰好有MK-3型信号镜，你就可以按照它背后的操作说明使用了。

除了这些，还有一个用信号镜瞄准目标的方法，即把放射光投射到你的掌心，或者投到你V字形手指之间的位置，或者让飞机处于你V字形手指之间的位置，然后缓缓地、有节奏地上下左右移动你的手，最终确保你的信号能对准目标点。

要把信号镜随时都悬挂在自己的脖子上，以备不时之需。但在暂时不需要的时候，一定让反光的那一面贴着自己的身体，否则不小心反光很可能就会被敌人发现踪迹。

雾气和阴霾都会阻止飞行员看到闪光物有意释放出的信号。既然这样，你可以尽量跑到周围地势最高的地方发出信号，就算你因为浓雾看不到飞机，你也可以听声音判断其方向，然后朝着那个模糊的方向发出你的信号。

在理想状况下，高空中的飞行员在160千米之外都能看到镜子的反光。

手电筒或频闪灯。晚上你要想向飞机发出求救信号，可以使用手电筒或者频闪灯。要注意的是，频闪灯有时候会被飞行员误认为是敌人袭击的枪弹。频闪闪光灯60次/分钟，有的配有红外线外罩和镜头。蓝色闪光瞄准仪可以收到频闪光，这不仅可以让飞行员区别开频闪光和枪口在射击时发出的光，也可以让他们知道频闪闪光灯所指示的方向。

激光装置。武器上的激光瞄准装置的可视性很高，瞄准镜和商用激光笔的可视性也很高。

萤火灯。荧光灯多是一些1厘米厚、3厘米见方的小灯，9伏电池就可带动。它们能产生各种可见红外线，有闪光也有稳定的光。不同灯光的可见范围和电池寿命则取决于灯泡的数量和使用的方法。

VS-17信号布板。白天你可以用它来发出信号，即让橙色的一面朝上，鲜亮的颜色和频繁的晃动便于空中的救援人员看到。

衣服。有的人会把自己的衣服放在空地上或者挂在树顶上来求助，这些衣服一定要颜色鲜艳，并且与当时环境的背景颜色区别开来。为了吸引救援人员的注意，你可以多找一些衣物，把它们排成长长一排或者较大的几何图形。

天然材料。以上所说的装备、物品你若都没有，你可以利用手边可用的天然材料，比如树叶、岩石、灌木、雪块等，把它们组成特殊的求助符号或者较大的几何图形。

在积雪覆盖的地方，你可以使劲踩脚下的雪，争取踩出来一些符号或图形，然后再拿树枝、杂草等和雪形成对比的材料放入符号和图形中。在沙漠中或戈壁上，你可以用砾石、植物、杂草等直接来拼成图案。

在灌木丛生的地方，你可以在灌木丛中砍出一个便于求助的图形，砍掉后可以有选择地烧掉一些灌木，使得图形更加清晰可见。在苔原地区，你可以挖一些沟渠，也可以将草皮翻过来。

总而言之，不管你在什么地方，你都应使用有对比、有区别的材料来生成符号、图形等。最好将信号排列成南北走向，因为这样可以获得太阳光线所造成的阴影，进而与周围环境形成反差和对比，使得飞机上的人较容易看到。

海水染色剂。装有海水染色剂的救生箱多会配备在军用飞机上，尤其是当它们被指派到附近有水的地方执行任务时。你要是在白天被困于水上，你不妨使用海水染色剂来标识自己的位置。如果不是在波涛汹涌的大海中，染色区域在3小时内都会很明显。其效果从11千米以外、600米高度的飞机上都能看得到。它还可以用于雪地，拿它把求救代码字母染色是很有效的。

注意：有人说海水染色剂容易招来鲨鱼，美国海军专门对此进行了研究，但没有找到支持这种说法的科学依据。然而，鲨鱼天生对新奇的东西具有好奇心，因此就算没有海水染色剂，身在水中的你也很可能被鲨鱼当作美餐。

音频信号

除了视觉信号，你也可以向搜救者发出音频信号。常用来发出音频信号的装置有无线电设备、哨子和枪等。

无线电设备。AN／PRC-90无线电信号设备是军队飞行员救生背心里的一部分。AN／PRC-112将最终代替AN／PRC-90。这两种无线电设备不但可以传送信令，还可以传送声音。当然，其他类型的无线电设备也都具有这两种基本功能。接收信号的飞机所处的地形、纬度，当时的天气，植物密度，无线电设备的种类、电池状况、受干扰情况等都直接影响信号的传输距离。如果你想利用无线电设备顺利地将信号发出去，你可以采取以下的步骤：

· 尽量在没有障碍或障碍较少的开阔地带传送信号。无线电是视距通信装置，它和接受者之间的任何地形都会阻碍信号的正常传输。

· 让救援飞机和无线电设备的天线之间保持直角，因为天线顶端的信号是很弱的。

· 若你使用的无线电设备能发送信令，可把它放到一个凸起的平台或高地上，方便你进行其他的求生任务。

- 发送信号时，切记不要让天线或衔套的任何部位触碰到你的身体、衣服、树叶和地面，这样的接触会大大降低信号所能到达的距离。
- 保护好电池，不用的时候关上设备，尽量避免持续地发射和接收。在敌占区，传输时间越短越好，否则很容易被敌人侦查到。
- 寒冷的天气里，不用的时候要把电池放到温暖的衣服里，因为低温会使能量迅速流失。还要避免将电池暴露在极热的环境中，因为高温会引发电池爆炸。虽说无线电设备的设计都是防水的，但我们最好保持设备和电池的干燥，毕竟水会损害电路。
- 国际救援机构已开发出一个世界范围内的卫星监测系统，以帮助找寻救援者的位置，但搜救要在和平时期启动，且起码要传送30秒钟的信号。

哨子。近距离发信号可以使用哨子。有记录的案例显示，哨声可传达1.6千米，专门制作的哨子声音比从人口中吹出的声音传播更远。

枪声。在一些特殊情况下，你可用火器释放信号。常用的求救信号是有明显时间间隔的三声枪响。

注意：在敌占区最好避免使用枪声作为求救信号。

代码和信号

仅仅通知别人你的藏身地点是不够的，你还要知道怎样向你的战友提供更多的信息。发送整句的信息既不方便，也费时间，代码和符号则简洁明了。所以，你要学习所有的飞行员都认识的这些代码和符号。

SOS。SOS是摩尔斯码中三个点、三个破折号、三个点，也是国际通用的无线电求救信号。一个点是一个短暂尖锐的脉冲，一个破折号是一个较长的脉冲，然后持续这样发送。你可以用灯光或者旗来实现SOS的发送。使用旗帜时，把旗放在你的左边代表破折号,放在右边则表示点。

地对空紧急代码。地对空紧急代码实际上是5个明确的、有意义的符号。要制作这些符号,至少要有4米的宽度、6米的长度。如果你要制作更大的地对空紧急代码,要保持宽和长的比例为2∶3。

序号	信息	代码、符号
1	需要援助	V
2	需要医疗援助	X
3	不、否定	N
4	是或肯定	Y
5	朝这个方向前进	↑

▲ 地对空紧急代码(图形信号)

▲ 身体信号

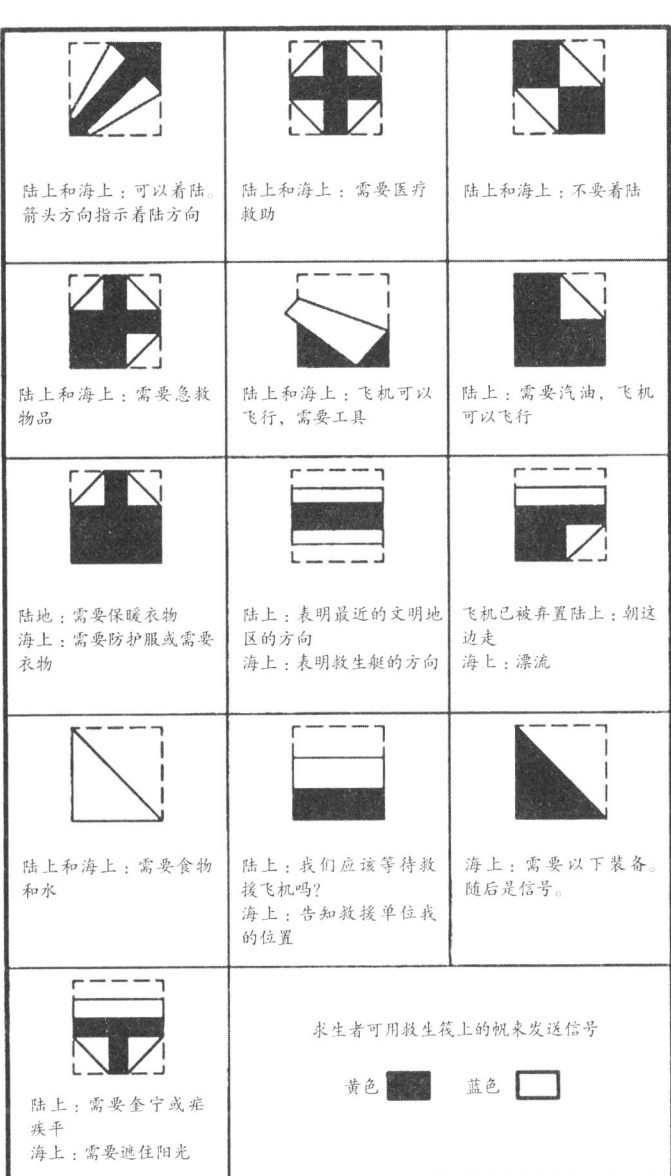

▲ 布板信号

要最大限度地确保在高空中可以看见这些符号，符号笔画的宽度至少要有 1.3 米。要牢牢记住符号的画法，注意尺寸、比例、尖角、直线和方角等细节。选择制作符号的材料时，要选择飞机零件、圆木或是树叶之类能够同地面产生强烈对比的东西。另外，折断或弯曲作物来形成符号，或者是在雪地或沙土上踩出信号的形状，也是让信号同地面产生对比的方法，可以的话也能想想其他的可行方法。信号要放在空中容易发现的平坦、开阔地上，但是如果有敌人在附近，为了不让他们顺着信号发现你的藏身处，你可以把信号埋在地下。

身体信号。在飞机靠近你、飞行员可以清楚看见你的情况下，你可以用身体来传递信号，譬如挥手或摆出特定的姿势。

布板信号。如果你手边有大块的布或者木板，可以通过在上面画特定的符号来发送信息。如果没有，也可以用救生筏罩、船帆或者毯子等代替。

飞机回应。通过飞机的运动或者是闪烁灯光，飞行员会向你传递他已经看到你的信号。如果飞行员的信号是说他已经收到并且理解你的第一个信号，要立刻准备好发送下一个信号的装置，有无线电信号设备就使用无线电，没有的话可以参照上面介绍的方法。

引导飞机的程序

联系飞机有三步：第一步，用灯光联系，第二步用声音联系，第三步听回应。每一步的时间都是 15 秒。当你和同盟军的飞机取得联系后，要引导飞行员将飞机驾驶到你所在的位置。具体程序如下：

· 呼号。如果有号的话，要先进行呼号。举个例子：五月，五月，五月……

· 姓名。向飞行员报上你的姓名。

· 地点。告诉飞行员你是处于其顺时针方向还是逆时针方向，还有飞机和你的距离。

- 敌人的部署和地点。说明敌人的数量以及所在方位。
- 需要救援的人数。告诉飞行员共有多少人需要救援。
- 可降落的地点。向飞行员提供可以降落的地点。
- 其他帮助。如果还需要医疗或者其他紧急的帮助,也要告诉飞行员。
- 引导指令。为了避免飞行员因为视角飞错方向或位置,要向飞行员发出引导指令,校正其飞行方向。譬如,告诉飞行员"右转舵",如果飞机要右转才能到你的位置的上方。告诉他"稳住",如果飞机开始接近你的位置。为了可以持续进行必要的校正,要让飞机面对你。为了帮助飞行员测算你所在的位置,你还需要将飞机和你的大概距离告诉飞行员,并且当飞机即将到达你所在位置的时候,最好进行倒数。因为飞机设计的关系,飞行员不能看到正下方的景象,只能看见斜下方,因此对飞行员的飞行进行导向是很重要的。

但是你还要知道,和援军取得联系也不能保证你的安全。在真正获救前,都要谨遵指令,继续使用生存和逃生技术。

摩尔斯讯号

摩尔斯码是现在国际上广泛应用于通信的密码。主要是用点和线来表示英文的26个字母,线表示长音,点表示短音,利用这种长短音的组合形成一种特殊信号。例如国际通用的求救信号SOS用摩尔斯码表示就是"三长—三短—三长"。

摩尔斯电码最早由美国人摩尔斯发明,最初的英文字母对应各个数字,而数字用点和线表示。后来他与艾尔菲德·维尔合作,让线、点和停顿代表各个字母,独立地发送出去。他们还用这样的方法发送了世界上第一份电报。现在,去掉了停顿的国际摩尔斯电码代替了以前由线、点、停顿组成的美式摩尔斯电码。国际电信联盟(ITU)甚至还为全世界的摩尔斯电码爱好者们颁发业余无线电执照。他们用来发送摩尔斯电码的电键除了传统的发报电键以外，自动的电子电键甚至电脑软件也受到了越来越多的青睐。

现在我们一般用"."和"–"表示每个字母，对应声音嗒（Dah）和滴（Dit）。线和点之间间隔一个点的长度，字母间隔三个点的长度，单词间间隔七个点的长度。简单地说，就是在发送时尽量拉大单词间的间隔。

还有一些常用缩写，比如：

ADS – Address（地址）

AGN – Again（再一次）

C – Yes（是，好）

CFM – Confirm（确认）

CLG – Calling（拨打）

CUZ – Because（因为）

CX – Conditions（状况）

DE – From（来自）

ES – And（和）

GND – Ground（ground potential）（地表）

GD – Good（好）

HR – Here（这里）

HV – Have（有）

MILS – Milliamperes（毫安）

NIL – Nothing（无）

NR – Number（编号）

OM – Old man（any male amateur radio operator is an OM）（男性业余无线电操作员）

SEZ – Says（说）

SIGS – Signals（信号）

SN – Soon（很快 = 不久将来）

SOS –（紧急呼救，国际通用）

TEMP – Temperature（气温）
TMW – Tomorrow（明日）
TNX – Thanks（感谢）
WL – Will（将）
WUD – Would（会）
WX – Weather（天气）

如何进行搜索

在搜索幸存者的时候，要根据情况采取合适的搜索方法，下面将介绍几种搜索的方法。

路线搜索

所谓路线搜索，就是推测幸存者有可能走的线路，然后根据推测出来的线路进行搜索。这里将介绍三种线路线索。

水路搜索。如果你推测幸存者最后出现的地点是在某条河里或者是河附近的话，那就根据该条河流进行搜索，把河流的每一个支流都搜查一遍。

营救的直升机找到你后，落地的时候可能又艰难又危险，所以给机组人员的信号必须要非常清晰。

空中搜索。如果你要搜索的人是在驾驶或乘坐飞机时出了事故，搜索的话就以该航线为基准，搜索航线或是推测的计划线路两侧的区域。如果天气好的话，你可以在夜间进行搜索。能见度高的话，飞机可以飞到更高的高度，这样在每次搜寻的时候可以覆盖更大的区域。不过一定要仔细搜索以免又重新再来一遍。为了避免错过幸存者发出的求救信号，应该采用某种特定的例行搜索方式返回，确认确实没有人发出求救信号后再离开继续搜索。

联合搜索。如果需要在海上搜寻目标,可以采用海空联合的方式进行搜索。譬如,飞机发现了幸存者的位置,可以先向其投放救援物品,指示其耐心等待轮船的救援,同时通知轮船前往救援,而轮船也可以作为飞机飞行的参照物。

如果你需要制作一个视觉信号,得选择一个空旷的地方,这样别人才有可能从地面和空中看到。

搜救犬搜索

两只搜救犬和它们的训练师,加上一名队长组成了一支搜救犬分队。一般会部署两只搜救犬参与搜救初期的任务。

搜救犬分队队长的任务是负责分析被搜索区域的地形、结构特点,然后标示出所有重点信息,并将结果报送搜寻行动的指挥部。过程如下:如果有搜救犬发现某一区域可能存在幸存者的话,队长应该将发现的那支分队调离。如果搜救犬发现某一地点比较可疑,不要立刻将地点标记,而是由训练师将那个地点清楚地记下,并派另一组再次对该地点进行搜索。如果第二组的搜救犬也认为该地点可疑的话,就应该标记下来,然后马上送报指挥部。指挥部派遣营救小组进行下一步的行动,而搜救犬小组则继续对其他区域进行搜索。

仪器搜索

仪器搜索就是搜索人员使用声波/震动监听设备对目标区域进行搜索的方法。如果需要的话,还可以使用导纤维设备、红外热成像设备,或其他设备进行搜索。

搜索人员的任务是,搜索并概括目标区域的情况,标示出值得注意的信息,然后将这些信息报送搜救行动指挥部。

如果要使用声波/震动监听设备的话，搜索区域应尽最大可能保持安静，还要在目标区域内的建筑物或空穴周边安装两个以上的探测器。然后使用大功率扬声器或其他喊话设备，向被困但仍然有意识的幸存者喊话，并且要求幸存者发出类似"连续敲墙5下"这样的重复信号。确认幸存者时和搜救犬分队类似，应该派另一位仪器搜索人员对可疑地区独立进行确认。如果第二名搜索人员也确认该区域可疑，则标示该区域，并将标示结果马上报送搜救行动指挥部，请求派遣营救小队尽快开展下一步行动。

还可以使用光导成像设备。光导成像设备能够精准地定位幸存者的位置，并且不需要第二次确认。搜索人员可以在坍塌建筑物表面，譬如楼板，钻几个观察孔，然后用光导成像设备进行快速探测。光导成像设备的操作人员发现有幸存者的时候，要用红色警戒线标示出来，并将标示信息立刻报送搜救行动指挥部，指挥部派营救分队进行下一步行动，然后所搜人员才可以继续对其他区域进行搜索。为了有利于后续的搜索行动参考，光导成像设备的操作人员应该分析被搜索区域的地形、结构特点，并标记出所有可用信息。

人工搜索

人工搜索是在要进行搜索的区域部署搜索人员，针对空的洞穴和狭小的地方进行搜索。搜索人员可以用视觉和听觉进行搜索，观察有没有幸存者的迹象，听幸存者发出的声音。还可以用扬声器或其他喊话设备向被困的幸存者传递信息，并且指示他们等待救援。接着可以保持搜索区域的安静，搜索人员细心倾听发出声音的地方，并做上标记。

人工所搜的优点是比其他的搜索方式更加的精准，缺点是进行搜救的人员搜寻时可能会遇到危险。

第三节 敌占区里的生存活动

计划阶段

周详而严谨的计划是执行所有任务的关键所在。一个好计划不仅要包括行动方案（COAS）、标准作战规则（SOH），还要包括脱险计划以及现行联合作战条令等。这几者之间要相互配合、相互协调，从而拟定一个详尽且完备的计划。

一个良好的脱险行动计划，可以为部队成功脱离险境提供便利。一旦遭遇险情，事前拟好的脱险计划，可以令后方营救军队准确了解在遭遇危险时前方部队可能的行动，有利于后援部队制订出准确、合理的营救方案。

概括来说，脱险行动计划是指部队或个人返回友军控制地带的全局计划。完备的脱险计划必须包含关于危险区域的详尽的情况情报。情报至少要包括以下几个方面：其一，目标区域的具体环境描述；其二，脱险行动指南和通告；其三，关于陷入敌后区人员的通告；其四，脱险行动计划；其五，关于脱险行动计划的研究。

为防止被敌方捕获，或是能成功逃离险境，在行动前充分了解如下几个信息是必要的。第一，了解部队的驻扎区或是其他一切可能的驻扎地。第二，通过各种途径和方法了解关于脱险行动计划的公开和秘密信息及通告。公开信息和通告可通过杂志报纸、新闻媒体、电视网络、图书资料馆以及当地居民等多种途径获得。对于这类公开信息，不可完全相信，要进行筛选，为己所用。非公开的秘密信息也可以通过地区评估、行军指南、保密网络、野外生存手册以及军情报告等得到。

具体来说，成功的脱险行动计划应该包含三个方面。

情况说明

当你到达目标区域以后,要及时写出一个当地的情况说明。情况说明根据具体的形势和任务而定,但万变不离其宗,一定要包含目标区域的地形地势、气候特点、敌营情况以及脱险通告等。情况说明具有很强的时效性,要依据具体情形的转变而增减其内容。毫不夸张地说,在某种情形下,详细的脱险行动计划情况说明决定着一支军队或是某个人的成败与生死。

标准作战规则(SOH)

标准作战规则是制订成功脱险行动计划的关键所在。当遭遇险境时,由大部队中分出来的小部队,在采取应急行动时应用的许多方法,对整支军队来说具有参考价值。这些标准作战规则至少要包含如下的内容:

- 每个小组的人数应该在3~4人,不宜过多。
- 技术以及非技术层面的组内和组间联系。
- 必备的工具和设备。
- 危险区域和具有潜在危险的区域的行动。
- 收发信号的技术。
- 应急措施和模拟行动训练。
- 接合的相关程序。
- 直升机等营救设施以及营救知识和程序。
- 藏身地点以及警戒线的划定规则。
- 明确的集散地。

预演和练习不仅有助于计划的顺利开展,而且可以帮助决策者发现计划中存在的漏洞和不足,以进行及时的修复和完善。

保持行动与防止被俘的通知

一个周密的脱险行动计划,应包含几个关于避免其部队的全体或部分成员被俘的行动方案。行动方案的选择不是某个决策者或是应用理论可以决定的，良好的行动方案是依据具体的作战计划和实地情形制订的。军队的指挥者不可擅自决定使用行动方案，只有在完成计划目标并接到上级的撤退命令或是确定无法完成既定目标时，才可使用。在确定既定目标不可能完成后，指挥者也可以根据实际情形，采取临时的应对措施，防止队员被敌方俘虏。

无论在何种情况下，野外行进的最大禁忌是与上级失去联系，擅自行事。在危急的情况下，如果指挥者与上级失去联络，那就要保持冷静的头脑，采取果断的措施，决定大部队的动向。指挥者的临时决定虽然要果断，但不能轻率。指挥者要仔细考虑如下几方面的实际情况：部队的既定任务、现有武器装备、伤亡人数、战术地形、取胜可能性等。与上级失去联系的指挥者，如果遇到敌人袭击等紧急情形，他所要考虑的问题可能会更多。例如，如何摆脱敌人的围追堵截、如何反败为胜、采取何种行动方案化险为夷等。

在最高指挥者收到上级的指挥通知或是失去与上级的联系而独自作出决定时，队伍进行计划的执行阶段。上级领导组织在作出任何决定，特别是发出保持行动与防止被俘的通知时，必须保证通知下达到每一名成员。

执行阶段

行动小组收到上级发出的保持行动与防止被俘的通知后，行军计划已经进行到了执行阶段。在执行阶段，队伍要经历向脱险出发点会合、返回友军控制区这两个运动阶段。

向脱险出发点会合

当上级发出的避免被俘通知下达队伍时，队伍中的全体成员要竭尽全力向脱险出发点进军，在安全地带顺利会合。所谓的脱险出发点，即是指足够安全且战略位置优越的，部队成员开始实施脱险行动的起始点。在事前制订整套计划时，就应未雨绸缪，通过地图、地方研究等多种资料，进行详细的分析评估，从而挑选出应急的脱险出发点。脱险出发点选择好以后，还要进行现场核实和判断，实地评价其是否适合作为脱险出发点。特别重要的一点是，必须确保参与行动的每一名成员都知道脱险出发点的确切位置。对于因紧急情况而发生的部队成员失散现象，每一名成员熟知脱险出发点，是一个很好的补救措施。

在所有参加行动的人员到达脱险出发点后，部队的注意事项如下：

- 对于伤者实施紧急救援，保存战斗力量。
- 清点装备，决定现有装备的取舍。
- 讨论决定伪装计划，防止成员被敌军俘虏。
- 向每一名成员再次强调并确认临时的藏身点所在地、通向藏身地的几种路线以及中途休息整队的地点等事项。
- 时刻保持警惕，不可掉以轻心。根据现有装备和人员数量，将所有成员以小组为单位进行划分，并平均分配武器，小组成员应在2～3人，小规模的行动不易被敌方发现。

返回友军控制区的运动阶段

在整个执行阶段的行动中，返回友军控制区的运动阶段危险性最大，应该给予其更多的重视。因为在这个阶段，最容易受到敌方的攻击。为了确保行军的安全，应选择在光线暗且利于隐藏的夜晚行动。如果要穿过丛林、山地以及其他隐藏性好的特殊地形，便不用考虑光线问题，因为这些地形本身就可以提供一种很好的隐藏因素。在返回友军控制区的行动中，有一些地区是要绕道而行的，如障碍和屏障、道路和小径、居民区、水道和桥梁、最常走的路、人工建造物。通过这样的地区会浪费队伍的时间和精力。

返回友军控制区的运动，特别是经过敌占区时，队伍所有的成员都要小心谨慎，时刻保持警惕状态，借助眼睛和耳朵，仔细辨别周遭环境安全与否，特别是探明是否有敌方部队埋伏。如果是白天行进，则要在行走之前对要通过的道路进行仔细探查；在黑夜行进，注意避免蚊、虫、蛇、蚁对人体的伤害。

在寻找友军控制区的过程中需要注意：

1. 选择临时藏身地点

选择一个科学合理的藏身点是重要且必要的。对于藏身地的选择，有这样一个BLISS（福祐）口诀：

（1）B（blend）：适应且融合于四周的环境。

（2）L（low）：保持足够低的侧影。

（3）I（irregular）：藏身地点的外表形状不能是规则的。

（4）S（small）：藏身地点要尽量小，越不引人注意越好。

（5）S（secluded）：有很好的隐蔽性和掩盖性。

若不是情况紧急到没有时间去寻找更加合适的藏身地，队伍最好不要以现成的建筑等作为临时藏身地点。为了安全隐蔽，一般要选择浓密的天然植被进行隐藏。如果时间允许，也可以遵照自己的意愿，在BLISS口诀的指导下，搭建临时藏身点。

选择好合适的藏身地点以后，不要急于进入，要围绕藏身地点，利用绊钩、木棒、树枝等物品，对于藏身地的周遭环境进行详细的观察，避免遭遇不必要的危险和障碍。在活动期间，注意保护藏身地及四周的自然环境，不要破坏自然物，特别是不要摇晃或砍伐任何植物。因为环境的改变很容易引起敌人的注意，为自己招来危险。

进入藏身地点以后，要谨慎行动，任何个人都要服从组织安排，不可擅自行动。在藏身地点的活动，包括制订应急计划、时刻保持警戒、整顿休息、伪装和制订下一步计划等。一定要利用这短暂的安全休整期，制定周密的行动计划，同时恢复军队的战斗力。

考虑周详的应急计划是必要的。在迫不得已、小组或某个成员要单独行事时，有五点应急计划是其安全的重要保证，即离开者、目的地、往返时间、途中遭遇危险后如何行动，以及伤者的去向等。

队伍中的每一名成员在临时藏身地休整时，都不能掉以轻心，要通过眼、耳、口、鼻等多个器官，保持绝对的警觉状态。专门的警戒人员更要时刻留意天气变化、环境变化以及敌军的行动等，及时进行通告。如果发现周围有敌方行迹，要确保将警戒通告下达至每一名成员身上。为了充分恢复队伍的战斗力，警戒员要随时更换，确保每一个人能有较为充足的休息时间。对于伤者，要注意及时治疗，即便是轻微的小伤，也要立即诊治，以保存队伍的战斗力。

在整个运动中，即便是处于藏身地时，进行必要的伪装也很重要。保持藏身地的自然性，如使用天然材料、增加藏身地周围的天然植被的覆盖率等。进入藏身地后，开展行动应以小组为主，避免大规模的行动被敌方发现。伪装方法有很多，应视具体情况来决定使用何种方法。

在藏身地点，及时制订下一步计划的行动，重要性不言而喻。

计划小组要开展行动时，要以地图作为辅助工具，充分讨论后，决定下一个藏身区域、行进的主要线路和备用线路等。选择行进路线时，尽量避开开阔的大路或者是曲折较少的直路，要选择弯曲的线路。除了必要的弯曲点外，多隐藏物、少障碍物、鲜遇敌方、有水源等因素，也是选择路线时要考虑的。为了小组顺利辨别方向，沿路可做一些标记。制订下一步的行动计划，也要将下一步经过的路途中必要的藏身地明确好，以方便中途集合。同时，要确保每名成员都知晓各个藏身地的位置。

紧急行动训练、遇敌行动、手势信息等内容，已经涵盖在小组标准作战计划中，只需要向所有成员再次强调，不需要重新讨论制订。计划的每一步，特别是关键步骤，必须保证每名成员都熟悉。

在任何一个藏身区停留的时间都要保证在24小时之内。进入藏身地带以后，每名成员都要降低身体重心开展行动，进行任何行动时都要保证身体的距离地面45厘米之内。生火取暖和做饭是最大的禁忌，明火和炊烟很容易被敌方发现。离开一个藏身地点之前，要对现场活动区进行彻底的大清理，防止自己的行动被敌人发现。

2. 进入藏匿区

在几个临时藏身地点之间移动，一般会花费队伍3~4天的时间，在不固定的紧急移动之后，小组应进入藏匿区。藏匿区是队伍保证安全、准备饮食、恢复战斗力等的重要活动区域。在藏匿区，队伍要准备充足的食物，利用装置捕鱼、通过陷阱猎捕野物等，这些都是不错的获取食物的方式。

选择藏匿区，要充分考虑各方因素。例如，避开当地的主要道路、藏匿区及其周遭有足够多的植被和天然物帮助隐藏、有充足的水源和食物来源等。

同在临时藏身处活动一样，在藏匿区活动也要保持足够的警惕。除非是侦察敌情、获取食物等必要的行动，其余情形下，都要避免离开藏匿区进行活动。

在藏匿区的活动，主要有几个方面：其一，讨论选择下一个藏身点，利用地图找出通往下一个藏身点的最佳路线；其二，获取足够多的食物和水；其三，时刻保持警惕和健康；其四，采取必要的伪装，以防队伍的行动被敌方发现；其五，设置陷阱或装置获取食物时，陷阱与装置要绝对隐蔽，不能被任何队伍以外的人员发现。

即便是选择好的藏匿区足够安全且便利，但队伍的停留时间最好控制在72小时之内。

返回阶段

返回阶段是全盘行动计划的重中之重。在返回阶段，队伍要与友军取得联系，顺利返回友军控制区。在发现友军的行动踪迹时，不要过于兴奋，作出冲动的举动，要保持足够的冷静，否则全部的计划都将在这一阶段失去作用。因为此时不当的行为，会让友军错误判断队伍的性质。有报道表明，友军人员因判断失误杀死己军成员。所以返回阶段，不能掉以轻心、粗心大意，与其他行动阶段一样，队伍要制订出周详、严密的行动计划，避免不必要的伤亡和危险出现。

边界穿越

穿越敌军与友军的分界线，或是进入到中立国家边界地区时，要使用合理的穿越方式，以顺利进入友军控制区：

- 在即将越过的边界地带寻找一个相对安全的藏身处，一小队人马前去侦查穿越点的具体情况。侦查结束后，将穿越点的信息向每名成员通告。
- 不要轻易决定穿越，对于穿越地点，要进行不少于 24 小时的观察，探明可行性和成功的可能性。
- 制作一张详细的行进图，图上至少要包含如下几类信息：穿越地点的地形地势、障碍、士兵守卫点和轮岗情况、探测和警报设备等。草图绘制完毕以后，根据图上信息和实地侦查的情况，确定出具体的穿越时间和穿越方式，并告知所有成员。
- 穿越边界成功以后，在远离边界的安全区域，找寻一个临时藏身处。与此同时，探明友军的活动区域。在此期间，依旧保持秘密行事。
- 指挥者指派 2~3 名成员前往可能与友军碰面的地点进行侦查，仔细判定对方是否为己方队伍，切记不可贸然行事。
- 选派队伍代表与友军前去接洽。联络时间一定要选在白天，光线较好，便于友军断定代表是友非敌。队伍代表前往联络友军时，不要随身佩戴任何武器，只需带好证明自己身份的物件，以利于获取友军的信任。
- 与友军接触过程中，也要保持一定的警惕性，最好的做法是一人与友军进行商谈，另一人在一定的距离之外观察接洽事宜。一旦有意外发生，第二个人有足够的时间逃脱，去通知大部队。

· 与友军接洽过程中，要耐心等待，不能主动前去搭话。要等到被友军巡逻人员发现，并且指派人员代表进行援助时，我们方可暴露自己，举起双手，并示意对方自己的身份。接下来，一切要听从对方巡逻兵的指示，不可暗示后方还有大部队的存在。

· 确认对方相信自己的身份以后，告知对方后方还有大队人马，恳请对方前去帮助。在接触过程中，可能会出现语言交流不畅、身份无法识别等障碍，此时要静观其变。

在战场前沿或在己方部队前线接洽

当队伍处于友军和敌方控制区的中间地带，双方进行着激烈的抗争时，为了安全起见，负责接洽的代表不要暴露自己，选择一个安全点，暂时躲藏起来。耐心等待，直到友军的控制区已经扩大到你所在的区域。如果这场战争友军胜利，友军的控制区域扩大，队伍代表应选择合适的时机，在某个白天前去与友军接洽。但是，一旦友军失利，代表所处区域被敌军控制，应冷静地对待，想方设法逃到战场的前线，并抓住战争暂停的时机，返回自己的部队，或是暂时躲到相对安全的地带。

在战场前沿或在己方部队前线接洽，这种接洽方式危险性更高，负责接洽的人员要注意保护自身安全。

与友军巡逻队接洽

当友军的防线呈现圆周状或是处于一个孤立的地区时，为了安全起见，可以考虑先与友军的巡逻部队进行接洽，获取其足够的信任。这种接洽方式具有一定的危险性，因为出现在防线之外的任何陌生人都极有可能被当成是敌军部队。对于负责接洽的人员来说，走到防线后面与友军进行接洽几乎是不可能的。在这样的情形下，比较合理的做法是仔细观察友军营地的情况，在安全距离处等待时机，直到友军巡逻队朝向负责接洽的人员走来。抓住这个时机，为自己的队伍争取一个机会，极力促成接洽事宜。

另外一种可供参考的做法是：在友军营地防线之外，大声呼救，并表明自己的身份。如果条件允许，可以用手挥舞白色衣物，以友好的方式引起友军的注意。当呼喊方式成功后，按照对方人员的指令行事。同时，密切观察友军的巡逻队以及周边的地形地貌，以便紧急情况发生时可以迅速逃离。

每一支队伍的巡逻队都肩负着发现敌情和侦查情况的重任，他们所担负的任务的复杂性，使得与友军的接触危险性提高。如果出于自身安全考虑，队伍代表可以放弃与巡逻队主动接触，也可以选择跟随巡逻队的行动路线，避开地雷等障碍，逐步接近友军防线。看到巡逻队的踪影以后，不要移动，原地等待巡逻队的靠近。在巡逻队慢慢接近，直至距离在 25～50 米之间时，发出求救信号，并大声表明自己的身份和目的。

使用白色物品示意对方是最好的接触方式，但如果没有，颜色鲜亮的物品也可以使队伍代表获得足够多的注意。在接洽时，负责接洽的代表人员要选择好光线和角度，只有足够明亮的光线才能让友军巡逻队看清代表人员的长相、随身携带的物品中是否有攻击装备等。

边界穿越、在战场前沿或在己方部队的前线接洽以及与友军巡逻队接洽，是返回阶段三种常见的接洽方式。无论采用何种方式开展行动，都需要行动人员具有足够的耐心、勇气以及详细的行动计划和应急措施。在保证自身安全的同时，竭尽全力获取友军人员的信任，是接洽行动成功的关键所在。

第四节 伪装及与人接触

个人伪装

当我们处在一个随时会丢掉性命的地方,想要活命就必须学会如何在一些工具的帮助下将自己伪装起来。伪装不好的话,就容易成为别人的猎物,伪装成功的话,才可能活下来。如果我们手上没有现代武器,那么我们可以选择潜行,这是一种有效的伪装行动,可以让我们得到想要的东西。

想要把自己隐藏起来,就得把一些只有人才会有的东西隐藏起来。身上穿的、头上戴的、脚上穿的,都可能暴露一个人的行踪。我们的对手也会通过这些东西找到我们,我们的猎物也能通过这些东西获取我们的位置,然后远远地躲开。我们可以利用身边的一些自然物将自己包裹起来,达到隐藏的目的。注意要避免任何发光发亮的东西。要像变色龙一样,尽可能地让自己与环境融为一体。

外形与轮廓

在我们的武器和装备上面缠上一些东西,使它们伪装起来。

1.将所穿衣服的袖子和裤腿扎好。

2.保证身体不会碰到任何的植物。

3.在抬脚的时候将脚趾弯曲,否则会碰到灌木丛。

同时，缠的东西不能让武器和装备失去本来的用途。伪装的时候，在自己和自己带的设备上面铺上落叶、枯草或者一些被丢在附近的东西。一定要将信号装备掩盖好，同时又不能失去接收信号的功效。

颜色和质地

地球上每种地形和每种气候都是与众不同的，具有独一无二的纯自然生成的颜色和质地。质地指的是一个人眼里看到的某种物品表面的主要特点。我们可以用光滑、粗糙、岩石很多

地区	方法
温带落叶森林	斑点
针叶树森林	斜条
丛林	斜条
沙漠	斜条
北极	斑点
草地或开阔地	斜条

▲ 特定地区的伪装

或者其他能想到的词来形容一个东西的质地。想要将自己伪装得更好，可以配合使用颜色和质地这两个元素。如果没有很好地考虑周围环境的颜色和质地，有些伪装会很失败，例如自己藏在干枯的植物底下，而四周是一片绿油油的田野，或者自己躲在绿草下面，可是周围是沙漠或者岩石很多的地带。

最好的伪装，需要综合考虑这个地方的特殊性，选择差不多的颜色和质地来进行掩藏。伪装的时候选择天然或人工材料都是可以的。例如，可以选择掩护漆、纸张、木炭、泥土、小草、落叶、布织物、松树的枝条甚至穿上迷彩服。

我们需要将裸露在衣服外面的脸、手、脖子和耳朵掩藏起来，涂上掩护漆、炭灰或者泥土。我们的额头、鼻子、颧骨、下巴和耳朵比较凸出且也比其他地方更亮，所以需要更深的颜色来伪装。相反，我们的眼睛附近和下巴等低于皮肤表面的位置，需要用比较淡的颜色来伪装。涂上的图案应该是不规则的。处在哪个区域，

都在自己身上和随身携带的东西上面粘一些周围的植物或者跟植物颜色差不多的布料。粘在身上的植物要时刻保持新鲜艳丽。不论去哪里都要随时注意周围环境的颜色，颜色一有变化自己最好马上要跟着变化。

伪装的颜色要跟周围环境不冲突。伪装质地的时候，斑点或者斜条的图案是非常好的选择。

发光

光亮的东西包括出油的皮肤、掉漆后的武器等。要是武器没有掉漆，如果它本身就是光溜溜的，也是会很光亮的。一些透明的固体物质的亮度很高。这些东西，平时都要注意隐藏起来。活物的眼光特别容易被光亮的东西吸引，然后根据这些东西知晓你的行踪。

如果有条件，需要经常地对自己的皮肤进行伪装。如果身上出汗的话，本来涂在身上让身体表层暗淡无光的东西就会被冲掉，这时候就需要再次整理。近视的人，可以在自己的镜片上抹上一点灰暗的东西，这样可以让它不会太光亮。装备发亮的地方也需要伪装，我们既可以涂上暗淡的东西，也可以缠上一些条形物质。尤其不要忽略一些小而亮的东西，要将它们都仔细地隐藏起来。如果你身上带着信号镜这类的物品，切记要将会反射光的那一面对着你自己，同时还要把它们放在一个封闭的套子里。

阴影

无论是活动还是静止的时候，都要让自己躲藏在最阴暗的地方。一个地方外面越亮，里面就会越暗。我们和对手对峙的时候，要想更好地隐藏，最好待在植物非常多的环境里。这些天然植物可以帮助我们隐藏行踪，让对手没法得知我们的位置。各种各样的植物，最容易让人眼花缭乱。

当必须在夜里行走于有很多建筑的地方时，注意影子在何处。

它很容易出卖一个人，你身在这里，它却可能出现在你看不见的某个建筑上面。另外一种情况是，你躲在阴暗里，你的一侧有光，可能逆光就会把你的具体位置告诉躲在另一侧的对手。

运动

活动会比静止更容易暴露行踪，特别是行动很快的时候。对手在我们周围的时候，我们最好静止不动。我们必须要活动才可以逃出敌人的手掌心时，那就只能选择慢动作，避免造成很大的动静。要想活下来应付如此漫长的生存挑战，慢动作是必需的，它可以让我们没不太容易暴露行踪，同时还不会消耗太多能量。

有障碍阻挡道路时，千万别跨越它。不跨越就没法过去的话，也不要让自己超出障碍物最高的地方。尤其要注意侧影，在山岭上行走时，侧影容易出现在天际处。而且一个人在活动的时候也容易忽略身边的动静。所以活动的时间要分成一小段一小段的，在不活动的时候用眼睛和耳朵注意身边的动静，看看身边是否有其他活物在动。

声音

触碰到身边的植物或者踩断地上的树枝，都会吸引对手的注意。尽量不要做出这样的事情。行动的时候就算再危急，也要注意不要让身边的东西发出任何响声。

我们的声音会被其他声音所盖过。一些例如说话、狂风暴雨、交通工具的行驶等声音都可以将我们行动时产生的声音盖住。雨声是最好的扰乱分辨的工具，不过这是相互的，对手很难找到你，你找对手也变得困难。

气味

猎取食物或者躲开抓捕，气味都是很关键的，坚决要消除人专属的味道。首先，不要用人工制造的化学物品清洗身体和身上的东西。这样做是为了让化学物品和人体味道淡化。其次，避免进食味道非常浓的葱、蒜、芥末等，这样你的体味也可以淡化不少。还有，烟草、糖果、口香糖和化妆品等也要避免使用。

大自然中有许多散发清香的植物，我们可以用它来洗掉身上和衣服的尘埃，也可以把它涂在身上，甚至还可以把它当成口香糖来去除嘴里的口气。这些散发清香的植物，例如松针、薄荷等是我们去除身上各种味道的最佳选择。为了不让嗅觉灵敏的动物闻到我们的气味，我们还可以用燃烧物品产生的烟来熏。动物害怕新产的烟制品燃烧的味道，却不害怕陈旧的烟制品的味道，因为后者的味道跟燃烧森林树木的味道很接近。

嗅觉也是一种侦察的好工具。我们可以用鼻子来嗅出一切人类生产出来的现代产品的味道。嗅觉会比视觉更早告诉你人的动向，至于能多早，就得看当时风的速度和方向。如果知道了当时刮的是什么风，我们尽量选择从下风向慢慢地向对手的位置移动。

潜行的方法

当我们需要转移而又不想被发现时，伪装已经没法满足我们的要求了。要想不被发现，潜行或者运动时不制造出大声响就至关重要了。前进的时候要选择沿途有沟渠、小土坡、植物的道路，这样可以更好地将自己的行踪掩藏起来。潜行的时候面朝对手做纵向运动，当然，如果你非常自信你可以完全将自己隐藏起来，你可以做横向运动。

要想成为一个成功的潜行者，就要多加练习。我们可以选择下面的这几种办法来练习。

直立潜行

如果选择直立潜行，脚步幅度只能是平时的 1/2。这种小步走路让人没有这么轻易失去平衡。潜行时，要确保自己随时都能停下来并且保持一动不动的姿态。脚跟地面的接触也是有讲究的，

"狐狸步"

1.小心地抬起准备移动的脚，用承重的那条腿保持身体平衡。

2.将抬起的脚向前伸出，从脚外侧到内侧小心地落地。

3.如果地面是安全的，将脚完全放下，将重心移动到前面这条腿上，慢慢地重复这样的动作。

首先要让大脚趾底部的外缘先碰触地面，其余脚趾向上翘起。地面的树木枝节很容易被踩断，所以我们要先用脚轻轻地感觉是否有这类东西。如果有，就不要直接踩下去，而是要先把它移走。做完第一个步骤后，第二个步骤是让这脚趾也跟地碰触，第三个步骤是将脚后跟放下，最后一个步骤是将翘起的那几个脚趾放下。紧接着，将身体重心前移到刚放下的那个脚。另一个脚抬起来直到跟膝盖齐平，然后从头开始重复这几个动作。

在潜行的过程中，为了不让碰到植物的情况发生，胳膊到指尖都要紧贴在身旁两侧。如果用蹲伏的姿势行走，也可以将手放在膝盖上面，这样做还有个好处就是给你额外的支撑。每一步需要多少时间是由外界环境的复杂程度来定的，通常情况下需要1分钟。

爬行

条件不允许直立潜行的时候，可以选择用手和膝盖来爬行。每一次都移动同一边的手脚，轻轻地感觉下面有没有容易折断的树枝等东西。确保自己的脚不会跟植被缠在一起。

俯卧潜行

这种方法就是放低身段，先是用同一边的手脚做单侧俯卧撑，轻轻地前进，接着缓慢地放低身体。地面拖着走的痕迹容易被敌人侦察到，所以要避免拖曳行走。

向动物潜行

先确定好最佳路线，然后再向动物的方向潜行。动物可能也正在动，这时候我们要将它拦住。这条路线在我们和动物之间还必须要有可以把我们掩藏起来的东西。有东西挡住动物的视线，你就可以迅速地靠近动物。可以掩藏行踪的东西很多，大石头和老树等就可以将整个人掩藏起来，矮小的植被就只能掩藏部分身体。我们需要确定一条最方便快捷并且有东西掩藏的路线。

当接近猎物的时候一定要保持平静。

我们要密切注意动物的一举一动，一旦发现它的眼睛或者耳朵朝向我们这边，可能是它已经怀疑有人在逼近它，这时候必须马上停止潜行。准备靠近动物的时候，眼睛要眯起来，因为眼睛会反射光线。还要闭上嘴巴，因为牙齿的白色和反射的光线也会让动物看见。

反追踪

我们要想不被发现，一方面要伪装身体，另一反面还要伪装行动。我们可以使用反追踪这个方法。想要逃生的时候，防跟踪技能容易让对手侦察到我们所在的位置和行走的路线，因此并不是那么实用。我们可以采取以下方法来实现反追踪：

1. 恢复植物本来的面目。用条状树枝等将被压倒的植物重新扶起。这个方法不是十分有效并且还减慢了行走的速度。

2. 去除痕迹。用枝叶轻轻地扫过地上的脚印等。这个方法可以让对方无从得知我们有几个人，缺点却是清楚地留下了有人经过的痕迹。

3. 利用坚硬或者石头很多的地方。这样的地面即使走过，也不会留下很多痕迹，同时还能让靠视觉追踪的敌人没法快速追踪。

4. 突然改变方向。这个方法跟第三个方法配合使用效果会更好，因为突然改变方向会让人摸不着头脑，再加上难以观察痕迹的地形，敌人就没有办法实行快速追踪。

5. 走旧路。一般情况下，不要走旧路，但是当旧路对我们特别有利时，也可以走。假如我们在某个地方待了很久，对这条路非常了解，可以确定在我们走过之后会有别的人经过抹去你的痕迹，那么可以选择走这条路。

6. 使用脚印遮盖物。这个方法可以去掉你的脚印或者让你的脚印模糊。这类物品很多，例如沙袋、碎布、废弃的袜子或者仿羊皮等。

7. 换鞋子。在坚硬或者石头很多的地方可以配合使用这个方法。这样的目的是改变鞋底留下的图案印迹。

8. 穿定制的鞋子。世界各国的军队都会发放统一的鞋袜，当然这些鞋袜也是有差别的。当你身在一个需要伪装的地方并且这个地方配有标准的鞋袜，你就可以想办法拿到这样的一双鞋子或者将这种鞋子的鞋底图案印到自己的鞋底。

9. 向后走。这个方法很有效，但是需要注意的是不要掉进陷阱。不要将步伐走成外八字。从左边或者右边扭头往后看时，相应地，左脚或者右脚就容易向外歪。脚跟地面接触的时候，脚趾这边的下陷度要比脚跟的这边深,看起来才像是在向前走。

10. 混淆出发点。无论从哪里出发,出发时,都一定要踩出各个方向的脚印(这个方法有利于干扰狗的追踪)。

11. 利用溪流、湖泊等水路。使用这个方法之前我们必须清楚地作出判断。我们可以问自己几个问题:第一,我们要走的方向是沿着这条小溪的水流方向吗?第二,这条河流的流速如何?第三,它能让我们快速地与追踪者  拉开很大的距离吗?值得注意的是,我们离开这条水路的时候会留下非常多的痕迹。

12. 根据规律在道路上行走。行走在一些小路上时,不要垂直走过,为了让你的脚印跟日常人们在路上行走的习惯一致,从而不被敌人追踪,就要顺着路的方向前进。

13. 落地时要小心脚,使得踩下的脚印尽量浅。最好是不留痕迹或者留下最少的痕迹。

我们要翻来覆去地使用这些反跟踪技巧,使得敌人一旦丢失了线索就没办法继续追踪,这也是很重要的一点。

反军犬跟踪

在逃过军犬的跟踪之前,我们要记得,牵着军犬的人才是我们需要对付的!我们所做的一切,都是为了让这个牵军犬的人疲惫不堪以致丧失继续追踪的信心。这里有一些技巧可以采用:

1. 开阔的地方。虽然开阔的地方很危险,不过假如当时的风足够的大,风就会把我们的气味吹到附近的植物上。在这种情况下,追踪者追踪的方向就不再是直线,无形中就减慢了前进的速度。

2. 植物非常茂盛的区域。在这种地方走 Z 字形的路线,牵军犬的人就容易疲惫，然后逐渐失去信心。

3. 坚硬或者石头很多的区域。风力很大或者温度很高的情况下，我们的气味很快就会消失，军犬也就不容易找到我们的痕迹。

4. 拥挤的地区。如果军犬没有针对某种特殊的气味进行跟踪，同时你来到一个人多拥挤的地方，它就不容易找到你了。

5. 新耕种或者刚施肥的田地。新翻的土地、用作肥料的粪便这些比较浓的气味，容易使狗丢失跟踪线索。

6. 尽可能地匀速前进，避免奔跑。跑步的时候，人身上的体味会变得更加浓烈。因为奔跑会带动地上的泥土和植被，同时身体内部肾上腺素或者身上的汗水会释放很浓的气味。

7. 运输工具。现代运输工具让我们得到更多的时间逃生，虽然还是会被跟踪，但是这种跟踪的速度相对运输工具来说会慢很多。

与当地人接触

关于怎样和当地人交流这个问题，你一定要好好想想。你要考虑他们是不是还一直沿袭着祖传的文化习惯？他们的身份、职务是怎样的？他们是不是和善、容易相处？在不同的环境中生存，就会面对因地理和种族的不同而产生的文化和沟通的差异。而这种沟通的差异会有很大的跨度，你可能是要和一些沿袭着祖传文化并且十分守旧的人沟通，也有可能是和一些拥有先进的思想文化的人沟通。每个地方都有其特有的风俗文化，而这种风俗文化一般在本地是大部分人都认可并且使之成为一种准则后形成的，有时候你的行为准则可能会和他们的相同，有时候又会有相当大的差异。

每到一个地方，接触不同的人，你都必须入乡随俗，学着适应他们，与他们融合。因此，在你每次出发去一个活动区域之前，都要认真学习该区域的风俗文化，作好准备，才能在与本地人接触交流时避免出错、惹来不必要的麻烦。

你所接触的人有可能是和善的，也有可能是不和善的，有时候甚至你存在与否他们都会忽视。你是无法确定他们对你的态度的。假如他们对你十分和善，那么你就要好好珍惜，并且努力地去迎合、尊重他们的文化、习俗、政治、宗教等，以继续保持你们之间的友好关系。假如他们敌视你或者你无法确定他们是否愿意与你交好，那么你能不与他们交流就不交流，并且离开的时候不要留下任何与你有关的东西。由此可见，掌握你所处的地方的风俗习惯是非常重要的。有时候，你在一个地方停留了一段时间，并且细心了解当地人的一些风俗习惯后，确定他们是友好的，你就可以试着与他们接触，毕竟人都是需要帮助与交流的。

在你和当地人接触时，小心谨慎会让你避免内心的恐慌并且增长自己的见识。假如你了解了本地的一些风俗，那么你就要按他们的习惯，表现出你的礼貌，特别是对他们的风俗的认同。以这种方式与当地人交流会让你减少很多困难并且会得到帮助。当你想与当地人交流时，选择人少的地方或者只有一个人的时候，会比较有效，而且要努力让那个人主动与你交流。假如你向他们说出你的困难，大部分人愿意伸出援助之手。

任何人都不会对对自己友好、和善、耐心的人充满敌意，因此你对当地人的态度是至关重要的。如果你在一个地方表现出恐慌，甚至亮出武器来保护自己，那么当地人也会以同样的态度对待你，甚至表现出更强烈的敌意。在最初和他们交流时，要保持微笑，因为微笑是最好的语言。在面对一些看似不好接触、不善于表现自己的当地人时，不要急于求成，要慢慢地与他们交流。

生存行为

和当地人做买卖，不要随意用盐、烟草、硬币等做交易。纸质货币是整个地球上的人都知道的。要自始至终显示出你的谦逊和尊重。

语言不通的时候，你可以使用肢体语言向他们解释你的需要和你面临的困难。肢体语言在很大程度上是一些人惯用的。在你即将要去被调遣的地方之前,你可以先学习、了解一些当地的基本用语、词汇。英语作为世界上使用最广泛的一门语言,有时候你所去的地方的当地人可能懂得一些基本英语单词,因此你可以努力学好英语。

你要善于观察当地人的行为习惯,并且根据他们的习惯来行动。这样有助于你和当地人交流并且扩展你的知识面和技能,为你以后的生存提供帮助。你可以与当地人交流,并从他们那里了解一些当地的禁忌和存在的危险,从而进一步了解敌人在什么位置。一定要谨记,人之所以会对陌生人存在敌意,只是因为他们不了解对方,不了解对方的来历、文化以及到来的目的。就像我们一般都会对自己的邻居友好一样,他们也只会对自己熟知的人表现出友好与信任。

与当地人交流时要时刻保持警惕,不能太随意。因为一些人不太喜欢与陌生人交流,并且有时候会给你带来意想不到的危险。

在一些地方,当地人是十分友善、欢迎客人的,甚至有时候宁愿自己挨饿,也会把所拥有的食物让给客人。那么你要欣然接受他们的赠予,并且和所有人共享你所得的食物,这才是对他们的尊重。然后要以他们的习惯来食用食物。

遵守承诺、守信用是最基本,也是最重要的。不要去侵犯他们的私有财产,要学习他们的礼貌习惯,虽然有时候你会觉得不可思议。获取用品及粮食时要付给相应的货币。不侵犯他们的个人隐私,在没有得到同意之前不要随意进他们的房子。

第五节　各类灾害下的生存

干旱的应对

　　气候长时间干燥，或者长时间降水匮乏都容易导致干旱。当某一地区长期干旱的时候，就会形成沙漠。在有些地方，干旱的出现是呈现一定的规律的，有的地区甚至每年都会重复出现干旱的状况。

　　干旱可以在任何地区发生，甚至在降水量较大的地区也可以发生干旱。比如在印度东北部的阿萨姆邦，在季风没有到来的时候，也发生过干旱。

　　若是干旱气候与雨季交替出现，那么雨季的雨水就可以被储存起来，这样一来，干旱季节就可以很容易熬过去。地中海地区的人无论是在古代还是在现代，都将地下的岩石切割成水槽，或者用钢筋混凝土搭建成水塔来收集雨水，以备干旱的夏季的需要。

　　在气候较为宜人的地区，如果降水长时间低于正常量，就可能引发季节性干旱。如果植物因为干旱而得不到充足的水分供应，植物发散到空气中的水分也无法得到补充。如果气温偏低，但是还没有发生明显的干旱，植物的生长需求得不到满足，那么便产生了"隐性干旱"。"隐性干旱"会导致植物大量死亡，从而导致食物链发生断裂。如果干旱的情况比较严重，那么会有大批的动物死亡，从而使在干旱条件下珍贵的水源受到污染。

　　在干旱的气候中，最好的处理动物尸体的办法就是埋于较深的地下。如果地表过于干燥，无法掩埋污染源的话，可以焚烧尸体。不过，尸体干燥的时候，一旦燃烧，火势也比较容易失控。

　　在澳大利亚、加利福尼亚和法国南部，每年都会发生大火，因为水源匮乏，所以火势很难控制。所以焚烧尸体，可以在地表挖一个洞，尽量使火势保持在较小的范围，并且随时要提高警惕。

水资源的储备

有时，如果季风季节推后，或者夏季天气过于炎热，已经使地表出现干裂，就要注意储备水资源，同时，小心使用，避免蒸发。

最基本的做法就是不要浪费每一滴水。水资源可以反复利用。如果干旱时间较长，我们可以向地表深处挖掘，从而获得更多的水源。但是要注意，挖得越深，所消耗的地球储备水越多。

我们可以在阴凉处挖个坑作为蓄水池，不过要避开树根。如果是在黏土地区，挖蓄水池的时候可以用黏土覆盖里层表面。如果制作的拱顶是黏土制或者混凝土制的，那么可以留下一个小开口，这样可以利于通风，保持阴凉。

在夜间寒冷的地区，空气中的水蒸气会凝结成为霜状，将这些露水收集起来，便可以利用。在昼夜温差较大的高原，清晨也可以收集一些露水。

注意：如果干旱情况持续一年以上，就可能会形成沙漠环境。如果饮用水得不到及时的供应，那就需要及时遣散居民。

卫生的保持

干旱的环境中，缺乏必要的水源进行冲洗，所以屋内的卫生条件比较差，并呈现逐渐恶化的趋势，很容易造成疾病传染。如果冲水马桶中的水面不能达到S形弯曲的覆盖面，那么很容易导致疾病从下水道进行传播。

此外，因为水的匮乏，个人卫生也不利于保持。所以保证室内厕所内有充足水分（作为保护屏障）的同时，不要使用室内厕所，尽量到户外上厕所。

流汗的时候毛孔舒张，有利于排出废物。尽管储备的所有的水源都要用作饮用水，但也要取适当的量在餐前和便后洗一下手。

在干旱现象严重时，要特别注意储备水的污染情况，尤其是要注意死亡动物身上所携带的病菌。对于收集到的水，不管是什么情况，都要煮沸后再喝。

干旱的时候动物也会受到影响，它们的行为会变得不正常，它们会因为饥渴而变得容易攻击人。

为了保护水源的卫生，要预防地表刮起的尘土。为了防止到处乱飞的苍蝇污染食物，要将所有的食物都遮盖好。

火灾的应对

火灾源于燃料的燃烧，是由燃料过度燃烧或者蔓延到其他物体上而酿成的灾难。一般来讲，疏忽大意时留下小火星、火苗或者其他未燃尽的燃料，这些火源会通过接触周围的物品、熏烤附近的易燃物或者利用热辐射引燃周围的物体，继而蔓延燃烧。因此，必须从源头上防止和杜绝火灾的发生。那么

失火可能置人于死地，通常是火灾产生的浓烟使人丧命而不是火焰。

就要谨慎地处理燃烧之后的灰烬等。燃料要远离周围的其他易燃品，也要检查周围是否还有其他容易引燃或者导热的物体，是否有随时可使用的灭火器等。总之，只有防微杜渐才能够安全地使用火。下面介绍几种火灾现场的灭火措施及逃生指南。

森林火灾

此处的森林火灾泛指在森林、旷野及其他开阔的野外环境中发生的火灾，这种火灾一般波及范围特别广，能在瞬间让你窒息。面对森林火灾，我们应该注意以下几个方面。

1.防火于未燃

未雨绸缪,防患于未然,同样,也要防火于未燃。不管你在野外的什么地方,也不管是什么时候,防火措施都是必需的。这其中首要的一条就是灭火器具。在你宿营的地区,或者在你避身所周围的丛林中都要准备灭火器或其他灭火的工具,除了灭火器外,还可准备其他的如金属类、橡皮质等燃点高的器具。这些器具可以用来灭火,如果不能立刻扑灭火焰,也能够控制火势、火苗,将周围的物品转移到安全地带,最起码要能够保护自己远离火源。如果实在没有这些器具,必要时刻也要准备沾水的衣物或者新鲜树木的枝条以备用。

2.隔离火源

火灾的发生防不胜防,如果你的防火措施没有达到预期的效果,而火势已开始蔓延,这时你要想办法将你和火源之间进行隔离。如果在你的附近发生火灾,火势正在向你的避身处蔓延,你可以在大火到来之前,先点燃你前面的一块地,其目的是清除这块地上的所有可燃物品,这样大火就不会蔓延到你前面。当然这样的方法有很大的局限性,仅在特定的火灾中见效。一般来讲,你点燃的地面范围要足够大,在大火到来之前燃烧得要足够彻底,而且是向着大火的方向燃烧,否则无异于"引火入室"。

3.于火灾中自救

并不是所有的隔离方法都有效,一旦火势迅猛使你身处火海,那么你必须学会自救。这时候你可能无法迅速逃离现场,千万不能慌张,让自己镇定下来,找到火势较弱的部分,然后迅速穿过,跑到安全地带或者火势消退的地方。过程中尽量用沾水的衣物捂住口鼻,同时尽可能将全身上下用水浸湿,以防火苗点燃身上的衣物。在这个过程中,保持镇定,然后迅速作出正确的选择,一鼓作气冲出火场,这是自救的秘诀。另外,如果周围大火蔓延的范围特别广,没有可避难的场所,那么就只能求助于地下,在地面挖坑然后躲进去,这个方法风险很大,而且耗时比较多,在迅猛燃烧的火势中比较难以实施。

4. 选择正确的逃离路线

在火场中自救的一个必需环节就是逃离。这个过程中，你必须要分辨风向、地形以及火势大小。如果周围有河流或防火带最好，如果没有，尽量到火场的边缘躲避，不要去下风向，也不要去高处避火以免被火苗烧到，要迅速找到潮湿的地区。

5. 其他特殊情况

有些森林火灾情况比较特殊，如你正处于行进的车辆中，那么要做好车与火的隔离，尽量躲在车中不要跑进火场。

建筑内部火灾

如果在建筑物内部发生火灾，不管是居民区还是写字楼，都要及时控制火势，隔绝氧气。因为这个范围比较小，在一定程度上比较容易控制。要时时刻刻注意用火、用电安全，防微杜渐。如果发生火灾，建筑物内部一般都备有灭火器，可直接用灭火器灭火，当然你必须要明确你手中灭火器的种类、功效及使用方法。一旦建筑物内部火势无法控制，那你必须作好逃离的准备。逃离过程中你要注意以下逃离法则：

· 如果室内着火，先从室内逃出，然后关闭身后的门窗以控制火势蔓延。

· 逃出后千万不要进入电梯，选择一个安全的楼梯下楼。

- 如果火势迅猛，你需要穿过火灾现场，那么先用沾水的衣物包住身体、捂住口鼻，然后冲出。
- 你身上的衣物一旦着火，立即在地上滚动，或者用其他不易燃的物品（如被子）等紧紧压灭火苗。
- 如果需要进入着火的房间，不管是门窗还是其他的入口开的缝隙要尽量小。
- 如果你实在无法逃离现场，需要等待救援，那么尽量找一个离火源最远的房间躲避，同时要作好从窗口撤离的心理准备。
- 如果必须从窗口撤离，千万不要直接跳窗，而是用衣物做成绳索来慢慢滑落。
- 从窗口滑落时最好选择窗外地面比较软的地方，比如花园等。
- 从窗口撤离时务必保护好头部和身体的关键部位。
- 最关键的是，这个过程中必须要冷静，而且要迅速决断，否则后果不堪设想。

交通工具火灾

交通工具发生火灾主要是车辆起火，因为油箱极易燃爆所以后果惨重，要务必引起警惕。必须在车厢中准备灭火器，随手可取，如果放到后备箱或者其他的地方，在紧急时刻完全发挥不了作用。一旦车辆发生火灾，首先必须要远离燃烧的车辆，哪怕是从车窗中爬出。如果车辆周围有重要的建筑或其他的物品，甚至车子外面也有大火，要设法从外面控制将车辆，将其拖到安全地带，但千万不能进入失火的车辆中，要迅速逃离，保护自身的安全。

如果是机舱失火，可用备用的灭火器进行灭火，尽量稳定乘客的情绪，千万不能惊慌失措。一定要严格按照乘机要求，不吸烟，不带其他易燃易爆物品登机。

如果是在火车中发生失火，千万不能跳窗，列车员会告诉你如何行动，即时扑灭火源不会造成大的骚乱。在车厢的连接处吸烟时，也要注意，烟蒂绝对不能随手乱丢。

火灾中的救援

火灾中进行救援和对伤员进行治疗，主要包括下面几点：

· 如果有人的衣物被火苗点燃，千万不能直接从身上脱掉衣物，因为如果火苗将衣物烧至皮肤会导致皮肤随着衣物的脱落而脱落。所以，最好的办法是用灭火器从身上灭火，或者在地上打滚灭火。

· 治疗被烧伤的人员时，务必注意消毒和包扎，谨防感染。

· 如果出现烧伤的伤口，要将伤口与空气隔绝，最好是用不透气的塑料袋包扎。

· 如果有人因为烟雾熏烤而窒息，要立刻进行急救。

· 要能熟练使用灭火器等消防安全器材。

· 掌握一些基本的救援常识。在专业的救援人员到来之前，先进行基本的救助。

化学武器

化学武器对自然环境的危害极大，但在战争中还是很可能被作为最后手段使用的。它的危险性极大，对人体伤害非常严重。不过，我们也无须过于忧虑。只要穿好装备，扎实地掌握知识、进行训练，就可以抵御化学武器的威胁。

我们应对化学武器的基础就是掌握针对化学武器进行的个人训练，包括如何穿戴保护面具和防护服、如何消毒、如何识别化学武器污染和化学武器造成的症状，以及掌握个人急救措施。如果做不到这些，在化学武器的攻击下，人很难生存下来。

化学武器的探测

想要探测化学武器，最好使用化学武器探测器。但有时候我们没有这些设备，只能依靠自己的认知。如果敌人使用了化学武器，人体会有流泪、呼吸困难、窒息、瘙痒、咳嗽和头晕等症状。我们要注意观察队友的状态，及时发现危险。如果发现死亡的动物、生病的人员或任何动物的异常举动,就表明我们的周围很可能有化学武器存在。

嗅觉是识别某些化学武器的重要感觉。闻到新割的草味或干草味,很可能意味着窒息性毒剂的存在;闻到杏仁味,可能代表血液毒剂的存在。当然,多数化学武器是无味的,因此不要过于依赖嗅觉。

视力也能帮助你探测化学武器。大多数固态或液态的化学武器都是有色的;在化学武器爆炸后,气体呈现出雾或细小雾粒的状态;芥子气在液态下会在树叶和建筑物上呈现油斑状。这些都是识别方法。通过观察别人出现的症状和炸弹的施放方式,我们会提前得到预警。

通过声音也可以进行识别。化学武器很多都是静音炮弹或爆炸炸弹。

痛觉也很重要。鼻腔、眼睛或者皮肤疼痛通常是化学武器已经施放的警报。

此外,食物、水或香烟中的怪味也是其受到污染的警告。

针对化学武器的保护措施

在遭到化学武器袭击的时候,要使用专业的防护装备,采取快速、正确的自救方法,及时避开投放化学武器的地区,及时对自己和武器进行清洗。

防护面罩和防护衣是保护我们的关键。你必须在平时注意保护这些物品不受损伤。而在遭到化学武器袭击之前,我们必须熟悉如何在遭到袭击时正确自救,并注意用可以得到的任何探测工具来帮助我们探测化学武器和躲避污染地区。如果我们已经受到污染,要尽快采用适当的措施清除,进行自救。

如何躲避

如果发现自己正处于化学武器污染地区,要想办法尽快脱离。脱离过程中,我们要向侧风或上风方向前进,不要在危险区的下

如果不幸成为化学或生物攻击的受害者，而且还没有保护措施的话，要先战胜恐惧尽快前往开阔的地方。

站在受到感染的人员的上风处能够有效减少吸入有毒物质的机会。但是如果时间较长，最好还是戴上面罩。

尽快洗掉身上的污染物质，如果在公共场所，使用灭火水龙比较好，这样可以减少有毒物质的影响，增加自己生存的机会。

风处浪费时间。如果无法马上离开，我们就要搭建避难所。避难所要搭建在远离植物的空地上。搭建时要把避难所的地表土移开。避难所的入口应该是紧闭的，与风向要呈90°角。进入避难所时注意不要把污染带进去。不要使用被污染的木头生火，以免被烟熏中毒。

取水

在化学武器施放后的环境中取水非常困难。这时，密封在容器中的水是最安全的。所以，我们平时要养成储水的习惯，并且尽可能保护好这些水。喝水时，要先对储水容器进行消毒。

如果我们没有预先储水，就要尽量从封闭的水源，比如在地下管道里取水。如果雨水或雪水没有被污染的话，我们可以直接饮用。也可以从未被污染而且流动缓慢的溪流中取水，但要认真过滤。要把水煮开以预防细菌感染。水源如果受到化学武器污染，会有一些怪味，如蒜味、芥末味、天竺葵味或苦杏仁味。而且，受到污染的水，表面或附近会出现油点以及动物的死尸。一旦发现这些迹象，就不要食用这些水。

获取食物

在被化学武器污染的地方吃东西非常困难。这时我们必须先把自己的防毒面罩打开。所以，吃东西前我们必须找到能安全脱下防毒面具的地方。我们可以食用的最安全的食物是经过密封的战场配给食物或其他罐装、瓶装食物。在打开密封容器前，必须对容器进行消毒。

如果我们被迫必须以获取动植物为食，一定不要选用来自污染地区的有生病征兆的动植物。在处理动植物食材时，要使用防护措施。

生物武器

虽然有《禁止生物武器公约》，但是我们仍然受生物武器的威胁。因此，我们必须熟练掌握应对生物武器的常识，为自己的生存提供最大保障。

生物武器及危害

生物武器是指用使人或其他动植物致病甚至死亡的病原体和毒素制成的武器。病原体就是指细菌、立克次体菌病原体、真菌和病毒这些活的微生物。它们能够造成致残甚至致命疾病。毒素就是某些微生物或动植物自然产生的有毒物质，以各种影响中枢神经的神经毒素和导致细胞死亡的细胞毒素复合物为主。

1. 细菌

细菌是自然界大多数疾病的幕后真凶。它是肉眼不可见的微生物，不仅微小，而且很轻，可以随风扩散，还可以轻易地进入未经过滤或密封的地方。少数细菌会引起感染，尤其是当它们通过呼吸道进入肺部时。一些国家曾以细菌作为武器，通过投掷因为瘟疫而死的动物、在建筑物和掩体上附上细菌、制造并投放细菌炸弹，导致细菌高度密集，诱使目标发病。但是，细菌不会立刻影响动植物的身体。它们必须先在动植物体内繁殖到一定数量，并在抗体的反抗中获得胜利。这个过程就是我们常说的潜伏期。

因为种类的不同，细菌的潜伏期可以短到几小时，也可以长

小资料

细菌破坏细胞的过程

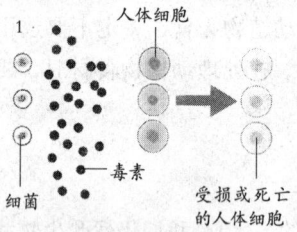 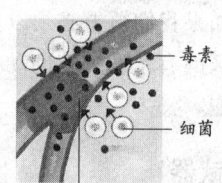

图1显示了细菌释放毒素的过程。毒素进入人体细胞后改变细胞的若干化学反应。在白喉症的例子中,毒素通过抑制蛋白质合成破坏心肌。

图2表明某些毒素能够使毛细血管中的血液凝结。细胞壁受损也会导致血液渗漏,引发脑膜炎的脑膜炎球菌即是一例。

达几个月。一般来说,细菌必须在生物体内才能生存和生长。否则,在一定时间内,它们会因刮风、下雨、寒冷和阳光等气候条件而死亡。因此,许多被用来作为武器的细菌必须在被施放的大约一天之内找到寄主,否则便会死亡。不过,有些细菌则拥有对抗环境变化的能力。它们在抵达目标生物体内之前会形成可以保护自己的壳或孢子,这使它们在外界环境中能够长时间存活。这种细菌也会被用来制成细菌武器,特别难以对付。一旦感染这种细菌,我们就必须通过对感染部位或人员采取复杂的灭菌措施来中和长期危害。

细菌进入人体一般只有呼吸道、消化道和皮肤裂口三种基本途径。因其种类的不同,人体感染后的症状也不同。

2.毒素

生物武器所使用的毒素是动植物或细菌自然产生的物质。在很多情况下,细菌之所以能对人体造成伤害正是因为它们能产生毒素。例如，肉毒杆菌产生的毒素会造成波特淋菌中毒。迅速发展的现代科学已经能够不借助细菌的帮助就大规模地人工制造某些细菌毒素。

毒素产生的影响与化学制剂相似，但可以治疗受到化学制剂伤害的急救措施对毒素受害者却不起作用。而且，很多毒素是致命的，即使剂量很小也能置人于死地。

毒素进人体的途径和细菌进入人体的途径大致相同。但也有很多毒素不能像细菌那样穿过未破损的皮肤进入人体。

毒素没有潜伏期，所以一旦受其侵害，症状就会立刻表现出来。主要为头晕、昏迷、休克、视线模糊或复视、皮肤麻木或麻痹、瘫痪、痉挛、皮疹或水泡、咳嗽、发烧、肌肉疼痛、疲倦、恶心、呕吐、腹泻、出血、便血、死亡等。

如何发现生物武器

人类很难察觉生物武器。我们在生物武器的受害者因感染而发病之前，基本不能通过视觉、听觉、触觉、嗅觉、味觉直接发现它。不过，生物武器的施放是我们可以发现的。我们可以通过它的特殊施放方式来预先识别它，并对危险作出预防。

生物武器的施放方式主要有细菌炸弹、喷射罐或发生器和昆虫传播三种。

1. 细菌炸弹

我们的敌人很可能将细菌装入特制的炸弹里进行施放。这种炸弹不同于与以爆炸作为打击手段的普通炸弹。为避免弹内细菌死亡，细菌炸弹的爆炸威力很小，多为破坏性很小的炸弹或投掷弹。细菌炸弹爆炸时会产生液态或粉末状的小片烟雾，并且在地形开阔的区域或有风时迅速扩散。

2. 喷射罐或发生器

这类生物武器使用飞机或机动车施放，能产生烟雾。

3.昆虫传播

利用蚊子、跳蚤、虱子等昆虫吸血的天性携带细菌或毒素，通过叮咬目标将细菌或毒素注入人体，因隐蔽性高的特点常被使用。如果我们发现这类昆虫在我们周围反常地大量出现，就要仔细确认敌人是否使用了生物武器。此外，植物、庄稼或动物突然生病、地表或植物上出现不寻常的物质，也可能是生物武器投放的信号。

应对措施

对于生物武器，我们既要小心谨慎，又要不过分紧张。只要注射最新疫苗、警惕生物武器、远离污染区域、控制可传播病毒和毒素的动物等，我们就能最大限度降低生物武器对我们的侵害。我们要食用安全的或经过适当处理的食物和水源，不要对此掉以轻心——食物和水源被用作生物武器的藏身之处是很常见的。如果我们受伤了，应该及时妥善处理——伤口是生物武器进入人体的最佳途径。提高自身免疫力也有助于我们对抗生物武器。要实现这一点，我们就要保证自己的身体健康，用充足的睡眠养足体能，采用科学的战场卫生程序减少生病的可能性。

1.利用环境的影响

环境对生物武器的施放和效果有决定性影响。因此，我们完全可以利用环境来消除或降低生物武器对我们的伤害。能够影响生物武器的环境因素主要是日光、风和降水。

日光

日光是细菌的最大克星。日光的可见光和紫外线辐射能够迅速杀死大多数细菌。因此，在日光充足时行动，对避免受到生物武器的伤害非常有帮助。但是，在有天然或人工的覆盖物作掩护的情况下，细菌因未被阳光直接照射，可以存活较长时间。此外，一些人工培育的细菌变异体也可以抵抗阳光直射。

风

风可以加快生物武器的消散，稀释细菌密度并使其脱水死亡。在有风的环境中，我们离生物武器的下风处越远，细菌的危害性就越小。需要牢牢记住的是，我们一定要避开细菌武器的下风处，尽量绕到上风处。

雨水

中等程度的降水会把已经释放的生物武器从空气中洗刷掉，减少其下风地区的危害。不过，在制剂落地的地方，仍然要小心受到感染。

2.做好体表防护

一旦发现疑似生物武器的烟雾或飞尘，要立即用防毒面具遮住口、鼻、眼睛。如果此时我们没有防毒面具可用，可以用一块布遮住脸来保护自己不受影响。遮盖住皮肤也可以降低生物武器进入我们体内的机会。我们的军服和手套都有很高的防护要求，能够抵御昆虫的叮咬。我们所要做的就是利用它们全方位地保护自己。要把衣扣扣好，不要袒胸；要把裤腿塞到靴子里，然后系紧鞋带；要戴好手套。这样可使吸血昆虫以及细菌无从下口。

虽然很难，但在野外环境以及战场中还是要始终保持良好的个人卫生，用肥皂或是更好的杀菌用品清洗身体，及时杀灭体表的细菌、寄生虫。

3.重视食物安全

我们自己的配给食物是经过杀菌和密封处理的，只要外包装没有破损，就不会受到污染。因此，我们的配给是安全的。此外，大多数密封容器或带包装的食品也可以视为是安全的。不过，如果它们不是部队给我们的配给，最好还是检验一下。为确保安全，所有食品的包装都要用水和肥皂清洗或者煮至少10分钟。

除了这些食物来源，我们时常需要就地获取动植物作为食物的补充。在极端紧急的情况下，这并非不可以。但是，我们需要采取预防措施。不管我们如何处理，都无法保证能将其中可能存在的生物武器杀死。所以我们首先要记住，在食物供给中断的情况下，人可以继续生存很长时间。除非在迫不得已的情况下，才考虑以当地的动植物为食。但一定要尽量用高温消毒。

如果我们必须要食用动植物，不要考虑家鼠、田鼠、蝗虫等已知的细菌武器常用媒介，应该选用那些看上去健康的植物或动物。要以在遭辐射污染地区那样的标准来选择和准备食物。处理食材的时候要戴手套、穿保护性衣服，并且只能用煮的方法来处理食物，至少煮 10 分钟，以确保杀死所有病原体。其他的烹调方式不能保证温度足以杀死可能存在的病原体。

气体和化学物质事故

如果在矿井或者洞穴中遭遇爆炸，最危险的情况便是因为爆炸性气体的集聚，氧气量减少。供氧量不足和一氧化碳气体会给人带来很大的危险。

无论是化学材料起火还是房屋车辆起火，都会产生有毒气体。另外，在化学气体的合成和运输的过程中，也很容易产生化学物质泄露的危险。

在接触这些危险物品的时候，要遵守安全的程序规则和建议。注意避免直接接触化学物品，避免吸入浓烟，防止其出现晃动、泄露、破损的情况，同时也要注意防止其与其他的化学物品发生混合，引发爆炸。

吸入了这种化学烟雾后，要马上呼吸新鲜空气。在皮肤沾到化学制剂的时候，要立即用大量清水冲洗，但是要注意某些特殊的化学物质遇到水后可能会产生更为强烈的化学反应，所以要进行特殊的处理，防止意外事故发生。

与吸入了化学物的人接触，在不确定伤者是否被化学物污染的情况下，不能直接进行口对口的人工呼吸。

泥石流的应对

泥石流是指因暴雨或洪水等气象灾害，土质疏松的山体被冲垮后与河流、雨水等混合而形成的洪流。泥石流多发生在雨季降水较多时。泥石流有着惊人的流速，可在瞬间摧毁一切。

泥石流是一种破坏性极强的地质灾害。它持续的时间从几分钟到几个小时不等，但破坏力却是同样的惊人。如果预防和救护措施不当，一场泥石流会给人类带来巨大的伤害。

求生方法

1. 保持镇定

泥石流发生时，不要惊慌，保持镇定，找到正确的逃生路线和逃生办法。尽最大的努力保护生命和财产安全。

2. 选择正确的逃生路线

逃生路线正确与否，直接决定逃生者的行动能否成功。在仔细探明泥石流的流向以后，沿着与泥石流垂直的方向，向地势较高处跑去。逃生时，避开土质疏松的地方，以防滑倒。如果时间不允许逃生者有过多的行动，可以抱住触手可及的大树树干，防止被泥石流冲走。但是这种逃生方法只是暂时的，因为泥石流的巨大威力足以冲毁一切，树上并非是绝对安全的。

注意：不要顺着泥石流的流向奔跑，泥石流的流速惊人，不是凭借人类的快速奔跑就可以逃离的。

3. 坚持人身安全第一的原则

泥石流摧毁房屋、道路、桥梁等，给人类带来巨大的财产损失。泥石流发生时，要坚持生命安全第一的原则，保护好自身安全，不要因为想带走身边的财物而耽误了逃生时机。在整个逃生过程中，一定要注意保护好头部，当泥石流的暴发伴有大石头滚落时，更要注意避免头部受伤。如果条件允许，逃生时，可以带些保暖的衣物以及应急的干粮。因为泥石流发生时，逃生者因为要躲开洪流，可能会逃到比较隐蔽的区域。救援者到达这些地区需要一定的时间，所以充足的食物和衣物储备对于逃生者而言是重要的。

4. 其他注意事项

处于低处的物体，很容易被来势凶猛的泥石流淹没。在逃生过程中，如果不幸跌倒，要想尽一切办法使自己再次站立起来，或者凭借身旁的大树、岩石等稳固性好的东西保持身体高度，同时掩护好口鼻，防止泥水进入口鼻影响呼吸的畅通。如果随着泥石流滚落下来的石头较大，一定要尽量避开。一旦被高速滚动的石块砸到身体，后果不堪设想。

泥石流发生后的一段时间里，在任何情形下，都不要毫无准备地重返泥石流发生地。这些区域刚刚发生过泥石流，但是这并不意味着近阶段这里没有再次暴发泥石流的可能。有些地区的泥石流是间歇性暴发的，因而重返行为是危险的。

救援方法

泥石流的破坏力很大，来势汹汹，不易逃脱。如果不幸有人逃生失败，那么及时而有效的救援就是必要的。

对于泥石流伤者的救援，要小心谨慎，注意每一个细节问题。

当救援队伍在山坡下面发现受困者时，首先探查能否将其直接拉出。如果情况不允许或是伤者伤势严重，无法配合救援，可采取如下的营救方式：从侧面入手，挖开困住伤者的泥石流。挖掘时，一定要注意方法，不能鲁莽行事，随意乱挖，特别是垂直挖掘的方法，将会带来严重的后果。因为垂直挖掘会震动伤者周围泥石流上方的泥石，一旦这些泥石滚落，不仅营救行动失败，就连救援者的生命安全都会受到威胁。

如果泥石流还在继续，在发现伤者以后，不要急于营救，选好着力点，从与泥石流流向垂直的方向，将伤者拖出。拖拽伤者时，不要顺着或逆着泥石流的流向，以保证救援者的生命安全。

在救援行动中，如果发现伤者出现昏迷、休克等严重情况，不要轻易挪动伤者的身体，应首先确认其是否身体哪个部位发生了骨折，或是脑部受到伤害。如果出现骨折或脑部受伤的情形，不恰当的身体移动会令伤者丢掉性命。

预防措施

泥石流发生得突然，发生时威力巨大，给逃生和救援行动造成障碍。因而，科学合理的预防措施显得尤为重要。下面介绍几个预防的措施：

第一，避开泥石流多发地。例如，在多雨季节，尽量避免在山区水流周围行动。

第二，野外生存，选择营地的时候要避开沟谷的低处。一旦泥石流暴发，低地首先会被洪流吞噬。如果是驱车前来，应将车辆停放在近处的干枯河道或是山间小路处。一旦泥石流暴发，逃生者可以迅速开车离开。

第三，如果在山区活动时遇上暴雨天气，不要在地势较低处停留，要选择树木、山脊较多的山坡或高地，由这些地方迅速离开。

第四，在泥石流流向的下方，如果有重要的物体时，要采取措施对其加以保护。常用的做法如下：在物体上方的上坡上挖出一条防水沟，防水沟的主要作用是，当山地不足以容纳多余的降水时，这条防水沟可以将降水排走。

第五，要想从根本上预防泥石流并不是一朝一夕的事情，这需要一个很长的过程。例如，保护好山上，特别是山坡一面的一草一木，增强其涵养水源的能力；将泥石流多发地的水源加以改道等等。

第六，河道中原本正常的水流突然中断或是突然迅速变得湍急，特别是当一些草木等物体出现在流水中时，一定要提高警惕性。这时，如果有像闷雷等低沉的声音出现时，说明泥石流就要发生了。野外求生者应立即采取逃生行动。

水灾的应对

如果某个地方的降雨量大于需求量,那么,就会引起水灾。假如这个地方还刚好是细长的水道或者干枯的河道,一场暴雨就足以带来毁灭性的洪水灾害。除了暴雨的原因,飓风、地震、海啸或者堤坝被冲毁等,也都是洪水的罪魁祸首。

到每个地方都得先看看这个地区是否属于水灾高发地区,像一些沿海和沿江的地方都水灾高频发生区。如果经常发生水灾,你平时就得注意发生水灾的时候应该从哪里逃生最快。随时收听洪水的警报,尤其是在雨季的时候,这样你就能提前知道洪水来袭的大概时间、区域以及水位的高度,提前做好准备。

在野外,要随时注意天气的变化。想要远离洪水的侵害,还要特别注意干旱过后的暴风雨,往往这种情况非常容易造成大范围的水灾。这时候我们要远离水道和峡谷,尽快转移到地势较高的安全地带。

洪水暴发的时候,根据实际情况处理问题。如果当时你在坚固的建筑物里,洪水已经近在眼前,那么你最好的选择就是留在原地。把所有电源开关和煤气开关关上,所有装水的容器密封上。如果水位只是涨高一米左右,对人造成的伤害可能不大,可是会带来财物的损失。这时候应该在房子与外面相连的空隙间填上一些装着泥土的沙袋或者塑料袋子,挡住洪水的进入,包括门缝、窗台、烟囱以及通风口等各种水可以流进的地方。地下室是最快、最容易进水的,所以尽量将地下室的物品拿到上面的房间来。要注意的是,在洪水中,地下室的墙承受的压力会比地面的大,所以会比较危险。

如果水涨起来了,是平房就爬上房顶,有烟囱就爬上烟囱,是几层楼房的建筑,那就转移到高层的房间,总之就是爬到尽量高的地方等待救援。第一时间拿上足够多的水、食物、保暖衣物等生活必需品，如果时间还充裕，就把火柴、蜡烛、手电筒、会发出声音的小物件、可以反射亮光的物品、颜色鲜艳的布条等都随身带上。

如果水位有继续上涨的趋势，可是还没人来救援，那就寻找材料，提前制作好一个临时的逃生小竹筏。不过要提醒你的是，不到最后时刻，也就是水没有淹没房顶或者房子没被冲毁，都不要轻举妄动。坐船逃生的时候，假如船遭到破坏，即将沉没，立刻跳水逃生。因为船沉没的那一瞬间，四周的水会形成一个大漩涡，更容易让人丢掉性命。

如果没有材料可以做成木筏，而你又不会游泳，就想方设法利用漂浮物来作为临时救生圈。例如泡沫、轮胎等都是可以漂浮在水面的。如果身边连这些物品都没有，那么就用常见的塑料袋、雨衣甚至裤子，将它们扎成一个鼓起来的包。

在水上漂浮的时候，尽量保持体力，不要做过多无谓的动作。丢掉身上任何笨重的东西；顺着水流流动的方向漂浮，不要逆流而行；不需要呼吸的时候，不要抬头起来；如果会游泳，也可以采取仰泳的姿势，背朝水面，头向着天空，让身体自主漂流。遇到大冰雹，找东西挡住头部或者把头埋进水中。遇到急流的漩涡地带，不要紧张，深深地吸一口气，然后往水底钻，翻腾的水会很调皮地将你拖起来。惊慌失措反而更容易出事，因为人的呼吸一乱就容易呛水，若昏迷之后容易溺水身亡。当然，如果这时候你身边有大树、建筑物、石桩等比较稳固的东西，为了节省体力，也可以抓住它们，让自己休息一段时间，恢复体力再想办法继续逃生。

这里再介绍一个在水中呼吸的方法，适用于任何会游泳的和不会游泳的人。不要被动地被水淹没，在沉下水之前，先深吸一口气，主动把头沉入水中。这个做法是有物理根据的，因为人体本身和水的比重非常接近，然后又多了一口气，就可以产生浮力。浮力会让人浮起来。当你需要呼气的时候，能蹬到地就用力蹬地，不能蹬到地就将两腿夹紧。两手快速下压，突然把头抬出水面，主动吸气后马上又沉入水中。

逃生的时候，无论是开车还是走路，都要警惕水位的变化。在公路上，要先确定水没有没过膝盖或者半个车轮，再小心地在上面行走或者行驶。尤其要谨慎穿越被水淹没了的桥梁，因为水灾时，一些老化的桥梁有可能已经被冲断。

水灾通常会伴随着泥石流等自然灾害。特大暴风雨的威力很大，有可能会冲垮河床，带着数量惊人的枯枝落叶、岩石和泥沙一路狂奔。路过之处，瞬间吞没一切。这种泥石流，最容易在谷底遇到，其他的地方也会遇上，所以一定要小心。在海边遇上的海啸或者洪水，往往都会带来狂风大浪，水势比较急。遇上这种情况，不要多想，马上逃离现场。

水灾过后，经常会发生瘟疫。水灾过后的水一般都被污染了，要彻底煮沸消毒才能饮用。鸟类和地里的植物都是相对安全的食物，不到毫无办法时不要轻易冒险食用被淹死的动物尸体。

海啸的应对

海啸是指由海底地震、塌方或火山喷发造成的海水高强度运动的自然灾害。海啸发生时通常能引起几十米高的巨浪，对居住在沿海地区的居民有很大的生命威胁。

海啸高发地带集中在环太平洋地区。由于某些海岸的地形特点，即使发生很小的海啸有时也能形成巨型海浪。

人类历史上造成惨重损失的几次海啸都是由海底地震引发的。尽管并不是每一次地震都引发海啸，但为了自身的安全，当出现地震前兆时，逃跑的同时不要忘了远离海岸。不要企图走近海岸观看海啸，因为很可能当海啸来到你面前时你已经来不及逃脱。

目前人类对海啸的抵御能力仅停留在预警阶段，并无切实有效的手段抵挡海啸带来的破坏。

因此，当感觉到地面有震感或是获悉附近有地震发生时，一定要作好防御海啸的准备。因为海啸的到来和地震之间有一个时间差，这个时间差短则几分钟，长则几个小时。因此在地震期间或之后，一定不要靠近附近的水域。

如果发现潮汐没有按照正常规律涨落，而水位又突然下降，或者水里存在气泡等，都可能是海啸的征兆。这个时候，即使大量鱼虾贝类因潮水的突然下降而搁浅在岸边，也一定不要逗留采集，以免发生危险。

有关海啸的知识

海啸可能出现在任何海底有地质运动的海洋中。受影响的海岸线有可能风平浪静，也有可能出现如图示剧烈的海浪。

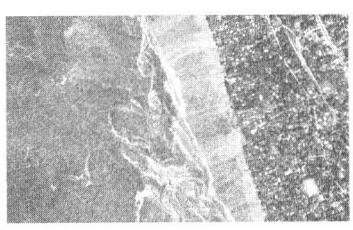

海啸来袭之前，海水一般会退却，这是海啸一种典型的预警信号，也让你有时间能够跑进内陆或者高地。赶快行动，不要继续待在海滩上捡那些被搁浅的鱼。

当海水汹涌返回海滩的时候，每1米海滩上的水量将达到1000吨。如图所示，白色水域的浪高达10米。

海水会继续涌上陆地，比普通海浪、洪灾或者暴雨破坏力更大，能深入到内陆更远的地方，彻底摧毁其所到之处的几乎所有东西。

这种海啸标志警告附近有危险。遵从警告，尤其是海水急剧后退的时候，尽快跑向内陆或者高地。

海啸还可以通过倾听氢气球里的次声波是否发出隆隆声来判断。而相关部门监测到海啸的前兆并发布警告，通知协助居民在海啸来临之前及时撤离危险地区，是目前最行之有效的减少海啸破坏的方法。

如果在海上航行的船只遭遇海啸，一定不要急着驶回码头或就近靠岸。相反，向海浪更平稳的深海地区行驶才是最佳选择。

对于停泊在岸边的船只，如果来不及驶离海啸发生地带，那么船上所有人员一定要全部撤到安全的高地。

飓风的应对

飓风，又叫台风、旋风，是发生在沿海的热带气旋。它的风力十分强劲，据统计常常能达到12级甚至更高。飓风在以超高的风速前进的同时常常还会带来暴风雨，席卷陆地上一切不牢固的建筑物和脆弱的生物。因此在海上生存时，一定要小心这种气象灾害。

飓风通常在夏季出现，当洋面气温非常高时，很容易形成一个低压中心，而周围的空气便会围绕这个中心流动，慢慢地，空气流动旋转的速度越来越快，甚至能达到每小时300千米以上，这时飓风就形成了。飓风的中心并不是一个狭小地带，它往往是绵延十几千米的广阔地区。处在风眼统治下的这片地区暂时可以保持平静。

飓风以50千米的时速向大陆进发，在到达沿海地区时会造成极大的破坏。抵达大陆后，由于受到阻碍，风速会下降到每小时十几千米。

和海啸一样，目前人类抵御飓风侵袭的办法只能是实时监测，然后在飓风到来前指挥人们撤离海滨地区。人类通过卫星传送信号，实时观测海面，一旦发现有飓风形成，便开始跟踪飓风的行进方向和轨迹。当预测飓风即将抵达人类生存的沿海地区，气象台会向社会大众发布警告，呼吁人们尽早作好防范措施。有时，飓风的形成可能是一转眼的事，不能被及早发现。这时，可通过对海面现象的观察，比如潮水的剧烈上涨、太阳在海上的壮观景象或者天空出现旗状的云层来达到预防的目的。

当得知飓风再过十几个小时就要来到时，一定要避开飓风的行进线路。不仅如此，还要撤离海岸和河岸，因为飓风在沿海的大陆附近是最具摧毁力的。

如果在海中航行时遭遇飓风，一定要收起风帆，堵好船舱，并保证所有船上的工具在刮风暴时不会被吹起卷走。

当飓风来临，一定不要冒险在风中行走，这是很危险的做法。待在室内，最好是在建筑物的高层，或者地下室里。躲避风暴时要备好食物和饮水，因为飓风随时可能导致资源短缺。离开房屋到更安全的地方躲避风暴时，一定要记得关掉所有电源。

如果在野外，最理想的避险场所是山洞或者山沟里。也可以牢牢扎根于地底深处的大树背后，或者一块巨石的背风面。一定要注意选择，那些人造围栏或者赢弱的小树苗很可能在飓风肆虐下被卷走。如果没有时间找到合适的避难所，也要在飓风来临时躺在地面，减少阻力，也要避免被剧风卷起的杂物击中。如果事先携带了防风篱，在找不到更好的天然避难场所的情况下，一定要为自己留出足够多的时间转移到防风篱背风的那一面。

发生飓风时，除了躲避，你能做的事情很少。不要待在可能被飓风摧毁的房屋内，如图示的木板房。

在出发前往野外时，如果有条件，应当随身携带无线电，随时获取来自电台的关于灾害天气的报道和建议。

飓风看上去已经过去时，不要急于到户外活动。因为有时只是因为风眼开始统治这片地区，所以看起来一切都归于平静了。然而，过不了多久，随着飓风的继续移动，风眼转移到了别的地区，取而代之的是飓风的另一侧，依然是狂风大作的一侧继续统治。这时风向与刚才你躲避的方向正好相反，需要立即转移到避险处的另一侧。

龙卷风的应对

龙卷风产生于强烈不稳定的积雨云中，是云层中雷暴的产物，是一种伴随着高速旋转的漏斗状云柱的强风涡旋，也是最剧烈的大气现象。

龙卷风的形成

龙卷风的形成过程大致如下：

· 因为大气具有不稳定性，产生冷热两种空气，所以会产生强烈的上升气流，受到急流中的最大过境气流的影响，这股上升气流进一步加强。

· 垂直方向上，风的速度和方向均有改变，这些风相互作用，致使上升气流在对流层的中部开始旋转，形成中尺度气旋。

· 中尺度气旋会向上下两

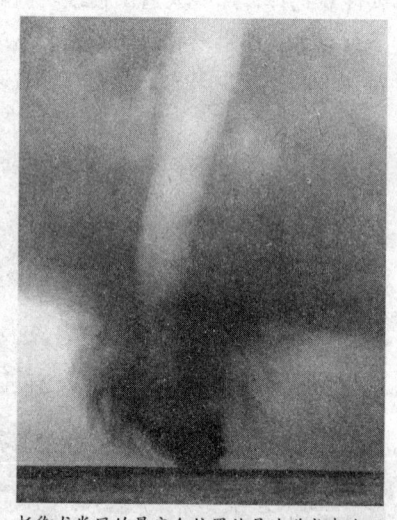

抵御龙卷风的最安全位置就是地道或者地下室。如果在户外，进入沟渠或者下陷的地方，以躲避风和风中夹带的物体。

个方向伸展，与此同时，它本身变细并增强。一个小面积的增强辅合，即初生的龙卷在气旋内部形成，产生气旋的同时，形成龙卷核心。

· 龙卷核心中的旋转与气旋中的不同，它的强度足以使龙卷一直伸展到地面。当发展的涡旋到达地面高度时，地面气压急剧下降，地面风速急剧上升，形成龙卷。

· 空气绕龙卷的轴快速旋转，受龙卷中心气压极度减小的吸引，近地面几十米厚的一薄层空气内，气流从四面八方被吸入涡旋的底部，并随即变为绕轴心向上的涡流。

因此，龙卷中的风都是气旋性的，中心的气压很低，比周围气压低10%。因为中心的低气压，龙卷风具有很强的吸吮性，可以把水吸离水面，使水柱和云层相接，这个也就是我们平时说的"龙取水"。因为龙卷风内部空气极为稀薄，所以会让温度急剧降低，使水汽迅速凝结，这是形成漏斗云柱的重要原因。漏斗云柱的直径，平均只有250米左右。

龙卷风的特点

龙卷风经常发生在夏季，一般在6～7月间，有时也发生在8月上、中旬。常在雷雨天出现，尤其多在下午至傍晚时段。

龙卷风的袭击范围很小。在地面上，龙卷风的直径通常在几十米至几百米之间，平均为250米，最大为1千米。在空中，龙卷风的直径可以达到几千米，最大有1万米。

由于受暖湿空气强烈上升、冷空气南下、地形的影响，龙卷风存在的时间也比较短，一般只能维持几分钟，最长的也不过数个小时。

龙卷风的风力特别大，中心附近风速可达100～200米/秒，最大有300米/秒，比台风中心的最大风速还要大好几倍。

龙卷风的破坏力极其大。龙卷风所过之处，建筑物会被它吸走，大树会被连根拔起，车辆被掀翻，建筑物被摧毁，有时候还会把人卷走，危害性特别大。

龙卷风刮起来的时候，会发出巨大的声音，就像是纺纱陀螺或者是机器运转发出的声音，这种声音在 40 千米以外都能听见。

尽管龙卷风在任何地方都可能发生，但是它大多数时候发生在美国西部的大草原上、密西西比河谷地，以及澳大利亚地区，并且很有可能发展成为飓风。在海上，产生的龙卷风可能会引起海龙卷。

防护措施

为了将龙卷风对人身和财产造成的损失降到最小，在龙卷风来到前，要做好防护措施。

1. 选择藏身所

要躲藏在最坚固的建筑物中，例如用混凝土或者是钢筋加固过的建筑物。最好的避身之处就是专门用来防御风暴的地下室或者是洞穴里。你如果要躲在地窖里，一定要待在靠外墙或者是经过特别加固过的地方。如果你们家没有地下室，你可以去最底层，待在小房间或者是结实的家具底下，不过不能躲在沉重的家具下面，以免塌下来被压住。切记，一定不能靠近窗户。

2. 开、闭门窗

将家里所有面朝龙卷风方向的门窗都关得紧紧的，而另一侧的门窗则要全部打开。这么做能够防止龙卷风刮到房子里，将屋顶掀起来，也能够平衡房子内外的气压，防止房子因内外气压失衡而坍塌。切记，千万不要躲藏在轿车或者是大篷车里，龙卷风会直接将它们卷到天上。

3. 远离龙卷风

如果你待在房子外面，很容易被在风里乱飞的各种杂物伤到，也会被风卷到空中，就算你掉下来毫发无损也是很危险的。如果真的没办法回到屋里，当你知道龙卷风即将来临时，一定要马上远离。朝着和龙卷风路线成直角的方向逃离，在地面的沟渠或者是凹地里躲避起来，平躺并且一定要用手护住头部。

雷电的应对

遇到雷雨天气，无论是在室内还是在室外，都要有强烈地防范意识，做好避雷措施，以免遭受雷击的伤害。

如果你处于室内，一般来说是比较安全的。不过，在强雷雨天气中，要将门窗关闭。尽量不要使用电器，等到雷雨天气过后再使用，这样较为安全。

当你在室外，一时无法进入屋内时，一定要尽快寻找避雷之所。如果你正在行走的途中，应该立刻停下，

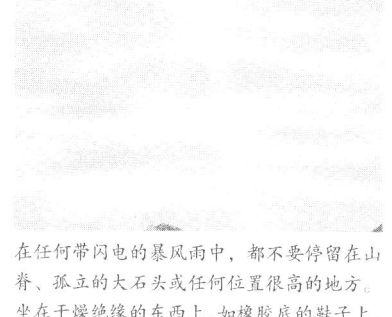

在任何带闪电的暴风雨中，都不要停留在山脊、孤立的大石头或任何位置很高的地方。坐在干燥绝缘的东西上，如橡胶底的鞋子上。干燥的绳子卷成卷也是很好的绝缘体。

就近寻找山洞等避雷场所，选择的山洞至少要1米深，其四壁至少要和你保持有1米的距离。不要躲藏在山洞的入口处，也不要躲在山地村庄的岩石突出处，因为闪电可能会穿越山峡，而这些岩石往往作为某一裂隙的尽头，恰好处于闪电经过的路线。也不要撑着有金属伞柄的雨伞在雨中行走，或是接触铁轨、电线、金属建筑和栅栏等导电物体，也不要靠近大的金属物体，这些都可能导致雷击。

如果你在高处，尽量离开，寻找一处低凹地或者是平地。如果你不能马上离开高处，要用一些干燥、绝缘的东西来保护自己。干燥的雨衣、塑料布、橡胶鞋和绳卷都可以，可以将它们垫在身下。不要坐在潮湿的地方，坐的时候也要弯腰、低头抱膝，膝盖抵住胸口，双脚离开地面，将四肢并拢，不要用手触地。尽可能

降低高度,并且减少与地面接触的面积。如果实在没有绝缘的物体,就尽量平躺在低处的平地上。人多的时候,不要挤在一起,分散会比较好。

简言之,选择避雷的场所就是要避开易致雷击的地形。像山顶、高大的树底下、电线杆下、树林边缘、屋檐下、开阔水面、广阔的原野等,这些都是危险的地方,都要尽量离开。千万不要在雷雨天游泳,切记保持身体的干燥。

有的时候,你会感觉到皮肤刺痛、头发竖起等,这是雷击将要来临的表现,你需要做一些防护措施。如果你是站立着的,你可以马上蹲下,双手碰地,这样即使受到雷击,电也会通过你的双臂,以最快速度被传导到地下,从而避免了对躯干的伤害,不至于引起心脏衰竭或是窒息。

如果被雷电击伤,程度轻的话现场进行一般灼伤消毒包扎的救治就可以,严重的话要按电击处理,快速送到医院急救,并进行观察。

地震的应对

在自然界中,有一种最可怕、最暴力的自然灾害——地震。它区别于火灾、洪水等其他可以有效防范的自然灾害,往往毫无征兆地突然发生。地震的震幅范围很大,破坏性比较强,有时候还会引发山体滑坡、洪水、海啸等其他灾害。

因此,地震的预报工作一直是科学家长期投入的工作。通过科学家们长时间的监控,已经可以对一些轻微的地震进行探测,并且能够预测部分大地震的发生时间,这使得事前疏散的工作成为可能。但是对于个人来讲,尤其是在野外,想要预测地震到来是极为困难的。

科学家们通过长期研究,发现在地震前夕,动物可以敏锐地感觉到地震来临,并且会变得警觉、紧张,并出现异常行为。例如,一切鸟类会出现惊鸣;哺乳动物会频繁发出警戒信号;冬眠

地震之后的建筑物都被摧毁了。

的动物会提前返回到地面。

地震发生的原因及预防

地震是自然运动的结果,是地壳压力的一种释放方式。由于地壳中聚集的张力突然释放,影响了地表运动,因而形成巨大的冲击力。通常最容易发生地震的地方主要位于形成地壳的半硬性板块边缘。在地壳形成过程中,一板块插入另一板块底部时会发生强烈的地震。最深的地震则位于近海沟的深处,一旦发生几乎可以毁灭火山岛屿。因此,在听到地震预报或者感觉地震即将来临时,应当及时远离建筑物和耸立的高大物体。也不要进入山洞,以防山洞倒塌。不要待在山顶有碎石的山坡,或者在土龛下活动,以防被滑落的石块砸伤。

基本的求生方法

遇到地震时,千万不要慌张或者大喊大叫,因为在地震发生后的短时间内,是没有救援人员的。冷静下来,想办法自救,并且时刻鼓励自己,增强信心。因为在其他条件不变的情况下,意志和信念可以延长人的生命。

1. 在地震发生时,逃到野外空旷处为最佳选择。行动中,尽可能远离那些会砸到你的东西,因此要留心周围的建筑物或者树木，它们有可能会被连根拔起。

2. 如果你正处于建筑物中，可以选择角落或者有坚硬家具的地方，这样可以起到支撑和防护的作用。但是需要注意，即使建筑物不会被摧毁，周围的碎石块也有可能会滑落。

3. 如果在车里，地震发生时，应加大油门驶离建筑物或者山崖等危险地带，尽可能地快速安全停车。停车后，蹲伏于座位下，即使有东西砸到车上，也会得到保护。当停止震动后，要留心观察周围的障碍物，预料可能出现的危险，包括破坏的道路或者坍陷的桥梁，以及被震毁的电缆。

4. 在平原，尤其是黄土地面，可以趴在地上，这样会减少掉进裂缝的概率。

5. 如果处于乱石岗，最好蹲在原地，以免晃动时摔倒。

6. 如果在堤坝处，则应该马上逃离，以免堤坝决口。最好平稳地往山顶移动，这样可以减少受伤的概率。

7. 在山区时，山顶是最安全的。但是斜坡上的土石容易滑落，如果你被数千吨重的土块或岩石压倒，幸存的机会很小。最好像球一样在地上滚动，才可能得以存活。

8. 当你处于海滩时，只要不在悬崖下，你就会相对安全。但由于地震会引发海啸，所以当地震停止后，应该尽快离开，向开阔地带转移。

9. 地震来临时，速度是至关重要的。没有多余的时间去把其他人组织起来。如果必要的话，可以使用暴力让他们安全转移，或将其推倒在地。

10. 如果被压在废墟中，冷静下来，认真分析自己的处境，并开始制订逃生计划。如果覆盖物较少，就要自己想办法爬出来。但是移动覆盖物时要试着轻轻用力，以免引起新的倒塌。如果覆盖物太多，不能确定是否可以逃生，就应该耐心等待救援。当听到有人的动静时，应该立刻通过呼喊、有节奏敲打发声等方式发出求救信号。

塌方的应对

在野外活动时，如果遇到下大雨或地震，山上的泥土或砂石结构的建筑很容易倒塌，造成塌方。为了避免类似危险，在野外要注意不要在结构松散的土洞里逗留、活动。如果非要进入洞穴，一定要建好支撑，并且安排人在外面留守。在土洞或砂石洞中要避免大声喊叫、跺脚跳跃，更不要在洞里有人的时候在洞穴上方活动。如果遇到下雨天要进入洞穴避雨，一定要注意观察洞穴里有没有裂缝，并留意有没有渗水的现象，如果发现上述特征，应立即离开。

如果不幸遭遇塌方，要尽可能判断方向迅速逃出。如果已经没办法逃出去，要迅速转移到角落抱头，两肘尽量向前伸展，争取多给自己留呼吸空间。因为发生塌方并不意味着立即死亡，在事故中正确的行动可以增加最后获救的概率。如果被埋，要试探哪个方向的泥土最松动，然后努力朝这个方向打出一个通风口，为自己和救援人员争取时间。如果是被木材或砖瓦等压住，透气性比较好，这时要想办法利用身边的东西把塌下来的东西固定住，防止继续塌陷。甚至运用杠杆原理架起压在身上的东西，为自己腾出更多的空间。如果被困，不要贸然移动，以免再次塌方。如果只是被压住部分身体，可能的话，将身上的重物移走再逃出。如果用手无法搬动，可以借用工具将重物架起，再抽出身体。

向被困人员施救时，在人员充足的情况下，应同时挖掘和为被埋者制造气孔。挖掘时要注意着力点，小心挖掘，避免再次塌方。

火山的应对

如果在野外时遇到火山，你需要先了解你所遇到的火山的类型，然后要充分了解火山的特性以及火山爆发对你的威胁，然后决定自己的下一步行动。这样才不至于在遭遇这种情况时手忙脚乱。

火山的类别

人们依据火山的状态来为火山分类。如果火山还处于活跃状态，在短期内爆发过，称之为活火山；如果火山长时间内没有爆发过（至少是几十年），说明这类火山已经没有了爆发的能力，相当于一座普通的山，只剩下了一些残迹，这类火山称之为死火山；还有一类火山虽然长时间没有爆发了，但是它的形状仍完好无损，火山口也没有被堵塞，随时有爆发的可能，这类火山则称为休眠的火山。

注意：实际上这三类火山的定义都不是绝对化的，有些人们已经定义为死火山的也有可能突然爆发，而有些活火山也可能很长一段时间都不会爆发。因此，不管你遇到什么样的火山，都要提高警惕。

火山爆发的类型

火山爆发时，由于地壳组织的不同会有不同的表现方式。

1. 开缝式爆发

这种爆发方式是地底的岩浆直接从裂开的地面流出来，形成一面火墙。这种方式不会有太大的爆发力，也不会产生太多的火山灰尘和气体。火山爆发活动结束后，流出来的岩浆会冷却，形成各种地形。

2. 喉管式爆发

这种火山爆发方式是地底岩浆直接从火山口喷射出来，这样会形成很大的爆炸声，同时形成大量的木屑和气体，这种爆发方式对环境的污染是最严重的。

3. 熔解穿透式爆发

这种火山爆发方式是地底岩浆在向地面涌动时，由于温度太高会熔解地面的岩石，从而从地面溢出来，这种爆发方式没有太大的爆发力，也没有太多的气体产生。火山爆发结束后，岩浆冷却会形成碗底状的地形。

火山爆发的危险

火山爆发后会产生很多有害物质，这些物质会危害人的身体健康，甚至导致生命危险。

1. 熔岩

从火山口流出的或者从地面溢出来的熔岩，其流动速度比较慢，不会给人造成太大的危险，但是由于熔岩的温度极高，它流过的地方所有生物都会被毁灭，严重破坏环境。

2. 火山喷射物

火山爆发时会有很大的冲击力，从而喷发出大小、重量不同的各种物质，有些是石块，而有些喷射物则是像气体一样的小物质，这种小物质则会扩散到空气中，污染大气。

3. 火山灰

图中的火山碗状凹陷喷口处，我们可以看见一个能量较小的火山正在爆发。一股水汽柱正升上空中，滚烫的火山灰翻腾出来。

火山岩流流动速度较慢，但是其具有强烈的熔化能力，因此一定要远离火山岩流。

由于高温和高压，火山爆发粉碎地下的岩石，形成岩石粉末，然后以灰状喷射出来。这种灰具有很强的刺激性，并且大量的火山灰积落到同一个房顶上，能把房子压垮。火山灰如果落到植物上面，会堵塞植物的通道，导致枯萎。并且这种灰是与二氧化硫等有害气体一起喷发出来的，人和动物一旦吸入，就会产生各种肺部疾病。如果火山爆发刚好遇到下雨天，那么，火山灰里面的硫黄就会融入雨中，形成酸雨。酸雨会灼伤人的皮肤、眼睛，毁灭庄稼。

4. 气体球状物

这种火山爆发产生的物质，是火山爆发时岩浆内部包含的大量气体，随着其往地面喷射，致使气体外面的岩浆层加厚，渐渐滚成的一个气体球。这种气体球会从火山口往地面滚动，凡是气体球经过的地方没有任何生物能够生存。

5. 泥石流

泥石流是火山爆发的副产物。由于火山爆发会导致地面裂开或者松动，这样火山附近的泥浆会迅速地往下滑动，并且速度极快，会彻底地摧毁所有的生物、住房等等。

火山爆发时的应对措施

1. 面对火山喷射物

如果你离火山的距离不远，你要及时找到装备保护好自己的头部，以免被火山喷射出来的石子等砸伤。

2. 面对火山灰

火山灰的危害比较大。首先你要保护好你的眼睛，及时戴上眼镜以免火山灰进入眼睛，然后用湿布捂住自己的嘴巴和鼻子，不要让火山灰及其附带的有毒气体进入肺部。最后，当你离开火山爆发点，回到自己的避难所之后，要迅速脱掉你的衣物，清洗自己的皮肤。

3. 面对气体球状物

气体球状物是有毁灭性的，你能够逃脱的唯一的办法就是跳到水里面，然后把整个身体潜到水中，直到气体球状物从你附近滚开。

火山在爆发之前会有一些征兆。如果地面运动频繁，并且时不时有气体溢出的声音，同时空气中弥漫着一股硫黄的气味，这种情况下火山爆发的可能性是十分大的。如果你所在的地方下雨，并且是刺激性强的酸雨，同时在火山附近有隆隆声或者火山口有绿色的烟雾、蒸汽冒出来等等，这些现象也是火山爆发的征兆。

核武器环境

只有知道了在核环境中可能会发生什么，才能在那种环境中生存下去，也才能够有效地应对一些问题。

核武器产生的后果

核武器可能会产生的严重后果，主要分为初始后果

装备着ABC-M17头盔式呼吸器的士兵。

和剩余后果。前者主要是冲击波和辐射，它一般出现在核爆炸的现场，在爆炸后的第一分钟内就会对人类造成极大危害。后者则要持续一段时间，几天或者几年，其对人体的危害也是巨大的，甚至可以致人死亡。

冲击波。强风一般都会伴随着冲击波，它是指空气从爆炸的中心迅速而短暂地向周围运动和运动所带来的压力。冲击波会给人带来毁灭性的影响。它能让人耳膜破裂、肺部崩溃，也能把瓦块、砾石、建筑物甚至人都卷起来，造成惨重的人员伤亡。

热辐射。它一般会烧伤人的皮肤，造成大火、闪光盲等。核爆炸的火球会释放出热辐射和光辐射，而光辐射又包括紫外线、红外线和可见光。

核辐射。它包括初始辐射和剩余辐射两种。

初始核辐射主要包括爆炸1分钟内产生的强烈的 γ 射线与中子流。初始辐射让人产生头疼、恶心、呕吐、腹泻等症状，严重时还会致人死亡。原因是它对人体的所有细胞都有破坏作用，而

人被辐射到的计量又直接影响了人受损伤的程度。因此，也许你还没有意识到初始辐射给自己带来的伤害，更没有及时防范，你的身体就已经不知不觉地接收了致残或致命的辐射剂量了。

剩余辐射主要包括爆炸1分钟后产生的所有辐射，在后文中还会详细介绍。

核爆炸类型

核爆炸的类型一般有三种：地表下爆炸、地表爆炸和空中爆炸。

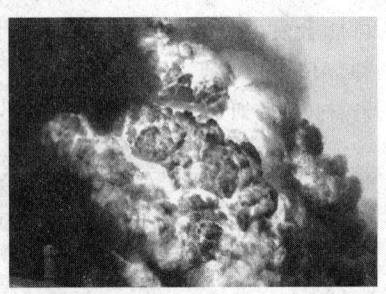

就像先看到闪电后听到雷声一样，最初的爆炸发生之后立即会有冲击波，因此把身体位置降低，保持镇静，作好准备。

地表下爆炸全部发生在地下或水下，其破坏性影响仅限于爆炸地点的地面坍塌所造成的坑里和地表以下，若不是你恰好跌入了爆炸现场的坑里，那你就很少甚至不会遭受放射性危害的威胁。

地表爆炸则发生在地面或者水面，它对人的影响是长期的，也是最伤人的核危害。伴随爆炸一起出现的还有大量的沉降物。

空中爆炸一般发生在爆炸目标的上空，给目标物带来的影响最大，对人而言也是最危险的。

核损伤

核损伤包括冲击波损伤、热损伤和辐射损伤三大类。在核环境中，人体遭受的大多损伤都是因爆炸的初始核影响造成的。此外，沉降物处理不当或没有得到及时处理也会引起进一步的辐射损伤。

冲击波损伤。冲击波的超压力会把人抛出很远，当人撞击地面或其他坚硬的物体时不可避免就会受到严重伤害。这种超压力还容易让人肺部崩溃，同时引发其他内部器官的瞬间爆裂。在这一点上，冲击波损伤和高爆武器造成的损伤是相似的。强烈的爆炸还会卷起地面上的沙石瓦砾，它们打击你的身体，会造成严重的外伤。不小心被大的石头击中，还会造成肢体骨折或积下很多内伤。由此可见，你若想保护好自己，就要远离爆炸现场或用结实的覆盖物包裹住自己。如果你不幸受伤了，要迅速将伤口遮住，防止放射性微尘趁机而入。

热损伤。它是指核爆炸的火球释放的光和热造成的损伤。也许会造成闪光盲，也许会造成一度、二度、三度烧伤。不过，闪光盲这种失明不一定是永久的，如果你的眼睛暴露出来的部位较少，那么失明可能就是暂时性的。远离爆炸现场或用结实的覆盖物包裹住自己同样是避免热损伤的好方法。在核爆炸发生以前，你要尽可能遮盖住自己所有裸露在外的皮肤，如有伤口，一定要先清洗再将其包裹起来。

放射损伤。γ射线、α射线、β射线和中子易造成放射损伤。中子是运动速度极快、具有穿透力的粒子，它能击碎人体内的细胞。γ射线是极具穿透力的放射线，它在核爆炸的初始火球阶段危害最大。α射线和β射线都属短程粒子，二者一般都是和沉降物里的放射性尘埃有关的放射粒子。放射损伤的症状我们在下文介绍身体对辐射性的反应时会说到。

剩余辐射

剩余辐射包括感生辐射和沉降物。

感生辐射。它是核爆炸火球正下方的一个相对较小的、辐射性很强的区域带来的辐射。不要进入这个区域，因为受它照射的土壤会在很长一段时间内都保持强烈的辐射性。

沉降物。它包括武器碎片、放射性泥土和水粒子。沉降物释放出γ射线、α射线和β射线。后两者相对容易应付，而剩余的γ射线带来的辐射比爆炸后1分钟内产生的γ射线辐射强度会小很多。不管是地表爆炸还是空中爆炸的火球接触到地面，大量的水、泥土都会和炸弹的碎片一起蒸发。蒸发的炸弹残片容易凝结成微小的放射粒子，飘浮在空中或降落到地面，成为放射性尘土。待蒸发物冷却以后，它们又会形成两百多种放射物。所以说，就算躲过了初始射线的致命剂量，也不一定能躲避沉降物带来的巨大危害。

身体对辐射性的反应

辐射对身体的影响可分为慢性影响和急性影响。前者的代表疾病有癌症或基因缺陷，是人体暴露于辐射环境中数年以后才发生的，它没有即时的威胁。后者的代表疾病是辐射病（具体包括虚弱、疲劳、恶心、呕吐、腹泻、脱发等）和β射线烧伤，它则是几小时内就会马上发生的，且对人的生存具有直接影响和极大威胁，它会直接损坏人的身体组织。

恢复能力。身体暴露于辐射环境的部位越多、时间越长，身体的恢复能力就越差，反之亦然。人的整个身体如果受到了计量为600厘戈瑞的辐射，就很可能性命不保。在所有的身体器官中，大脑和肾脏的恢复能力较弱，皮肤和骨髓的恢复能力较强，即使手部受到了严重的辐射，也不会对整个身体健康产生很大影响。

内部和外部危害。内部危害主要危及人的关键器官，如骨头、甲状腺、胃肠道等，只有少量的放射性物质能对它们产生致命损伤。造成内部危害的途径可能是皮肤的擦伤或割伤，也可能是摄入了被污染的水或食物。外部危害会引发β射线烧伤和全身的辐射。γ射线和β射线常造成外部损伤，能够释放出β射线和α射线的放射性微粒进入人体则能造成内部损伤。

症状。胃肠道对放射物质非常敏感，它的损伤既可能由外部也可能由内部危害造成。人暴露于辐射后的发作速度和辐射症状的严重程度是辐射损害程度的一个很好的指示器。常见的症状有呕吐、恶心和腹泻。

具有穿透力的外部辐射的防备措施

上文多讨论的是辐射危害的一些基本知识，你在沉降物地区求生时会派上用场。与此同时，你也要知道自己怎样才能避免受到具有极强穿透力的外部辐射的影响。

简而言之，时间、距离和屏障是你保护自己免受穿透性外部辐射侵袭的几个基本要素。

时间。你若想增加自己的生存概率，可以控制自己暴露在辐射环境里的时间。众所周知，沉降物给人体带来的最大危害是在爆炸刚发生过以后，过了这段时间，危害的程度就会大大降低。在你有可能逃离沉降区时，一定要想方设法去一个安全的地方。无法在短时间离开沉降区时，也要尽量往远跑，争取能离开辐射源，把身体的损伤降到最低，保全自己的性命。一方面，辐射一般会随着时间的推移而渐渐降低，甚至是消失，这被称为放射性半衰期。也就是说，在一定的时间里，放射性元素的放射性会降低一半。放射性减退的法则是什么呢？即从放射性最强的时刻算起，时间增加 7 倍，辐射的强度就会减少为原来的 10%。举例来说，比如，在沉降物形成后，若一个核沉降区域的最大辐射率为 400 厘戈瑞/小时，7 小时后辐射率就降到了 40 厘戈瑞/小时，49 小时后，辐射率继续降到 4 厘戈瑞/小时。另一方面，辐射剂量在不断积累，人体暴露在辐射源里的时间越久，受到辐射的剂量也就越大。所以要想办法尽快离开辐射地区。

距离。若想不受或者少受辐射的影响，应该及早远离辐射源。辐射的强度和你距离辐射源的距离成反比，离得越远，自己受到的伤害就越小，尤其是受有超强穿透力的 γ 射线的辐射损伤。你和辐射源的距离每增加一倍，辐射就会减少一半或者四分之一。举例来说，如果你站在距离辐射源 30 厘米的地方，你身体受到的辐射是 1000 厘戈瑞；你要是站在 60 厘米开外的地方，你受到的辐射则只有 250 厘戈瑞。然而，这种计算方法只适用于辐射源集中的小区域,至于面积较大的且有沉降物的辐射区域,情况就要复杂一些,那样就要另当别论了。

屏障。放上一些阻挡辐射或者吸收辐射物质的材料,是对付有穿透力的辐射的最常用、最主要的方法。屏障可以吸收一定的辐射,也可以减弱具有穿透性的射线的辐射程度,进而保护人的身体。充当屏障的材料越厚,保护的效果越好。一般情况下,你可以使用铁、铅、水泥和水等材料作为屏障。和上面所说的时间、距离相比,设置屏障能够为你提供最大的保护,也是你在特殊情况下最切实可行的办法。

特殊的医疗。在没有沉降物的情况下,急救工作相对容易一些,如果有沉降物,急救工作就变得复杂了,具体程序也相应地有所变化。首先,要清洗 β 射线的烧伤伤口,用治疗普通伤口的方法处理。接着,你一定要把裸露的伤口都包裹好,避免放射粒子和污染物的进入。其次,采取一些额外的措施进行预防,以免感染,因为血液中一些化学成分的改变会让人体极易受到感染。最后,搞好个人卫生,尤其是保护好呼吸道,提前预防感冒。必要时可以带上一个临时制作的护眼镜。

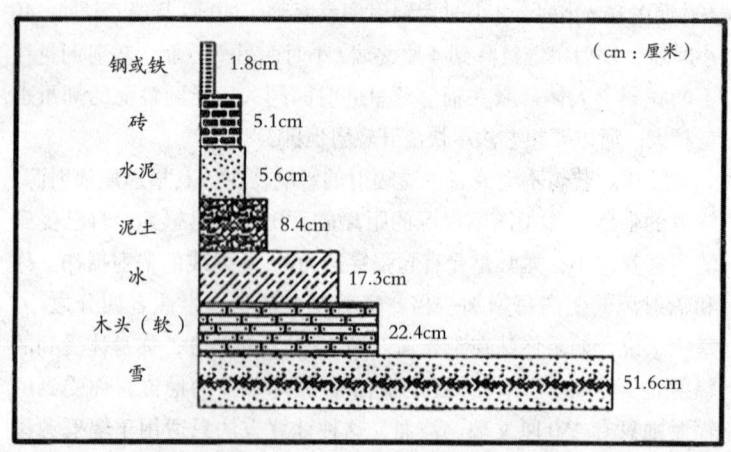

▲ 减少 γ 射线辐射的材料

避身所

做屏障用的材料越厚、密度越大，它减少的辐射量就会越多。那些理想的屏障物甚至还可以将辐射量减少到人体正常可承受的范围。

你最好能够在辐射区内找到一个临近的避身所。否则，人体前几个小时接收到的辐射剂量将超过未来一周接收到的辐射剂量总量。同时，人体在第一周里接收到的辐射剂量还要比他在同一个辐射区内停留一辈子接收到的辐射剂量都要大。速度对于寻找避身所来说尤为重要，5分钟内要能找到避身的地点，之后以最快的速度搭建好避身所。其实，避身所主要是用来保护自己免受γ射线沉降物初期的高强度辐射的。

屏障材料。为了减少沉降物辐射，相对少量的屏障材料是可以给人提供必要的保护的，因为沉降物辐射的能量要比核爆炸的初始辐射的能量小很多。作为屏障材料，减弱来自沉降物的γ射线辐射需要的厚度要远远小于阻碍初始γ射线辐射所需的厚度。能把某一种特定辐射束流的照射量减半的材料厚度被称作半值层，半值层原理对我们理解不同材料对γ射线辐射的吸收是有很大帮助的。照这个原理来看，一个5厘米厚的砖层（一个半值层）可减少1/2的辐射强度，外加一个5厘米厚的砖层（另一个半值层）又能再减少1/2的辐射强度，即初始量的1/4。以此类推，15厘米厚将会把γ射线辐射沉降物的水平降低到初始量的1/8，20厘米厚的降1/16。但是，材料不同，情况又有所变化，3米厚的泥土避身所能够把外部1000厘戈瑞/小时的辐射降低到避身所内的0.5厘戈瑞/小时。

天然避身所。理想的天然避身所有深谷、沟渠、裸露于地表的岩石、小山、河堤等，它们的共同特点是可以作为天然的屏障且人们容易依势建造紧急避身所。如果你身处没有任何天然保护的平原地区，你可以用手边工具挖一个散兵坑或者战壕。

壕沟。壕沟要挖得足够大，起码能容得下你的身体，以免身体有一部分裸露在外，受到辐射的损伤。在一马平川的地方，要把挖出来的土堆到你身体的四周，作为护身的屏障。在地势开阔的地方，同样可以把挖出来的土放在壕沟四周做屏障用，只是在挖土的时候尽量采用俯卧的姿势。如果土壤条件较好，搭建避身所耗费的时间会相对短些，但也要抓紧时间挖，尽早减少自己接收到的辐射剂量。

其他避身所。若能找到一个被1米或者更厚的泥土覆盖着的地下避身所，它就可以很好地阻挡沉降物辐射，给你提供保护。以下罗列的是一些空建筑物的避身所，按优劣进行排序：
- 被1米或者更厚的泥土覆盖着的坑道或洞穴。
- 储存地窖或防风地窖。
- 阴沟。
- 地下室、地窖或废弃建筑物。
- 泥土或石头建造的已经废弃了的建筑物。

顶棚。它的最大作用就是降低沉降物对人体的辐射。但顶棚一定要足够厚，不然不能起到屏障的作用。搭建顶棚也要考虑具体情况，只有当你暴露在外面辐射环境中时间不长且你手边就有现成材料的时候才可动手搭建。如果你需要在顶棚里停留更多时间以避开有穿透力的辐射时，最好还是不要添加顶棚。

破旧的雨衣可被用来搭建顶棚，然后再用石头、泥土或其他材料把雨衣固定住。但是，这样的顶棚只能增加人体与沉降物之间的距离，使人体免受污染，它是不会对掉落在雨衣上的放射性粒子起到屏障作用的。

避身所地点的选择和准备。搭建避身所来减少辐射剂量、缩短自己暴露在辐射环境中的时间时，应注意以下要点：
- 留意身边可以利用的现成简陋避身所，加以改造，实在没有现成可用的避身所就动手挖一个壕沟。
- 壕沟要挖得够深，足够盛下自己整个人，同时也要加宽，以增加壕沟的舒适度。

- 如果你需要伪装起来待在壕沟外面，就搭建一个顶部，比如顶棚。如果你在避身所内不用出来的话，就用厚土或其他可以利用的材料将壕沟顶部封起来。
- 即使你忙着搭建避身所，也要注意用衣服把自己的皮肤全都遮盖起来，避免被穿透力强的射线灼伤。
- 找一个树枝或其他用不到的东西将避身所四周地面上的废弃物清除到 1.5 米开外的地方。
- 确保带到避身所内的所有东西都是没有被污染的，其中包括用来隔热和铺床的树叶、杂草，以及你的鞋袜、衣服等。如果你的外衣被严重污染了，你就要将其脱掉并埋在避身所附近 30 厘米深的地下，等放射性降低了，你要离开避身所时再将它取出来。外衣若是干燥，你可在避身所外面用棍子敲打衣服，使上面的放射性尘埃抖落下来。也可以用水去除外衣上附着或残余的沉降物微粒物质。千万不能用手拧水，否则沉降物微粒会保留在衣服上，这时只需把衣服浸泡到水里，然后轻轻抖掉水就可以了。
- 如果你不想离开自己搭建的避身所，可以用水和肥皂在避身所里较彻底地清洗你的身体。就算是你用的水受到了污染也无妨，这样就可以除去大部分对人体有极大危害的放射性微粒了。如果没有水，也要把脸上和其他裸露皮肤上的污垢、灰尘等擦掉。这时可以找一块较为干净的布或者找一把没有被污染的土，地表土受到污染，可以往地下深刨一些。
- 搭建好避身所后可躺下休息，不宜多动，注意保暖。
- 在避身所内活动的时候要翻阅地图或者侦察地形，抓紧确定下一步的行动计划，或者想办法把避身所建造得更加舒服。
- 放射性疾病的最大危险是感染，对此没有什么有效的急救办法，你可以通过多休息、进食、喝水、服用一些预防和治疗呕吐的药物，减少外出活动等方法来进行调整。不过出现恶心或放射性疾病的症状是在所难免的，对此不必太过担心，出现了先保持镇定,不必惊慌。

暴露时间表。以下时间表给你提供了对付生存问题需要的信息,并为你提供一些免受严重的辐射剂量的建议:

在爆炸后的 4～6 天内要完全被隔离。

・爆炸后第 3 天可出去找水,但时间最好不超过 30 分钟。

・爆炸后第 7 天可以短暂暴露一次,时间控制在 30 分钟内。

・爆炸后第 8 天可以短暂暴露一次,时间控制在 1 小时内。

・爆炸后第 9 天到第 12 天可暴露 2～4 小时。

・爆炸后第 13 天之后可正常活动,但还是要在有保护的避身所里休息。

・无论何时暴露在外的时间都不宜过长,每次回来后要清除污染。

以上的时间表较为保守和安全,如果你爆炸两天后就不得不出去行动,走出避身所也是可以的,但最好不要把时间浪费在不必要的事情上。

取水

水在被沉降物污染的地区也是会受到污染的,就算你要喝水也要至少再等两天,等放射性衰减了以后再安心饮用。降雨、风向、沉淀物等都会影响到你对水源的选择。

最安全的水源。井水、泉水以及其他经过天然过滤的地下水都是最好的水源,如果没有这些水源,贮藏室或废弃房屋水管里的水和容器中的水也是可以饮用的。但在饮用之前,你还要进行一下必要的杀菌。沉降物区域地下 15 厘米或更深处的雪也是安全的水源。

溪流与河流。河水和溪水里的沉降物在最近的一次核爆炸后几天里会因为水的稀释作用而减少一些。在从河里和溪里汲水饮用之前,一定要先在水边挖个沉淀坑或渗水池进行过滤,除去放射性微粒。在水慢慢渗进坑里的过程中,土壤层就会把水给过滤一遍，同时除去沉降物污染微粒。在挖好沉淀坑以后，要记得把盖子盖好，以免被再度污染。总的来说，这个办法能除掉99%的辐射。

静止的水。静止的水源更容易受到严重的污染，比如池塘、湖泊和其他静止的水源等。那些半衰期较长的、较重的放射性同位素一般会沉到水底，要用沉淀技术来将其净化。净化的步骤是：先把受污染的水盛放到桶里或较深的容器里，不用盛满，3/4即可。接下来从地面以下10厘米乃至更深处取一些土，把土放在水里搅拌。比例是每10厘米深的水加入2.5厘米厚的土。搅拌水土混合物，直到你发现有一些土壤微粒悬浮在水中，放下水土混合物，让它们沉淀大概6小时。这样做的目的是让泥土微粒把大部分悬浮沉降物带到桶底。在以上这些步骤都完成后把上层的清水倒出来，不过在饮用之前依然需要用过滤装置进行净化。

额外预防。为了安全起见，有必要采取一些预防疾病的额外措施，即用一些水净化药品进行更彻底的处理，或者用火把水煮开，利用高温进行深度消毒。

获取食物

在辐射污染地区获取食物是一个时常遇到的问题，也是一个难题。那么，要想给辐射污染地区输送和提供食物，一定要考虑特殊的条件和遵循特殊的程序。人在避身所内，最好食用配给的食物，因为配给食物有安全包装，完全可以放心食用。人在避身所以外的其他地方活动，争取找到其他可食用的食物作补充。

废弃的建筑物里很可能留有一些加工食品，清除污染后就可以放心食用了。这些食品包括罐头、包装食品和储存在封闭容器中的食物。打开它们以后，要马上将外在包装和容器去掉，并洗掉包装上残留的沉降物微粒。食用前或烹饪之前，这些食品都要进行细致的清洗。

你必须进食却又找不到加工食品的时候，一些可食用的动植物可以成为你食物的主要来源。

　　动物。在辐射环境中如果找不到其他更合适的食物，为了求生是可以食用动物的，即使你找到的动物不可避免也会受到放射性物质的影响。虽然有的动物并没有受到损伤，但你也要假定它们是被辐射污染过的，以防万一。动物遭受到辐射的危害和人相差无几，因此，那些生活在沉降物地区的野生动物在爆炸后的一个月内很容易染上疾病或者丧命。为了确保动物能成为你安全的食物来源，以下几个原则一定要遵循：

　　·不要吃那些看似生病的动物。核辐射导致它们中毒，进而受到细菌的感染，因此想要吃它们的肉，一定要彻底洗净并且用高温烹煮，不然的话，贸然食用会让人染上难以治愈的疾病或者因此丧命。

　　·动物的皮一定要去掉，避免皮毛上的辐射微粒沾到肉上。在烹饪之前，需把肉从骨头上剔下来，骨头上要留有 3 毫米左右厚的肉，其他待食用的肉可切成不厚于 13 毫米的小块，便于煮熟，也可以节省燃料。所有内脏都要扔掉，因为在肝脏、心脏、肾等内脏中常存有大量 γ 射线和 β 射线。90% 的辐射都渗透到了动物的骨骼中，所以最好别吃关节和骨头周围的肉。除了这部分肉以外的其他肌肉组织则可放心食用。烹饪的时候，一定确保所有的肉都彻底煮熟。

　　·鱼和其他水生动物受污染的程度远比陆生动物高很多，不到万不得已，还是尽量不选用它们做充饥的食物。

　　·蛋类属于安全食品，安全系数较高，但注意不要喝沉降区里任何动物产的奶。

　　·植物。植物的根部会堆积一些放射元素，其表层也会沾上一些沉降物。胡萝卜、马铃薯、芜菁、甘蓝等蔬菜是你的首选，因为它们的可食部分大都长在地下，受污染相对较小。不过在食用之前还是要擦干净它们的表皮，以免把附着其上的沉淀物送到自己体内。

- 苹果、西红柿、香蕉、仙人掌果以及类似的蔬菜和水果是退而求其次的选择，洗净表皮或削皮可以有效清除辐射对它们的污染。
- 在以上这些瓜果蔬菜都无法获得的时候，你可以找一些表皮光滑的水果、蔬菜或植物等。水果的表皮越粗糙，用擦洗的方法对其进行污染清除的效果越不明显，反之亦然。举例来说，表皮粗糙的植物靠擦洗只能去除50%的污染，而表皮光滑的植物用同样的方法却可去掉90%的污染。
- 像莴苣、干果（例如桃、杏、梨、无花果、洋李干）等表皮粗糙的植物是可食用植物类排在最后的，用去皮或清洗的方法都很难去除其污染。
- 生长中的植物安全系数较低，因为它们在成长过程中会通过叶子，从土壤里吸收一些放射物质。在沉降物期间和沉降物过后下雨期间情况更加糟糕。如果不是情况紧急，不要轻易食用这类植物。但不管怎样，只要你能有效地清除污染，所有成熟的植物类食物都是可以吃的。

附录

可食植物

金合欢树

介绍：金合欢树的树干为银白色且很短，树枝扩散的面积比较大，并且带刺，每片叶子都比较小，一般都是好几片叶子共用一个叶柄，这样能减少其受环境的迫害。树能开出亮黄色的球形的花，其所结的果实呈长扁状，褐色。

▲ 金合欢树

分布的地域和位置：金合欢树属于喜阳的植物，一般生长在阳光充足、地域宽广的地方，热带地区到处都能看到这种植物。

金合欢树的种类繁多，全世界大概有500种。并且分布的地域极广，在非洲、大洋洲、亚洲南部分布最广，其他一些气候比较干燥、温度较高的地方也有分布，例如美洲的部分地区。

供食用的部位：这种植物刚长出来的叶子、花、果实都可以直接食用，也可以煮熟了后食用。

龙舌兰

介绍：这种植物的茎很短，叶子一般都是紧贴着茎生长的。其叶子十分发达，聚集生长成很大的叶丛，叶子有一定的厚度。但这种植物开完花就会死去，其花柄硕大。

分布的地域和位置：龙舌兰不是喜水植物，一般只要阳光充足就能生长。美洲、美国西部的沙漠地带、墨西哥以及加勒比海区域等地域宽广、气候干燥的地方都长有大量的龙舌兰。

供食用的部位：龙舌兰的花和花蕾煮熟后可以食用。

提示：龙舌兰有些品种折断流出来的液体可能会导致皮肤炎症。

其他作用：这种植物的花柄被折断后，其流出来的液体是可以食用的。有些品种的叶子由于厚实、硕大，其内部含大量的纤维，而这种纤维抗压能力很强，可以取这种叶子，然后把它弄碎，用里面的纤维制成绳子之类的工具。这种植物的叶子的顶部一般都呈针状，十分锋利，可以取来制成针或者鱼钩之类的工具。而有些品种所含有的液体具有去污清洁的作用，可以用来做肥皂。

▲ 龙舌兰

竹芋

介绍：竹芋一般高度不高，在1.5米左右，它的叶子呈椭圆状，一般长0.3米，宽10厘米左右，到晚上会蜷缩起来。

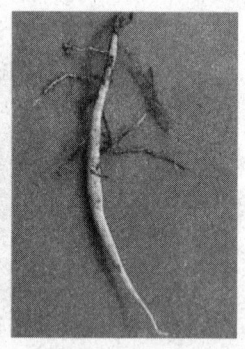

▲ 竹芋

分布的地域和位置：这种植物的发源地是在阳光充足、地域宽广的南美洲，后来在赤道附近一些比较潮湿的地方也广泛分布。

供食用的部分：这种植物的根部、茎部包含很多的淀粉，可以直接取它的根茎，煮熟后食用。

竹子

介绍：竹子是一种禾本科植物，茎能长到15米高，叶子的性质和草很像，由于它的茎是木质的，因此在我们的身边会有竹子做的桌子、椅子、鱼竿之类的物品。

分布的地域与位置：竹子原本是在远东地区生长，但由于其对生长环境的要求不高，阳光和水分充足的地方都能生长。因此，世界各地都有竹子，并且各种地域都有，例如平地、山坡、盆地等。

供食用的部分：除了个别种类的竹子的竹笋不能食用外，其他种类的竹笋都能直接食用或者煮熟后食用，并且煮熟后能去除掉竹笋的苦味。在吃之前，要先把竹笋外面长有红色或者茶色毛的笋皮去掉。有些竹子开花后长成的种子可以煮熟后当米饭吃，也可以把种子磨

▲ 竹子

碎，变成粉末，然后和水一起做成蛋糕。

其他作用：由于竹子的茎是木质的，因此在它的茎成熟之后，可以当木材使用，制作成各种用具，像盒子、饭勺、筷子、桌子、椅子等等。另外，由于竹子的茎有很强的韧性，因此你可以取竹子的茎，把其分成几块，然后它们绑在一起，弯曲成一定的幅度，当作弓使用。

香蕉和大蕉

介绍：香蕉和大蕉树的主干粗且高，硕大的叶子贴着主干的顶部生长，开出来的花很小，都是很多花拥簇成一团，密密麻麻地长在树上。

分布的地域和位置：这两种植物一部分是作为农作物被人工种植，一般在面积较大的田野或者森林附近种植。一部分自然生长的，分布在湿度比较大的热带区域。

供食用的部分：这两种植物全身上下、各个生长时期几乎都可以食用。它们的果实是一种水果，可以直接食用或者烤熟来吃，蒸煮也是一个办法。它们的花叶可以煮熟后当菜来食

用。它们的最中间部位可以常年直接食用或者煮熟后食用。还有大部分种类的根和叶子的末端也可以煮熟后食用。

其他作用：包裹在主干外面的靠近地面的皮可以用来做垫子，也可以放在木炭上烤东西吃。植物的主干的底部能够作为装水的容器。

▲ 香蕉和大蕉

巴托科李

介绍：巴托科李是一种矮小、深绿色的灌木类植物。它的叶子都独立、交互地生长在每个节上，果实是包含6颗或者更多种子的红色果实。

分布的地域和位置：目前在非洲、亚洲的近赤道地区的森林或者附近都大量存在。而实际上这种植物的发源地是菲律宾，后来由于它的果实被运往其他地区，才会扩散开来。

供食用的部分：果实可以摘来直接食用或者煮熟后食用。

▶ 巴托科李

猴面包树

介绍：这种植物十分高大，主干能够长到10多米高，主干的直径能长到9米左右，树皮呈灰色，也十分的厚实。但其枝干相对而言就没那么发达，比较短小。在同一个节点上会同时生长好几片叶子，形状像手掌。它的花和果实的体积也很大，白色的花可以达几十厘米，而果实的直径也能达到0.5米左右。

分布的地域和位置：一般生长在非洲、大洋洲、马达加斯加岛等稀树草原广泛的地区。

供食用的部分：刚长出来的叶子可以煮熟后食用。其幼苗的根十分的细嫩，也能够食用。它的果实可以直接食用，或者取出果肉置入水中当饮料饮用，具有使人精神振奋的作用。它的种子烤熟后研磨成粉，可以用来做面包。

其他作用：这种植物的果实有治疗腹泻的作用，取果肉和水一起吃下去就能达到止泻效果。中空的主干贮有淡水，是很好的水源。它的树皮具有很强的韧性，可以用刀把树皮切成长条，然后弄碎，把里面的纤维取出来，当绳子使用。

▲ 猴面包树

熊梅（熊果）

介绍：这是一种常见的常绿灌木，树皮像红色的鱼鳞，叶子不大，长只有4厘米，宽只有1.3厘米，但像皮革那样厚实。它的花是白色的，果实是红色的。

分布的地域和位置：这种植物喜欢在低温的环境中生长，并且不喜潮湿。一般只有在北极或北极附近的沙土或者石头多的地方才会存在。

供食用的部分：果实可以摘来直接食用或者煮熟后食用。刚长出的叶子可以泡茶喝。

▲ 熊梅（熊果）

黑莓，树莓，露莓

介绍：这几种植物的茎柔韧性比较好，当茎长到一定的高度以后就会由于压力的原因开始弯曲着往地面生长，并且它们茎的表层都长有大量的刺。叶子排列密集，一般都是一个节点上同时生长几片叶子。果实有多种颜色，一般为红、黑、黄、橙。

分布的区域和位置：这些植物一般都是喜温植物，在温带阳光比较充足、空间比较宽广的森林、湖畔、路旁等都能看到这些植物。

供食用的部分：它们的果实可以直接食用，刚长出来的芽削去皮后也可以食用。

其他作用： 叶子可以用来当茶叶。把黑莓根的皮剥下来晒干后可以泡茶喝，对腹泻有很好的疗效。

▲黑莓，树莓，露莓

蓝莓，黑果

介绍： 高度参差不齐，高的可以达 3.7 米，矮的却只有 0.3 米。每片树叶都独立地生长在不同的节上，相互交错。结的果实有蓝色、黑色、红色等颜色，每个果实里都包含一定数目的种子。

分布的区域和位置： 喜光植物，在北半球多数温带地域以及美洲中部高海拔地区都生长着这些植物。

◀蓝莓，黑果

菊苣

介绍：这种植物比较高，最高可以长到1.8米。叶子沿着主干的底部大量生长，也有少量的叶子长在主干的其他部位。主干底部的叶子形状和蒲公英相似。花一般只在阳光充足的时候才开，颜色为蓝色，内部含有大量液体。

分布的地域和位置：菊苣的发源地是欧洲和亚洲地区，一般在田间、草丛中间、荒芜的地带生长。在非洲与美洲北部地区也有，但一般都被人们视为杂草。

供食用的部分：整株植物都可以当成食物，刚长出来的叶子可以用来和着沙拉直接吃，也可蒸煮后吃。根要煮熟后才能吃。也可以把根烤熟以后磨成粉末状，用水冲着喝，味道和作用就像咖啡。

▲ 菊苣

面包果树

介绍：这种植物十分高大，可以生长到9米左右。它的叶子和果实也同样十分庞大，叶子可长达0.8米，深绿色，呈裂状；果实长大后长度可达到0.3米，是一种球状的绿色果实。

分布的地域和位置：这种植物适合在温度较高、降雨量较多的环境中生长。其发源地是在太平洋的南部地区。后来渐渐地流传到西印度群岛和波利尼西亚等地区。它们一般都是在树木密集或者人们居住房子附近生长。

供食用的部分：面包果树的果肉可以直接食用。也可以把整个果子用刀切成一片一片的，放在太阳下晒干后磨成粉，储藏起来供以后食用。果子里面的种子也可以煮熟后吃。

其他作用：这种植物流出来的液体具有很强的黏性，可以用来黏东西，或者用来堵住容器的裂缝以防止漏水。一些靠近森林居住的居民，也把这种黏液涂抹在树枝上，黏住停在树枝上的鸟。

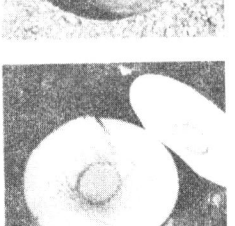

▲ 面包果树

英国士兵地衣

介绍：这种植物不高，一般只有1米左右，叶子呈灰绿色。这种植物不开花，但是会长出鲜红色的再生组织。

分布的地域和位置：美洲北部由于气候干燥、地域宽广，大量地生长着这种植物。

供食用的部分：将这种植物整颗放入撒有草木灰的水中浸泡，除去苦味后，放在太阳下晾晒，然后捣碎，混着牛奶或者其他食品一起吃。

▲英国士兵地衣

欧洲蕨

介绍：叶子十分肥大，每个节点同时长有几片叶子，每片叶子的长度可达0.9米。茎都是生长在土里的，韧而细。

分布的地域和位置：这种植物喜光适合生长在阳光充足、空间宽广的地带。一般在热带地区或者温带地区的森林周边或者树木稀少的森林中间会大量存在。

供食用的部分：刚长出来的叶子可以煮熟后食用，但是这种植物的叶子可能存在某种破坏人体酶的物质，因此不要过量食用。

香蒲

介绍：这种植物有几个种类，形状看起来和草一样，叶子一般1.3～5厘米宽、1.8米长，像丝带。雄蕊长在雌蕊的上面，是一个十分密集的花簇。一般雄蕊传粉后就会渐渐地枯萎，之后雌蕊再渐渐地长成棕色的果子。雄蕊含有大量的黄色的花粉。

分布的地域和位置：香蒲在世界各地都有生长，只要是阳光充足的地方一般都会存在，例如湖畔、溪边、水沟旁、海边等等。

供食用的部分：新长出来的嫩芽可直接食用或者煮熟后食用。主干一般不能直接食用，但将主干磨碎后，能够提取出大量的淀粉，可以作为面粉食用。花粉的主要成分也是淀粉，也能食用。这种植物没有成熟时，它的雄蕊可以煮熟后食用，也可以烤后食用。

其他作用：叶子晒干后可以当绳子使用，制作木质筏子或者小船的时候都能用到。种子柔软，和棉花很像，能够用作枕头的内胆，保暖效果好。花粉能够用来引火。

▲ 香蒲

仙影拳仙人掌

介绍：这种仙人掌相对其他仙人掌而言要高一些，外径要小一些。茎分裂生长，上面长满了刺。

分布的地域和位置：在干燥、空间宽广、阳光充足的地区有大量的仙影拳仙人掌生长。主要分布在加勒比海地带、美洲中部和西部地带的荒漠地区。

供食用的部分：植物的果实可以食用，但是不能过量食用，因为会引起轻微的腹泻。

其他作用：可从茎干里刮出果肉来制作饮料。

▲ 仙影拳仙人掌

椰子

介绍：这种植物的主干高且细长。叶子直接贴着主干的顶部拥簇在一起生长，叶子最长达6米，每片叶子上有100多片小叶子。

分布的地域和位置：这种植物一般生长在热带地区，特别是靠近海的地区。

供食用的部位：坚果可以直接食用，刚长出来的椰子含有的椰子汁是一种十分美味的饮料，而且椰子汁含有大量的糖分和维生素。椰子的果肉含有大量的油，如果直接食用的话味道不好，可以选择将果肉晒干后食用，味道会好很多。

其他作用：椰子经过阳光晾晒，或者通过小火烘烤，或者经过水蒸煮后能炼出椰子油。椰子油的作用很大，能够用作食用油；能够当药物使用，用来治疗水疱、烧伤等皮肤疾病；椰子油还可以做燃料。椰子树的主干高而且结实，是很好的建筑材料，叶子可以铺在屋顶上。

椰子的外壳不透水，能很好地漂浮在水上。椰子壳含有十分坚韧的纤维，可以用来制作成绳子之类的用具。椰子壳被烘干或者晒干后能够作为引火材料使用。在野外如果有蚊虫叮咬，可以点燃椰子壳，驱除蚊虫。椰子壳十分坚硬，能够用来研磨其他物品。椰子树叶子的底部含有韧性强的纤维，有过滤作用，可以制作成网抓虫也可以用来当医用纱布使用。椰子含有大量的椰子汁，是海上求生者重要的饮用水来源。

▲ 椰子

蒲公英

介绍：这种植物的种类繁多，叶子是沿着地面生长的，很小，一般长度都小于20厘米，外缘像齿轮。花的颜色是艳丽的黄色。

分布的地域和位置：在阳光充足、空间宽广的北半球大量地生长着这种植物。

供食用的部分：整株植物都可以吃，叶子部分可以直接食用或者煮熟后食用，植物的根蒸煮后也可以食用。根烤干后捣碎，然后冲水喝，味道、作用同咖啡一样。

其他作用：花柄及茎的部位含有大量的白色黏液，可以用来粘东西。

▲ 蒲公英

枣椰子

介绍：这种植物只有主干，没有分枝。主干非常高，叶子生长在树的顶部，几片叶子长在同一个节点上。果子熟了后一般都是黄色的。

分布的地域和位置：这种植物一般生长在降雨量少的地区。发源地是在非洲北部地区以及阿拉伯地区，后来在其他亚热带地区广泛种植。

供食用的部分：果子熟了后可以直接食用，但生的果子有苦味，不好吃。果子晒干后可以储存起来供以后长时间食用。

其他作用：由于在沙漠地带很少有像枣椰子这类的树状植物，因此它的主干是当地比较珍贵的一种建筑木材。叶子也十分坚韧，可以铺在房顶上或者制成席子之类的用品。叶子靠近节点的地方表面十分粗糙而且耐磨，能够当抹布用。

▲ 枣椰子

接骨木

介绍： 这种植物是灌木类，一般有多条茎，可以长到6米高。叶子是多片共生在同一个节点上，十分密集。长出的花是白色的，都拥簇在树的上端，能发出很浓的香味。果实熟了后是深蓝色。

分布的地域和位置： 这种植物一般生长在美洲东北部以及加拿大等湿度比较大、空间比较宽广的地区，特别是沼泽地、河畔、水沟旁、湖边等。

供食用的部分： 可以把花泡在水中8个小时，取出后饮用。花跟果实一样可以直接食用。这种植物除了果实和花外，其他部位都有毒性，不能食用。

▲ 接骨木

野无花果树

介绍：这种植物的树叶是每片分别生长在不同的节点上的，相互交错，叶子的边缘是圆弧状的。叶子颜色十分鲜亮，一般是墨绿色。这种植物能流出黏液。不同种类的无花果树长出来的果实体积不同，但果实熟了后一般都是同一种颜色——黄褐色。

分布的区域和位置：这种植物一般生长在温度较高的地区，对具体环境的要求不高，可以在很多环境中生长，例如森林、森林边缘、人类居住地附近，等等。

供食用的部分：它的果实可以直接食用或者煮熟后食用。部分种类的果实尝起来没有任何味道。

▲ 野无花果树

柳兰

介绍：柳兰一般有 1.8 米左右高，它的花为鲜艳的粉红色，体积大，叶子的形状像批针。而与它相似的矮柳兰一般只有 0.3~0.6 米高。

分布的地域和位置：这种植物一般生长在温度较低的地方。南、北极地区植被不茂盛的森林、河流旁边、海岸，特别是被火烧过的地方都有大量的柳兰生长。而它的近亲矮柳兰也生长在温度较低的山上或者溪边、湖边。

供食用的部分：春季，长出来的叶子、茎、花都可以当食物。但到了夏季，叶子、茎都成熟后会比较难吃，一般就不会再食用了。但茎老到一定的程度会分成两半，此时茎的中心部分也可以直接食用。

▲ 柳兰

狐尾草

介绍：这种植物一般都是野生的，很容易辨别出来。它的顶部是毛茸茸的圆柱形。长出来的种子一般不超过6毫米。种子成熟后，由于重量太大一般会把植物的茎压弯。

分布的地域和位置：这种植物能适应各种环境，一些在阳光充足的路旁、田间生长，一些则在湿度很大的沼泽地生长。在美洲、欧洲大陆、亚洲、非洲都生长着这种植物。有些地方把狐尾草当作粮食作物来种。

供食用的部分：种子可以直接食用，但是由于种子有一定的硬度，有些甚至有苦味，需要煮熟去掉苦味并使之软化后食用。

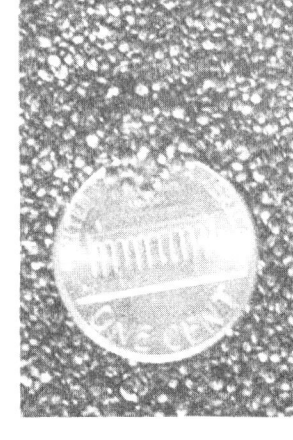

▲ 狐尾草

冰岛苔藓

介绍： 冰岛苔藓一般的高度是几厘米到十几厘米不等，有多种颜色，它的主要颜色为灰色、白色或红色。

分布的地域和位置： 所有的冰岛苔藓都分布于极地地区。

供食用的部分： 苔藓整体都是无害的，可以食用，在比较干冷的季节，如干旱地带的寒冬，苔藓酥脆干燥，一经浸泡即可变得绵软可食。最好是将其煮沸，可以消除苔藓的苦涩味道，煮沸之后可直接食用，也可将其添加到其他的食物中。

▲ 冰岛苔藓

榄仁树

介绍:这种高度近9米的树木属于常绿树木的一种,有质地厚实且表面鲜亮的巨大叶片,一般叶子长46厘米,宽15厘米。这种树能开花,花的颜色为黄绿色,也有扁平形状、长约10厘米的果实,果实成熟后呈绿色。

分布的地域和位置:这种树一般分布在沿海区域,尤其是加勒比海和中南美洲地区数量最多。此外在南亚、澳大利亚北部以及玻利尼西亚的热带雨林中也比较容易发现这类树木。

供食用的部分:种子可以直接食用,食用时把果实外面的皮剥掉,生食或蒸煮后食用。

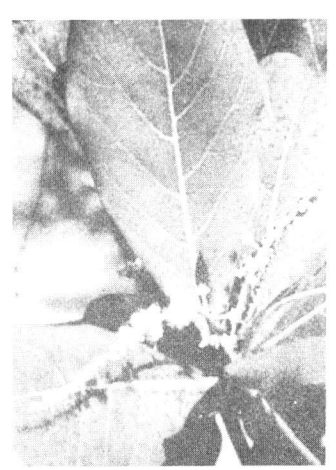 

▲ 榄仁树

荷花

介绍： 荷花一共分为两种，一种的花是黄色的，另一种的花是粉红色的。荷花的花盘和叶子都很大，花朵颜色鲜艳，最大的叶子直径可达5米，有的叶子浮在水表面，有的则自水中伸出，擎在空中。荷花的果实呈扁平状，内含大约20个质地坚硬的种子。

分布的地域和位置： 荷花生长在淡水湖泊或不流动的水域中。黄色的荷花仅分布在北美地区，而粉色的荷花则主要分布在东方，但世界各地也种植荷花。

供食用的部分： 荷花的所有部位都可直接食用，其水下部分含有丰富的淀粉，不管是生吃还是熟吃都比较容易填饱肚子。其埋于地下的部分，可以蒸煮或者烧烤，叶子可以直接煮熟食用。富有营养价值的种子，可生吃也可烘干，研磨成粉。

▲ 荷花

暗绿叶黄体芋

介绍：这种植物有 0.6 米长的叶子，叶面比较软，呈箭状。这种叶子的叶茎全部都在地下。

分布的地域和位置：一般喜欢生长在广阔通风、阳光充足的野地，在加勒比海地区很常见。

供食用的部分：可以将其块茎煮熟后食用，内部富含淀粉，很容易让人有饱腹感。如果不进行蒸煮烹调，植物内部的化合物破坏不了，会对人体有害。

◀ 暗绿叶黄体芋

窄叶车前草

介绍：这种植物有着长约 13 厘米、宽约 2.5 厘米的大叶片，其叶表有一层较细的绒毛。全部叶子形成一个莲花底座形状。花朵很小，不太明显。

分布的地域和位置：这种草十分普通，在北美洲和欧洲的很多地区都有分布。

供食用的部分：其嫩叶柔软可口，可直接食用，叶子可以煮熟之后食用。

杧果

介绍：杧果树一般高达 30 米，生长着互生单叶，呈鲜亮的墨绿色。花朵较小，不易发现。果实里的种子很大。杧果中的很多品种都是在人工栽培下，慢慢形成的变种，因此其果实内部的颜色有差异，有红色、黄色和橙色。

分布的地域和位置：一般在温度较高、湿度高的区域生长，其原产地为印度北部、缅甸以及马来西亚的西部地区，现在已经在所有的热带区域广泛栽种。

供食用的部分：其果实具有非常高的营养价值，在果子没有成熟之前，可以将果肉切碎，直接食用或者做成沙拉。而杧果成熟之后，果实就可以剥掉皮食用了。

提示：一般来讲，对毒叶藤过敏的人，也会对杧果过敏，产生严重后果。所以这些人最好不吃杧果。

▲ 杧果

驴蹄草

介绍： 这种植物长着深绿色的圆形叶子，叶子长在粗短的茎干上。其花朵一般为鲜艳的黄色。

分布的地域和位置： 一般生长在湖泊、沼泽或其他不流动的水域中。在北极和亚北极地区分布较广，美国东北部的很多地区也生长着驴蹄草。

供食用的部分： 所有部分都可食用，但是一定要蒸煮后再吃。

提示： 不能直接生吃这种植物。

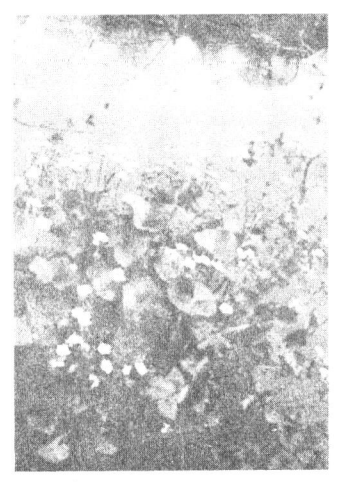

▲ 驴蹄草

桑树

介绍：这种植物的叶子是表面粗糙的互生单叶，叶子边缘有着浅浅的裂纹。果实为蓝色、紫色或黑色，里面是种子。

分布的地域和位置：一般分布在茂盛的森林中，路边和荒凉的田野中也有生长。大部分生长在北美洲、南美洲、欧洲、亚洲以及非洲的温带和热带地区。

供食用的部分：其果实可直接生吃，也可进行加工，晒干之后可保存一定的时间。

提示：不能吃的太多，否则容易导致腹泻或其他的肠胃疾病。

其他作用：树的内皮非常坚韧，可以将其剥离，做绳索或者其他工具。

▲ 桑树

荨麻

介绍：这种植物比较高大，有的高达几米。花朵很小，十分不显眼。在其茎叶上部分布着类似绒毛的刺毛，如果碰到皮肤会有轻微的刺痛感。

分布的地域和位置：一般容易在潮湿的环境中生存，比如河边、溪边或茂盛的森林中，大部分分布在北美洲、中美洲、加勒比海及北欧地区。

供食用的部分：其嫩芽和嫩叶可以煮熟之后食用。煮熟的目的是破坏刺毛中让人刺痛的植物成分。

▲ 荨麻

聂帕榈

介绍：其树干基本生长于地下，地上的部分较短。有着竖立生长、高达6米左右的大叶子。其叶子包含许多的叶片，中间生长着非常短的茎干，茎干上长着花头。有深褐色、半径达0.3米的果实（种子）。

分布的地域和位置：一般在亚洲东部沿海的泥质海岸上有着较为广泛的分布。

供食用的部分：其鲜嫩的花茎和成熟的种子是非常好的食物来源。从花茎中提取的汁液，含有浓度较高的糖分，可直接饮用。种子比较坚硬，但是也能够直接食用。

其他作用：其叶子大而坚硬，能用作房子的屋顶，也可以做织物来编制成质地粗糙的物品。

▲ 聂帕榈

垂花葱

介绍：垂花葱属于众多种类的野生洋葱和大葱中的一种，这种植物能够发出独特且稍有刺激性的气味，很容易被识别。

分布的地域和位置：大多喜欢宽阔且阳光充足的地方，整个温带地区都很适合这种植物生存。如今在世界各地都有栽植。

供食用的部分：其球茎和嫩叶都是非常好的食物来源。

提示：除了洋葱，有的有毒植物也长有类似的球茎，一定要避免食用。

其他作用：食用大量洋葱后，身上就会有洋葱所含的独特气味，这种气味可以帮助我们远离某些蚊虫的叮咬。

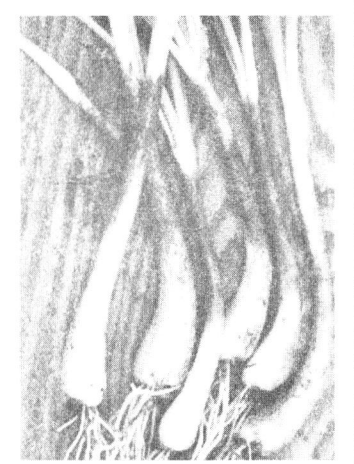

▲ 垂花葱

香附子

介绍：这种植物随处可见，它的茎干是三角形的，叶子的形状像草，一般高度 20~60 厘米。其每一个轮生叶子的单个轮生体都能够长出花，它的花朵很娇嫩。在根部的最下端是半径约为 1.3~2.5 厘米长的块茎。

分布的地域和位置：香附子一般喜欢在比较潮湿的环境中生长，在世界各地都有分布。香附子一般生长在植被茂密的草丛中，一旦繁衍起来非常繁茂。

供食用的部分：可以直接食用块茎，也可以将其煮熟或烘烤之后食用，或者磨成粉状替代咖啡。

▲ 香附子

橡树

介绍：橡树的叶子是互生的，果实是橡树果。一般分为红橡树和白橡树。红橡树具有带刺毛的叶片，上半部分的树皮表层光滑，橡果一般两年成熟一次。白橡树和红橡树相反，叶子光滑无刺毛，树皮质地也很粗糙，果实一年成熟一次。

分布的地域和位置：没有很特殊的环境要求，在北美洲、中美洲，以及亚欧大陆都有分布。

供食用的部分：尽管橡树体内含有很多味苦的植物成分，但是没有毒性，可以充当食物。白橡果的苦味要稍淡一点。食用前，先将橡果的表皮去掉，然后将其浸在含有木灰的水中1～2天，如果不添加木灰时间要更长一点。之后可以将其蒸煮后食用，或者烘烤后磨成粉，作为发酵粉或者咖啡使用。

其他作用：因其木质坚固，是良好的木料，也是薪材的最佳之选。小的橡木可以将其劈成工整的小细条，一般厚3～6毫米，宽13毫米。可以用这些细条编织工具，比如席子、篮子等，也可以制作成坚固无比的框架，用来固定很多物品，例如包裹、雪橇、家具等等。如果将其浸泡到一定时间，可以把浸泡过的溶液当作制革剂使用。

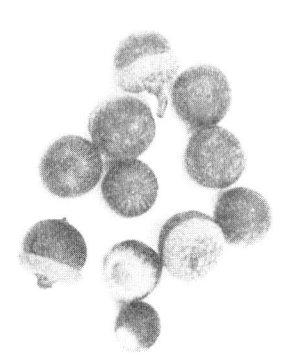

◀橡树

苋

介绍：这种植物在世界各地都比较常见，且一般都长得很高大，可达 0.9～1.5 米。生长着互生单叶，有的有红色的茎干，植物的顶端有小而密的簇状花丛，有着褐色或黑色的种子。

分布的地域和位置：一般像杂草一样生长在路边、荒野或者是农田、耕地中。在南美洲，有些苋被当作谷物来栽种。

供食用的部分：有的带有比较尖的刺，食用之前必须清除。所有部分都可以食用，比如嫩枝或新冒出的嫩芽可以当作蔬菜，直接食用或者是煮熟食用。种子的营养价值也很高，将种子从树顶摇下来或者摘下来，直接食用或者煮熟、烤熟磨成粉，食用方法也很多。

▲ 苋

美洲商陆

介绍： 此种植物非常高大，一般高度为3米，长度为1米左右，叶子呈椭圆形，其果实数量繁多，呈簇状生长。

分布的地域和位置： 一般在阳光充足且宽阔的环境中生长，比如森林空地、荒芜的田野、路边等，通常分布在北美洲东部、中美洲以及加勒比海地区。

供食用的部分： 煮熟美洲商陆的嫩叶和茎干后，就可以食用了。一般煮两次，第一次的水一定要倒掉，然后再用水煮一次。煮熟之后的果实也可以食用。

提示： 因为其各部分都含毒，所以绝对不能生吃。其地下部分毒性更强，切勿食用。

其他作用： 新鲜果实的汁液可以充当染色剂使用。

 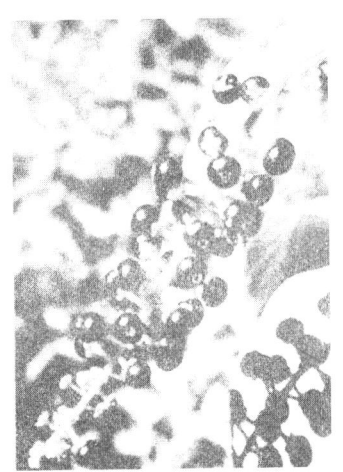

▲ 美洲商陆

桶状仙人掌

介绍：这种植物很矮，整体是一个桶的形状，不长叶子，外部非常均匀细致，布满了尖锐的细刺。

分布的地域和位置：一般在干旱缺水的沙漠地带生长，比如美国西部及中美洲的很多地区。

其他作用：在沙漠地带，桶状仙人掌是储存水的极好容器，可以从中找到饮用水。

▲ 桶状仙人掌

松树

介绍：这种植物的叶子呈细针形状，一般是成束生长，每一束的针叶一般是1～5片，且以针叶的数目来确定松树的具体种类，因此很容易能将松树和其他的树木区分开来。有些树种和松树外形类似，那么松树还有一个特点，那就是它会散发出一股芳香的味道，并且其树液非常黏腻，这些都可以将松树快速辨别出来。

分布的地域和位置：一般生长在地域宽阔、阳光充足的地方。在北美洲、中美洲、加勒比海地区、非洲北部、中东、欧洲及亚洲部分地区都有着广泛的分布。

供食用的部分：其种子可以直接食用，雄性松果一般在春天很鲜嫩，将其煮熟或者烘烤之后食用非常方便。鲜嫩枝条的表皮也可食用，其内部含有丰富的糖分和维生素，可直接咀嚼吃下。春天，枝条中的汁液更多一些，营养含量也会高于其他季节。

其他作用：松脂能当胶水使用，或者作为其他物品的防水层。可以从树上直接采取，也可从树皮上提炼，收集到的树脂最好对其加热，热松脂的黏合作用更强，如果能加入一些灰土，效果会更好。但是冷却后的松脂则不再有黏合的效力。

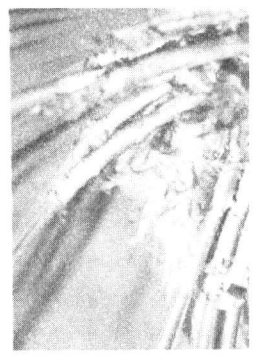

◀松树

仙人果

介绍：扁平的垫状茎干，颜色为绿色，其上的圆形小点上面布满绒毛，里面有尖细的刺毛。

分布的地域和位置：一般生长在干燥缺水的环境中，比如世界各地干旱、半干旱地区和干燥沙地中。在美国，以及中美洲和南美洲的大部分地区都广泛分布，其他地区也有人工栽培。

供食用的部分：整个植物都可食用，果实去皮之后果肉可以直接食用，也可吸取其中的汁液。但是要小心果实里面的刺毛。

其他作用：这种植物呈垫状的部分水分含量比较大，如果将其外面的表皮去掉，将全部的细毛都清除，可以食用，也可以将其果肉涂在伤口上，有治疗伤口的功效。

▲ 仙人果

马齿苋

介绍：这种植物一般长在地表，非常矮。它的质地很厚，茎干呈紫色，叶子一般呈桨形，簇状生长在茎干末端。这种植物的花是黄色或粉红色的，有着黑色的很小的种子。

分布的地域和位置：这是一种喜阳的植物，在耕地、田野或者其他草木茂盛的地方都有生长。

供食用的部分：整个植物都可以食用，直接吃即可，如果能在清洗之后煮熟则味道更鲜美。种子可以研磨成粉，或者直接生吃，营养价值都比较高。

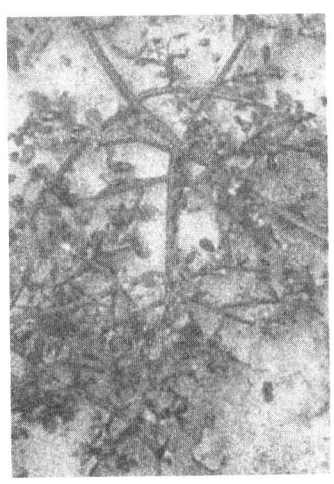

▲ 马齿苋

芦苇

介绍：这种植物属于禾本科，外形粗壮结实，可以长到 3~4 米的高度，叶子的颜色为灰绿色，宽度为 4 厘米左右。夏天时树枝呈褐色并能够开花，这时候一般没有谷子，但到了夏末秋初，植物的花枝就逐渐变成了一簇一簇的谷子。

分布的地域和位置：这些植物喜阴，在广阔而且水分充足的地区很常见，湿润泥土的地方更是芦苇的最爱。一般在所有的温带地区都有分布。

供食用的部分：一般在茎干长到地面以上时或者开花前开始食用，食用方法很多，煮熟、晒干、烘烤或捣碎成粉都可以。地下部分也可食用，不过不如地上部分鲜嫩。

▲ 芦苇

石牛肚

介绍：石牛肚看起来是一块一块的，周围边缘部分弯曲。它的顶端部分颜色为黑色，背面的颜色相对浅一些。

分布的地域和位置：石牛肚通常生长在较大块的石头上面。分布在北美洲各地。

供食用的部分：石牛肚的所有部位都是可以吃的。用工具把整株石牛肚刮走，放进水里洗干净。刚刮下来的石牛肚可能没有水分，非常干燥，并且又松又脆，那么就把它丢进水里泡软，然后用沸水煮熟。为了去掉它体内含有的苦味素，必须用水多煮几次。

提示：石牛肚有可能导致食物中毒，如果不放心，可以先用可靠的方法做检验后再食用。

 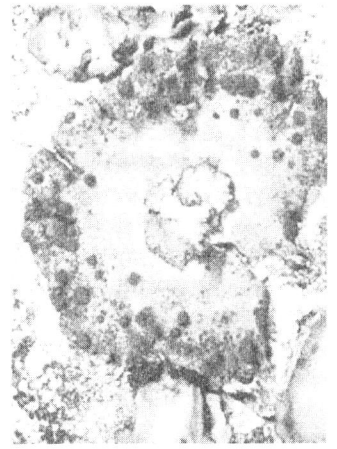

▲ 石牛肚

番樱桃

介绍： 番樱桃的树干最高达9米，最少也有3米高，长着绿色的对生单叶，叶子并不是暗淡无光的。它的花是黄绿色的，形状像一团绒毛。番樱桃果呈蛋形，如果颜色是红色或者紫色的话，说明果已经成熟了。

分布的地域和位置： 热带地区种植了很多番樱桃。也有野生的，通常是生长在灌木丛、荒地和次丛林等地区。

供食用的部分： 番樱桃果可以生吃或者煮熟后食用。

▲ 番樱桃

圣约翰面包树

介绍：圣约翰面包树是一种常绿乔木，树干高大粗壮，树冠也很大，长着互生的复叶。它的豆荚饱满充实，长度大约为0.46米，里面是坚硬的圆种子和厚实的果肉。

分布的地域和位置：在地中海、中东地区和非洲北部等地都可以见到圣约翰面包树。

供食用的部分：它的豆荚在成熟之前可以直接生吃或者煮熟后吃。成熟之后可以食用里面的种子，可以将种子磨成粉，也可以用种子煮粥。

▲ 圣约翰面包树

檫树

介绍：檫树是一种灌木，长着各种各样的叶子。叶子形状不一，有的没有裂片，有的只有一个裂片，有的却有两个裂片。春季刚来临时，檫树花就开了，小小的，颜色为黄色。它的果实是深蓝色的。

分布的地域和位置：檫树喜阳，不喜被约束，所以通常长在大路的两旁或者森林的边缘。分布区域为北美洲东部。

供食用的部分：枝叶的鲜嫩部分可以直接生吃。也可以晒干后备用，日后拿来煮汤。檫树还可以做出檫树茶，具体做法是挖出埋在地下的根茎，把树皮去掉，然后放在通风的地方晒干，煮茶的时候直接在水里放进少许，然后把水烧开即可。

▲ 檫树

高粱

介绍：高粱有很多品种，共同点是植物顶端部位都长着谷子。谷子颜色各异，有白的、红的、黑的、褐色的。很多地方的人都把高粱当作日常的主粮。

分布的地域和位置：世界各地都有高粱，尤其以靠近赤道附近的地区为主。高粱喜欢生长在充满阳光的空地。

供食用的部分：谷子一长出来，就可以作为食物了。谷子没有完全成熟时，呈乳状，可以直接吃，不需要煮熟。但当谷子变老以后，必须煮熟了才能食用。谷子营养价值丰富。

其他作用：建筑也会用到长长的高粱茎杆。

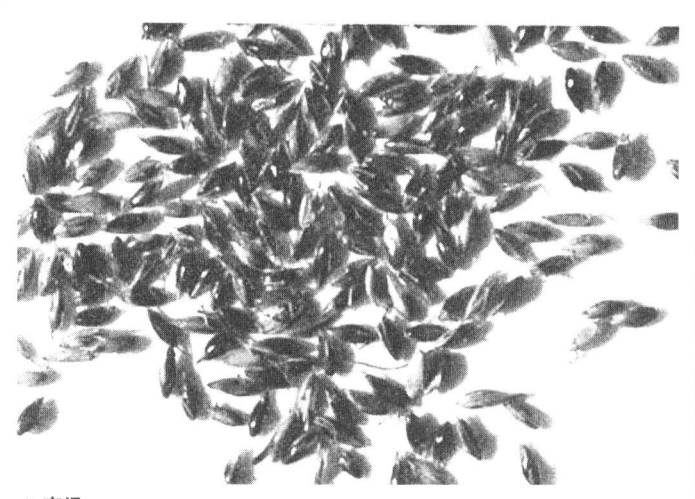

▲ 高粱

酸模

介绍： 酸模矮小，通常整株高度不高过0.3米，有互生的箭状的叶子。它也开花，不过花是小小的，它的茎干颜色一般都是稍微带点红色。

分布的地域和位置： 酸模通常分布在北美洲和欧洲一带。它喜欢生长在荒芜的田野和开垦过的田地中。

供食用的部分： 酸模的所有部位都可以直接食用或者煮熟后食用。

提示： 生的酸模植物体内含有一种叫草酸宁的物质，体内草酸宁过多会引起中毒。不过煮熟后可以破坏这种物质。

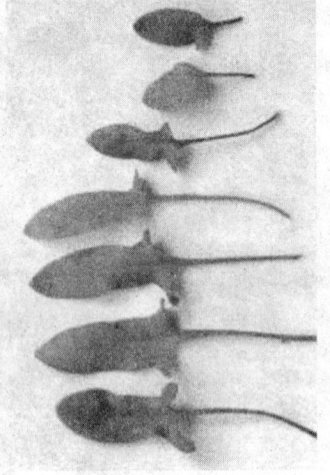

▲ 酸模

萍蓬草，黄睡莲

介绍：这种植物的叶子形状不一，长度0.6米左右，叶基处有一个三角形的凹痕。它的花朵长度2.5厘米左右，呈黄色。它的果实熟透后是绿色的，形状就像一个瓶子。

分布的地域和位置：这种植物分布在北美洲的很多地方。它生长在淡水中，而且水深不能超过1.8米，水流不能太急。

供食用的部分：整株食物都可以食用。它果实里面的种子呈深褐色，烘干后磨成粉食用。根茎长在淤泥里，体积十分庞大，内含丰富的淀粉，去除外皮后用水煮熟就可以食用。为了去除根茎的苦味，可以用水多煮几次。

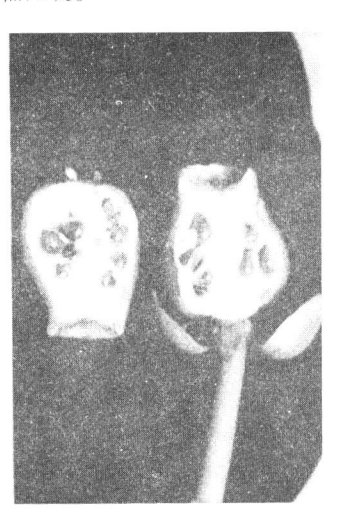

▲ 萍蓬草，黄睡莲

桄榔

介绍：桄榔有着可达15米高的高大树干和可达6米长的巨大叶子，叶子是针的形状。花和果实都长在叶子下端，花朵喜欢成堆成簇地开放，很引人注目。

分布的地域和位置：桄榔本来是东印度群岛特产，现在已经是热带常见植物。这种植物通常是在森林边缘成长。

供食用的部分：桄榔最主要的用处是可以从中提取出糖，它的种子和茎干顶端也可以食用。用比较硬的工具跟鲜嫩的花柄大力摩擦，从花柄处就会有汁液流出，拿容器装起来。汁液中有着丰富的糖分。种子煮熟后就可以食用。茎干的顶端部位可以当作蔬菜来食用。

提示：有些人会对种子外面的肉质层过敏，从而导致皮肤过敏问题。

其他作用：叶子基部有一些毛状物非常粗糙，这些毛状物适合制作绳子，做出来的绳子坚固耐用。

▲ 桄榔

甘蔗

介绍：甘蔗属于禾本植物，高度可达 4.6 米，长有像草一样细长的叶子。茎干通常是绿色的，有时候会稍带红色。茎干上长叶子的部位相对于没长叶子的地方会突出一点。通常情况下甘蔗不开花。

分布的地域和位置：甘蔗生长在热带地区的田地里。甘蔗属于农作物产品，所以都是大批量种植。

供食用的部分：甘蔗的茎干糖分很多，营养价值也高。撕掉茎干外面那层硬硬的皮，就可以直接食用了。还可以压榨茎干的汁液来喝。

▲ 甘蔗

番荔枝

介绍：番荔枝的树干高度小于 6 米，属于中等高度，但是树枝非常多，有长长的暗绿色的互生单叶。它的果实通常是绿色的，形状像圆球，外表粗糙，有明显的疙瘩。番荔枝果肉是乳白色的，看起来很像奶油。

分布的地域和位置：番荔枝通常长在田野、村落周围或者房子旁边，分布地区为热带。

供食用的部分：刚摘下来不久的果肉可直接食用。

其他作用：它的种子磨成粉后是一种效果很好的杀虫剂。

提示：注意不要让眼睛碰到种子磨成的粉。

▲ 番荔枝

芋

介绍：又名椰林薯蓣，血桐，芋根以及芋头。这种植物的叶子非常大，最大可长达6米，但是茎干却非常短小。它的根茎非常厚实，肉质饱满，内含丰富的淀粉。

分布的地域和位置：芋头只分布在热带地区，喜欢潮湿的地方。这种植物通常可以在田地里、村庄附近或者房子周围找到。

供食用的部分：整株食物都可以食用，但是需要煮熟。

提示：千万不要生吃，否则嘴唇和喉咙会发痒，严重的会导致发炎并且肿起来。

▲ 芋

铁树

介绍：这种树的茎干上没有其他树枝岔出来，树叶是带状的，成堆地长在茎干的最上面。树叶有红色的和绿色的。树的顶端还有花长出来，也是成堆地生长，形状像是非常大的羽毛。树干可以长到4.6米高。

分布的地域和位置：铁树通常长在森林的边缘或者房子的周围。它的原产地是远东，后来被移植到热带，成为热带的常见植物。

供食用的部分：根部和叶子都可以食用。根短而精悍，含有丰富的淀粉，必须煮熟后才能食用。嫩叶也同样不能生吃。叶子在烹饪中还有一个用途，就是拿来包裹食物，然后一起蒸煮。

其他作用：铁树的叶子作用很多，第一，比较大的叶子有遮风挡雨的用处，它既可以盖在住所的顶部，也可以制作斗篷。第二，拿它来做鞋垫，对于脚起水泡有很好的治疗效果。第三，它还可以做凉鞋，虽然不耐用。第四，卷起来的顶部的叶子可以作为消毒绷带。第五，叶子切成一条条，然后编起来，就是一根结实的绳子了。第六，只需要六片叶子就可以做成悬挂式的篮子装东西。制作过程是先将所有叶子的顶端撕成几片，然后两两系在一起直到把六片叶子都连到一起，最后一个篮子就做成了。

◀铁树

野山柑

介绍：野山柑属于多刺灌木的一种，长着灰绿色的茎秆，粉红色的花朵，叶子在干旱的季节落下。

分布的地域和位置：野山柑通常生长在灌木林地、热带旱生林地、荒漠丛林和荒地中。分布在北非和中东地区。

供食用的部分：可以直接食用野山柑的果实和嫩芽。

▲ 野山柑

石水龙骨

介绍：石水龙骨是一种蕨类植物，它和其他近亲品种一样，都根茎多毛、弯曲，叶子非常小，长宽各为13厘米和5厘米左右。会有小圆点长在部分叶子背面。

分布的地域和位置：石水龙骨通常生长在阴暗凉爽的岩石地区或者山坡上。它和它的同属植物分布在中北美洲东部的大多数地区。

供食用的部分：它的嫩叶部分可作为食物。

满江红

介绍：满江红属于蕨类植物，高度 0.6～0.9 米，通常是海绵的形状，叶子摸起来滑溜溜的。

分布的地域和位置：满江红喜欢长在水里或者是岸边，通常出现在小溪或者湖泊中，分布在赤道附近。

供食用的部分：所有部分都可以食用，但需要煮熟。

▲ 满江红

睡莲

介绍：睡莲的叶子非常大，呈三角形，长在水面上。它的花朵也是非常大的，颜色有红色和白色两种，还带着清香。它的根茎很粗大，在淤泥中成长。

分布的地域和位置：睡莲通常分布在温带和亚热带。

供食用的部分：睡莲的各个部位都可以直接食用或者煮熟后食用。睡莲根茎的外皮要先除去，然后再直接食用或者晒干后磨成粉食用。它的种子也可以晒干后，磨成粉末保存。

其他作用：选择根厚的部位，砍下来，加水煮沸，煮好的水在腹泻的时候可以直接拿来喝，喉咙痛的时候可以拿来漱口。

◀睡莲

泽泻

介绍：泽泻的花朵是白色的、小小的，叶子是心形的，尖尖的末端，在植物基部成堆生长。

分布的地域和位置：泽泻生长在向阳的淡水里或者湿地里，分布在温带和热带地区。

供食用的部分：可以食用内含大量淀粉的根茎。根茎带有苦味，如果想除去，可以用水煮或者浸泡。

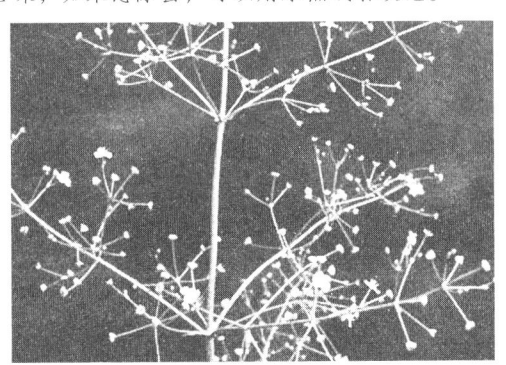
◀泽泻

菰

介绍： 菰在禾本科植物里面属于长得比较高的一种，正常高度为 0.9～1.5 米，最高的甚至长到 4.6 米。植物顶端长着稀疏的谷子。成熟的谷子颜色大多为深褐色或者黑色。

分布的地域和位置： 分布地区跟高粱差不多，以热带和温带为主，但是性喜潮湿阴暗的环境。

供食用的部分： 春夏两季，植物还没有长大，这时候的根茎的鲜嫩部分可以食用。不要吃外面那层皮，很粗糙。夏末之后，谷子开始成熟，将谷子摘取下来，晾晒或者烘烤后，捣碎外壳，将其中的菰米取出。菰米有几种做法：煮熟、烘烤以及磨成粉后食用。

▲ 菰

毒蛇介绍

欧洲鼻角蝰

简介：大部分是灰色身体，后背的花纹呈Z字形。也有些通体黑色。这种蛇体形较小，长度大都在45.7～61厘米之间。毒素为血毒素，但毒素不致命。被咬伤后的伤口会产生剧痛，伤口组织会受到很大程度的损害。一旦被咬，需要及时进行医疗处理。

特点：性格不稳定，易被激怒，并进行攻击。

栖息地点：能适应各种生存环境，如沼泽、空旷的山林、耕地。在海拔2743米的高山地带也发现过它们的踪迹。

分布范围：从欧洲北部到韩国北部。

▲ 欧洲鼻角蝰

加蓬蝰蛇

简介：色彩艳丽，身上有呈几何图形的黑色、褐色和蓝色的色块。在热带丛林中这种特性可以很好地保护它不被其他动物发现。平均体长1.2～1.5米，有些甚至可以超过1.8米，是蝰蛇种类中体形最大的。大部分鼻尖正中有角。成年加蓬蝰蛇的毒牙长达5厘米，毒液中含有血毒素，也含有神经毒素。人被咬伤后如果不及时医治，可能导致死亡。

特点：自我保护意识极强，在感觉到有物体接近时会盘起，接着快速发动攻击。

栖息地点：茂密的丛林。

分布范围：塞拉利昂、苏丹、安哥拉以及纳塔耳等国的雨林中。

▲ 加蓬蝰蛇

鼓蝮巨蝰

简介：基本颜色为棕色，深浅不一，且有白色或黄色的波浪形图案。成年后长度大约 0.9～1.2 米，最大可达 1.5 米。体形庞大，看上去行动缓慢迟钝。毒牙中空，毒液中含有极高比例的血毒素。中毒后若不及时医治会导致死亡。

特点：感觉到危险后会立刻盘起，发出咝咝声威胁敌人，同时立刻开始攻击。

栖息地点：位于河水边的不太茂密的丛林或草地。

分布范围：非洲大陆上，特别是缺水的沙漠和热带雨林中。

▲ 鼓蝮巨蝰

犀牛蝰蛇

简介：色彩多样，粉红色、蓝色、绿色或紫色等，花纹亮丽，引人注目。蛇身粗大，鼻子上的角形似犀牛，因此得名。成年体长0.6~0.9米，最长可达1.2米。毒液主要成分是血毒素和神经毒素。

特点：十分机敏警惕，反应速度快，身体很灵活，遇敌时立刻发出咝咝声并发起攻击。

栖息地点：热带雨林。

分布范围：利比里亚、扎伊尔、乌干达。

▲ 犀牛蝰蛇

拉塞尔蝰蛇

简介：褐色或棕色的表皮上有黑色的椭圆斑点。一般长度为1～1.5米，较为普遍。毒液中的血毒素含量非常高，在其活动区域内，被这种蛇咬到并丧命的事情时有发生。

特点：警惕性强，接近时会立刻出声威胁并发动攻击。

栖息地点：对栖息地的要求并不高，分布很广。但偏爱广阔、阳光充足的地方，在密林中几乎没有它的踪影。

分布范围：巴基斯坦西部地区、印度全境、缅甸、泰国、中国西南部地区。

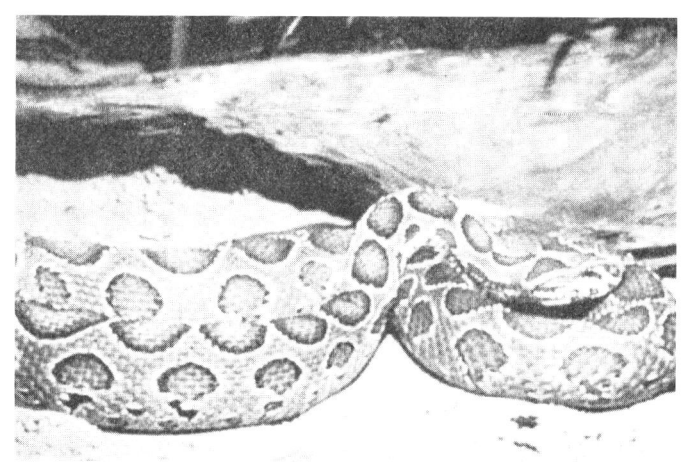

▲ 拉塞尔蝰蛇

角蝰

简介：颜色发黄，稍微带有一点粉红色，与沙子色彩相近。长约 0.6 米，主要毒素为血毒素。

特点：能把圆柱形身体压缩为扁平状，潜入沙子中隐藏自己。滑行时不发出声响，行动速度快。

栖息地点：干旱少雨的沙漠。

分布范围：非洲北部地区，如阿尔及利亚和埃及。

▲ 角蝰

美国铜头蝮蛇

简介：身体颜色呈淡棕色，头部铜红色。腹部有斑点，颜色浅，背部有环形图案，但不常在成年蛇身上出现。毒液中的血毒素含量少，成年人中毒后不会致命。

特点：容易受到惊吓，喜欢躲在角落里，如果被发现不会发动攻击，会立刻逃走。若发现无路可逃后会颤动尾巴发出嗡嗡声来威胁对手。

栖息地点：栖息在干燥的高地，但在平坦的田野和森林也有发现这种蛇类的记录。

分布范围：美国东南部及南部。

▲ 美国铜头蝮蛇

巨蝮

简介：整体为深棕色或褐色，粉红色的花纹和黑色斑点分布在其背上。是响尾蛇中体形最大的一种。长度可达 2～2.2 米，一些特别巨大的可以达到 3.7 米。巨蝮的毒牙很长，结构是中空的，里面有充足的毒液。毒液中的血毒素含量较高，可以致人死亡。但是巨蝮的攻击性不强，咬人的事例不多，可是一旦被巨蝮咬伤，可能会丧命。

特点：在没有受到外界刺激时会静静潜伏在栖息地。有东西碰到它时，不会主动发动攻击，大多数情况下会马上逃走。但如果感觉到自身受到强烈的威胁，就会露出凶狠的一面。因为没有响尾威胁敌人，巨蝮会用尾巴震动树叶发出声响。

栖息地点：喜欢藏身在野外洞穴中，在靠近赤道的热带雨林中多有出没，有些高纬度的凉爽地区也发现过巨蝮的踪迹。

分布范围：尼加拉瓜南部地区、哥斯达黎加、厄瓜多尔、秘鲁、玻利维亚、巴西以及巴拉圭。

▲ 巨蝮

矛头蛇

简介：颜色多样，但大部分是棕色和橄榄色，背部的沙漏状花纹颜色很浅。成年后的长度可以达到1～1.5米，也有达到2.1米的。毒液中含有浓度极高的血毒素，被矛头蛇咬伤致死的案例很多。

特点：即将攻击敌人时会盘起身体，但其实在任何姿势下它都可能发动攻击。

栖息地点：喜欢生活在长有节茎作物的农田里或者房屋附近。还有一些喜欢生活在棕榈树的根部或者其他树木上

分布范围：除了智利以外的中美洲和南美洲地区。

▲ 矛头蛇

竹叶青

简介：体形较小，属于小型蛇类。颜色翠绿，攻击性强，毒液含有血毒素，但是致命的案例很少。被它咬伤后伤口处会很疼，组织也会受到一定的损伤。因为经常栖息在树上，所以攻击人类时常会选择头、颈肩和上肢等部位。

特点：常在灌木丛里或者树上发现它们的踪迹。

栖息地点：枝叶繁茂的茶树上。

分布范围：柬埔寨、缅甸、马来西亚、印度尼西亚、越南、印度、巽他群岛以及中国东南部地区。

▲ 竹叶青

响尾蛇

简介：浅棕色，身上带有深棕色和绿色的长长的斑纹，边缘是黄色的。成年后体长可达到1.2～1.5米，最长可到2.1米。毒液中的主要毒素是血毒素，但是其毒性很低，但也有咬伤人致死的记录。

特点：性情暴躁，攻击性强。

栖息地点：能适应各种环境。

分布范围：冲绳群岛、奄美群岛。

注意：响尾蛇的分布范围极广，而且经常会闯入人类居住的地区，所以人被咬伤的概率很高，需要十分小心。

▲ 响尾蛇

跳跃蝮蛇

简介：身体十分强壮结实，但是身长较短，平均长度大概0.8～0.9米。棕黑两色相间，色彩十分鲜艳。毒液中的毒素为血毒素，但是含量小，并不致命。人受到攻击后伤口组织会有大面积的损伤，而且会十分疼痛。外形看起来跟巨蝮类似，身上的鳞片都显得很粗糙。

特点：爆发力强，攻击时甚至可以跳离地面。

栖息地点：适应性强，可以在多种环境中栖息。

分布范围：中美洲地区，特别是墨西哥南部。

▲ 跳跃蝮蛇

马来响尾蛇

简介：体形较小，长 0.6 ~ 0.9 米。背部有环形花纹，底色是红棕色，靠近脊骨处的花纹变细，颜色从深棕色逐渐变为浅棕色。毒液中带有血毒素，咬伤会造成组织损伤和剧烈的伤口疼痛。咬伤事故时有发生，但是致命的可能性很小。

特点：不会主动攻击人，但如果不小心踩到它们，还是会被咬伤。

栖息地点：喜欢生活在橡胶植物上。

分布范围：泰国、老挝、柬埔寨、马来西亚以及越南。

▲ 马来响尾蛇

热带响尾蛇

简介：多为深棕色，颈部的条状花纹呈深色，背部的菱形花纹颜色更深一些。身体的平均长度为1.2～1.5米，大型的可以达到1.8米。毒液的主要成分是神经毒素，人被这种蛇咬伤后神经系统会出现严重问题，但是不会造成局部组织伤害。中毒后的症状有头晕、失明、呼吸困难和颈部肌肉麻痹等。

特点：不常使用响尾警告敌人，准备攻击时会盘起身体，把头抬高。有时也会用响尾发出短而轻的响声。

栖息地点：干燥少雨的丘陵地带。

分布范围：中美洲南部和除了智利以外的南美洲地区。

▲ 热带响尾蛇

瓦格勒蝮蛇

简介：也叫作温和毒蛇，颜色为绿色，鳞片边缘呈黑色，零星分布于身体上。体形粗大，成年后身长0.6～0.9米，毒液中血毒素含量高，毒性很强。被咬伤后如果不及时医治会十分危险。

特点：性情平和，不会主动进攻。但是如果感觉到威胁还是会发动攻击。

栖息地点：在人类居住地附近的雨林中。

分布范围：泰国、马来西亚、印度尼西亚以及菲律宾等地。

注意：有些地区的居民把这种蛇看作吉祥的象征，认为在房屋周围发现此蛇寓意吉祥。

▲ 瓦格勒蝮蛇

普通眼镜蛇

简介：成年后颜色为棕色或者黑色，有鳞片。羽冠上的花纹呈眼镜形状，因此得名。体长基本在1.2～1.5米之间，最长可到2米。毒液中的主要成分是神经毒素

特点：为了保护自己会随时发动攻击。在攻击时能抬起1/2甚至2/3的身体，羽冠膨胀，头部向前或向下攻击。

栖息地点：喜欢在人类居住地中寻找猎物和攻击的目标，所以人类经常发现它们的踪迹。

分布范围：印度全境、斯里兰卡、巴基斯坦、缅甸、泰国、柬埔寨、越南、老挝、马来西亚等地。

▲ 普通眼镜蛇

西部菱斑响尾蛇

简介：浅棕色的身体上分布着深棕色的菱形花纹，乳白色的尾巴，上面有黑色的环状花纹，而且分布很密集。体形大小在美国所有毒响尾蛇中排第二，成年蛇体长 0.9～1.5 米，长度最长的为 2.1 米。毒液中含有血毒素，人被咬伤后会有剧痛，同时伴有组织损伤。

特点：脾气暴躁，在受到打扰时会立刻反抗。

栖息地点：倾向于生活在平坦的沙地或礁石上，但是在很多地形中就发现过它们的踪迹。

分布范围：美国德克萨斯州、路易斯安那州、阿肯色州、加利福尼亚南部以及墨西哥北部。

莫哈韦响尾蛇

简介：颜色和西部菱斑响尾蛇相近，是淡绿色或橄榄绿色。成年后体长 0.8～0.9 米，个别体形巨大的可达 1.2 米。毒液成分为血毒素和神经毒素。莫哈韦响尾蛇是一种十分重要的蛇类，毒性高，并且作用于呼吸系统。咬人后不会引起伤口局部的组织损伤，伤者也不会感觉到剧烈的疼痛，似乎没有任何影响，但是几分钟后就会出现呼吸困难，直至死亡。

特点：可能在攻击之后才用响尾发出声音，或者根本就不会出声警告，直接攻击。

栖息地点：干燥少雨的沙漠和荒原。

分布范围：美国德克萨斯州西部、加利福尼亚州、莫哈韦沙漠到墨西哥高地一带。

普通金环蛇

简介：其身体主要为黑色或是灰色这两种颜色，到腹部变为白色。花纹为细细的环形，颜色为白色，十分醒目。成年蛇身体长度为 0.9～1.8 米。毒素为烈性神经毒素，毒性极强，十分容易致人死亡。

特点：喜欢在夜间觅食，不具有攻击性。受到惊吓时尾巴会抬起，同时快速向其他方向逃跑。

栖息地点：在人类居住地时有发现，特别是无人居住的建筑物里。

分布范围：印度和巴基斯坦西部地区。

▲普通金环蛇

珊瑚礁眼镜蛇

简介：色彩鲜艳，黑、黄、红三色相间。身体为圆柱形，头部小，成年体长为0.46~0.9米。两个毒牙很小，且是固定的，攻击性不强，但是如果不小心碰到或者踩到它们，还是会被咬伤。这种蛇释放毒液时不需要咀嚼，毒液中主要成分是烈性的神经毒素，潜伏期有几个小时。被咬伤后应该及时到医院就诊观察，注射针对此类毒蛇的血清。

特点：在清晨和晚间出没，所以行踪不容易被发现，但受到攻击或惊扰时还是会反抗。

栖息地点：多雨湿润的森林里，在人口密度不大的城市郊区也会出现。

分布范围：美国卡罗莱纳州北部海岸到德克萨斯州西部。

▲ 珊瑚礁眼镜蛇